Aymo Brunetti Volkswirtschaftslehre

Aymo Brunetti

Volkswirtschaftslehre

Eine Einführung für die Schweiz

hep

hep
kompetent bilden

Aymo Brunetti
Volkswirtschaftslehre
Eine Einführung für die Schweiz
ISBN Print inkl. digitaler Ausgabe: 978-3-0355-2626-4
ISBN digitale Ausgabe: 978-3-0355-2625-7
ISBN E-Book: 978-3-0355-2624-0

Gestaltung: Atelier Bläuer, Bern

Bibliografische Information der Deutschen Nationalbibliothek:
Die Deutsche Nationalbibliothek verzeichnet diese Publikation
in der Deutschen Nationalbibliografie; detaillierte bibliografische
Daten sind im Internet über http://dnb.dnb.de abrufbar.

6. Auflage 2024
Alle Rechte vorbehalten
© 2024 hep Verlag AG, Bern

hep-verlag.ch

Für Corinna, Niccolo und Ornella

Vorwort

Die Grundlagen der Volkswirtschaftslehre zu vermitteln, ist für mich eindeutig die interessanteste Herausforderung der ökonomischen Lehrtätigkeit. Wie kann man die wichtigsten Konzepte dieses breiten Themenbereichs erläutern, ohne gleichzeitig das Publikum mit Detailinformationen zu überfahren? Auf welche Aspekte konzentriert man sich, welche sind für das grundlegende Verständnis nicht unbedingt notwendig? Und wie erklärt man auf motivierende Art und Weise den grossen Nutzen ökonomischer Denkmodelle für die Analyse so zentraler Phänomene wie dem Reichtum von Ländern oder der Höhe der Arbeitslosigkeit? In den letzten gut zehn Jahren fanden sich zahlreiche Gelegenheiten, mich dieser faszinierenden Herausforderung zu stellen. Im Rahmen von volkswirtschaftlichen Einführungsveranstaltungen an den Universitäten Basel, Bern und Saarbrücken sowie in verschiedenen Weiterbildungskursen konnte ich zahlreiche Studentinnen und Studenten zum ersten Mal mit den wichtigsten Konzepten der Volkswirtschaftslehre vertraut machen. Auch nach meinem Wechsel in die Bundesverwaltung war es mir weiterhin möglich, diese Tätigkeit in reduziertem Rahmen – dafür aber ergänzt durch unmittelbare Einblicke in die wirtschaftspolitische Praxis – fortzusetzen. Im Laufe der Zeit habe ich dabei immer wieder neue Methoden ausprobiert, wie man den Stoff möglichst interessant und intuitiv verständlich vermitteln könnte. Inzwischen haben diese Bemühungen einen Stand erreicht, bei dem ich es wagen möchte, das Ergebnis in Form des vorliegenden Buches zu publizieren.

Dieses Projekt wäre nicht denkbar gewesen ohne das ausserordentlich befruchtende Umfeld, in dem ich tätig sein konnte und kann. Dabei möchte ich zunächst einmal die Studentinnen und Studenten nennen, von denen ich in den verschiedenen Lehrveranstaltungen eine grosse Anzahl von Anregungen erhalten habe und von deren Reaktionen ich sehr viel lernen konnte. Besonders hervorzuheben sind hier die Studierenden in meiner Berner Vorlesung vom Sommersemester 2006, die eine Rohfassung des Buches als Skript erhielten und die mir auf dieser Basis zahlreiche hilfreiche Rückmeldungen gaben. Ich hatte aber auch immer das Glück, mit aussergewöhnlich kompetenten Ökonominnen und Ökonomen zusammenzuarbeiten, sowohl an der Universität als auch in den letzten Jahren in der Bundesverwaltung und dort insbesondere im Staatssekretariat für Wirtschaft. In unzähligen Fällen haben mir Diskussionen mit ihnen die Augen geöffnet, gerade auch im Hinblick darauf, wie man ökonomische Sachverhalte noch klarer und verständlicher darstellen kann. Den Studentinnen und Studenten sowie meinen Kolleginnen und Kollegen möchte ich für diese Beiträge danken.

Ich hoffe, dass das Buch den Leserinnen und Lesern zumindest ansatzweise das Vergnügen vermitteln kann, das mir die Beschäftigung mit dieser Materie über die Jahre bereitet hat. Für Rückmeldungen in Form von Fragen, Anregungen, Kommentaren... bin ich sehr dankbar.

Aymo Brunetti, 2006

Vorwort zur 6. Auflage

Das vorliegende Lehrbuch wurde 2006 erstmals publiziert. 2009 folgte eine zweite Auflage, die gegenüber der ursprünglichen Version ausser einer Aktualisierung der Daten kaum Anpassungen enthielt. Zum Zeitpunkt der Schlussredaktion der zweiten Auflage Ende 2008 zeichnete sich bereits ab, dass die Finanz- und Wirtschaftskrise ein einschneidendes Ereignis darstellte. Aber es war noch zu früh, um zu beurteilen, wie nachhaltig die Effekte sein würden und was dies für die ökonomische Grundausbildung bedeuten würde. Inzwischen wissen wir, dass die Grosse Finanzkrise, wie man sie in Anlehnung an die Grosse Depression der 1930er-Jahre bezeichnen könnte, zum tiefsten weltweiten Einbruch der Wirtschaftsentwicklung seit dem 2. Weltkrieg geführt hat und uns die Nachwirkungen wohl noch einige Zeit beschäftigen werden. Eine Einführung in die Volkswirtschaftslehre muss sich mit diesem Ereignis vertieft auseinandersetzen, und entsprechend enthält dieses Lehrbuch seit der dritten Auflage zwei Kapitel zur Finanzstabilität.

Die 2021 publizierte fünfte Auflage stand vor der Herausforderung, wie das damals dominierende Ereignis der globalen Coronapandemie behandelt werden sollte. Angesichts der sehr weitreichenden wirtschaftlichen und wirtschaftspolitischen Konsequenzen dieses Schocks wurde in dieser Auflage schliesslich ein Spezialkapitel (Kapitel 18) mit dem Titel «Die Grosse Pandemie» angefügt. Inzwischen hat sich die Situation zum Glück so stark beruhigt, dass das Thema Corona weitgehend aus den Schlagzeilen verschwunden ist. Aus diesem Grund – und auch um das Buch nicht mit jeder Auflage weiter zu verlängern – wurde in dieser sechsten Auflage auf dieses Spezialkapitel verzichtet; interessierte Leserinnen und Leser finden es auf der Website zum Lehrmittel.

Neben den üblichen Aktualisierungen der Daten und der wirtschaftspolitischen Entwicklung wurden gegenüber der fünften Auflage einige grössere Ergänzungen gemacht.

Die weitestgehende Anpassung betrifft die Analyse der Geldpolitik in Kapitel 12. Dort werden neu die starken Veränderungen seit der Grossen Finanzkrise analytisch erklärt. Entscheidend ist dabei die sehr starke Ausweitung der Liquidität, welche die Zentralbanken vor Kurzem dazu gezwungen hat, mit «Zinszahlungen auf den Sichtguthaben der Banken» ein neues geldpolitisches Instrument einzuführen, um überhaupt noch eine restriktivere Geldpolitik verfolgen zu können. Ebenfalls wird in diesem

Kapitel der Inflationsschub nach der Pandemie und die geldpolitische Reaktion darauf erläutert.

Folgende Ergänzungen sind zudem erwähnenswert:
- In Kapitel 10 wird die Reaktion der Schweizer Wirtschaftspolitik auf den durch die Coronapandemie ausgelösten wirtschaftlichen Einbruch in einem neuen Abschnitt behandelt.
- In Kapitel 10 wird die Diskussion der «automatischen Stabilisatoren» neu eingebettet, und zwar als Antwort auf die Probleme einer aktiven Konjunkturpolitik.
- In Kapitel 12 findet sich neu eine Vertiefungsbox zum Thema «Kryptowährungen».
- In Kapitel 17 behandelt eine Vertiefungsbox die Turbulenzen auf den US-Finanzmärkten und in der Schweiz vom Frühling 2023, die in der Zwangsfusion der Credit Suisse mit der UBS kulminierten.

Dank

Beim Schreiben dieses Lehrbuchs und bei den inzwischen fünf Überarbeitungen erhielt ich von vielen Seiten sehr hilfreiche Unterstützung. Zahlreiche Kolleginnen und Kollegen nahmen sich die Zeit, mir fundierte Kommentare zu geben. Namentlich nennen möchte ich hier in alphabetischer Reihenfolge Marius Brülhart, Konstantin Büchel, Marcel Bühler, David Burgherr, Carla Coccia, David Dorn, Ludwig Gärtner, Philippe Gugler, Leonardo Hofer, Ronald Indergand, Preetha Kalambaden, Bruno Jeitziner, Pius Matter, Arthur Mohr, Peter Moser, Dirk Niepelt, Nadja Reuteler, Marcel Savioz, George Sheldon, Peter Stalder, Daniel Steffen, Tobias Straumann, Boris Zürcher sowie das Zahlungsbilanzteam der SNB (v. a. Simon Bösiger, Alexander Flühmann und Hildegard Muff).
Grosser Dank gebührt den Projektleitenden von Seiten des hep Verlags – in chronologischer Reihenfolge – Beatrice Sager, Manuel Schär und Lukas Meier – deren ausserordentlich kompetente Unterstützung sehr viel zu diesem Buch beigetragen hat. Ich schätzte und schätze die unkomplizierte Zusammenarbeit mit ihnen und dem gesamten Verlagsteam ausserordentlich.

Aymo Brunetti, 2024

Inhaltsübersicht

Einleitung

I Grundlagen der Volkswirtschaftslehre

1. Themen und Akteure im Überblick
2. Grundlagen der Mikroökonomie
3. Grundlagen der Makroökonomie
4. Gesamtwirtschaftliche Messkonzepte

II Wohlstand

5. Preismechanismus und Marktwirtschaft
6. Der Staat und die Marktwirtschaft
7. Internationale Arbeitsteilung
8. Langfristiges Wachstum

III Arbeitslosigkeit

9. Sockelarbeitslosigkeit
10. Konjunktur und Arbeitslosigkeit

IV Preisstabilität

11. Inflation und Deflation
12. Geldpolitik
13. Wechselkurse

V Staatsfinanzen

14. Finanzierung der Staatstätigkeit
15. Einkommensverteilung und Sozialwerke

VI Finanzstabilität

16. Banken
17. Die Grosse Finanzkrise

Inhaltsverzeichnis

Einleitung	**21**
Zielpublikum und Methode	21
Aufbau	22
Alternativer Lehrplan mit Unterteilung in Mikro- und Makroökonomie	25

I Grundlagen der Volkswirtschaftslehre

1 Themen und Akteure im Überblick	**29**
1.1 Die wichtigsten volkswirtschaftlichen Themen	30
1.1.1 Die gesamtwirtschaftlichen Zielgrössen	30
1.1.2 Der Zusammenhang zwischen den gesamtwirtschaftlichen Zielgrössen	35
1.2 Die Entwicklung der wichtigsten volkswirtschaftlichen Daten für die Schweiz	37
1.2.1 Wohlstand	37
1.2.2 Arbeitslosigkeit	41
1.2.3 Preisstabilität	43
1.2.4 Staatsfinanzen	45
1.2.5 Finanzstabilität	48
1.3 Analyseebenen der Volkswirtschaftslehre	50
1.4 Der Wirtschaftskreislauf	52
1.4.1 Der einfache Wirtschaftskreislauf	53
1.4.2 Der erweiterte Wirtschaftskreislauf	54
2 Grundlagen der Mikroökonomie	**59**
2.1 Märkte	60
2.2 Die Nachfrage	62
2.2.1 Die Nachfragekurve	62
2.2.2 Verschiebung der Nachfragekurve	64
2.2.3 Nutzen und Konsumentenverhalten: Die Basis der Nachfragekurve	66
2.3 Das Angebot	70
2.3.1 Die Angebotskurve	70
2.3.2 Verschiebung der Angebotskurve	71
2.3.3 Kosten und Unternehmensverhalten: Die Basis der Angebotskurve	72

2.4	Angebot und Nachfrage zusammen: Der Markt	76
2.5	Die Elastizität	79
	2.5.1 Was versteht man unter der Elastizität?	79
	2.5.2 Was bestimmt die Elastizität?	81
2.6	Die Analyse der Effizienz von Märkten	82
	2.6.1 Die Konsumentenrente	83
	2.6.2 Die Produzentenrente	84
	2.6.3 Gesamtwirtschaftliche Rente und Effizienz	86

3 Grundlagen der Makroökonomie — 89

3.1	Angebot und Nachfrage in der Makroökonomie	91
3.2	Die aggregierte Nachfrage	93
3.3	Das aggregierte Angebot und die Frage der Preisflexibilität	97
	3.3.1 Preise in der langen und der kurzen Frist	97
	3.3.2 Die lange Frist	98
	3.3.3 Die kurze Frist	100
3.4	Die kurzfristige aggregierte Angebotskurve	102
3.5	Das gesamtwirtschaftliche Grundmodell	104
	3.5.1 Das makroökonomische Gleichgewicht	104
	3.5.2 Von der kurzen zur langen Frist	105
	3.5.3 Rekapitulation	107

4 Gesamtwirtschaftliche Messkonzepte — 111

4.1	Das Bruttoinlandprodukt	112
	4.1.1 Was ist das BIP?	112
	4.1.2 Drei Arten, das BIP zu ermitteln	113
	4.1.3 Das BIP der Schweiz	115
	4.1.4 Ist das BIP ein geeignetes Mass zur Beurteilung des Wohlstands?	116
4.2	Die Zahlungsbilanz	118
	4.2.1 Die Zahlungsbilanz intuitiv	118
	4.2.2 Die Grundelemente der Zahlungsbilanz	119
	4.2.3 Die Teilbilanzen der Zahlungsbilanz	122
	4.2.4 Analyse der Schweizer Zahlungsbilanz	127
4.3	Die Preisstabilität und die Arbeitslosigkeit	130
	4.3.1 Die Messung der Preisstabilität	130
	4.3.2 Die Messung der Arbeitslosigkeit	132

II Wohlstand

5 Preismechanismus und Marktwirtschaft — 139

5.1	Entscheide in Knappheitssituationen	141
5.2	Marktwirtschaft versus Planwirtschaft	143
5.3	Die zentrale Rolle der Preise in einer Marktwirtschaft	145
5.4	Kosten von Preiseingriffen	148
5.4.1	Wohlfahrtseinbussen durch Mindestpreise	149
5.4.2	Wohlfahrtseinbussen durch Höchstpreise	153
5.5	Effizienz und Wachstum	154

6 Der Staat und die Marktwirtschaft — 161

6.1	Garantie von Eigentums- und Vertragsrechten	163
6.2	Marktversagen I: Monopolmacht	164
6.2.1	Worin besteht das Marktversagen?	164
6.2.2	Welche Lösungsmöglichkeiten gibt es?	167
6.2.3	Die Rolle des Staates	169
6.3	Marktversagen II: Externe Effekte	173
6.3.1	Worin besteht das Marktversagen?	173
6.3.2	Welche Lösungsmöglichkeiten gibt es?	175
6.3.3	Die Rolle des Staates	176
6.4	Marktversagen III: Öffentliche Güter	179
6.4.1	Worin besteht das Marktversagen?	180
6.4.2	Welche Lösungsmöglichkeiten gibt es?	181
6.4.3	Die Rolle des Staates	182
6.5	Marktversagen IV: Asymmetrische Information	183
6.5.1	Worin besteht das Marktversagen?	183
6.5.2	Welche Lösungsmöglichkeiten gibt es?	185
6.5.3	Die Rolle des Staates	186
6.6	Staatsversagen I: Ineffiziente Regulierungen	187
6.7	Staatsversagen II: Die politische Ökonomie	189
6.7.1	Anreize für Politiker und Verwaltung	189
6.7.2	Interessengruppen und Rentseeking	190

7 Internationale Arbeitsteilung — 195

7.1	Spezialisierung und komparative Vorteile	197
7.1.1	Spezialisierung und Marktgrösse	197
7.1.2	Das Prinzip des komparativen Vorteils	198

7.2	**Wohlfahrtseffekte internationalen Handels**	200
7.3	**Protektionismus**	204
	7.3.1 Wohlfahrtsverluste durch Zölle	204
	7.3.2 Politische Ökonomie des Protektionismus	206
	7.3.3 Formen der Handelsliberalisierung	207
	7.3.4 Der Protektionismus wird raffinierter	208
7.4	**Regionale wirtschaftliche Integration**	211
	7.4.1 Wohlfahrtseffekte von Integrationsräumen	211
	7.4.2 Formen der Integration	216
	7.4.3 Die europäische Integration	218
7.5	**Schweizer Aussenwirtschaftspolitik**	222
	7.5.1 Grundpfeiler der Schweizer Aussenwirtschaftspolitik	222
	7.5.2 Schweizer Integrationspolitik	228

8 Langfristiges Wachstum — 233

8.1	**Die Bedeutung des Wirtschaftswachstums**	234
8.2	**Wachstum gleich Konjunkturaufschwung?**	236
8.3	**Die Quellen des Wachstums**	237
8.4	**Die entscheidende Rolle des technischen Fortschritts**	240
	8.4.1 Die «unendliche» Ressource	240
	8.4.2 Ein ganz spezielles Gut	242
	8.4.3 Patentschutz	245
8.5	**Wachstumspolitik**	247

III Arbeitslosigkeit

9 Sockelarbeitslosigkeit — 257

9.1	**Analyse der strukturellen Arbeitslosigkeit**	259
	9.1.1 Beschäftigungsrückgang versus steigende Arbeitslosigkeit	259
	9.1.2 Die Entstehung struktureller Arbeitslosigkeit	262
9.2	**Erklärungsfaktoren für die strukturelle Arbeitslosigkeit**	265
	9.2.1 Regulierungen des Arbeitsmarktes	265
	9.2.2 Aus- und Weiterbildung	268
9.3	**Friktionelle Arbeitslosigkeit**	269
9.4	**Geht uns die Arbeit aus?**	269

9.5	**Schweizer Arbeitsmarktpolitik**	**273**
	9.5.1 Die Regulierung des Schweizer Arbeitsmarktes	274
	9.5.2 Berufslehre und Jugendarbeitslosigkeit	276
	9.5.3 Die Arbeitslosenversicherung	276

10 Konjunktur und Arbeitslosigkeit   283

10.1	**Konjunkturelle Arbeitslosigkeit**	**285**
10.2	**Konjunkturpolitik**	**287**
	10.2.1 «Nichts tun»: Anpassung ohne aktive Konjunkturpolitik	287
	10.2.2 Aktive Konjunkturpolitik	290
10.3	**Probleme einer aktiven Konjunkturpolitik**	**295**
	10.3.1 Wirkungsverzögerungen (Lags)	295
	10.3.2 Politische Ökonomie von Konjunkturzyklen	297
	10.3.3 Automatische Stabilisatoren	300
10.4	**Schweizer Konjunkturpolitik**	**303**
	10.4.1 Geldpolitik und Konjunktur	303
	10.4.2 Fiskalpolitik und Konjunktur	304
	10.4.3 Die Schweizer Konjunkturpolitik in der Grossen Finanzkrise	307
	10.4.4 Die Schweizer Konjunkturpolitik währen der Coronapandemie	308

IV Preisstabilität

11 Inflation und Deflation   315

11.1	**Erklärung der Inflation**	**316**
	11.1.1 Entstehung von Inflation	316
	11.1.2 Geldpolitik und Inflation: Die Quantitätsgleichung	320
	11.1.3 Staatsfinanzen und Inflation	324
11.2	**Kosten der Inflation**	**325**
11.3	**Kosten der Inflationsbekämpfung**	**328**
	11.3.1 Effekte auf die Konjunktur	329
	11.3.2 Effekte auf die Arbeitslosigkeit: Die Phillips-Kurve	330
	11.3.3 Die selbstverstärkende Wirkung tiefer Inflation	332
11.4	**Entstehung und Kosten der Deflation**	**334**
	11.4.1 Was ist Deflation?	335
	11.4.2 Persistenz der Deflation	337
	11.4.3 Bekämpfung der Deflation	340

12 Geldpolitik — 343

- **12.1 Funktionen und Entstehung von Geld** — 344
  - 12.1.1 Wozu ist Geld notwendig? — 344
  - 12.1.2 Wer schafft Geld? — 345
- **12.2 Instrumente der Geldpolitik** — 350
  - 12.2.1 Offenmarktpolitik — 351
  - 12.2.2 Diskontpolitik — 355
  - 12.2.3 Mindestreservepolitik — 356
  - 12.2.4 Verzinsung der Sichtguthaben der Banken — 356
- **12.3 Geldpolitische Strategien** — 359
  - 12.3.1 Welche Zielgrösse für die Geldpolitik? — 359
  - 12.3.2 Wechselkursziele — 361
  - 12.3.3 Geldmengenziele — 362
  - 12.3.4 Inflationsziele — 363
- **12.4 Die Schweizer Geldpolitik** — 364
  - 12.4.1 Mandat der Schweizerischen Nationalbank (SNB) — 364
  - 12.4.2 Geldpolitische Strategien der SNB in der Nachkriegszeit — 366
  - 12.4.3 Das geldpolitische Konzept der SNB — 369
- **12.5 Aussergewöhnliche Geldpolitik seit der Finanzkrise** — 373
  - 12.5.1 Die Untergrenze für kurzfristige Zinsen — 374
  - 12.5.2 Unkonventionelle Geldpolitik — 376
  - 12.5.3 Wieso trotz Geldschwemme lange keine Inflation? — 377
  - 12.5.4 Die Rückkehr der Inflation nach der Coronapandemie — 379

13 Wechselkurse — 387

- **13.1 Wechselkurskonzepte und flexible Wechselkurse** — 388
  - 13.1.1 Nominale Wechselkurse — 388
  - 13.1.2 Reale Wechselkurse — 389
  - 13.1.3 Effekte der Geldpolitik auf nominale und reale Wechselkurse — 390
- **13.2 Fixe Wechselkurse** — 394
  - 13.2.1 Funktionsweise und Vorteile — 394
  - 13.2.2 Kosten und Gefahren — 395
  - 13.2.3 Das Trilemma der Wechselkurspolitik — 396
- **13.3 Das Europäische Währungssystem (EWS)** — 398
  - 13.3.1 Entwicklung der monetären Integration in Europa — 399
  - 13.3.2 Inflationskonvergenz im EWS — 400
  - 13.3.3 Die EWS-Krise von 1992: Spekulative Attacken auf fixe Wechselkurse — 403

13.4	**Währungsunionen**	**406**
	13.4.1 Fixkurssysteme versus Währungsunionen	406
	13.4.2 Optimale Währungsräume	408
13.5	**Die Europäische Währungsunion (EWU)**	**409**
	13.5.1 Entstehung der EWU und die Konvergenzkriterien	410
	13.5.2 Entstehung von Ungleichgewichten im Vorfeld der Eurokrise	412

V Staatsfinanzen

14 Finanzierung der Staatstätigkeit — 423

14.1	**Formen von Staatseinnahmen**	**424**
	14.1.1 Steuern	424
	14.1.2 Verschuldung	425
	14.1.3 Inflationssteuer	426
14.2	**Steuern**	**427**
	14.2.1 Steuern als verzerrende Preiseingriffe	427
	14.2.2 Die Höhe der Wohlfahrtsverluste durch Steuern	430
	14.2.3 Wer bezahlt die Steuern?	434
14.3	**Staatsverschuldung**	**437**
	14.3.1 Staatsverschuldung im Inland und im Ausland	437
	14.3.2 Vorteile der Staatsverschuldung	439
	14.3.3 Nachteile der Staatsverschuldung	441
	14.3.4 Warum steigt die Staatsverschuldung tendenziell an?	443
14.4	**Schweizer Staatsfinanzen**	**444**
	14.4.1 Die wichtigsten Steuern	444
	14.4.2 Der ausgeprägte Finanzföderalismus	448
	14.4.3 Die Schuldenbremse	451

15 Einkommensverteilung und Sozialwerke — 457

15.1	**Effizienz und Verteilung**	**458**
15.2	**Einkommensverteilung und Umverteilung**	**459**
	15.2.1 Die Messung der Einkommensverteilung	460
	15.2.2 Arten der Umverteilung	462
15.3	**Die drei Säulen der Schweizer Altersvorsorge**	**466**
15.4	**Bevölkerungsalterung und die erste Säule**	**468**
	15.4.1 Die demografische Herausforderung	468
	15.4.2 Lösungsmöglichkeiten für das Finanzierungsproblem	469

15.5	**Herausforderungen für die zweite Säule**	**473**
	15.5.1 Der Mindestzinssatz	474
	15.5.2 Der Umwandlungssatz	475
	15.5.3 Ähnlichkeiten der Finanzierungsprobleme von erster und zweiter Säule	476

VI Finanzstabilität

16 Banken — 481

16.1	**Finanzmärkte und die Rolle von Banken**	**482**
	16.1.1 Finanzmärkte versus Banken	482
	16.1.2 Die volkswirtschaftliche Rolle von Banken	484
16.2	**Warum sind Banken ganz spezielle Unternehmen?**	**486**
16.3	**Die wichtigsten Bankgeschäfte**	**488**
	16.3.1 Die Kreditvergabe	488
	16.3.2 Andere Bankgeschäfte	489
16.4	**Die Risiken des Bankgeschäfts**	**490**
	16.4.1 Wenn die Finanzierung austrocknet: Das Liquiditätsrisiko	491
	16.4.2 Wenn Verluste entstehen: Solvenzrisiken	491
16.5	**Bankenregulierung**	**492**
	16.5.1 Eigenkapitalvorschriften zur Eindämmung des Konkursrisikos	492
	16.5.2 Liquiditätsvorschriften zur Vermeidung von Bankenstürmen	495
	16.5.3 Makroprudentielle Vorschriften und die Eindämmung des Too-big-to-fail-Problems	496
16.6	**Bankenregulierung in der Schweiz**	**498**
	16.6.1 Mikroprudentielle Aufsicht durch die FINMA	499
	16.6.2 Makroprudentielle Aufsicht durch die SNB	499

17 Die Grosse Finanzkrise — 505

17.1	**Der US-Häusermarkt als Ursprung der Krise**	**506**
	17.1.1 Der Aufbau von Ungleichgewichten in den USA	506
	17.1.2 Die Immobilienkrise in den USA	509
17.2	**Die weltweite Bankenpanik**	**510**
	17.2.1 Der Verlauf der Bankenkrise	510
	17.2.2 Die Mechanik der grossen Bankenkrise	513

17.3	**Die Eurokrise – auch eine Bankenkrise**	**518**
	17.3.1 Der Ausbruch der Eurokrise	519
	17.3.2 Warum eine zweite Bankenkrise drohte	521
17.4	**Die wirtschaftspolitische Bekämpfung der Finanzkrise**	**523**
	17.4.1 Das Liquiditätsproblem: Die Zentralbanken übernehmen den Geldmarkt	523
	17.4.2 Das Solvenzproblem: Die wichtigsten Formen der Bankenrettung	525

Glossar   **533**

Stichwortverzeichnis   **554**

Einleitung

Dieses Buch verfolgt zwei Ziele. Erstens und vor allem möchte es das Interesse an volkswirtschaftlichen Zusammenhängen wecken und zeigen, wie viele wichtige wirtschaftliche Phänomene man mithilfe einiger weniger Konzepte der Volkswirtschaftslehre verstehen kann. Zweitens will es der Leserin und dem Leser einen relativ umfassenden Einstieg in die wichtigsten Gebiete der Volkswirtschaftslehre vermitteln. Dabei wird besonders darauf geachtet, die zentralen Konzepte möglichst einfach zu erklären und jeweils an konkreten Beispielen vor allem aus der Schweizer Wirtschaft anzuwenden.

Zielpublikum und Methode

Das Buch richtet sich an Personen ohne volkswirtschaftliche Vorkenntnisse, die sich vertiefter mit dem Thema befassen möchten. Es wird deshalb konsequent darauf verzichtet, Konzepte oder Modelle umfassend herzuleiten und zu formalisieren; vielmehr ist es das erklärte Ziel, jeweils die intuitiv verständlichste Darstellung zu verwenden. Trotzdem sollen die Leserinnen und Leser am Schluss natürlich mehr wissen als ein interessierter Laie, der regelmässig die Wirtschaftsseiten einer Tageszeitung konsultiert. Aus diesem Grund bietet das Buch keine Wirtschaftskunde im Sinne einer reinen Beschreibung, sondern versucht zu zeigen, was für ein machtvolles Instrumentarium die Volkswirtschaftslehre für die Analyse komplexer wirtschaftlicher Zusammenhänge bereithält. Schon das Verständnis weniger, einfacher Denkmodelle erlaubt es, viel mehr vom Wirtschaftsgeschehen einzuordnen, als wenn man Hunderte von Seiten mit Fakten auswendig lernen würde. Dabei beschränken wir uns auf ein Minimum an Konzepten, die im Text jeweils überblicksartig erläutert werden.

Um die genannten Ziele zu erreichen, ist das Buch wie folgt konzipiert. *Erstens* werden die Themen immer mithilfe einfacher Konzepte analytisch erörtert; gleichzeitig ist die Diskussion aber stets auf die konkrete Anwendung ausgerichtet. *Zweitens* wird darauf verzichtet, für jede Fragestellung jeweils neue methodische Instrumente einzuführen. Vielmehr werden so gut wie alle Analysen anhand von zwei grafischen Grundmodellen vorgenommen – eines für die Diskussion einzelner Märkte (Mikroökonomie) und eines für die Darstellung gesamtwirtschaftlicher Phänomene (Makroökonomie). Es handelt sich dabei um die beiden in der volkswirtschaftlichen Lehre mit Abstand am häufigsten verwendeten Modelle. *Drittens* verwendet das Lehrbuch nicht die klassische Unterteilung in Mikro- und Makroökonomie. Vielmehr folgt die Struktur den wichtigsten wirtschaftspolitischen Themenbereichen, und es wird je nach Thema das mikro- oder das makroökonomische Grundmodell angewendet. *Viertens* steht der Bezug zur Schweiz und zu ihrem internationalen Umfeld im Zentrum der konkreten Anwendungen.

Bei der Diskussion der verschiedenen Themen versuchen wir, so weit wie möglich immer nach dem gleichen Schema vorzugehen: Zunächst wird ein Phänomen konzeptionell analysiert. Dann wird gezeigt, wie sich die Wirtschaftspolitik in diesem Bereich auswirkt. Und schliesslich wenden wir die Analyse auf die jeweilige Situation in der Schweiz an.

Der Text ist mit zwei didaktischen Elementen ergänzt. Einerseits werden die für die jeweilige Thematik wichtigsten Begriffe bei ihrer ersten Verwendung am Seitenrand definiert. Diese Definitionen bilden, ergänzt durch die Erklärung zusätzlicher Begriffe, das Glossar am Ende des Buches. Andererseits sind immer wieder vertiefende Boxen eingestreut, die in zwei Kategorien unterteilt sind. Eine «Technische Box» erläutert analytische Konzepte genauer oder gibt mehr Informationen zu den verwendeten Daten. Eine «Vertiefung» liefert mehr Details zu im Haupttext eher knapp gehaltenen Erläuterungen.

Jedes Kapitel endet mit einer Zusammenfassung, listet noch einmal die wichtigsten Begriffe auf und stellt eine Reihe von Fragen, die es Leserinnen und Lesern erlauben, ihr Verständnis der wichtigsten Kapitelinhalte zu überprüfen.

Aufbau

Das Lehrbuch umfasst insgesamt sechs Teile. Der erste Teil behandelt die Grundlagen der Volkswirtschaftslehre und die nächsten fünf Teile sind jeweils einem der zentralen Themen der Volkswirtschaftslehre gewidmet.

Teil I umfasst die Kapitel 1 bis 4. In Kapitel 1 werden die fünf zentralen Themen der volkswirtschaftlichen Debatten präsentiert: Wohlstand, Arbeitslosigkeit, Preisstabilität, Staatsfinanzen und Finanzstabilität. Das Kapitel zeigt ausserdem, wie sich die Situation der Schweiz in diesen fünf Bereichen entwickelt hat und wie sie sich im internationalen Vergleich präsentiert. Zudem werden in diesem Kapitel die wichtigsten stilisierten Akteure der Volkswirtschaftslehre und ihr Zusammenwirken erläutert. Kapitel 2 leitet das mikroökonomische Grundmodell her, das jeweils für die Analyse einzelner Märkte verwendet wird. Es basiert auf den individuellen Angebots- und Nachfrageentscheidungen von Unternehmen und Haushalten. Kapitel 3 erklärt das makroökonomische Grundmodell – das Zusammenspiel von gesamtwirtschaftlicher Produktion (aggregiertes Angebot) und gesamtwirtschaftlicher Verwendung (aggregierte Nachfrage) –, das jeweils für die gesamtwirtschaftlichen Analysen in diesem Buch verwendet wird. Kapitel 4 erläutert, wie die wichtigsten gesamtwirtschaftlichen Daten berechnet werden. Es beginnt mit dem Bruttoinlandprodukt, analysiert dann die Zahlungsbilanz und diskutiert schliesslich die Messung der Preisstabilität und der Arbeitslosigkeit.

Teil II umfasst die Kapitel 5 bis 8. Er widmet sich dem Ziel des wirtschaftlichen Wohlstands und damit der Grundfrage der Volkswirtschaftslehre: Wie lassen sich die knappen Ressourcen möglichst effizient einsetzen? Kapitel 5 beschäftigt sich mit der Rolle der Preise in einer Marktwirtschaft. Im Wesentlichen geht es hier darum, die Grundidee des berühmtesten Bildes der Ökonomie zu erläutern – der «unsichtbaren Hand» von Adam Smith. Kapitel 6 zeigt, dass auch in einer Marktwirtschaft der Staat eine wichtige Rolle spielt. Wir berücksichtigen dabei die Bekämpfung von Marktversagen ebenso wie die Gefahr von Staatsversagen. In Kapitel 7 gehen wir dem zweiten zentralen marktwirtschaftlichen Grundprinzip nach, nämlich der Spezialisierung. Wir betrachten die Rolle der Arbeitsteilung im Allgemeinen, um sie dann am Beispiel des internationalen Handels zu konkretisieren. Kapitel 8 ist schliesslich dem langfristigen Wachstum gewidmet. Das Augenmerk liegt hier insbesondere auf dem technischen Fortschritt, der den mit Abstand wichtigsten Bestimmungsfaktor des langfristigen Wachstumstrends einer Volkswirtschaft darstellt.

Teil III beleuchtet in den Kapiteln 9 und 10 das Ziel tiefer Arbeitslosigkeit. Gleich zu Beginn werden die beiden konzeptionell sehr unterschiedlichen Formen von Arbeitslosigkeit unterschieden: die Sockelarbeitslosigkeit und die konjunkturelle Arbeitslosigkeit. Beiden ist jeweils ein Kapitel gewidmet. Kapitel 9 befasst sich mit der Sockelarbeitslosigkeit, deren Höhe von der Funktionsfähigkeit und insbesondere der Art der Regulierung des Arbeitsmarktes und nicht von der Konjunkturlage bestimmt wird. In Kapitel 10 führen wir die konjunkturelle Arbeitslosigkeit ein und analysieren die Instrumente der Konjunkturpolitik.

Teil IV befasst sich mit dem Ziel der Preisstabilität im weitesten Sinne, d. h. mit der monetären Dimension der Volkswirtschaftslehre, die in den Kapiteln 11 bis 13 behandelt wird. Kapitel 11 analysiert die Bestimmungsfaktoren und die Effekte der Inflation, aber auch der Deflation. In Kapitel 12 wird die zentrale Determinante der Inflationsentwicklung erläutert, nämlich die Geldpolitik und ihre Ausgestaltung. Ihre internationale Dimension und damit ihre Auswirkungen auf den Wechselkurs beleuchten wir anschliessend in Kapitel 13. Dabei lernen wir auch die Geschichte und Probleme der europäischen Währungszusammenarbeit bis hin zur aktuellen Eurokrise kennen.

Teil V geht der vierten wirtschaftspolitischen Zielgrösse nach, der nachhaltigen Staatsfinanzierung. Dieser Teil umfasst die Kapitel 14 und 15. In Kapitel 14 kommen die verschiedenen Methoden der Finanzierung der Staatstätigkeit zur Sprache. Es geht dabei um Steuern und ihre Effekte auf der einen und die Staatsverschuldung und ihre ökonomischen Auswirkungen auf der anderen Seite. In Kapitel 15 wenden wir uns den Sozialwerken zu, welche die wichtigste Herausforderung für die zukünftige Finanzierung der staatlichen Tätigkeit darstellen.

Teil VI befasst sich mit dem Ziel der Finanzstabilität. Seit dem Ausbruch der globalen Finanzkrise spielt dieses Thema in der wirtschaftspolitischen Diskussion eine sehr wichtige Rolle. Als Grundlage zum Verständnis derartiger Ereignisse analysieren wir in Kapitel 16 die Bedeutung von Banken in einer funktionierenden Marktwirtschaft. Insbesondere gehen wir dabei auf die speziellen Risiken des Bankgeschäfts ein und analysieren, wie die Wirtschaftspolitik damit umgehen kann. Kapitel 17 wendet diese konzeptionellen Grundlagen an, um die Hintergründe der globalen Finanzkrise zu erklären. Diese Krise, die ihren Ursprung im Fehlverhalten von Banken hat, hält die Weltwirtschaft seit 2008 in unterschiedlicher Intensität in Atem. Besprochen werden einerseits die Krisenmechanik, andererseits die Reaktion der Wirtschaftspolitik auf diese Ereignisse.

Alternativer Lehrplan mit Unterteilung in Mikro- und Makroökonomie

Der Aufbau dieses Buches orientiert sich an den fünf zentralen volkswirtschaftlichen Themen und nicht an der traditionellen Unterteilung in Mikro- und Makroökonomie. Trotzdem ist es bewusst so konzipiert und geschrieben, dass man es ohne weitere Anpassung auch für Kurse einsetzen kann, in denen die traditionelle Unterteilung verwendet wird. Im Folgenden ist ein alternativer Lehrplan aufgeführt für einen Kurs, der den gesamten Stoff anhand der klassischen Unterteilung in Mikro- und Makroökonomie vermitteln möchte; in kürzeren Veranstaltungen kann man sich natürlich auch entweder nur auf die Mikroökonomie oder nur auf die Makroökonomie beschränken:

Einleitung
1   Themen und Akteure im Überblick

Einführung in die Mikroökonomie
2   Grundlagen der Mikroökonomie
5   Preismechanismus und Marktwirtschaft
6   Der Staat und die Marktwirtschaft
7   Internationale Arbeitsteilung
9   Sockelarbeitslosigkeit
14 Finanzierung der Staatstätigkeit (Thema «Steuern»)
15 Einkommensverteilung und Sozialwerke
16 Banken

Einführung in die Makroökonomie
3   Grundlagen der Makroökonomie
4   Gesamtwirtschaftliche Messkonzepte
8   Langfristiges Wachstum
10 Konjunktur und Arbeitslosigkeit
11 Inflation und Deflation
12 Geldpolitik
13 Wechselkurse
14 Finanzierung der Staatstätigkeit (Thema «Staatsverschuldung»)
17 Die Grosse Finanzkrise

I Grundlagen der Volkswirtschaftslehre

Dieser erste Teil legt die Grundlagen für die Analysen dieses Buches. Die Volkswirtschaftslehre basiert einerseits auf Theorie, also dem Bemühen, komplexe Zusammenhänge in vereinfachten Modellen darzustellen. Diese Modelle erlauben es, verschiedenste Fragestellungen mit dem gleichen Instrumentarium abzuhandeln. Hat man einmal die Mechanismen der Grundmodelle verstanden, erleichtert dies das Verständnis vieler ökonomischer Zusammenhänge wesentlich. Als Basis für die weiteren Diskussionen in diesem Buch beginnen wir daher mit einigen zentralen Modellen der Volkswirtschaftslehre.

Andererseits ist die Ökonomie eine sehr empirische Wissenschaft. Daten und statistische Zusammenhänge spielen eine zentrale Rolle. Deshalb werden in diesem Teil auch die Grundlagen gelegt, um die wichtigsten volkswirtschaftlichen Messkonzepte verstehen und anwenden zu können.

▶ Kapitel 1 stellt die wichtigsten Themen vor, mit denen sich die Volkswirtschaftslehre befasst. Es zeigt die zentralen Kenngrössen, an denen sich der wirtschaftliche Zustand eines Landes beurteilen lässt, und wendet diese für eine Darstellung der Schweizer Wirtschaft im internationalen Vergleich an. Zudem werden die wichtigsten Analyseebenen der Volkswirtschaftslehre erläutert und mit dem Wirtschaftskreislauf ein erstes, ganz einfaches Modell einer Volkswirtschaft vorgestellt.

▶ In Kapitel 2 wird das mikroökonomische Grundmodell auf der Basis von Angebot und Nachfrage Schritt für Schritt hergeleitet. Dieses Modell kommt immer dann zur Anwendung, wenn das Geschehen auf einzelnen Märkten – seien es Gütermärkte, Arbeitsmärkte oder Kapitalmärkte – analysiert wird.

▶ Kapitel 3 präsentiert das makroökonomische Grundmodell auf Basis des aggregierten Angebots (Produktionsseite) und der aggregierten Nachfrage (Verwendungsseite). Dieses Modell wird für die Analyse gesamtwirtschaftlicher Fragen verwendet – etwa zur Untersuchung von Konjunkturschwankungen oder der Inflation.

▶ In Kapitel 4 stellen wir die wichtigsten gesamtwirtschaftlichen Messkonzepte vor. Wir beginnen mit dem Bruttoinlandprodukt und seinen Komponenten und besprechen dann mit der Zahlungsbilanz die Messung der wirtschaftlichen Verflechtung eines Landes mit dem Ausland. Schliesslich zeigen wir, wie die Arbeitslosigkeit und die Preisstabilität gemessen werden.

1 Themen und Akteure im Überblick

«It's the economy, stupid.» Dieser Ausspruch war an die Wand der Wahlkampfzentrale eines Kandidaten für die US-Präsidentschaft geheftet. Damit sollten alle Wahlkampfhelferinnen und -helfer darauf eingeschworen werden, sich auf ein – und zwar das entscheidende – Thema zu konzentrieren: die Wirtschaftslage. Nicht zuletzt dank der konsequenten Ausrichtung seines Wahlkampfs auf diesen Punkt gelang es dem Kandidaten, aus einer wenig versprechenden Ausgangslage heraus startend, 1992 zum Präsidenten gewählt zu werden. Eine leichte Rezession in der Vorwahlperiode und deren konsequente Ausschlachtung in der Wahlkampfkampagne waren mitentscheidend für den Umschwung. Bill Clinton, so hiess der erfolgreiche Wahlkämpfer, hatte sich die älteste Tatsache der amerikanischen Politik zu Herzen genommen: Wahlen entscheiden sich meist an volkswirtschaftlichen Themen. Kennt man die Wirtschaftslage in den USA im Jahr der Wahl, so kann man praktisch mit Sicherheit das Wahlergebnis voraussagen. Die Bedeutung volkswirtschaftlicher Themen in der Politik ist aber keine amerikanische Eigenheit. Auch in der Schweiz können wir beobachten, dass beispielsweise im jährlich erhobenen Sorgenbarometer meist wirtschaftliche Probleme mit an der Spitze der Rangliste liegen. Dabei sind es immer wieder die gleichen Themen, die in der öffentlichen Wahrnehmung im Vordergrund stehen – je nach Wirtschaftslage mit unterschiedlicher Gewichtung.

1.1 Die wichtigsten volkswirtschaftlichen Themen

1.2 Die Entwicklung der wichtigsten volkswirtschaftlichen Daten für die Schweiz

1.3 Analyseebenen der Volkswirtschaftslehre

1.4 Der Wirtschaftskreislauf

In diesem einleitenden Kapitel sollen diese zentralen volkswirtschaftlichen Themen identifiziert und anhand entsprechender Daten für die Schweiz diskutiert werden. Zudem wollen wir eine erste Übersicht über die wichtigsten volkswirtschaftlichen Akteure und ihr Zusammenwirken geben. Das Kapitel ist wie folgt aufgebaut:
- 1.1 beschreibt die fünf wichtigsten volkswirtschaftlichen Themen, denen je ein Teil dieses Buches gewidmet ist.
- 1.2 zeigt anhand von geeigneten Messgrössen die Entwicklung der Schweizer Volkswirtschaft und macht einen internationalen Vergleich.
- 1.3 diskutiert die Untersuchungsebenen der Volkwirtschaftslehre – Einzelentscheide, Märkte und Gesamtwirtschaft.
- 1.4 präsentiert mit Kreislaufdiagrammen ein einfaches Konzept zur Darstellung der Gesamtwirtschaft.

1.1 Die wichtigsten volkswirtschaftlichen Themen

Wie gut die wirtschaftliche Situation eines Landes ist, lässt sich anhand einiger weniger volkswirtschaftlicher Daten beurteilen. Wir erläutern in der Folge die zentralen Themen der volkswirtschaftlichen Analyse, die hinter diesen Daten stehen, und zeigen auf, wie sie miteinander zusammenhängen.

1.1.1 Die gesamtwirtschaftlichen Zielgrössen

Um den wirtschaftlichen Zustand und die Qualität der Wirtschaftspolitik eines Landes einschätzen zu können, benötigt man geeignete und allgemein anerkannte Beurteilungskriterien. Es geht also zunächst einmal um die Festlegung gesamtwirtschaftlicher Zielgrössen. Diese müssen so allgemein definiert sein, dass ein breiter Konsens über ihre Wünschbarkeit besteht; gleichzeitig sollten sie jedoch genügend spezifisch sein, um die Zielerreichung überhaupt überprüfbar zu machen. Diesen Ansprüchen genügen die folgenden fünf allgemein anerkannten gesamtwirtschaftlichen Ziele:
- hoher Wohlstand,
- tiefe Arbeitslosigkeit,
- stabile Preise,
- nachhaltige Staatsfinanzierung,
- stabiles Finanzsystem.

«Allgemein anerkannt» sind diese Ziele deshalb, weil wohl kaum jemand tieferen Wohlstand, höhere Arbeitslosigkeit, hohe Inflationsraten, zerrüttete Staatsfinanzen oder Finanzkrisen positiv beurteilen würde. Mit anderen Worten: Die Ziele selbst sind kaum bestritten. Uneinigkeit kann aber natürlich in der Beurteilung der relativen Wichtigkeit dieser Ziele herrschen.

Betrachten wir nun in einem ersten, kurzen Überblick jedes dieser fünf zentralen Themen, die in den folgenden Teilen des Buches im Detail behandelt werden.

Hoher Wohlstand

Warum sind die Industrieländer so viel reicher als die Entwicklungsländer? Wie lässt sich erklären, dass die phänomenale Entwicklung unseres *Wohlstands* erst vor rund 200 Jahren eingesetzt hat? Warum war das Schweizer Wachstum in den letzten Jahrzehnten des vergangenen Jahrhunderts

Wohlstand
Lebensstandard in einer Volkswirtschaft. Messgrösse ist zumeist das Bruttoinlandprodukt pro Kopf der Bevölkerung.

im Durchschnitt so tief? Ist Wachstum überhaupt wünschbar, und gibt es Grenzen der Wohlstandsentwicklung?

Um solche Fragen beantworten zu können, muss man die Bestimmungsfaktoren des Wohlstands und seiner Erhöhung, d.h. des Wirtschaftswachstums, analysieren. Und damit sehen wir uns bereits mit der eigentlichen Grundfrage der Volkswirtschaftslehre konfrontiert, nämlich wie die knappen Ressourcen (Arbeit, Kapital, Boden, Rohstoffe) möglichst effizient eingesetzt werden können. In der Effizienz dieses Ressourceneinsatzes gibt es offensichtlich grosse Unterschiede zwischen den Ländern, die ebenso erklärt werden müssen wie die Tatsache, dass die unglaubliche Wohlstandssteigerung in den heutigen Industrieländern erst während der vergangenen beiden Jahrhunderte erreicht werden konnte. Aus Sicht der Schweiz – nach wie vor eines der reichsten Länder der Welt – ist natürlich die Frage von grossem Interesse, unter welchen Bedingungen sich ihre bemerkenswerte Wohlstandsentwicklung fortsetzen lässt oder ob man dabei an natürliche Grenzen stösst.

Teil II des Buches behandelt in insgesamt vier Kapiteln die Bestimmungsfaktoren des Wohlstands und damit die Grundlagen zur Beantwortung dieser Fragen.

Tiefe Arbeitslosigkeit

Warum ist die *Arbeitslosigkeit* in der Schweiz so viel tiefer als in Deutschland? Welche Effekte haben Mindestlöhne oder der Kündigungsschutz auf die Arbeitslosigkeit? Lässt sich mit staatlicher Stimulierung der Nachfrage die Arbeitslosigkeit reduzieren? Geht uns die Arbeit aus?

Arbeitslosigkeit
Zustand, in dem arbeitsfähige Personen aktiv auf Arbeitssuche sind, jedoch keine Arbeitsstelle finden.

Diese und ähnliche Fragen sind auch in der öffentlichen Diskussion von einiger Bedeutung. Da unfreiwillige Arbeitslosigkeit eine einschneidende Erfahrung für alle Betroffenen darstellt, wird bei stark steigender Arbeitslosenquote die Beschäftigungsfrage in aller Regel sofort zum wirtschaftspolitischen Thema Nummer 1. Um die oben genannten Fragen zu beantworten, muss man den Arbeitsmarkt detailliert analysieren. Dabei zeigt sich, dass unterschiedliche staatliche Regulierungen die im Ländervergleich auftretenden Divergenzen in den durchschnittlichen Arbeitslosenquoten grösstenteils erklären können. Um die starken Schwankungen der Arbeitslosigkeit im Konjunkturverlauf verstehen zu können, muss man jedoch den Blick über den Arbeitsmarkt hinaus richten. Das konjunkturelle Auf und Ab ist nämlich dadurch gekennzeichnet, dass alle Märkte mehr oder weni-

Mikroökonomie
Teilgebiet der Volkswirtschaftslehre, das sich mit den Entscheidungen der Haushalte und der Unternehmen sowie mit deren Zusammenspiel auf einzelnen Märkten befasst.

Makroökonomie
Teilgebiet der Volkswirtschaftslehre, das sich mit gesamtwirtschaftlichen Phänomenen wie Inflation, Konjunkturschwankungen oder langfristigem Wachstum befasst.

Preisstabilität
Zustand, in dem ein gewichteter Durchschnitt der für den Konsum relevanten Preise einer Volkswirtschaft keine grossen Schwankungen aufweist.

ger gleichzeitig davon betroffen sind. Die Diskussion der konjunkturellen Arbeitslosigkeit erfordert deshalb eine gesamtwirtschaftliche Betrachtung. Will man das Thema der Arbeitslosigkeit also umfassend diskutieren, so braucht man sowohl die *mikroökonomische Analyse* des Arbeitsmarktes als auch die *makroökonomische Analyse* der Gesamtwirtschaft.

Teil III des Buches analysiert in zwei Kapiteln diese unterschiedlichen Formen der Arbeitslosigkeit sowie die wichtigsten wirtschaftspolitischen Ansätze zu ihrer Bekämpfung.

Stabile Preise

Ist eine moderate Inflation überhaupt ein Problem? Warum war die Inflation in den letzten Jahren deutlich tiefer als zuvor? Wie funktioniert die Geldpolitik, und welche Relevanz hat sie für die *Preisstabilität*? Wie hängen Inflation und Geldpolitik mit den Wechselkursen zusammen?

Die Antworten auf solche Fragen scheinen auf den ersten Blick weniger bedeutsam zu sein als die Bestimmungsfaktoren von Wohlstand und Arbeitslosigkeit. Angesichts der in den meisten Industrieländern seit Jahren tiefen Inflationsraten könnte man leicht zur Ansicht gelangen, dieses Thema habe sich eigentlich erledigt und die Fragen seien mehr von technischem als von wirtschaftspolitischem Interesse. Das wäre aber ein Trugschluss, da die gegenwärtige Situation nur darauf zurückzuführen ist, dass die Inflationsbekämpfung der vergangenen Jahrzehnte aus verschiedenen Gründen erfolgreich war. Stabile Preise sind eminent wichtig für eine Volkswirtschaft und letztlich auch für die Zufriedenheit der Bevölkerung. Sobald nämlich die Inflation eine gewisse Höhe erreicht, allenfalls zweistellig wird und immer stärker steigt, wird sie sehr rasch zur dominierenden wirtschaftspolitischen Frage. Wird ein Land gar von einer Hyperinflation, also einer galoppierend steigenden Inflation getroffen, dann verblassen daneben alle anderen volkswirtschaftlichen Themen. Die gesamte Bevölkerung ist dann nur noch bestrebt, sich gegen die Inflation zu schützen. Aber auch moderate Inflationen haben subtile negative Effekte und können nur mit hohen Kosten in Form von höherer Arbeitslosigkeit und gebremstem Wachstum erfolgreich bekämpft werden. Schon hier erkennen wir: Die zentralen volkswirtschaftlichen Zielgrössen sind voneinander abhängig.

Teil IV des Buches erklärt in drei Kapiteln die Bedeutung der Preisstabilität und analysiert die zentrale Rolle der Geldpolitik sowie ihre Rückwirkungen auf die Wechselkurse.

Nachhaltige Staatsfinanzierung

Warum steigt die Staatsverschuldung in den meisten Ländern an? Sind Steuererhöhungen gesamtwirtschaftlich schädlich? Was ist der Sinn finanzpolitischer Regeln, wie z. B. der Schweizer Schuldenbremse? Wie können wir die Sozialwerke in Zukunft noch finanzieren? Wie garantiert man eine *nachhaltige Staatsfinanzierung*?

Fragen rund um die Finanzierung der Staatstätigkeit haben in den letzten Jahren und besonders seit dem Ausbruch der Schuldenkrise im Euroraum in der wirtschaftspolitischen Diskussion stark an Bedeutung gewonnen. Der wichtigste Grund dafür: In vielen Ländern besteht die Tendenz, die Staatsausgaben stärker steigen zu lassen als die Staatseinnahmen. Die Folge sind Budgetdefizite, die über eine steigende Verschuldung auf dem Kapitalmarkt finanziert werden müssen. Vor diesem Hintergrund ist es wichtig zu analysieren, inwiefern eine steigende Staatsverschuldung gesamtwirtschaftlich problematisch ist und was dagegen unternommen werden kann. Die alternative Finanzierungsform für den Staat sind Steuern, deren Erhebung aber ebenfalls mit Kosten in Form von Effizienzverlusten verbunden ist. Die Analyse der Effekte verschiedener Arten der Besteuerung gehört deshalb zu den wichtigen Gebieten der Volkswirtschaftslehre. Eine zentrale Rolle für die nachhaltige staatliche Finanzierung spielen die Sozialversicherungen, insbesondere die Altersvorsorge. Denn aufgrund der demografischen Entwicklung wissen wir schon heute, dass diese die Staatsausgaben in Zukunft stark werden ansteigen lassen. Wie bei der Preisstabilität ist auch bei der nachhaltigen Staatsfinanzierung die unmittelbare Wichtigkeit des Ziels meist nicht offensichtlich. Verschlechtert sich die Lage der Staatsfinanzen, so erscheint dies momentan nicht so dramatisch wie eine hohe Arbeitslosigkeit oder ein negatives Wachstum. Die Langzeitfolgen angeschlagener Staatsfinanzen sind jedoch ebenso massiv wie die einer stark steigenden Inflation. Ein Land, dessen Staatsfinanzen nachhaltig zerrüttet sind, wird kaum mehr Wohlstandsverbesserungen aufweisen können, womit auch bald andere Ziele tangiert sind.

Teil V des Buches behandelt in zwei Kapiteln die Finanzierung der Staatstätigkeit, analysiert ihre Effekte und illustriert, wie man mit den zukünftigen Finanzierungsanforderungen aus der Altersvorsorge umgehen kann.

> **Nachhaltige Staatsfinanzierung**
> Die Ausgaben des Staates sind langfristig (über einen Konjunkturzyklus hinweg) durch die ordentlichen Einnahmen gedeckt.

Stabiles Finanzsystem

Warum haben Finanzkrisen derart negative Auswirkungen auf die Wirtschaftsentwicklung? Was unterscheidet Banken von anderen Unternehmen? Was verursachte die Grosse Finanzkrise? Wie sollte man Banken regulieren, damit sie genügend stabil sind?

Solche Fragen haben bis vor Kurzem vor allem Wirtschaftshistoriker oder allenfalls Spezialisten der Bankenregulierung interessiert. In der breiten Öffentlichkeit wurde kaum darüber geredet, und so gut wie niemand mass der Finanzstabilität auch nur im Entferntesten eine ähnliche Bedeutung zu wie beispielsweise der Arbeitslosigkeit oder der Preisstabilität. Das hat sich in den letzten Jahren gewaltig geändert. Seit der Kollaps der US-amerikanischen Investmentbank Lehman Brothers im Herbst 2008 eine weltweite Bankenpanik ausgelöst hat, kommt der Begriff der Finanzkrise nicht mehr aus den Schlagzeilen. Und noch heute schlagen wir uns mit den Folgen dieser Krise herum, die noch längst nicht überwunden ist. Vergleichbar ist dieses Ereignis nur mit der Grossen Depression der 1930er-Jahre, die allerdings doch deutlich einschneidender war. Auch die grosse Krise vor dem Zweiten Weltkrieg hatte ihren Ursprung in einer weltweiten Bankenpanik. Finanzstabilität ist also ohne Zweifel ein Thema von vergleichbarer Bedeutung wie die anderen vier gesamtwirtschaftlichen Zielgrössen. Speziell aber ist, dass sie im Gegensatz zu diesen anderen Themen nur dann wirklich wahrgenommen wird, wenn im grossen Stil etwas schiefgeht – und das passiert zum Glück eher selten. Allerdings hat es in den letzten 100 Jahren neben den beiden globalen Finanzkrisen immer wieder sehr tiefgreifende nationale Bankenkrisen gegeben. Sich mit diesen Fragen zu befassen, ist deshalb auch für Einsteiger in die Volkswirtschaftslehre eine lohnende Investition.

Teil VI des Buches behandelt das Thema in zwei Kapiteln. Einerseits werden die eminente volkswirtschaftliche Rolle und die besonderen Risiken von Banken analysiert, andererseits werden die wichtigsten Aspekte der grossen Finanzkrise dargestellt.

1.1.2 Der Zusammenhang zwischen den gesamtwirtschaftlichen Zielgrössen

Die Analyse der fünf genannten Bereiche gibt verlässliche Hinweise auf den wirtschaftlichen Gesundheitszustand eines Landes. Ihre Entwicklung lässt sich auch als eine wichtige Information darüber interpretieren, wie erfolgreich die jeweilige Wirtschaftspolitik agiert. Es drängt sich nun die Frage auf, ob es zwischen diesen fünf Grössen zu Zielkonflikten kommen kann. Glücklicherweise sind die Ziele aber ausgesprochen komplementär. Zumindest bei einer mittel- bis langfristigen Betrachtungsweise bestehen keine wesentlichen Zielkonflikte – eine zweckmässig ausgestaltete Wirtschaftspolitik ist in allen fünf Dimensionen erfolgreich. Dies ökonomisch zu erklären, erfordert ein analytisches Rüstzeug, das wir uns im Verlauf dieses Buches erarbeiten. Dass es sich dabei nicht nur um eine unbegründete Behauptung handelt, können wir aber auch ohne grosse Vorkenntnisse leicht an Beispielen wie der wirtschaftlichen Entwicklung der Schweiz in den 1990er-Jahren erkennen. In diesem Zeitraum wiesen – wie wir in den kommenden Unterkapiteln sehen werden – alle Zielgrössen in die gleiche, ungünstige Richtung. Das Wirtschaftswachstum reduzierte sich so drastisch, dass über das gesamte Jahrzehnt eine Stagnation zu verzeichnen war. Diese schlechte Situation bezüglich der Wohlstandsentwicklung widerspiegelte sich auch in der Arbeitslosigkeit. Mit dem Rückgang des Wachs-

> **Verteilungsgerechtigkeit**
> Normative Vorstellung darüber, wie in einer Gesellschaft der Wohlstand verteilt sein soll.

VERTIEFUNG

Das Ziel der gerechten Einkommensverteilung

Bei der hier vorgestellten Auswahl an volkswirtschaftlichen Zielgrössen werden manche die *Verteilungsgerechtigkeit* vermissen. Verteilungsziele sind ohne Zweifel von grosser Bedeutung – ihre Festlegung ist aber vor allem eine politische Frage. Man kann ohne Übertreibung sagen, dass politische Debatten und Aktivitäten sich überwiegend an Verteilungsfragen entzünden. Bei Diskussionen über das Für und Wider bestimmter Massnahmen steht meist die Frage im Vordergrund, auf welche Gruppen der Gesellschaft diese Massnahmen positiv oder negativ wirken, d.h., ob sie zu Umverteilungen zwischen Regionen, Berufen, Altersklassen, Einkommensschichten etc. führen. In diesem Buch soll es aber um die Analyse der volkswirtschaftlichen Mechanismen gehen und nicht um die Beurteilung derartiger politischer Fragen. Wir beschränken uns deshalb auf die Darstellung der Messung der Einkommensverteilung und auf die Funktionsweise der wichtigsten Sozialwerke in Kapitel 15.

Fügten wir nämlich unseren fünf Zielgrössen als ein sechstes Ziel die Verteilungsgerechtigkeit hinzu, würde sich sofort die Frage stellen, was eigentlich eine gerechte Verteilung sei. Dies ist aber letztlich eine normative Frage der persönlichen Beurteilung, die bei jeder Person anders ausfällt, abhängig von ihrer finanziellen, sozialen oder beruflichen Lebenssituation und/oder ihrem politischen und ethischen Standpunkt. Für unsere fünf Zielgrössen trifft dies hingegen deutlich weniger zu. Hoher Wohlstand, nachhaltige Staatsfinanzierung, geringe Arbeitslosigkeit, Preisstabilität und stabile Finanzsysteme werden in der Regel von den allermeisten als erstrebenswert erachtet. Die in diesem Buch präsentierten ökonomischen Konzepte lassen sich hingegen für die Analyse verwenden, wie politisch definierte Verteilungsziele so angestrebt werden können, dass die fünf im engeren Sinne volkswirtschaftlichen Zielgrössen möglichst wenig beeinträchtigt werden. Diese Art von Analysen gehört zu den wichtigsten Aufgaben von Ökonominnen und Ökonomen, die in der wirtschaftspolitischen Praxis tätig sind.

tums stieg die Arbeitslosenquote stark an und erreichte für die Schweiz ungekannte Höhen. Im Gleichschritt verschlechterte sich die Situation der Staatsfinanzen, da die Verschuldung massiv anstieg, vor allem aufgrund der mit der schlechten Wirtschaftslage einhergehenden Kombination aus höheren Staatsausgaben und tieferen Steuererträgen. Die Inflation blieb während dieser Periode durchgehend tief. Schliesslich gab es zwar keine Finanzkrisen, aber zahlreiche Banken wurden durch Verluste wegen fallender Immobilienpreise und schlechter Konjunkturlage arg geschwächt. In diesen Daten lassen sich keine gegenläufigen Bewegungen beobachten, die Hinweise auf Zielkonflikte geben könnten. Vielmehr haben sich alle wichtigen Indikatoren verschlechtert oder zumindest nicht verbessert.

Einen nur scheinbaren Spezialfall stellt hier die Preisstabilität dar, denn bei einer schlechten Wirtschaftslage droht meist keine Inflation. Allerdings sind aussergewöhnlich schlechte Wirtschaftslagen manchmal gekennzeichnet durch ein sinkendes Preisniveau, also durch Deflation – womit aber das Ziel der Preisstabilität ebenfalls verfehlt wird. So ungünstig die Lage der Schweizer Wirtschaft in den 1990er-Jahren war, so klar ist aber auch, dass die Gesamtwirtschaft keinen wirklich dramatischen Einbruch erlebte und deshalb zum Glück auch keine Deflation.

Schliesslich können wir die Abwesenheit von wesentlichen Zielkonflikten auch an der Fortsetzung unseres kleinen historischen Exkurses am Anfang dieses Kapitels aufzeigen. Die Periode von 1993 bis 2000, also die Zeit der Präsidentschaft von Bill Clinton, war für die USA wirtschaftlich ausgesprochen erfolgreich. Auch hier lässt sich beobachten, dass in einer wirklich guten wirtschaftlichen Situation alle wichtigen Indikatoren in die gewünschte Richtung gehen, dass also kaum Zielkonflikte auftreten. In den USA stieg während dieser Periode das Wirtschaftswachstum, die Arbeitslosigkeit sank und die Staatsverschuldung konnte abgebaut werden, und dies alles bei nie wirklich gefährdeter Preis- oder Finanzstabilität. Wie stark diese günstige Entwicklung einer erfolgreichen Wirtschaftspolitik zuzuschreiben war und wie viel von glücklichen Umständen abhing, ist natürlich eine offene Frage. Die exzellente Wirtschaftslage war auf jeden Fall mitentscheidend dafür, dass Clinton trotz einer Reihe von Skandalen 1996 problemlos wiedergewählt wurde und 2000 mit einer der höchsten Zustimmungsraten der amerikanischen Geschichte sein Amt abgab.

1.2 Die Entwicklung der wichtigsten volkswirtschaftlichen Daten für die Schweiz

Um die fünf zentralen Themen der volkswirtschaftlichen Analyse zu konkretisieren, wollen wir die Entwicklung der entsprechenden Daten am Beispiel der Schweizer Volkswirtschaft verfolgen. Genauere Informationen zu den Berechnungsmethoden und Hintergründen der wichtigsten hier verwendeten gesamtwirtschaftlichen Daten finden sich in Kapitel 4.

1.2.1 Wohlstand

Die Schweiz galt lange Zeit zu Recht als reichstes Land der Erde. Obwohl in den letzten Jahrzehnten dieser Wohlstandsvorsprung etwas geschmolzen ist, gehört die Schweiz nach wie vor zu den wohlhabendsten Ländern.

Zunächst lässt sich zweierlei feststellen: Erstens steigt das *Bruttoinlandprodukt (BIP)* während des gesamten 20. Jahrhunderts und bisherigen 21. Jahrhunderts tendenziell an, zweitens aber verläuft die Entwicklung nicht gleichmässig, sondern weist bedeutende Schwankungen auf. Hinter diesen beiden Beobachtungen verbergen sich zwei grundlegende Phänomene der gesamtwirtschaftlichen Entwicklung einer Volkswirtschaft:

▶ Das langfristige Wachstum: Die Beobachtung, dass sich das Bruttoinlandprodukt über die Zeit tendenziell erhöht. Man spricht von *Trendwachstum*.
▶ Die *Konjunkturschwankungen:* Die Beobachtung, dass das Wachstum ungleichmässig verläuft.

Für die Wohlstandsentwicklung eines Landes sind die Konjunkturschwankungen weniger wichtig als das langfristige Trendwachstum. Betrachtet man Abbildung 1.1 auf Seite 38, so scheint es quasi ein Naturgesetz zu sein, dass das reale Bruttoinlandprodukt pro Kopf stetig wächst. Tatsache ist aber, dass das BIP pro Kopf bis etwa zu Beginn des 19. Jahrhunderts über mehrere Jahrhunderte hinweg in der Schweiz und den anderen heutigen Industrieländern kaum gewachsen war. Erst seit der industriellen Revolution weist das BIP diesen expliziten Trend nach oben auf. Warum das Wachstum erst vor ungefähr 200 Jahren eingesetzt hat, ist eine wichtige Frage, die Kapitel 8 behandelt.

Betrachten wir nun die in Abbildung 1.1 abgetragene Periode von 1899 bis 2023, so können wir für die Schweizer Wirtschaftsentwicklung drei Phasen unterscheiden:

Bruttoinlandprodukt (BIP)
Marktwert aller Endprodukte, die während einer Periode innerhalb eines Landes produziert werden.

Trendwachstum
Wachstum des Wohlstands einer Volkswirtschaft, betrachtet über einen längeren Zeitraum (Jahrzehnte).

Konjunkturschwankung
Veränderungen des Wohlstands einer Volkswirtschaft, betrachtet über einen kürzeren Zeitraum (Quartale, einzelne Jahre).

- In der ersten Phase bis Mitte der 1940er-Jahre beobachten wir ein relativ geringes Wachstum, das sich nach dem Ersten Weltkrieg etwas beschleunigte, bevor es nach 1929 empfindlich zurückging und dann einer längeren Stagnation Platz machte. Der zuvor feststellbare Wachstumstrend verlangsamte sich damals in den meisten Ländern deutlich. Wie in Kapitel 10 erläutert wird, war diese Zeit nach der Grossen Depression von 1929 sehr wichtig für die Entwicklung der Volkswirtschaftslehre.
- Eine zweite Phase begann nach dem Ende des Zweiten Weltkriegs. Während dieser Zeit nahm das Wachstum eindeutig und schnell zu. Das Durchschnittswachstum lag viel höher als in der Phase zuvor. Diese starke Wachstumsphase hielt bis zu Beginn der 1970er-Jahre an.
- Am Beginn der dritten Phase ab 1974 stand eine scharfe Rezession. Über die ganze Periode betrachtet, handelt es sich nur um einen kurzen Zeitabschnitt, doch in diesen Jahren wurde der Einbruch als ein einschneidendes Ereignis empfunden. Allgemein lässt sich feststellen, dass Konjunktureinbrüche in einer langfristigen Betrachtung lediglich kleine, von Auge kaum wahrnehmbare Rückgänge in einem trendmässig wachsenden BIP darstellen. Während der Rezessionsphase selbst dominiert der temporäre Einbruch jedoch die wirtschaftspolitische Debatte. Bis Ende der 1980er-Jahre wuchs die Schweizer Wirtschaft

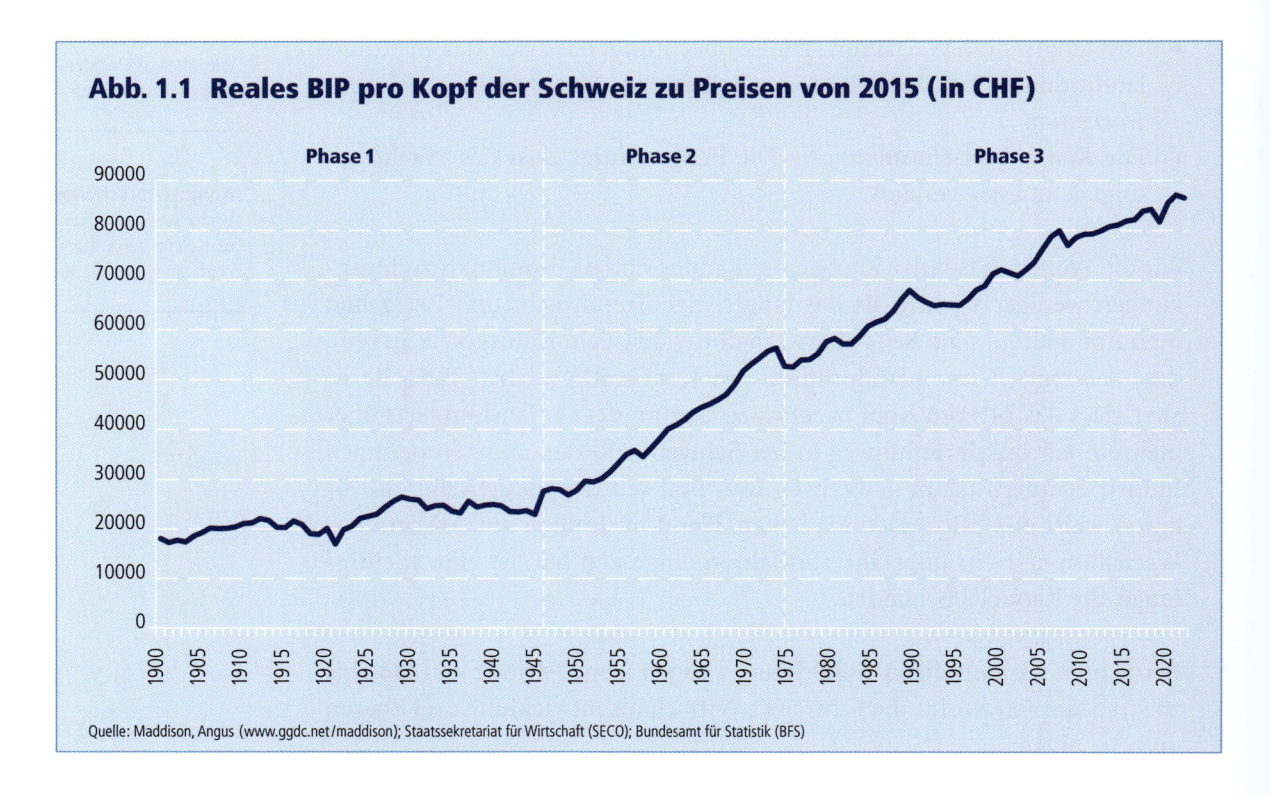

Abb. 1.1 Reales BIP pro Kopf der Schweiz zu Preisen von 2015 (in CHF)

Quelle: Maddison, Angus (www.ggdc.net/maddison); Staatssekretariat für Wirtschaft (SECO); Bundesamt für Statistik (BFS)

nach wie vor, aber von blossem Auge ist erkennbar, dass die Wachstumsrate tiefer lag als in den Nachkriegsjahren. Dieser Rückgang der Wachstumsdynamik verstärkte sich noch Anfang der 1990er-Jahre. Seit dem Beginn des neuen Jahrhunderts steht die Schweizer Wachstumsrate vor allem im internationalen Vergleich wieder spürbar positiver da. Die Effekte der Grossen Finanzkrise und der Coronapandemie zeigen sich an der deutlich negativen Wachstumsentwicklung in den Jahren 2009 bzw. 2020.

Wie nimmt sich nun der Schweizer Wohlstand im internationalen Vergleich aus? Abbildung 1.2 zeigt uns für 2022 das reale Bruttoinlandprodukt pro Kopf der Schweiz im Vergleich zu unseren beiden wichtigsten Handelspartnern (Deutschland und die USA) sowie zu unserem Nachbarland Italien.

Um das tatsächliche Wohlstandsniveau vergleichen zu können, wird das BIP pro Kopf einerseits in US-Dollar umgerechnet und andererseits kaufkraftbereinigt. Mit der *Kaufkraftbereinigung* wird berücksichtigt, dass die Preise der Güter und Dienstleistungen in den verschiedenen Ländern unterschiedlich hoch sind. Für die Schweiz mit ihrem hohen Preisniveau bedeutet dies, dass mit dem in Dollar ausgedrückten Einkommen weniger gekauft werden kann als in den anderen Ländern. Die Kaufkraft ist also in der Schweiz geringer.

Kaufkraftbereinigung
Um aussagekräftige Vergleiche zu ermöglichen, wird der Umrechnungskurs zwischen Landeswährungen so festgelegt, dass in den Ländern mit dem äquivalenten Betrag der gleiche Güterkorb erworben werden könnte. Dieser Umrechnungskurs kann wegen unterschiedlich hoher Preisniveaus substanziell vom offiziellen Wechselkurs abweichen.

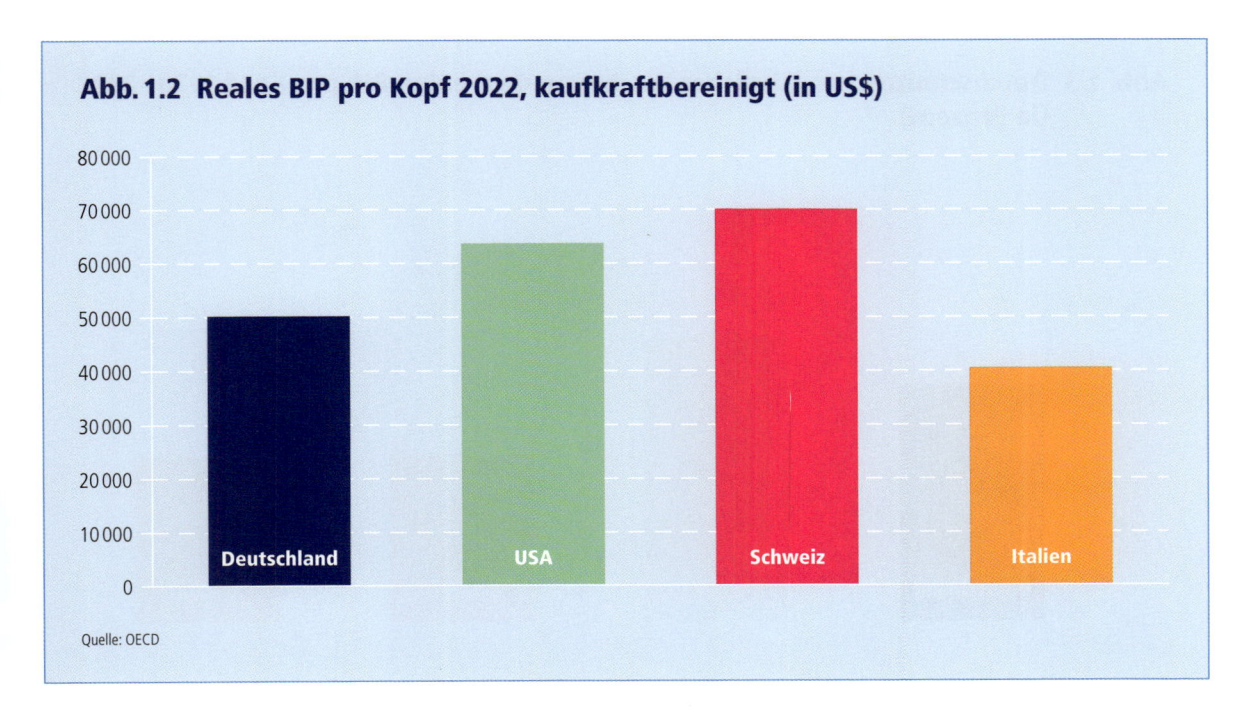

Abb. 1.2 Reales BIP pro Kopf 2022, kaufkraftbereinigt (in US$)

Land	BIP pro Kopf (US$)
Deutschland	~50 000
USA	~64 000
Schweiz	~70 000
Italien	~41 000

Quelle: OECD

Die Daten in Abbildung 1.2 zeigen, dass die Schweiz ein reiches Land ist. Selbst in dieser Gruppe von reichen Ländern belegt sie den ersten Platz. Einzig die USA weisen ein ähnlich hohes kaufkraftbereinigtes BIP pro Kopf auf. Italien und Deutschland lässt die Schweiz hinter sich.

Um die Dynamik international zu vergleichen, betrachten wir Abbildung 1.3, die uns für die gleichen Länder das durchschnittliche jährliche Wachstum des realen Bruttoinlandproduktes pro Kopf von 1970 bis 2022 zeigt.

Von den aufgeführten Ländern wies die Schweiz in dieser Periode zusammen mit Italien das tiefste Wachstum auf. Die durchschnittliche Wachstumsrate der Schweiz und Italien betrug etwa 0,8 %, während sie in den USA und in Deutschland klar über 1 % liegt. Der Wohlstand ist also in diesen beiden Ländern in dieser Periode stärker gewachsen als in Italien und der Schweiz.

Insgesamt zeichnet sich das Bild einer sehr reichen Schweiz ab, die aber vor allem in den letzten beiden Jahrzehnten des vergangenen Jahrhunderts eine geringere wirtschaftliche Dynamik, d. h. ein tieferes BIP-Wachstum, aufwies als die anderen Industrieländer.

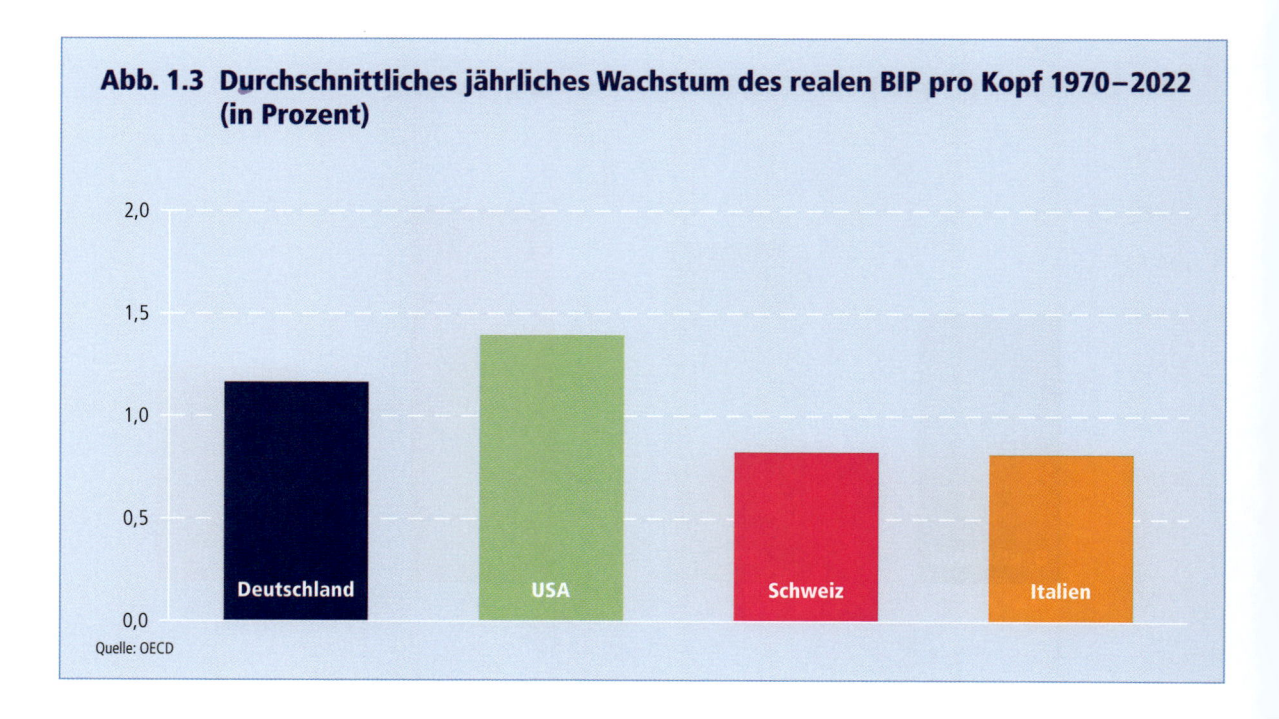

Abb. 1.3 Durchschnittliches jährliches Wachstum des realen BIP pro Kopf 1970–2022 (in Prozent)

Quelle: OECD

1.2.2 Arbeitslosigkeit

Auch in Bezug auf die Arbeitslosigkeit war die Schweiz im internationalen Vergleich während langer Zeit ein Sonderfall im positiven Sinne; und sie ist es weitgehend auch heute noch. Abbildung 1.4 zeigt, dass die *Arbeitslosenquote* der Schweiz seit Beginn der 1970er-Jahre einen bemerkenswerten Verlauf nahm.

In der Zeit vor den 1990er-Jahren überschritt die Arbeitslosigkeit in der Schweiz kaum je die 1%-Grenze. Eine solche Arbeitslosenquote ist im internationalen Vergleich ungewöhnlich tief. In den meisten Ländern würde man hier von massiver Überbeschäftigung sprechen, ist es doch in einer arbeitsteiligen Wirtschaft normal, dass immer ein gewisser Teil der Beschäftigten eine neue Stelle sucht.

Zu Beginn der 1990er-Jahre beobachten wir einen deutlich erkennbaren Bruch. In dieser Periode ging das Schweizer BIP spürbar zurück. Anders als in der Rezession der 1970er-Jahre wirkte sich der gesamtwirtschaftliche Rückgang diesmal massiv auf die Beschäftigung aus. Innerhalb kurzer Zeit,

Arbeitslosenquote
Prozentualer Anteil der arbeitswilligen Personen ohne Stelle, gemessen als Verhältnis zwischen den Arbeitslosen und der Erwerbsbevölkerung.

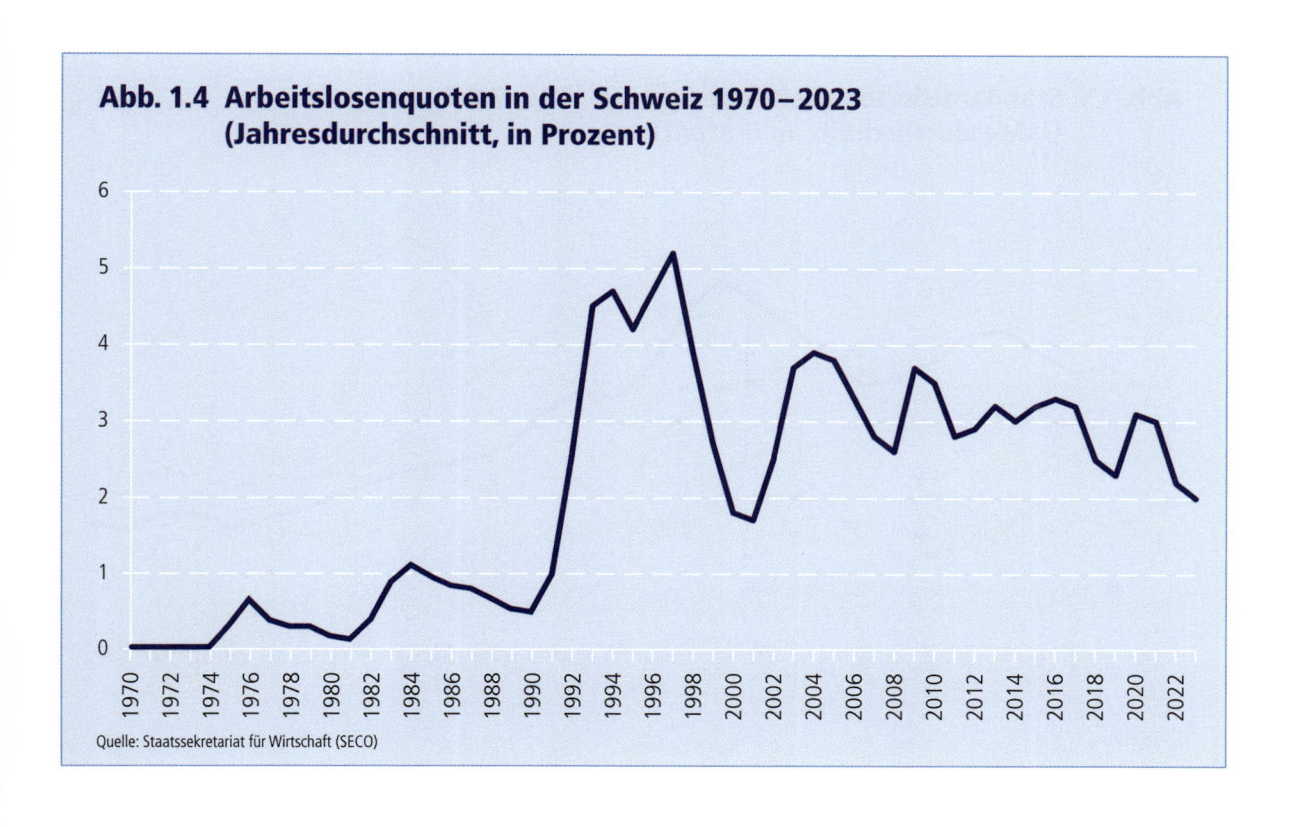

Abb. 1.4 Arbeitslosenquoten in der Schweiz 1970–2023 (Jahresdurchschnitt, in Prozent)

Quelle: Staatssekretariat für Wirtschaft (SECO)

von 1990 bis 1992, schoss die Arbeitslosenquote in die Höhe, von unter 1 % auf beinahe 5 %. Dies entspricht einer Verfünffachung – im internationalen Vergleich ein ungewöhnlicher Vorgang. Zwar darf man bei 5 % immer noch von einer vergleichsweise moderaten Arbeitslosenquote sprechen. Aufgrund der starken relativen Zunahme empfand die Schweizer Bevölkerung diese massive Verschlechterung der Situation auf dem Arbeitsmarkt jedoch als einschneidendes Ereignis.

Die Arbeitslosigkeit verharrte dann bis etwa 1997 auf hohem Niveau. Auf den ersten Blick überraschend ist aber, dass die Arbeitslosigkeit anschliessend wieder stark zurückging. Dazu genügte bereits ein relativ unspektakulärer wirtschaftlicher Aufschwung. Viele Beobachter hatten der Schweiz Mitte der 1990er-Jahre prophezeit, dass die tiefen Arbeitslosenquoten Sache der Vergangenheit seien und man sich auf «europäische» Quoten von 5 % und höher einstellen müsse. Das hat sich als falsch erwiesen. Der Schweizer Arbeitsmarkt hat gezeigt, dass er wirksam neue Arbeitsplätze schaffen kann und dass die durchschnittliche Arbeitslosigkeit in der Schweiz – wenn sie im Durchschnitt auch etwas gestiegen ist – nach wie vor tendenziell tief liegt.

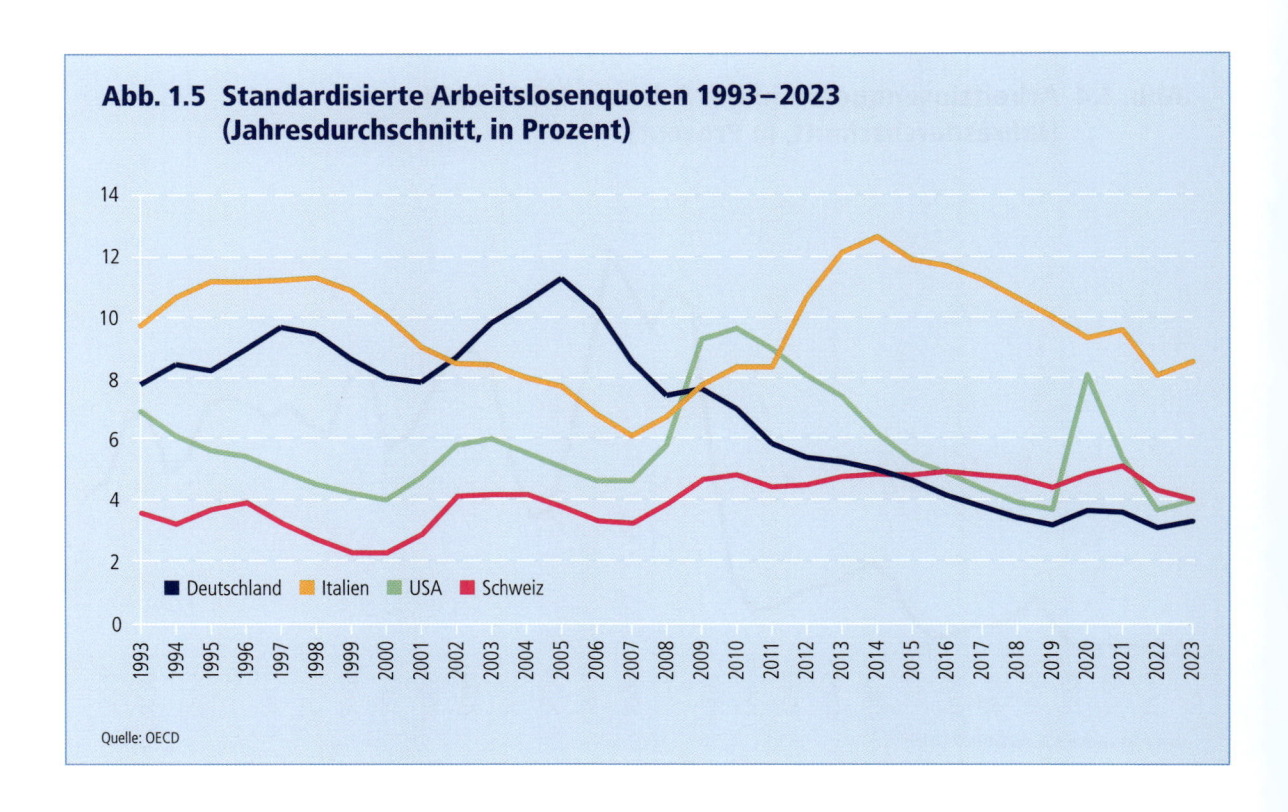

Abb. 1.5 Standardisierte Arbeitslosenquoten 1993–2023 (Jahresdurchschnitt, in Prozent)

Quelle: OECD

Abbildung 1.5 zeigt für die bereits angesprochene Ländergruppe, dass die Schweiz im internationalen Vergleich eine tiefe Arbeitslosenquote aufweist. Beim Vergleich der Abbildungen 1.4 und 1.5 ist es wichtig, zu berücksichtigen, dass das Staatssekretariat für Wirtschaft (SECO) die Arbeitslosenquote leicht anders berechnet als die international standardisierten Daten (siehe die technische Box auf Seite 134).

1.2.3 Preisstabilität

Die dritte wirtschaftspolitisch bedeutende Grösse ist die Preisstabilität und damit die Entwicklung der gemessenen *Inflation*. Gemeint ist nicht die Stabilität einzelner Preise, sondern die Stabilität des Preisniveaus der Volkswirtschaft, also der Gesamtheit der Preise.

Inflation
Anstieg des generellen Preisniveaus, meist gemessen als prozentuale Veränderung des Preises für einen bestimmten Güterkorb.

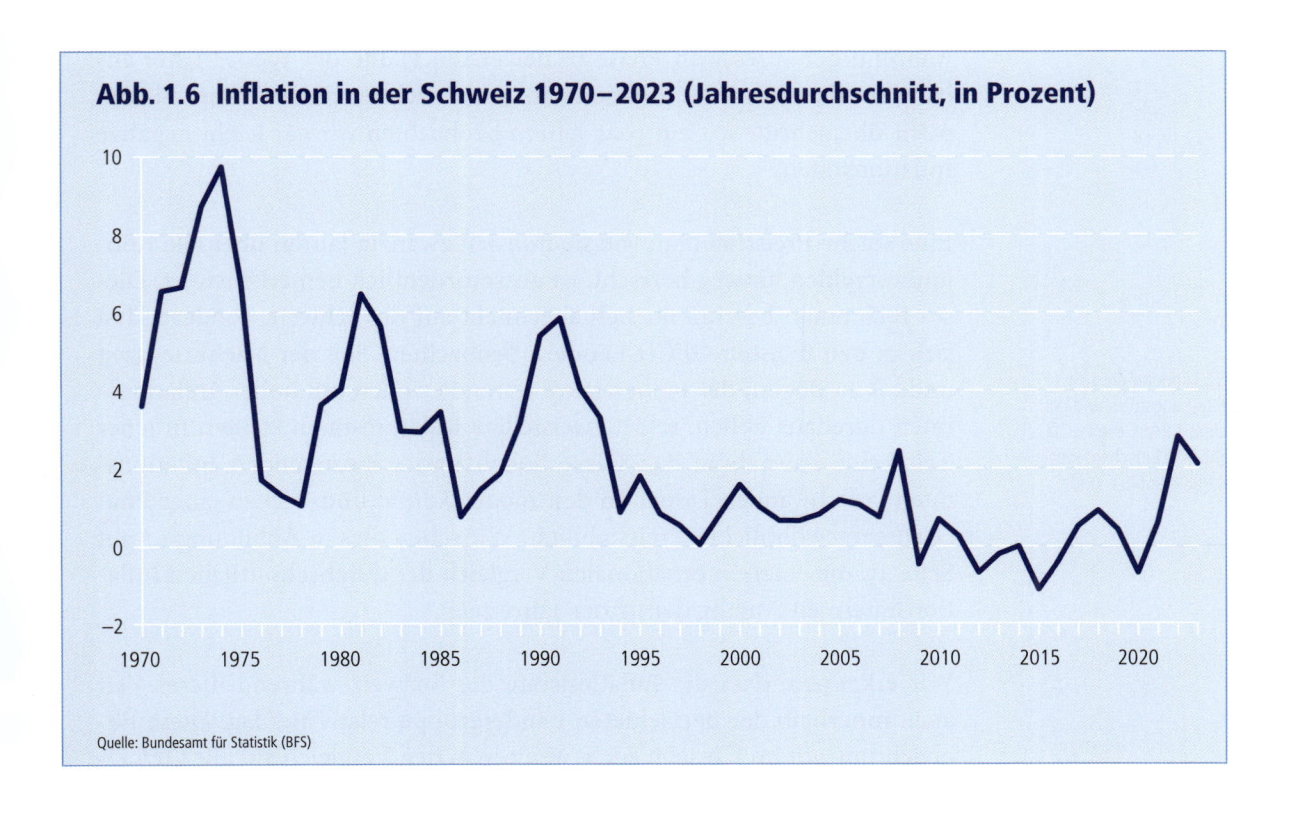

Abbildung 1.6 zeigt die Inflationsentwicklung für die Schweiz in der Periode von 1970 bis 2023.

Abb. 1.6 Inflation in der Schweiz 1970–2023 (Jahresdurchschnitt, in Prozent)

Quelle: Bundesamt für Statistik (BFS)

Wie die Arbeitslosigkeit weist auch die Inflation in der Schweiz eine markante langfristige Entwicklung auf. Die Inflationsrate ist heute im Durchschnitt wesentlich tiefer und schwankt weniger stark als noch vor einigen Jahren. Wir sehen, dass von 1971 bis noch zu Beginn der 1990er-Jahre die Inflationsrate mehrmals die 5 %-Marke überstieg und einmal fast 10 % erreichte. Während dieser Periode war die Inflation also relativ hoch und schwankte stark. Mitte der 1970er-Jahre sank sie von fast 10 % auf unter 2 %, um dann gegen Ende der 1970er-Jahre wieder auf 6 % anzuwachsen und Mitte der 1980er-Jahre auf unter 1 % zu sinken. Beim letzten grösseren Aufbäumen der Inflation Ende der 1980er-Jahre erhöhte sie sich dann erneut auf beinahe 6 %. Die Schweiz wies im Verhältnis zu anderen industrialisierten Staaten auch während deutlich inflationärer Phasen eine relativ tiefe Inflationsrate auf.

Dann wurde mit dem Beginn der 1990er-Jahre eine neue Periode eingeläutet, in der die Inflationsrate wesentlich tiefer lag und deutlich stabiler blieb. Es überrascht nicht, dass gerade Anfang der 1990er-Jahre die Inflation dermassen sank. Ein starker Wirtschaftseinbruch und eine steigende Arbeitslosigkeit, wie man sie in dieser Periode zu verzeichnen hatte, sind regelmässig mit tiefer Inflation verbunden; die Gründe dafür werden in Kapitel 11 behandelt. Wir sehen aber, dass diese Preisstabilität nicht nur während der rezessiven Phase in der ersten Hälfte der 1990er-Jahre anhielt, sondern dass die Inflationsrate auch nachher die 2 %-Marke kaum mehr überschritt; seit ein paar Jahren beobachten wir gar leicht negative Inflationsraten.

OECD
Zusammenschluss von 35 Ländern, die sich einer demokratischen Regierungsform und der Marktwirtschaft verpflichtet fühlen. Die OECD erarbeitet wirtschaftspolitische Entscheidungsgrundlagen in Form von Publikationen und Statistiken.

Eine solche Preisstabilität, wie sie nun seit zwanzig Jahren über alle Konjunkturzyklen hinweg herrscht, ist ausserordentlich bemerkenswert. Dieses Phänomen beschränkt sich aber nicht auf die Schweiz, sondern lässt sich in den meisten *OECD*-Ländern beobachten. Seit der Nachkriegszeit und bis zu Beginn der 1990er-Jahre waren Perioden mit hohen Inflationsraten durchaus üblich, selbst zweistellige Inflationsraten stellten in jener Zeit keine Ausnahme dar. Diese hohen und schwankenden Inflationsraten verschwanden jedoch in den 1990er-Jahren und wichen einer Phase aussergewöhnlicher Preisstabilität. Wir sehen dies in Abbildung 1.7 auf Seite 45, die einen internationalen Vergleich der durchschnittlichen Inflationsraten seit Anfang der 1970er-Jahre zeigt.

Wir erkennen, dass die Inflationsrate der Schweiz während dieser Zeit auch innerhalb der betrachteten Ländergruppe relativ tief lag. Diese Beobachtung gilt im Übrigen auch, wenn man den Vergleich auf alle OECD-

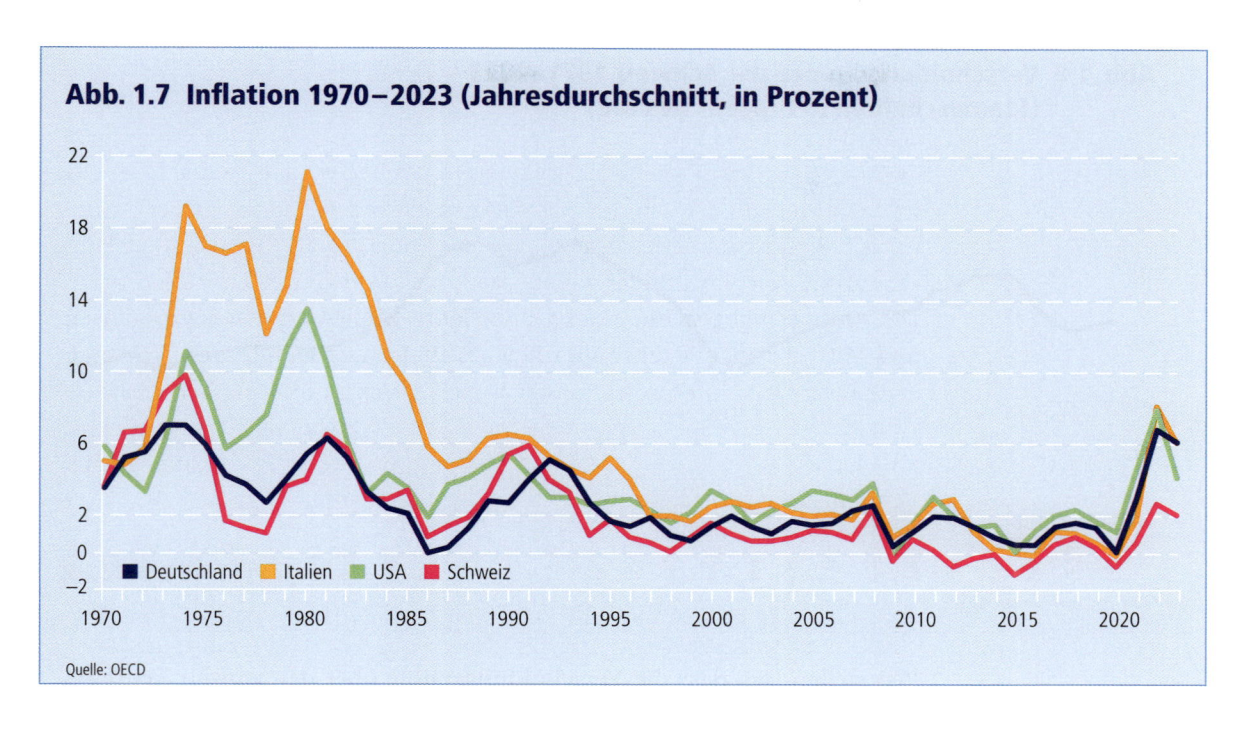

Abb. 1.7 Inflation 1970–2023 (Jahresdurchschnitt, in Prozent)

Quelle: OECD

Länder ausdehnt. Die Schweiz gehört weltweit zu den Ländern mit dem stabilsten Preisniveau.

Ein beinahe vergessenes Phänomen gewann dafür in den letzten Jahren wieder an Aktualität – die *Deflation*. Japan erfuhr in den 1990er-Jahren, dass auch ein für längere Zeit sinkendes Preisniveau mit sehr hohen Kosten verbunden sein kann. Und seit dem Ausbruch der Grossen Finanzkrise 2008 hat die Sorge um die Gefahren einer Deflation auf sehr viele Länder übergegriffen. Preisstabilität beinhaltet eben auch die Absenz von Deflation. Seit dem Ende der Coronapandemie sehen wir aber, dass die betrachteten Länder zum ersten Mal seit langer Zeit wieder mit einem starken Inflationsanstieg konfrontiert waren.

Deflation
Sinken des generellen Preisniveaus, meist gemessen als prozentuale Veränderung des Preises für einen bestimmten Güterkorb.

1.2.4 Staatsfinanzen

Die Staatsfinanzen stellen die vierte bedeutende gesamtwirtschaftliche Grösse dar. Wir konzentrieren uns dabei auf die Staatsverschuldung als ein Mass für die Nachhaltigkeit der Staatsfinanzierung.

Abbildung 1.8 auf Seite 46, zeigt die Entwicklung der *Verschuldungsquote* für die Schweiz von 1971 bis 2023.

Verschuldungsquote
Gesamter Bestand der Staatsverschuldung, gemessen als Prozentsatz des nominalen BIP eines Jahres.

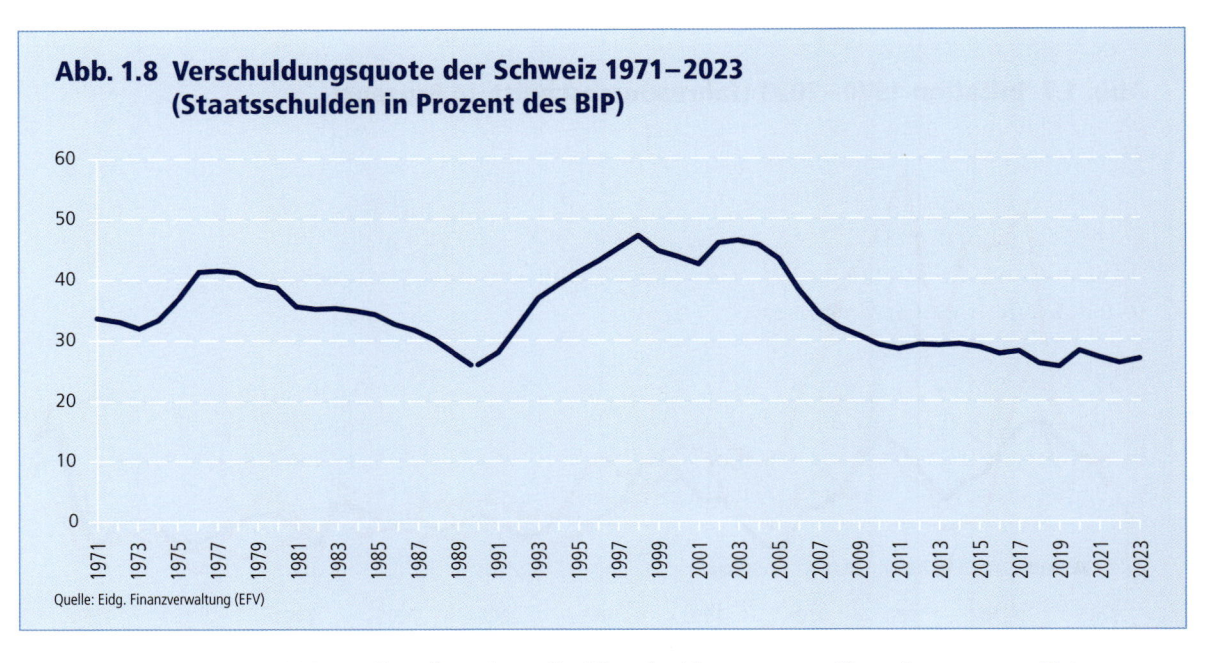

Abb. 1.8 Verschuldungsquote der Schweiz 1971–2023 (Staatsschulden in Prozent des BIP)

Quelle: Eidg. Finanzverwaltung (EFV)

Wir stellen fest, dass die Verschuldungsquote über den ganzen Zeitraum betrachtet grundsätzlich stabil war, ja sogar leicht zurückging. Die Schweiz startete in die Periode mit einer Verschuldungsquote von knapp 35 %. In der Rezession der 1970er-Jahre stieg sie auf über 40 % an, um dann auch dank der etwas besseren Wirtschaftslage der 1980er-Jahre wieder zu sinken, sodass Anfang der 1990er-Jahre eine Verschuldungsquote von etwa 30 % erreicht wurde. Im Verlauf der nächsten zehn Jahre aber erhöhte sich diese Quote wieder massiv von 30 % auf beinahe 50 %, was auch auf die schwierige Wirtschaftslage in den 1990er-Jahren zurückzuführen war; zu dieser Zeit herrschte ja, wie wir bereits gesehen haben, eine Rezession und

TECHNISCHE BOX

Wie misst man die Nachhaltigkeit der Staatsfinanzen?

Während die Messung der anderen Zielgrössen unbestritten ist, kommen bei der Beurteilung der Staatsfinanzen verschiedene Messmethoden in Frage. Im Einklang mit der Mehrheit der ökonomischen Analysten konzentrieren wir uns auf die Staatsverschuldung, die der beste Indikator dafür ist, ob ein Land seine öffentlichen Finanzen im Griff hat. Gesund sind die Staatsfinanzen dann, wenn der Staat, über die Zeit gesehen, nicht laufend die Verschuldung erhöht. Es gilt dabei, die Staatsausgaben im Durchschnitt jährlich nicht stärker als die Staatseinnahmen wachsen zu lassen – also permanente Budgetdefizite zu vermeiden. Ansonsten muss der Staat die Differenz zwischen den Ausgaben und Einnahmen auf dem Kapitalmarkt finanzieren, womit längerfristig die Verschuldung des Staates anwächst. Ein wachsender Schuldenberg führt zu überproportional steigenden Kosten durch Zinszahlungen und beschneidet in zunehmendem Masse die finanzielle Handlungsfähigkeit des Staates, wie wir in Kapitel 14 ausführen. Das gebräuchlichste Mass für internationale Vergleiche ist die Verschuldungsquote, d. h. der Wert der Schulden im Verhältnis zum nominalen BIP eines Jahres. Sind beispielsweise in einem Land die Schulden halb so hoch wie das BIP eines Jahres, so weist dieses Land eine Verschuldungsquote von 50 % auf.

steigende Arbeitslosigkeit. Eine solche Situation ist typischerweise mit einem *Budgetdefizit* und folglich mit steigender Verschuldung verbunden. Ende der 1990er-Jahre war mit der Verbesserung der Wirtschaftslage ein leichter Rückgang der Verschuldungsquote zu verzeichnen. Im Anschluss stieg sie wieder stärker. Sie näherte sich jedoch nie der 60 %-Marke. Diese ist eine psychologisch wichtige Schwelle. Die Länder, die der Europäischen Währungsunion beitreten wollen, müssen z. B. eine Verschuldungsquote von 60 % oder weniger vorweisen.

> **Budgetdefizit**
> Die Ausgaben eines öffentlichen Haushalts übersteigen innerhalb einer Budgetperiode dessen Einnahmen.

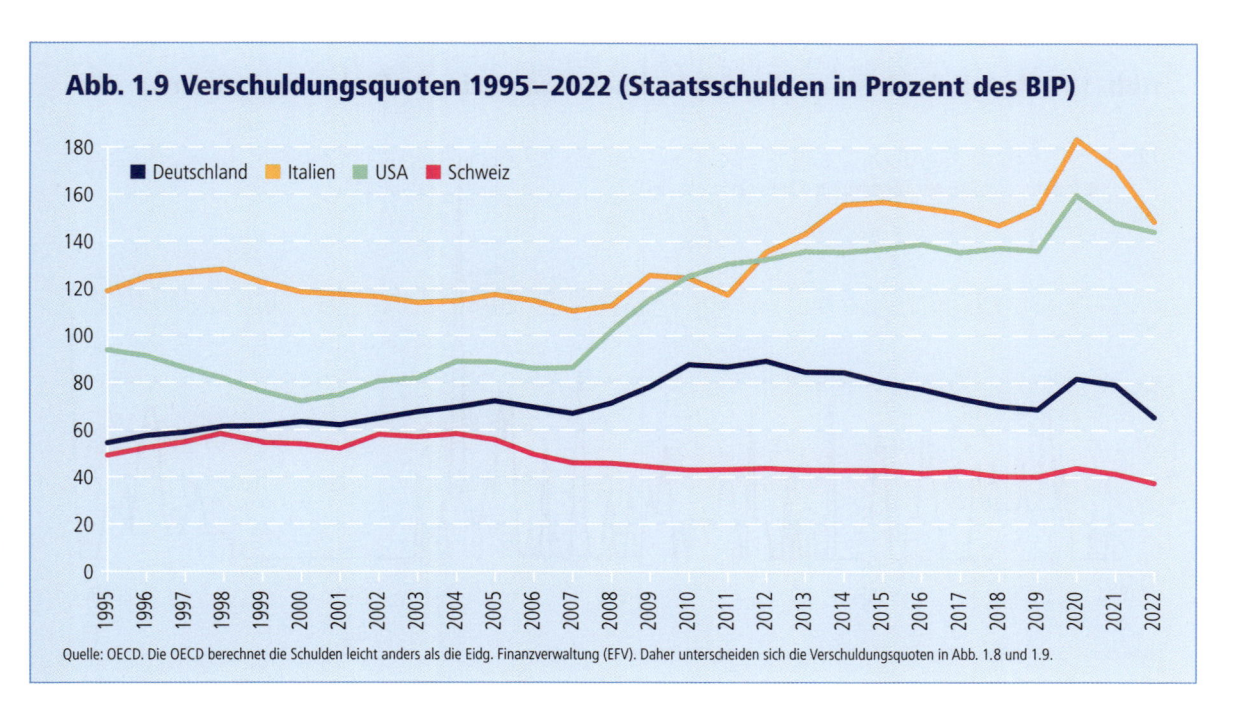

Laufend wachsende Schulden sind letztlich ein Zeichen dafür, dass ein Land nicht in der Lage ist, die Staatsausgaben mit ordentlichen Staatseinnahmen zu finanzieren. Es weist dann permanent Budgetdefizite auf, die eben mit Kreditaufnahmen auf dem Kapitalmarkt gedeckt werden müssen.

Abbildung 1.9 zeigt uns die Entwicklung der Verschuldungsquote für die Vergleichsländer in der Periode von 1995 bis 2022.

Wir sehen, dass die Schweiz Mitte der 1990er-Jahre im internationalen Vergleich die tiefste Verschuldungsquote aufwies. Mit dem Anstieg in den darauffolgenden Jahren verschlechterte sich die relative Situation der Schweiz dann spürbar. Seit Mitte des vergangenen Jahrzehnts hat sich die Verschuldungsquote der Schweiz aber deutlich zurückgebildet. Dies hielt

Abb. 1.9 Verschuldungsquoten 1995–2022 (Staatsschulden in Prozent des BIP)

Quelle: OECD. Die OECD berechnet die Schulden leicht anders als die Eidg. Finanzverwaltung (EFV). Daher unterscheiden sich die Verschuldungsquoten in Abb. 1.8 und 1.9.

bemerkenswerterweise auch nach dem Ausbruch der Finanzkrise an, zu einer Zeit also, in der die Schulden der meisten anderen Länder stark zu steigen begannen. In vielen Ländern ist die Verschuldungsquote heute auf besorgniserregend hohem Niveau.

2020 erhöhte sich die Schweizer Schuldenquote deutlich. Denn der Bund hat massive Interventionen in Höhe von einigen Dutzend Milliarden Franken getätigt, um die wirtschaftlichen Effekte des Corona-Schocks zu mildern. Da andere Länder aber ähnlich weitgehende Massnahmen ergriffen, änderte dies nichts an der Tatsache, dass die Schweiz im internationalen Vergleich eine ausgesprochen tiefe Verschuldungsquote aufweist.

1.2.5 Finanzstabilität

Das fünfte bedeutende gesamtwirtschaftliche Thema ist die Stabilität des Finanzsektors. Dieses unterscheidet sich konzeptionell von den anderen vier gesamtwirtschaftlichen Themen, weil es sich nicht um eine Grösse handelt, die im Konjunkturverlauf stark schwankt. Vielmehr geht es um eine grundlegende Voraussetzung für die Funktionsfähigkeit einer Marktwirtschaft, die in aller Regel gegeben ist. Ist die Finanzstabilität aber einmal gefährdet, verursacht dies massive gesamtwirtschaftliche Kosten. In historischen Analysen zeigt sich, dass eine Finanzkrise in der betroffenen

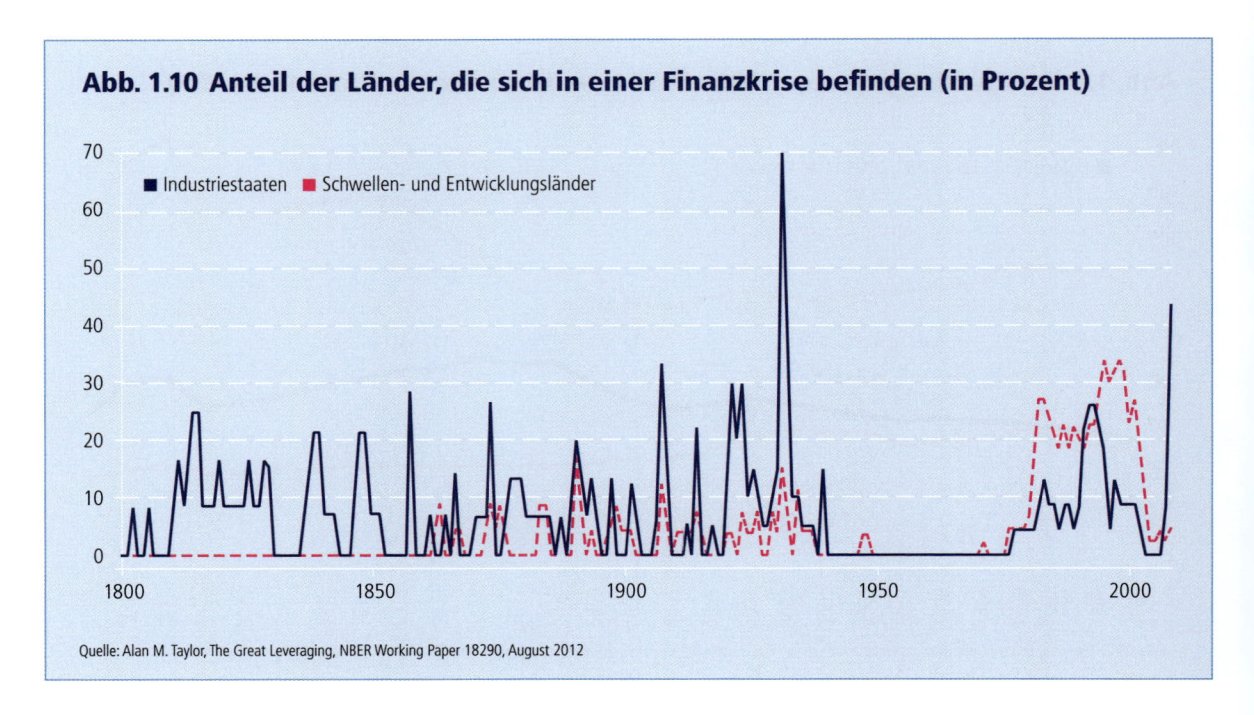

Abb. 1.10 Anteil der Länder, die sich in einer Finanzkrise befinden (in Prozent)

Quelle: Alan M. Taylor, The Great Leveraging, NBER Working Paper 18290, August 2012

Volkswirtschaft sehr tiefe Spuren hinterlässt und es sehr lange dauern kann, bis sie überwunden ist. Das sieht man an den Auswirkungen solcher Krisen auf die anderen gesamtwirtschaftlichen Grössen. Gemäss vergleichenden Studien für alle grösseren Länder fiel das Bruttoinlandprodukt während der Finanzkrisen des 20. Jahrhunderts im Durchschnitt um beinahe 10 Prozentpunkte, die Arbeitslosigkeit stieg um 7 Prozentpunkte an und die Staatsverschuldung in Prozent des Bruttoinlandproduktes verdoppelte sich beinahe. Gleichzeitig gehen schwere Finanzkrisen oft einher mit lang anhaltenden Deflationsphasen, also fallenden Konsumentenpreisen. Finanzkrisen sind seltene Unfälle, die jedoch grosse Auswirkungen haben. Anders als zu den anderen gesamtwirtschaftlichen Bereichen gibt es hier keine allgemein anerkannten Messgrössen; dies vor allem deshalb, weil diese Ereignisse so selten sind. Herbeigezogen werden können aber historische Studien, die im Wesentlichen für unterschiedliche Länder aufzeigen, ob eine Finanzkrise stattgefunden hat oder nicht; in den allermeisten Jahren ist das natürlich nicht der Fall. Abbildung 1.10 fasst diese Information sehr langfristig in einer aussagekräftigen Darstellung zusammen.

Die Abbildung zeigt für die vergangenen gut 200 Jahre den Prozentsatz der Länder, in denen in einem bestimmten Jahr eine Finanzkrise zu verzeichnen war. Die Abbildung macht sofort klar, wieso das Thema der Finanzstabilität in der Nachkriegszeit relativ lange vom Radarschirm der Volkswirtschaftslehre verschwunden war, während es zuvor die Diskussion stark beherrscht hatte. Finanzkrisen waren bis zum Zweiten Weltkrieg relativ häufige Ereignisse, und es war beinahe normal, dass in einem bestimmten Jahr 10 bis 20 % der Länder davon betroffen waren. Die *Grosse Depression* markierte dann in den 1930er-Jahren einen traurigen Höhepunkt, als deutlich über 50 % der Länder von Finanzkrisen erschüttert wurden – es handelte sich denn auch um ein globales, sehr einschneidendes Ereignis. Nach dem Zweiten Weltkrieg aber fanden mehr als zwei Jahrzehnte lang überhaupt keine Finanzkrisen mehr statt; es ist dies die mit Abstand längste Ruheperiode in dieser Hinsicht seit Beginn der historischen Messung. In den 1980er- und vor allem in den 1990er-Jahren stieg die Anzahl Länder mit Bankenkrisen wieder deutlich an und erreichte in der grossen Finanzkrise 2008 mit etwa 40 % den höchsten Wert seit der Grossen Depression. Deshalb steht das Thema spätestens seit dieser Episode wieder im Zentrum der volkswirtschaftlichen Diskussion.

Auch in der Schweiz sind grosse Bankenkrisen eher seltene, aber einschneidende Ereignisse. Sowohl während der Grossen Depression als auch in der jüngsten globalen Finanzkrise erlebte die Schweiz tiefe Er-

Grosse Depression
Historische Phase ab 1929, in der die Industriestaaten weltweit von einer massiven ökonomischen Krise erfasst wurden und in der sich die wichtigsten gesamtwirtschaftlichen Grössen negativ entwickelten. Die Grosse Depression wird auch als Weltwirtschaftskrise bezeichnet.

schütterungen des Finanzsektors. In den 1930er-Jahren mussten von den acht damaligen Grossbanken fünf saniert werden, zwei weitere erhielten Hilfe vom Bund. Im Jahre 2008 erlebten beide verbliebenen Grossbanken empfindliche Verluste, und mit der UBS musste eine dieser Banken staatliche Hilfe in Anspruch nehmen. Im letzten Jahrhundert gab es eine weitere Phase mit Turbulenzen im Bankensektor, und zwar im Gefolge der schweren Immobilienkrise Anfang der 1990er-Jahre. Die Banken erlitten damals massive Verluste im Kreditgeschäft, wodurch die Hälfte der Regionalbanken und Sparkassen die wirtschaftliche Selbstständigkeit verloren. Einzelne Kantonalbanken waren zudem auf staatliche Hilfe angewiesen. 2023 geriet die Credit Suisse in derart starke Turbulenzen, dass sie in einer staatlich unterstützten Aktion von der UBS übernommen wurde. Damit verbleibt in der Schweiz eine global tätige Grossbank. Finanzkrisen sind – in der Schweiz und anderswo – seltene Ereignisse, die aber substanzielle gesamtwirtschaftliche Kosten verursachen können.

1.3 Analyseebenen der Volkswirtschaftslehre

Bevor wir uns in den nächsten Kapiteln mit den zentralen Konzepten zu befassen beginnen, müssen wir uns über den Untersuchungsgegenstand im Klaren werden. Vereinfacht kann man dabei drei eng miteinander verbundene Ebenen unterscheiden:

▶ Erstens befasst sich die Volkswirtschaftslehre mit den Entscheiden einzelner Menschen,
▶ zweitens analysiert sie das Zusammenspiel von Menschen in vielfältigen wirtschaftlichen Beziehungen auf sogenannten Märkten,
▶ drittens schliesslich beschäftigt sie sich mit der Gesamtwirtschaft, also mit der zusammengefassten Betrachtung all dieser Entscheide und Märkte.

Die Basis jeder wirtschaftlichen Analyse bilden die Entscheide von Einzelnen. Weil wir nicht im Schlaraffenland leben, stehen jeder und jedem von uns nicht unendlich viele *Ressourcen* zur Verfügung. Wir müssen also laufend zwischen Alternativen entscheiden. Soll ich ins Kino oder ins Restaurant gehen? Kaufe ich mir ein neues Smartphone oder ein neues Velo? Soll ich morgen Nachmittag Fussball spielen gehen oder noch zwei Stunden lernen? Bei derartigen Entscheiden vergleichen wir – bewusst oder unbewusst – Kosten und Nutzen verschiedener Alternativen. Die Volkswirtschaftslehre liefert die Grundlagen für die Analyse solcher Entscheide. Dabei unterscheidet sie zwei Personengruppen: *Anbieter* und *Nachfrager*. Die Anbieter müssen sich ent-

Ressourcen
Materielle oder immaterielle Mittel, die für die Produktion von Gütern oder zur Befriedigung von Konsumbedürfnissen verwendet werden können.

Anbieter
Wirtschaftliche Akteure, die Güter auf einem Markt zum Verkauf anbieten.

Nachfrager
Wirtschaftliche Akteure, die Güter erwerben möchten und auf einem Markt als Käufer auftreten.

scheiden, wie sie ihre Mittel einsetzen, um Dinge zu produzieren, die sie mit Gewinn verkaufen können. Die Nachfrager entscheiden, wie sie ihre Mittel einsetzen wollen, um Dinge zu kaufen, die sie benötigen. Es ist typisch, dass uns in der Regel viel mehr Beispiele für Nachfrageentscheide einfallen, da wir tagtäglich direkt Dutzende von Produkten nachfragen. Gleichzeitig verkaufen wir in der Regel nur wenige Produkte direkt selbst, sondern sind eher indirekt beim Angebot beteiligt, indem wir bei Unternehmen arbeiten, die Güter produzieren und verkaufen. Für das Verständnis wirtschaftlicher Prozesse sind aber Angebots- und Nachfrageentscheide gleich bedeutend, und wir werden uns daher mit beiden genauer beschäftigen.

Die Tatsache, dass es Anbieter und Nachfrager gibt, macht bereits klar, dass der Austausch von *Gütern* die Basis der wirtschaftlichen Beziehungen und damit den zweiten zentralen Untersuchungsgegenstand der Volkswirtschaftslehre bildet; es lohnt sich nur, etwas anzubieten, wenn jemand bereit ist, das entsprechende Gut auch nachzufragen. Ein wichtiger Teil der volkswirtschaftlichen Analyse befasst sich mit solchen Austauschprozessen. Konzeptionell finden sie auf sogenannten Märkten statt. Dabei bezeichnet der Begriff *Markt* verschiedene Formen des Zusammentreffens von Angebot und Nachfrage. Wenn Sie einen Apfel kaufen, dann wird der Preis, den Sie dafür bezahlen, durch das gesamte Angebot an Äpfeln und die gesamte Nachfrage nach ihnen bestimmt. Wenn Sie einen Job suchen, dann bieten Sie Ihre Arbeitskraft auf einem Arbeitsmarkt an, auf dem andere Leute mit ähnlicher Ausbildung als Anbieter und die Unternehmen als Nachfrager auftreten. Und nicht anders ist es, wenn jemand einen Kredit haben möchte, um ein Haus zu kaufen. Er oder sie ist dann Nachfrager auf einem Kreditmarkt, auf dem Kreditnehmer als Nachfrager auftreten und Sparer (indirekt über die Banken) als Anbieter. Wir sehen also, dass das Verständnis von Marktprozessen es uns erlauben wird, ganz unterschiedliche wirtschaftliche Transaktionen zu analysieren. Wie zentral das Konzept des Marktes ist, sieht man im Übrigen nur schon daran, dass die allermeisten Volkswirtschaften heute als Marktwirtschaften bezeichnet werden.

Doch manchmal genügt es nicht, die Entscheide einzelner Personen oder die Vorgänge auf einzelnen Märkten zu analysieren. Wollen wir etwa wissen, wieso der Wohlstand in der Schweiz höher ist als in Griechenland, so müssen wir die gesamte Leistung der beiden Volkswirtschaften miteinander vergleichen. Nicht anders ist es, wenn wir die Arbeitslosigkeit oder die Inflation in einem Land verstehen wollen. In diesen Fällen geht es um Aussagen zur Gesamtwirtschaft. Natürlich setzt sich die Gesamtwirtschaft letztlich aus den einzelnen Entscheiden auf den verschiedenen Märkten

Güter
Mittel zur Befriedigung menschlicher Bedürfnisse.

Markt
Ort oder Institution, wo Angebot und Nachfrage von Waren, Dienstleistungen oder Produktionsfaktoren zusammentreffen.

Transaktion
Ein wirtschaftlicher Handel, bei dem z. B. Waren oder Dienstleistungen gegen Geld getauscht werden.

zusammen. Aber es ist ein Ding der Unmöglichkeit, jede dieser Milliarden *Transaktionen* auf Tausenden von Märkten zu erfassen und aufaddieren zu wollen. Vielmehr muss man hier vereinfachen und versuchen, die groben Zusammenhänge zwischen den gesamtwirtschaftlichen Grössen zu erfassen. Auch dafür hat die Volkswirtschaftslehre Instrumente entwickelt, die es ermöglichen, von Details abzusehen und die gesamte Wirtschaft zu überblicken.

Oft wird in der volkswirtschaftlichen Analyse zwischen *Mikroökonomie* und *Makroökonomie* unterschieden. Die Mikroökonomie befasst sich mit den beiden erstgenannten Untersuchungsgegenständen, also den individuellen Entscheiden und dem Zusammenwirken dieser Entscheide auf einzelnen Märkten. Es geht somit – wie dies der Begriff «Mikro» anklingen lässt – um die kleinen Einheiten, die in ihrer Gesamtheit die Volkswirtschaft ausmachen. Die Makroökonomie andererseits richtet den Blick auf die gesamte Volkswirtschaft; sie behandelt also die dritte der oben genannten Fragen der Volkswirtschaftslehre.

1.4 Der Wirtschaftskreislauf

Der Wirtschaftskreislauf ist das einfachste Modell, um die Volkswirtschaft als Ganze in einem Schema darzustellen. In der Folge betrachten wir zu-

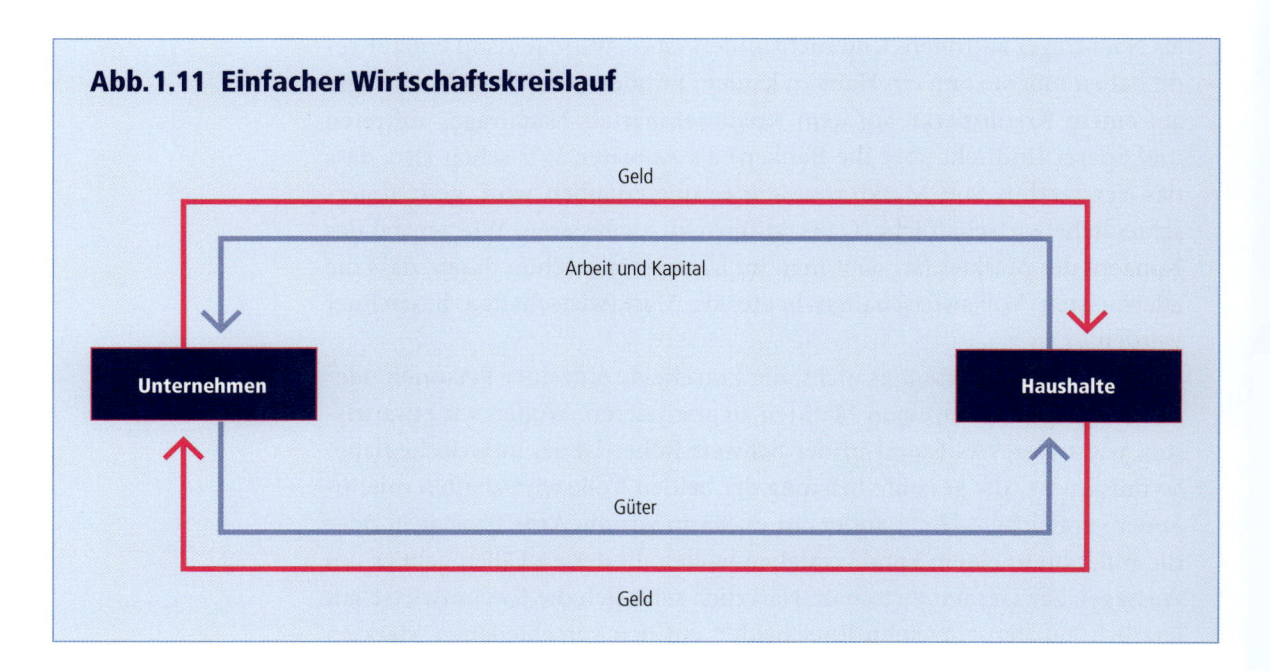

Abb. 1.11 Einfacher Wirtschaftskreislauf

erst den einfachen Wirtschaftskreislauf. Er beschreibt das Zusammenwirken der beiden wichtigsten Akteure in der Volkswirtschaft – Haushalte und Unternehmen. Danach werden wir im erweiterten Wirtschaftskreislauf zwei weitere Akteure mit einbeziehen – den Staat und das Ausland.

1.4.1 Der einfache Wirtschaftskreislauf

Eine Volkswirtschaft besteht aus dem Zusammenwirken von Millionen einzelner wirtschaftlicher Akteure. Jeden Tag trifft jede und jeder von uns Dutzende von ökonomischen Entscheiden, die zu Transaktionen mit anderen Akteuren führen. Das reicht von der Frage, was wir zu Mittag essen oder welche Zeitung wir kaufen, bis zur Entscheidung eines Wirtes, welche Mahlzeiten er anbieten soll, oder der Buchhändlerin, welche Romane sie ins Schaufenster stellt.

Wollen wir nun die Gesamtwirtschaft analysieren, können wir nicht jeden dieser Einzelentscheide verfolgen oder erklären – der Aufwand wäre schlicht zu gross. Vielmehr müssen wir einfache Muster identifizieren, die das typische Verhalten und Zusammenwirken etwa des Wirtes und seines Gastes beschreiben. Wir betrachten also die wichtigen Märkte und versuchen, sinnvolle Gruppen von Akteuren und deren Wechselbeziehungen zu bilden und zu beschreiben, um die grundsätzlichen Abläufe der schier unendlichen Zahl ökonomischer Einzelentscheide besser zu verstehen.

Im Zentrum der volkswirtschaftlichen Analyse stehen einerseits die Haushalte und andererseits die Unternehmen. Die Haushalte sind in der Regel Nachfrager nach Gütern, und die Unternehmen bieten diese an. Die Abbildung 1.11 stellt dies grafisch dar.

Güter werden von den Unternehmen produziert und an die Haushalte verkauft. Damit beide Seiten an diesem Austausch freiwillig teilnehmen, müssen beide davon profitieren können. Wir sehen in der Darstellung denn auch, dass Ströme in beide Richtungen fliessen. Der Güterstrom (blau) geht von den Unternehmen an die Haushalte und der Geldstrom (rot) von den Haushalten an die Unternehmen. Konkret: Der Gast erhält vom Wirt eine Mahlzeit (Güterstrom) und zahlt ihm dafür den Preis für diese Mahlzeit (Geldstrom).

Wir sehen aber auch, dass dies nur einen Teil der Beziehungen zwischen Haushalten und Unternehmen ausmacht. Denn natürlich benötigen die Unternehmen für die Produktion Ressourcen, auch *Produktionsfaktoren*

Produktionsfaktoren
Materielle und immaterielle Mittel zur Herstellung von Gütern.

genannt, die ihnen von den Haushalten zur Verfügung gestellt werden. Diese Ressourcen bestehen aus Arbeitsleistung und Kapital. Bei dieser zweiten Art von Tausch ist nun die Situation gerade umgekehrt als beim Austausch von Gütern: hier besitzen die Haushalte etwas, das sie den Unternehmen verkaufen. Die Haushalte sind also Anbieter und die Unternehmen Nachfrager. Entsprechend verläuft der Geldstrom (rot) von den Unternehmen an die Haushalte und der Ressourcenstrom (blau) von den Haushalten an die Unternehmen. Konkret: Der Wirt erhält vom Koch die Arbeitsleistung (Ressourcenstrom) und zahlt ihm dafür einen Lohn (Geldstrom).

Die wirtschaftlichen Beziehungen zwischen Haushalten und Unternehmen sind dabei nicht direkt, sondern erfolgen in aller Regel – wie wir das schon besprochen haben – über Märkte. Auf den sogenannten Gütermärkten werden dabei die Waren und Dienstleistungen gehandelt. Auf den Faktormärkten wiederum findet der Austausch von Produktionsfaktoren statt; auf dem Arbeitsmarkt für den Produktionsfaktor Arbeit und auf dem Kapitalmarkt für die Kredite zur Finanzierung des Produktionsfaktors Kapital.

1.4.2 Der erweiterte Wirtschaftskreislauf

Der einfache Wirtschaftskreislauf mit den Beziehungen zwischen Haushalten und Unternehmen erlaubt es bereits, eine beachtliche Zahl der wichtigsten Transaktionen einer Volkswirtschaft abzubilden. Für die gesamtwirtschaftliche Analyse lohnt es sich allerdings, noch zwei weitere Akteure einzuführen. Zum einen spielen der Staat und seine Transaktionen mit den Haushalten und Unternehmen eine wichtige Rolle; und zum anderen ist gerade für ein kleines, offenes Land wie die Schweiz der Austausch mit dem Ausland von besonderer Bedeutung.

Abbildung 1.12 zeigt den erweiterten Kreislauf, wobei hier vereinfachend nur die Geldströme dargestellt sind. In der Realität steht aber jedem Geldstrom natürlich ein Strom realer Grössen wie Güter oder Produktionsfaktoren gegenüber.

Zusätzlich zu den bereits im einfachen Kreislauf eingeführten Beziehungen zwischen Haushalten und Unternehmen kommen hier also die Transaktionen mit dem Staat und dem Ausland hinzu. Betrachten wir zunächst den Staat. Dieser finanziert sich über Steuern, die er bei den Haushalten und den Unternehmen einzieht. Diese Mittel verwendet er einerseits, um Güter bei den Unternehmen zu kaufen, und andererseits, um die Haushalte zu bezahlen, die ihm Arbeit oder Kapital zur Verfügung stellen. Der Kauf von Schulbänken ist ein Beispiel für den ersten Tausch und die Lohnzahlung an eine Lehrerin eines für den zweiten. Zudem zahlt der Staat gewissen Haushalten ohne Gegenleistung *Transfers*, etwa in Form von Renten.

Das Analyseobjekt der Nationalökonomie (wie die Volkswirtschaftslehre auch genannt wird) ist – der Begriff verdeutlicht es – in erster Linie ein einzelnes Land. Weil es aber auch internationalen Austausch gibt, befinden sich nicht alle wichtigen Akteure im betrachteten Land. Deshalb führt eine erweiterte Analyse des Wirtschaftskreislaufs als vierten Akteur das Ausland ein. Einerseits verkaufen die Unternehmen einen Teil ihrer Güter ins Ausland, womit Zahlungen für diese Exporte vom Ausland an die inländischen Unternehmen fliessen. Andererseits kaufen die Haushalte nicht nur inländische, sondern auch ausländische Güter, womit sie eine Nachfrage nach Importen entfalten. Damit verläuft auch ein Geldstrom von den Haushalten an das Ausland.

Mit diesem Konzept haben wir die wichtigsten Austauschbeziehungen in einer Volkswirtschaft schematisch dargestellt. Wie jedes Modell ist diese Grafik eine starke Vereinfachung der Realität. Auch innerhalb dieses schon sehr modellhaften Schemas könnte man noch eine Reihe zusätzli-

Transfer
Meist staatliche Leistungen, die man ohne direkte Gegenleistung erhält.

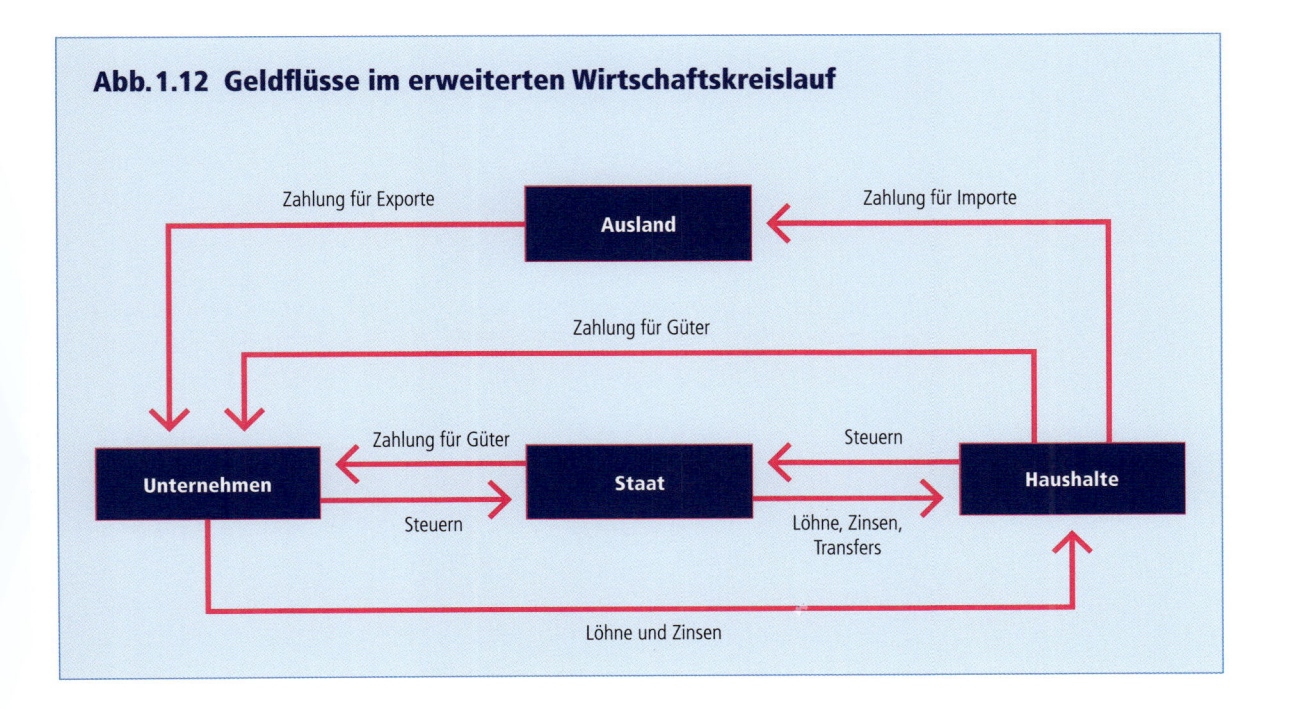

Abb. 1.12 Geldflüsse im erweiterten Wirtschaftskreislauf

cher Ströme einzeichnen. So importiert natürlich auch der Staat Güter aus dem Ausland, oder Unternehmen kaufen zahlreiche Güter von anderen Unternehmen. Auch könnten wir als zusätzliche Akteure die Banken einführen, die Spargelder von den Haushalten erhalten und diese als Kredite wieder an die Unternehmen ausleihen. Jeder solche Versuch, die Realität präziser abzubilden, hat aber auch Kosten, und zwar in Form zunehmender Komplexität. Nur schon der Schritt vom einfachen zum erweiterten Kreislauf macht die Darstellung anspruchsvoller. Wollte man jetzt auch noch alle zusätzlich denkbaren Geldströme einzeichnen oder die Akteure noch weiter differenzieren, dann würde die Darstellung ihren eigentlichen Zweck nicht mehr erfüllen, nämlich die wesentlichsten Aspekte der Realität vereinfacht abzubilden. Ein wirklich vollständiges Modell wäre etwa so hilfreich wie eine Landkarte im Massstab 1:1. Allerdings müssen die Vereinfachungen so gewählt bleiben, dass die wichtigsten Akteure und die wichtigsten Geldströme dennoch sichtbar bleiben – diese Bedingung erfüllt der hier dargestellte erweiterte Wirtschaftskreislauf.

Zusammenfassung

1. Ein wirtschaftlich erfolgreiches Land zeichnet sich durch hohen und steigenden Wohlstand, tiefe Arbeitslosigkeit, stabile Preise, eine nachhaltige Staatsfinanzierung und ein stabiles Finanzsystem aus.

2. Die Bestimmungsgrössen dieser fünf weitgehend unbestrittenen Ziele dominieren die volkswirtschaftliche Analyse. Sie stehen auch im Zentrum der ökonomischen Beurteilung der Wirtschaftspolitik.

3. Die fünf Zielgrössen stehen kaum in einem Konkurrenzverhältnis zueinander. Es gibt mittelfristig keine Zielkonflikte, da sich bei einer guten Wirtschaftslage alle Indikatoren positiv entwickeln.

4. Das reale Bruttoinlandprodukt (BIP) pro Kopf ist ein Mass für den Wohlstand eines Landes, und die Veränderungen dieses Indikators messen das Wirtschaftswachstum. Die Schweiz ist im internationalen Vergleich sehr wohlhabend, weist gleichzeitig aber in den vergangenen Jahrzehnten im Durchschnitt ein relativ tiefes BIP-Wachstum auf.

5. Die Arbeitslosenquote ist ein Mass für die Höhe der Arbeitslosigkeit in einem Land. Die Schweiz erfreut sich im internationalen Vergleich einer sehr tiefen Arbeitslosigkeit.

6. Die Veränderung des Preisniveaus (Preis eines repräsentativen Warenkorbs) widerspiegelt die Preisstabilität eines Landes – je kleiner die Veränderung, desto stabiler die Preise. Die Schweiz weist im internationalen Vergleich ein sehr stabiles Preisniveau auf.

7. Die Verschuldungsquote, d. h. der prozentuale Anteil der Staatsschulden am BIP eines Landes, stellt das gebräuchlichste Mass für die Nachhaltigkeit der Staatsfinanzierung dar. Die Schweiz kannte im internationalen Vergleich lange Zeit eine sehr tiefe Staatsverschuldung; in den 1990er-Jahren stieg diese jedoch substanziell an. Seit Mitte des vergangenen Jahrzehnts hat sich die Verschuldungsquote der Schweiz aber zurückgebildet.

8. Es gibt kein allgemein anerkanntes Mass für Finanzkrisen. Sie sind seltene Ereignisse, die sehr einschneidende Auswirkungen auf die betroffenen Länder haben.

9. Verteilungsfragen spielen in der wirtschaftspolitischen Diskussion oft eine wichtige Rolle; die Verteilungsziele sind objektiv aber schwer zu fassen, da sie stark von den politischen Präferenzen der Beteiligten abhängen. Die ökonomische Analyse bietet das Instrumentarium, um zu beurteilen, wie politisch gewünschte Verteilungen mit möglichst wenig Beeinträchtigung der fünf unbestrittenen Zielgrössen erreicht werden können.

10. Haushalte und Unternehmen sind die beiden wichtigsten Akteure in der volkswirtschaftlichen Analyse. Die Haushalte fragen Güter und Dienstleistungen nach und bieten ihre Arbeitskraft und ihr Kapital an. Die Unternehmen bieten umgekehrt Güter und Dienstleistungen an und fragen Arbeit und Kapital nach.

11. Der Austausch zwischen Haushalten und Unternehmen findet auf Märkten statt. Als Markt wird das Zusammentreffen von Angebot und Nachfrage bezeichnet. Dabei stellt sich ein Preis ein, der besagt, wie viele Güter oder Faktoren für eine Geldeinheit den Besitzer wechseln.

12. In einem erweiterten analytischen Rahmen werden mit dem Staat und dem Ausland zwei weitere Akteure berücksichtigt. Mit dem Einbau der Interaktionen dieser beiden Akteure mit den Haushalten und Unternehmen wird aus dem einfachen der erweiterte Wirtschaftskreislauf.

Repetitionsfragen

- Welches sind die zentralen volkswirtschaftlichen Zielgrössen?

- Wie hängen die zentralen volkswirtschaftlichen Zielgrössen zusammen?

- Beschreiben Sie für das vergangene Jahrhundert die wichtigsten Phasen der Entwicklung des realen BIP pro Kopf für die Schweiz.

- Welche Tatsache war bei der Entwicklung der Schweizer Arbeitslosigkeit im Verlaufe der 1990er-Jahre bemerkenswert?

- Welche grundsätzliche Tendenz konnte bei der Entwicklung der Schweizer Inflation in den letzten Jahrzehnten beobachtet werden?

- Wie ist der Anstieg der Schweizer Staatsverschuldung in Prozenten des BIP in den 1990er-Jahren zu erklären?

- Welche vier Akteure unterscheidet man bei der Analyse des erweiterten Wirtschaftskreislaufs?

- Skizzieren Sie den einfachen Wirtschaftskreislauf und integrieren Sie dabei die wichtigsten Märkte.

ZENTRALE BEGRIFFE

Wohlstand S. 30	Konjunkturschwankung S. 37	Ressourcen S. 50
Arbeitslosigkeit S. 31	Kaufkraftbereinigung S. 39	Anbieter S. 50
Mikroökonomie S. 32	Arbeitslosenquote S. 41	Nachfrager S. 50
Makroökonomie S. 32	Inflation S. 43	Güter S. 51
Preisstabilität S. 32	OECD S. 44	Markt S. 51
Nachhaltige Staatsfinanzierung S. 33	Deflation S. 45	Transaktion S. 52
Verteilungsgerechtigkeit S. 35	Verschuldungsquote S. 45	Produktionsfaktoren S. 53
Bruttoinlandprodukt (BIP) S. 37	Budgetdefizit S. 47	Transfer S. 55
Trendwachstum S. 37	Grosse Depression S. 49	

2 Grundlagen der Mikroökonomie

Die klassische ökonomische Analyse konzentrierte sich auf das, was wir heute Mikroökonomie nennen. Gemeint sind damit die Entscheidungen der einzelnen Marktteilnehmer sowie das Zusammenwirken dieser Entscheide auf den verschiedenen Märkten. Die Summe der einzelnen Entscheide bestimmt den Einsatz der knappen Ressourcen. Dabei geht es um die Frage, für welche der zahlreichen konkurrierenden Verwendungszwecke diese Ressourcen eingesetzt werden sollen. Die mikroökonomische Analyse geht vor allem dem Verhalten der beiden wichtigsten stilisierten Akteure der volkswirtschaftlichen Analyse nach, der Haushalte und der Unternehmen. Die beiden Akteure treten auf verschiedenen Märkten, auf denen sie entweder Anbieter oder Nachfrager sind, miteinander in Kontakt. Das mikroökonomische Grundmodell analysiert die wichtigsten Mechanismen auf einem solchen stilisierten Markt sowie die Instrumente zur Beurteilung des Marktergebnisses. Nur relativ knapp befassen wir uns dabei mit dem Hintergrund der individuellen Entscheide der beiden wichtigen volkswirtschaftlichen Akteure. Die Relevanz der Konzepte «Präferenzen» und «Nutzen» für die Entscheide der Haushalte sowie des Konzepts «Kosten» für diejenigen der Unternehmen werden aber dennoch in den Grundzügen intuitiv erläutert.

2.1 Märkte

2.2 Die Nachfrage

2.3 Das Angebot

2.4 Angebot und Nachfrage zusammen: Der Markt

2.5 Die Elastizität

2.6 Die Analyse der Effizienz von Märkten

Wir werden in diesem Kapitel schrittweise das mikroökonomische Modell herleiten, auf dem die meisten Analysen in diesem Buch beruhen:
- 2.1 definiert Märkte als Zusammentreffen von Angebot und Nachfrage.
- 2.2 analysiert die Nachfrage und leitet die Nachfragekurve her.
- 2.3 erklärt das Angebot und die Angebotskurve.
- 2.4 führt Angebot und Nachfrage zusammen und erläutert das Marktgleichgewicht.
- 2.5 stellt das für die mikroökonomische Analyse zentrale Konzept der Elastizität dar.
- 2.6 präsentiert anhand der Konzepte von Konsumenten- und Produzentenrente die Instrumente zur Beurteilung der Effizienz von Märkten.

2.1 Märkte

Märkte sind ein fundamentales Konzept in der Volkswirtschaftslehre. Dieses Konzept steht im Zentrum der mikroökonomischen Analyse, und entsprechend stellt das mikroökonomische Grundmodell den Markt grafisch dar.

Ganz einfach ausgedrückt, ist ein Markt das Zusammentreffen von *Angebot* und *Nachfrage*. Personen, die etwas anbieten, treffen auf Personen, die etwas nachfragen. Wir können uns am einfachen Bild des Gemüsemarkts in einem Dorf orientieren: Die Bauern bieten dort ihre Ware an, und die Dorfbevölkerung fragt diese Ware nach. Das Zusammentreffen dieser Akteure macht dann den «Markt» aus. Die Tätigkeit auf diesem Markt besteht im Tausch. In aller Regel werden dabei nicht Waren gegen Waren getauscht – obwohl dies auch möglich wäre –, sondern Waren gegen Geld. Der Tausch ist dabei freiwillig, das heisst, er findet nur dann statt, wenn beide Marktseiten davon profitieren. Der Anbieter gibt seine Waren ab und erhält vom Nachfrager dafür den Gegenwert in Geld, das er dann auf anderen Märkten als Nachfrager verwenden kann, um seinerseits Waren zu kaufen. Auf einem Gemüsemarkt bietet der Bauer seine Äpfel an und erhält dafür Geld, das er dazu verwendet, beim Metzger Würste zu kaufen. Jeder wirtschaftliche Akteur ist also sowohl Anbieter als auch Nachfrager, abhängig davon, welchen Markt man betrachtet.

In einer modernen, arbeitsteiligen Marktwirtschaft bieten die meisten Personen nicht direkt ein Gut an, sondern in erster Linie ihre Arbeitskraft. Diese wird auf dem Arbeitsmarkt von den Unternehmen nachgefragt, die damit Waren produzieren, die sie auf Gütermärkten verkaufen. Man sieht also, dass sich das Konzept des Marktes nicht allein auf Güter beschränkt, sondern dass Haushalte und Unternehmen auf verschiedenen Märkten miteinander interagieren.

Konzeptionell kann man drei Arten von Märkten unterscheiden, die in Abbildung 2.1 grafisch dargestellt sind. Was genau hinter dieser Darstellung steckt, werden wir in diesem Kapitel Schritt für Schritt erläutern. Es geht vorerst nur darum, zu zeigen, dass das analytische Konzept bei allen drei Marktarten sehr ähnlich aussieht. Das mikroökonomische Grundkonzept lässt sich entsprechend auf alle Situationen anwenden, in denen Anbieter und Nachfrager aufeinandertreffen.

Angebot
Menge an Gütern, Dienstleistungen oder Produktionsfaktoren, die angeboten wird.

Nachfrage
Menge an Gütern, Dienstleistungen und Produktionsfaktoren, die zur Verwendung nachgefragt wird.

Wir sehen, dass in allen drei Fällen auf der horizontalen Achse die Menge und auf der vertikalen Achse der Preis abgetragen wird. Die Grafiken zeigen jeweils, wie sich die angebotene beziehungsweise die nachgefragte Menge verändert, wenn sich der Preis verändert.

In der Grafik links ist der Markt dargestellt, den wir in diesem Buch am häufigsten analysieren, nämlich der *Gütermarkt*. Auf solchen Märkten werden Waren und Dienstleistungen gehandelt; in der Regel treten hier die Unternehmen als Anbieter und die Haushalte als Nachfrager auf. Die horizontale Achse zeigt die Menge des Gutes an und die vertikale Achse den Preis des Gutes.

Gütermarkt
Markt für den Austausch von Gütern und Dienstleistungen. In der Regel sind hier Unternehmen die Anbieter und Haushalte die Nachfrager.

Die mittlere Grafik gibt den *Arbeitsmarkt* wieder. Auf diesem Markt wird der Produktionsfaktor Arbeit gehandelt. Anbieter sind hier die Haushalte und Nachfrager die Unternehmen. Auf der horizontalen Achse ist die Menge an Arbeit, z. B. in Stunden, abgetragen und auf der vertikalen Achse der Preis für Arbeit, also der Lohn.

Arbeitsmarkt
Markt für den Austausch des Produktionsfaktors Arbeit. In der Regel sind hier Haushalte die Anbieter und Unternehmen die Nachfrager.

Abb. 2.1 Die wichtigsten Märkte

Gütermarkt

Arbeitsmarkt

Kapitalmarkt

Auf dem Gütermarkt findet der Austausch von Gütern und Dienstleistungen statt. In der Regel sind hier Unternehmen die Anbieter und Haushalte die Nachfrager. Auf der horizontalen Achse ist die Menge des entsprechenden Gutes abgetragen, auf der vertikalen Achse der Preis des Gutes.

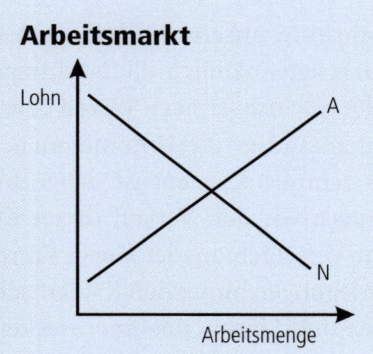

Auf dem Arbeitsmarkt findet der Austausch des Produktionsfaktors Arbeit statt. Hier sind Haushalte die Anbieter und Unternehmen die Nachfrager. Auf der horizontalen Achse ist die Menge an Arbeit abgetragen, auf der vertikalen Achse der Preis der Arbeit, also der Lohn.

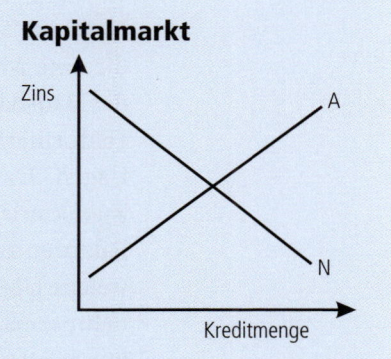

Auf dem Kapitalmarkt findet der Austausch von finanziellen Mitteln statt. In der Regel sind hier Haushalte die Anbieter und Unternehmen die Nachfrager. Auf der horizontalen Achse ist die Menge an Krediten abgetragen, auf der vertikalen Achse der Preis der Kredite, also der Zins.

Kapitalmarkt
Markt für den Austausch von finanziellen Mitteln (Krediten). In der Regel sind hier Haushalte die Anbieter und Unternehmen die Nachfrager.

Schliesslich ist in der rechten Grafik der *Kapitalmarkt* dargestellt, auf dem finanzielle Mittel gehandelt werden, welche die Unternehmen benötigen, um die für die Produktion notwendigen Kapitalgüter zu kaufen. Anbieter sind hier in der Regel auch die Haushalte und Nachfrager die Unternehmen. Auf der horizontalen Achse steht die Menge an Krediten und auf der vertikalen Achse der Preis für Kapital, der Zinssatz.

Ein Markt ist also immer dadurch gekennzeichnet, dass ein Angebot und eine Nachfrage aufeinandertreffen. Die für die ökonomische Analyse und natürlich auch für die Marktteilnehmer entscheidende Frage ist nun, wie in dem jeweiligen Markt die angebotenen und die nachgefragten Mengen auf Veränderungen des Preises reagieren.

Aufgrund der oben gezeigten Ähnlichkeit der Märkte ist es für das Verständnis der grundsätzlichen Mechanismen aber irrelevant, ob Güter, Produktionsfaktoren oder Kredite gehandelt werden und ob der Wert in Güterpreisen, Löhnen oder Zinsen ausgedrückt ist. Im Folgenden analysieren wir deshalb ganz generell, was hinter Angebot und Nachfrage steckt und welche Mechanismen bei ihrem Zusammenwirken im Spiel sind.

2.2 Die Nachfrage

Der erste Schritt in unserer Herleitung des Marktdiagramms betrifft nur die eine Marktseite, nämlich die Nachfrage. Auf den Gütermärkten sind die Haushalte Nachfrager nach Waren bzw. Dienstleistungen, und auf den Faktormärkten sind es die Unternehmen, die Arbeit und Kapital nachfragen. Das zentrale Konzept ist dabei die sogenannte Nachfragekurve. Zuerst erläutern wir den Verlauf dieser Kurve, dann zeigen wir, welche Faktoren zur Verschiebung der Kurve führen. Schliesslich analysieren wir, welche Überlegungen hinter den Kaufentscheiden der einzelnen Marktteilnehmerinnen und Marktteilnehmer stecken, durch welche die Nachfragekurve bestimmt wird.

2.2.1 Die Nachfragekurve

Jeder kann an seinem eigenen Verhalten die Reaktion der Nachfrage auf Preisänderungen beobachten. Steigt beispielsweise der Benzinpreis, wird tendenziell weniger Auto gefahren, d.h. weniger Benzin nachgefragt. Steigt nämlich der Preis eines Gutes, und wir ändern nichts an der nachgefragten Menge, dann können wir uns weniger von anderen uns wichtigen

Gütern leisten – die *Opportunitätskosten* für dieses Gut haben sich durch die Preissteigerung erhöht. Deshalb werden wir in der Regel auf eine Preiserhöhung mit einer verringerten Nachfrage reagieren – die nachgefragte Menge wird also kleiner. Sinken umgekehrt die Preise eines Gutes, dann kaufen wir tendenziell mehr davon; dessen Opportunitätskosten sind nämlich gesunken. Unsere Nachfrage dehnt sich also aus, wenn die Preise sinken. Dieses Verhaltensmuster bezeichnet man als das *Gesetz der Nachfrage*. Es ist ein Eckpfeiler der ökonomischen Analyse und besagt, dass ein steigender Preis die Nachfrage reduziert, wenn alle anderen Einflüsse auf die Nachfrage konstant bleiben.

Die *Nachfragekurve* illustriert diesen Zusammenhang. Dazu tragen wir in einer Grafik auf der horizontalen Achse die Menge eines Gutes ab und auf der vertikalen Achse den Preis desselben Gutes. Wir gehen dabei, wie gesagt, von der wichtigen Annahme aus, dass alle anderen Einflussfaktoren auf die Nachfrage unverändert bleiben. Diese Annahme, die für die ökonomische Analyse auch in anderen Zusammenhängen von grosser Bedeutung ist, wird oft auch mit dem lateinischen Begriff «ceteris paribus» bezeichnet. Im vorliegenden Fall ist damit gemeint, dass die Preise ähnlicher Güter, das Einkommen und alle weiteren Einflüsse auf die Nach-

> **Opportunitätskosten**
> Kosten, die bei einer Entscheidung für eine Handlung dadurch anfallen, dass die Vorteile einer Handlungsalternative nicht realisiert werden können.

> **Gesetz der Nachfrage**
> Die nachgefragte Menge sinkt mit steigenden Preisen, wenn alle anderen Einflüsse konstant gehalten werden.

> **Nachfragekurve**
> Grafische Darstellung der nachgefragten Menge in Abhängigkeit vom Preis.

> **Ceteris paribus**
> Lateinisch für «alles andere gleich». Formulierung, die besagt, dass ausser der explizit genannten Änderung alle anderen Einflussfaktoren auf eine Grösse gleich bleiben.

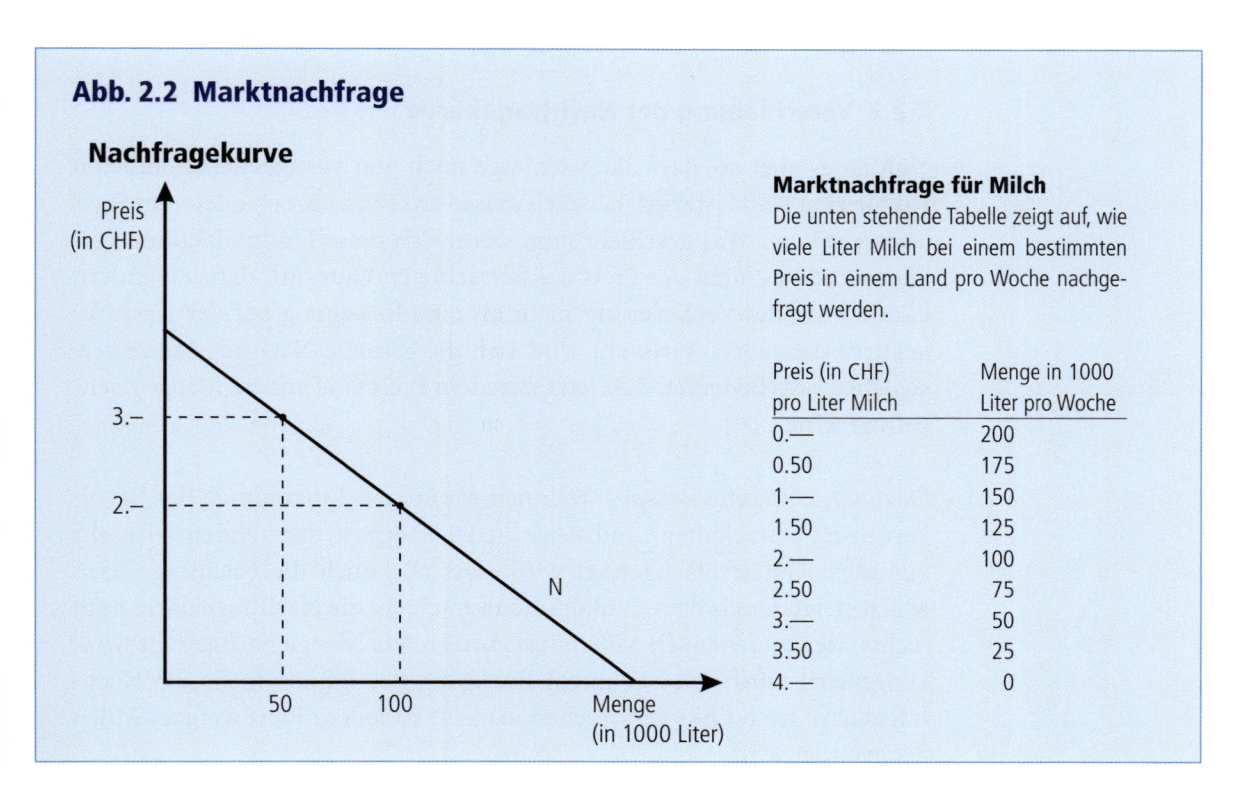

Abb. 2.2 Marktnachfrage

Nachfragekurve

Marktnachfrage für Milch
Die unten stehende Tabelle zeigt auf, wie viele Liter Milch bei einem bestimmten Preis in einem Land pro Woche nachgefragt werden.

Preis (in CHF) pro Liter Milch	Menge in 1000 Liter pro Woche
0.—	200
0.50	175
1.—	150
1.50	125
2.—	100
2.50	75
3.—	50
3.50	25
4.—	0

frage als konstant angesehen werden sollen. Unter dieser Annahme lässt sich anhand der Grafik analysieren, wie eine Preisveränderung die nachgefragte Menge beeinflusst. Abbildung 15.2 stellt diesen Zusammenhang anhand eines konkreten Beispiels grafisch dar.

Die Tabelle rechts in der Grafik zeigt uns die Nachfrage nach einem bestimmten Gut, nämlich die gesamte wöchentliche Nachfrage in einem Land nach Milch zu verschiedenen Preisen. In der Grafik bezeichnet die horizontale Achse die Menge nachgefragter Milch in Litern und die vertikale Achse den Preis pro Liter. Betrachten wir nun auf dieser Nachfragekurve verschiedene Preis-Mengen-Kombinationen: Beträgt der Preis beispielsweise 2 Franken, so werden während einer Woche 100 000 Liter Milch gekauft. Erhöht sich der Preis jedoch auf 3 Franken, wird entsprechend weniger nachgefragt – nämlich nur noch 50 000 Liter pro Woche. Die Kurve bildet diese beiden und alle anderen Preis-Mengen-Kombinationen ab. Wir erkennen, dass das Gesetz der Nachfrage gilt: Je höher der Preis, desto weniger wird nachgefragt. Unter der erwähnten, wichtigen Annahme, dass alle anderen Einflussfaktoren vernachlässigt werden bzw. konstant bleiben, lässt sich Folgendes ableiten: Erhöht sich der Preis, so bewegen wir uns auf der Nachfragekurve nach links, reduziert er sich, so wandern wir auf der Kurve nach rechts.

2.2.2 Verschiebung der Nachfragekurve

Nun ist es aber so, dass die Nachfrage noch von verschiedenen anderen Faktoren beeinflusst wird, beispielsweise vom Einkommen oder vom Preis anderer Güter. Was geschieht nun, wenn sich diese Einflussfaktoren verändern? Da es nicht der Preis des betrachteten Gutes ist, der sich ändert, können wir die Veränderung nicht als eine Bewegung auf der Nachfragekurve darstellen. Vielmehr wird sich die gesamte Nachfragekurve verschieben, was bedeutet, dass jetzt zu jedem Preis eine andere Menge nachgefragt wird.

Dazu ein konkretes Beispiel: Nehmen wir an, das Einkommen der Bevölkerung im betrachteten Land steige an. Die Folge ist, dass tendenziell mehr von allen Gütern nachgefragt wird, dass also auch die Nachfrage nach Milch steigt. Das höhere Einkommen verschiebt die Nachfragekurve nach rechts, weil zu jedem (!) Milchpreis eine höhere Menge nachgefragt wird. Umgekehrt wird sich bei einem Rückgang des Einkommens die Nachfragekurve nach links verschieben, da jetzt zu jedem Preis weniger Milch nachgefragt wird.

Abbildung 2.3 zeigt diese Verschiebungen der Nachfragekurve in der entsprechenden Grafik.

Neben dem Einkommen können natürlich weitere Faktoren die Nachfragekurve verschieben, so zum Beispiel die Preise ähnlicher Güter, die zu einem gewissen Grad als *Substitute* dienen können. Nehmen wir an, dass der Preis für Sojamilch deutlich sinkt. Ein tieferer Preis für Sojamilch wird tendenziell die Nachfrage nach Kuhmilch bei jedem Preis reduzieren, weil manche Konsumenten auf die jetzt relativ billigere Sojamilch als ein ähnliches Produkt umsteigen und entsprechend weniger Kuhmilch kaufen. Die Nachfrage danach geht deshalb bei jedem Preis zurück, sodass sich die Nachfragekurve nach links verschiebt.

Substitut
Gut, Dienstleistung oder Produktionsfaktor, welche dieselben Bedürfnisse befriedigen können wie ein anderes Gut, eine andere Dienstleistung oder ein anderer Produktionsfaktor.

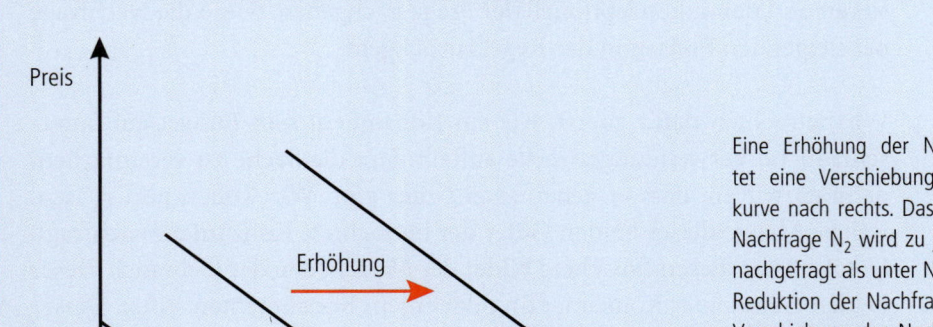

Neben dem Einkommen und dem Preis ähnlicher Güter bilden Präferenzen einen weiteren wichtigen Faktor, der die Nachfrage beeinflusst. Wie gerne mögen die Konsumentinnen und Konsumenten Milch? Zeigt beispielsweise eine neue Studie, dass Milchtrinken noch gesünder sei als bisher angenommen, bedeutet dies, dass die Nachfrage nach Milch bei jedem Preis steigen wird. Wiederum hat dies eine Verschiebung der Kurve zur Folge, und zwar in diesem Fall nach rechts.

Abb. 2.3 Verschiebung der Nachfragekurve

Eine Erhöhung der Nachfrage bedeutet eine Verschiebung der Nachfragekurve nach rechts. Das heisst, unter der Nachfrage N_2 wird zu jedem Preis mehr nachgefragt als unter Nachfrage N_1. Eine Reduktion der Nachfrage bedeutet eine Verschiebung der Nachfragekurve nach links. Das heisst, unter der Nachfrage N_3 wird zu jedem Preis weniger nachgefragt als unter Nachfrage N_1.

Natürlich können auch wirtschaftspolitische Entscheide die Nachfragekurve verschieben. Ein wichtiger Einflussfaktor, den wir in diesem Buch in unterschiedlicher Form immer wieder antreffen, sind Steuern. Wird zum Beispiel die Mehrwertsteuer auf Milch erhöht, so verschiebt sich die Nachfragekurve nach links, da zu jedem Preis eine tiefere Menge nachgefragt wird.

Wir fassen zusammen: Die Nachfragekurve ist eine negativ geneigte Kurve, die den Zusammenhang zwischen Preis und nachgefragter Menge darstellt, unter der Annahme, dass alle anderen Einflussfaktoren konstant sind. Variiert ein anderer für die Nachfrage relevanter Faktor, so verschiebt sich die Nachfragekurve als Ganzes.

2.2.3 Nutzen und Konsumentenverhalten: Die Basis der Nachfragekurve

Wir haben in der bisherigen Analyse immer den gesamten Markt betrachtet und analysiert, wie sich Preisänderungen auf die insgesamt nachgefragte Menge auswirken. In den verschiedenen Anwendungen des Konzepts arbeiten wir jeweils mit dieser Darstellung des Gesamtmarktes, betrachten also die Reaktionen aller Nachfrager gemeinsam und nicht die einer einzelnen Person. Um aber die Reaktionen aller Nachfrager besser zu verstehen, lohnt es sich, die Überlegungen der Einzelnen genauer nachzuvollziehen. In einigen Schritten wollen wir deshalb das Konsumentenverhalten analysieren und damit konzeptionell der Frage nachgehen, wieso die Nachfrage bei steigenden Preisen in der Regel zurückgeht.

Wir betrachten dafür zuerst, wie ein Konsument sein Budget auf unterschiedliche Verwendungszwecke aufteilt. Um die Sache zu vereinfachen, nehmen wir an, dass es genau zwei Güter gibt. Wir wollen nun wissen, welche Menge dieser beiden Güter der betrachtete Konsument nachfragt. Die Basis für diesen Entscheid bildet der *Nutzen*, den der Gebrauch dieser beiden Güter einer Konsumentin oder einem Konsumenten stiftet. Dieser Nutzen hängt von den *Präferenzen* ab, die natürlich von Individuum zu Individuum verschieden sein können. Ein Weinliebhaber wird eine höhere Wertschätzung für einen klassierten Bordeaux aufbringen als ein Teetrinker, weshalb ihm der Konsum dieses Gutes mehr Nutzen stiftet und folglich seine Zahlungsbereitschaft für eine Flasche Bordeaux entsprechend grösser ist. In Abbildung 2.4 zeigen wir, wie man diese Präferenzen nach Gütern grafisch darstellen kann und welche Mengenkombination ein Konsument, abhängig von seinem Budget, nachfragen wird.

Nutzen
Mass für das Wohlbefinden oder die Zufriedenstellung eines Akteurs. In der ökonomischen Theorie stellt der Nutzen ein Konzept dar, mittels dessen die Präferenzen beschrieben werden.

Präferenzen
Von Individuum zu Individuum unterschiedliche Entscheidungsbasis für die Bevorzugung der einen wirtschaftlichen Alternative gegenüber einer anderen.

In der linken Grafik ist die sogenannte *Budgetrestriktion* des Konsumenten dargestellt. Sie zeigt, welche Kombinationen der beiden Güter X und Y er mit seinem Budget erwerben kann. Verwendet er sein gesamtes Einkommen, um das Gut Y zu kaufen, dann wählt er die Güterkombination I. Steckt er jedoch all sein Geld in den Konsum von Gut X, so entspricht dies der Güterkombination II. In der Regel wird er aber keine so extreme Wahl treffen, sondern von beiden Gütern konsumieren. Die Kombinationsmöglichkeiten sind durch die negativ geneigte Gerade dargestellt, welche die Budgetrestriktion bildet. Die negative Steigung rührt daher, dass der Konsument mit dem vorhandenen Budget nur dann mehr von Gut Y konsumieren kann, wenn er gleichzeitig weniger von X nachfragt und umgekehrt. Welche Kombination er wählt, lässt sich aber aufgrund der linken Grafik alleine nicht beurteilen; dafür brauchen wir Informationen über den Nutzen, den ihm die beiden Güter stiften.

Diese Information liefert die mittlere Grafik. Dargestellt sind hier die sogenannten *Indifferenzkurven* des Konsumenten. Sie zeigen die Kombinatio-

Budgetrestriktion
Limite für die Ausgaben eines Akteurs. Grafisch dargestellt zeigt die Budgetrestriktion alle Güterkombinationen, die mit einem gegebenen Budget gerade noch erworben werden können.

Indifferenzkurve
Grafische Darstellung derjenigen Güterkombinationen, die der Konsumentin oder dem Konsumenten gemäss seinen Präferenzen gleich viel Nutzen stiften, zwischen denen sie oder er also indifferent ist.

Abb. 2.4 Die Optimierung des Konsumenten

Budgetrestriktion

Indifferenzkurven

Optimierung

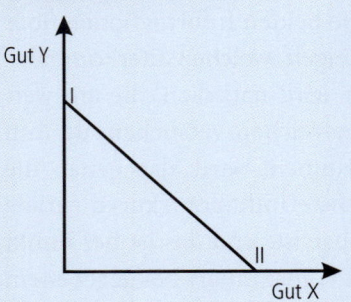

Die Budgetrestriktion zeigt alle Kombinationen der beiden Güter Y und X, die mit einem gegebenen Budget gekauft werden können. Punkt I bezeichnet die Menge von Gut Y, die erworben werden kann, wenn das ganze zur Verfügung stehende Budget für den Konsum des Gutes Y aufgewendet wird. Bei Punkt II wird nur Gut X erworben. Alle Punkte dazwischen zeigen erreichbare Güterkombinationen an.

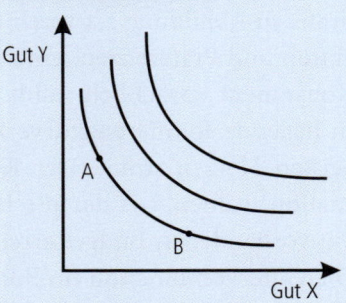

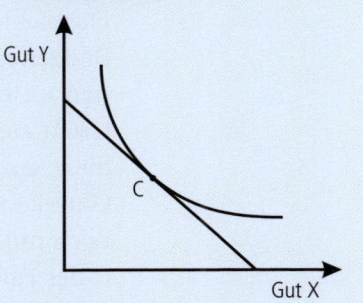

Die Indifferenzkurven zeigen alle diejenigen Güterkombinationen, die dem Konsumenten gemäss seinen Präferenzen gleich viel Nutzen stiften. Die Güterkombination A (viel Y und wenig X) und B (viel X und wenig Y) liegen auf der gleichen Indifferenzkurve, ergeben also gleich viel Nutzen. Indifferenzkurven weiter aussen bezeichnen ein höheres Nutzenniveau.

Das Optimierungsproblem des Haushalts besteht nun darin, bei gegebener Budgetrestriktion den höchstmöglichen Nutzen zu erreichen. Dies wird dadurch sichergestellt, dass diejenige Güterkombination gewählt wird, bei der die höchste Indifferenzkurve gerade noch die Budgetrestriktion berührt. Der Konsument wählt also hier Güterkombination C.

nen der beiden Güter X und Y, die dem Konsumenten gleich viel Nutzen bringen. Die Indifferenzkurven sind negativ geneigt und nach innen gekrümmt. Die negative Steigung kommt daher, dass der Nutzen bei Abnahme des Konsums eines Gutes nur dann gleich (also indifferent) bleibt, wenn dafür mehr vom anderen Gut konsumiert werden kann. Die Krümmung ist dadurch begründet, dass man den Konsum leichter einschränkt, wenn man schon viel von einem Gut hat. In einem Punkt wie A ist der betrachtete Konsument reichlich mit Gut Y ausgestattet. Er ist deshalb bereit, relativ viel Y aufzugeben, um eine Einheit X zu erhalten. Umgekehrt ist es in Punkt B, weshalb die Indifferenzkurve nach innen gekrümmt ist. Wenn wir die am weitesten innen liegende Indifferenzkurve betrachten, dann erkennen wir, dass der Konsument genau den gleichen Nutzen erfährt, ob er die Kombination A wählt (viel Y und wenig X) oder die Kombination B (viel X und wenig Y); er ist zwischen den Güterbündeln A und B indifferent. Mit einem fix vorgegebenen Einkommen kann er sich auf der entsprechenden Kurve einen Punkt auswählen. Steigt sein Einkommen, dann kann er eine weiter aussen gelegene Indifferenzkurve erreichen, also Kombinationen, in denen er mehr X und mehr Y konsumieren kann. Je weiter aussen also die Indifferenzkurve liegt, desto grösser sein Nutzen; welche Kurve er aber erreichen kann, bestimmt sein Einkommen und damit die Budgetrestriktion.

Die rechte Grafik in Abbildung 2.4 vereint die beiden Informationen über Budgetrestriktion und Präferenzen, um zu zeigen, welche Güterkombination unser Konsument tatsächlich wählt. Er wird natürlich, die am weitesten aussen liegende Indifferenzkurve zu erreichen versuchen, da ihm diese am meisten Nutzen stiftet. Der Konsument wird also genau die Güterkombination wählen, bei der die höchste Indifferenzkurve gerade noch mit dem vorhandenen Budget erreichbar ist, und das ist bei Punkt C der Fall. Die Güterkombination im Punkt C maximiert bei gegebenem Budget den Nutzen für den betrachteten Konsumenten.

Wir können diese Analyse nun verwenden, um zu zeigen, wie die Nachfrage auf eine Preisänderung reagiert. Geht der Preis des Gutes Y zurück, dann bedeutet dies, dass man sich mit dem gegebenen Budget mehr von Gut Y kaufen kann. Dies ist in Abbildung 2.5 in der linken Grafik dargestellt. Da der Konsument aufgrund der Preisänderung nun mit dem vorhandenen Budget mehr von Y kaufen kann, aber immer noch gleich viel von X (dessen Preis ja unverändert ist), dreht sich die Budgetrestriktion nach oben und hat eine stärker negative Steigung.

Intuitiv klar ist, dass der Preisrückgang eines Gutes den Konsumenten besser stellt. Wir sehen dies auch in der Grafik: Mit der neuen Budgetrestriktion kann der Konsument statt I_1 die höher gelegene Indifferenzkurve I_2 erreichen. Er wird deshalb im neuen Optimum die Güterkombination B konsumieren und nicht mehr die Kombination A. Das heisst, dass er in der neuen Situation wegen des Preisrückgangs von Gut Y mehr von diesem Gut konsumieren wird. Damit haben wir über die Analyse der Optimierung des einzelnen Konsumenten zwei Punkte der Nachfragekurve des Konsumenten abgeleitet. Diese sind in der rechten Grafik von Abbildung 2.5 abgetragen. Eine Reduktion des Preises von Gut Y führt zu einer Erhöhung der Nachfrage des Gutes; verbinden wir die beiden Punkte, erhalten wir die gewohnte, negativ geneigte Nachfragekurve.

Die Nachfragekurve des gesamten Marktes erhält man jetzt einfach, indem man die Nachfragekurven der einzelnen Konsumenten zusammennimmt.

Abb. 2.5 Die Ableitung der Nachfragekurve

Optimum bei verschiedenen Preisen für Gut Y

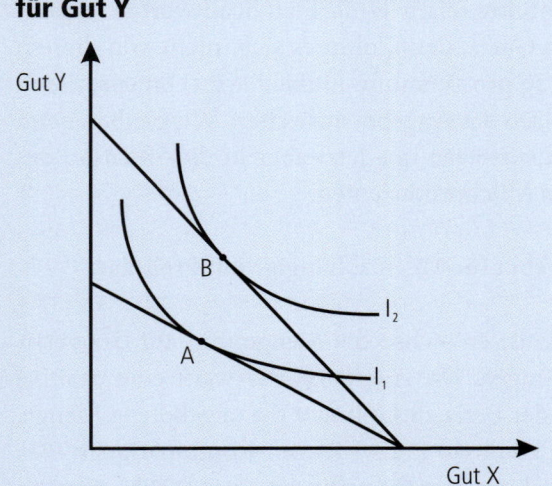

Nachfrage nach Gut Y

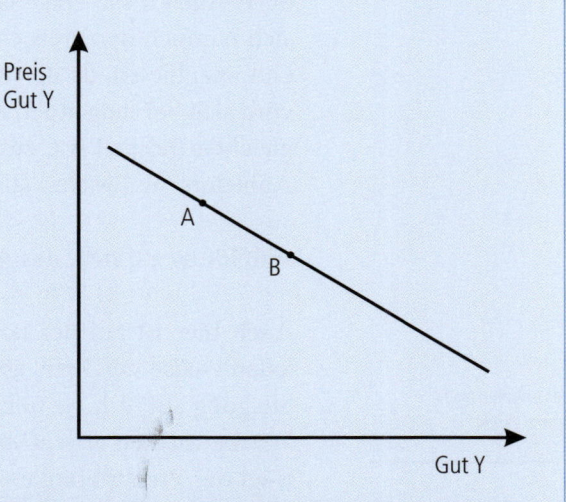

Sinkt der Preis von Gut Y, dreht sich die Budgetrestriktion nach oben. Setzt der Konsument sein ganzes Einkommen für X ein, kann er immer noch gleich viel kaufen. Sobald er aber einen Teil seines Einkommens für Gut Y ausgibt, ist er gegenüber der bisherigen Budgetrestriktion besser gestellt. Der Konsument erreicht nun die höhere Indifferenzkurve I_2, und das neue Optimum befindet sich in Punkt B.

Die Preise für Gut Y, die zu den Budgetrestriktionen in der linken Abbildung geführt haben, und die Mengen des Gutes Y gemäss den optimalen Entscheidungen A und B sind hier abgetragen. Durch die Verbindung dieser Punkte erhält man die gewohnte, negativ geneigte Nachfragekurve.

Technisch gesprochen, geschieht dies, indem man die einzelnen Nachfragekurven der Konsumenten horizontal miteinander addiert. Dann stehen auf der horizontalen Achse zum Beispiel nicht mehr einzelne Liter Milch, sondern 100 000 Liter Milch, da die Nachfrage sehr vieler Konsumenten dargestellt wird. Auf die grundsätzlichen Überlegungen hat dies aber keinen Einfluss.

2.3 Das Angebot

Betrachten wir nun die andere Marktseite – das Angebot. Auch hier wollen wir zunächst den Verlauf der Angebotskurve erläutern, dann verstehen, welche Faktoren zu einer Verschiebung der Kurve führen können, und abschliessend die Hintergründe der Angebotskurve konzeptionell erläutern.

2.3.1 Die Angebotskurve

Auf der Angebotsseite stellen wir uns die gleiche Frage wie zuvor bei der Nachfrage. Wie reagiert die angebotene Menge, wenn sich der Preis verändert? Auch diese Frage ist intuitiv relativ einfach zu beantworten. Erhöht sich nämlich der Preis eines Gutes, dann lohnt es sich, mehr von diesem Gut anzubieten, da der Ertrag pro verkaufte Einheit steigt. Entsprechend wird sich bei steigenden Preisen das Angebot ausweiten. Wir bleiben beim gleichen Beispiel wie zuvor, versetzen uns jetzt aber in die Situation des Anbieters, in diesem Fall des Milchproduzenten.

Abbildung 2.6 stellt das Angebot für Milch abhängig vom Preis dar.

Angebotskurve
Grafische Darstellung der angebotenen Menge in Abhängigkeit vom Preis.

Auch hier ist auf der horizontalen Achse die Menge und auf der vertikalen Achse der Preis abgetragen. Die *Angebotskurve* weist eine positive Steigung auf, d. h., je höher der Preis, desto höher die angebotene Menge. Wir betrachten erneut zwei konkrete Preis-Mengen-Kombinationen: Beträgt der Preis 2 Franken pro Liter, werden während einer Woche 100 000 Liter Milch angeboten. Steigt der Literpreis auf 3 Franken, so steigt das Angebot auf 200 000 Liter. In der Grafik sind wiederum diese beiden und alle anderen Preis-Mengen-Kombinationen zu sehen.

Abb. 2.6 Marktangebot

Marktangebot für Milch
Die unten stehende Tabelle zeigt auf, wie viele Liter Milch bei einem bestimmten Preis in einem Land pro Woche angeboten werden.

Preis (in CHF) pro Liter Milch	Menge in 1000 Liter pro Woche
0.—	0
0.50	0
1.—	0
1.50	50
2.—	100
2.50	150
3.—	200
3.50	250

Angebotskurve

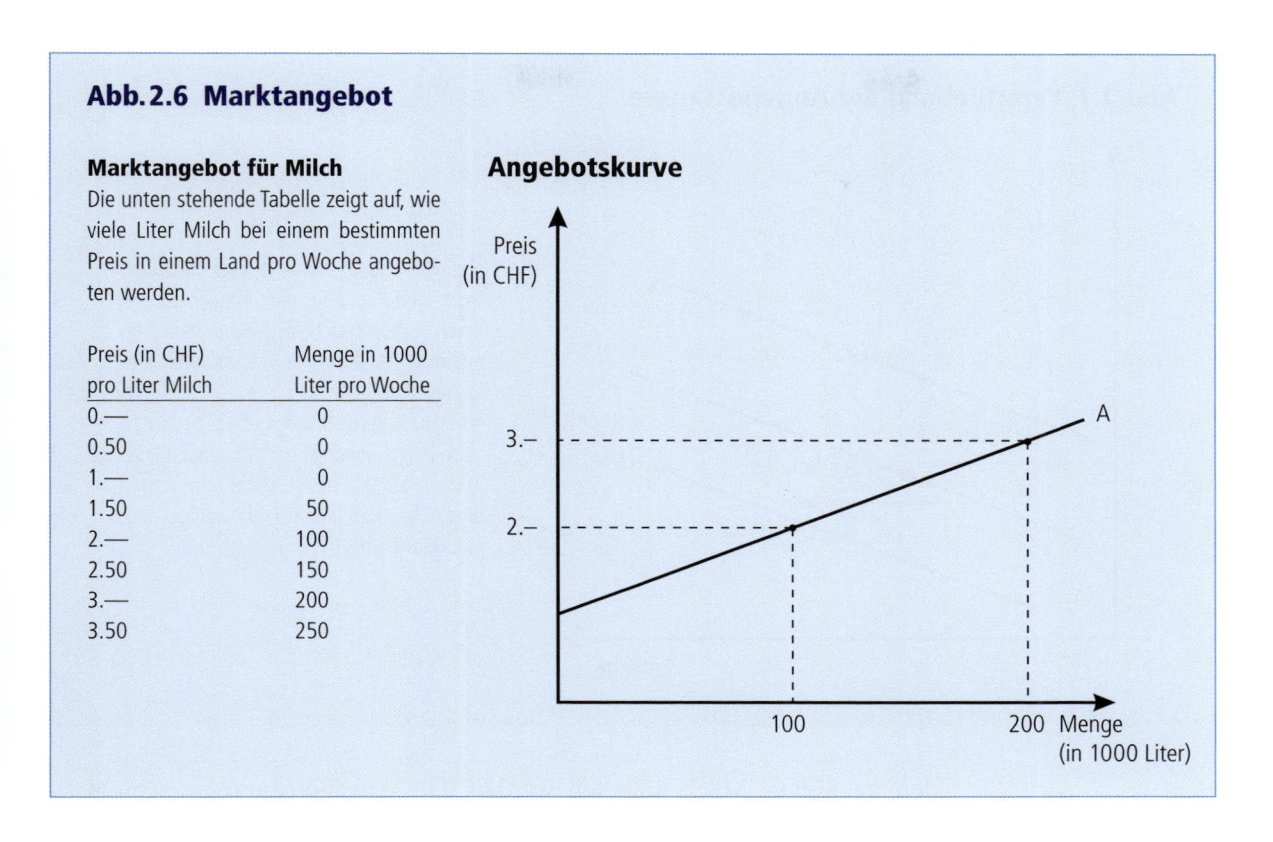

2.3.2 Verschiebung der Angebotskurve

Genauso wie zuvor müssen wir wieder zwischen Bewegungen auf der Angebotskurve und der Verschiebung der gesamten Kurve unterscheiden. Denn auch die Angebotskurve ist unter der Bedingung gezeichnet, dass alle anderen Einflussfaktoren auf das Angebot konstant sind. Sie verschiebt sich deshalb als Ganzes, sobald sich andere Einflussfaktoren als der Preis verändern. Wir sehen solche Verschiebungen der Angebotskurve in Abbildung 2.7 auf Seite 72.

Eine Verschiebung der Kurve nach rechts bedeutet, dass zu jedem Preis mehr angeboten wird. Verschiebt sich die Angebotskurve aber nach links, bedeutet dies umgekehrt eine Reduktion der angebotenen Menge zu jedem Preis.

Welche Faktoren können nun die Angebotskurve verschieben? Die wichtigste Einflussgrösse sind die Produktionskosten. Nehmen wir zum Beispiel an, dass die Preise für Futtermittel ansteigen. Das bedeutet, dass die Kosten für die Bauern steigen und dass sie deshalb zu jedem Preis eine

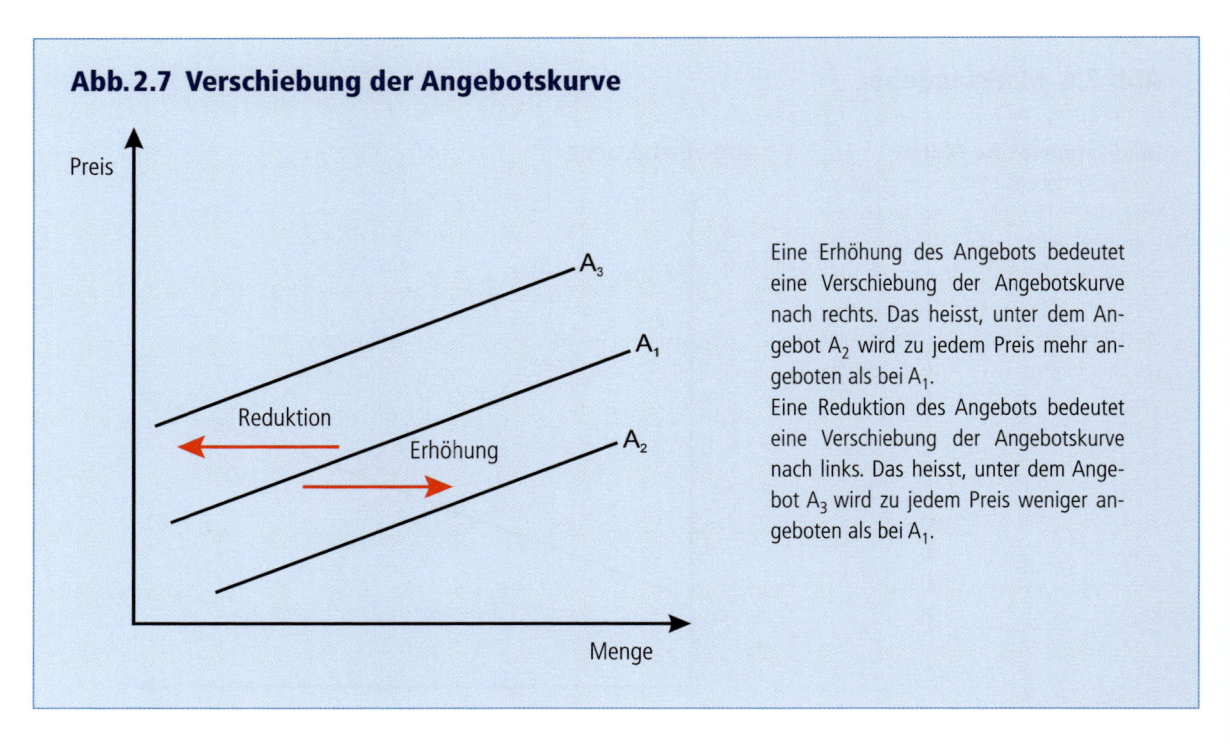

Abb. 2.7 Verschiebung der Angebotskurve

Eine Erhöhung des Angebots bedeutet eine Verschiebung der Angebotskurve nach rechts. Das heisst, unter dem Angebot A_2 wird zu jedem Preis mehr angeboten als bei A_1.
Eine Reduktion des Angebots bedeutet eine Verschiebung der Angebotskurve nach links. Das heisst, unter dem Angebot A_3 wird zu jedem Preis weniger angeboten als bei A_1.

kleinere Menge Milch anbieten werden. Die Angebotskurve verschiebt sich demzufolge nach links. Reduzieren sich dagegen die Produktionskosten, beispielsweise weil die Bauern produktiver arbeiten, so wird zu jedem Preis mehr angeboten. Entsprechend wird sich die Angebotskurve nach rechts verschieben.

Wir fassen zusammen: Die Angebotskurve ist eine positiv geneigte Kurve. Sie zeigt den Zusammenhang zwischen Preis und angebotener Menge, stellt also dar, wie sich die angebotene Menge bei einer Preisänderung verändert. Variiert ein anderer für das Angebot relevanter Faktor, meist die Kosten, so verschiebt sich die gesamte Angebotskurve.

2.3.3 Kosten und Unternehmensverhalten: Die Basis der Angebotskurve

Wie bei der Analyse der Nachfrage wollen wir auch beim Angebot genauer verstehen, welche individuellen Überlegungen hinter der Angebotskurve stecken. Wieso dehnt eine Produzentin oder ein Produzent die angebotene Menge aus, wenn der Preis ansteigt? Diese Frage wollen wir nicht nur intuitiv, sondern konzeptionell beantworten.

Der entscheidende Faktor beim Angebotsentscheid sind die Kosten der Produktion. Um die Entstehung dieser Kosten zu verstehen, müssen wir das Konzept der *Produktionsfunktion* einführen. Diese Funktion zeigt uns den Zusammenhang zwischen Input und Output: Wie stark verändert sich also die Produktion (Output), wenn zusätzliche Produktionsfaktoren wie Arbeit oder Kapital (Input) eingesetzt werden? Die Produktionsfunktion ist in der linken Grafik von Abbildung 2.8 eingezeichnet.

Produktionsfunktion
Beziehung zwischen der Inputmenge und der Outputmenge bei der Produktion eines Gutes.

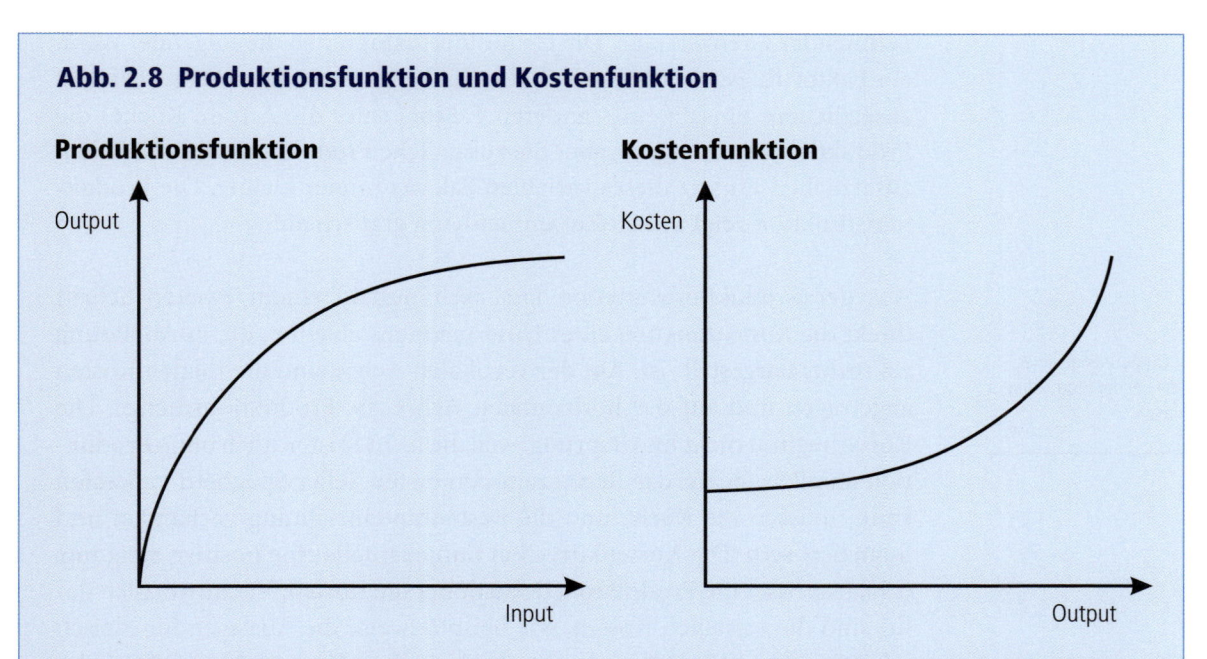

Auf der vertikalen Achse steht der Output, d.h. die produzierte Menge eines betrachteten Unternehmens, und auf der horizontalen Achse der Input, in diesem Fall die eingesetzte Arbeit (unter der Annahme konstanten Kapitaleinsatzes). Wir erkennen, dass die Produktionsfunktion mit zunehmendem Einsatz an Arbeit zwar stets einen positiven, aber mit zunehmender Produktionsmenge immer flacheren Verlauf aufweist.

Abb. 2.8 Produktionsfunktion und Kostenfunktion

Produktionsfunktion

Kostenfunktion

Die Produktionsfunktion zeigt die Beziehung zwischen der Outputmenge eines Gutes und der Inputmenge (d.h. den Produktionsfaktoren Arbeit und Kapital), die für die Produktion dieses Gutes nötig ist. Dabei stellt der Funktionswert, also die Outputmenge, jeweils die effiziente Menge dar, die mit der entsprechenden Inputmenge produziert werden kann. Die typische Produktionsfunktion weist abnehmende Grenzerträge auf. Sie ist für einen Input dargestellt unter der Annahme, dass der andere Input konstant ist.

Die Kostenfunktion lässt sich aus der Produktionsfunktion ableiten. Sie zeigt, welche Kosten anfallen, wenn eine bestimmte Outputmenge produziert werden soll. Da fixe Kosten anfallen, bevor etwas produziert werden kann, beginnt die Kurve nicht im Ursprung. Die zunehmenden Grenzkosten (Kosten für eine zusätzliche produzierte Einheit) sind durch die abnehmenden Grenzerträge der Produktion begründet.

Gesetz abnehmender Grenzerträge
Gesetzmässigkeit, nach der limitierende Inputfaktoren dazu führen, dass der zusätzliche Output pro Inputeinheit mit steigender Inputmenge abnimmt.

Der Grenzertrag, das ist die zusätzlich produzierte Menge, sinkt also mit steigender Produktionsmenge – man nennt dies das *Gesetz abnehmender Grenzerträge*. Wie aber lässt sich diese Gesetzmässigkeit begründen? Am einfachsten versteht man es mithilfe eines Beispiels: Nehmen wir an, ein Restaurant wirtschafte immer erfolgreicher, sodass die Besitzerin immer mehr Mahlzeiten verkaufen kann. Das heisst aber, dass sie dazu ihre Produktion steigern muss. Um das zu erreichen, kann sie relativ kurzfristig zusätzliche Köche einstellen. Stellt die Besitzerin einen zweiten Koch ein, dann wird dieser ähnlich produktiv sein wie der erste. Mit jedem weiteren Koch wird aber die zusätzliche Menge an produzierbaren Gerichten kleiner, da sich die Köche mit zunehmender Zahl im Wege zu stehen beginnen. Die Grösse der Küche ist nämlich fix und lässt sich kurzfristig kaum verändern, sodass die grössere Anzahl von Köchen wachsende Wartezeiten zur Folge hat, wenn etwa gerade wieder keine Herdplatte frei ist. Die Restaurantbesitzerin erlebt in diesem Beispiel ganz real das Gesetz abnehmender Grenzerträge. Die Grundidee dahinter ist die folgende: Wenn ein Faktor fix ist (in diesem Fall die Küchengrösse), dann kann man mit zusätzlichem Einsatz eines anderen Faktors (hier die Anzahl Köche) die Produktion zwar steigern, aber die zusätzliche Produktion wird mit jedem zusätzlichen Einsatz dieses variablen Faktors immer kleiner. Die Produktionsfunktion zeigt diesen Zusammenhang grafisch auf.

Kostenfunktion
Beziehung zwischen der Outputmenge eines Gutes und den Kosten, die bei der Produktion dieser Outputmenge anfallen.

Aus der Produktionsfunktion lässt sich nun in einem zweiten Schritt direkt die *Kostenfunktion* eines Unternehmens ableiten, die in Abbildung 2.8 rechts dargestellt ist. Auf der vertikalen Achse sind die totalen Kosten abgetragen und auf der horizontalen Achse die Produktionsmenge. Die Kurve beginnt nicht im Ursprung, weil die fixen Kosten auch ohne Produktion anfallen. Bevor das Restaurant den ersten Teller Spaghetti verkaufen kann, müssen die Küche und die Restauranteinrichtung vorhanden und finanziert sein. Die Kostenkurve hat nun ebenfalls eine positive Steigung; d. h., je grösser die Produktion, desto höher die Kosten. Verantwortlich dafür sind die variablen Kosten, wie beispielsweise die Auslagen für Fleisch oder Gemüse. Wir sehen aber auch, dass diese Kurve mit zunehmender Produktionsmenge immer steiler wird. Und dies ist nichts anderes als das Gesetz abnehmender Grenzerträge. Je mehr Köche da sind, desto weniger produziert der einzelne Koch, weil die Küche immer voller wird. Je mehr Mahlzeiten die Küche produziert, desto teurer wird deshalb jede zusätzliche Mahlzeit. Oder, allgemein ausgedrückt: Je mehr Einheiten eines Produkts hergestellt werden, desto grösser sind die Kosten jeder zusätzlich produzierten Einheit dieses Produkts; und deshalb wird die Kostenfunktion immer steiler.

Wir können nun die zusätzlichen Kosten einer zusätzlich produzierten Einheit direkt darstellen. In Abbildung 2.9 steht auf der horizontalen Achse immer noch die Produktionsmenge (Output), aber auf der vertikalen Achse sind direkt die Kosten für eine zusätzliche Einheit abgetragen; das sind die sogenannten *Grenzkosten*. Wir sehen, dass die Grenzkosten mit zunehmender Produktionsmenge steigen, weil – wie soeben hergeleitet – mit jeder zusätzlich produzierten Einheit die Kosten für diese zusätzlich produzierte Einheit immer stärker steigen.

> **Grenzkosten**
> Anstieg der Gesamtkosten bei der Produktion einer zusätzlichen Einheit.

Damit haben wir die Elemente beisammen, um die Reaktion des individuellen Angebots auf steigende Preise darzustellen. Der Marktpreis p_1 ist eine Horizontale, weil in einem Markt mit vollständigem Wettbewerb der einzelne Produzent ein zu kleines Angebot hat, um einen Einfluss auf den Marktpreis zu haben. Welche Menge wird der Produzent, der mit der Situation in Abbildung 2.9 konfrontiert ist, anbieten? Solange die zusätzlichen Kosten einer zusätzlichen Einheit tiefer sind als der Preis, den er für diese Einheit erhält, lohnt es sich für ihn, die Produktion auszudehnen, und zwar so lange, bis die Grenzkosten genau dem Marktpreis entsprechen. Steigt der Marktpreis auf p_2, so zahlt es sich aus, die Produktion auszuweiten. Dies entspricht aber genau der Überlegung aus der Angebotskurve: Je höher der Preis auf dem Markt, desto mehr wird angeboten.

Abb. 2.9 Die Grenzkostenkurve entspricht bei vollständiger Konkurrenz der Angebotskurve

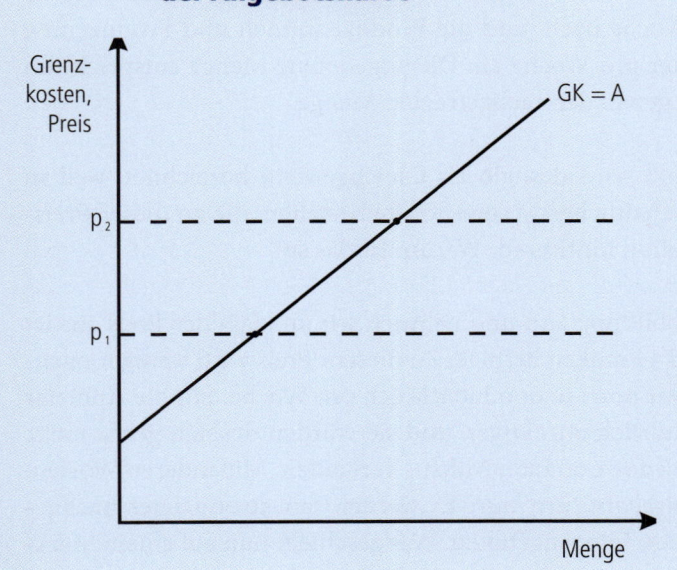

Die Grenzkostenkurve (GK) zeigt in Abhängigkeit der Menge, um wie viel die Kosten ansteigen, wenn eine zusätzliche Einheit produziert wird. Typischerweise steigen die Grenzkosten mit der Menge an, d.h., wenn bereits viel produziert worden ist, kostet die Produktion einer zusätzlichen Einheit mehr, als wenn erst wenig produziert worden ist.
Bei vollständigem Wettbewerb (der Preis ist exogen gegeben) wird die Produktion so lange ausgeweitet, bis die Grenzkosten dem Marktpreis entsprechen. Somit entspricht die Angebotskurve des einzelnen Produzenten seiner Grenzkostenkurve.

Grenzkostenkurve
Grafische Darstellung der Grenzkosten in Abhängigkeit von der produzierten Menge.

Wir sehen also, dass bei vollständiger Konkurrenz die *Grenzkostenkurve* eines Produzenten nichts anderes ist als seine Angebotskurve. Die Grenzkostenkurve zeigt ja die Menge, welche das Unternehmen bei jedem Preis anbietet – und das ist die Definition der Angebotskurve.

Die Angebotskurve für den gesamten Markt erhält man jetzt, indem man die in Abbildung 2.10 dargestellten Angebotskurven der einzelnen Produzenten – wie bei der Herleitung der Nachfragekurve – horizontal addiert.

2.4 Angebot und Nachfrage zusammen: Der Markt

Wir haben bis jetzt die Angebots- bzw. die Nachfragekurve jeweils isoliert betrachtet. Um den gesamten Markt zu analysieren, wollen wir nun die beiden Kurven zusammenführen.

Der vollständige Markt mit beiden Marktseiten ist in Abbildung 15.10 dargestellt. Wir betrachten hier die zuvor hergeleiteten Angebots- und Nachfragekurven für Milch in Litern während einer Woche in einem Land.

Gleichgewicht
Situation, in der kein ökonomischer Akteur einen Grund hat, seine Handlungen anzupassen.

Wir sehen, dass es in diesem Markt ein *Gleichgewicht* gibt, also eine Preis-Mengen-Kombination, bei der sich Angebots- und Nachfragekurve schneiden. In dem Beispiel beträgt der sogenannte Gleichgewichtspreis 2 Franken. Zu diesem Preis fragen die Kundinnen und Kunden 100 000 Liter Milch pro Woche nach, und die Produzentinnen und Produzenten bieten 100 000 Liter pro Woche an: Die angebotene Menge entspricht im Schnittpunkt also genau der nachgefragten Menge.

Dieser Schnittpunkt wird deshalb als Gleichgewicht bezeichnet, weil in einem marktwirtschaftlichen System Kräfte bestehen, die zu dieser Preis-Mengen-Kombination hinführen. Warum ist das so?

Angebotsüberschuss
Ungleichgewicht auf einem Markt, bei dem beim herrschenden Preis das Angebot die Nachfrage übersteigt.

Betrachten wir Abbildung 2.10 und nehmen wir an, dass der Preis aus irgendeinem Grund 3 Franken betrage. Zu diesem Preis wird weniger nachgefragt, nämlich nur noch 50 000 Liter Milch pro Woche. Für die Anbieter ist dieser Preis natürlich attraktiver, und sie würden deshalb gerne mehr – im konkreten Fall 200 000 Liter Milch – verkaufen. Mit anderen Worten, es entsteht ein *Angebotsüberschuss*: Es werden nur 50 000 Liter nachgefragt, jedoch 200 000 Liter angeboten. Was geschieht nun auf einem Markt mit einem Angebotsüberschuss? Für die Anbieter lohnt es sich, den Preis

Abb. 2.10 Marktgleichgewicht

Das Marktgleichgewicht stellt sich dort ein, wo sich Angebotskurve und Nachfragekurve schneiden. Zum Preis von CHF 2.– werden 100 000 Liter angeboten und 100 000 Liter nachgefragt. Der Markt ist somit geräumt.

Bei einem Preis, der über dem gleichgewichtigen Preis von CHF 2.– liegt, z.B. CHF 3.–, entsteht ein Ungleichgewicht, nämlich ein Angebotsüberschuss. Das Gegenteil ist der Fall, wenn der Preis unter dem Gleichgewichtspreis liegt; dann entsteht ein Nachfrageüberschuss.

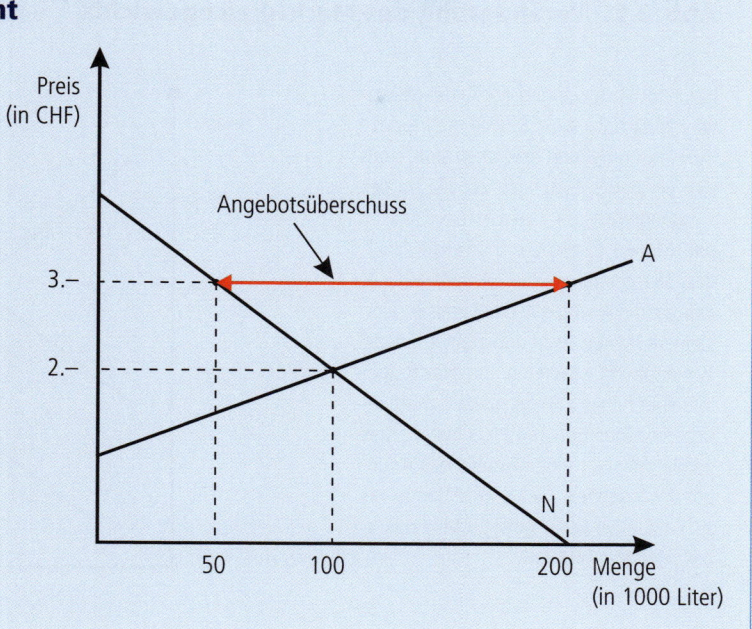

---

etwas zu reduzieren, um mehr von ihrer Milch verkaufen zu können. Sie werden den Preis der angebotenen Menge also so lange reduzieren, bis wieder der Gleichgewichtspreis erreicht ist, bis also ihr gesamtes Angebot auch nachgefragt wird. Entsprechend hat dieser Markt die Tendenz, sich bei einer Preis-Mengen-Kombination von 2 Franken und 100 000 Einheiten einzupendeln. Analog ist die Situation bei einem *Nachfrageüberschuss*, also bei einem zu tiefen Preis. Die Nachfrager erhalten in diesem Fall nicht genügend Milch und sind deshalb bereit, so lange mehr zu bezahlen, bis die nachgefragte Menge genau der angebotenen Menge entspricht.

Nachfrageüberschuss
Ungleichgewicht auf einem Markt, bei dem beim herrschenden Preis die Nachfrage das Angebot übersteigt.

In einem freien Markt pendelt sich deshalb der Gleichgewichtspreis durch das Verhalten der Anbieter und Nachfrager automatisch ein. Wir sehen dies auch daran, dass bei einer Verschiebung der Angebots- oder Nachfragekurve sich sehr rasch wieder ein neues Gleichgewicht bildet.

Nehmen wir an, dass aufgrund schlechter Witterung die Preise für Heu steigen. Das erhöht für die Bauern die Produktionskosten der Milch, sodass sie zu jedem Preis weniger Milch anbieten. Die Angebotskurve verschiebt sich also, wie in Abbildung 2.11 auf Seite 78 dargestellt, von A_1 nach links zu A_2.

Abb. 2.11 Veränderung des Marktgleichgewichts

Bei einer Verschiebung der Angebotskurve von A_1 nach A_2, z. B. weil die Produktionsfaktoren teurer geworden sind, stellt sich ein neues Gleichgewicht ein. In der Ausgangssituation herrscht bei Preis p_1 und Menge q_1 ein Gleichgewicht. Nach der Verschiebung der Angebotskurve würden die Produzenten bei Preis p_1 eine kleinere Menge als q_1 anbieten. Auf diese Verknappung reagieren die Nachfrager mit einer hohen Zahlungsbereitschaft, indem sie einen höheren Preis bieten. Dies wiederum setzt einen Anreiz, das Angebot auszudehnen. Dies geht so lange, bis sich das neue Gleichgewicht bei Preis p_2 und Menge q_2 einstellt.

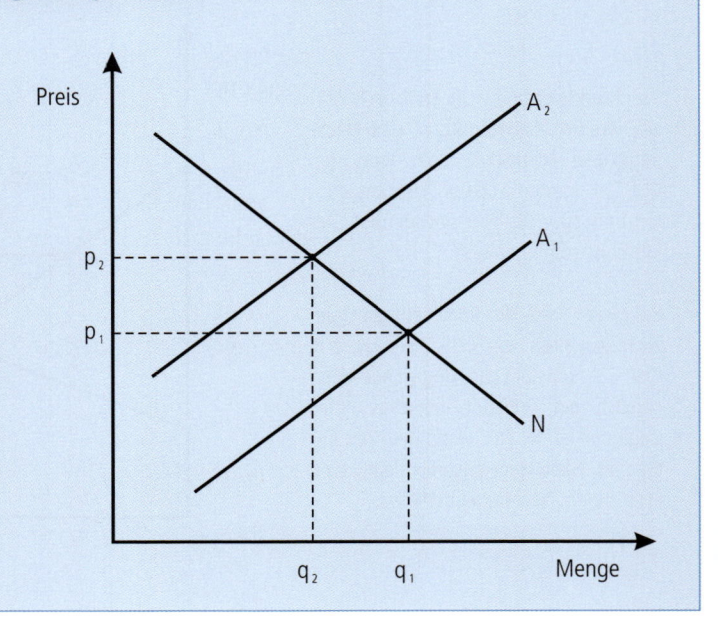

Zahlungsbereitschaft
Betrag, den ein Wirtschaftssubjekt zu zahlen bereit ist, um ein bestimmtes Gut oder eine bestimmte Dienstleistung zu erwerben.

Wie erfolgt nun die Anpassung an das neue Gleichgewicht? Die Bauern sind aufgrund der gestiegenen Kosten nicht mehr bereit, zum Preis p_1 die Menge q_1 anzubieten, welche die Konsumentinnen und Konsumenten zu diesem Preis nachfragen. Es entsteht also ein Nachfrageüberschuss nach Milch. Die Nachfrager mit einer hohen *Zahlungsbereitschaft* für Milch werden auf die Verknappung des Angebots reagieren, indem sie den Bauern einen höheren Preis bieten. Zu einem höheren Preis als p_1 werden die Bauern wiederum bereit sein, etwas mehr Milch zu produzieren. Dieser Prozess wird so lange andauern, bis sich angebotene und nachgefragte Menge wieder entsprechen, was beim Preis p_2 der Fall ist.

Ein Rückgang des Angebots führt also zu einem neuen Gleichgewicht, bei dem eine kleinere Menge zu einem höheren Preis gehandelt wird. Das Gegenteil tritt natürlich bei einer Ausweitung des Angebots ein: Das Gleichgewicht pendelt sich bei einer grösseren Menge und einem tieferen Preis ein.

2.5 Die Elastizität

Wie stark die Verschiebung von Angebots- oder Nachfragekurve die gleichgewichtige Menge verändert, hängt – vereinfacht gesagt – stark davon ab, wie steil die Kurven sind. Und wie steil die Kurven sind, hängt wiederum von der sogenannten Preiselastizität ab. In diesem Abschnitt erläutern wir das für die mikroökonomische Analyse essentielle Konzept der *Elastizität*. Wir werden dabei beispielhaft die wohl wichtigste Anwendung diskutieren, nämlich die Preiselastizität der Nachfrage. Daneben gibt es aber auch eine Preiselastizität des Angebots oder Elastizitäten in Bezug auf andere Grössen, wie beispielsweise das Einkommen. Für jede Grösse, die Angebot oder Nachfrage verändert, lässt sich – zumindest konzeptionell – eine Elastizität ermitteln.

Elastizität
Verhältnis zwischen der proportionalen Änderung einer Variable zur proportionalen Änderung einer anderen Variablen.

2.5.1 Was versteht man unter der Elastizität?

Nehmen wir an, dass aus ökologischen Gründen der Benzinverbrauch gedrosselt werden soll. Man will also die Nachfrage nach Benzin reduzieren. Dies kann man bewerkstelligen, indem man die Kosten für die Anbieter von Benzin erhöht, beispielsweise indem man eine Abgabe auf jeden Liter angebotenen Benzins erhebt. Dies wird die Angebotskurve nach links verschieben und damit zu einem neuen Gleichgewicht mit kleinerer Menge und höherem Preis führen. Bevor ein Staat eine solche Massnahme einführt, wird Ökonominnen und Ökonomen oft die Frage gestellt, wie stark denn die Nachfrage nach Benzin auf die Preiserhöhung reagieren werde. Um diese Frage beantworten zu können, muss man die Preiselastizität der Nachfrage ermitteln.

Diese Preiselastizität der Nachfrage misst, wie stark die nachgefragte Menge reagiert, wenn sich der Preis verändert. Formal ausgedrückt:

$$\text{Preiselastizität der Nachfrage} = \frac{\text{Nachfrageänderung in \%}}{\text{Preisänderung in \%}}$$

Um bei unserem Beispiel zu bleiben, nehmen wir an, dass eine Erhöhung des Benzinpreises um 40% den Verkauf von Benzin um 20% reduziere. Dann gilt:

$$\text{Preiselastizität der Benzinnachfrage} = -\frac{20\%}{40\%} = -0{,}5$$

In Abbildung 2.12 sehen wir Nachfragekurven mit unterschiedlicher Elastizität.

Die linke Grafik zeigt eine sehr unelastische Nachfrage. Eine Erhöhung des Preises reduziert hier die nachgefragte Menge lediglich ein wenig. Ganz anders ist es bei der in der rechten Grafik dargestellten, äusserst elastischen Nachfragekurve. Schon eine kleine Erhöhung des Preises führt hier zu einer sehr starken Reduktion der nachgefragten Menge.

Je elastischer also die Nachfrage reagiert, desto kleiner ist die Preisänderung, die notwendig ist, um eine starke Reaktion der Menge auszulösen.

In Abbildung 2.13 ist dies in einem vollständigen Marktdiagramm dargestellt. Die Angebotskurve weist in beiden Fällen die gleiche Form auf und auch die Verschiebung dieser Angebotskurve ist jeweils genau gleich gross.

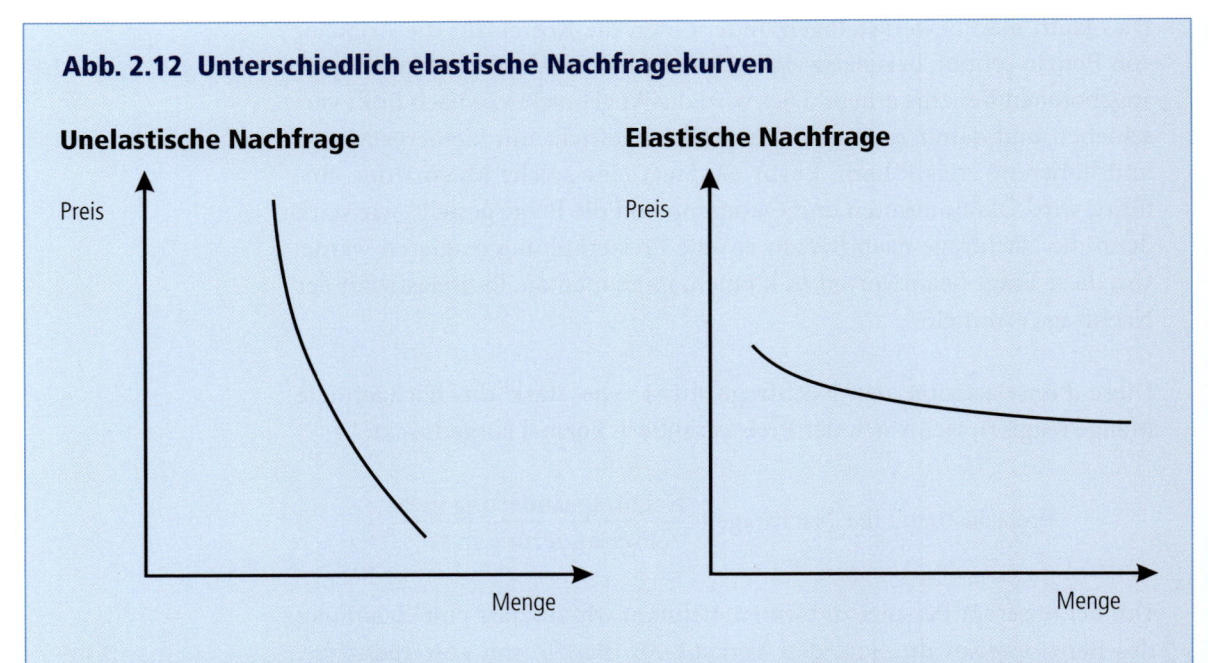

Abb. 2.12 Unterschiedlich elastische Nachfragekurven

Unelastische Nachfrage

Elastische Nachfrage

Bei einer sehr unelastischen Nachfrage passt sich die nachgefragte Menge nur sehr wenig an, wenn sich der Preis verändert. Die Nachfragekurve verläuft somit sehr steil resp. beinahe vertikal. Es erfordert also eine grosse Änderung des Preises, um eine bestimmte Mengenreaktion auszulösen.

Bei einer sehr elastischen Nachfrage verändert sich die nachgefragte Menge stark, wenn sich der Preis verändert. Die Nachfragekurve verläuft somit sehr flach resp. fast horizontal. Es erfordert nur eine kleine Änderung des Preises, um eine bestimmte Mengenreaktion auszulösen.

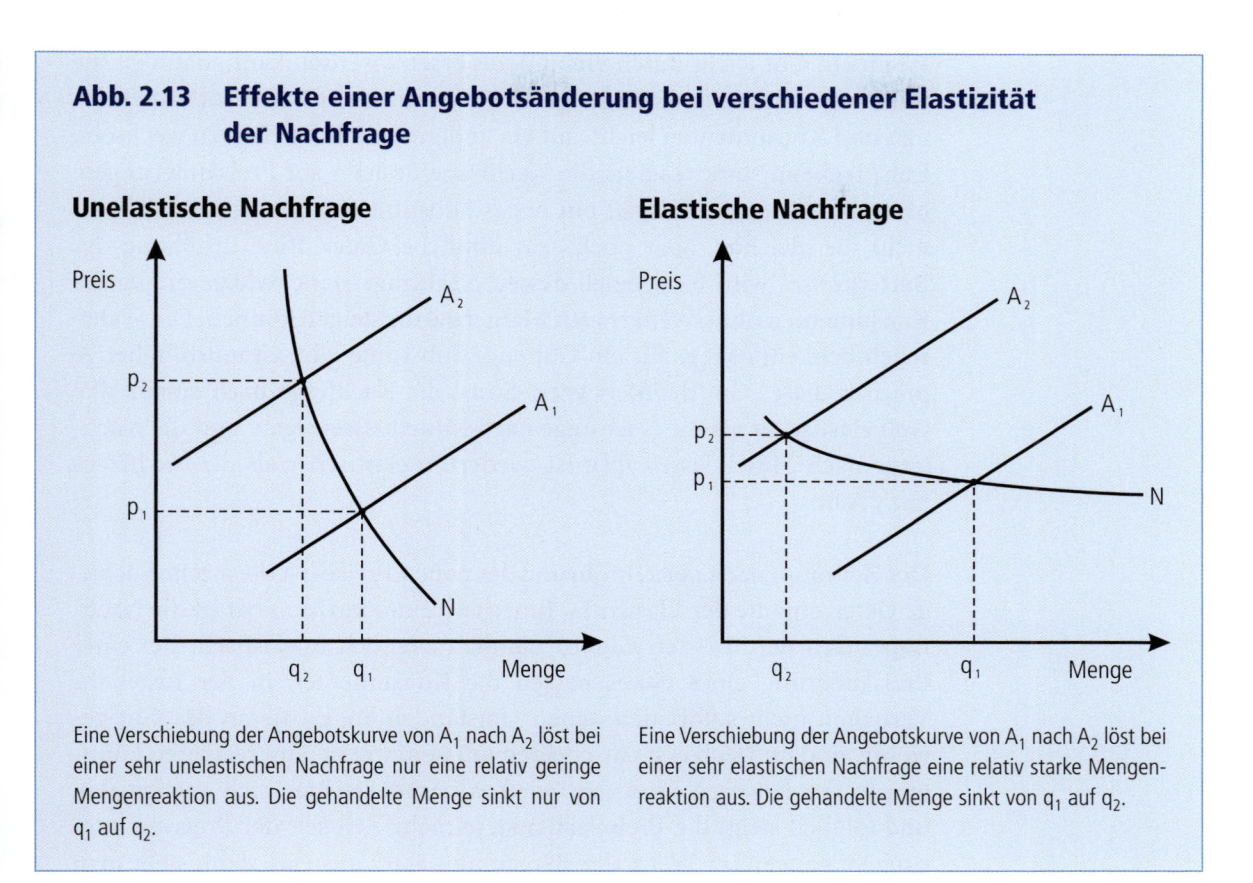

Abb. 2.13 Effekte einer Angebotsänderung bei verschiedener Elastizität der Nachfrage

Unelastische Nachfrage

Eine Verschiebung der Angebotskurve von A_1 nach A_2 löst bei einer sehr unelastischen Nachfrage nur eine relativ geringe Mengenreaktion aus. Die gehandelte Menge sinkt nur von q_1 auf q_2.

Elastische Nachfrage

Eine Verschiebung der Angebotskurve von A_1 nach A_2 löst bei einer sehr elastischen Nachfrage eine relativ starke Mengenreaktion aus. Die gehandelte Menge sinkt von q_1 auf q_2.

Wir betrachten nun den Effekt dieser Verschiebung der Angebotskurve bei unterschiedlicher Preiselastizität der Nachfrage.

Im links dargestellten Fall mit unelastischer Nachfrage hat die Preiserhöhung kaum einen Einfluss auf die gehandelte Menge. Im Fall der elastischen Nachfragekurve in der rechten Grafik reduziert die Preiserhöhung die gehandelte Menge jedoch äusserst stark.

Für die Ökonominnen und Ökonomen, die die Effekte einer Benzinpreiserhöhung auf die nachgefragte Menge prognostizieren sollen, reduziert sich die Frage also darauf, wie elastisch die Nachfragekurve für Benzin ist.

2.5.2 Was bestimmt die Elastizität?

Wie elastisch die Nachfrage auf Preisänderungen reagiert, hängt von einer Reihe von Faktoren ab. Die beiden wichtigsten sind dabei die Erhältlichkeit von Substituten und der Zeitraum nach der Preisveränderung.

Wenn ein Gut leicht durch ein anderes ersetzt werden kann, dann ist die Nachfrage relativ elastisch. Steigt der Preis, so ist es für die Konsumentinnen und Konsumenten leicht, auf ein anderes, ähnliches Gut zu wechseln. Entsprechend stark reagiert die Nachfrage deshalb auf Preisänderungen. Margarine ist zum Beispiel ein enges Substitut für Butter; es sind zwar nicht die gleichen, aber doch sehr ähnliche Güter. Eine Erhöhung des Butterpreises wird tendenziell dessen Nachfrage stark reduzieren, da die Konsumenten ohne Weiteres auf Margarine umsteigen können. Die Wahrscheinlichkeit, dass es für ein Gut enge Substitute gibt, ist umso höher, je präziser dieses Gut definiert wird. So ist die Nachfrage nach einem VW Golf elastischer als die Nachfrage nach Mittelklassewagen, und die Nachfrage nach Mittelklassewagen ist wiederum elastischer als die Nachfrage nach Autos.

Der Zeitraum nach der Einführung des neuen Preises ist die zweite wichtige Determinante der Elastizität. Innerhalb einer kurzen Frist ist die Nachfrage nach den meisten Gütern nämlich ziemlich unelastisch. Bei einer Preisänderung eines Gutes passen die Konsumenten in der Regel ihr Verhalten nicht sofort den neuen Umständen an, da sie an das Gut gewöhnt sind und sich erst entscheiden müssen, wie sie nun reagieren könnten. In der längeren Frist aber wird es immer leichter, sich anzupassen, und folglich steigt die Preiselastizität, je mehr Zeit seit der Preisveränderung vergangen ist. Wenn der Benzinpreis stark ansteigt, dann stellt man immer wieder fest, dass die meisten das Autofahren zunächst erstaunlich wenig reduzieren. Das liegt daran, dass man sich an einen gewissen Umgang mit dem Auto gewöhnt hat und kurzfristig die höheren Preise zähneknirschend in Kauf nimmt, die Nachfrage deshalb nicht stark reduziert, sondern sich an anderen Orten einschränkt. Bleibt der Preis aber hoch, so werden die Menschen mit der Zeit immer stärker darauf reagieren, entweder indem sie Autos kaufen, die weniger Benzin verbrauchen, oder indem sie sich so organisieren, dass sie weniger fahren müssen. Eine Prognose der Effekte der Veränderung des Benzinpreises auf die Nachfrage muss also unbedingt die kurzfristigen von den langfristigen Effekten unterscheiden.

2.6 Die Analyse der Effizienz von Märkten

Das Angebot-Nachfrage-Schema wird in diesem Buch sehr häufig verwendet. Zusätzlich fragen wir uns dann oft, ob bestimmte Situationen oder wirtschaftspolitische Eingriffe aus Sicht der Effizienz positiv oder negativ zu beurteilen sind. Um aber eine solche Beurteilung abgeben zu können, müssen wir unser einfaches Marktmodell um das Konzept der Konsumenten- bzw. Produzentenrente erweitern.

2.6.1 Die Konsumentenrente

Letztlich handelt es sich bei der *Konsumentenrente* um eine alternative Art, die Nachfragekurve herzuleiten, sodass wir – als Nebeneffekt – dieses zentrale Konzept noch besser verstehen lernen.

Konsumentenrente
Zahlungsbereitschaft des Käufers für ein Gut, abzüglich des Preises, den er tatsächlich dafür bezahlen muss.

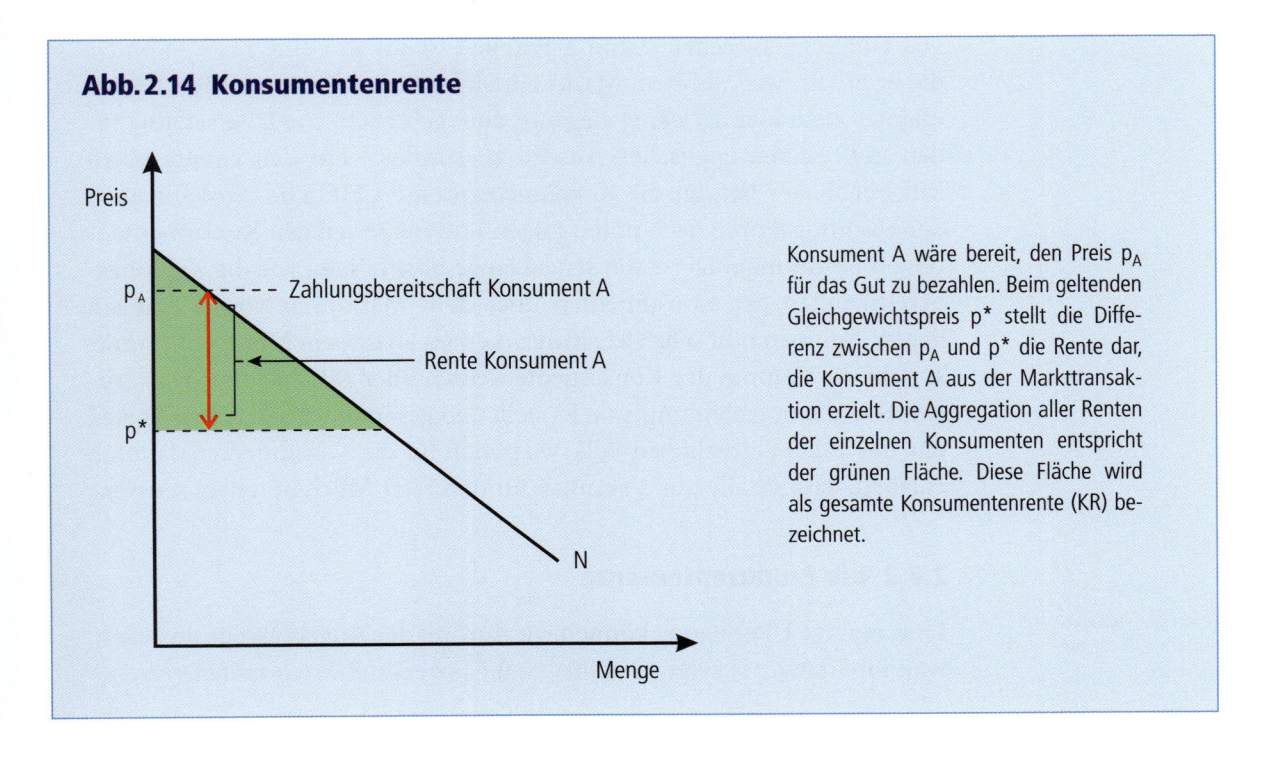

Betrachten wir in Abbildung 2.14 nochmals isoliert die Nachfragekurve.

Wir können die Nachfragekurve auch anders interpretieren, und zwar als eine Darstellung der unterschiedlichen Zahlungsbereitschaften verschiedener Konsumenten. Damit ist gemeint, dass nicht alle Konsumentinnen und Konsumenten bereit sind, denselben Preis für einen Liter Milch zu bezahlen. Es gibt Personen, die Milch besonders lieben. Sie sind daher gewillt, relativ viel für Milch auszugeben. Andere wiederum, die Milch weniger mögen, würden entsprechend weniger dafür bezahlen. Durch den Marktprozess befinden sie sich aber in einer Situation, in der alle gleich viel für ein Produkt bezahlen (weil der gleiche Marktpreis für alle gilt), unabhängig von ihrer Zahlungsbereitschaft.

Abb. 2.14 Konsumentenrente

Konsument A wäre bereit, den Preis p_A für das Gut zu bezahlen. Beim geltenden Gleichgewichtspreis p^* stellt die Differenz zwischen p_A und p^* die Rente dar, die Konsument A aus der Markttransaktion erzielt. Die Aggregation aller Renten der einzelnen Konsumenten entspricht der grünen Fläche. Diese Fläche wird als gesamte Konsumentenrente (KR) bezeichnet.

Der Gleichgewichtspreis für Milch beträgt in unserem Beispiel 2 Franken, egal, ob ein einzelner Konsument starke oder schwache Präferenzen für Milch aufweist. Wir überlegen uns nun, wie sich diese Situation für einen Konsumenten präsentiert, der sehr gerne Milch trinkt. Nehmen wir beispielsweise an, der grösste Milchliebhaber der betrachteten Volkswirtschaft wäre bereit, 5 Franken für einen Liter Milch zu bezahlen. Dies ist in der Grafik 15.14 dort abgetragen, wo die Nachfragekurve auf die vertikale Achse trifft. Erst zu diesem Preis entsteht überhaupt eine Nachfrage für Milch; ist er höher, wird kein Tropfen Milch verkauft. Je tiefer der Preis dann wird, desto mehr Nachfrager wird es geben. Für den zweitgrössten Milchliebhaber liegt die Schmerzgrenze beispielsweise bei CHF 4.90; damit gäbe es zu diesem Preis schon zwei Nachfrager. Nehmen wir weiter an, alle Konsumenten seien nun in abnehmender Höhe ihrer Zahlungsbereitschaft für einen Liter Milch auf der horizontalen Achse abgetragen. Je weiter rechts sie liegen, desto kleiner ist ihre Zahlungsbereitschaft. Wenn wir diese Zahlungsbereitschaften miteinander verbinden, erhalten wir wiederum die Nachfragekurve.

Was aber ist in diesem Zusammenhang die Konsumentenrente? Sie ist ein intuitiv einleuchtendes Konzept. Der grösste Milchliebhaber, der sogar 5 Franken für den Liter Milch bezahlen würde, muss dafür nur 2 Franken bezahlen, da dies der Gleichgewichts- bzw. momentane Marktpreis ist. Die Differenz zwischen 5 und 2 Franken ist für ihn eine reine «Rente», die er erhält, weil auf dem Markt ein einheitlicher Preis gilt. Der Begriff «Rente» steht hier als wenig elegante, aber gebräuchliche Übersetzung für den treffenderen englischen Ausdruck «surplus». Für den zweitgrössten Milchliebhaber beträgt die Konsumentenrente CHF 2.90. So kann man der Nachfragekurve nach unten folgen und die jeweiligen Konsumentenrenten bestimmen. Diese werden so lange positiv sein, wie die Zahlungsbereitschaften der Konsumenten über dem Marktpreis von 2 Franken liegen. Nehmen nun sehr viele Konsumenten an diesem Markt teil, so entspricht die Summe der Konsumentenrenten aller Milchkäufer dem grünen Dreieck in Abbildung 2.14. Es stellt den gesamten zusätzlichen Vorteil dar, der in der betrachteten Volkswirtschaft für die Konsumenten dadurch entsteht, dass sie alle nur 2 Franken für den Liter Milch bezahlen müssen.

2.6.2 Die Produzentenrente

Eine analoge Überlegung können wir nun auf der Angebotsseite anstellen, wie Abbildung 2.15 zeigt. Sie führt zum Konzept der *Produzentenrente*.

Produzentenrente
Erlös eines Verkäufers für ein Gut, abzüglich der Kosten, die ihm für Erwerb oder Herstellung des Gutes entstanden sind.

Abb. 2.15 Produzentenrente

Produzent X wäre bereit, schon für den Preis p_X das Gut zu verkaufen. Beim geltenden Gleichgewichtspreis p^* stellt die Differenz zwischen p^* und p_X die Rente dar, die Produzent X aus der Transaktion erzielt.

Die Aggregation aller Renten der einzelnen Produzenten entspricht der blauen Fläche. Diese Fläche wird als Produzentenrente (PR) bezeichnet.

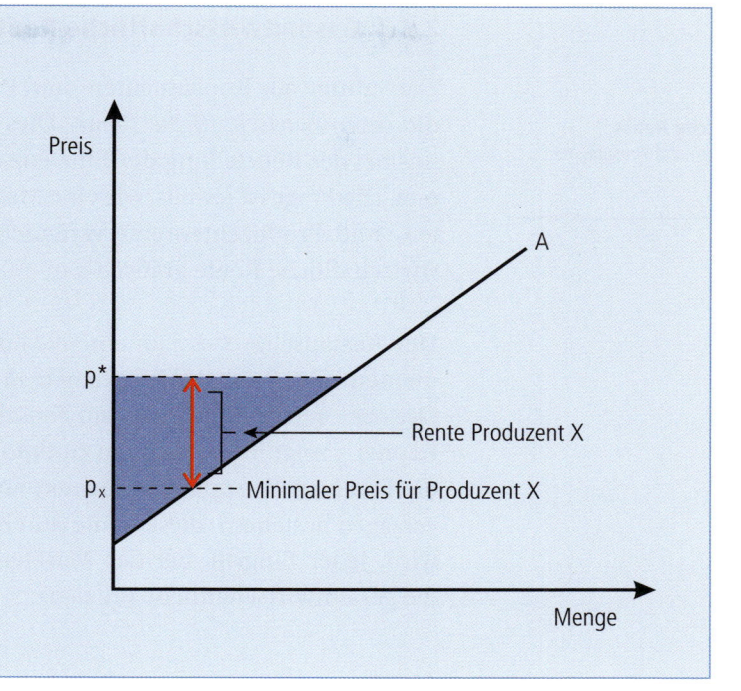

Wir nehmen an, der effizienteste Produzent sei bereit, einen Liter Milch schon für 50 Rappen anzubieten. Dies ist dort, wo die Angebotskurve auf die vertikale Achse trifft. Der zweiteffizienteste Verkäufer muss bereits 60 Rappen pro Liter Milch verrechnen, damit seine Kosten gedeckt sind. Alle Anbieter und ihre Kosten pro Liter Milch werden nun auf der horizontalen Achse abgetragen, und zwar geordnet nach ihrer Produktivität. Je weiter rechts ein Anbieter zu liegen kommt, desto weniger produktiv operiert er. Die Produzentenrente entsteht nun dadurch, dass jeder Verkäufer für einen verkauften Liter Milch den Marktpreis von 2 Franken erhält. Der produktivste würde seine Milch jedoch bereits für 50 Rappen pro Liter anbieten – er erzielt also eine Produzentenrente von CHF 1.50. Der zweitproduktivste würde für 60 Rappen anbieten, womit seine Produzentenrente bei CHF 1.40 zu liegen kommt. So können wir auf der horizontalen Achse immer weiter nach rechts gehen und alle Renten addieren. Gibt es sehr viele Produzenten, so entspricht die Produzentenrente dem blauen Dreieck in Abbildung 2.15. Dies ist der Vorteil, der in der betrachteten Volkswirtschaft für alle Produzenten entsteht, die zu einem Marktpreis anbieten können, der über ihren Kosten liegt.

Gesamtwirtschaftliche Rente
Summe aus Produzenten- und Konsumentenrente.

2.6.3 Gesamtwirtschaftliche Rente und Effizienz

Die Summe aus Konsumenten- und Produzentenrente bezeichnet man als die *gesamtwirtschaftliche Rente*. Dies ist ein Referenzpunkt, auf den wir uns bei der Beurteilung der Effizienz eines Marktes immer beziehen können. Die Frage ist jeweils, wie eine Massnahme die Summe aus Konsumenten- und Produzentenrente verändert. Abbildung 2.16 stellt die gesamtwirtschaftliche Rente grafisch dar.

Der Austauschprozess auf einem Markt führt also dazu, dass für Konsumenten und Produzenten Renten in der Höhe der beiden eingefärbten Dreiecke entstehen. Fände kein Tausch statt, so gäbe es diese Renten nicht. Kapitel 5 zeigt, dass in einem funktionierenden Markt, in dem die Preise die relativen Knappheiten korrekt anzeigen (auf dem also keine Marktversagen bestehen), diese Rente durch den freien Marktprozess maximiert wird. Jeder Eingriff, der das Marktergebnis verändert, reduziert deshalb die gesamtwirtschaftliche Effizienz.

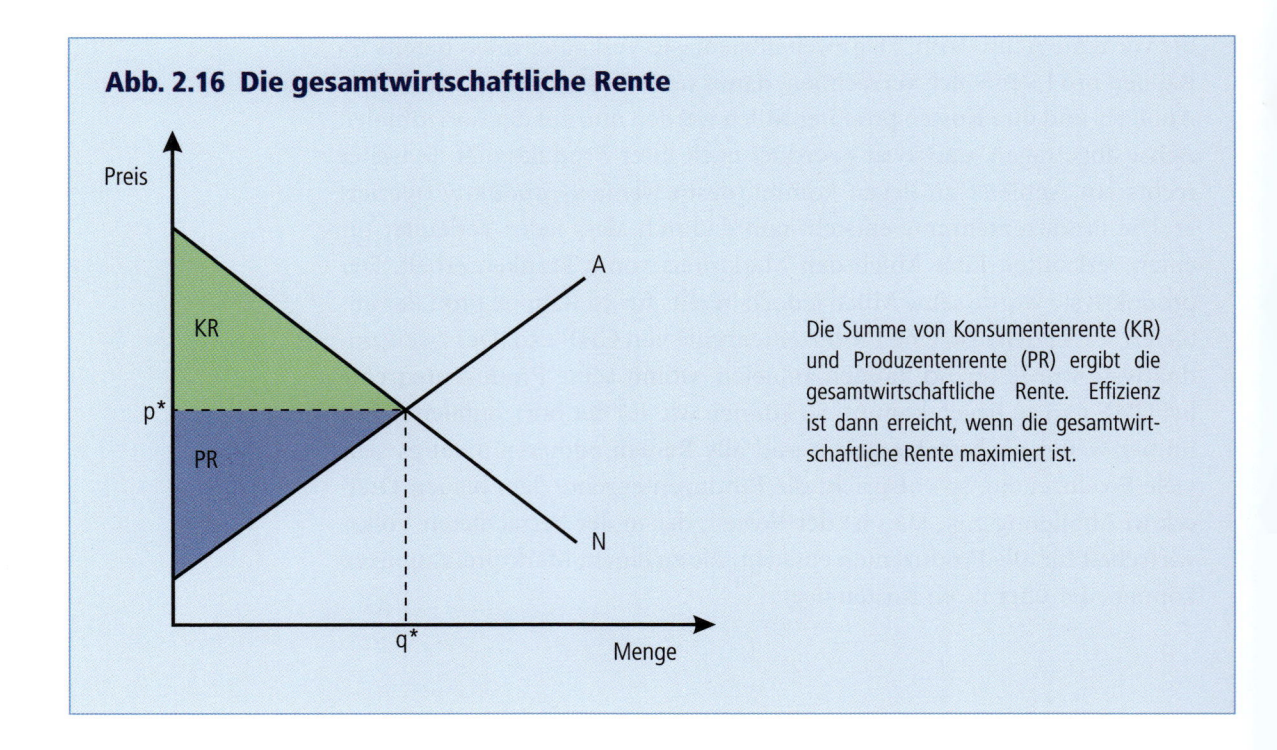

Abb. 2.16 Die gesamtwirtschaftliche Rente

Die Summe von Konsumentenrente (KR) und Produzentenrente (PR) ergibt die gesamtwirtschaftliche Rente. Effizienz ist dann erreicht, wenn die gesamtwirtschaftliche Rente maximiert ist.

Zusammenfassung

1. Als Markt wird das Zusammentreffen von Angebot und Nachfrage bezeichnet. Die Mechanismen aller Märkte sind im Prinzip dieselben, egal, ob es sich um Gütermärkte handelt oder um Märkte für Produktionsfaktoren (Arbeit, Kapital).

2. Die Nachfrage nach einem Gut steigt, wenn sein Preis sinkt. Die Nachfragekurve ist eine grafische Darstellung dieses negativen Zusammenhangs zwischen Preis und nachgefragter Menge.

3. Eine Veränderung des Preises führt zu einer Bewegung auf der Nachfragekurve, eine Veränderung aller anderen Einflussfaktoren der nachgefragten Menge (z. B. Einkommen, Präferenzen, Preise verwandter Güter) zu einer Verschiebung der Nachfragekurve.

4. Das Angebot eines Gutes steigt, wenn dessen Preis steigt. Die Angebotskurve ist eine grafische Darstellung dieses positiven Zusammenhangs zwischen Preis und angebotener Menge.

5. Eine Veränderung des Preises führt zu einer Bewegung auf der Angebotskurve, eine Veränderung aller anderen Einflussfaktoren der angebotenen Menge (z. B. Produktionskosten, Löhne) zu einer Verschiebung der Angebotskurve.

6. Führt man Nachfrage- und Angebotskurve in einer Darstellung zusammen, erhält man ein grafisches Modell für einen Markt. Am Schnittpunkt der beiden Kurven sind angebotene und nachgefragte Menge gleich – es stellt sich ein Gleichgewichtspreis ein.

7. Ist der tatsächliche Marktpreis höher als der Gleichgewichtspreis, so wird sich die angebotene Menge so lange reduzieren und die nachgefragte so lange erhöhen, bis die beiden Mengen wieder gleich gross sind. Der Schnittpunkt von Angebots- und Nachfragekurve ist also wirklich ein Gleichgewicht.

8. Wie stark sich das Marktgleichgewicht bei einer Verschiebung der Angebotskurve verändert, hängt von der Preiselastizität der Nachfrage ab. Je elastischer die Nachfragekurve, desto stärker reagiert die nachgefragte Menge auf Preisänderungen.

9. Die Nachfrage ist dann besonders elastisch, wenn es enge Substitute gibt. Die langfristige Elastizität ist höher als die kurzfristige, da es längerfristig einfacher ist, auf Preisänderungen zu reagieren.

10. Alle Nachfrager zahlen denselben Preis – den Marktpreis – für ein Gut, unabhängig davon, wie gross ihre Wertschätzung für das Gut ist. Alle Nachfrager, die eine grössere Zahlungsbereitschaft haben, erzielen über den Marktprozess deshalb eine Rente, die sogenannte Konsumentenrente.

11. Alle Anbieter erhalten denselben Preis für den Verkauf eines Gutes, unabhängig davon, wie hoch ihre Produktionskosten sind. Alle Anbieter, deren Kosten tiefer liegen, erzielen über den Marktprozess deshalb eine Rente, die sogenannte Produzentenrente.

12. Die Summe aus Produzenten- und Konsumentenrente bildet den gesamten Wohlfahrtsgewinn, der einer Volkswirtschaft aus dem Austausch auf dem jeweiligen Markt erwächst.

Repetitionsfragen

- Stellen Sie sich vor, Sie stehen vor der Entscheidung, für die Prüfung zu lernen oder in das Freibad zu gehen. Zeigen Sie anhand dieser Entscheidung, wie die Opportunitätskosten aussehen.

- Zeichnen Sie gemäss der folgenden Tabelle eine Nachfragekurve.

Preis	Menge
10	10
8	30
7	50
5	110
2	260
1	340

    Angenommen, die Nachfrage nach Kakao nimmt bei jedem Preis ab. Welches können die Gründe dafür sein? Stellen Sie dies grafisch dar.

- Versetzen Sie sich in die Lage eines Automobilherstellers. Ein automatisierter Produktionsablauf senkt die Kosten für den Produzenten. Was passiert mit der Angebotskurve?

- Beschreiben Sie die Preiselastizität für Benzin in der kurzen und in der langen Frist.

- Wieso ist der Schnittpunkt von Angebots- und Nachfragekurve ein Gleichgewicht?

- Erläutern Sie die Grundidee von Konsumenten- und Produzentenrente.

- Berechnen Sie die Konsumentenrente für die Volkswirtschaft mit den drei Konsumenten Peter, Anna und Jakob. Für eine Tafel Schokolade wäre Peter bereit, CHF 4.– zu bezahlen, Anna würde maximal CHF 3.– bezahlen. Jakob würde maximal nur CHF 2.– bezahlen, würde dann aber gleich zwei Stück kaufen.

    Wie hoch ist die Konsumentenrente, wenn der Marktpreis bei CHF 2.50 liegt?

    Wie hoch ist die Konsumentenrente, wenn der Marktpreis bei CHF 1.50 liegt?

ZENTRALE BEGRIFFE

Angebot S.60
Nachfrage S.60
Gütermarkt S.61
Arbeitsmarkt S.61
Kapitalmarkt S.62
Opportunitätskosten S.63
Gesetz der Nachfrage S.63
Nachfragekurve S.63
Ceteris paribus S.63
Substitut S.65

Nutzen S.66
Präferenzen S.66
Budgetrestriktion S.67
Indifferenzkurve S.67
Angebotskurve S.70
Produktionsfunktion S.73
Gesetz abnehmender Grenzerträge S.74
Kostenfunktion S.74
Grenzkosten S.75
Grenzkostenkurve S.76

Gleichgewicht S.76
Angebotsüberschuss S.76
Nachfrageüberschuss S.77
Zahlungsbereitschaft S.78
Elastizität S.79
Konsumentenrente S.83
Produzentenrente S.84
Gesamtwirtschaftliche Rente S.86

3 Grundlagen der Makroökonomie

Die Weltwirtschaftskrise nach dem Börsencrash von 1929 hat auch die Volkswirtschaftslehre nachhaltig erschüttert. Bis zu diesem Ereignis gab es keine explizite Trennung zwischen mikro- und makroökonomischer Analyse. Die Wirtschaft wurde im Wesentlichen mit dem für einen beziehungsweise für jeden Markt gültigen Angebot-Nachfrage-Schema analysiert, das in Kapitel 2 erklärt wurde. Dieses Schema zeigt auf, dass Märkte eine starke Tendenz zum Ausgleich zwischen Angebot und Nachfrage aufweisen. Eine Situation, wie sie in der Grossen Depression in der ersten Hälfte der 1930er-Jahre herrschte, als die Arbeitslosigkeit über einen längeren Zeitraum im zweistelligen Bereich lag, war mit diesem Modell jedoch nur schwer erklärbar. Der britische Ökonom John Maynard Keynes legte dann 1936 einen ungemein einflussreichen Erklärungsansatz für solche gesamtwirtschaftlichen Phänomene vor. Er argumentierte, dass sich bei mangelnder Anpassungsfähigkeit der Preise sogenannte Schocks – beispielsweise eine Rezession bei einem wichtigen Handelspartner – von Markt zu Markt übertragen können. Dabei kann zuletzt ein für die gesamte Volkswirtschaft negativer Effekt auftreten und für längere Zeit anhalten. Mit dem Hinweis auf derartige, aus der Sichtweise der einfachen Marktmodelle unerwartete gesamtwirtschaftliche Effekte begründete Keynes einen neuen Forschungszweig der Volkswirtschaftslehre: die Makroökonomie. «Makro» steht hier, wie bereits erläutert, für die gesamtwirtschaftliche Analyse, während sich «Mikro» eben auf kleinere Einheiten, wie einzelne Individuen oder Märkte, bezieht. Wie geeignet die wirtschaftspolitischen Empfehlungen sind, die Keynes aus seiner Analyse ableitete, darüber gab und gibt es unter Ökonominnen und Ökonomen lebhafte Diskussionen; Kapitel 10 geht im Detail darauf ein. An der Berechtigung einer eigenständigen makroökonomischen Analyse gewisser ökonomischer Phänomene besteht jedoch heute kein Zweifel.

3.1	Angebot und Nachfrage in der Makroökonomie
3.2	Die aggregierte Nachfrage
3.3	Das aggregierte Angebot und die Frage der Preisflexibilität
3.4	Die kurzfristige aggregierte Angebotskurve
3.5	Das gesamtwirtschaftliche Grundmodell

Wir werden deshalb in diesem zweiten Grundlagenkapitel das andere Modell vertiefen, das wir für die Analyse verschiedenster Fragestellungen immer wieder verwenden: das makroökonomische Grundmodell. Es wird auch als aggregiertes Angebot-Nachfrage-Modell bezeichnet. Obwohl hier ebenfalls von Angebot und Nachfrage die Rede ist, unterscheidet es sich aber grundlegend vom mikroökonomischen Modell.

Für das Verständnis des makroökonomischen Modells besonders wichtig ist, dass es bei der Analyse gesamtwirtschaftlicher Fragen ausdrücklich zwischen der kurzen und der langen Frist unterscheidet. Dies ist nötig, weil sich verschiedene Preise unterschiedlich rasch an neue Informationen anpassen – eine Tatsache, die man sich immer vor Augen halten muss, um

Konfusionen bei der Diskussion makroökonomischer Phänomene zu vermeiden.

Das Kapitel ist wie folgt aufgebaut:
- 3.1 erklärt das Konzept von Angebot und Nachfrage in der Makroökonomie.
- 3.2 erläutert die aggregierte Nachfragekurve.
- 3.3 führt aus, warum die Unterscheidung zwischen der kurzen und der langen Frist und ihre Effekte auf den Verlauf der aggregierten Angebotskurve für die makroökonomische Analyse so entscheidend sind.
- 3.4 diskutiert auf dieser Basis die für die Konjunkturanalyse zentrale kurzfristige aggregierte Angebotskurve.
- 3.5 verbindet die aggregierte Angebots- und Nachfragekurve zum makroökonomischen Grundmodell.

3.1 Angebot und Nachfrage in der Makroökonomie

Wie erwähnt, werden in der Makroökonomie die gleichen Begriffe verwendet wie in der Mikroökonomie, nämlich «Angebot» und «Nachfrage». Wenn auch gewisse Ähnlichkeiten bestehen, haben die beiden Begriffe in der makroökonomischen Sichtweise dennoch eine andere Bedeutung. In der Mikroökonomie wird die Preis-Mengen-Abhängigkeit bestimmter Güter nämlich unter der Annahme betrachtet, dass ausser dem Preis auf dem betrachteten Markt alle anderen Einflussfaktoren (z.B. Einkommen oder Preise anderer Güter) auf die angebotene und nachgefragte Menge des Gutes konstant gehalten werden; es ist dies die sogenannte «ceteris paribus»-Annahme. In der Makroökonomie dagegen ist diese Annahme nicht mehr zulässig, denn hier wird die Gesamtheit aller Märkte gleichzeitig analysiert.

Betrachten wir zunächst die Angebotsseite. Das *aggregierte* (d.h. gesamtwirtschaftliche) *Angebot* ist die in einer Volkswirtschaft innerhalb eines bestimmten Zeitraums produzierte Menge an Gütern und Dienstleistungen, das jährliche Bruttoinlandprodukt (BIP) also. Es wird bestimmt von der Ausstattung mit Produktionsfaktoren, die man, stark vereinfacht, in zwei Kategorien einteilt, nämlich Arbeit und Kapital. Diese beiden Faktoren werden miteinander kombiniert, um Güter und Dienstleistungen zu produzieren. Die Art und Weise, wie sie miteinander kombiniert werden, ist die Technologie – diese ist also das Wissen darüber, wie man die beiden anderen Produktionsfaktoren einsetzen kann. Im Übrigen könnte man die Produktionsfaktoren noch stärker differenzieren, beispielsweise indem man das Kapital in Realkapital und Humankapital unterteilt oder indem man den Boden und die Rohstoffe als zusätzliche Faktoren aufführt. An den grundsätzlichen Überlegungen ändert dies aber nichts.

> **Aggregiertes Angebot**
> Menge an Gütern und Dienstleistungen, die in einer Volkswirtschaft produziert und auf dem Markt angeboten wird.

Nun zur Nachfrageseite. Die *aggregierte* (d.h. gesamtwirtschaftliche) *Nachfrage* ist die in einer Volkswirtschaft innerhalb eines bestimmten Zeitraums gekaufte Menge an Gütern und Dienstleistungen. Wir unterscheiden dabei vier mögliche Käufergruppen:
- Konsumentinnen und Konsumenten, die Konsumgüter erwerben,
- Unternehmen, die vor allem Investitionsgüter nachfragen,
- den Staat mit seinen Staatsausgaben,
- das Ausland, das Exportgüter kauft.

> **Aggregierte Nachfrage**
> Menge an im Inland produzierten Gütern und Dienstleistungen, die von den Haushalten, den Unternehmen, dem Staat und dem Ausland nachgefragt wird.

Gesamtwirtschaftlich ergibt sich also die folgende Situation: Auf der Angebotsseite bestimmt die Verfügbarkeit von Arbeit, Kapital, Technologie sowie Boden und natürliche Ressourcen, was und wie viel produziert werden kann (Entstehungsseite des BIP). Auf der Nachfrageseite entscheidet das Verhalten der Konsumenten, der Unternehmen, des Staates und des Auslands, wohin die produzierten Güter fliessen (Verwendungsseite des BIP).

Dies ist in Abbildung 3.1 schematisch dargestellt.

Wir sehen, dass bei der Nachfrage nicht von Exporten, sondern von Nettoexporten die Rede ist. Der Grund dafür ist, dass für die Auslastung der inländischen Produktionsfaktoren nicht die gesamte Nachfrage – d. h. diejenige nach allen verfügbaren Produkten – entscheidend ist, sondern nur die Nachfrage nach im Inland produzierten Gütern und Dienstleistungen. Alle Käufergruppen erwerben aber auch Güter, die nicht im Inland produziert, sondern importiert werden (im Fall der Schweiz z. B. Ananas als importierte Konsumgüter oder Passagierflugzeuge als importierte Investitionsgüter). Um nun die für die makroökonomische Analyse relevante Nachfrage zu ermitteln – also diejenige nach inländischen Produkten –, zieht man von den Exporten die Importe ab und erhält damit die Nettoexporte als relevante Nachfragekategorie.

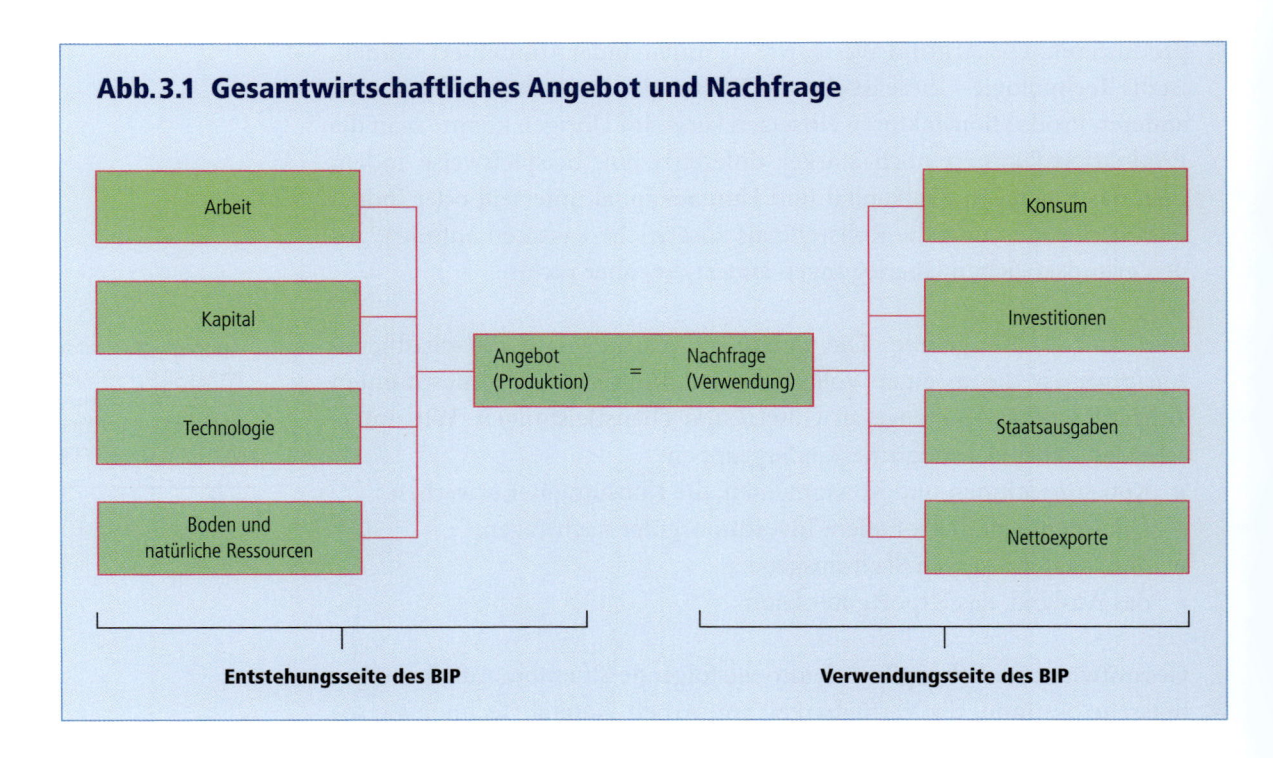

Abb. 3.1 Gesamtwirtschaftliches Angebot und Nachfrage

Entstehungsseite des BIP: Arbeit, Kapital, Technologie, Boden und natürliche Ressourcen

Angebot (Produktion) = Nachfrage (Verwendung)

Verwendungsseite des BIP: Konsum, Investitionen, Staatsausgaben, Nettoexporte

Wie dies in Kapitel 8 ausgeführt wird, beeinflusst die Angebotsseite das langfristige Wachstum des Bruttoinlandproduktes. Denn langfristiges Wachstum setzt zusätzliche Produktionsfaktoren voraus.

Die Nachfrageseite dagegen bestimmt – wie in Kapitel 10 erläutert – das kurzfristige Wachstum, also die Konjunkturschwankungen. Diese hängen von der unter Umständen rasch wechselnden Bereitschaft der verschiedenen Käufergruppen ab, die produzierten Güter und Dienstleistungen auch zu kaufen; die Grösse der Nachfrage bestimmt deshalb, wie stark die Unternehmen die vorhandenen Produktionsfaktoren auslasten.

Wir wollen nun das makroökonomische Grundmodell herleiten, das die aggregierte Nachfrage und das aggregierte Angebot in einer Grafik darstellt.

3.2 Die aggregierte Nachfrage

Abbildung 3.2 zeigt die *aggregierte Nachfragekurve* AN. Wie bei der mikroökonomischen Grafik sind auf den Achsen Preise bzw. Mengen abgetragen – diesmal aber nicht für einzelne Güter, sondern für die gesamte Volkswirtschaft. Auf der vertikalen Achse steht deshalb statt des Preises eines

Aggregierte Nachfragekurve
Grafik, welche die gesamtwirtschaftliche Nachfrage in Abhängigkeit vom Preisniveau darstellt. Die aggregierte Nachfragekurve wird auch gesamtwirtschaftliche Nachfragekurve genannt.

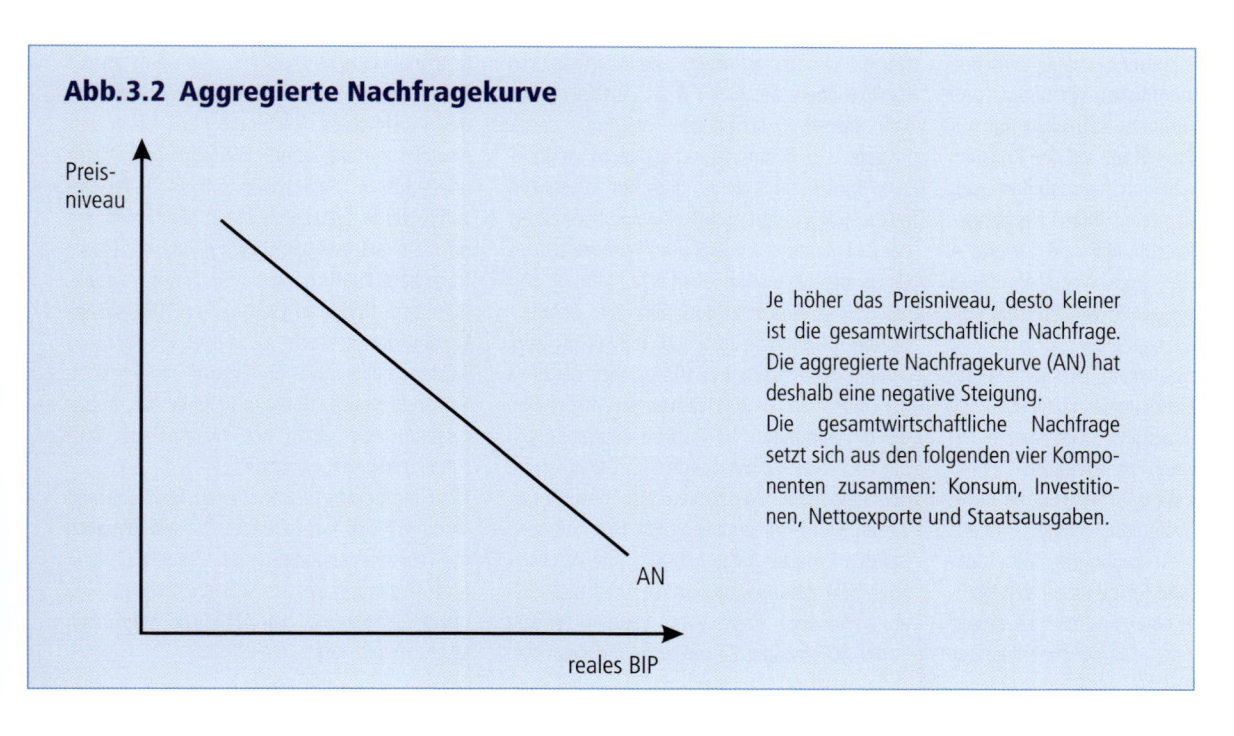

Abb. 3.2 Aggregierte Nachfragekurve

Je höher das Preisniveau, desto kleiner ist die gesamtwirtschaftliche Nachfrage. Die aggregierte Nachfragekurve (AN) hat deshalb eine negative Steigung.
Die gesamtwirtschaftliche Nachfrage setzt sich aus den folgenden vier Komponenten zusammen: Konsum, Investitionen, Nettoexporte und Staatsausgaben.

Preisniveau
Preis eines repräsentativen Güterkorbs.

Reales Bruttoinlandprodukt
Die gesamte, zu konstanten Preisen bewertete Produktion von Gütern und Dienstleistungen einer Volkswirtschaft.

einzelnen Gutes das gesamtwirtschaftliche *Preisniveau*, d. h. ein Index, der die Preise aller Güter enthält; in der Schweiz ist das im Wesentlichen der Konsumentenpreisindex (siehe Kapitel 4). Auf der horizontalen Achse ist das *reale Bruttoinlandprodukt* abgetragen, also die gesamte Menge an Gütern und Dienstleistungen.

Wir sehen, dass die Nachfragekurve negativ geneigt ist. Sie gleicht also der Nachfragekurve eines einzelnen Marktes, so wie wir sie aus der mikroökonomischen Analyse kennen. Der Grund für die negative Steigung ist hier aber ein ganz anderer.

Diese negativ geneigte Nachfragekurve bedeutet, dass die aggregierte Nachfrage negativ vom Preisniveau einer Volkswirtschaft (und nicht wie in der Mikroökonomie vom Preis eines einzelnen Gutes!) abhängt. Das heisst, die gesamtwirtschaftliche Nachfrage steigt, wenn das Preisniveau fällt, und umgekehrt. Um dies zu verstehen, zerlegt man am besten die aggregierte Nachfrage in ihre oben erwähnten Komponenten und erklärt für jede, wieso sie negativ vom Preisniveau abhängt. Dabei geht es vor allem um die Nachfrage privater Unternehmen und Haushalte, also um die Konsum-, Investi-

TECHNISCHE BOX

Weitere Gründe für die negative Steigung der aggregierten Nachfragekurve

Der negative Zusammenhang zwischen gesamtwirtschaftlicher Nachfrage und Preisniveau gründet sich nicht nur auf den im Text erwähnten Effekt auf den Konsum. Auch die anderen beiden hauptsächlich von der Privatwirtschaft bestimmten Nachfragekomponenten – Investitionen und Exporte – hängen negativ vom Preisniveau ab. Diese Zusammenhänge versuchen wir hier sehr verkürzt, eher intuitiv, darzustellen.

Bei den Investitionen spielt der sogenannte Zinseffekt die entscheidende Rolle. Fallende Preise gehen bei konstanter Geldmenge mit fallenden Zinsen einher. Fallen nämlich die Preise, dann benötigen die Haushalte für ein gegebenes Transaktionsvolumen weniger Bargeld. Einen Teil dieser nicht benötigten Mittel verwenden die Haushalte für den Kauf von Wertpapieren, um damit einen zusätzlichen Zinsertrag erzielen zu können. Mit der zunehmenden Nachfrage nach festverzinslichen Wertpapieren (Obligationen, die einen fixen Zinsbetrag pro Jahr abwerfen) steigt aber der Preis dieser Papiere – und damit sinkt de facto ihr Zinssatz. Dies kommt daher, dass der in Franken festgelegte Zinsbetrag bei einem höheren Preis der Obligation einen kleineren Prozentsatz des Werts der Obligation ausmacht. Beträgt beispielsweise die Zinszahlung auf einer Obligation, die 100 Franken kostet, 10 Franken pro Jahr, so liegt der Zinssatz bei 10 %. Steigt der Preis der Obligation auf 200 Franken, so entsprechen die unveränderten 10 Franken Zinszahlungen nur noch einem Zinssatz von 5 %. Die aufgrund der steigenden Wertpapierpreise gesunkenen Zinsen wiederum stimulieren die Investitionen.

Bei den Exporten ist der sogenannte Wechselkurseffekt dafür verantwortlich, dass diese bei abnehmendem Preisniveau steigen. Sinken in der Schweiz die Zinsen aufgrund des oben beschriebenen Mechanismus, so verlieren die schweizerischen Wertpapiere an Attraktivität, und es steigt die Nachfrage nach höher verzinsten ausländischen Wertpapieren. Diese aber müssen mit Devisen, z. B. in Dollar, bezahlt werden. Dadurch steigt die Nachfrage nach Dollars, und gleichzeitig sinkt die Nachfrage nach Franken, womit der Franken gegenüber dem Dollar an Wert verliert. Diese Frankenabwertung macht Schweizer Produkte im Ausland billiger, was die Exporte steigen lässt. Sinkende Preise führen also über die daraus folgende Abwertung der inländischen Währung zu höheren Exporten.

Über die beiden beschriebenen Mechanismen stimuliert also ein fallendes Preisniveau auch die Nachfragekomponenten «Investitionen» und «Exporte», sodass sich auch hiermit die negative Steigung der AN-Kurve begründen lässt.

tions- und Exportnachfrage. Die Staatsausgaben – die vierte Komponente – werden nicht so sehr von der Entwicklung des Preisniveaus als vielmehr von politischen Entscheiden bestimmt.

Warum hängt der Konsum negativ vom Preisniveau ab? Fallen die Preise, so steigt die Kaufkraft des von den Haushalten gehaltenen Geldes, weil diese mit einer bestimmten Geldmenge jetzt mehr kaufen können. Daher verzeichnen wir einen steigenden Konsum bei fallendem Preisniveau. Steigen umgekehrt die Preise, beobachten wir also Inflation, dann entwertet sich das Geld in den Taschen der Konsumentinnen und Konsumenten und sie werden ihren Konsum reduzieren. Die fixe Geldmenge ist unterschiedlich kaufkräftig, je nachdem, wie sich die Preise entwickeln. Da der Konsum einen Teil der Nachfrage bildet, ist dies einer der Gründe, warum die gesamtwirtschaftliche Nachfragekurve eine negative Steigung aufweist. Auch Investitionen und Nettoexporte hängen negativ mit dem Preisniveau zusammen; dies wird in der Box auf Seite 94 erläutert.

Diese Überlegungen betreffen Bewegungen auf der aggregierten Nachfragekurve AN. Wie in Abbildung 3.3 auf Seite 96 gezeigt, kann die Kurve selbst sich aber ebenfalls verschieben: dann nämlich, wenn sich alle oder einzelne Komponenten der aggregierten Nachfrage unabhängig von der Preisentwicklung verändern. Die wichtigsten Gründe für Verschiebungen der AN-Kurve liegen in der Geld- und Fiskalpolitik. An dieser Stelle genügt es, deren Einflüsse zur Kenntnis zu nehmen, ohne die Details der fiskal- und geldpolitischen Mechanismen zu erklären, auf die in Kapitel 10 eingegangen wird.

Die Fiskalpolitik kann vor allem die Staatsausgaben und die Konsumausgaben beeinflussen. Zusätzliche Staatsausgaben führen zu einer grösseren aggregierten Nachfrage bei jedem Preisniveau, d. h. zu einer Verschiebung der AN-Kurve nach rechts. Ähnlich wirkt eine Steuersenkung, die eine Erhöhung der verfügbaren Haushaltseinkommen und damit eine Ausweitung des Konsums bei jedem Preisniveau zur Folge hat. In beiden Fällen stellt sich aber immer die Frage, wie das entstehende Budgetdefizit finanziert wird. Geschieht dies beispielsweise über die Verschuldung, so wird die Nachfrage des Staates nach Finanzmitteln auf dem Kapitalmarkt die Zinsen in die Höhe treiben, was die Investitionen beeinträchtigt und damit tendenziell zumindest einen Teil der expansiven Wirkung auf die Nachfrage wieder rückgängig macht.

Die Geldpolitik kann vor allem die beiden anderen Komponenten der aggregierten Nachfrage beeinflussen: die Investitionen und die Exporte.

Abb. 3.3 Verschiebung der aggregierten Nachfragekurve

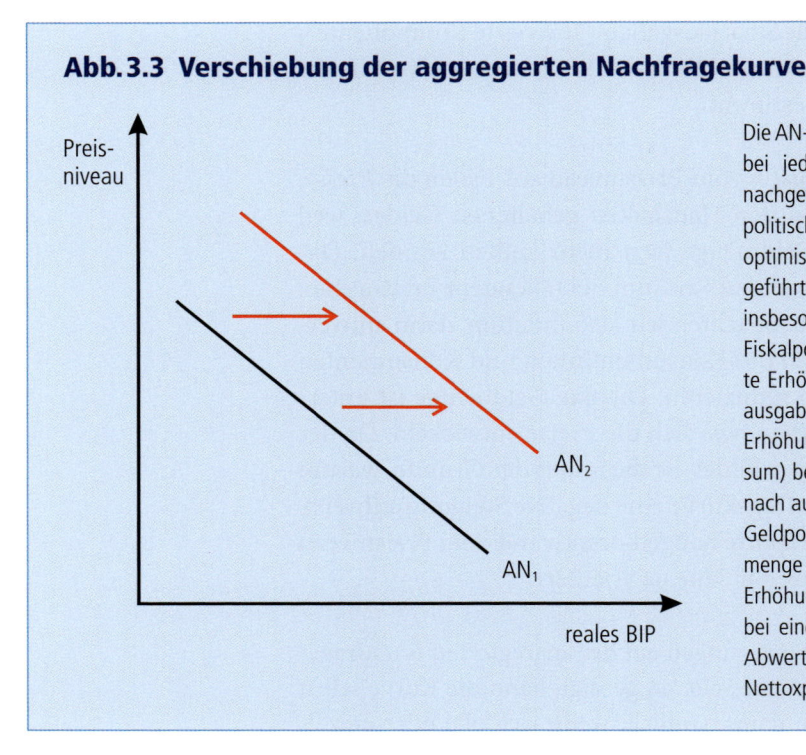

Die AN-Kurve verschiebt sich nach aussen, wenn bei jedem Preisniveau eine grössere Menge nachgefragt wird. Dies kann auf wirtschaftspolitische oder auf andere Faktoren (wie etwa optimistischere Zukunftserwartungen) zurückgeführt werden. Wirtschaftspolitisch wirken hier insbesondere die Fiskal- und die Geldpolitik.

Fiskalpolitik: Zusätzliche Staatsausgaben (direkte Erhöhung der Nachfragekomponente Staatsausgaben) oder Steuersenkungen (indirekte Erhöhung über die Nachfragekomponente Konsum) bewirken eine Verschiebung der AN-Kurve nach aussen.

Geldpolitik: Bei einer Ausweitung der Geldmenge wird Geld billiger und bewirkt so eine Erhöhung der Investitionen. Zudem kommt es bei einer Ausweitung der Geldmenge zu einer Abwertung der inländischen Währung, was die Nettoxporte stimuliert.

Eine Ausweitung der Geldmenge macht Geld billiger und erhöht deshalb die Investitionen bei jedem Preisniveau; auch dies verschiebt die AN-Kurve nach rechts. Zugleich führt eine Expansion der Geldmenge zu einer Abwertung der inländischen Währung, was die Exporte bei jedem Preisniveau steigen lässt (inländische Waren werden im Ausland billiger) und damit eine Ausweitung der aggregierten Nachfrage bewirkt.

Die aggregierte Nachfrage kann aber auch von Faktoren verändert werden, die direkt nichts mit der Wirtschaftspolitik zu tun haben müssen: den Zukunftserwartungen. So kann eine Verschlechterung der wirtschaftlichen Aussichten, beispielsweise weil ein Krieg droht oder weil man eine weltwirtschaftliche Abkühlung befürchtet, die Nachfrage bei jedem Preisniveau verringern. Dann verschiebt sich die AN-Kurve nach links. Vor allem die Erwartungen der Unternehmen (wegen der Investitionen) und Haushalte (wegen des Konsums) können für die Schwankungen der aggregierten Nachfrage eine ganz entscheidende Rolle spielen.

Wie wirkt sich eine solche Veränderung der Nachfrage auf das reale BIP aus? Dieser zentralen Frage der Makroökonomie wenden wir uns nun zu, wenn wir über den Verlauf der aggregierten Angebotskurve sprechen.

3.3 Das aggregierte Angebot und die Frage der Preisflexibilität

Wir werden in einem ersten Schritt den entscheidenden Punkt für das Verständnis makroökonomischer Analysen behandeln, nämlich die Frage, inwiefern sich die lange von der kurzen Frist unterscheidet und welche Auswirkungen dies für die aggregierte Angebotskurve hat. Anschliessend wird das aggregierte Angebot für die lange und danach für die kurze Frist analysiert.

3.3.1 Preise in der langen und der kurzen Frist

Der Verlauf der aggregierten Nachfragekurve ist eindeutig und lässt sich, wie oben gezeigt, relativ einfach begründen. Ganz anders verhält es sich beim Verlauf der aggregierten Angebotskurve. Hier – und das macht diese Analyse auf den ersten Blick schwerer verständlich – hängt der Verlauf stark davon ab, ob wir die kurzfristige oder die langfristige Wirtschaftsentwicklung betrachten.

Was aber unterscheidet die kurze von der langen Frist? Diese Frage ist für praktisch alle makroökonomischen Analysen von grundlegender Bedeutung. Deshalb müssen wir sie ganz zu Beginn klären.

Entscheidend ist die Beobachtung, dass Preise unterschiedlich schnell auf neue Informationen reagieren. Wir teilen die Preise deshalb, entsprechend ihrer Flexibilität, stark vereinfacht in drei Kategorien ein:

- Gewisse Preise reagieren sekundenschnell auf neue Informationen. In erster Linie sind das die Preise von Gütern, die an Börsen gehandelt werden, z. B. Rohwaren wie Gold oder Zucker.
- Bei normalen Konsumgütern erfolgt die Preisanpassung an neue Bedingungen etwas weniger rasch. Oft vergehen Tage oder Wochen, bevor die notwendigen Angleichungen auf Preisschildern oder in Katalogen erfolgt sind.
- Die Löhne – und damit die Preise vieler Dienstleistungen – bilden schliesslich eine dritte und wichtige Kategorie von Preisen. Sie reagieren ausgesprochen träge auf Veränderungen und werden in der Regel kaum häufiger als einmal pro Jahr angepasst. Ein Grund dafür ist, dass es sich um Preise handelt, die in längerfristigen Verträgen festgelegt sind.

Angewendet auf das gesamte, für die makroökonomische Analyse entscheidende Preisniveau einer Volkswirtschaft bedeutet dies: Weil nicht alle Preise gleich schnell auf Informationen reagieren, wird sich das Preisniveau (das ja alle diese Preise enthält) kurzfristig nur teilweise neuen Bedingungen anpassen. Ein gewisser Teil der im Konsumentenpreisindex enthaltenen Güter- und Dienstleistungspreise zeigt sich neuen Informationen gegenüber eher unflexibel und benötigt deshalb für die erforderlichen Anpassungen manchmal mehr als ein Jahr. Gleichzeitig ist aber klar, dass das Preisniveau langfristig dennoch flexibel reagiert, da sich auch die starrsten Preise spätestens nach ein bis zwei Jahren angepasst haben werden. Diese zentrale Erkenntnis wenden wir nun an, um die *aggregierte Angebotskurve* zu erstellen. Konsequenterweise müssen wir dabei zwischen der langen und der kurzen Frist unterscheiden.

3.3.2 Die lange Frist

Beginnen wir mit dem einfacheren Fall, nämlich der langen Frist. Hier wird das Preisniveau völlig flexibel auf neue Informationen reagieren. Die dabei relevanten Informationen sind Veränderungen in der gesamtwirtschaftlichen Nachfrage. Was bedeutet dies nun für den Verlauf der langfristigen aggregierten Angebotskurve? Das ist in Abbildung 3.4 in der linken Grafik dargestellt. Wir sehen, dass das langfristige aggregierte Angebot AA_L vom Preisniveau völlig unabhängig ist. Dieses Angebot stellt die Situation einer Volkswirtschaft dar, bei der sämtliche Produktionsfaktoren normal ausgelastet sind, bei der also die *Kapazitätsgrenze* – der potenzielle Output – erreicht wird.

> **Aggregierte Angebotskurve**
> Grafik, die das gesamtwirtschaftliche Angebot in Abhängigkeit vom Preisniveau darstellt. Die aggregierte Angebotskurve wird auch gesamtwirtschaftliche Angebotskurve genannt.

> **Kapazitätsgrenze**
> Menge an Gütern und Dienstleistungen (gleichbedeutend mit dem realen BIP), die mit der bestehenden Ausstattung an Produktionsfaktoren bei Normalauslastung produziert werden kann. Die Kapazitätsgrenze wird auch als potenzieller Output bezeichnet.

Wie bereits erwähnt, wird das langfristige aggregierte Angebot bestimmt durch die Verfügbarkeit der Produktionsfaktoren Arbeit und Kapital sowie von der verfügbaren Technologie. Das Preisniveau spielt dabei keine Rolle, was auch absolut plausibel ist. Denn an den Produktionsmöglichkeiten einer Volkswirtschaft ändert sich nichts, wenn sich alle Preise im gleichen Ausmasse verändern. Real ist dann gar nichts geschehen, sodass sich auch an den Produktionsentscheiden der Unternehmen nichts ändern sollte. Ausschlaggebend ist natürlich, dass sich wirklich alle Preise im gleichen Mass verändern, was, wie wir schon wissen, langfristig sicher der Fall sein wird. In der langen Frist wird das real produzierte BIP also nur von der Ausstattung mit Produktionsfaktoren und der Technologie bestimmt und nicht von Veränderungen des Preisniveaus. Zusätzlich sei hier angemerkt, dass – wie in Kapitel 8 erläutert – langfristiges Wachstum durch den Einsatz zusätzlicher Produktionsfaktoren und durch technischen Fortschritt

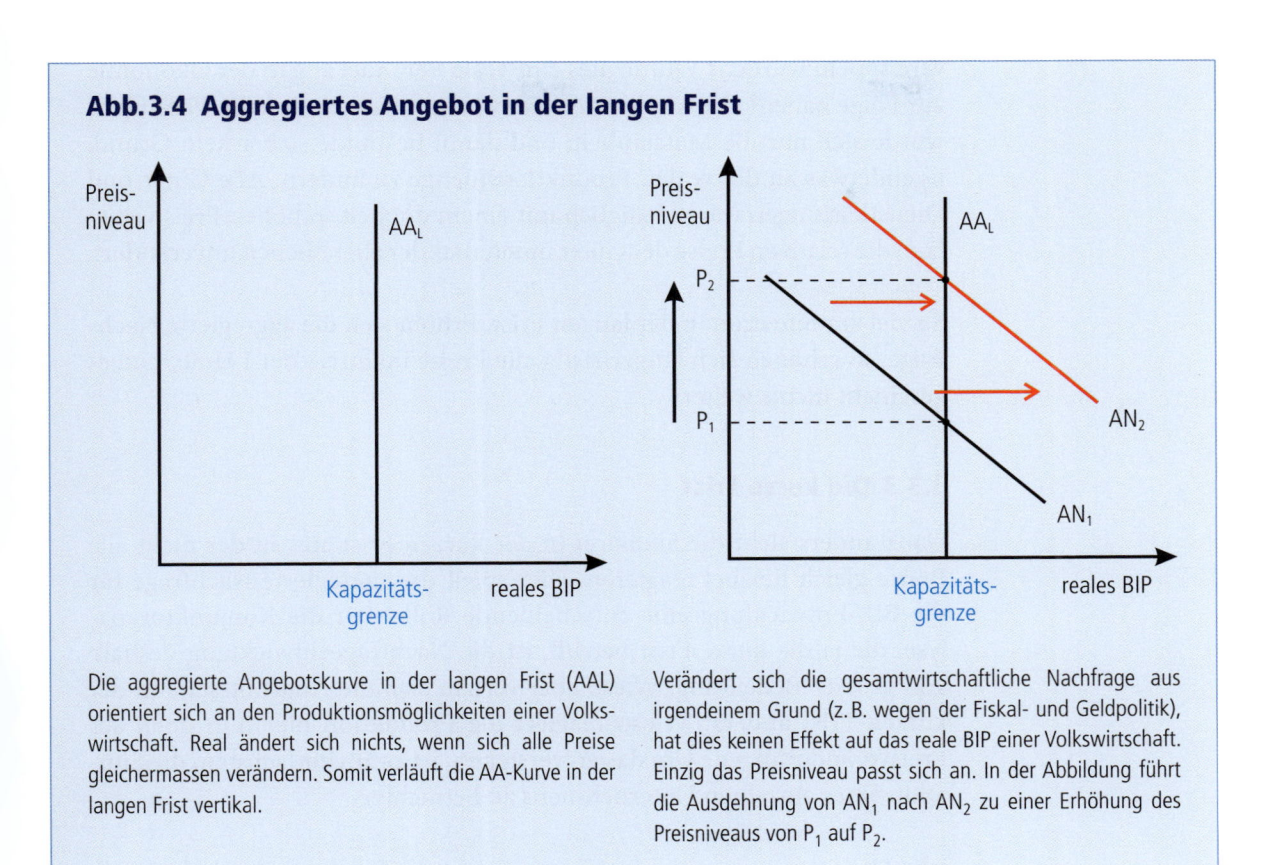

Abb. 3.4 Aggregiertes Angebot in der langen Frist

Die aggregierte Angebotskurve in der langen Frist (AAL) orientiert sich an den Produktionsmöglichkeiten einer Volkswirtschaft. Real ändert sich nichts, wenn sich alle Preise gleichermassen verändern. Somit verläuft die AA-Kurve in der langen Frist vertikal.

Verändert sich die gesamtwirtschaftliche Nachfrage aus irgendeinem Grund (z. B. wegen der Fiskal- und Geldpolitik), hat dies keinen Effekt auf das reale BIP einer Volkswirtschaft. Einzig das Preisniveau passt sich an. In der Abbildung führt die Ausdehnung von AN_1 nach AN_2 zu einer Erhöhung des Preisniveaus von P_1 auf P_2.

entsteht. Die AA_L-Vertikale verschiebt sich dadurch nach rechts aussen, da bei normaler Auslastung dann mehr reales BIP geschaffen werden kann. Von diesen wirklich langfristigen Wachstumseffekten abstrahieren wir in der vorliegenden Analyse; die Kapazitätsgrenze und damit die Ausstattung mit Produktionsfaktoren ist im Folgenden fix.

Die rechte Grafik in Abbildung 3.4 zeigt den Effekt einer Ausdehnung der aggregierten Nachfrage, etwa durch eine expansive Geldpolitik. Nicht überraschend hat dies überhaupt keinen Einfluss auf das reale BIP, sondern führt lediglich zu einer Preissteigerung, also zu Inflation. Langfristig wird das BIP nur von den Produktionsmöglichkeiten bestimmt, die aggregierte Nachfrage ist daher diesbezüglich irrelevant.

Die Logik der vertikal verlaufenden, langfristigen aggregierten Angebotskurve lässt sich auch mit dem folgenden Gedankenexperiment verdeutlichen: Was würde sich in einer Volkswirtschaft angebotsseitig ändern, wenn sich die Preise absolut aller Güter und Dienstleistungen schlagartig verdoppeln würden? Würde dies eine reale Veränderung in der Ökonomie zur Folge haben? Die intuitive Antwort ist mit Sicherheit nein. Verändern würde sich nur die Masseinheit; und damit bestünde sicher kein Grund, irgendetwas an der realen Produktionsmenge zu ändern. Alle Güter und Dienstleistungen wären lediglich mit einem doppelt so hohen Preis versehen, die relativen Preise der Güter untereinander aber blieben unverändert.

So viel zur Situation in der langen Frist. Erhöht sich die aggregierte Nachfrage, so erhöhen sich längerfristig alle Preise inklusive der Löhne, und es geschieht nichts weiter.

3.3.3 Die kurze Frist

Ganz anders sieht die Situation in der kurzen Frist aus, in der nicht alle Preise gleich flexibel reagieren. Hier spielt die aggregierte Nachfrage für die BIP-Entwicklung eine entscheidende Rolle. Für die Konjunkturanalyse, die ja die kurze Frist betrifft, ist die Nachfrageentwicklung deshalb von grosser Bedeutung. Wieso aber verhält sich die Angebotsseite in der kurzen Frist anders? Wieso reagiert die Produktion hier nun doch auf Preisveränderungen? Um das zu verstehen, ist es am einfachsten, die Situation eines einzelnen Unternehmens zu betrachten.

Wir fragen uns also, ob ein Unternehmen die Produktion erhöhen soll, wenn die Nachfrage und damit die Preise steigen. Die Antwort darauf ergibt sich aus der Gewinnsituation des Unternehmens: Sein Gewinn entspricht den auf dem Markt erzielten Preisen für die Güter abzüglich ihrer Produktionskosten. Ein grosser Teil dieser Kosten entfällt dabei auf die Löhne. Wir haben aber gesehen, dass Löhne zu der Kategorie von Preisen gehören, die relativ unflexibel reagieren und in vielen Fällen eher selten, also etwa einmal pro Jahr, angepasst werden. Steigt nun das Preisniveau plötzlich an, so werden sich die Verkaufspreise der Güter bald den Veränderungen anpassen und dementsprechend steigen, die Lohnkosten dagegen werden für einige Zeit konstant bleiben. Der Gewinn bzw. die Gewinnaussichten des Unternehmens werden sich deshalb kurzfristig erhöhen, was dem Unternehmen den Anreiz gibt, mehr zu produzieren.

Wenden wir diese Überlegung auf die gesamte Wirtschaft an, so wird klar, dass bei einer Erhöhung des Preisniveaus die Gewinne vieler Unternehmen kurzfristig steigen und sie folglich ihre Produktion ausweiten werden. Damit besteht aber – im Gegensatz zur langfristigen Analyse – ein positiver Zusammenhang zwischen Preisniveau und aggregiertem Angebot.

Abbildung 3.5 verdeutlicht diese Abhängigkeit.

In der linken Grafik ist die kurzfristige aggregierte Angebotskurve AA_K abgetragen. Aufgrund der erwähnten Inflexibilität gewisser Preise weist sie eine positive Steigung auf. Wie wir nun in der rechten Grafik sehen, hat eine Stimulierung der Nachfrage in diesem Fall tatsächlich reale Auswirkungen. Zwar steigt auch hier das Preisniveau, weil gewisse Preise sich sofort anpassen, aber gleichzeitig zeigt sich ein positiver Effekt auf das reale BIP. Die Menge an produzierten Gütern und Dienstleistungen wird ausgeweitet, weil sich bei einer Steigerung der aggregierten Nachfrage die Löhne nicht sofort erhöhen und somit die Unternehmen kurzfristig höhere Gewinne erzielen können.

Längerfristig werden aber die Löhne ebenfalls zu steigen beginnen, denn sie verlieren durch die Preiserhöhung an Kaufkraft. Die Arbeitnehmerinnen und Arbeitnehmer werden deshalb in der nächsten Lohnver-

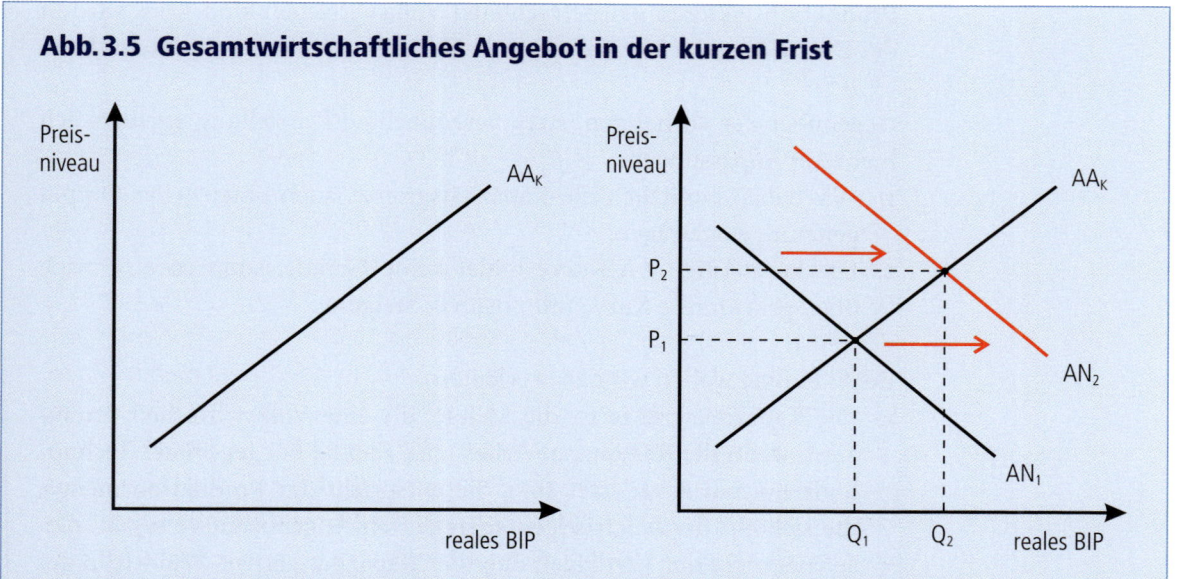

Abb. 3.5 Gesamtwirtschaftliches Angebot in der kurzen Frist

Aufgrund der unterschiedlichen Flexibilität der Preise in der kurzen Frist (gewisse Preise passen sich schneller an als andere) beobachtet man eine positive Steigung der kurzfristigen aggregierten Angebotskurve AA_K.

Verändert sich die gesamtwirtschaftliche Nachfrage aus irgendeinem Grund (z.B. wegen der Fiskal- und Geldpolitik) hat dies in der kurzen Frist sowohl einen Effekt auf das Preisniveau als auch auf das reale BIP einer Volkswirtschaft. In der Abbildung führt die Ausdehnung von AN_1 nach AN_2 zu einer Erhöhung der Preise von P_1 auf P_2 und zu einer Ausdehnung des realen BIP von Q_1 auf Q_2.

handlung mit gutem Grund eine Erhöhung der Löhne verlangen, die den Verlust an Kaufkraft wieder ausgleicht. Sobald die Löhne dann in vollem Umfang gestiegen sind, reduzieren sich die Unternehmensgewinne auf das ursprüngliche Ausmass, und die Unternehmen werden die Produktion wieder auf das alte Niveau zurückfahren. Längerfristig werden also alle Preise im gleichen Ausmass steigen, womit die realen Effekte wieder verschwinden. Und dann befinden wir uns in der in Abbildung 3.4 auf Seite 99 dargestellten Situation: Die langfristige AA-Kurve (AA_L) ist vertikal, und eine Veränderung der aggregierten Nachfrage hat langfristig keine Effekte auf das BIP.

3.4 Die kurzfristige aggregierte Angebotskurve

Wir haben gesehen, dass die kurzfristige aggregierte Angebotskurve eine positive Steigung aufweist. Darüber hinaus können wir aber noch mehr über ihren Verlauf sagen: Das Ausmass der positiven Steigung der kurzfristigen AA-Kurve hängt vor allem davon ab, wie stark ausgelastet die Produktionsfaktoren der betrachteten Volkswirtschaft sind. Dies wird in der Darstellung der kurzfristigen AA-Kurve in Abbildung 3.6 verdeutlicht.

Gegenüber der vorherigen, stark vereinfachten Darstellung ergeben sich hier zwei Anpassungen:
1. Wir haben zusätzlich die Kapazitätsgrenze, auch potenzieller Output genannt, eingetragen.
2. Die kurzfristige AA-Kurve bildet keine Gerade, sondern eine nach oben gekrümmte Kurve mit positiver Steigung.

Beide Punkte wollen wir näher erläutern.
1. Die Kapazitätsgrenze ist die Menge, die eine Volkswirtschaft produziert, wenn die Ressourcen Arbeit und Kapital bei gegebener Technologie normal ausgelastet sind. Sie entspricht der Produktionsmenge, die sich aus der langfristigen aggregierten Angebotskurve ergibt; diese entspricht der Vertikalen über der Kapazitätsgrenze. Wie wir in der Abbildung sehen, kann diese Kapazitätsgrenze in einer Boomperiode kurzfristig leicht übertroffen werden, beispielsweise wenn die Arbeitenden Überstunden leisten oder wenn die Maschinen auch nachts laufen. Bei normaler Wirtschaftstätigkeit aber bildet die Kapazitätsgrenze die Grenze der möglichen Produktionsmenge: Mit den vorhandenen Kapazitäten an Arbeit und Kapital kann sie nicht dauerhaft überschritten werden.

> **Abb. 3.6 Aggregierte Angebotskurve**
>
> Die kurzfristige aggregierte Angebotskurve AA$_K$ hat eine positive Steigung. Bei tiefer Auslastung, etwa im Punkt X (kleines BIP), ist sie sehr flach; kleine Preiserhöhungen führen zu sehr starken Steigerungen des BIP. Bei hoher Auslastung ist AA$_K$ sehr steil; es erfordert starke Preissteigerungen, um eine weitere Steigerung des BIP zu erwirken. Die langfristige aggregierte Angebotskurve AA$_L$ ist eine Vertikale an der Kapazitätsgrenze. Bei diesem BIP sind die Kapazitäten normal ausgelastet; unabhängig vom Preisniveau ist das BIP langfristig durch die normale Kapazitätsauslastung bestimmt. Deshalb der vertikale Verlauf von AA$_L$.

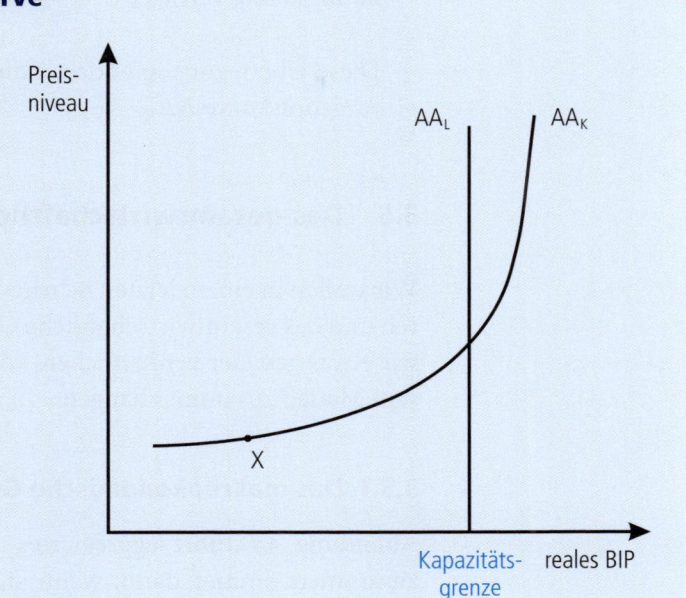

2. Wieso aber bildet die kurzfristige AA-Kurve (AA$_K$) eine nach oben gekrümmte Kurve und nicht eine Gerade? Das ist intuitiv leicht verständlich, wenn wir berücksichtigen, wie weit die Produktion auf verschiedenen Punkten der Kurve von der Kapazitätsgrenze entfernt ist.

Sind wir, beispielsweise in einem Punkt wie X, weit davon entfernt, befindet sich die Wirtschaft also in einer Rezession, so verläuft die Kurve sehr flach. Da in dieser Situation eine grosse Unterauslastung mit hoher Arbeitslosigkeit besteht und viele Maschinen still stehen, sind die Unternehmen bereit, auch bei praktisch unveränderten Preisen mehr zu produzieren, wenn die Nachfrage dafür vorhanden ist.

Nahe an der Kapazitätsgrenze oder rechts davon verläuft die Kurve dagegen zunehmend vertikal. In diesem Bereich der Kurve sind die Ressourcen schon stark ausgelastet, kurzfristig vielleicht sogar überbelastet. Hier wäre eine sehr starke Preiserhöhung erforderlich, damit überhaupt eine zusätzliche Menge produziert würde, denn die Preise von stark ausgelasteten Ressourcen reagieren extrem rasch. Eine Ausweitung der Kapazitäten könnten in dieser Situation zum Beispiel Überstunden ermöglichen, die aber nur geleistet werden, wenn sie besonders gut entschädigt werden. Irgendwann wird gar die absolute physische Produktionsgrenze erreicht und die Kurve verläuft dann zwangsläufig vertikal.

Diese Überlegungen erklären die Form der kurzfristigen aggregierten Angebotskurve AA_K.

3.5 Das gesamtwirtschaftliche Grundmodell

Wir wollen in einem letzten Schritt die beiden Marktseiten zusammenführen und das gesamtwirtschaftliche Grundmodell darstellen. Zudem wollen wir etwas genauer verdeutlichen, wie die kurze und die lange Frist in diesem Modell zusammenhängen.

3.5.1 Das makroökonomische Gleichgewicht

Abbildung 3.7 führt aggregiertes Angebot und aggregierte Nachfrage zusammen. Immer dann, wenn sich die kurzfristige aggregierte Angebotskurve und die aggregierte Nachfragekurve an der Kapazitätsgrenze schneiden, wie das in dieser Grafik der Fall ist, sprechen wir von einer ausgelasteten Wirtschaft. Wie wir noch sehen werden, ist dies kein Zufall,

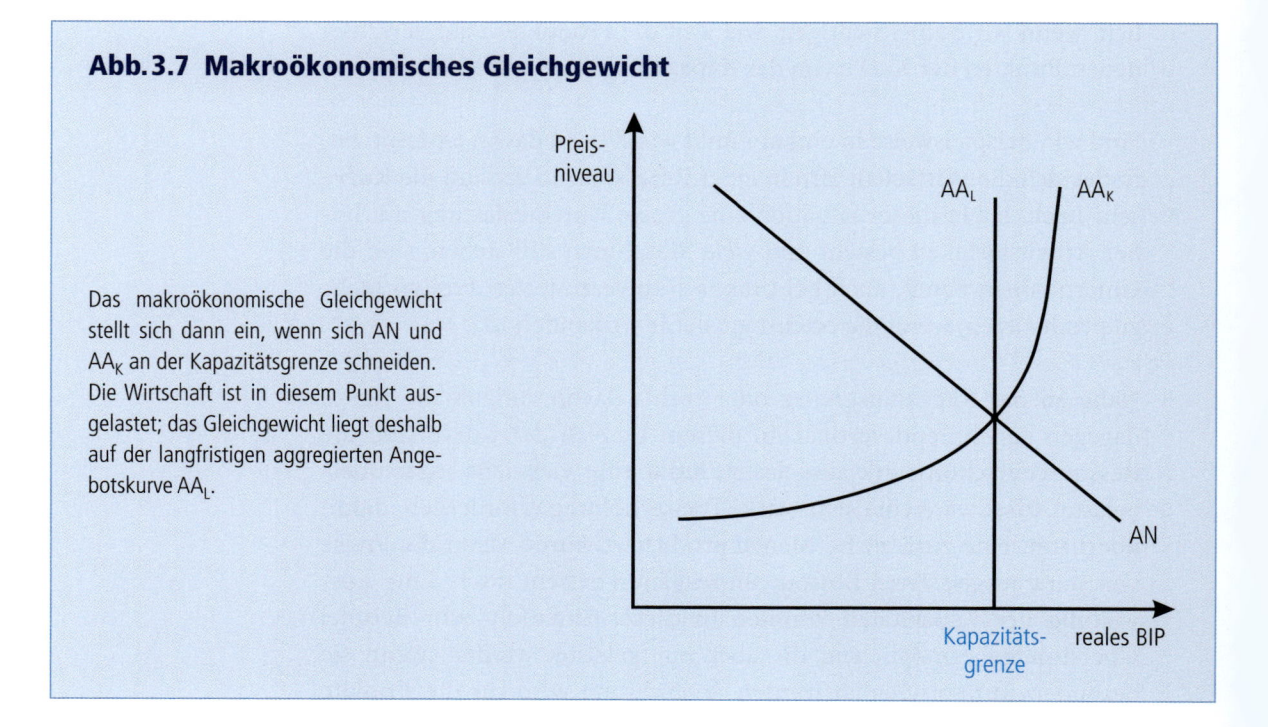

Abb. 3.7 Makroökonomisches Gleichgewicht

Das makroökonomische Gleichgewicht stellt sich dann ein, wenn sich AN und AA_K an der Kapazitätsgrenze schneiden. Die Wirtschaft ist in diesem Punkt ausgelastet; das Gleichgewicht liegt deshalb auf der langfristigen aggregierten Angebotskurve AA_L.

sondern entspricht einer Gleichgewichtssituation; dem makroökonomischen Gleichgewicht. Die Wirtschaft tendiert dazu, nach veränderten Bedingungen (oft auch als «Schocks» bezeichnet) langsam, aber stetig wieder in diese Situation zurückzukehren.

Neben der aggregierten Nachfragekurve enthält die Darstellung die beiden aggregierten Angebotskurven, die sich in der Zeitdimension unterscheiden. AA_K ist die kurzfristige, positiv geneigte Angebotskurve. Sie zeigt auf, dass Veränderungen der Nachfrage kurzfristig zu Veränderungen des realen BIP führen. AA_L ist die langfristige aggregierte Angebotskurve. Sie bildet eine Vertikale über der Kapazitätsgrenze bzw. dem potenziellen Output. Langfristig kehrt die Wirtschaft zu einer normalen Auslastung der Kapazitäten zurück, d.h. in ein gleichgewichtiges BIP, das unabhängig von der aggregierten Nachfrage ist.

3.5.2 Von der kurzen zur langen Frist

Abschliessend wollen wir zeigen, wie kurze und lange Frist zusammenhängen. Dafür nehmen wir an, dass die Wirtschaft in eine Rezession gerät. Dies tritt dann ein, wenn die aggregierte Nachfrage aus irgendeinem Grund zurückgeht. Weshalb dies geschehen kann, haben wir bereits oben besprochen; Kapitel 10 behandelt diese Frage im Detail. Entscheidend ist, dass in einem solchen Fall bei jedem Preisniveau weniger nachgefragt wird, was bedeutet, dass wir uns nicht auf der Nachfragekurve bewegen, sondern dass sich die gesamte Kurve nach links verschiebt. Wir gelangen von einem Gleichgewicht mit Vollauslastung in Punkt X zu einem Gleichgewicht mit Unterauslastung in Punkt Y, wie dies in Abbildung 3.8 auf Seite 106 dargestellt ist.

Im neuen Gleichgewicht Y liegt das reale Bruttoinlandprodukt tiefer als bei Vollauslastung an der Kapazitätsgrenze. Das bedeutet, dass nicht alle Produktionsfaktoren voll ausgeschöpft werden, womit sich die Arbeitslosigkeit erhöht.

Der Grund für diesen Rückgang der Produktion findet sich wie bereits dargestellt in der Gewinnsituation der Unternehmen: Weil ihre Lohnkosten konstant bleiben, ihre Güterpreise aber sinken, reduzieren sich ihre Erträge – sie werden deshalb ihre Produktion drosseln, d.h., ihre Kapazitäten nicht mehr voll auslasten. Eine solche Situation bleibt allerdings nur kurzfristig bestehen. Langfristig werden sich bei einer Reduktion der Nachfrage nach und nach alle Preise, insbesondere auch die Löhne redu-

Abb. 3.8 Kurz- und langfristige Effekte eines Nachfragerückgangs

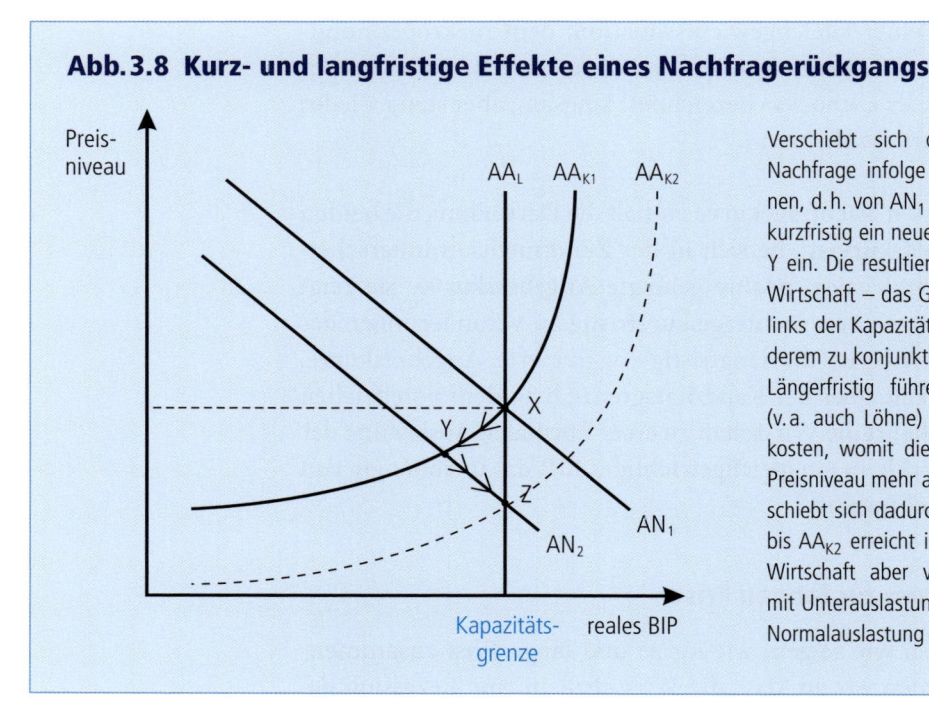

Verschiebt sich die gesamtwirtschaftliche Nachfrage infolge einer Rezession nach innen, d.h. von AN_1 nach AN_2, dann stellt sich kurzfristig ein neues Gleichgewicht bei Punkt Y ein. Die resultierende Unterauslastung der Wirtschaft – das Gleichgewicht befindet sich links der Kapazitätsgrenze – führt unter anderem zu konjunktureller Arbeitslosigkeit. Längerfristig führen die sinkenden Preise (v.a. auch Löhne) zu fallenden Produktionskosten, womit die Unternehmen bei jedem Preisniveau mehr anbieten werden; AA_{K1} verschiebt sich dadurch sukzessive nach aussen, bis AA_{K2} erreicht ist. Damit bewegt sich die Wirtschaft aber von einem Gleichgewicht mit Unterauslastung (Y) wieder zu einem mit Normalauslastung (Z).

zieren. Damit sinken die Lohnkosten der Unternehmen, ihre Gewinnsituation verbessert sich sukzessive, und sie werden die Produktion – bei jedem Preisniveau – laufend ausdehnen. Deshalb verschiebt sich die kurzfristige Angebotskurve langsam wieder nach rechts, und zwar so lange, bis sich ein neues Gleichgewicht in Z einstellt. In diesem Gleichgewicht haben sich alle Preise reduziert, und das Produktionsniveau liegt wieder im Ausgangsniveau, also bei der Kapazitätsgrenze.

Langfristig ist also nicht die kurzfristige aggregierte Angebotskurve AA_K relevant, sondern die langfristige aggregierte Angebotskurve AA_L. Die Verschiebung der aggregierten Nachfragekurve nach links hat, wenn wir das langfristige Angebot betrachten, gar keinen Effekt auf das reale Bruttoinlandprodukt; es reduziert sich einfach das Preisniveau. Kurzfristig aber, und das ist für die Konjunkturanalyse entscheidend, reagiert das Angebot auf Veränderungen des Preisniveaus; und deshalb kommt es zum kurzfristigen negativen Effekt des Nachfragerückgangs auf das Bruttoinlandprodukt. Betrachten wir nur die lange Frist, so führt ein Rückgang der Nachfrage zu einer Bewegung auf AA_L von X nach Z; analysieren wir aber die kurze Frist, so sehen wir, dass die Anpassung von X nach Z einen «Umweg» über Y nimmt. Dieser «Umweg» manifestiert sich als Rezession.

3.5.3 Rekapitulation

Um die Überlegungen nochmals intuitiv zu erfassen, rekapitulieren wir: Ob eine Rezession droht, lässt sich beurteilen, indem wir uns fragen, ob all die von einer Volkswirtschaft produzierten Güter auch tatsächlich gekauft werden. Dies ist die entscheidende Frage der konjunkturellen Analyse. Nur wenn die während einer Periode produzierten Güter und Dienstleistungen einen Käufer finden, können wir in der folgenden Periode mit Vollauslastung rechnen. Werden in einer Periode dagegen Güter unabsichtlich auf Lager produziert – weil nämlich die Nachfrage zu gering ist –, dann werden die Unternehmen in der folgenden Periode nicht mehr alle Kapazitäten auslasten können. Das heisst, die Wirtschaft entfernt sich von der Kapazitätsgrenze, dem potenziellen Output. Diese Linksverschiebung der aggregierten Nachfragekurve bedeutet in der Regel vorübergehend steigende Arbeitslosigkeit.

Ob Vollauslastung herrscht oder nicht, hängt also von der aggregierten Nachfrage ab. Hier ist nochmals zu betonen, dass sich diese Frage nur stellt, weil gewisse Preise kurzfristig unflexibel reagieren. Wären alle Preise vollständig flexibel, würde ein Rückgang der aggregierten Nachfrage sehr rasch zu Preissenkungen führen, bis die bei Vollauslastung produzierbare Menge auch tatsächlich wieder nachgefragt würde.

Das makroökonomische Modell erklärt uns die wichtigen Zusammenhänge zwischen den drei Grössen Bruttoinlandprodukt, Preisniveau und Arbeitslosigkeit. Da es sich um ein zweidimensionales Diagramm handelt, können aber nur zwei dieser Grössen direkt dargestellt werden. Es ist dies einerseits das Preisniveau, dessen Veränderung die Inflation bzw. Deflation ist, und andererseits das reale Bruttoinlandprodukt.

Die Arbeitslosigkeit ist in dem Modell zwar auch enthalten, aber nur indirekt ersichtlich. Wir wissen, dass an der Kapazitätsgrenze die Ressourcen voll ausgelastet sind, was Vollbeschäftigung bedeutet. Liegt das Bruttoinlandprodukt jedoch tiefer, so lässt sich daraus schliessen, dass nicht alle Arbeitswilligen beschäftigt sind – es herrscht Arbeitslosigkeit. Je weiter wir uns von der Kapazitätsgrenze entfernen, je weniger also produziert wird im Vergleich zu dem, was produziert werden könnte, desto höher ist die Arbeitslosigkeit.

Es ist klar, dass dieses Modell die komplexen Realitäten einer Volkswirtschaft stark vereinfacht und nur die wesentlichen makroökonomischen

Prozesse aufzeigt. Für das Verständnis der grundsätzlichen Zusammenhänge in diesem Buch ist aber diese einfache analytische Darstellung ausreichend.

Zusammenfassung

1. Das aggregierte Angebot entspricht der während einer Periode produzierten Menge an Endprodukten in einer Volkswirtschaft («Entstehungsseite» des BIP). Sein Ausmass wird bestimmt durch den Einsatz der Produktionsfaktoren Arbeit und Kapital sowie durch die bei der Kombination von Arbeit und Kapital verwendete Technologie.

2. Die aggregierte Nachfrage entspricht der während einer Periode nachgefragten Menge an Endprodukten in einer Volkswirtschaft («Verwendungsseite» des BIP). Die Nachfrage stammt von vier Käufergruppen: Konsumentinnen und Konsumenten (Konsum), Unternehmen (Investitionen), Staat (Staatsausgaben) und Ausland (Nettoexporte).

3. Das langfristige Wirtschaftswachstum eines Landes wird durch die Entwicklung des aggregierten Angebots bestimmt.

4. Die kurzfristigen Konjunkturschwankungen eines Landes dagegen werden bestimmt durch die Veränderungen der aggregierten Nachfrage.

5. Die aggregierte Nachfragekurve AN zeigt den Zusammenhang zwischen der gesamtwirtschaftlich nachgefragten Menge und dem Preisniveau. Sie weist eine negative Steigung auf, d.h., die aggregierte Nachfrage steigt, wenn das Preisniveau sinkt.

6. Veränderungen der Geld- und Fiskalpolitik verschieben die AN-Kurve: bei expansiver Ausrichtung nach rechts, bei restriktiver Ausrichtung nach links.

7. Die aggregierte Angebotskurve AA zeigt den Zusammenhang zwischen gesamtwirtschaftlich angebotener Menge und Preisniveau.

8. Kurzfristig weist die aggregierte Angebotskurve AA_K eine positive Steigung auf. Deshalb geht eine Erhöhung des Preisniveaus mit einer Erhöhung des realen BIP einher, und eine Verschiebung der aggregierten Nachfragekurve verändert deshalb die produzierte Menge.

9. Langfristig verläuft die aggregierte Angebotskurve AA_L jedoch vertikal über derjenigen Produktionsmenge, bei der die Produktionsfaktoren ausgelastet sind (Kapazitätsgrenze). Sie bildet dann den sogenannten potenziellen Output. Verschiebungen der aggregierten Nachfragekurve haben deshalb langfristig keine Wirkung auf das reale BIP, sondern nur auf das Preisniveau.

10. Eine expansive Geld- bzw. Fiskalpolitik führt folglich zwar kurzfristig zu einem höheren Wachstum des realen BIP, kann aber längerfristig das BIP nicht beeinflussen.

Repetitionsfragen

- Das reale BIP wird durch das gesamtwirtschaftliche Angebot und die gesamtwirtschaftliche Nachfrage bestimmt. Wie setzt sich die gesamtwirtschaftliche Angebotsseite und wie die gesamtwirtschaftliche Nachfrageseite zusammen? Welche Seite bestimmt das kurzfristige Wachstum, welche das langfristige?

- Erklären Sie, warum die aggregierte Nachfragekurve eine negative Steigung aufweist.

- Die Preise reagieren unterschiedlich schnell auf neue Informationen. Bezüglich Flexibilität dieser Reaktion können drei verschiedene Kategorien unterschieden werden. Nennen Sie diese und geben Sie je ein Beispiel.

- Wie sieht die aggregierte Angebotskurve in der langen Frist aus? Warum nimmt sie diese Form an?

- Zeigen Sie anhand der Überlegungen eines Schokoladefabrikanten, wie die aggregierte Angebotskurve in der kurzen Frist aussieht.

- Was versteht man unter der Kapazitätsgrenze?

- Was zeichnet das makroökonomische Gleichgewicht aus?

- Wie entsteht eine Rezession? Warum kommt es dabei zu Arbeitslosigkeit?

- Wie hängen die kurze und die lange Frist in der makroökonomischen Analyse zusammen? Zeigen Sie den Prozess nach einem negativen Nachfrageschock auf.

ZENTRALE BEGRIFFE

Aggregiertes Angebot S.91
Aggregierte Nachfrage S.91
Aggregierte Nachfragekurve S.93
Preisniveau S.94
Reales Bruttoinlandprodukt S.94
Aggregierte Angebotskurve S.98
Kapazitätsgrenze S.98

4 Gesamtwirtschaftliche Messkonzepte

Die Volkswirtschaftslehre möchte einerseits das wirtschaftliche Geschehen konzeptionell erklären; dafür wurden ökonomische Modelle entwickelt, wie wir sie in den beiden vorangegangenen Kapiteln kennengelernt haben. Andererseits ist die Volkswirtschaftslehre aber auch eine empirische Wissenschaft, das heisst, sie will Vorgänge messen und auf dieser Basis ihre theoretischen Überlegungen überprüfen. Aus diesem Grund werden in diesem Buch an verschiedenen Stellen immer wieder Daten verwendet und interpretiert. Die wichtigsten dieser gesamtwirtschaftlichen Messkonzepte wollen wir in diesem Kapitel genauer analysieren.

Wir starten dabei mit dem wohl am häufigsten verwendeten gesamtwirtschaftlichen Messkonzept, dem Bruttoinlandprodukt. Es misst die Wirtschaftsleistung eines Landes gemäss einer international harmonisierten Methode. Weil unser Buch einen Fokus auf die Schweiz hat, wollen wir in einem zweiten Schritt die Messung der für unser relativ kleines, offenes Land so bedeutenden aussenwirtschaftlichen Verflechtung besprechen, und zwar mit dem Konzept der Zahlungsbilanz. Schliesslich werden wir mit der Messung der Preisstabilität und der Arbeitslosigkeit noch zwei weitere, in der wirtschaftspolitischen Diskussion besonders wichtige Masse analysieren.

Das Kapitel ist wie folgt aufgebaut:
- 4.1 erläutert die Berechnung des Bruttoinlandprodukts, evaluiert die Aussagekraft dieser Grösse und bespricht Anwendungen für die Schweiz.
- 4.2 zeigt, wie man die internationale Verflechtung mithilfe der Zahlungsbilanz messen kann, und erläutert die Besonderheiten der schweizerischen Zahlungsbilanz.
- 4.3 diskutiert die Messung von zwei weiteren bedeutenden gesamtwirtschaftlichen Phänomenen, nämlich der Preisstabilität und der Arbeitsmarktsituation, und hier insbesondere der Arbeitslosenquote.

4.1 Das Bruttoinlandprodukt

4.2 Die Zahlungsbilanz

4.3 Die Preisstabilität und die Arbeitslosigkeit

4.1 Das Bruttoinlandprodukt

Das Bruttoinlandprodukt (BIP) ist wohl die wichtigste Grösse, wenn es darum geht, die Leistungsfähigkeit einer Volkswirtschaft zu beurteilen. Wir wollen zuerst das grundsätzliche Konzept erläutern, bevor wir auf dieser Basis die Daten für die Schweiz ansehen und die Vorzüge und Grenzen bei der Verwendung des BIP als international vergleichendes Wohlstandsmass diskutieren.

4.1.1 Was ist das BIP?

Das Bruttoinlandprodukt versucht, die gesamte Wirtschaftsleistung eines Landes in einer Kenngrösse zu erfassen. Es wird nach einer international standardisierten Methode ermittelt. Am besten versteht man die Grundlage seiner Berechnung, wenn man die Definition des BIP Schritt für Schritt analysiert:

Das Bruttoinlandprodukt ist der Marktwert aller Endprodukte, die während einer Periode innerhalb eines Landes produziert werden.

«Marktwert»: Das Konzept zielt darauf ab, die Leistungsfähigkeit einer Volkswirtschaft zu messen, und das heisst letztlich die Menge der produzierten Güter. Gäbe es in einer Ökonomie nur ein Gut (zum Beispiel Milch), dann könnte man die Produktion gut direkt in Mengen messen (also z. B. in Hektolitern). Das Problem ist aber, dass dieses Vorgehen unpraktisch wird, wenn die Produktion unterschiedliche Güter betrifft. Wie soll man den Output einer Volkswirtschaft mit nur einer Zahl messen, wenn neben Milch noch Haarschnitte, Velos und Wein produziert werden? Da hilft es sehr, wenn alles in der gleichen Einheit gemessen wird – konkret in Schweizer Franken. Der Marktwert entspricht also der Menge aller produzierten Güter, bewertet zu ihren Marktpreisen.

«Endprodukte»: Zählt man nun die Tausende von in Franken bewerteten Güter zusammen, so muss man aufpassen, dass man Doppelzählungen vermeidet. Messe ich etwa den Marktpreis der verkauften Zeitungen, so darf ich nicht den Marktpreis des dafür verwendeten Papiers dazuzählen, weil ich sonst das BIP überschätze. Deshalb werden bei der Berechnung des BIP nur die Endprodukte (hier Zeitungen) berücksichtigt, nicht aber die Zwischenprodukte (hier Papier). Anders ausgedrückt sollte auf jeder Verarbeitungsstufe eines Produkts nur die *Wertschöpfung*, die auf dieser Stufe erzielt wird, gezählt werden. Das BIP entspricht deshalb auch der Summe aller Wertschöpfungen in einer Volkswirtschaft.

Wertschöpfung
Wertsteigerung bei der Produktion, indem bestehende Güter in ein neues Gut umgewandelt werden. Entspricht dem Wert der produzierten Güter abzüglich der Vorleistungen.

«während einer Periode»: Das BIP misst die Produktion innerhalb eines bestimmten Zeitabschnitts. In der konkreten Analyse ist es immer wichtig klarzustellen, für welche Periode ein BIP ausgewiesen wird. In den meisten Fällen meint man das BIP eines Jahres. In der Konjunkturanalyse wird aber auch oft das BIP eines Quartals verwendet, weil dieses rascher ermittelbar ist als das Jahres-BIP.

«innerhalb eines Landes»: Das BIP misst die Produktion innerhalb eines geografischen Raumes, meist eines Landes; und zwar unabhängig davon, ob der Produzent Inländer oder Ausländer ist. Das unterscheidet das Konzept vom *Bruttonationaleinkommen* (BNE; früher Bruttosozialprodukt genannt), das auf die Nationalität der Produzenten abstellt; und zwar unabhängig davon, ob dieser im Inland oder im Ausland produziert. Die Produktion eines Franzosen, der in der Schweiz arbeitet, ist Teil des Schweizer BIP (aber nicht des Schweizer BNE). Die Produktion der Tochtergesellschaft eines Schweizer Unternehmens in Paris ist nicht Teil des Schweizer BIP (aber des Schweizer BNE). Wegen der Konzentration auf die geografischen (und damit die politisch relevanten) Räume ist das BIP für die wirtschaftspolitische Analyse bedeutender als das BNE.

Bruttonationaleinkommen
Wert aller Güter, die in einer Periode mithilfe von Produktionsfaktoren hergestellt werden, die sich im Besitz von Inländern befinden.

«produziert»: Nur Dinge, die innerhalb der betrachteten Periode hergestellt werden, gehören zum BIP dieser Periode. Der Verkaufserlös eines neu produzierten Autos gehört deshalb zum laufenden BIP, nicht aber der Verkaufserlös eines Gebrauchtwagens. Der Wert des Gebrauchtwagens ist Teil des BIP derjenigen Periode, in der er produziert und erstmals in Verkehr gesetzt wurde.

4.1.2 Drei Arten, das BIP zu ermitteln

Was produziert wird, wird von jemandem gekauft und der Verkaufserlös fliesst jemandem als Einkommen wieder zu. Diese Überlegung macht klar, dass wir die gesamte Wirtschaftsleistung von drei Seiten ansehen können. Die produzierten Güter (Entstehungsseite), die Nachfrage nach diesen Gütern (Verwendungsseite) und die Empfänger des Verkaufserlöses (Verteilungsseite). Rein logisch müssen diese drei Grössen identisch sein, wie wir anhand eines Beispiels zeigen können. Betrachten wir eine Volkswirtschaft, die nur ein Produkt herstellt, nämlich Brot. Dessen Produktion geschieht in drei Stufen. Bauern produzieren Mehl und verkaufen es für 50 Franken an Bäcker, die daraus Brot herstellen, das sie an Lebensmittelhändler für 100 Franken verkaufen, denen wiederum Konsumenten dieses Brot – das Endprodukt also – für 120 Franken abkaufen.

Entstehungsseite des BIP
Berechnung des BIP über die entstandene Wertschöpfung bei der Produktion von Gütern.

Verwendungsseite des BIP
Berechnung des BIP über die gesamten Ausgaben der privaten Haushalte, der Unternehmen, des Staates und des Auslandes für im Inland produzierte Güter.

Verteilungsseite des BIP
Berechnung des BIP über die Verteilung der erzielten Wertschöpfung an die Unternehmen (Gewinne) und Arbeitnehmenden (Löhne).

Die *Entstehungsseite* konzentriert sich auf die Produktion. In unserer einfachen Volkswirtschaft zählen wir dafür die Wertschöpfungen auf den einzelnen Produktionsstufen zusammen, also 50 (Bauern) + 50 (Bäcker) + 20 (Lebensmittelhändler) = 120 Franken. Wie bereits erwähnt, ist es hier wichtig, Doppelzählungen zu vermeiden, indem nur die Wertschöpfung und nicht der gesamte Wert der einzelnen Zwischenprodukte berücksichtigt wird. Beim Bäcker etwa nehmen wir deshalb nicht die gesamten 100 Franken, die er von den Lebensmittelhändlern für das Brot erhält, sondern nur seine Wertschöpfung von 50 Franken.

Die *Verwendungsseite* setzt bei der Nachfrage nach den Endprodukten an und misst den Betrag, den die Verbraucher dafür bezahlen. In unserem Beispiel werden die Brote von den Konsumentinnen und Konsumenten gekauft und dann verbraucht. Dafür bezahlen sie 120 Franken und das entspricht – diesmal von der Verwendungsseite her betrachtet – dem BIP der betrachteten Volkswirtschaft.

Die *Verteilungsseite* schliesslich misst die Einkommen, die aus diesen Transaktionen auf jeder der drei Wertschöpfungsstufen entstanden sind. Sie werden an die Beschäftigten in Form von Löhnen und an die Kapitalgeber in Form von Gewinnen ausgezahlt. Ihre Summe entspricht der Wertschöpfung des jeweiligen Unternehmens. Addieren wir also in unserem Beispiel alle diese Löhne und Gewinne, so ergibt sich wiederum das BIP in der Höhe von 120 Franken.

Das BIP eines ganzen Landes berechnet sich nun genau gleich wie in unserem kleinen Beispiel; mit dem Unterschied, dass man hier Abertausende von derartigen Wertschöpfungsketten berücksichtigen muss.
- Auf der Entstehungsseite wird für alle Branchen der Wirtschaft der Wert der Endprodukte berechnet, also die Summe der Wertschöpfungen auf den einzelnen Verarbeitungsstufen.
- Auf der Verwendungsseite wird für alle Verbraucher ermittelt, wie viel sie für die Waren und Dienstleistungen ausgegeben haben; die Verbrauchergruppen unterteilen sich dabei in die Konsumentinnen und Konsumenten (Konsumausgaben), die Unternehmen (Investitionsnachfrage), den Staat (Staatsausgaben) und das Ausland (Exportnachfrage).
- Schliesslich werden auf der Verteilungsseite alle Lohnsummen und alle Gewinne der Volkswirtschaft ermittelt und daraus wiederum das gesamte BIP bestimmt.

4.1.3 Das BIP der Schweiz

Um diese Überlegungen etwas konkreter zu machen, betrachten wir das BIP der Schweiz, unterteilt in die drei Berechnungsarten. Abbildung 4.1 zeigt diese Daten für das Jahr 2023: im linken Diagramm für die Entstehungsseite, aufgeteilt auf die wichtigsten Schweizer Branchen, im mittleren Diagramm für die Verwendungsseite und rechts für die Verteilungsseite.

Auf der Entstehungsseite stellen wir fest, dass die Landwirtschaft nur noch einen sehr kleinen Teil der Schweizer Produktion ausmacht. Auch der Industriesektor ist in den letzten Jahrzehnten stark geschrumpft und beträgt noch ein Fünftel des BIP. Dominiert wird die Schweizer Wert-

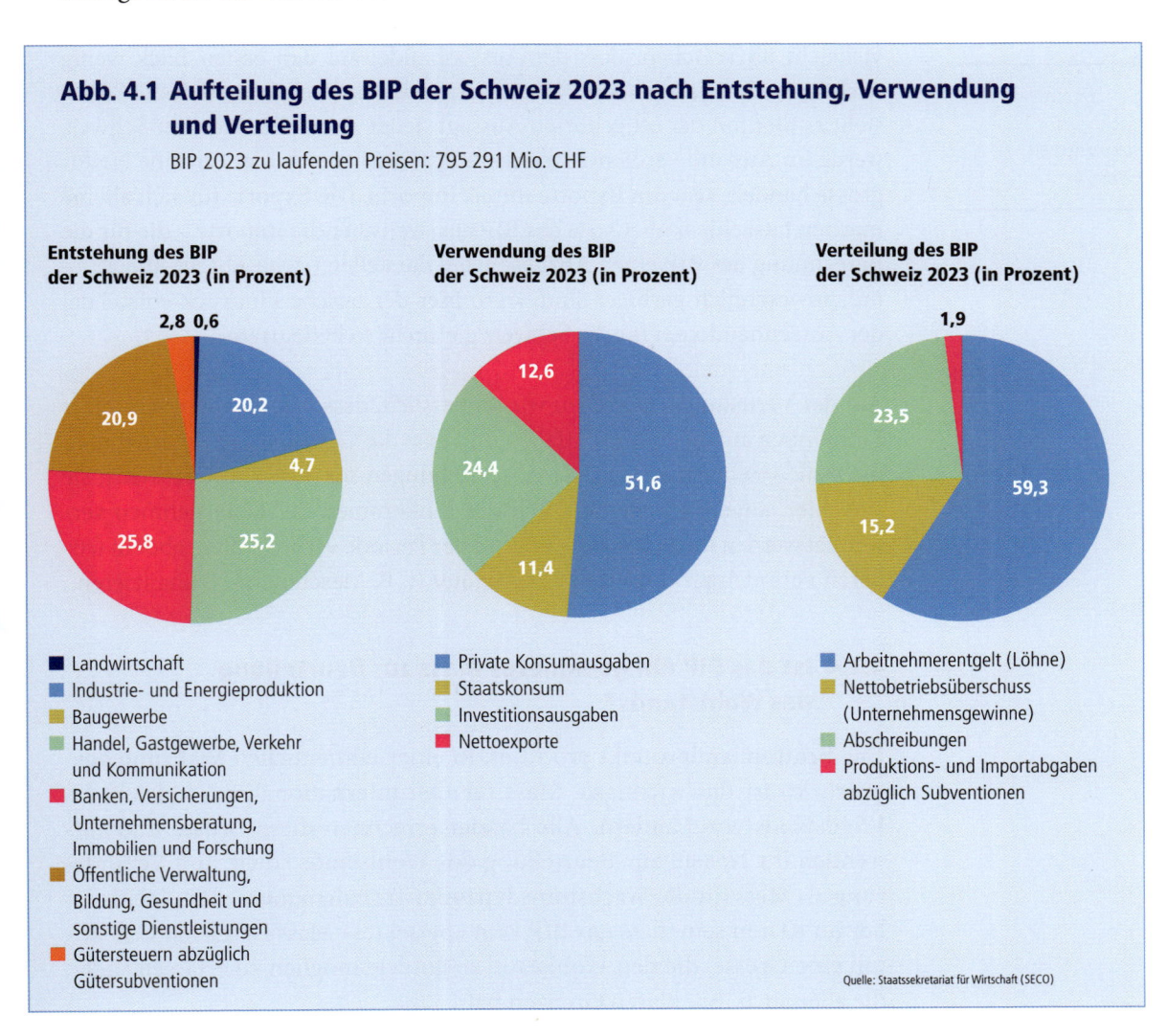

Abb. 4.1 Aufteilung des BIP der Schweiz 2023 nach Entstehung, Verwendung und Verteilung

BIP 2023 zu laufenden Preisen: 795 291 Mio. CHF

Entstehung des BIP der Schweiz 2023 (in Prozent)
- Landwirtschaft: 0,6
- Industrie- und Energieproduktion: 20,2
- Baugewerbe: 4,7
- Handel, Gastgewerbe, Verkehr und Kommunikation: 25,2
- Banken, Versicherungen, Unternehmensberatung, Immobilien und Forschung: 25,8
- Öffentliche Verwaltung, Bildung, Gesundheit und sonstige Dienstleistungen: 20,9
- Gütersteuern abzüglich Gütersubventionen: 2,8

Verwendung des BIP der Schweiz 2023 (in Prozent)
- Private Konsumausgaben: 51,6
- Staatskonsum: 11,4
- Investitionsausgaben: 24,4
- Nettoexporte: 12,6

Verteilung des BIP der Schweiz 2023 (in Prozent)
- Arbeitnehmerentgelt (Löhne): 59,3
- Nettobetriebsüberschuss (Unternehmensgewinne): 15,2
- Abschreibungen: 23,5
- Produktions- und Importabgaben abzüglich Subventionen: 1,9

Quelle: Staatssekretariat für Wirtschaft (SECO)

schöpfung heute durch die Dienstleistungen, die – in drei Untergruppen unterteilt – beinahe drei Viertel der Schweizer Produktion ausmachen.

Privater Konsum
Konsumausgaben der privaten Haushalte.

Investitionsausgaben
Ausgaben der Unternehmen und der öffentlichen Hand für sehr langlebige Güter.

Staatskonsum
Staatliche Ausgaben für Waren und Dienstleistungen.

Nettoexporte
Wert der Exporte einer Volkswirtschaft abzüglich des Werts der Importe.

Auf der Verwendungsseite sehen wir die grosse Bedeutung des *privaten Konsums*, der rund 52% der gesamtwirtschaftlichen Nachfrage ausmacht. Die *Investitionsausgaben* (Bau- und Ausrüstungsinvestitionen) machen etwa 24% aus und der *Staatskonsum* 11%. Hierzu ein kleine Anmerkung zur Definition: Wir sehen, dass in dieser Statistik nur der Staatskonsum ausgewiesen wird und nicht die gesamten Staatsausgaben; staatliche Investitionen sind nicht hier, sondern in den Investitionsausgaben enthalten. Wenn wir im weiteren Verlauf von den «Staatsausgaben» sprechen, so meinen wir immer die gesamte Nachfrage, also die Summe aus Staatskonsum und staatlichen Investitionen. Bei der Betrachtung der Verwendungsseite des BIP wird viele vielleicht überraschen, dass der Aussenhandel auf den ersten Blick wenig wichtig erscheint, liegen die *Nettoexporte* doch nur bei gut 13% des BIP. Wie steht es hier mit der oft gehörten Aussage, jeder zweite Franken der Schweiz werde im Ausland verdient? Der Grund ist, dass es sich hier um eine Nettogrösse handelt, also um Exporte minus Importe. Die Exporte für sich alleine machen tatsächlich über 50% des BIP aus; weil aber die Importe – die für die Berechnung des BIP einen Abzugsposten darstellen (siehe Abschnitt 4.2.1) – nur unwesentlich geringer sind, kann hier der falsche Eindruck entstehen, der Aussenhandel sei für die Schweiz gar nicht so bedeutsam.

Auf der Verteilungsseite sehen wir schliesslich, dass fast 60% der Schweizer Einnahmen auf die Löhne entfallen und dass die Gewinne der Unternehmen mehr als 15% ausmachen. Die Abschreibungen machen rund 24% aus; sie sind hier aufgeführt, weil ein Teil der Einkommen der Unternehmen verwendet werden muss, um die während der Periode verbrauchten, aber in früheren Perioden produzierten Kapitalgüter (z. B. Maschinen) zu finanzieren.

4.1.4 Ist das BIP ein geeignetes Mass zur Beurteilung des Wohlstands?

Das Bruttoinlandprodukt pro Kopf, in einer einheitlichen Währung ausgedrückt, ist das wichtigste Mass für den internationalen Vergleich des Wohlstands von Ländern. Alle Länder errechnen diese Grösse und verwenden ihr Niveau zur Beurteilung des Wohlstands sowie ihre Veränderung als Mass für die Wachstumsdynamik. Trotzdem muss man sich darüber im Klaren sein, dass das BIP kein «perfektes» Mass ist. Es handelt sich um eine Grösse, die den Wohlstand so gut wie möglich zu erfassen sucht, die aber auch ihre klaren Grenzen hat.

Ein wichtiger Kritikpunkt ist, dass das BIP nur jene Wertschöpfung misst, die über den Markt erzielt wird. Erfasst werden also nur bezahlte Transaktionen. So fliesst etwa Hausarbeit, die man selbst erledigt, nicht in das BIP ein. Wenn man aber jemanden für die gleiche Arbeit bezahlt, zählt es dazu. Auch der Nutzen vieler digitaler Güter, etwa von gestreamter Musik oder von Youtube-Filmen, wird nicht erfasst, wenn sie für Nutzer kostenlos zu haben sind. Ein anderer Kritikpunkt ist, dass das BIP zwar die Wertschöpfung erfasst, nicht aber vorausgegangene Wertminderungen. So geht ein Verkehrsunfall positiv ins BIP ein, da die Reparaturleistungen eine Wertschöpfung darstellen. Das Gleiche gilt auch für die Bewältigung von Naturkatastrophen.

Auch wird oft eingewendet, dass mit dem BIP nur der durchschnittliche Wohlstand einer Volkswirtschaft erfasst wird und nicht seine Verteilung auf verschiedene Gruppen. Als Reaktion auf solche Kritiken werden von Ökonomen und Nichtregierungsorganisationen immer wieder Alternativen zum BIP vorgestellt. Das Konzept des Net Economic Welfare (NEW) etwa ergänzt das BIP um vernachlässigte Grössen. Es zieht vom BIP die Kosten der Umweltverschmutzung ab und addiert beispielsweise die Leistungen der unbezahlten häuslichen Arbeit. Weitere Indizes wie der Human Development Index (HDI) der UNO oder der noch breiter abgestützte Better Life Index der OECD umfassen ebenfalls nicht nur das Einkommen in einer Volkswirtschaft, sondern auch den Bildungsstand und Gesundheitsindikatoren wie etwa die Lebenserwartung. Allerdings sind auch diese Messkonzepte nicht ohne Mängel. So ist es reine Ansichtssache, wie stark die einzelnen Teilindikatoren gewichtet werden, also den Index beeinflussen. Manche Indizes basieren zudem auf Umfrageergebnissen und widerspiegeln somit subjektive Eindrücke statt objektive Werte.

Daher lässt sich sagen, dass die Einwände gegen die Verwendung des BIP als Wohlstandsmass zwar berechtigt sind, das Konzept aber nicht entscheidend abwerten. Der grosse Vorteil des BIP ist, dass es sich dabei um eine international standardisierte Grösse handelt, die nach klaren Regeln erstellt wird und gut messbar ist. Zudem hängt das BIP recht eng mit anderen Messgrössen für das Wohlbefinden zusammen, wie etwa mit der Lebenserwartung oder Umfragemessungen der Zufriedenheit oder des Glücks. Bei den meisten Alternativindizes liegen daher dieselben wohlhabenden Industrieländer vorn, die auch die BIP-Rangliste anführen.

4.2 Die Zahlungsbilanz

Die Schweiz ist wirtschaftlich ausserordentlich stark mit dem Ausland verflochten. Wir sehen das schon an der Verwendungsseite des BIP, wo die Exporte beinahe zwei Drittel der gesamtwirtschaftlichen Nachfrage ausmachen. Gerade für die Schweiz ist deshalb eine weitere gesamtwirtschaftliche Statistik von grosser Bedeutung: die Zahlungsbilanz. Sie zeigt in standardisierter Weise die verschiedenen Aspekte des wirtschaftlichen Austauschs bzw. der Verflechtung mit dem Ausland. BIP und Zahlungsbilanz zusammen ergeben ein aussagekräftiges Bild der gesamten Wirtschaftsleistung einer offenen Volkswirtschaft.

4.2.1 Die Zahlungsbilanz intuitiv

Der Blick in die Zahlungsbilanzstatistik kann ziemlich einschüchternd sein. Der Sinn der langen Zahlenreihen mit technischen Überschriften erschliesst sich oft nicht unmittelbar. Wer sich aber mit dem Konzept etwas auskennt, kann dieser Statistik sehr viel relevante Information zur internationalen Verflechtung eines Landes entnehmen. Wir werden das Konzept in den nächsten Abschnitten Schritt für Schritt herleiten und auf die Schweiz anwenden. Zuerst versuchen wir aber, die Grundidee der Zahlungsbilanz intuitiv verständlich zu machen, indem wir diese mit den Finanzen eines Haushalts vergleichen.

Da jede Ausgabe finanziert sein muss, kann ein Haushalt seine jährlichen Ausgaben nur aus zwei Quellen begleichen: Entweder verwendet er sein laufendes Einkommen (Lohn oder Erträge aus seinem Vermögen), oder er erhöht seine Verschuldung bzw. baut sein Vermögen ab. Sind die Ausgaben in einem Jahr höher als das Einkommen, steigt die Verschuldung um diese Summe an oder wird das Vermögen entsprechend reduziert.

Exakt nach dem gleichen Prinzip läuft die wirtschaftliche Beziehung eines ganzen Landes mit dem Ausland. Auch hier gilt, dass jede Ausgabe finanziert sein muss. Das Inland kann seine Ausgaben für ausländische Güter (Importe) aus den laufenden Einnahmen aus dem Ausland (also aus Exporten oder aus anderen Einkommen aus dem Ausland) finanzieren. Reicht das nicht, so verschuldet sich das Land im Ausland oder baut sein Vermögen im Ausland ab. Sind umgekehrt die Einnahmen grösser als die Ausgaben, baut das Land eine Gläubigerposition gegenüber dem Ausland auf, das heisst, das Ausland verschuldet sich bei ihm. Die Differenz zwischen den Ausgaben und den Einnahmen wird also durch den Zahlungsstrom kompensiert, der durch die Verschuldung des Inlands bzw. des Auslands entsteht. Deshalb müssen in einem Jahr insgesamt die Zuflüsse der finanziellen Mittel aus dem Ausland genau gleich den Abflüssen ins Ausland sein.

Die Zahlungsbilanz fasst diese internationalen bzw. grenzüberschreitenden Aktivitäten und deren Finanzierung innerhalb eines bestimmten Zeitraums in standardisierter Form zusammen.

4.2.2 Die Grundelemente der Zahlungsbilanz

In der Zahlungsbilanz werden alle internationalen bzw. grenzüberschreitenden Transaktionen eines Landes festgehalten. Bei diesen Transaktionen sind immer zwei Akteure involviert, von denen einer sich im Inland befindet und einer im Ausland.

Grundsätzlich unterscheiden wir drei Arten von Transaktionen, die in die Zahlungsbilanz einfliessen:
1. Erbringen von Leistungen gegen finanzielle Vermögenswerte (vor allem Geld und Wertpapiere)
2. Austausch finanzieller Vermögenswerte gegen finanzielle Vermögenswerte
3. Erbringen von Leistungen oder Übertragung finanzieller Vermögenswerte ohne Gegenleistung

Am häufigsten sind dabei Typ 1 und 2; Typ 3 ist eher selten. Die Zahlungsbilanz ist im Prinzip nichts anderes als eine Zusammenstellung all dieser Transaktionen, wobei Zu- und Abflüsse unterschieden werden:
- Zuflüsse von Zahlungsmitteln bilden die Leistungen und finanziellen Transaktionen ab, die für das Inland zu Einnahmen oder Kapitalzuflüssen führen.
- Abflüsse von Zahlungsmitteln bilden die Leistungen und finanziellen Transaktionen ab, die für das Inland zu Ausgaben oder Kapitalabflüssen führen.

Wird beispielsweise eine Schweizer Maschine auf Kredit nach Deutschland verkauft, ist dies eine Transaktion gemäss Typ 1: Die Schweiz erbringt mit dem Export eine Leistung (Maschine) und erhält dafür Einnahmen aus der Bezahlung der Rechnung (Zufluss von Zahlungsmitteln).

Leistungsbilanz
Teilbilanz der Zahlungsbilanz, welche hauptsächlich alle Einnahmen und Ausgaben aus dem Handel von Produkten und aus der internationalen Verwendung von Produktionsfaktoren erfasst. Wird in der Schweiz auch als Ertragsbilanz bezeichnet.

Bilanz der Vermögensübertragungen
Teilbilanz der Zahlungsbilanz, die ausserordentliche Einträge ohne Gegenleistung in der Zahlungsbilanz erfasst.

Kapitalbilanz
Teilbilanz der Zahlungsbilanz, welche alle grenzüberschreitenden Zuflüsse und Abflüsse von Kapital erfasst.

Gliederung der Zahlungsbilanz

Die Zahlungsbilanz wird in drei Hauptteile resp. Teilbilanzen unterteilt (siehe Abbildung 4.2); wirklich bedeutend sind dabei in der Regel vor allem die erste und dritte dieser Bilanzen:

▶ *Leistungsbilanz:* alle erbrachten Leistungen (Handel mit Gütern und internationale Erträge aus dem Einsatz von Produktionsfaktoren)
▶ *Bilanz der Vermögensübertragungen:* alle ausserordentlichen Einträge ohne Gegenleistung
▶ *Kapitalbilanz:* alle ausgetauschten finanziellen Vermögenswerte (vor allem Geld und Wertpapiere)

Man spricht in den Medien oft von Leistungsbilanzdefiziten oder -überschüssen. Die einzelnen Unterbilanzen der Zahlungsbilanz können also Ungleichgewichte aufweisen. Das gilt aber nicht für die Zahlungsbilanz als Ganzes. Diese muss immer ausgeglichen sein.

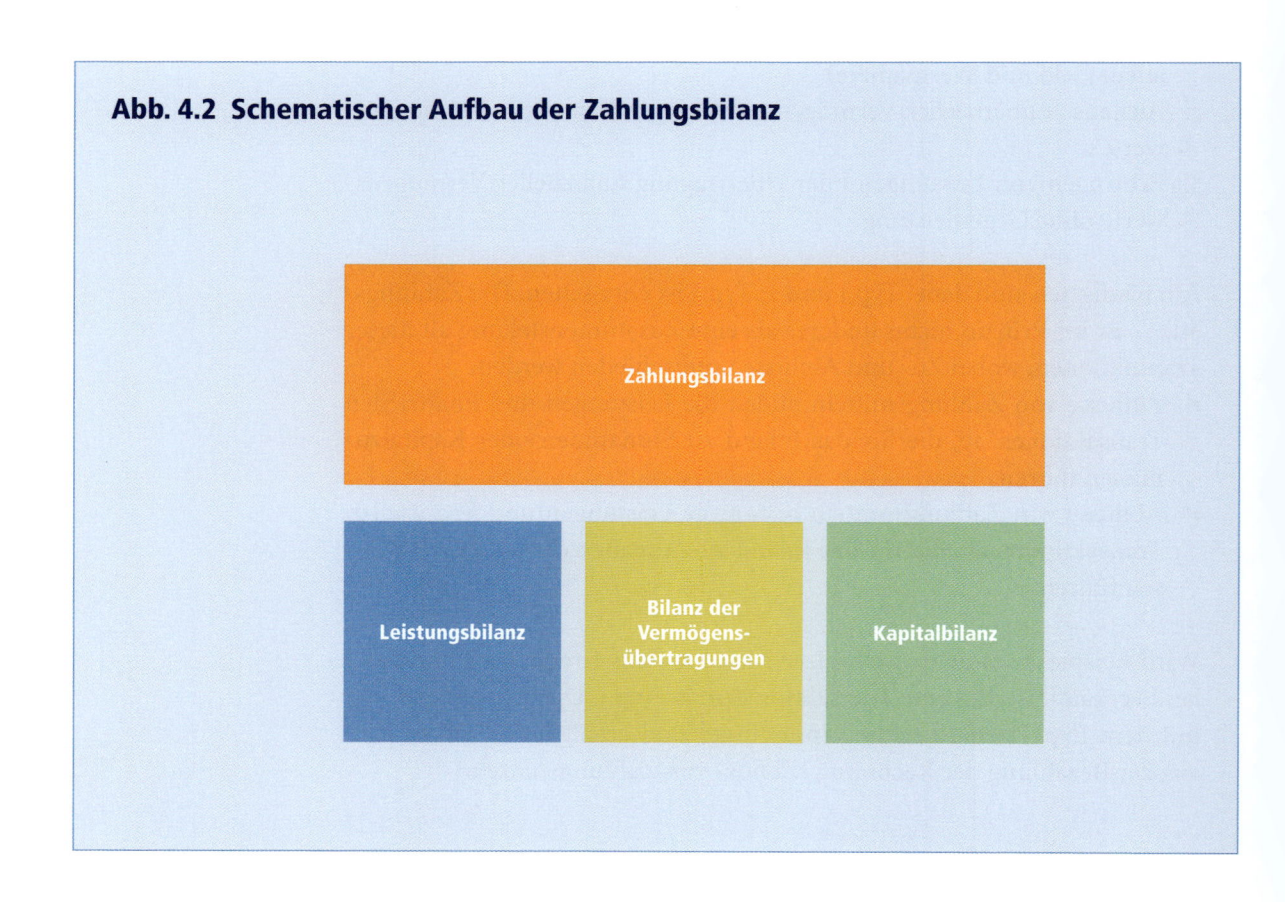

Abb. 4.2 Schematischer Aufbau der Zahlungsbilanz

Insgesamt gilt für das Verhältnis der drei Teilbilanzen: Ein Land, das ein Leistungsbilanzdefizit aufweist, hat aus den laufenden Transaktionen mehr Ausgaben als Einnahmen. Da die Mittel zum Kauf der ausländischen Güter nicht ausreichen, muss dieses Land die fehlenden Mittel entweder über Verschuldung oder Vermögensabbau gegenüber dem Ausland beschaffen (in der Kapitalbilanz abgebildet) oder es erhält die Mittel aus dem Ausland geschenkt (in der Bilanz der Vermögensübertragungen abgebildet).

Zahlungsbilanz und Auslandvermögen

Trotz ihres Namens ist die Zahlungsbilanz eigentlich keine Bilanz. Eine solche stellt nämlich dar, was jemandem zu einem bestimmten Zeitpunkt gehört. In der Zahlungsbilanz finden wir aber keine Bestände zu einem bestimmten Zeitpunkt, sondern Transaktionen in einer bestimmten Periode. Deshalb enthalten die Aussenhandelsstatistiken zusätzlich zur Zahlungsbilanz eine Bestandesstatistik, die tatsächlich einer Bilanz entspricht: das *Nettoauslandvermögen*.

Das Nettoauslandvermögen misst die Vermögenssituation eines Landes gegenüber dem Ausland zu einem bestimmten Zeitpunkt. Es setzt sich zusammen aus den Auslandaktiven (Auslandvermögen, also Ansprüche der Schweiz gegenüber dem Ausland) abzüglich der Auslandpassiven (Auslandsverschuldung, also Ansprüche des Auslands an die Schweiz). Ist das Nettoauslandvermögen positiv, so hat ein Land eine Gläubigerposition gegenüber dem Ausland.

Das Auslandvermögen widerspiegelt zu einem gewissen Grade die vergangenen Leistungsbilanzpositionen. Hat ein Land wie etwa die Schweiz in der Regel Leistungsbilanzüberschüsse, so bedeutet das netto einen Aufbau von Auslandvermögen, weil der Überschuss – wie oben erläutert – meist zum Kauf von Wertpapieren im Ausland verwendet wird. Die Geschichte der Zahlungsbilanz bestimmt deshalb zu einem guten Teil die Höhe des Auslandvermögens. Der andere wichtige Einflussfaktor ist die Bewertung des Auslandvermögens. Dabei sind Börsen- und Wechselkursentwicklungen von entscheidender Bedeutung.

Nettoauslandvermögen
Mass für die Vermögenssituation eines Landes gegenüber dem Ausland zu einem bestimmten Zeitpunkt.

4.2.3 Die Teilbilanzen der Zahlungsbilanz

In diesen Abschnitt wollen wir die Zusammensetzung der drei oben eingeführten Teilbilanzen genauer erläutern, die gemeinsam die gesamte Zahlungsbilanz bilden. Man muss sich aber bewusst sein, dass sich in der Praxis die drei Bilanzen wegen Erhebungslücken und Messfehlern nie ganz ausgleichen. Deshalb gibt es in der Zahlungsbilanzstatistik auch die Position der statistischen Differenz.

Die Leistungsbilanz

Die Leistungsbilanz erfasst alle Transaktionen, bei denen in der laufenden Periode zwischen dem Inland und dem Ausland Leistungen gehandelt wurden. Dies betrifft drei Arten von Transaktionen:
- Handel mit Gütern: Diese Position wird auch *Handelsbilanz* genannt und umfasst den Export und Import von Waren und Dienstleistungen. Exporte sind vom Inland für das Ausland erbrachte Leistungen, etwa der Verkauf von Schweizer Schokolade in Deutschland als Warenexport (Mittelzufluss) oder Übernachtungen ausländischer Touristen in Hotels in der Schweiz als Dienstleistungsexport (Mittelzufluss). Importe (Mittelabfluss) sind vom Ausland für das Inland erbrachte Leistungen, z. B. die Einfuhr eines amerikanischen Autos in die Schweiz.

> **Handelsbilanz**
> Stellt die Exporte eines Landes den Importen gegenüber. Der Saldo der Handelsbilanz entspricht den Nettoexporten.

Abb. 4.3 Die Positionen der Leistungsbilanz

Zufluss von Zahlungsmitteln
- Einnahmen aus Waren- und Dienstleistungsexporten
- Einnahmen aus Arbeits- und Kapitaleinkommen (Primäreinkommen)
- Laufende Übertragungen aus dem Ausland (Sekundäreinkommen)

Abfluss von Zahlungsmitteln
- Ausgaben für Waren- und Dienstleistungsimporte
- Ausgaben für Arbeits- und Kapitaleinkommen (Primäreinkommen)
- Laufende Übertragungen an das Ausland (Sekundäreinkommen)

- Erträge aus Produktionsfaktoren: Diese Position wird auch als *Bilanz der Primäreinkommen* bezeichnet. Sie umfasst internationale Einnahmen oder Ausgaben aus der Verwendung der Produktionsfaktoren Kapital und Arbeit. Dabei führen die im Ausland eingesetzten Schweizer Produktionsfaktoren zu Einnahmen für die Schweiz, also zu einem Mittelzufluss (z. B. Dividenden aus ausländischen Aktien). Vom Ausland in der Schweiz eingesetzte Produktionsfaktoren führen hingegen für die Schweiz zu Ausgaben, also zu einem Mittelabfluss (z. B. der Lohn eines französischen Grenzgängers, der in Basel arbeitet).
- Übertragungen ohne Gegenleistung: Diese Position ist eine erste Ausgleichsposition für regelmässige einseitige Transaktionen und wird auch als *Bilanz der Sekundäreinkommen* bezeichnet. Überweist zum Beispiel ein ausländischer Arbeitnehmer, der in der Schweiz lebt, Schweizer Franken in Form von Tausendernoten an seine Familie im Ausland, führt dies zu einem Mittelabfluss. Allgemein gilt: Erbringt das Inland ans Ausland einseitige Leistungen, so führt das zu Ausgaben (Mittelabfluss); erbringt das Ausland ans Inland Leistungen, sind das Einnahmen (Mittelzufluss).

Bilanz der Primäreinkommen
Teil der Leistungsbilanz, der die Erträge aus den Produktionsfaktoren Arbeit und Kapital erfasst.

Bilanz der Sekundäreinkommen
Teil der Leistungsbilanz, der die regelmässigen einseitigen Transaktionen erfasst.

Abbildung 4.3 fasst diese Transaktionen der Leistungsbilanz in Bilanzform zusammen, das heisst mit dem Zufluss von Zahlungsmitteln auf der linken Seite und dem Abfluss von Zahlungsmitteln auf der rechten Seite.

Die Leistungsbilanz insgesamt stellt also alle vom Inland ans Ausland erbrachten Leistungen den vom Ausland ans Inland erbrachten Leistungen gegenüber. Die Differenz dieser beiden Grössen wird als Saldo der Leistungsbilanz bezeichnet. Er ist positiv, wenn das Inland innerhalb einer Periode mehr Leistungen ans Ausland geleistet hat, als es aus dem Ausland Leistungen bezogen hat, und damit der Zufluss von Mitteln grösser ist als der Abfluss.

Die Kapitalbilanz

Hier werden die grenzüberschreitenden Käufe und Verkäufe von Vermögenswerten im weitesten Sinne (also vor allem von Geld und Wertpapieren) dargestellt.

Von der Schweiz aus gesehen gibt es dabei zwei Arten von Vermögenswerten: solche im Ausland und solche im Inland.
- Vermögenswerte im Ausland sind dann für die Kapitalbilanz relevant, wenn sie von der Schweiz gekauft oder verkauft werden. Sie werden als Aktiven der Schweiz bezeichnet.
- Vermögenswerte in der Schweiz sind dann für die Kapitalbilanz relevant, wenn sie vom Ausland gekauft oder verkauft werden. Sie werden als Passiven der Schweiz bezeichnet.

Abbildung 4.4 fasst gemäss dieser Unterteilung die Arten von Vorgängen in der Kapitalbilanz zusammen. Auf der linken Seite sind die beiden Formen dargestellt, wie der Schweiz über Transaktionen mit Vermögenswerten Mittel zufliessen können. Die erste Möglichkeit ist die Verschuldung, das heisst, das Ausland erwirbt Ansprüche an die Schweiz («Schuldscheine»), was als Zugang von Passiven bezeichnet wird. Die zweite Möglichkeit ist der Vermögensabbau der Schweiz, das heisst, die Schweiz verkauft Vermögenswerte im Ausland, was als Abbau von Aktiven bezeichnet wird. Auf der rechten Seite sind entsprechend die gegenteiligen Vorgänge abgebildet: der Abfluss von Mitteln über den Zugang von Aktiven (Aufbau von Vermögenswerten im Ausland) sowie der Abfluss von Mitteln über den Abbau von Passiven (Reduktion der Auslandverschuldung).

Diese Gliederung in Aktiven und Passiven entspricht auch der Hauptgliederung der Kapitalbilanz gemäss internationalen Konventionen:

Abb. 4.4 Die Positionen der Kapitalbilanz

Zufluss von Zahlungsmitteln
- Verkauf von Vermögenswerten im Ausland durch das Inland;
  (= Abbau von Aktiven)
- Erwerb von Vermögenswerten im Inland durch das Ausland;
  (= Zugang von Passiven)

Abfluss von Zahlungsmitteln
- Erwerb von Vermögenswerten im Ausland durch das Inland;
  (= Zugang von Aktiven)
- Verkauf von Vermögenswerten im Inland durch das Ausland;
  (= Abbau von Passiven)

- Der «Nettozugang von Aktiven» umfasst alle Aktiven im Ausland, welche die Schweiz innerhalb eines Zeitraums kauft (Mittelabfluss), abzüglich aller Aktiven im Ausland, die sie in diesem Zeitraum verkauft (Mittelzufluss).
- Der «Nettozugang von Passiven» umfasst alle Passiven im Inland, die das Ausland innerhalb eines Zeitraums kauft (Mittelzufluss), abzüglich aller Passiven im Inland, die es in diesem Zeitraum verkauft (Mittelabfluss).

Der Saldo der Kapitalbilanz ergibt sich aus der Differenz des Nettozugangs von Aktiven und des Nettozugangs von Passiven.

Die Aktiven und Passiven der Kapitalbilanz sind in weitere Unterbilanzen unterteilt, und zwar je nach Art des Kapitals in die folgenden Kategorien:
- Direktinvestitionen,
- Portfolioinvestitionen,
- übrige Investitionen,
- Währungsreserven (nur bei den Aktiven),
- Derivate.

Die erste Unterbilanz sind *Direktinvestitionen*, also substanzielle Beteiligungen an Unternehmen im Ausland. Kauft etwa eine Schweizer Bank ein Unternehmen im Ausland, so ist dies ein Zugang von Aktiven (Mittelabfluss), der in der Unterbilanz «Direktinvestitionen» verbucht wird.

Die zweite Unterbilanz betrifft sogenannte *Portfolioinvestitionen*, also den Kauf oder Verkauf von Wertpapieren, der nicht zu einer grösseren Beteiligung an Unternehmen führt. Hier geht es also um die reine Geldanlage und nicht um die Einflussnahme auf die Tätigkeiten eines Unternehmens. Kauft eine in der Schweiz ansässige Person amerikanische Staatsanleihen, so geht dies als Zugang von Aktiven (Mittelabfluss) in die Bilanz der Portfolioinvestitionen ein. Investiert eine in Frankreich ansässige Person in Schweizer Staatsanleihen, dann wird dies als Zugang von Passiven (Mittelzufluss) verbucht.

In einer dritten Unterbilanz werden die übrigen Investitionen erfasst. Dies sind grob gesagt alle grenzüberschreitenden Kapitaltransaktionen, die keiner der anderen Unterkategorien zugeordnet werden können. Wenn zum Beispiel eine Bank in der Schweiz einem Kunden im Ausland einen Kredit gewährt, wird ein Zugang von Aktiven (Mittelabfluss) bei den übrigen Investitionen verbucht.

Direktinvestitionen
Substanzielle Beteiligung eines inländischen Investors an einem ausländischen Unternehmen.

Portfolioinvestitionen
Kauf von ausländischen Wertpapieren (v. a. Aktien und Obligationen), die nicht zu einer grösseren Beteiligung an Unternehmen führen.

In einer vierten Unterbilanz fliessen alle grenzüberschreitenden Transaktionen der SNB zur Anlage der Währungsreserven im Ausland ein. Als einzige Unterbilanz existiert sie nur bei den Aktiven und nicht bei den Passiven. Wenn zum Beispiel die SNB eine Wertschrift im Ausland erwirbt, um die Währungsreserven der Schweiz aufzustocken, führt dies zu einem Zugang von Aktiven (Mittelabfluss) in der Unterkategorie Währungsreserven.

In der fünften Unterbilanz werden schliesslich die grenzüberschreitenden Derivattransaktionen verbucht. *Derivate* sind Vermögenswerte, die auf der Wertentwicklung anderer Wertpapiere basieren. Sie dienen etwa der Absicherung (z. B. gegen eine ungünstige Währungsentwicklung) oder der Spekulation.

Derivat
Wertpapier, dessen Preis vom Preis anderer Vermögenswerte (wie Aktien, Obligationen oder Währungen) abgeleitet wird, z. B. Optionen.

Bilanz der Vermögensübertragungen

Diese Bilanz erfasst als zweite Ausgleichsposition neben den Sekundäreinkommen in der Leistungsbilanz weitere einseitige Transaktionen. Es handelt sich um Übertragungen, die nicht direkt das Einkommen oder den Verbrauch der beteiligten Länder betreffen (weil diese wie besprochen in der Bilanz der Sekundäreinkommen der Leistungsbilanz aufgeführt werden). Oft sind dies unregelmässig auftretende Übertragungen wie Einnahmen und Ausgaben aus nicht-produziertem Sachvermögen, wie zum Beispiel der Kauf und Verkauf von Lizenz- und Markenrechten. Abbildung 4.5 fasst diese Vorgänge wiederum in Bilanzform zusammen.

Ein wichtiger Teil dieser mit Abstand kleinsten Teilbilanz betrifft Schenkungen wie zum Beispiel Schuldenerlasse und Finanzhilfen durch den Bund. Deshalb wird diese dritte Teilbilanz der Zahlungsbilanz gelegentlich auch als Schenkungsbilanz bezeichnet.

Abb. 4.5 Die Positionen der Bilanz der Vermögensübertragungen

Zufluss von Zahlungsmitteln	Abfluss von Zahlungsmitteln
▶ Vermögensübertragungen aus dem Ausland	▶ Vermögensübertragungen an das Ausland

4.2.4 Analyse der Schweizer Zahlungsbilanz

Um das etwas zu konkretisieren, wollen wir nun die Schweizer Zahlungsbilanz genauer analysieren. Wir gehen dabei in drei Schritten vor. Zuerst betrachten wir die Entwicklung der drei grundlegenden Teilbilanzen der Zahlungsbilanz und dann sehen wir uns jeweils die Zusammensetzung der Leistungsbilanz und der Kapitalbilanz an.

Abbildung 4.6 zeigt die Saldi der drei Teilbilanzen seit dem Jahr 2000:

Die Leistungsbilanz der Schweiz war jeweils klar positiv, das heisst, die Schweiz hat aus den laufenden internationalen Transaktionen immer deutlich mehr verdient (Leistungen fürs Ausland erbracht), als sie ausgegeben hat (Leistungen aus dem Ausland erhalten). Diese Leistungsbilanzüberschüsse der Schweiz sind auch in Prozent des BIP ausserordentlich gross. Die Zahl schwankt zwar stark, aber sie lag in den letzten Jahren im Durchschnitt bei etwa 10 Prozent.

Beim Saldo der Vermögensübertragungen weist die Schweiz jeweils ein klar negatives Vorzeichen auf, das heisst, sie gibt wesentlich mehr unentgeltliche Kapitalleistungen ins Ausland, als sie von dort erhält.

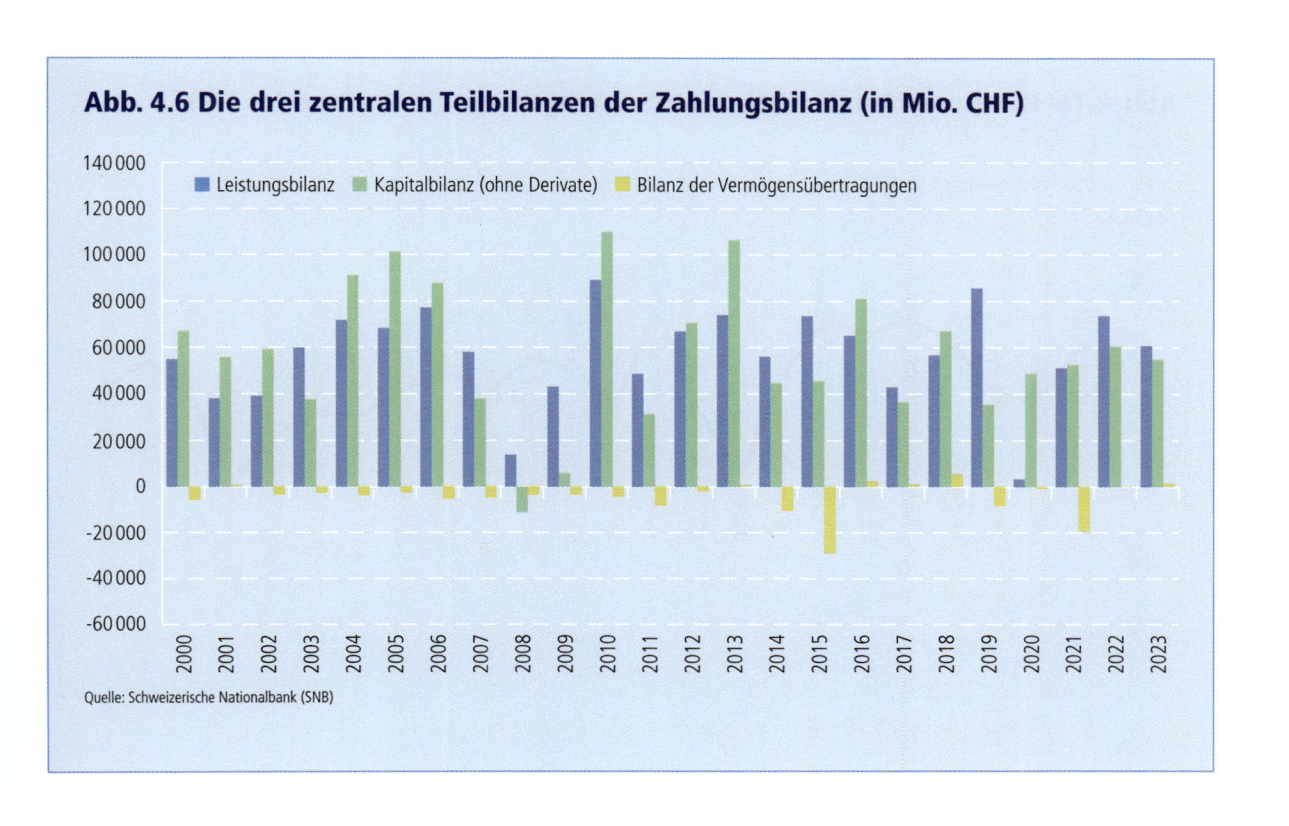

Abb. 4.6 Die drei zentralen Teilbilanzen der Zahlungsbilanz (in Mio. CHF)

Quelle: Schweizerische Nationalbank (SNB)

Schliesslich – als Gegenstück zum Leistungsbilanzüberschuss – fliesst wesentlich mehr Kapital aus der Schweiz ins Ausland als vom Ausland in die Schweiz. Ökonomisch heisst das, dass sich das Ausland im Saldo bei der Schweiz verschuldet, um mehr aus der Schweiz importieren zu können als dorthin zu exportieren. Auch wenn die Kapitalbilanz der Schweiz einen negativen Saldo aufweist (netto fliessen Mittel ab), wird dieser Saldo in der Zahlungsbilanz dennoch gemäss neuster internationaler Konvention mit positiven Vorzeichen ausgewiesen (vergleiche Abbildung 4.6).

Die Abbildungen 4.7a und 4.7b zeigen, wie die beiden Hauptkomponenten der Zahlungsbilanz, nämlich die Schweizer Leistungsbilanz und die Kapitalbilanz zusammengesetzt sind.

Bei der Leistungsbilanz sind zwei Dinge bemerkenswert. Erstens haben sich in den letzten 15 Jahren die Gewichte in den Nettoexporten spürbar verschoben. Vor allem wegen des rasanten Wachstums der Pharmaexporte stieg der positive Saldo der Warenexporte in jüngster Vergangenheit stark an, während er bei den Dienstleistungen relativ konstant, eher sogar leicht rückläufig war; dies ist vor allem den jüngsten Umwälzungen im Finanzsektor zuzuschreiben. Zweitens sehen wir, dass der Saldo bei den Arbeitseinkommen in der gesamten Periode negativ ist, bei den Kapitaleinkommen aber deutlich positiv (mit Ausnahme des von der Finanzkrise bestimmten

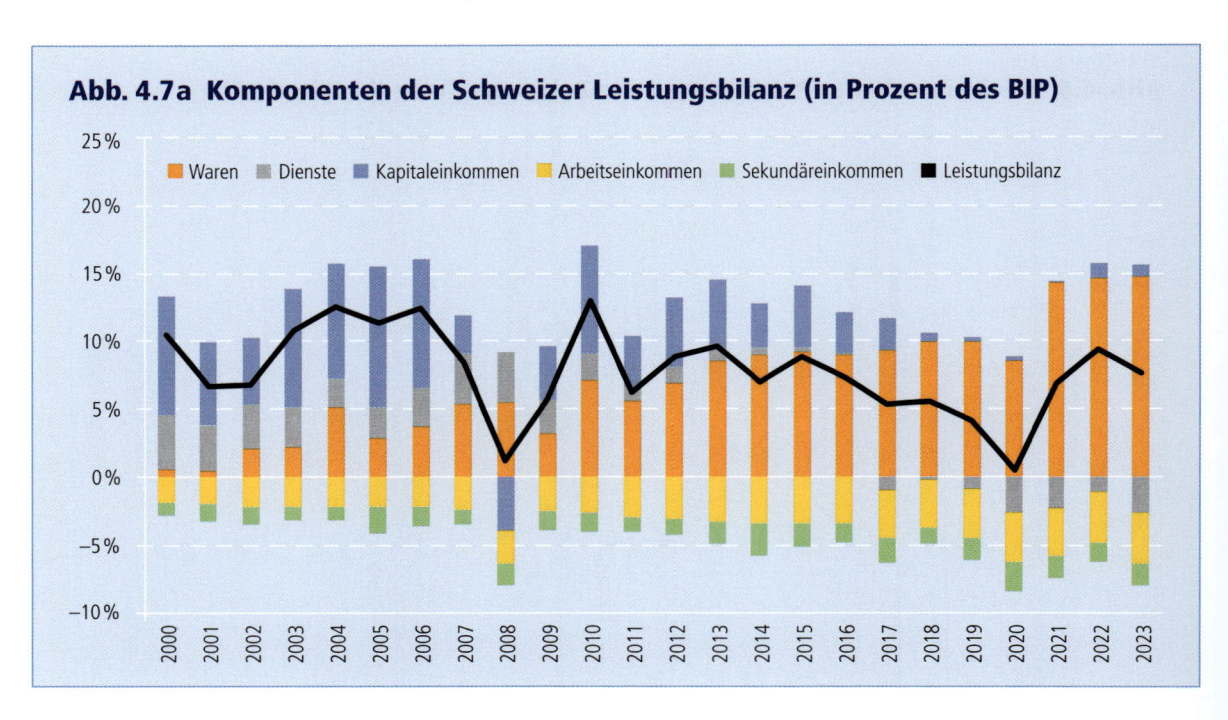

Abb. 4.7a Komponenten der Schweizer Leistungsbilanz (in Prozent des BIP)

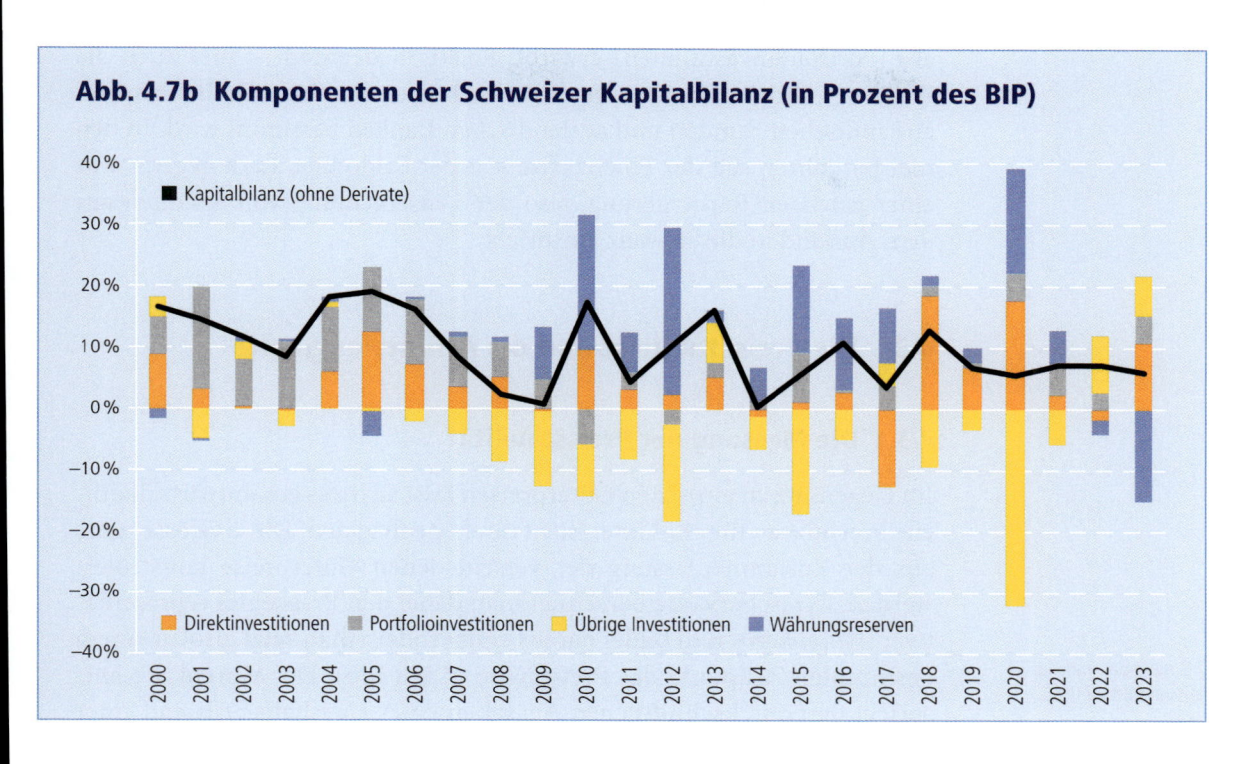

Abb. 4.7b Komponenten der Schweizer Kapitalbilanz (in Prozent des BIP)

■ Kapitalbilanz (ohne Derivate)
■ Direktinvestitionen ■ Portfolioinvestitionen ■ Übrige Investitionen ■ Währungsreserven

Jahres 2008). Bei den Arbeitseinkommen ist dies darauf zurückzuführen, dass sehr viele Grenzgänger in der Schweiz tätig sind, die ihr in der Schweiz erzieltes Gehalt ins Ausland transferieren. Bei den Kapitaleinkommen fliesst wesentlich mehr in die Schweiz als aus dem Land heraus, weil die Schweiz grosse Bestände an Vermögenswerten im Ausland hat (Nettoauslandvermögen), die regelmässige Zinsen und andere Erträge abwerfen. Diese grossen Bestände an Kapitalgütern sind, wie bereits erwähnt, darauf zurückzuführen, dass die Schweiz in den letzten Jahrzehnten praktisch immer Leistungsbilanzüberschüsse erzielt hatte und damit Kapital exportierte. Das kumulierte sich zu einem sehr grossen Kapitalbestand im Ausland, der nun regelmässig die hohen Nettoerträge generiert, die wir bei den Kapitaleinkommen sehen.

Bei der Kapitalbilanz sind in den letzten Jahren die Veränderungen der Währungsreserven die dominante Position. Ihre drastische Zunahme seit der Finanzkrise widerspiegelt die Tatsache, dass die Schweizerische Nationalbank stark ausländische Devisen (insbesondere Euro) kauft, um gegen eine übermässige Aufwertung des Schweizer Frankens anzukämpfen. Wir werden das in Kapitel 12 noch genauer analysieren. Zudem zeigt die Kapitalbilanz, dass die Schweiz in den meisten Jahren netto im Ausland zusätzliche Vermögenswerte (Direktinvestitionen und Wertpapiere, also Portfolioinvestitionen) erwirbt. Relativ bedeutend ist hier auch die Position «übrige Investitionen», die stark vom Geschäft der Banken mit ausländischen Kunden und ausländischen Banken bestimmt wird. In den meisten Jahren seit der Finanzkrise war der Saldo hier stark negativ, was einer gewissen Repatriierung, also der Umschichtung von Krediten aus dem Ausland in die Schweiz entspricht.

4.3 Die Preisstabilität und die Arbeitslosigkeit

4.3.1 Die Messung der Preisstabilität

Im Gegensatz zu einzelnen Güterpreisen lässt sich das gesamtwirtschaftliche Preisniveau für alle Güter nicht direkt beobachten. Diese Grösse muss aus der Zusammenfassung der verschiedenen Güterpreise konstruiert werden. Typischerweise berechnet man dabei den Preis eines repräsentativen *Warenkorbs* und bildet daraus einen Index (man setzt also zu einem bestimmten Zeitpunkt das Preisniveau gleich 100). Der Warenkorb entspricht den durchschnittlichen Ausgaben eines Haushalts während einer bestimmten Periode. Erhöht sich der Preis dieses Güterbündels über die Zeit, spricht man von Inflation.

Warenkorb
Gewichtetes Bündel von Gütern, das anhand der Ausgaben eines durchschnittlichen Haushalts zusammengestellt wird.

In der Schweiz wird der Preis dieses Warenkorbs im sogenannten *Landesindex der Konsumentenpreise (LIK)* ausgewiesen. Die Zusammensetzung des Warenkorbs wird alle fünf Jahre, die Gewichtung seiner einzelnen Komponenten dagegen jährlich dem veränderten Konsumentenverhalten angepasst. Abbildung 4.8 enthält ein Diagramm mit den wichtigsten Güterkategorien und ihrem Gewicht im LIK des Jahres 2024.

Landesindex der Konsumentenpreise (LIK)
Index, der mittels eines repräsentativen Güterkorbs die Preisentwicklung der für die Schweizer Konsumentinnen und Konsumenten bedeutsamen Waren und Dienstleistungen misst.

Das grösste Gewicht erhielten demnach die Kategorien Wohnen und Energie (25,3 %), Gesundheit (15,4 %) sowie Nahrung (10,9 %).

Teuerungsausgleich
Erhöhung von nominalen Grössen (z. B. Löhne oder Renten), sodass bei Inflation (Teuerung) der erlittene Kaufkraftverlust ausgeglichen wird.

Der LIK ist eine wichtige volkswirtschaftliche Grösse. Er bildet nicht nur die Basis für die Berechnung des *Teuerungsausgleichs* in verschiedenen Arbeitsverträgen oder bei Renten und Mieten. Auch für die Geldpolitik ist der LIK bedeutsam, trifft doch die Schweizerische Nationalbank ihre Entscheide auf der Basis seiner mittelfristigen Entwicklung. Und wie erfolgreich eine Zentralbank arbeitet, misst sich weltweit in erster Linie an der Veränderung derartiger Indikatoren.

4 GESAMTWIRTSCHAFTLICHE MESSKONZEPTE

VERTIEFUNG

Warum sind die Krankenkassenprämien im Landesindex der Konsumentenpreise (LIK) nicht enthalten?

Die Krankenkassenprämien machen für viele Haushalte einen bedeutenden Teil der Ausgaben aus; entsprechend schmerzhaft sind auch die regelmässigen Prämienerhöhungen. Dieser wichtige Posten taucht aber in der obigen Darstellung des LIK gar nicht auf. Ist der LIK deshalb unvollständig? Die Antwort ist Nein, denn der LIK versucht nicht, die Ausgaben des durchschnittlichen Schweizer Haushaltes direkt abzubilden. Er versucht vielmehr, die Preisentwicklung der durchschnittlich konsumierten Güter zu erfassen. Dass Ausgaben und Konsum nicht immer das Gleiche sein müssen, zeigt der Gesundheitsbereich. Denn für den Konsum der entsprechenden Güter, wie z. B. Spitalleistungen, Arztbesuche oder Medikamente, müssen wir nicht direkt aufkommen. Diese Leistungen «bezahlen» wir vielmehr indirekt über Prämienzahlungen. Der LIK misst nun die Gesundheitskosten nicht anhand deren Finanzierung (Krankenkassenprämien), sondern direkt anhand der Preise der konsumierten Gesundheitsleistungen. Aus dem gleichen Grund sind auch die Beiträge für die Arbeitslosenversicherung oder für die Altersvorsorge nicht im LIK enthalten.

Entsprechend wichtig ist es auch, sich seiner Grenzen bewusst zu sein. Obwohl der Warenkorb alle fünf Jahre angepasst wird, widerspiegelt der LIK nur ungefähr die Preise der Güter, die ein durchschnittlicher Haushalt konsumiert. Denn nicht jedes Einzelprodukt ist enthalten, und die Konsumgewohnheiten können sich innerhalb der fünf Jahre verändern. Auch kann der Index Qualitätsverbesserungen von Gütern nicht vollständig erfassen. Ein heutiger Computer hat mit einem gleich teuren Com-

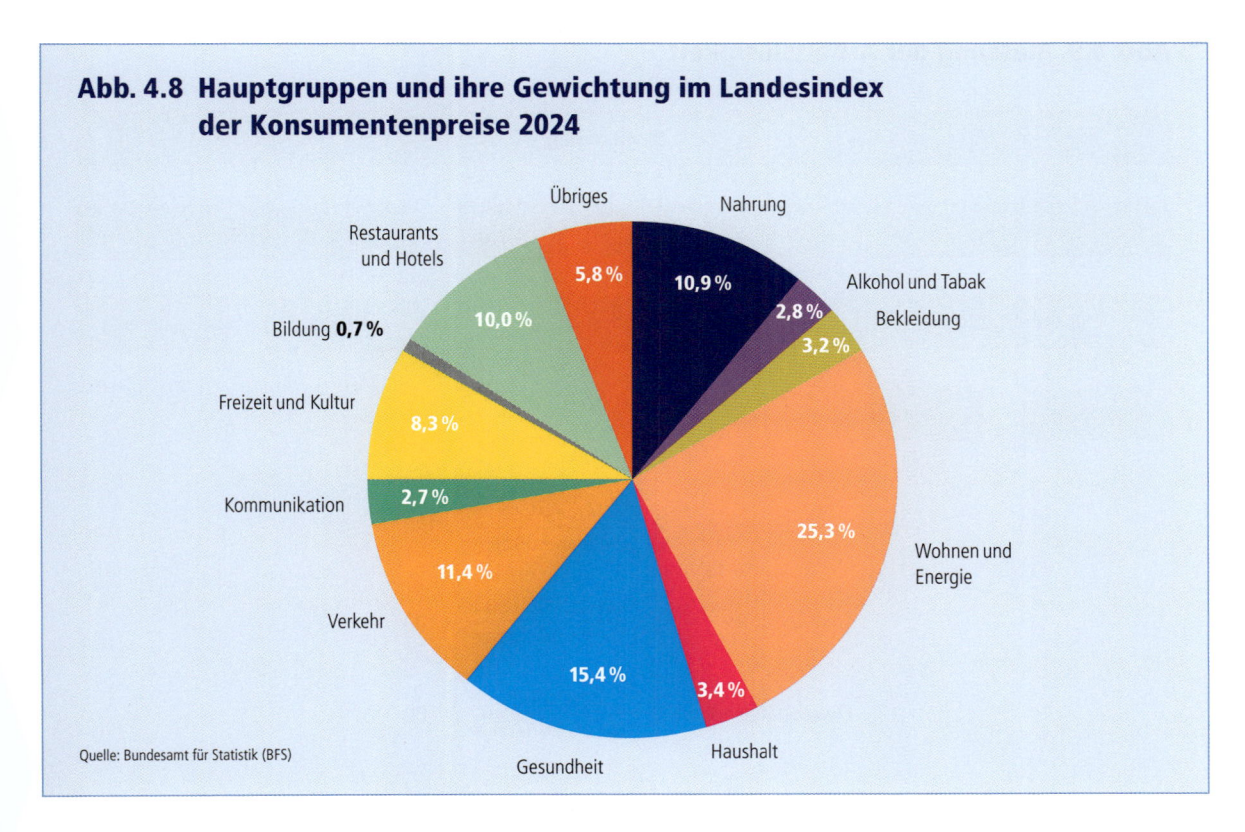

Abb. 4.8 Hauptgruppen und ihre Gewichtung im Landesindex der Konsumentenpreise 2024

- Nahrung: 10,9 %
- Alkohol und Tabak: 2,8 %
- Bekleidung: 3,2 %
- Wohnen und Energie: 25,3 %
- Haushalt: 3,4 %
- Gesundheit: 15,4 %
- Verkehr: 11,4 %
- Kommunikation: 2,7 %
- Freizeit und Kultur: 8,3 %
- Bildung: 0,7 %
- Restaurants und Hotels: 10,0 %
- Übriges: 5,8 %

Quelle: Bundesamt für Statistik (BFS)

puter vor vier Jahren nicht mehr viel gemeinsam. Für den gleichen Preis erhält man heute wesentlich mehr Leistung. Man könnte daher argumentieren, dass der Preis der Computerleistung gesunken ist, auch wenn der Computer immer noch gleich viel kostet. Da der LIK solche Effekte nicht erfassen kann, geht man in der Regel davon aus, dass die Veränderung des LIK die Inflation leicht überschätzt.

4.3.2 Die Messung der Arbeitslosigkeit

Die Arbeitslosenquote gehört zu den am meisten verwendeten Messgrössen der Volkswirtschaftslehre. Wir wollen sie hier einbetten in eine Darstellung der wichtigsten Kenngrössen der Arbeitsmarktanalyse. Abbildung 4.9 zeigt eine einfache Aufteilung der Gesamtbevölkerung eines Landes und erläutert die relevanten Grössen.

Zunächst einmal kann die Bevölkerung in zwei Gruppen aufgeteilt werden: in die Gruppe der 15- bis 64-Jährigen und in den Rest der Bevölkerung, also diejenigen, die jünger als 15 oder älter als 64 sind.

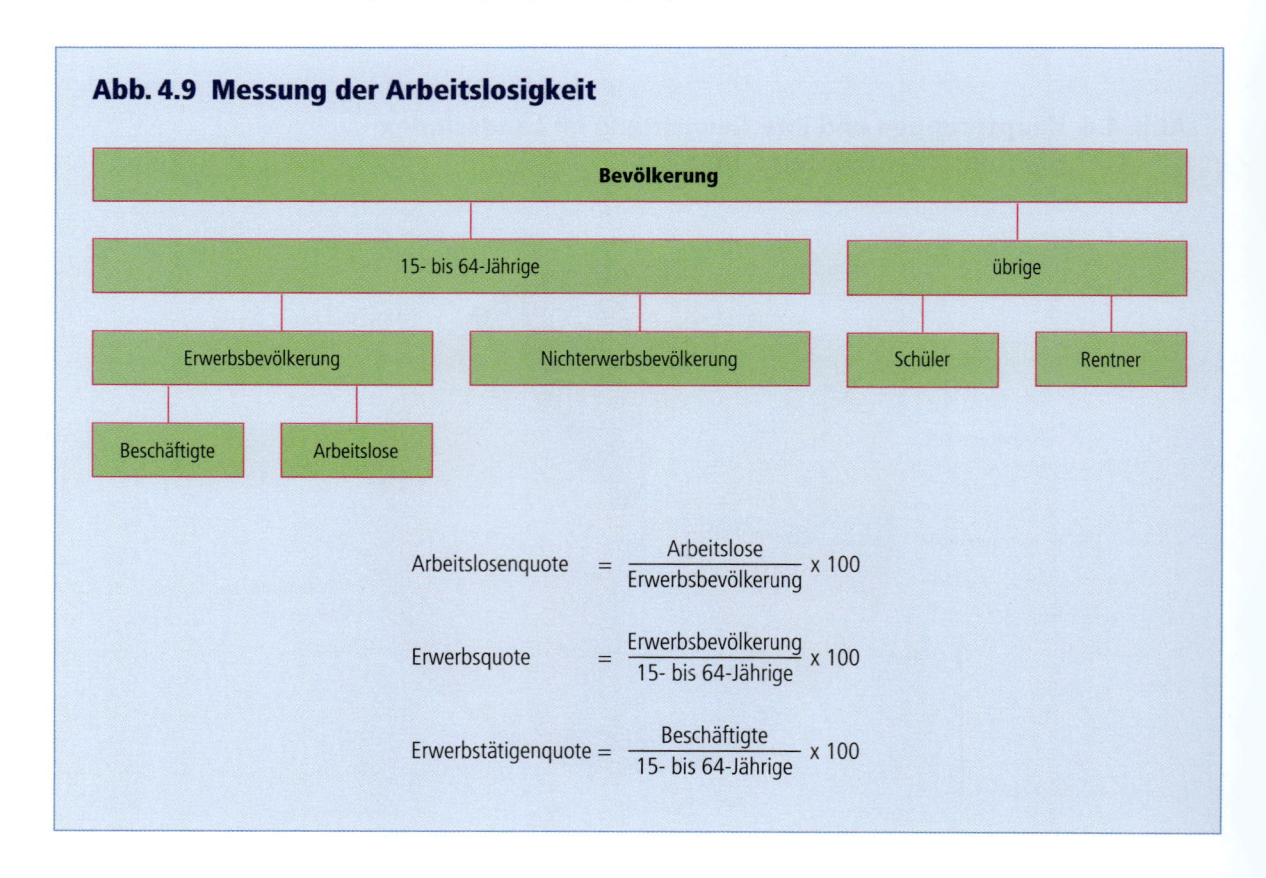

Abb. 4.9 Messung der Arbeitslosigkeit

$$\text{Arbeitslosenquote} = \frac{\text{Arbeitslose}}{\text{Erwerbsbevölkerung}} \times 100$$

$$\text{Erwerbsquote} = \frac{\text{Erwerbsbevölkerung}}{\text{15- bis 64-Jährige}} \times 100$$

$$\text{Erwerbstätigenquote} = \frac{\text{Beschäftigte}}{\text{15- bis 64-Jährige}} \times 100$$

Die 15- bis 64-Jährigen bilden unter den heute bestehenden institutionellen Regelungen die potenziell Beschäftigten. Das sind also alle Personen, die bereits ins Erwerbsleben einsteigen könnten (ab 15 Jahren) bzw. noch nicht im Rentenalter sind (bis 64 Jahre). Diese Gruppe lässt sich nun weiter in zwei Untergruppen aufteilen: in die *Erwerbsbevölkerung* und in die Nichterwerbsbevölkerung. Zur Nichterwerbsbevölkerung gehören die 15- bis 64-Jährigen, die aus verschiedensten Gründen nicht arbeiten wollen oder die nicht arbeiten können, weil sie beispielsweise behindert oder krank sind. Dementsprechend stellen alle arbeitsfähigen und arbeitswilligen Personen die Erwerbsbevölkerung dar, die sich wiederum unterteilen lässt in die Beschäftigten, die tatsächlich eine Stelle haben, und die Arbeitslosen.

Erwerbsbevölkerung
Alle arbeitsfähigen und arbeitswilligen 15- bis 64-jährigen Personen.

Aus dieser Zerlegung lassen sich nun die zentralen Kenngrössen der Arbeitsmarktanalyse ableiten.

1. Arbeitslosenquote: Sie ist das Verhältnis zwischen Arbeitslosen und der Erwerbsbevölkerung. Sie widerspiegelt also den Anteil der arbeitswilligen Personen, die keine Stelle finden. Die Arbeitslosenquote dominiert die wirtschaftspolitische Diskussion zum Thema Arbeitsmarkt.
2. *Erwerbsquote*: Sie ist das Verhältnis zwischen der Erwerbsbevölkerung und der Gesamtheit der 15- bis 64-Jährigen. Sie zeigt uns, welcher Anteil der potenziell Beschäftigten – also aller 15- bis 64-Jährigen – tatsächlich einer bezahlten Arbeit nachgehen möchte.
3. *Erwerbstätigenquote*: Sie ist das Verhältnis zwischen den tatsächlich Beschäftigten und der Gesamtheit der 15- bis 64-Jährigen. Die Erwerbstätigenquote ergibt sich im Gegensatz zur Erwerbsquote nicht alleine aus der Bereitschaft und Fähigkeit zur Beschäftigung, sondern berücksichtigt, ob die 15- bis 64-Jährigen auch tatsächlich einer Arbeit nachgehen. Diese Grösse und ihre Entwicklung wird in Kapitel 8 als wichtige Bestimmungsgrösse des Produktionspotenzials und damit des langfristigen Wirtschaftswachstums verwendet.

Erwerbsquote
Prozentualer Anteil der Erwerbsbevölkerung an der Gesamtheit der 15- bis 64-Jährigen.

Erwerbstätigenquote
Prozentualer Anteil der Bevölkerung im erwerbsfähigen Alter zwischen 15 und 64 Jahren, der einer bezahlten Arbeit nachgeht.

Der schweizerische Arbeitsmarkt wird in internationalen Analysen immer wieder hervorgehoben für seine im Vergleich zu anderen OECD-Ländern tiefe Arbeitslosenquote. Mindestens ebenso bemerkenswert ist die sehr hohe Erwerbsquote. Dazu kommt noch, dass aufgrund der tiefen Arbeitslosigkeit auch die Erwerbstätigenquote in der Schweiz ausgesprochen hoch liegt.

TECHNISCHE BOX

Unterschiedliche Ansätze zur Messung der Arbeitslosenquote

In der Praxis lässt sich die Arbeitslosigkeit auf verschiedene Arten messen. Vor allem zwei Methoden werden dabei verwendet.
Die erste Messvariante besteht in der Vollerhebung. Man zählt also einfach, wie viele Personen auf den Arbeitsämtern als arbeitslos gemeldet sind, und setzt diese Zahl ins Verhältnis zur Erwerbsbevölkerung. Diese Messgrösse wird in der Schweiz monatlich vom Staatssekretariat für Wirtschaft (SECO) publiziert. Das ist die für die innerschweizerische Diskussion um die Arbeitslosigkeit relevante Grösse.
Diese Zahl ist jedoch nur bedingt mit Zahlen anderer Länder vergleichbar. Deshalb erhebt das Bundesamt für Statistik einmal pro Quartal eine international standardisierte Arbeitslosenquote. Diese basiert auf einer Befragung von stichprobenweise ausgewählten Haushalten. Das ist für die international vergleichende Diskussion um die Arbeitslosigkeit die relevante Grösse.
Die Unterschiede zwischen den mit diesen beiden Messmethoden erhobenen Arbeitslosenquoten sind in der Schweiz aber meist eher gering, sodass die Unterscheidung für die generelle Einschätzung der Situation auf dem Arbeitsmarkt keine entscheidende Rolle spielt.

Zusammenfassung

1. Die gesamtwirtschaftliche Situation eines Landes wird in zwei zentralen Statistiken zusammengefasst: dem Bruttoinlandprodukt zur Messung der Wertschöpfung und der Zahlungsbilanz zur Messung der aussenwirtschaftlichen Verflechtung. Zusammen mit der Arbeitslosenquote und der Inflationsrate bilden sie die wichtigsten gesamtwirtschaftlichen Messkonzepte.

2. Das Bruttoinlandprodukt (BIP) misst den Marktwert aller Endprodukte (Waren und Dienstleistungen), die während einer Periode innerhalb eines Landes produziert werden.

3. Das BIP lässt sich auf drei Arten berechnen, nämlich über die Entstehungsseite (Produktion), über die Verwendungsseite (Nachfrage) und über die Verteilungsseite.

4. Das in einer einheitlichen Währung ausgedrückte BIP pro Kopf ist das wichtigste Mass, um den Wohlstand eines Landes international zu vergleichen. Seine grosse Bedeutung wird immer wieder kritisiert, da es Lücken aufweist und sich auf den materiellen Wohlstand konzentriert. Diese Kritik wird aber dadurch gemildert, dass das BIP pro Kopf relativ eng mit anderen Wohlstandsindikatoren korreliert.

5. Jede internationale Transaktion wird in der Zahlungsbilanz eines Landes festgehalten. Als Zahlungseingang wird jeder Zufluss an finanziellen Mitteln verbucht und als Zahlungsausgang jeder Abfluss solcher Mittel. Da jede Ausgabe finanziert sein muss, ist die Zahlungsbilanz immer ausgeglichen.

6. Die Zahlungsbilanz lässt sich in drei Teilbilanzen unterteilen: Die Leistungsbilanz erfasst vor allem die Erträge aus dem Güterhandel und aus Lohn- und Zinszahlungen, die Kapitalbilanz stellt internationale Käufe und Verkäufe von Kapitalanlagen dar und die Bilanz der Vermögensübertragungen erfasst im Wesentlichen Schenkungen.

7. Die Schweiz weist in der Regel einen deutlichen Überschuss in der Leistungsbilanz auf. Dem steht ein relativ starkes Defizit in der Kapitalbilanz gegenüber. Ökonomisch bedeutet dies vereinfacht gesagt, dass die Schweiz deutlich mehr exportiert als importiert und sie dann diese Überschüsse in Kapitalanlagen im Ausland investiert.

8. Die Preisstabilität wird gemessen als die Veränderung der Kosten eines repräsentativen Warenkorbs. Dieser Warenkorb widerspiegelt die Ausgaben eines typischen Haushalts. Steigen die Preise des Warenkorbs, spricht man von Inflation, fallen sie, spricht man von Deflation.

9. Das Ausmass der Arbeitslosigkeit wird mit der Arbeitslosenquote gemessen. Diese weist aus, welcher Prozentsatz der Erwerbsbevölkerung keine Beschäftigung hat. Die Erwerbsbevölkerung umfasst dabei alle arbeitsfähigen und arbeitswilligen 15- bis 64-jährigen Personen.

Repetitionsfragen

- a) Um den Wohlstand eines Landes zu beurteilen und zu vergleichen, wird meistens das reale BIP pro Kopf verwendet. Welche Nachteile hat das BIP als Wohlstandsmass?
  b) Aus welchen Gründen ist das BIP trotzdem mit Abstand das wichtigste Wohlstandsmass?

- Weshalb werden bei der Berechnung des BIP die Importe von den Exporten abgezogen?

- Stellen Sie die drei verschiedenen Berechnungsweisen des BIP dar und zeigen Sie, wie diese miteinander zusammenhängen.

- Erläutern Sie die drei Teilbilanzen der Zahlungsbilanz und machen Sie jeweils ein Beispiel für eine Transaktion, bei der dem Land Mittel zufliessen.

- Erklären Sie, warum die Zahlungsbilanz immer ausgeglichen sein muss.

- Was sagt uns das ausserordentlich hohe Schweizer Auslandvermögen über die typische Zahlungsbilanzsituation in den letzten Jahrzehnten?

- Definieren Sie die folgenden Kenngrössen des Arbeitsmarktes: Arbeitslosenquote, Erwerbsquote und Erwerbstätigenquote.

- Warum sind die Beiträge, die in die Arbeitslosenversicherung eingezahlt werden, nicht im Landesindex der Konsumentenpreise enthalten?

ZENTRALE BEGRIFFE

Wertschöpfung S. 112
Bruttonationaleinkommen S. 113
Entstehungsseite des BIP S. 114
Verwendungsseite des BIP S. 114
Verteilungsseite des BIP S. 114
Privater Konsum S. 116
Investitionsausgaben S. 116
Staatskonsum S. 116
Nettoexporte S. 116

Leistungsbilanz S. 120
Bilanz der Vermögensübertragungen S. 120
Kapitalbilanz S. 120
Nettoauslandvermögen S. 121
Handelsbilanz S. 122
Bilanz der Primäreinkommen S. 123
Bilanz der Sekundäreinkommen S. 123
Direktinvestitionen S. 125
Portfolioinvestitionen S. 125

Derivat S. 126
Warenkorb S. 130
Landesindex der Konsumentenpreise (LIK) S. 130
Teuerungsausgleich S. 130
Erwerbsbevölkerung S. 133
Erwerbsquote S. 133
Erwerbstätigenquote S. 133

II Wohlstand

Dieser zweite Teil behandelt die Kernfrage der Volkswirtschaftslehre: Wie lässt sich eine Wirtschaft so organisieren, dass sie für die Bevölkerung einen möglichst hohen Wohlstand schafft? Angesichts der Knappheit der Ressourcen geht es darum, wie diese Ressourcen möglichst effizient eingesetzt werden können. Wir werden dieses Kernthema in insgesamt vier Kapiteln behandeln.

▶ Kapitel 5 legt die Grundlage. Es zeigt, warum der Preismechanismus die Marktwirtschaft zum geeigneten System macht, um das Ziel des effizienten Ressourceneinsatzes zu erreichen.

▶ Kapitel 6 erörtert die Rolle des Staates für eine funktionierende Marktwirtschaft. Es werden Fälle von Marktversagen behandelt, in denen ein staatlicher Eingriff die Situation verbessern kann. Zudem werden Fälle von Staatsversagen dargestellt, in denen Staatseingriffe Probleme verursachen können.

▶ Kapitel 7 behandelt den – neben dem Preismechanismus – zweiten Faktor, der für die Wohlstandsentwicklung entscheidend ist, nämlich die Spezialisierung. Deren Mechanismen werden anhand der internationalen Arbeitsteilung analysiert.

▶ In Kapitel 8 schliesslich wenden wir uns den Bestimmungsfaktoren des längerfristigen Wirtschaftswachstums zu. Dabei geht es nicht – wie in den anderen vier Kapiteln – um den möglichst effizienten Einsatz *bestehender* knapper Ressourcen. Vielmehr fragen wir uns, wie *zusätzliche* Ressourcen geschaffen werden können, um längerfristiges Wachstum zu garantieren. Wir werden hier vor allem auf den technischen Fortschritt als den wichtigsten langfristigen Wachstumsmotor eingehen.

5 Preismechanismus und Marktwirtschaft

Hätte man die Aufgabe, am Reissbrett ein Wirtschaftssystem zu entwickeln, das den gesamtwirtschaftlichen Wohlstand optimal fördert, so würde einem wohl kaum die Marktwirtschaft einfallen: ein System, bei dem Unternehmen und Haushalte im Wesentlichen ihre eigenen Interessen verfolgen und in dem der Austausch über anonyme Märkte läuft. Ein System zudem, in dem niemand dafür verantwortlich ist, dass die Abermillionen Entscheide, die tagtäglich getroffen werden, aufeinander abgestimmt sind. Wie soll das funktionieren? Adam Smith gilt nicht zuletzt deshalb als Gründervater der Volkswirtschaftslehre, weil er Ende des 18. Jahrhunderts als Erster überzeugend erklärte, wieso gerade dieses scheinbar chaosträchtige System am besten in der Lage ist, mit der schier unglaublichen Komplexität einer arbeitsteiligen Wirtschaft effizient umzugehen. Wie durch eine «unsichtbare Hand» – so sein treffendes Bild – steuern die Preise den Einsatz der knappen Ressourcen, und zwar auf eine Art und Weise, dass die eigennützigen Entscheide Einzelner den gesamtwirtschaftlichen Wohlstand fördern.

Das Verständnis der grundlegenden Mechanismen hinter der «unsichtbaren Hand» ist zentral, um die Quellen des Wohlstands in einer arbeitsteiligen Marktwirtschaft zu analysieren. Dabei ist es vor allem wichtig, die Rolle der Preise als Signale über die Knappheiten der Ressourcen sowie ihren Einfluss auf die Entscheide von Anbietern und Nachfragern zu verstehen. Ebenso wichtig ist die Erkenntnis, dass dem Staat in einem solchen System nicht die Aufgabe zukommt, den Einsatz der knappen Ressourcen zu lenken; denn das besorgen die dezentralen Entscheide der Marktteilnehmerinnen und Marktteilnehmer auf der Basis der Preissignale. Trotzdem fördert eine Marktwirtschaft nur dann den Wohlstand wirksam, wenn der Staat einige klar definierte Funktionen erfüllt.

Dieses Kapitel erläutert die Mechanismen der Marktwirtschaft. Es ist wie folgt aufgebaut:
- 5.1 behandelt das Grundproblem der Volkswirtschaftslehre – Entscheidungen bei Knappheit. Wie gehen Individuen mit der Tatsache um, dass die Bedürfnisse praktisch unbeschränkt, die Ressourcen aber knapp sind?
- 5.2 erörtert, welche Relevanz dieses individuelle Entscheidungsverhalten für die Organisation der Volkswirtschaft hat. Dabei wird gezeigt, wieso eine Marktwirtschaft besser geeignet ist, das individuelle Verhalten zu koordinieren, als eine Planwirtschaft.

5.1 Entscheide in Knappheitssituationen

5.2 Marktwirtschaft versus Planwirtschaft

5.3 Die zentrale Rolle der Preise in einer Marktwirtschaft

5.4 Kosten von Preiseingriffen

5.5 Effizienz und Wachstum

Unsichtbare Hand
Durch Adam Smith geprägter Begriff dafür, dass das eigennützige Handeln von Haushalten und Unternehmen auf Märkten unbeabsichtigt den Wohlstand der gesamten Gesellschaft fördert.

- ▶ 5.3 zeigt, dass die Preise die Knappheiten signalisieren und damit bei der Steuerung der marktwirtschaftlichen Prozesse eine zentrale Rolle spielen.
- ▶ 5.4 erklärt in einer ersten Anwendung des mikroökonomischen Grundmodells, wieso staatliche Eingriffe in den funktionierenden Preismechanismus den Wohlstand verringern.
- ▶ 5.5 präzisiert das zentrale Konzept der ökonomischen Effizienz und zeigt den Unterschied sowie den Zusammenhang zwischen Effizienz und Wachstum.

5.1 Entscheide in Knappheitssituationen

Die Grundlage des Wohlstands liegt im Verhalten der Einzelnen. Wie reagieren sie auf Anreize? Verhalten sie sich so, dass die Ressourcen optimal eingesetzt werden? Um diese Fragen zu behandeln, müssen wir wissen, wie individuelle Entscheide in Knappheitssituationen getroffen werden. In Knappheitssituationen deshalb, weil es eine Tatsache ist, dass die Bedürfnisse so gut wie unbeschränkt, die Ressourcen aber knapp sind. Man kann sich deshalb immer nur eine endliche Menge an Gütern leisten – dies gilt sowohl für den Einzelnen wie auch für die gesamte Gesellschaft. Jede und jeder wird durch das verfügbare Budget, also das Einkommen im weitesten Sinne, beschränkt und muss deshalb entscheiden, wie dieses knappe Budget auf unterschiedliche Verwendungszwecke aufgeteilt werden soll.

Neben dem Einkommen ist natürlich auch die Zeit eine knappe Ressource. Der Tag hat bekanntlich nur 24 Stunden, sodass auch hier dauernd Entscheide getroffen werden müssen bezüglich der Frage, wie man diese beschränkte Zeit auf die schier unendliche Zahl möglicher Tätigkeiten verteilen soll. Sowohl punkto Einkommen als auch punkto Zeit ist man also dauernd mit konkurrierenden Verwendungsmöglichkeiten konfrontiert.

Diese Situation wird mit dem bereits in Kapitel 2 kurz angesprochenen Konzept der Opportunitätskosten beschrieben: Die tatsächlichen Kosten einer Tätigkeit sind die Vorteile, die einem entgehen, weil man etwas anderes nicht tun kann.

Ein Beispiel dazu wäre die Frage, ob sich ein Studium finanziell lohnt. Um dies zu beurteilen, muss man sich die Kosten des Studiums vergegenwärtigen. Sie bestehen einmal aus den offensichtlichen Auslagen, wie z. B. den Semestergebühren oder den Kosten für Lehrbücher. Man könnte dieses Geld auch für alternative Verwendungszwecke einsetzen; der Nutzen dieser Alternativen bildet deshalb die Opportunitätskosten der erwähnten Auslagen. Die tatsächlichen Opportunitätskosten sind allerdings wesentlich höher: Die wertvollste Ressource, die in ein Studium fliesst, ist nämlich die Zeit. Während der Zeit, in der ich studiere, könnte ich ja ebenso gut einer anderen, bezahlten Tätigkeit nachgehen. Wird der so entgangene Lohn ebenfalls in Rechnung gestellt, resultiert daraus ein wesentlich grösserer Betrag als derjenige aus den zuerst genannten, direkt sichtbaren Kosten.

Jede Veränderung der Opportunitätskosten führt letztlich zu einem veränderten Verhalten, beeinflusst also unsere Entscheide. In der Regel sind

Marginale Entscheide
Der zusätzliche Nutzen aus einer Entscheidung wird ihren zusätzlichen Kosten gegenübergestellt. Überwiegt der Nutzengewinn, entscheidet man sich dafür, überwiegen die zusätzlichen Kosten, entscheidet man sich dagegen.

davon nicht unsere «Ja/Nein-Entscheide» betroffen, sondern meist die «Wie-viel-davon-Entscheide». Veränderungen der Opportunitätskosten bewirken demnach eine Anpassung der sogenannten *marginalen Entscheide*, welche die Frage betreffen, ob eine zusätzliche Einheit konsumiert werden soll oder nicht. Um zu unserem Beispiel zurückzukehren: Erhöhen sich etwa die Studiengebühren, so wird das meinen Studienentscheid sehr wahrscheinlich beeinflussen – aber in der Regel nicht bezüglich der Frage, ob ich überhaupt studieren soll, sondern eher bezüglich der Wahl meines Studienortes oder der Dauer meines Studiums.

Die Volkswirtschaftslehre liefert ein Instrumentarium zur Analyse der Frage, wie Menschen auf Veränderungen der Opportunitätskosten reagieren. Die Opportunitätskosten zeigen uns die relative Knappheit von Gütern, und zwar in Form von Preisen. In diesem Sinn entspricht der Preis eines Gutes, für das ich mich entschieden habe, dem Verzicht auf etwas anderes, für das ich mich auch hätte entscheiden können. Wird ein Gut knapper, so steigt der Preis – was wiederum *Anreize* für Verhaltensänderungen

Anreize
Faktoren, welche die Motivation eines wirtschaftlichen Akteurs betreffend dessen Handlungsalternativen beeinflussen.

VERTIEFUNG

Die zentrale Bedeutung von Anreizen

In Diskussionen erkennt man Ökonominnen und Ökonomen oft daran, dass sie sehr viel von Anreizen sprechen. Gerade bei der Analyse wirtschaftspolitischer Massnahmen insistieren sie meist besonders nachdrücklich darauf, die Anreizwirkungen scheinbar guter Vorschläge nüchtern zu analysieren. Ein inzwischen bekanntes, weil besonders treffendes Beispiel macht klar, warum.

Als Indien eine Kobraplage erlebte, glaubte der britische Gouverneur, die Lösung des Problems gefunden zu haben: Er liess ein Kopfgeld auf jede erlegte Kobra aussetzen. Die Massnahme war auf den ersten Blick ausgesprochen erfolgreich, denn es wurden immer mehr tote Kobras abgeliefert. Allerdings führte dies nicht zur gewünschten Reduktion, sondern zu einer Erhöhung des Bestandes der lästigen Tiere. Die Bevölkerung ging nämlich dazu über, die Schlangen zu züchten und dann zu töten, um von der Prämie profitieren zu können. Als der Gouverneur dies erkannte, hob er die Massnahme wieder auf, mit dem Resultat, dass die gezüchteten Kobras freigelassen wurden, da die Besitzer keine Verwendung mehr für sie hatten. Das Endergebnis war, dass eine teure Massnahme exakt das Gegenteil dessen erreichte, was ursprünglich angestrebt worden war. Anstatt die Kobraplage zu reduzieren, wurde sie vergrössert.

Dieser sogenannte Kobra-Effekt illustriert die Probleme, die man sich einhandelt, wenn man die Anreizwirkungen von Massnahmen nicht gründlich analysiert. Bei jeder wirtschaftspolitischen Massnahme ist es deshalb wichtig, sich darüber im Klaren zu sein, welches Verhalten dadurch ausgelöst wird, ansonsten gerät man plötzlich in eine ähnliche Situation wie unser glückloser Gouverneur. Lässt man sich zu sehr davon leiten, wie die Menschen reagieren sollten, und berücksichtigt zu wenig nüchtern, wie sie tatsächlich reagieren, dann haben Massnahmen oft unerwartete, ja kontraproduktive Effekte. So passiert es dann eben, dass hohe Mindestlöhne oder ein starker Kündigungsschutz gerade besonders benachteiligte Arbeitnehmerinnen und Arbeitnehmer schwächen und die Arbeitslosigkeit erhöhen, dass Luxussteuern ausgerechnet ärmere Bevölkerungsschichten schädigen oder dass eine grosszügigere Arbeitslosenunterstützung die Beschäftigung reduzieren kann; alles Beispiele, die wir in diesem Buch noch behandeln werden.

Für die Analyse der Anreizwirkungen geht man am besten von den in diesem Abschnitt analysierten Grundmechanismen aus. Dabei steht die Veränderung der Preise immer im Zentrum. Führt eine Massnahme zu anderen Preisen, so wird sie vorhersehbare Verhaltensänderungen auslösen; eine Prämie auf Kobras etwa erhöht ihren Preis, gibt damit Signale, dass das Gut knapp ist, und setzt Anreize, mehr von dem Gut anzubieten. Wenn man die Preisveränderungen und die dadurch ausgelösten Anreize im Auge behält, läuft man kaum Gefahr, Opfer eines Kobra-Effekts zu werden.

schafft. Meist führt eine Preiserhöhung zu einem Konsumrückgang des entsprechenden Gutes, da die Opportunitätskosten des Konsums steigen. Wollte ich gleich viel von diesem Gut konsumieren wie bisher, könnte ich mir weniger von anderen Gütern leisten. Also besteht ein Anreiz, weniger von einem Gut zu konsumieren, wenn sein Preis steigt.

Anreize bilden ein zentrales Element der ökonomischen Theorie; sie sind die eigentliche Essenz der Analyse. Ökonominnen und Ökonomen reagieren immer skeptisch, wenn Verhaltensänderungen erreicht werden sollen, ohne dass sich etwas an den Anreizen – den Preisen im weitesten Sinne – ändert. Soll etwa aus ökologischen Gründen das Autofahren eingeschränkt werden, so halten Ökonominnen und Ökonomen einen politischen Appell für weniger Erfolg versprechend als die Einführung einer Lenkungsabgabe. Nur die Preisveränderung garantiert nämlich eine individuell spürbare Veränderung der relativen Knappheit und schafft damit einen echten Anreiz für eine Verhaltensänderung.

Zusammengefasst steht die Analyse von Entscheiden über den Einsatz von knappen Ressourcen im Zentrum der ökonomischen Betrachtungsweise. Preise vermitteln Informationen über die Knappheit der Güter und senden damit Signale, die das Verhalten der Marktteilnehmerinnen und Marktteilnehmer beeinflussen. Wird ein Gut knapper, so steigt sein Preis; oder anders ausgedrückt, es erhöhen sich die Opportunitätskosten seines Verbrauchs. Dies setzt Anreize, weniger davon zu konsumieren (in der Regel nur weniger und nicht gar nichts, weshalb wir oben von «marginalen» Entscheiden sprachen) und gleichzeitig mehr von dem Gut zu produzieren.

5.2 Marktwirtschaft versus Planwirtschaft

Wollen wir wissen, wie sich der Wohlstand einer Gesellschaft entwickelt, so müssen wir uns fragen, wie die beschriebenen Entscheide der Einzelnen koordiniert werden. Wie also muss eine Volkswirtschaft organisiert sein, damit die Einzelentscheide so aufeinander abgestimmt sind, dass auch insgesamt die knappen Ressourcen effizient genutzt werden? Bis weit in die 1960er-Jahre gab es dazu intensive Debatten, die sich vor allem auf die Frage konzentrierten, ob eine Marktwirtschaft oder eine Planwirtschaft grösseren Wohlstand schaffen könne. Spätestens seit dem wirtschaftlichen Zusammenbruch der Sowjetunion Ende der 1980er-Jahre ist diese Frage – deren Beantwortung den meisten Ökonominnen und Ökonomen längst klar war – auch in der öffentlichen Debatte entschieden. Man weiss heute, dass marktwirtschaftliche Prozesse weit besser als eine zentrale staatliche Planung in der Lage sind, die Komplexität einer arbeitsteiligen Wirtschaft zu bewältigen, also die Anreize so zu setzen, dass die knappen Ressourcen bestmöglich eingesetzt werden. Dabei gilt es zu berücksichtigen, dass auch in den meisten *Marktwirtschaften* der Staat eine gewichtige Rolle einnimmt, vor allem bei der Verteilung der Einkommen. Man spricht deshalb oft auch von sozialer Marktwirtschaft. Wichtig ist aber, dass es sich trotz der vielfältigen Staatseingriffe dabei eben doch eindeutig um ein marktwirtschaftliches System handelt. Das heisst, der Ressourceneinsatz wird in der Regel nicht über zentrale Planung, sondern über dezentrale Marktprozesse gelenkt.

Wie schon der Name sagt, werden in einer *Planwirtschaft* die wirtschaftlichen Prozesse geplant, das heisst zentral gesteuert. Zwei Elemente sind charakteristisch für eine Planwirtschaft: Erstens gehören die Ressourcen dem Staat, also der Allgemeinheit, und zweitens lenkt eine zentrale Planungsbehörde den Einsatz dieser Ressourcen. Der Staat bestimmt also, wer was für wen produziert.

Eine Marktwirtschaft sieht im Vergleich dazu weniger geordnet aus: Die meisten Ressourcen gehören nicht dem Staat bzw. der Allgemeinheit, sondern Privaten, und es gibt keine zentrale Steuerung des Ressourceneinsatzes. Private Haushalte und Unternehmen entscheiden selbst, wie sie ihre Ressourcen einsetzen wollen, und die Steuerung erfolgt durch das Preissystem, das die relativen Knappheiten anzeigt. Vergegenwärtigt man sich diese beiden Systeme, so scheint intuitiv die Planwirtschaft Erfolg versprechender zu sein. Schliesslich sorgt hier eine zentrale Behörde dafür, dass die verschiedenen Entscheide koordiniert werden; und es kann ihr explizites Ziel sein, die Wohlfahrt zu erhöhen. Bei einer Marktwirtschaft dagegen entscheidet letztendlich jede und jeder Einzelne, und keine zentrale Lenkung sorgt dafür, dass die Ressourcen einer bestimmten Verwendung zugeführt werden.

Gerade diese dezentrale Organisationsstruktur ist aber der Grund für die enorme Überlegenheit der Marktwirtschaft gegenüber der Planwirtschaft. Dies leuchtet ein, sobald man sich vor Augen führt, welch kompliziertes Gebilde eine Volkswirtschaft darstellt. Tagtäglich werden Millionen von Entscheiden getroffen, was produziert und was nachgefragt wird, wo Knappheit und wo Überschuss herrscht. Eine Planungsbehörde ist schlicht nicht in der Lage, all diese Informationen zu sammeln, zu verarbeiten und

---

Marktwirtschaft
Wirtschaftssystem, in dem über die Produktion und den Konsum von Gütern und Dienstleistungen durch die Interaktion auf Märkten entschieden wird. Dabei werden die relativen Knappheiten über das Preissystem angezeigt.

Planwirtschaft
Wirtschaftssystem, in dem über die Produktion und den Konsum von Gütern und Dienstleistungen im Voraus durch eine Planungsbehörde entschieden wird.

dann noch effizient und zeitgerecht darauf zu reagieren. Folgen dieses Unvermögens waren die hinlänglich bekannten Fehlplanungen, Warteschlangen und leeren Verkaufsstände in den früheren Planwirtschaften Osteuropas. Zum Problem der Informationsverarbeitung kommt, dass natürlich auch die Planungsbehörde selbst Anreizen unterliegt und dass die volle Verfügungsgewalt über die Ressourcen eine Behörde zum Missbrauch geradezu einlädt. Das wirtschaftliche Scheitern der osteuropäischen Planwirtschaften hat gezeigt, dass die Kombination all dieser Probleme tatsächlich unüberwindbar ist.

Die Alternative ist die Marktwirtschaft. Hier gibt es keine Optimierung durch den Staat, sondern die Einzelnen verfolgen ihre Eigeninteressen bei den Entscheiden darüber, wie sie die knappen Ressourcen einsetzen wollen. Wie aber funktioniert die Koordination dieser individuellen Entscheide in einer Marktwirtschaft, in der keine zentrale Entscheidungsgewalt lenkt? Dieser fundamentalen Frage wollen wir uns im nächsten Abschnitt zuwenden.

5.3 Die zentrale Rolle der Preise in einer Marktwirtschaft

Vor mehr als 200 Jahren fand Adam Smith in seinem Buch über den Wohlstand der Nationen das wohl bekannteste Bild der Ökonomie: die Idee der «unsichtbaren Hand». In seiner Analyse der Funktionsweise marktwirtschaftlicher Systeme beobachtete er, dass jeder Marktteilnehmer, ob Haushalt oder Unternehmen, in erster Linie seine eigenen Interessen verfolgt. Und obwohl diese Verhaltensweise eigentlich unsozial erscheint, führt gemäss der Analyse von Adam Smith gerade sie dazu, dass der Wohlstand der gesamten Ökonomie und damit der Allgemeinheit – wie durch eine «unsichtbare Hand» – maximiert wird.

Was für ein frappanter Unterschied zur «sichtbaren Hand» der zentralen Verwaltungsbehörde in einer Planwirtschaft! Doch welche Kraft wirkt denn in einer Marktwirtschaft als «unsichtbare Hand»? Es sind die *Preise*, welche die relative Knappheit von Gütern oder Ressourcen anzeigen. Sie bestimmen in einer Marktwirtschaft letztlich die sogenannte *Allokation der Ressourcen*, also, wofür die Ressourcen verwendet werden.

Die Preise zeigen zweierlei an: einerseits – auf der Nachfrageseite – den Wert, den die Käuferinnen und Käufer einem Gut beimessen; andererseits – auf der Angebotsseite –, was es kostet, das Gut zu produzieren. Auf

Preis
Indikator für die Knappheit von Gütern und Dienstleistungen. Der Preis gibt an, auf welche Mengen anderer Güter man verzichten muss, um eine Einheit eines Gutes zu erlangen. Daher wird er oft auch als relativer Preis bezeichnet.

Allokation der Ressourcen
Entscheid darüber, wofür die knappen Ressourcen eingesetzt werden.

beiden Marktseiten vermitteln die Preise also zentrale Informationen. Wie aber lenkt ein Preis das Verhalten der Beteiligten?

Nehmen wir an, aus irgendeinem Grund steige der Preis eines Produkts. Der steigende Preis zeigt an, dass dieses Gut knapper geworden ist, und gibt das Signal an die Nachfrager, dass die Opportunitätskosten für den Konsum dieses Gutes gestiegen sind. Entsprechend werden die Nachfrager weniger von diesem knapperen Gut kaufen. Weniger offensichtlich, aber mindestens ebenso wichtig ist, dass die steigenden Preise auch den Anbietern ein Signal geben. Das Signal nämlich, dass es sich lohnen kann, mehr von diesem Gut zu produzieren. Deshalb werden die Unternehmen auf den höheren Preis typischerweise mit einer Ausweitung ihrer Produktion reagieren, um damit einen höheren Ertrag zu erzielen.

Wie wir sehen, benötigt man hier keinerlei zentrale Behörde, die einem Unternehmen nahe legt, mehr zu produzieren. Vielmehr erhöht das Unternehmen im eigenen Interesse die Produktion. Gleichzeitig führt die ausgeweitete Produktion dazu, dass die Nachfrage nach dem Gut besser befriedigt wird. Im Endeffekt löst das Eigeninteresse der Anbieter eine Verhaltensweise aus, die auch dem Interesse der Nachfrager entgegenkommt.

VERTIEFUNG

Adam Smith

Zu Recht wird Adam Smith als der Vater der modernen Volkswirtschaftslehre bezeichnet. Er legte 1776 ein Buch vor, das in seiner Wirkung auf die Ökonomenzunft wohl unerreicht bleiben wird. In diesem Werk über den Wohlstand der Nationen («An Inquiry into the Nature and Causes of the Wealth of Nations»), finden sich sehr viele der wichtigsten ökonomischen Konzepte zumindest in angedeuteter, oft aber schon in verblüffend klar ausgeführter Form.

Adam Smith wurde 1723 in der Nähe von Edinburgh geboren. Schon im Alter von 28 Jahren erhielt er eine Professur für Logik an der Universität von Glasgow. Ein gutes Jahrzehnt später legte er seine Professur nieder und wurde Lehrer bei einem wohlhabenden schottischen Adligen, den er auf einer zweijährigen Reise durch Europa begleitete. In der Folge wurde ihm eine jährliche Pension von 300 Pfund zugesprochen, welche ihm die finanzielle Unabhängigkeit garantierte, um die nächsten 10 Jahre damit zu verbringen, sein epochales Werk zu erarbeiten.

Die Grundfrage, mit der sich sein Hauptwerk befasst, kommt schon im Titel zum Ausdruck. Warum sind gewisse Länder reicher als andere? Die Ende des 18. Jahrhunderts beginnende industrielle Revolution lieferte reichlich Anschauungsmaterial für diese Frage. Die Produktionsweisen in der Textilindustrie oder die Möglichkeiten der Transportmittel veränderten sich durch neue Technologien in rasanter Weise. Smith folgerte aus seinen Beobachtungen, dass für die Entwicklung des Wohlstands vor allem zwei Elemente entscheidend seien, nämlich die Koordinationsleistung freier Märkte einerseits und die Arbeitsteilung andererseits. Mit dem Bild der «unsichtbaren Hand» und der Beschreibung der Spezialisierung in einer Nadelfabrik fasste er die beiden Grundprinzipien in einprägsame Beschreibungen.

Mit dem Argument, dass die wohlstandsfördernde Arbeitsteilung durch kleine Märkte beschränkt wird, plädierte Smith für die Öffnung der Märkte und damit gegen eine protektionistische Wirtschaftspolitik.

Wir können die Lenkungsfunktion von Preisen in vier miteinander zusammenhängende Effekte unterteilen:
- Erstens vermitteln die Preise Informationen über Knappheiten: Ein tiefer relativer Preis (relativ zu den Preisen anderer Güter) gibt das Signal, dass ein Gut im Überfluss vorhanden ist.
- Zweitens führen Knappheitssignale zu einer effizienten Allokation der Ressourcen: Die Ressourcen werden dort eingesetzt, wo die grösste Knappheit herrscht.
- Drittens haben die Preise eine Koordinationsfunktion: Der Preis führt dazu, dass der Tausch zwischen Anbietern und Nachfragern in effizienter Weise stattfindet. Preise koordinieren die Einzelentscheide der voneinander getrennt agierenden Anbieter und Nachfrager im Sinne von Smiths «unsichtbarer Hand».
- Viertens schliesslich zeigen die Knappheitssignale der Preise an, wo sich Innovation lohnt, und lösen damit technischen Fortschritt aus, der das langfristige Wachstum erhöht.

Am besten lassen sich diese vier wichtigen Funktionen der Preise für die marktwirtschaftliche Lenkung an einem Beispiel zeigen.

Betrachten wir die Preiserhöhung von Erdöl nach dem OPEC-Schock von 1973. In diesem Jahr schlossen sich die Erdöl exportierenden Staaten zu einem Kartell, der *OPEC*, zusammen, verknappten daraufhin das Angebot und führten dadurch eine relativ plötzliche, massive Erhöhung des Erdölpreises herbei. Die Folgen dieser Aktion illustrieren die miteinander zusammenhängenden Lenkungsfunktionen des Preises auf exemplarische Weise.

OPEC
Abkürzung für Organization of the Petroleum Exporting Countries. Organisation einiger der wichtigsten Erdöl exportierenden Länder, die versucht, die Erdölpolitik der Mitgliedsländer zu koordinieren.

Die Preiserhöhung setzte erstens ein Signal: Sie vermittelte den Marktteilnehmerinnen und Marktteilnehmern die Information, dass Erdöl auf dem Weltmarkt knapper würde. Dieses Signal schuf den Anreiz für die Nachfrager von Erdöl, den Verbrauch zu verringern, da die Opportunitätskosten des Erdölverbrauchs gestiegen waren. Das betraf Haushalte in ihren Konsumentscheiden ebenso wie Unternehmen in ihren Produktionsentscheiden. Die neuen Knappheitsverhältnisse bewirkten also zweitens eine neue Allokation der Ressourcen, weil die alte Allokation unter den neuen Rahmenbedingungen nicht mehr effizient war. Durch die Preisveränderung wurden drittens die voneinander unabhängigen individuellen Reaktionen von Erdölproduzenten, Erzeugern von Alternativenergie und Energiekonsumenten wie durch eine «unsichtbare Hand» auf effiziente Art und Weise koordiniert, ohne dass eine zentrale Planungsstelle für diese Abstimmung sorgen musste. Viertens schliesslich führte die Preiserhöhung des Erdöls zu einem Schub an Innovationen. Einerseits wurden alternative Energieträger attraktiver, sodass die Forschung in diese Richtung verstärkt wurde. Andererseits lohnte es sich aufgrund der hohen Preise, mit neuen Methoden bisher zu teure Erdölquellen, z. B. in der Nordsee, zu erschliessen. Ebenfalls angeregt wurde die Suche nach weniger energieintensiven Produktionsmethoden. Dieses Beispiel demonstriert eindrücklich die weitreichenden Effekte von Preissignalen.

Insgesamt lässt sich festhalten, dass Preise dafür sorgen, dass in einer Marktwirtschaft die knappen Ressourcen effizient eingesetzt werden. *Effizienz* bedeutet in dieser volkswirtschaftlichen Betrachtungsweise, dass es keinen anderen Einsatz der Ressourcen gäbe, mit dem man mehr von einem Gut produzieren könnte, ohne gleichzeitig weniger von einem anderen Gut herstellen zu können. Effiziente Ressourcenallokation ist folglich dann erreicht, wenn keine knappen Ressourcen verschwendet werden.

Effizienz
Zustand, in dem es mit den gegebenen Ressourcen nicht möglich ist, von einem Gut mehr zu produzieren, ohne dass von einem anderen Gut weniger hergestellt werden kann.

5.4 Kosten von Preiseingriffen

Preise spielen also in einer Marktwirtschaft die zentrale Rolle bei der Lenkung der Ressourcen zu ihrem bestmöglichen Zweck. Dabei ist es essenziell, dass diese Preise unverzerrt bleiben, d. h., dass sie auch die tatsächlichen Knappheiten adäquat signalisieren. Sie müssen die Präferenzen der Nachfrage widerspiegeln und zugleich die Kosten für die Anbieter anzeigen. Keinerlei Eingriffe dürfen diese Informationen und damit die Lenkungswirkung der Preise verzerren, ansonsten reduziert sich die Effizienz des Systems. Um zu zeigen, dass die freie Preisbildung tatsächlich zu grösstmöglicher Effizienz führt, wollen wir die Effekte von *Preiseingriffen* analysieren. Denn die Effizienz unverzerrter Preise zeigt sich daran, dass jeder künstliche Eingriff in diesen natürlichen Preismechanismus die Summe aus Konsumenten- und Produzentenrente reduziert, was einer Einbusse an Wohlfahrt entspricht. Wie wir im Folgenden zeigen werden, spielt es dabei keine Rolle, ob ein Preis künstlich zu hoch oder zu tief angesetzt wird.

Preiseingriff
Veränderung des Preises, die nicht Folge einer Veränderung in den relativen Knappheiten ist, sondern von staatlichen Vorschriften herrührt.

5.4.1 Wohlfahrtseinbussen durch Mindestpreise

Betrachten wir als konkretes Beispiel die Landwirtschaftspolitik. Die meisten westlichen Industrieländer schützen ihre Landwirtschaft mehr oder weniger stark vor internationaler Konkurrenz. Der Grund dafür ist, dass ihre wenig verarbeiteten Landwirtschaftprodukte wie Zucker oder Milch auf dem Weltmarkt nicht genügend wettbewerbsfähig sind, weshalb der Weltmarktpreis den Bauern in der Schweiz und anderen Industrieländern kein genügend hohes Einkommen garantieren würde. Um den Bauern trotzdem ein akzeptables Einkommen zu sichern, werden die Produktpreise im Inland deshalb künstlich hoch gehalten. Dies mit dem Ziel, den einheimischen Bauern beim Verkauf ihrer Produkte einen höheren Ertrag zu garantieren. Aus ökonomischer Sicht ist dieses Vorgehen problematisch, weil dadurch in den Preismechanismus eingegriffen wird, wodurch die Preise falsche Signale über die relativen Knappheiten aussenden. Es wird dadurch nämlich künstlich ein zu hoher Preis – ein sogenannter *Mindestpreis* – durchgesetzt.

Mindestpreis
Gesetzlich vorgegebener Minimalpreis eines Gutes. Unter diesem Preis darf das Gut auf dem Markt nicht gehandelt werden.

VERTIEFUNG

Vollständige Konkurrenz

Das hier beschriebene Zusammenspiel zwischen Angebot und Nachfrage beruht auf der Annahme der sogenannten vollständigen Konkurrenz. Damit ist ein möglichst reibungslos funktionierender Wettbewerb gemeint, wofür die folgenden Voraussetzungen erfüllt sein sollten:
▶ Die Güter sind homogen; das heisst, auf einem bestimmten Markt werden nur Güter gehandelt, die sich qualitativ nicht unterscheiden.
▶ Es gibt eine so grosse Anzahl von Anbietern und Nachfragern, dass das Verhalten eines Einzelnen den Preis nicht beeinflussen kann.
▶ Der Marktzutritt ist frei und die Anbieter können den Markt nicht gegen neue Konkurrenten abschotten.
▶ Die Marktteilnehmer sind vollständig über das Marktgeschehen informiert.

Angesichts dieser Liste könnte man erwarten, dass ein Markt mit vollständiger Konkurrenz in der Realität kaum möglich ist; zu weitgehend erscheinen die Annahmen. In der Tat sind diese Bedingungen selten vollständig erfüllt, aber meist doch in einem Ausmass, das für unser Marktmodell ausreicht. Denn selbst in Märkten mit nicht völlig homogenen Gütern, wenig Teilnehmern, erschwertem Marktzutritt und unvollständiger Information sind die Marktkräfte so stark, dass über kurz oder lang Angebot und Nachfrage zu einem Markt zusammenfinden, der mehr oder weniger demjenigen bei vollständiger Konkurrenz entspricht. Die nicht erfüllten Bedingungen bedeuten lediglich, dass nicht alle Vorteile realisiert werden können, die bei wirklich vollständiger Konkurrenz möglich wären. Vorteile bringen die Märkte aber selbst in diesem Fall. Und wie schwer es ist, diese Marktkräfte zu bändigen, haben etwa die Erfahrungen in den ehemaligen Planwirtschaften Osteuropas gezeigt. Auch dort reagierten die Menschen auf Knappheitssignale. Überall, wo keine vollständige Kontrolle möglich war, bildeten sich «Märkte»; also Situationen, in denen Anbieter und Nachfrager gegenseitig vorteilhafte Tauschmöglichkeiten suchten.

Wir können die Effekte anhand von Abbildung 5.1 analysieren. Aufgrund eines staatlichen Eingriffs wurde ein Mindestpreis p_m eingeführt. Bei einem Mindestpreis verfügt der Staat, dass der Preis ein bestimmtes Niveau nicht unterschreiten darf.

Wie wirkt sich dies auf die gesamtwirtschaftliche Wohlfahrt aus? Zum höheren Preis p_m sind weniger Konsumentinnen und Konsumenten bereit, dieses Gut zu kaufen, einfach weil es weniger Konsumenten gibt, deren Zahlungsbereitschaft p_m oder höher ist. Nachgefragt wird deshalb nur noch die Menge q_m und nicht mehr, wie ohne den Preiseingriff, die Menge q^*. Die Konsumentenrente reduziert sich dadurch auf das kleinere grüne Dreieck, während die Produzentenrente neu der blauen Fläche entspricht. Nicht unerwartet zeigt sich, dass ein höherer Preis für die Konsumenten nachteilig ist. Für die Produzentinnen und Produzenten kann dieser dagegen vorteilhaft sein, falls sich nämlich die Produzentenrente durch den Eingriff vergrössert.

Wohlfahrtsverlust
Verminderung der Wohlfahrt durch eine Marktverzerrung.

Eines ist jedoch offensichtlich: Die gesamte Rente und somit die Wohlfahrt der Volkswirtschaft reduziert sich. Das kleine rote Dreieck stellt den aufgrund des Preiseingriffs entstanden *Wohlfahrtsverlust* dar. Dieser Teil

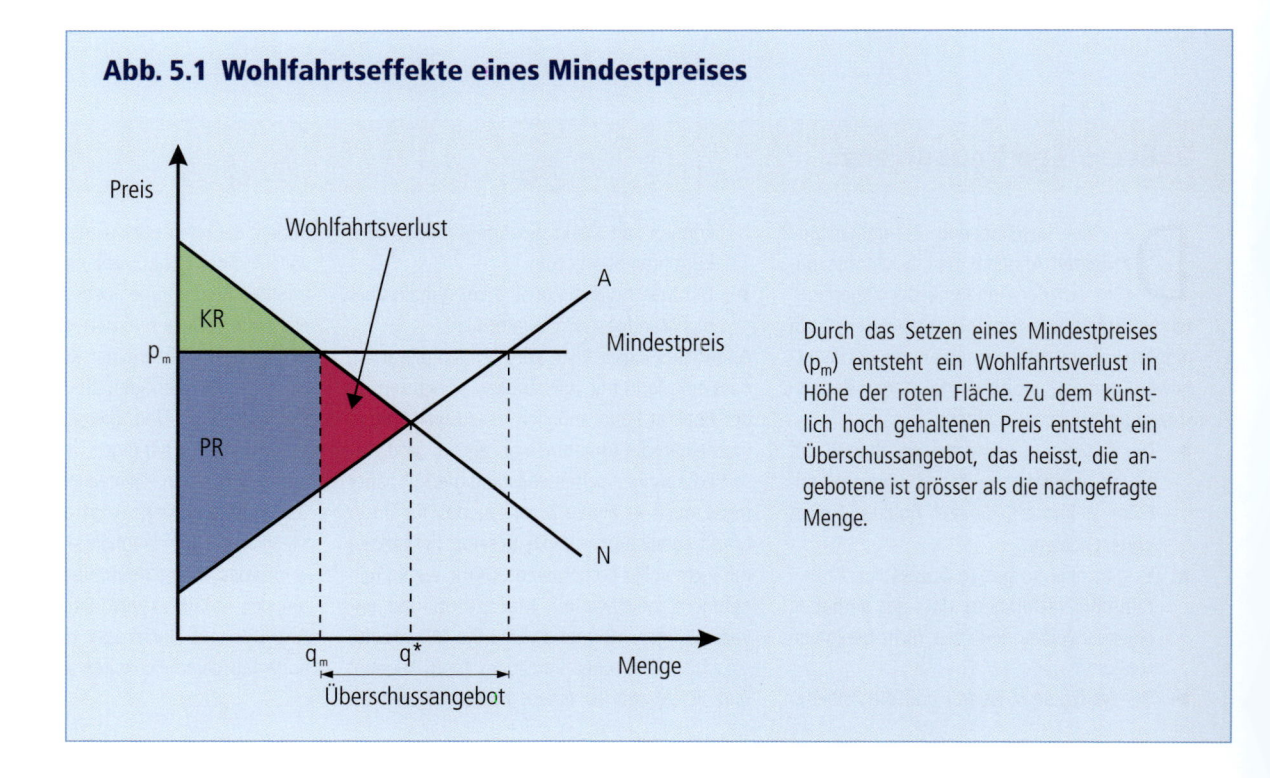

Abb. 5.1 Wohlfahrtseffekte eines Mindestpreises

Durch das Setzen eines Mindestpreises (p_m) entsteht ein Wohlfahrtsverlust in Höhe der roten Fläche. Zu dem künstlich hoch gehaltenen Preis entsteht ein Überschussangebot, das heisst, die angebotene ist grösser als die nachgefragte Menge.

der ursprünglichen Rente wird nicht einfach von den Konsumenten zu den Produzenten umverteilt, sondern geht der Volkswirtschaft verloren. Der Verlust entsteht, intuitiv ausgedrückt, dadurch, dass der Mindestpreis beidseitig vorteilhafte Markttransaktionen verhindert. Ohne den Preiseingriff wären Anbieter und Nachfrager nämlich bereit gewesen, eine grössere Menge des Gutes auszutauschen.

Wie man Abbildung 5.1 auch entnimmt, besteht natürlich bei diesem künstlich hoch gehaltenen Preis für die Produzenten ein Anreiz, deutlich mehr zu produzieren, als auf dem Markt absetzbar ist. In der Grafik zeigt sich, dass zum Preis p_m die Anbieter eine viel grössere Menge absetzen möchten. Da aber infolge des erhöhten Preises die Nachfrage keinesfalls steigt, sondern im Gegenteil sinkt, entsteht ein Überschussangebot, das ebenfalls in Abbildung 5.1 eingezeichnet ist. Je nachdem, wie die Wirtschaftspolitik damit umgeht, kann diese Tatsache noch zu weiteren Kosten führen. Wenn das Ziel des Mindestpreises wie in der Landwirtschaftspolitik die Einkommenssicherung für die Landwirte ist, dann ist der Rückgang der Nachfrage natürlich problematisch. Ist der Nachfragerückgang stark genug, dann erweist sich der Mindestpreis als sehr ineffektives Mittel zur Einkommenssicherung. Es sei denn, der Staat garantiert den Landwirten den Absatz der überhöhten Produktionsmenge. Und dieser Weg wurde häufig beschritten. Es stellt sich dann aber sofort die Frage, was der Staat mit dem Überschussangebot machen soll, das am Markt nicht absetzbar ist. Oft ging man dazu über, die Überschüsse auf den Weltmärkten sehr billig zu verkaufen. Das benachteiligte aber in besonders problematischer Weise die Exportchancen von Entwicklungsländern. Gerade Landwirtschaftsprodukte, bei deren Produktion zahlreiche Entwicklungsländer eigentlich Konkurrenzvorteile hätten, verloren durch die künstlichen Verbilligungsaktionen der Industrieländer an Wettbewerbsfähigkeit.

Zusätzlich liefern die hohen Preise den Bauern einen starken Anreiz für – aus Effizienzsicht problematische, weil durch künstlich erhöhte Preise ausgelöste – Innovationen. Sie werden nämlich versuchen, Technologien einzusetzen oder zu entwickeln, die es ihnen erlauben, das Angebot an den künstlich zu teuer gehaltenen Produkten weiter auszudehnen. Und solche Innovationen gehen aus Sicht der gesamtwirtschaftlichen Effizienz genau in die falsche Richtung.

Wir sehen: Die Preisveränderung lenkt hier in die falsche Richtung, weil die Preise falsche Signale aussenden. Es ist, als würde ein Kompass so manipuliert, dass er Norden in der falschen Richtung anzeigt. Massnahmen, die sich daran orientieren, müssen in die Irre führen.

Das eigentliche Ziel des wirtschaftspolitischen Eingriffs in unserem Beispiel war ja, den Bauern ein Einkommen zu sichern, und nicht, die Preissignale zu verändern. Aus ökonomischer Sicht ist es deshalb sinnvoll, solche Ziele ohne Preiseingriffe anzustreben, beispielsweise indem man den Bauern eine direkte Einkommensunterstützung aus dem staatlichen Budget zukommen lässt. Die Landwirtschaftspolitik der Schweiz und auch diejenige vergleichbarer Länder weist in letzter Zeit eine starke Tendenz in diese Richtung auf. Man versucht, von den Preisstützungen der Landwirtschaftsprodukte überzugehen zu *Direktzahlungen* an die Bauern.

Mindestlöhne sind ein weiteres, oft und intensiv diskutiertes Beispiel für einen Mindestpreis, das uns in Kapitel 9 beschäftigen wird. Ein Mindestlohn ist ein Preiseingriff mit dem Ziel, Personen ein höheres Einkommen zu garantieren, als sie auf dem freien Markt erzielen können. Will man das aber mit einem Preiseingriff erreichen und verändert man deshalb den Preis für Arbeit, also den Lohn, so führt auch dies zu Anpassungen, die der ursprünglichen Absicht entgegenwirken können. Durch einen – gemessen an der Knappheitssituation – künstlich zu hoch gehaltenen Lohn wird die

Direktzahlung
Subventionsart, um die von der Gesellschaft geforderten Leistungen im Bereich der Landwirtschaft abzugelten und dabei die Einkommenspolitik von der Preispolitik zu trennen.

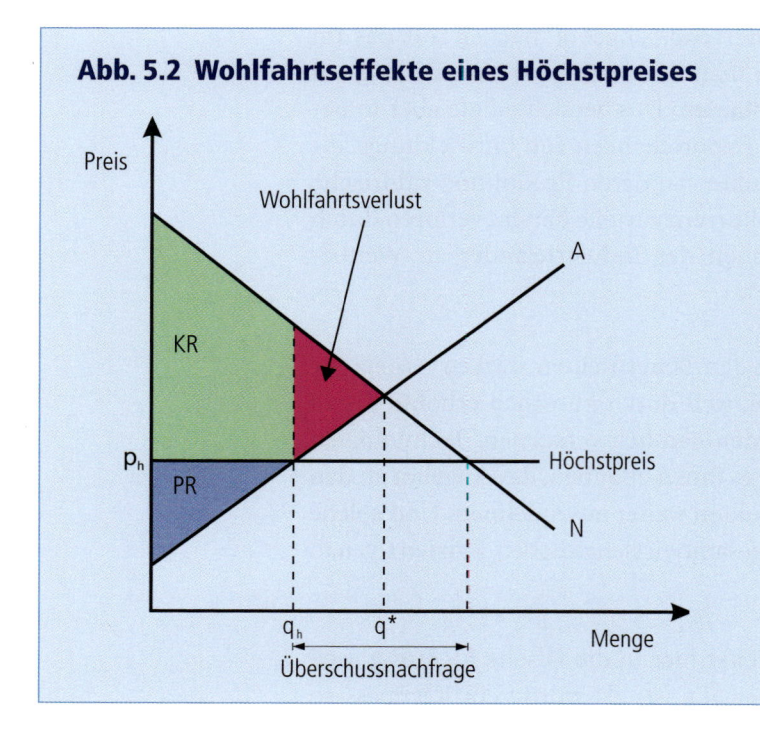

Abb. 5.2 Wohlfahrtseffekte eines Höchstpreises

Durch das Setzen eines Höchstpreises (p_h) entsteht ein Wohlfahrtsverlust in Höhe der roten Fläche. Zu dem künstlich zu tief gehaltenen Preis entsteht eine Überschussnachfrage, das heisst, die nachgefragte ist grösser als die angebotene Menge.

Nachfrage nach Arbeit reduziert, und die Arbeitslosigkeit steigt an. Auch in diesem Fall wäre es weitaus effizienter, das Ziel einer Erhöhung der Einkommen der Tieflohnempfängerinnen und -empfänger nicht über einen Eingriff in den Preis anzustreben, sondern direkt über Einkommenshilfen.

5.4.2 Wohlfahrtseinbussen durch Höchstpreise

In Abbildung 5.2 auf Seite 152 betrachten wir den umgekehrten Fall, nämlich den eines Höchstpreises. Wir zeigen, dass ein solcher Preiseingriff, der einen Preis unterhalb des Gleichgewichtspreises fixiert, genauso zu einem Wohlstandsverlust führt wie ein künstlich zu hoch gehaltener Preis. Ein oft diskutiertes Beispiel ist hier die Mietpreisregulierung. Sie strebt an, für Mieten einen *Höchstpreis* zu fixieren, der unterhalb des Gleichgewichtspreises liegt.

Höchstpreis
Gesetzlich vorgegebenes Maximum für den Preis eines Gutes. Über diesem Preis darf das Gut auf dem Markt nicht gehandelt werden.

Wie wir anhand der Grafik sehen, führt ein solcher Höchstpreis p_h erwartungsgemäss zu einer Reduktion der Produzentenrente. Die Produzentinnen und Produzenten erzielen einen tieferen Preis für jede verkaufte Einheit, während die Konsumentinnen und Konsumenten diesmal unter Umständen profitieren. Die Produzentenrente reduziert sich auf das kleine blaue Dreieck, während die Konsumentenrente neu der grünen Fläche entspricht. Analog zum Fall der Mindestpreise ergibt sich aber auch hier ein Wohlfahrtsverlust, also ein Rentenverlust im Ausmass des roten Dreiecks. Auch hier repräsentiert dieses Dreieck nicht einfach eine Umverteilung von Produzenten zu Konsumenten, sondern eindeutig einen gesamtwirtschaftlichen Verlust.

Ein Höchstpreis führt zudem, wie in der Abbildung aufgezeigt, zu einer Überschussnachfrage; zu diesem künstlich tief gehaltenen Preis gibt es deutlich mehr Interessentinnen als Anbieter. In solchen Situationen bilden sich Wartelisten, wie wir das im Wohnungsmarkt bei attraktiven günstigen Angeboten regelmässig beobachten. Die Frage ist dann, welche glücklichen Konsumenten das zu billige und damit zu knappe Gut erhalten. Entweder wird eine Warteschlange gebildet, oder das Gut wird nach irgendwelchen Kriterien diskretionär zugeteilt. Beide Fälle sind sehr anfällig für weitere Wohlstandsverluste. Im ersten Fall ist das Warten in einer Schlange in der Regel unproduktiv verbrachte Zeit, und im zweiten Fall ist es unwahrscheinlich, dass das Gut wirklich an die Personen mit der höchsten Zahlungsbereitschaft geht. Beide Probleme stellen sich in einem Markt ohne Preiseingriffe nicht.

Zusammenfassend lässt sich festhalten: Jeder Preiseingriff in einen funktionierenden Markt führt zu Wohlstandsverlusten. Dabei ist es gleichgültig, ob man einen zu hohen oder zu tiefen Preis fixiert. Der Wohlstandsverlust entsteht, weil durch jeden Preiseingriff gewisse Transaktionen unattraktiv werden, die eigentlich für beide Marktseiten von Vorteil gewesen wären.

Die in diesem Abschnitt aufgeführten Beispiele illustrieren eine wichtige Erkenntnis der wirtschaftspolitischen Analyse: Es ist grundsätzlich problematisch, ein wirtschaftspolitisches Ziel durch einen Eingriff in die Preise erreichen zu wollen. Solange ein Preissystem funktioniert – wenn es also die relativen Knappheiten adäquat widerspiegelt –, sollte man prinzipiell auf Preiseingriffe verzichten. Denn diese verzerren den zentralen Steuerungsmechanismus der Marktwirtschaft, was unausweichlich eine Reihe von unbeabsichtigten Folgekosten nach sich zieht und zu erheblicher Ineffizienz führt.

5.5 Effizienz und Wachstum

Wir haben schon einige Male den Begriff der volkswirtschaftlichen Effizienz verwendet. Dieser Ausdruck beschreibt einen Zustand, bei dem die Ressourcen nicht verschwendet oder – positiv ausgedrückt – optimal eingesetzt werden. Das Konzept ist für die ökonomische Analyse zentral und soll deshalb zum Abschluss dieses Kapitels noch genauer erläutert werden. Insbesondere ist es wichtig zu verstehen, warum Effizienz und Wohlstand eng zusammenhängen und was in diesem Zusammenhang Wachstum bedeutet.

Eine Volkswirtschaft operiert dann effizient, wenn sie die Produktionsfaktoren optimal einsetzt. Werden Arbeit und Kapital tatsächlich der bestmöglichen Verwendung zugeführt, dann erzielt die Wirtschaft den grösstmöglichen Wohlstand. Oder anders ausgedrückt: Der Wohlstand lässt sich steigern, wenn es gelingt, die Volkswirtschaft effizienter zu organisieren. Wir haben in diesem Kapitel festgehalten, dass *unverzerrte Preise* in einem marktwirtschaftlich organisierten System einen solchen effizienten Einsatz der Ressourcen garantieren.

Unverzerrte Preise
Preise, welche die relativen Knappheiten der Güter korrekt widerspiegeln.

Wir können den Unterschied zwischen einem effizienten und einem ineffizienten Einsatz der Ressourcen an einer ganz einfachen Darstellung verdeutlichen. Dafür nehmen wir an, dass sich alle Güter einer Volkswirtschaft in zwei Kategorien aufteilen lassen. Um es etwas konkreter zu machen, nennen wir die eine Kategorie «Konsumgüter» und die andere «Investitionsgüter». Wir überlegen uns jetzt, wie viele dieser Güter mit der bestehenden Ausstattung an Arbeit, Kapital und Technologie zu einem bestimmten Zeitpunkt produziert werden können. Die maximal produzierbaren Kombinationen dieser beiden Güterkategorien sind mit der sogenannten *Produktionsmöglichkeitenkurve* in Abbildung 5.3 dargestellt.

Wir könnten alle Ressourcen einsetzen, um Konsumgüter zu produzieren, dann befänden wir uns am Schnittpunkt der Kurve mit der y-Achse. Wollen wir aber auch Investitionsgüter produzieren, so müssen wir einen Teil der Ressourcen dafür verwenden. Das heisst aber dann, dass wir etwas weniger Konsumgüter produzieren können, womit wir uns entlang der Kurve nach rechts bewegen. Welche dieser Kombinationen gewählt wird, hängt von den Präferenzen der Bevölkerung ab. Was bedeutet jedoch in diesem Zusammenhang Effizienz? Ein Ressourceneinsatz ist dann effizient, wenn die Kombination produzierter Güter sich *auf* der Kurve befindet. Ineffizient eingesetzt sind die Ressourcen beispielsweise im Punkt A, der sich unterhalb der Kurve befindet. Natürlich können wir die in diesem Punkt dargestellte Güterkombination mit den vorhandenen Ressourcen erreichen; wir würden mit ihnen dabei aber verschwenderisch umgehen.

Produktionsmöglichkeitenkurve
Grafische Darstellung, die aufzeigt, welche Güterkombinationen mit den gegebenen Ressourcen maximal produziert werden können.

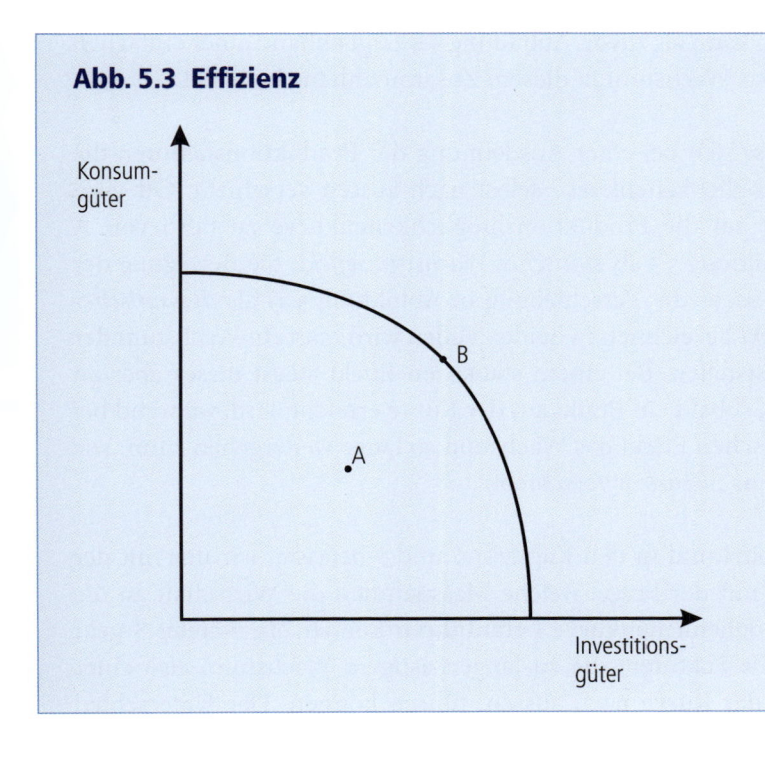

Abb. 5.3 Effizienz

Die Grafik stellt die Produktionsmöglichkeitenkurve dar. Sie zeigt alle effizienten Kombinationen von Konsum- und Investitionsgütern, die sich bei gegebener Ausstattung an Arbeit, Kapital und Technologie herstellen lassen. Punkt A zeigt eine ineffiziente Situation. Mit der gegebenen Ausstattung ist es nämlich möglich, von beiden Gütern mehr zu produzieren, z. B. Punkt B.
Eine Bewegung von A nach B führt zu einem Wachstum des Wohlstands (Effizienzgewinn), das aber aufhört, sobald die Kurve erreicht ist; diese Bewegung wird auch als statischer Wachstumseffekt bezeichnet.

> **Pareto-Effizienz**
> Technische Bezeichnung für das volkswirtschaftliche Konzept der Effizienz. Die Bezeichnung verweist auf den italienischen Ökonomen Vilfredo Pareto.

Wir könnten nämlich die gleiche Menge an Konsumgütern und gleichzeitig mehr Investitionsgüter produzieren, indem wir die Effizienz steigern und uns horizontal vom Punkt A weg auf die Kurve hin bewegen. Wir können aber auch mehr von beiden Gütern produzieren, wenn wir uns vom Punkt A zu Punkt B bewegen. Diese Überlegung zeigt uns, was in der Volkswirtschaftslehre mit «Effizienz» gemeint ist. Genauer spricht man oft auch von *Pareto-Effizienz:* Eine Massnahme erhöht dann die Effizienz, wenn sie erlaubt, mehr von einem Gut zu produzieren, ohne gleichzeitig weniger von einem anderen Gut produzieren zu müssen. Bringt uns also eine Massnahme von Punkt A etwa zu Punkt B, so steigert sie eindeutig die Effizienz oder – in der Umgangssprache – den Wohlstand. Bewegen wir uns aber auf der Kurve von einem Punkt zu einem anderen, so führt dies nicht zu einer Effizienzsteigerung, weil die Ressourcen an jedem Punkt auf der Kurve effizient eingesetzt sind.

Kurzfristig ist die Ausstattung der Wirtschaft mit den Produktionsfaktoren Arbeit, Kapital und Technologie konstant. Längerfristig bleiben die Produktionsfaktoren jedoch nicht notwendigerweise konstant. Es können mehr Arbeitskräfte eingesetzt bzw. zusätzliche Kapitalgüter geschaffen werden, und wir können technischen Fortschritt realisieren. Eine solche Entwicklung führt zu einer Erhöhung der Produktionsmöglichkeiten selbst, was bedeutet, dass bei einem effizienten Einsatz der Ressourcen mehr produziert werden kann als zuvor. Abbildung 5.4 zeigt anhand einer einfachen Darstellung, was Wachstum in diesem Zusammenhang bedeutet.

> **Statischer Wachstumseffekt**
> Ergibt sich dann, wenn durch einen optimierten Ressourceneinsatz mehr produziert werden kann.

> **Dynamischer Wachstumseffekt**
> Ergibt sich dann, wenn zusätzliche Produktionsfaktoren die Produktionsmöglichkeiten erhöhen.

Wir sehen, dass sich bei einer Ausdehnung der Produktionsfaktoren die Produktionsmöglichkeitenkurve selbst nach aussen verschiebt. Oft wird die Bewegung auf die Produktionsmöglichkeitenkurve zu (also von A nach B in Abbildung 5.3 als *statischer Wachstumseffekt*, die Bewegung der Kurve nach aussen (die Verschiebung in Abbildung 5.4) als *dynamischer Wachstumseffekt* bezeichnet. In beiden Fällen wird man ein Wachstum der Produktion feststellen. Bei einem statischen Effekt stösst dieses aber an seine Grenzen, sobald ein Punkt auf der Kurve erreicht wird, während bei einem dynamischen Effekt das Wachstum so lange weitergehen kann, wie sich die Kurve nach aussen verschiebt.

In diesem Kapitel und in den Kapiteln 6 und 7 befassen wir uns mit der Effizienz, also mit der Frage, welche Massnahmen die Wirtschaft an die Produktionsmöglichkeitenkurve heranführen können. In Kapitel 8 geht es dann um die Faktoren, die zu längerfristigem Wachstum, also einer Verschiebung der Kurve nach aussen, führen können. Der Unterschied besteht – um dies nochmals zu unterstreichen – lediglich darin, dass bei der Effizienzanalyse die Produktionsfaktoren fix sind, während bei der Wachstumsanalyse die Veränderung der Ausstattung mit Produktionsfaktoren oder der technische Fortschritt selbst im Zentrum stehen.

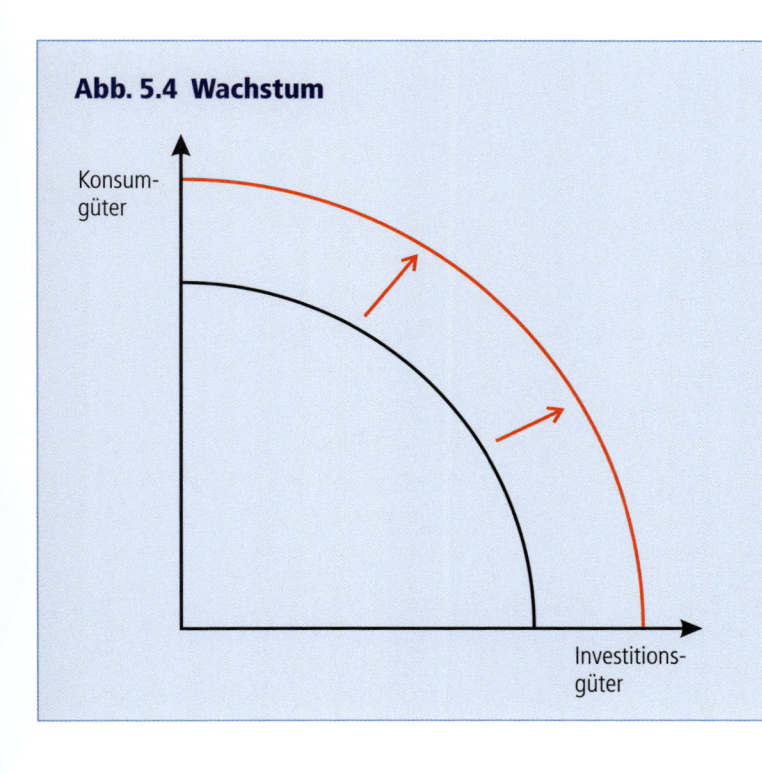

Abb. 5.4 Wachstum

Permanentes Wachstum ist möglich, wenn die Ressourcen selbst sich laufend erhöhen. Die Ausstattung mit Arbeit oder Kapital kann sich vergrössern, oder es kann technischen Fortschritt geben. Dies führt zu einer laufenden Verschiebung der Produktionsmöglichkeitenkurve nach aussen. Eine laufende Erhöhung der Ressourcen führt zu einem permanenten Wachstum des Wohlstandes; diese Bewegung wird auch als dynamischer Wachstumseffekt bezeichnet.

Zusammenfassung

1. Das Verhalten der Akteure hängt von den Anreizen ab. Diese Anreize werden durch die relativen Preise gesetzt. Steigt ein Preis, so signalisiert dies eine grössere Knappheit des Gutes, was Anreize für eine Reduktion der Nachfrage und für eine Erhöhung des Angebots setzt.

2. In einer Marktwirtschaft wird über den Ressourceneinsatz dezentral entschieden, während in einer Planwirtschaft eine staatliche Planungsbehörde für diese Entscheide verantwortlich ist.

3. Planwirtschaften scheitern früher oder später an der schieren Unmöglichkeit, eine komplexe, arbeitsteilige Wirtschaft effizient zu planen. Es ist undenkbar, die Millionen von Einzelentscheiden, die jede Minute nötig sind, zentral zu organisieren.

4. Das von Adam Smith eingeführte Bild der «unsichtbaren Hand» illustriert die dezentrale Lenkung und Koordination des Ressourceneinsatzes durch den Preismechanismus in einer Marktwirtschaft.

5. Staatliche Eingriffe in den funktionierenden Preismechanismus führen zu Effizienzverlusten und reduzieren den Wohlstand. Dies ist unabhängig davon, ob ein Mindest- oder ein Höchstpreis verordnet wird.

6. Für die Analyse des Wohlstands ist es wichtig, den Unterschied zwischen Effizienzerhöhung und Wachstum zu verstehen. Effizienz bedeutet, dass die vorhandenen Ressourcen optimal eingesetzt werden. Wachstum dagegen kommt von einer Erhöhung der vorhandenen Ressourcen. Man spricht auch von der Unterscheidung zwischen statischer Analyse (Effizienz) und dynamischer Analyse (Wachstum).

Repetitionsfragen

▶ Welche Gründe können aus ökonomischer Sicht für das Scheitern der Planwirtschaften angeführt werden?

▶ Benennen Sie die wichtigsten Funktionen der Preise.

▶ Zeigen Sie in einem Diagramm, was geschieht, wenn für Arbeit ein Mindestlohn gesetzt wird, der über dem Marktlohn liegt.

▶ Mit welchen Tätigkeiten kann der Staat zu einer effizient funktionierenden Marktwirtschaft beitragen?

▶ Wachstum kann sowohl auf einem dynamischen als auch auf einem statischen Effekt beruhen. Erklären Sie die beiden Konzepte anhand der Produktionsmöglichkeitenkurve.

ZENTRALE BEGRIFFE

Unsichtbare Hand S. 139	OPEC S. 147	Unverzerrte Preise S. 154
Marginale Entscheide S. 142	Effizienz S. 148	Produktionsmöglichkeitenkurve S. 155
Anreize S. 142	Preiseingriff S. 148	Pareto-Effizienz S. 156
Marktwirtschaft S. 144	Mindestpreis S. 149	Statischer Wachstumseffekt S. 156
Planwirtschaft S. 144	Wohlfahrtsverlust S. 150	Dynamischer Wachstumseffekt S. 156
Preis S. 145	Direktzahlung S. 152	
Allokation der Ressourcen S. 145	Höchstpreis S. 153	

6 Der Staat und die Marktwirtschaft

Ökonominnen und Ökonomen nehmen in der wirtschaftspolitischen Diskussion oft eine eher kritische Haltung gegenüber staatlichen Eingriffen in marktwirtschaftliche Prozesse ein. Den Grund dafür haben wir in Kapitel 5 erläutert: Nicht staatliche Lenkung, sondern die auf privaten Märkten gebildeten Preise sorgen in der Regel für einen effizienten Einsatz der knappen Ressourcen. Aus dieser grundsätzlichen Skepsis gegenüber einer staatlichen Lenkung des Ressourceneinsatzes sollte aber keinesfalls gefolgert werden, dass die Volkswirtschaftslehre jegliche staatliche Tätigkeit als effizienzmindernd einstuft. Ganz im Gegenteil: Eine Marktwirtschaft funktioniert nur dann wohlstandfördernd, wenn der Staat gewisse, klar definierte Rollen einnimmt:

Erstens muss der Staat ein Rechtssystem bereitstellen, das Eigentums- und Vertragsrechte klar definiert und durchsetzt.

Zweitens sollte der Staat in den wenigen, gut definierten Fällen, in denen sogenannte *Marktversagen* bestehen, korrigierend eingreifen. Dabei ist es wichtig, klar zu definieren, wann es sich bei einem Phänomen wirklich um ein Marktversagen handelt. In der wirtschaftspolitischen Diskussion wird mit dem Begriff oft Missbrauch betrieben. Nicht alle Marktergebnisse, die einer bestimmten Gruppe nicht gefallen, sind deshalb gleich Ergebnisse eines Marktversagens. Ein echtes Marktversagen liegt nämlich ausschliesslich dann vor, wenn Preise nicht die tatsächlichen Knappheiten signalisieren oder wenn die Akteure an einer Reaktion auf an sich korrekte Preissignale gehindert werden. In diesen Fällen führt der unregulierte Markt zu einer ineffizienten Allokation der Ressourcen, wodurch die gesamtwirtschaftliche Wohlfahrt abnimmt. Es lassen sich vier Ursachen von möglichen Marktversagen unterscheiden, die wir einzeln besprechen werden:
▶ Monopolmacht,
▶ externe Effekte,
▶ öffentliche Güter,
▶ asymmetrische Informationen.

Drittens ist es aber auch wichtig, die Gefahr von *Staatsversagen* einzudämmen. Ein solches entsteht, wenn staatliche Eingriffe selbst zu Ineffizienzen führen. Der Staat nimmt vielfältige Aufgaben wahr, die nichts mit der Beseitigung von Marktversagen zu tun haben, sondern andere gesellschaftliche Ziele anstreben. Allerdings hat jeder wie auch immer motivierte Staatseingriffe gewisse Auswirkungen auf die gesamtwirtschaftliche Effizienz. Eine wichtige Aufgabe des Staates besteht aus Sicht einer möglichst effizient funktionierenden Marktwirtschaft darin, diese vielfältigen

---

6.1 Garantie von Eigentums- und Vertragsrechten

6.2 Marktversagen I: Monopolmacht

6.3 Marktversagen II: Externe Effekte

6.4 Marktversagen III: Öffentliche Güter

6.5 Marktversagen IV: Asymmetrische Information

6.6 Staatsversagen I: Ineffiziente Regulierungen

6.7 Staatsversagen II: Die politische Ökonomie

Marktversagen
Situation, in der das Marktergebnis keine effiziente Allokation der Ressourcen hervorbringt.

Staatsversagen
Versagen des Staates, ineffiziente Allokationen in einer Marktwirtschaft zu korrigieren.

Eingriffe so vorzunehmen, dass sie die gewünschten Ziele mit einer möglichst kleinen Verzerrung der Ressourcenallokation erreichen. Die staatlichen Akteure sind in der Realität aber nicht unbedingt ausschliesslich dem Gemeinwohl verpflichtet, sondern verschiedenen Anreizen und Einflüssen ausgesetzt. Eine Marktwirtschaft ist umso effizienter, je weniger Verzerrungen aus diesen Anreizen und Einflüssen resultieren. Die ökonomische Analyse des politischen Prozesses ist deshalb wichtig, um die Quellen von Staatsversagen zu eruieren. Dabei werden einerseits die Entscheidungen von Politikerinnen und Politikern analysiert, andererseits die Rolle von Interessengruppen.

In diesem Kapitel werden die wichtigen staatlichen Aufgaben für eine funktionierende Marktwirtschaft ebenso vorgestellt wie die Risiken von Staatsversagen. Das Kapitel ist wie folgt aufgebaut:

- 6.1 erläutert die zentrale Bedeutung eines funktionierenden Rechtssystems für die Marktwirtschaft.
- 6.2 bespricht als erstes Marktversagen die Monopolmacht. Wie in den folgenden drei Unterkapiteln wird dabei zuerst gezeigt, worin die Verzerrung und damit das Marktversagen genau besteht. Anschliessend wird erörtert, welche Lösungsmöglichkeiten existieren und schliesslich welche Rolle der Staat dabei spielen kann.
- 6.3 analysiert als zweites Marktversagen die externen Effekte anhand des wichtigsten Beispiels der Umweltverschmutzung.
- 6.4 erläutert als drittes Marktversagen die Problematik der Bereitstellung öffentlicher Güter.
- 6.5 behandelt als viertes Marktversagen asymmetrische Informationen, also die Probleme, die entstehen, wenn nicht alle Marktteilnehmer über den gleichen Informationsstand verfügen.
- 6.6 analysiert als erstes Staatsversagen die Gefahr ineffizienter Regulierungen und wie diesem Problem beigekommen werden kann.
- 6.7 bespricht als zweites Staatsversagen die Eigeninteressen politischer Entscheidungsträger und damit die Thematik der politischen Ökonomie.

6.1 Garantie von Eigentums- und Vertragsrechten

Ein Rechtssystem mit garantierten *Eigentumsrechten* und *Vertragsrechten* ist wohl die wichtigste Voraussetzung dafür, dass ein arbeitsteiliges, marktwirtschaftliches System überhaupt funktionieren kann – denn privates Eigentum bildet das Fundament jeder Marktwirtschaft. Jede Person muss darauf zählen können, dass die Dinge, die sie besitzt oder erwirbt, auch wirklich ihr gehören und dass ihr Recht darauf durchgesetzt wird. Ist das nicht der Fall, kann ein auf beidseitig vorteilhaften Austauschbeziehungen basierendes System wie die Marktwirtschaft nicht oder nur äusserst ineffizient funktionieren.

In Industrieländern wie der Schweiz ist ein derartiges Rechtssystem selbstverständlich. Es gibt aber zahlreiche Entwicklungsländer, die wirtschaftlich massiv darunter leiden, dass ihr Rechtssystem nicht oder nur unvollständig funktioniert. In solchen Ländern spielt beispielsweise die Korruption eine zentrale Rolle, staatliche Enteignungen sind an der Tagesordnung, das Eigentum ist dauernd von Diebstahl bedroht, Verträge werden nicht durchgesetzt oder mafiöse Gruppen erpressen Schutzgelder.

Setzt ein Staat die Eigentumsrechte ungenügend durch oder bedroht er sie gar selbst immer wieder, dann wird der Einzelne seine wirtschaftlichen Aktivitäten möglichst am Staat und dessen Rechtssystem vorbei entfalten, allerdings mit deutlich verringerter Effizienz. Die wohlbekannten informellen Beziehungsnetze in Entwicklungsländern sind letztlich eine Antwort auf das Unvermögen des Staates, einen verlässlichen Rechtsrahmen zu bieten. Da informelle Beziehungen jedoch nur bei regelmässigen, persönlichen Kontakten funktionieren, in denen es sich lohnt, eine gute Reputation aufzubauen, verringert sich die mögliche Ausweitung von Märkten erheblich. Bleibt nämlich der wirtschaftliche Austausch im Wesentlichen auf den persönlichen Bekanntenkreis beschränkt, so verhindert dies einen grossen Teil der wohlstandsfördernden Arbeitsteilung, mit der wir uns in Kapitel 7 detaillierter auseinandersetzen.

Vor allem zwei Rechtsbereiche müssen deshalb vom Staat zwingend garantiert sein:
- Die Eigentumsrechte: Sie definieren, was dem Einzelnen gehört, und setzen Bedingungen, zu denen er damit Handel treiben kann.
- Die Vertragsrechte: Sie regeln Transaktionen und die damit verbundenen Rechte und Pflichten im weitesten Sinne und spielen eine wichtige Rolle in intertemporalen Beziehungen, also in Beziehungen über die Zeit.

Eigentumsrechte
Rechte, welche die Beziehung zwischen ökonomischen Akteuren bezüglich wertvoller Aktiva regeln.

Vertragsrechte
Rechte, die sich aus einem Vertrag zwischen zwei ökonomischen Akteuren ergeben.

Dieser Gesetzesrahmen bildet aus Sicht der wirtschaftlichen Effizienz eine ganz klare Staatsaufgabe – es gibt dafür kaum sinnvolle privatwirtschaftliche Lösungen. Stellt der Staat kein solches Rechtssystem zur Verfügung, so entstehen private Gruppierungen zur Durchsetzung von Rechten, wie zum Beispiel die Mafia. Diese Lösungen sind jedoch ganz offensichtlich problematisch und ineffizient.

6.2 Marktversagen I: Monopolmacht

Das Grundproblem bei *Monopolmacht* besteht darin, dass der Marktpreis gegenüber dem effizienten Gleichgewichtspreis zu hoch gehalten wird und dass *Marktzutrittsschranken* andere Anbieter daran hindern, in den Markt einzutreten. Der Preis zeigt an sich die korrekten Knappheiten an, aber die Reaktion der Akteure auf diese Knappheitssignale wird unterbunden. Hier ist ein effizienzsteigernder staatlicher Eingriff über die sogenannte *Wettbewerbspolitik* angezeigt.

6.2.1 Worin besteht das Marktversagen?

Weil es bei *vollständiger Konkurrenz* sehr viele Anbieter gibt, kann ein Unternehmen den Preis, zu dem es ein Gut verkaufen will, nicht beeinflussen. Es wird deshalb diesen Preis als gegeben nehmen müssen und auf Basis seiner Kostenstruktur entscheiden, wie viel angeboten werden soll.

Ganz anders stellt sich die Situation des Monopolisten dar. Er sieht sich der gesamten Marktnachfrage gegenüber, da er ja der einzige Anbieter ist. Aus diesem Grund hat seine Nachfragekurve die negative Steigung, wie wir sie aus der mikroökonomischen Analyse des Marktes für ein einzelnes Gut kennen. Im Gegensatz zum Unternehmen in vollständiger Konkurrenz hat der Mengenentscheid des Monopolisten einen Einfluss auf den Preis – und das ist entscheidend. Erhöht er nämlich seine Produktionsmenge, so wird der Preis fallen und umgekehrt. Der Monopolist kann sich also gewissermassen den für ihn günstigsten Punkt auf der Nachfragekurve des gesamten Markts aussuchen. Bei seiner Optimierung muss er jedoch den Zielkonflikt beachten, dass jede zusätzlich verkaufte Einheit den Preis für alle verkauften Einheiten senkt. Erhöht also ein Monopolist den Output, dann hat das zwei Effekte auf sein Einkommen: einen Mengeneffekt, weil mehr verkauft wird, aber auch einen Preiseffekt, weil der Preis jeder verkauften Einheit sinkt. Im Gegensatz dazu kann das Unternehmen in vollständiger Konkurrenz jede gewünschte Menge zum bestehenden Markt-

---

Monopolmacht
Ein ökonomischer Akteur (oder auch eine Gruppe) ist derart marktbeherrschend, dass er seine Preise weitgehend unabhängig vom Wettbewerb festlegen kann.

Marktzutrittsschranken
Faktoren, die potenzielle Konkurrenten davon abhalten, in einen bestehenden Markt einzutreten.

Wettbewerbspolitik
Staatliche Massnahmen zur Erhaltung und Förderung des Wettbewerbs. Im engeren Sinne Bekämpfung des strategischen Verhaltens von Unternehmen, die sich monopolistische Stellungen sichern möchten.

Vollständige Konkurrenz
Marktsituation, in der weder Produzenten noch Konsumenten über genügend Marktmacht verfügen, um die Preise zu beeinflussen.

preis verkaufen. In seiner Situation gibt es keinen Preiseffekt, sondern nur den Mengeneffekt. Diese Überlegungen zu Preis- und Mengeneffekt sind wichtig, wenn wir uns jetzt – mithilfe der Abbildung 6.1 – fragen, wie ein Monopolist seine optimale Produktionsmenge festlegt. Wir gehen dabei von der vereinfachenden Annahme aus, dass die Grenzkosten des Monopolisten, also die Kosten für eine zusätzlich produzierte Einheit, konstant, d. h. unabhängig von der insgesamt produzierten Menge sind.

Zusätzlich enthält die Darstellung neben der ganz normalen Nachfragekurve die sogenannte Grenzertragskurve. Sie stellt dar, welcher zusätzliche Ertrag bei jeder zusätzlich verkauften Einheit erzielt wird. Die Grenzertragskurve verläuft steiler als die Nachfragekurve, weil der Preis jedes Mal sinkt, sobald der Monopolist eine weitere Einheit des Produkts verkauft. Der neue Marktpreis gilt ja auch für alle weiteren verkauften Einheiten und nicht nur für die eine zusätzlich verkaufte Einheit, sodass die Preisreduktion automatisch den Erlös für jede Einheit verringert. Deshalb muss der *Grenzertrag* (zusätzlicher Erlös) immer kleiner sein als der Preis, den man beim Verkauf der zusätzlich verkauften Einheit erzielt – und genau deshalb ist die Grenzertragskurve steiler als die Nachfragekurve.

> **Grenzertrag**
> Veränderung des Gesamtertrags bei der Produktion einer zusätzlichen Einheit.

Rekapitulieren wir: Die Grenzertragskurve gibt uns an, wie stark sich der Ertrag verändert, wenn man eine zusätzliche Einheit anbietet, während

Abb. 6.1 Ineffizienz des Monopols

Im hier abgebildeten Fall mit konstanten Grenzkosten entspricht das Dreieck ABC der Konsumentenrente und auch gerade der gesamtwirtschaftlichen Rente, falls vollständige Konkurrenz herrscht. Im Monopolfall wird im Vergleich zur vollständigen Konkurrenz eine tiefere Menge (q_M) zu einem höheren Preis (p_M) angeboten. Es kommt zu einer Umverteilung von Konsumentenrente zu den Produzenten (blaue Fläche). Die Ineffizienz des Monopols ist durch die rote Fläche dargestellt. In diesem Umfang geht gesamtwirtschaftliche Rente verloren.

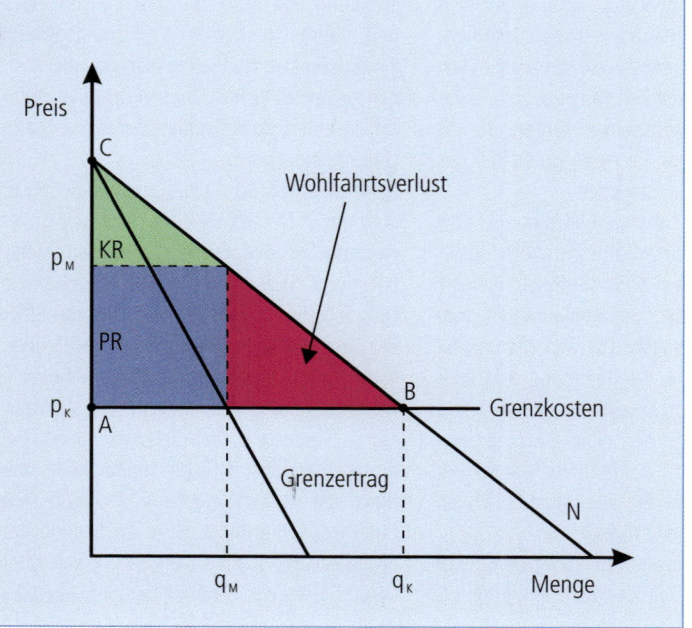

Durchschnittskosten
Gesamtkosten der Produktion, geteilt durch die Anzahl produzierter Einheiten.

X-Ineffizienz
Unvermögen der Unternehmung, einen gegebenen Output mit minimalem Input oder mit gegebenem Input den maximalen Output zu produzieren.

die Grenzkostenkurve uns sagt, was die Produktion dieser zusätzlichen Einheit kostet. Für welche Menge wird sich der Monopolist entscheiden? Er wird die Produktionsmenge erhöhen, solange der zusätzliche Ertrag (Grenzertrag) grösser ist als die zusätzlichen Kosten (Grenzkosten). Wenn die Grenzkosten aber den Grenzertrag übersteigen, lohnt es sich, die produzierte Menge zu verringern. Aus diesem Grund wird der Monopolist genau die Menge absetzen, bei welcher der Grenzertrag den Grenzkosten entspricht. Die optimale Menge ergibt sich also am Schnittpunkt der beiden Kurven. Der Preis bei dieser Menge liegt natürlich höher als die *Durchschnittskosten* (die in diesem einfachen Beispiel gleich gross sind wie die Grenzkosten), sodass der Monopolist einen Gewinn erzielt. Dies erklärt, warum aus der Sicht eines einzelnen Unternehmens ein Monopol

---

VERTIEFUNG

Zusätzliche Kosten von Monopolen

Neben den negativen Effekten auf die Effizienz, die wir im Haupttext aufgezeigt haben, erzeugen Monopolsituationen noch eine ganze Reihe zusätzlicher gesamtwirtschaftlicher Kosten, die wir hier nur stichwortartig ansprechen wollen.

Erstens begünstigen Monopole die sogenannte *X-Ineffizienz*. Monopolsituationen reduzieren den Anreiz für das Management von Unternehmen, die Produktionskosten so tief wie möglich zu halten. Im Lauf der Zeit kann das zu grossen betriebsinternen Ineffizienzen führen, die oft so weit gehen, dass sie einen guten Teil des Monopolgewinns aufbrauchen.

Zweitens müssen Monopolgewinne in aller Regel durch Marktzutrittsschranken gesichert werden. Dies sind Barrieren, die der Monopolist errichtet, um Konkurrenten vom Marktzutritt abzuhalten. Für den Monopolisten lohnt es sich, in die Errichtung derartiger Zutrittsschranken zu investieren, da ihm dies die Monopolrente sichert. Solche aus gesamtwirtschaftlicher Sicht ineffizienten, lediglich der Umverteilung dienenden Investitionen fliessen oft in den politischen Prozess.

Aufgrund dieser beiden zusätzlichen Effekte wird ein grosser Teil der Monopolrente oft nicht an den Monopolisten umverteilt, sondern geht gesamtwirtschaftlich verloren. Die gesamtwirtschaftlichen Rentenverluste durch monopolistische Situationen sind also tatsächlich meist grösser als das rote Dreieck in Abbildung 3.1, denn die Ressourcen, die der Monopolist in die Errichtung und Aufrechterhaltung von Marktzutrittsschranken investiert, führen zu keinem Wohlstandsgewinn. Ein grosser Teil des blauen Vierecks müsste zu den gesamtwirtschaftlichen Verlusten dazugezählt werden, da er für ineffiziente Aktivitäten verschwendet wird.

Drittens schliesslich, und das ist langfristig für den gesamtwirtschaftlichen Wohlstand von wesentlicher Bedeutung, reduzieren monopolistische Stellungen den Innovationsanreiz. Dies schädigt nicht nur die (statische) Effizienz einer Volkswirtschaft, sondern auch deren langfristiges Wachstum. Ein Unternehmen in Monopolstellung hat kaum Anreize, sich ständig zu verbessern, beispielsweise durch den Einsatz der bestmöglichen Technologie oder durch die Entwicklung neuer Produkte oder Prozesse. Seine Rente ist ja auch ohne derartige Anstrengungen gesichert. Wenn überhaupt, ist es wie erwähnt bemüht, über den politischen Prozess die Marktzutrittsschranken zu sichern. Deshalb wird die Investition in neue, produktivere Ressourcen verringert, und überdies werden bestehende Ressourcen ineffizient eingesetzt. Dieser dynamische, langfristig negative Effekt von Monopolen auf die Innovationsanreize verursacht, gesamtwirtschaftlich gesehen, wohl die höchsten Kosten eines zu geringen Wettbewerbs. Als Gegenargument wird hier oft angeführt, dass ohne monopolistische Spielräume ein Unternehmen die fixen Kosten von Forschung und Entwicklung nicht tragen wird und dass dies den technischen Fortschritt als wichtigen Wachstumstreiber reduzieren kann. Im Kapitel 8 über das langfristige Wachstum wird dargelegt, dass aus diesem Grund tatsächlich ein zeitlich begrenzter Schutz vor Konkurrenz – der Patentschutz – aus Wohlstandssicht seine Berechtigung hat. Wie stark dieser Schutz sein soll, dies ist, wie dort gezeigt wird, ein stark umstrittener Punkt. Trotz dieses wichtigen Spezialfalls in einigen Industrien zeigen empirische Studien aber, dass eine höhere Wettbewerbsintensität insgesamt mit höherem Wachstum einhergeht.

vorteilhaft ist. Gleichzeitig ist das Ergebnis aus Sicht der Gesamtwirtschaft ungünstig: Es wird eine geringere Menge zu einem höheren Preis verkauft.

Erst die Betrachtung des Effekts auf die Wohlfahrt, das heisst auf die gesamte erzielte Rente, kann uns zeigen, ob ein Monopol diese tatsächlich vermindert und damit ein Marktversagen darstellt. Bei vollständiger Konkurrenz, wenn also die Preise gleich den Grenzkosten sind, entspricht die gesamtwirtschaftliche Rente der Konsumentenrente, d. h. der Fläche ABC in Abbildung 6.1. Es gibt in dieser einfachen Darstellung keine Produzentenrente, weil wir angenommen haben, dass die Grenzkosten konstant sind. In der Monopolsituation wird eine geringere Menge angeboten, nämlich die, bei der die Grenzkosten gleich dem Grenzertrag sind. Dadurch wird ein entsprechend höherer Preis erzielt. In dieser Situation reduziert sich die Konsumentenrente von der Fläche ABC auf das grüne Dreieck. Was geschieht aber mit der Produzentenrente, die in diesem einfachen Beispiel wegen der konstanten Grenzkosten bei vollständiger Konkurrenz gleich null wäre? Sie entspricht nun dem blauen Viereck, d. h. dem Gewinn des Monopolisten. Dieser Effekt stellt eine reine Umverteilung von Konsumenten zu Produzenten dar und ist für sich allein genommen noch kein Grund, von einer ineffizienten Situation zu sprechen. Neben der Umverteilung beobachten wir aber noch einen weiteren Effekt der Monopolsituation. Das rote Dreieck geht gegenüber der vollständigen Konkurrenz als Konsumentenrente verloren, weil dieser Teil zu niemandem umverteilt wird. Dieses Dreieck stellt somit den volkswirtschaftlichen Verlust dar, der durch die Monopolsituation entsteht. Gegenüber der Situation bei vollständiger Konkurrenz führt also ein Monopol zu Rentenverlusten. Das begründet die Ineffizienz von Monopolen gegenüber einer Situation mit vollständigem Wettbewerb.

6.2.2 Welche Lösungsmöglichkeiten gibt es?

Manche mögen sich bei der Lektüre der letzten Seiten gefragt haben, warum eigentlich der Preismechanismus im Monopolfall nicht funktionieren soll. Der Preis zeigt doch völlig korrekt die bestehenden Knappheiten an. Die Menge eines Gutes ist klein, was zu einem hohen Preis führt, und dieser hohe Preis sollte doch eigentlich neue Konkurrenten anlocken. Man müsste also so lange Markteintritte beobachten können, bis der Gewinn auf null gesunken ist, bis also wieder die Situation mit vollständiger Konkurrenz vorliegt. Warum führt hier die Signalwirkung des Preises nicht direkt zu einer Beseitigung des Monopols? Anders gefragt, warum kommt es zu einem Marktversagen? Da es an sich starke Anreize für Konkurrenten gibt, in monopolistische Märkte einzutreten, folgt daraus, dass ein Monopol nur dann aufrechterhalten werden kann, wenn Schranken in irgendeiner Form die potenziellen Konkurrenten vom Marktzutritt abhalten. Die Analyse von Monopolsituationen muss deshalb immer bei der Analyse von Marktzutrittsschranken ansetzen. Und will man eine Monopolstellung bekämpfen, so müssen diese Marktzutrittsschranken reduziert werden.

Es lassen sich im Wesentlichen drei Arten von Monopolsituationen unterscheiden, in denen Marktzutrittsschranken unterschiedliche Rollen spielen:
- natürliche Monopole,
- staatliche Regulierungen,
- von privaten Akteuren geschaffene Monopole oder Kartelle.

In jedem dieser Fälle gibt es unterschiedliche Ansatzpunkte für die Bekämpfung des Marktversagens.

Natürliches Monopol
Marktsituation, bei der ein einzelner Produzent Güter und Dienstleistungen für einen bestimmten Markt zu tieferen Kosten anbieten kann, als dies bei mehreren Produzenten möglich wäre.

Fixkosten
Kosten, die unabhängig von der produzierten Menge anfallen.

Erstens haben wir den Fall des *natürlichen Monopols*. Hier besteht die natürliche Marktzutrittsschranke in den hohen *Fixkosten*, die aufgewendet werden müssen, bevor die Produktion eines Gutes überhaupt erst beginnen kann. Dies reduziert die Möglichkeit von raschen Marktzutritten empfindlich. Typische Beispiele für natürliche Monopole finden sich im Infrastrukturbereich. So müssen etwa Telefonleitungen oder Bahnstrecken erst mit grossem Aufwand gebaut werden, bevor der erste Telefonanruf getätigt oder die erste Bahnfahrt verkauft werden kann. Bei solchen Gütern (Netzdienstleistungen) sind die anfänglichen Fixkosten so hoch, dass meist keine Möglichkeiten für sinnvolle Markteintritte von Konkurrenten bestehen. Es ist nicht möglich, in effizienter Weise die Bildung eines Monopols zu verhindern, da nur wenige, oft gar nur ein Anbieter, auf dem Markt überleben können. Um monopolistische Rentenverluste zu vermeiden, gilt es in dieser Situation, den Monopolisten so zu regulieren, dass er nicht künstlich die Menge reduziert, um seinen Gewinn zu maximieren.

Regulierung
Begrenzung des Handlungsspielraums der ökonomischen Akteure durch Gesetze und Verordnungen.

Zweitens gibt es den Fall, bei dem Monopole durch staatliche Marktzutrittsschranken in Form von *Regulierungen* ermöglicht werden. Häufig erschweren Regulierungen den Zugang zu bestimmten Märkten, obwohl sie primär andere ökonomische oder ausserökonomische Ziele anstreben. Möchte man zum Beispiel eine bestimmte, durch Importe bedrohte Branchenstruktur erhalten, so werden aufgrund politischer Entscheide oft Zölle eingeführt, die Marktzutrittsschranken darstellen. Auch das Ziel einer garantierten Grundversorgung der Bevölkerung mit gewissen Gütern wird oftmals als Grund für die Notwendigkeit eines Monopols angeführt. Ein häufiges Motiv für wettbewerbseinschränkende Regulierungen ist zudem der Schutz der Bevölkerung. Hierher gehören beispielsweise die Zulassungen für Berufe, z. B. für Rechtsanwälte oder Ärztinnen. Sie wirken oft ebenfalls als sehr effektive Marktzutrittsschranken. Um diese monopolistischen Spielräume einzudämmen, gilt es, solche Regulierungen derart auszugestalten, dass sie Märkte so wenig wie möglich abschotten.

Drittens gibt es den Fall, bei dem private Unternehmen eine monopolistische Stellung erlangen oder bei dem sich mehrere Unternehmen zu sogenannten *Kartellen* zusammenschliessen, um Monopolgewinne zu erzielen. Marktzutritte von Konkurrenten werden dabei über den Missbrauch monopolistischer Macht erreicht, etwa indem Überkapazitäten aufgebaut werden und potenziellen neuen Anbietern damit signalisiert wird, dass ein Markteintritt mit einem ruinösen Preiskampf beantwortet würde. Auch versuchen Kartelle, neue Marktteilnehmer in die Absprachen einzubeziehen. Die Bekämpfung dieser dritten Form von Monopolmacht erfolgt über die klassische Wettbewerbspolitik.

Kartell
Gruppe von Unternehmens, die sich z. B. über Mengen, Preise, Gebiete oder Konditionen absprechen, um eine monopolistische Stellung zu erlangen.

6.2.3 Die Rolle des Staates

Es besteht kein Zweifel, dass die Bekämpfung des Marktversagens «Monopolmacht» eine Aufgabe des Staates ist. In allen drei Fällen gibt es nur wenige ausschliesslich private Lösungsmöglichkeiten.

Behandlung natürlicher Monopole

Bei natürlichen Monopolen kann es nicht das Ziel eines Staatseingriffs sein, den Preis durchzusetzen, der sich bei vollständiger Konkurrenz bilden würde. Bei diesem Preis, der den Grenzkosten entspricht, könnten die monopolistischen Unternehmen nämlich ihre fixen Kosten nicht mehr decken. Da sie dann aber Verluste erleiden, würden sie das Gut gar nicht erst produzieren, auch wenn es gesamtwirtschaftlich eindeutig nutzbringend wäre. Bei einer staatlichen Regulierung eines natürlichen Monopols muss deshalb der Preis so hoch angesetzt werden, dass er die Kosten gerade noch deckt – jedoch nicht höher. Ohne wettbewerbspolitischen Eingriff würde das Unternehmen verständlicherweise den wesentlich höheren Monopolpreis setzen, mit entsprechenden Verlusten an gesamtwirtschaftlicher Effizienz.

Es gibt zwei Arten, wie bei einem natürlichen Monopol wirtschaftspolitische Eingriffe dafür sorgen können, dass der Preis aus Effizienzsicht optimal, das heisst auf der Höhe der Durchschnittskosten festgesetzt werden kann: durch *Verstaatlichung* oder durch Regulierung des Monopolisten.

> **Verstaatlichung**
> Übernahme des Produktionsprozesses privater Betriebe durch den Staat durch Aufkauf oder Enteignung.

In der Vergangenheit dominierte die Strategie, natürliche Monopole in Staatsbesitz zu halten. Ist das Unternehmen in Händen der wirtschaftspolitischen Entscheidungsträger, so kann direkt dafür gesorgt werden, dass die verlangten Preise nicht höher als die Kosten zu liegen kommen – oder der Staat kann die Verluste akzeptieren, die bei tieferen Preisen entstehen. In den letzten Jahrzehnten populärer geworden ist die zweite Variante, nämlich die private Erbringung der Dienstleistungen auf dem Netz bei gleichzeitiger Regulierung des natürlichen Monopols, also des Netzes. Dabei muss vor allem der Zugang zum Leitungsnetz – also etwa zum Schienennetz im Bahnverkehr oder zu den Hochspannungsleitungen in der Energieversorgung – reguliert werden, da sonst der Netzbetreiber in einer unbehinderten Monopolsituation wäre. Man versucht also zu verhindern, dass aus dem staatlichen ein privates Monopol wird. Dabei zeigt sich, dass im Bereich der natürlichen Monopole *Deregulierungen*, wie sie häufig genannt werden, im Wesentlichen *Reregulierungen* sind, weil eben die bedingungslose Deregulierung nicht die effizienteste Lösung ist. Vielmehr ist eine regulierte Privatisierung erforderlich, die klar festlegt, zu welchen Konditionen für Konkurrenten der Netzzugang erhältlich ist und wie die Netzbetreiber für die Pflege und den Ausbau des Netzes entschädigt werden.

> **Deregulierungen**
> Lockerung oder Beseitigung von Regulierungen.

> **Reregulierungen**
> Neukonzipierung staatlicher Regulierungsmassnahmen.

Wettbewerbsfreundliche Regulierungen

Wie weiter oben gezeigt wurde, haben Regulierungen oft Ineffizienzen zur Folge. Sie sollten daher stets derart ausgestaltet sein, dass sie nicht oder nur zu einem geringen Teil als Marktzutrittsschranken wirken. Dies wird mit der sogenannten Deregulierung im weitesten Sinne angestrebt. Das Ziel dabei ist es, Schutzanliegen so zu erreichen, dass die Zahl der potenziellen Anbieter auf einem Markt möglichst wenig reduziert wird und sich damit der Aufbau monopolistischer Stellungen erschwert. Derartige Deregulierungen sind bei vielen Teilen der staatlichen Tätigkeit denkbar; vom Abbau technischer Handelshemmnisse bis zur Festlegung von Gesundheitsvorschriften, von den Bedingungen für die Eröffnung eines Architekturbüros bis zur Frage, ob ein Lehrdiplom für die Primarstufe in verschiedenen Kantonen zur Arbeit berechtigt.

Ein besonders effektives Instrument der Deregulierung ist in vielen Fällen die internationale Marktöffnung, also der Abbau von protektionistischen Handelsschranken zwischen Ländern – ein Thema, das uns im nächsten

Kapitel vertieft beschäftigen wird. Die Schaffung zusätzlicher Importmöglichkeiten führt nämlich zu einem Anstieg der tatsächlichen oder potenziellen Konkurrenten. Der Marktzutritt ausländischer Unternehmen oder auch nur dessen Möglichkeit zwingt die Unternehmen mit bisher monopolistischem Spielraum, statt des Monopolpreises Wettbewerbspreise zu setzen.

Bekämpfung von Monopolen und Kartellen

Wenn weder natürliche Monopole noch durch staatliche Regulierungen geschützte Bereiche vorliegen, haben private Unternehmen grosse Schwierigkeiten, über lange Frist Marktzutritte von Konkurrenten zu verhindern. Werden in einem Geschäftsfeld überhöhten Gewinne erzielt, ist dies für neue Anbieter ein klares Signal, in das Geschäftsfeld einzutreten und die monopolistische Stellung anzugreifen. Eigentlich könnte man daraus schliessen, dass es keine staatliche Wettbewerbspolitik braucht, da ja die allfälligen Ineffizienzen – sprich kurzfristigen Monopolstellungen – mit der Zeit beseitigt werden. In der Praxis zeigt sich aber, dass es bei geschicktem Verhalten von Monopolen oder Kartellen sehr lange dauern kann, bis wieder eine Wettbewerbssituation entsteht – und während dieser Übergangszeit schädigt die Monopolmacht die gesamtwirtschaftliche Effizienz. Es besteht deshalb unter Ökonominnen und Ökonomen weitgehender Konsens darüber, dass eine aktive Wettbewerbspolitik aus Effizienzsicht gerechtfertigt ist, dass die Existenz von Monopolen und Kartellen also einen Staatseingriff eindeutig rechtfertigt.

Aus diesem Grund kennen alle entwickelten Länder eine staatliche Wettbewerbspolitik, die darauf abzielt, zu verhindern, dass Unternehmen längerfristige monopolistische Spielräume erhalten oder diese missbrauchen. Dabei wird sowohl auf Monopole als auch auf Absprachen zwischen Unternehmen (Kartelle) fokussiert. Im Wesentlichen gibt es drei Ansatzpunkte der Wettbewerbspolitik: die Bekämpfung des Missbrauchs von Marktmacht, die *Fusionskontrolle* und die Kartellbekämpfung.

Erstens bekämpft die Wettbewerbsbehörde das missbräuchliche Ausnutzen von Marktmacht. Wenn also ein Unternehmen – aus welchen Gründen auch immer – eine marktbeherrschende Stellung erringen kann, sorgt die Wettbewerbsbehörde dafür, dass potenzielle Konkurrenten nicht übermässig behindert und Nachfrager nicht übermässig benachteiligt werden. Zweitens unterstehen Fusionen von Unternehmen der Kontrolle durch die Wettbewerbsbehörde. Damit soll verhindert werden, dass sich Konkurrenten zusammenschliessen, um eine marktmächtige Stellung zu erreichen.

Fusionskontrolle
Überprüfung von Unternehmenszusammenschlüssen (Fusionen) durch die Wettbewerbsbehörde hinsichtlich ihrer Wirkung auf den Wettbewerb.

> **Harte Kartelle**
> Absprachen, die den Wettbewerb besonders drastisch einschränken. Darunter fallen Preis-, Mengen- und Gebietskartelle.

Drittens gibt es die Kartellbekämpfung, die zu verhindern sucht, dass Konkurrenten durch Absprachen monopolistische Stellungen erlangen. Besonders heikel und deshalb im Fokus der Wettbewerbspolitik sind dabei sogenannte *harte Kartelle*, also Absprachen zwischen Konkurrenten über Preise, Mengen oder Gebietsaufteilungen.

VERTIEFUNG

Marktformen

Wir haben bis jetzt zwei Arten von Märkten kennengelernt, nämlich die vollständige Konkurrenz und das Monopol. Zum Verständnis der Mechanik von Märkten sind diese beiden Fälle zentral. Dennoch muss man sich darüber im Klaren sein, dass die meisten Märkte in der Realität zwischen diese zwei Extreme fallen. Abbildung 6.2 zeigt schematisch, dass sich insgesamt vier Marktformen unterscheiden lassen.

Die Märkte werden dabei nach zwei Dimensionen unterteilt. Erstens nach der Anzahl Anbieter und zweitens danach, ob sich die angebotenen Güter unterscheiden oder nicht.

Anzahl Anbieter: Ein Monopol ist dadurch gekennzeichnet, dass es genau einen Anbieter gibt, und die vollständige Konkurrenz dadurch, dass es sehr viele Anbieter sind. Die zusätzliche Möglichkeit, dass es ein paar Anbieter hat, also nicht nur einen, aber auch nicht sehr viele, bezeichnet man als *Oligopol*. Darunter fallen zum Beispiel die Detailhändler in der Schweiz oder die Anbieter von Passagierflugzeugen auf dem Weltmarkt.

Unterscheidung des angebotenen Gutes: Es ist sehr selten, dass es nur genau eine Ausprägung eines Gutes gibt. Vielmehr sind die allermeisten Güter differenziert, d. h., es gibt viele Varianten davon, die ähnlich, aber nicht genau gleich sind. Man denke nur an Autos, Bücher oder Hotels. Es fällt sogar ausgesprochen schwer, Beispiele für Güter zu finden, bei denen sich die Produzenten gar nicht um Differenzierung bemühen; Erdöl oder zu einem gewissen Grade Hämmer könnten dafür Beispiele sein. Sobald wir Differenzierung zulassen, beschreiben das Monopol und die vollständige Konkurrenz die Möglichkeiten aber nur sehr eingeschränkt. In Abbildung 6.2 sehen wir, dass die *monopolistische Konkurrenz* den Fall abbildet, bei dem es viele Produzenten gibt, die leicht unterschiedliche Güter anbieten. In der Realität dürften die allermeisten Märkte in diese Kategorie fallen. Auch Oligopole bieten oft differenzierte Güter an; man denke hier etwa an die Flugzeugtypen von Airbus und Boeing.

Aus Sicht eines Unternehmens (aber nicht der Gesamtwirtschaft!) ist das Monopol klar die beste Form; sie erlaubt die uneingeschränkte Gewinnmaximierung. Die hohen Preise bei Monopolen entfalten aber eben eine Signalwirkung und setzen anderen Unternehmen starke Anreize, in den Markt einzutreten. Theoretisch werden so lange neue Anbieter dazukommen, bis die Situation der vollständigen Konkurrenz erreicht ist. Diese Marktform ist aber für die Anbieter so unattraktiv, dass sie alles unternehmen werden, um sie zu vermeiden. Das Resultat dieser Bemühungen sind meist Oligopole oder die monopolistische Konkurrenz. Dabei wenden die Unternehmen zwei Instrumente an.

Das erste ist – wir haben es im Haupttext diskutiert – der Aufbau von Marktzutrittsschranken. Ist ein Unternehmen damit sehr erfolgreich, entsteht eine Monopolsituation. In den meisten Fällen ist es aber schwierig, ein hartes Monopol zu erreichen und zu halten; sobald viele, aber nicht alle Konkurrenten vom Markteintritt abgehalten werden können, resultiert ein Oligopol.

Das zweite Instrument, um eine gewisse monopolistische Marktsituation zu erreichen, ist die Produktdifferenzierung. Das Unternehmen versucht, das Gut leicht anzupassen, sodass es sich für die Konsumenten von den Konkurrenzprodukten unterscheidet. Damit erreicht man eine eingeschränkte Möglichkeit, den Güterpreis zu beeinflussen, weil das Gut nicht mehr völlig substituierbar ist. Aus dieser Strategie resultiert dann in der Regel die Marktform der monopolistischen Konkurrenz.

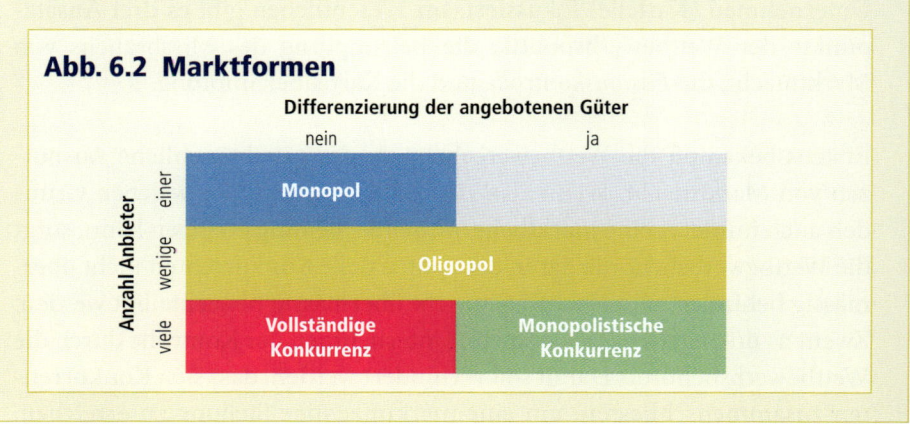

Abb. 6.2 Marktformen

Anzahl Anbieter	Differenzierung der angebotenen Güter	
	nein	ja
einer	Monopol	
wenige	Oligopol	
viele	Vollständige Konkurrenz	Monopolistische Konkurrenz

6.3 Marktversagen II: Externe Effekte

Wenn Handlungen eines Akteurs Auswirkungen auf andere Akteure haben, diese Handlungen sich aber nicht in den Preisen widerspiegeln, spricht man von *externen Effekten* (oder Externalitäten). Das klassische Beispiel ist die Umweltverschmutzung. Wenn ich Auto fahre, dann schadet der damit verbundene CO_2-Ausstoss dem Klima; im Gegensatz etwa zu den Benzinkosten muss ich die Kosten der Umweltverschmutzung aber nicht tragen. Aus diesem Grund ist ohne regulierenden Eingriff der Preis für das Autofahren zu tief, weshalb im Vergleich zu einer effizienten Lösung zu viel gefahren wird. Der Preis widerspiegelt also die relativen Knappheiten nicht vollständig und sendet damit nicht die richtigen Signale aus – dies führt zu einer Fehlallokation der Ressourcen und damit zu einem Wohlfahrtsverlust.

Externe Effekte
Einflüsse der Handlungen eines ökonomischen Akteurs auf die Handlungen eines anderen, die sich nicht im Preissystem widerspiegeln. Externe Effekte werden auch als Externalitäten bezeichnet.

6.3.1 Worin besteht das Marktversagen?

Ein Stahlwerk leitet seine Abwässer in einen Fluss, was die Erträge von Fischern negativ beeinflusst, die flussabwärts ihr Geschäft betreiben. Der Gebrauch des Flusses mag für das Stahlwerk gratis sein, für die Gesamtwirtschaft ist er es aber nicht. Die anderen Akteure – in diesem Beispiel die Fischer – hätten eindeutig ein Interesse an der Eindämmung dieses negativen Effekts. Die Produktionskosten zeigen somit dem Stahlwerk die relativen Knappheiten nicht richtig an – eine ineffiziente Situation entsteht. Das Stahlwerk ist nicht mit den wahren Kosten seiner Tätigkeit konfrontiert. Da die Umweltverschmutzung für das Stahlwerk keinen Preis hat, unterschätzt es die Kosten seiner Tätigkeit. Dies lässt sich anhand von Abbildung 6.3 auf Seite 174 einfach zeigen. In dieser Grafik ist auf der horizontalen Achse die produzierte Menge Stahl eingetragen und auf der vertikalen Achse der Preis. Die Nachfragekurve ist wie üblich negativ geneigt.

Oligopol
Marktsituation, in der es nur ein paar wenige Anbieter gibt.

Monopolistische Konkurrenz
Marktsituation, in der es viele Produzenten gibt, die alle leicht unterschiedliche Güter anbieten.

Für die folgende Analyse ist die Angebotskurve von Bedeutung. In einem Markt mit vollständiger Konkurrenz entspricht diese den Grenzkosten. Sie zeigt also in jedem Punkt die zusätzlichen Kosten für die Produktion einer weiteren Einheit. Im Fall externer Effekte müssen wir nun die Grenzkosten für den Produzenten von den Grenzkosten für die Gesellschaft unterscheiden. Das Stahlwerk selbst erfährt durch die von ihm verursachte Umweltverschmutzung keine Kosten. Für die gesamte Gesellschaft sind diese aber durchaus relevant. Die von den *privaten Grenzkosten* der Stahlproduktion bestimmte Angebotskurve A_P kommt daher in der Grafik unter der von den *sozialen Grenzkosten* bestimmten sozialen Angebotskurve A_S zu liegen. Das heisst, für jede produzierte Menge sind die Kosten für das Stahl-

Private Grenzkosten
Grenzkosten, die bei der Produktion von Gütern und Dienstleistungen beim Produzenten anfallen.

Soziale Grenzkosten
Grenzkosten, die alle Kosten der Produktion von Gütern und Dienstleistungen widerspiegeln, also auch diejenigen, welche aus externen Effekten resultieren.

Abb. 6.3 Effizienzverlust durch negative Externalität

Situation mit negativer Externalität

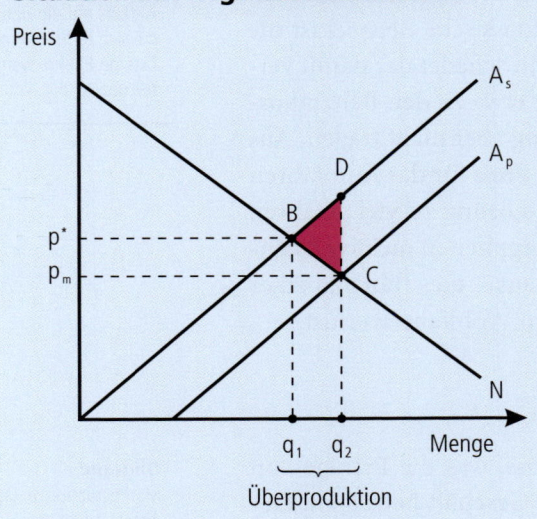

Eine negative Externalität in der Produktion zeichnet sich dadurch aus, dass das Marktergebnis nicht die sozial optimale Menge hervorbringt. In der Produktion werden nur die privaten Grenzkosten, repräsentiert durch die Angebotskurve A_p, berücksichtigt, nicht jedoch die gesamten sozialen Grenzkosten (A_s). Das Dreieck BCD entspricht dem Verlust an gesamtwirtschaftlicher Wohlfahrt aus dem negativen externen Effekt.

werk tiefer als für die Gesellschaft, die ja zusätzlich noch die Kosten der Umweltverschmutzung trägt. Der vertikale Abstand der beiden Kurven entspricht dabei genau den Kosten der – vom Stahlwerk nicht berücksichtigten – Umweltverschmutzung. Der Marktpreis p_m liegt deshalb tiefer als der eigentlich effiziente Preis p^*, der die relativen Knappheiten korrekt widerspiegeln würde. Diese Ausgangslage führt dazu, dass das Stahlwerk mehr Stahl produziert, als dies gesamtwirtschaftlich optimal wäre, womit die Umwelt zu stark verschmutzt wird. Bei negativen externen Effekten bilden sich also zu tiefe Preise und es wird zu viel produziert.

Warum führt dies zu einem Wohlfahrtsverlust? Bei der Analyse der Konsumentenrente in Kapitel 2 haben wir festgehalten, dass die Nachfragekurve die Zahlungsbereitschaften unterschiedlicher Konsumenten darstellt. Gleichzeitig wissen wir, dass die Angebotskurve den Kosten unterschiedlicher Produzenten entspricht. In einem unverzerrten Markt sind im Gleichgewicht die Kosten der letzten produzierten Einheit gleich hoch wie die Zahlungsbereitschaft des Konsumenten, der zum Marktpreis gerade noch bereit ist, das Gut zu kaufen. In Abbildung 6.3 ist dies in Punkt B der Fall, an dem die soziale Grenzkostenkurve A_s die Nachfragekurve schneidet. Werden die externen Effekte der Produktion nicht berücksichtigt, ist aber die private Grenzkostenkurve A_p relevant und es resultiert das Gleichgewicht bei Punkt C. Sobald aber eine grössere Menge als in Punkt B produziert wird, ist für diese zusätzlich gehandelte Menge die Zahlungsbereitschaft (Punkte auf der Nachfragekurve N) kleiner als die Kosten der Produktion (Punkte auf der sozialen Grenzkostenkurve A_s). Für die Gesellschaft ist diese zusätzlich gehandelte Menge ineffizient, da die Kosten höher sind als die Erträge. Die Fläche des rot eingezeichneten Dreiecks BCD zeigt, welcher Wohlfahrtsverlust insgesamt entsteht, wenn der externe Effekt nicht berücksichtigt wird.

6.3.2 Welche Lösungsmöglichkeiten gibt es?

Für Externalitätenprobleme lassen sich drei Lösungsansätze unterscheiden:
- freiwillige *Internalisierung*,
- Verbote oder Gebote,
- Korrektur der Preisverzerrungen.

Freiwillige Internalisierung

Bei der *freiwilligen Internalisierung* berücksichtigt der Verursacher die externen Kosten aus eigenem Antrieb. Er gelangt zur Einsicht, dass es unfair gegenüber der Allgemeinheit ist, die Umwelt zu verschmutzen oder eine andere negative Externalität zu verursachen. Dies kann ihn dazu motivieren, die zusätzlich von ihm verursachten Kosten zu übernehmen. Freiwillige Internalisierung entsteht im Wesentlichen auf zwei Arten.

Erstens können moralische Überlegungen die Verursacher dazu bringen, ihr Verhalten zu ändern: Entscheidend dabei ist, dass die Verursacher sich bewusst sind, dass ihre Handlungen anderen Leuten schaden. Informationen über die Effekte des Passivrauchens können etwa die Raucherinnen und Raucher zu einem rücksichtsvolleren Verhalten gegenüber Nichtrauchern motivieren.

Zweitens die vertragliche Internalisierung: Zwischen Schädiger und Geschädigtem wird ein Vertrag abgeschlossen, der dem Geschädigten ein Anrecht auf eine Entschädigung zuspricht. Dabei ist es wichtig, dass die Eigentumsrechte klar definiert sind. Im obigen Beispiel müsste etwa festgelegt werden, welche der beiden Parteien das Nutzungsrecht des Flusses besitzt. Interessanterweise ist es gleichgültig, welche Seite dieses Recht innehat, wichtig ist nur, dass es einer der beiden Parteien zusteht. Dann ist es nämlich möglich, die externen Effekte über einen Vertrag zu internalisieren, sodass die tatsächlichen Kosten die Handlungen aller Beteiligten lenken können. Dass dies zu einer effizienten Lösung führen kann, ist unter dem Begriff *Coase-Theorem* bekannt.

> **Internalisierung**
> Berücksichtigung der externen Effekte eigener Handlungen durch die ökonomischen Akteure.

> **Freiwillige Internalisierung**
> Internalisierung von externen Effekten, ohne dass der Staat regulierend eingreift.

> **Coase-Theorem**
> Wenn die Eigentumsrechte klar definiert sind, können externe Effekte effizient durch privatwirtschaftliche Verträge internalisiert werden. Das Konzept ist nach dem britischen Ökonomen Ronald Coase benannt.

Verbote oder Gebote

Die zweite Möglichkeit, Externalitätenprobleme anzugehen, sind Regulierungen im weitesten Sinne, also Verbote und Gebote. Dabei wird die schädigende Tätigkeit derart reguliert, dass sie eine bestimmte Intensität nicht überschreitet. Dies kann beispielsweise mit Mengenbeschränkungen oder der Einschränkung von gewissen Produktionsformen erreicht werden. Das Rauchverbot in öffentlichen Räumlichkeiten ist eine derartige Regulierung zur Eindämmung von negativen externen Effekten.

Korrektur der Preisverzerrung

Eine dritte Vorgehensweise zur Eindämmung externer Effekte ist die direkte Korrektur der Preisverzerrungen durch Eingriffe, welche die Preise so beeinflussen, dass sie zu effizientem Handeln führen. Diese Variante lässt sich direkt aus der ökonomischen Analyse ableiten. Das Problem der Externalitäten besteht ja letztlich darin, dass der Preis, der sich auf dem freien Markt einstellt, verzerrt ist, also die tatsächlichen Knappheiten nicht korrekt widerspiegelt. Die Idee dieses auch «marktwirtschaftlich» genannten Ansatzes ist es, den Preis so anzupassen, dass die Verzerrung aufgehoben wird und er die richtigen Signale vermittelt. Erreicht wird dies beispielsweise durch eine Abgabe auf der verschmutzenden Tätigkeit. Dies erhöht die Kosten dieser Tätigkeit, sodass die negativen Externalitäten berücksichtigt sind.

6.3.3 Die Rolle des Staates

Von den drei genannten Lösungsmöglichkeiten für das Externalitätenproblem ist nur eine ohne direkte staatliche Tätigkeit möglich, nämlich die freiwillige Internalisierung. Sie ist aber in ihrer Anwendung beschränkt. Die freiwillige Berücksichtigung von externen Kosten und die daraus folgende Verhaltensänderung verlangen, dass jemand ohne Zwang höhere Preise zahlt. Das wird sicherlich in Einzelfällen getan, allerdings resultiert dabei das Problem des *Trittbrettfahrens*. Wenn ich weniger Auto fahre, hat dies nur einen kleinen Einfluss auf das Klima und kommt erst noch allen zugute; da ist die Verlockung sehr gross, auf die freiwillige Aktion des anderen zu bauen. Durch diesen Effekt wird insgesamt mit Sicherheit zu wenig Internalisierung betrieben. Aber auch die zweite freiwillige Möglichkeit – die vertragliche Lösung – ist nur bei lokalen Externalitäten anwendbar, bei denen sehr wenige Parteien involviert sind und ganz klar feststeht, wer Schädiger und wer Geschädigter ist. Bei internationalen oder

Trittbrettfahrerverhalten
Situation, in der ökonomische Akteure aus Gütern und Dienstleistungen Nutzen ziehen, ohne dafür zu bezahlen.

gar globalen Fragen – man denke etwa an die CO_2-Problematik – reicht eine solche Lösung sicher nicht aus.

Die Freiwilligkeit alleine genügt also kaum, um dieses Marktversagen zu bekämpfen. Aus diesem Grund besteht kein Zweifel darüber, dass die beiden anderen Lösungsmöglichkeiten zum Einsatz kommen müssen. Und in diesen beiden Fällen – der Regulierung und der Korrektur der Preisverzerrung – braucht es eine direkte Intervention des Staates.

Im Falle von Verboten und Geboten muss der Staat die entsprechenden Regulierungen festlegen und durchsetzen. Er muss also für Unternehmen Vorschriften über die erlaubten Schadstoffmengen erlassen und darüber hinausgehende Verschmutzung verbieten. Solche Regulierungen waren lange die dominierende Form des Umweltschutzes. Sie kamen aber zunehmend in die Kritik, weil sie letztlich eine starre Regelung in ein dynamisches System einbringen, was zu anderen Verzerrungen führen kann. So haben zum Beispiel die Unternehmen unterschiedliche Kosten zur Vermeidung von Umweltverschmutzung, was nicht berücksichtigt wird, wenn jeder dieselben starren Vorgaben hat. Zudem hat so kein Unternehmen einen Anreiz, die Grenzwerte zu unterschreiten, selbst wenn dies einfach ginge. Aus diesen Gründen lässt sich in den letzten Jahrzehnten eine Tendenz zur dritten Lösungsmöglichkeit, der direkten Korrektur von Preisverzerrungen, feststellen.

Die Grundidee bei der Korrektur von Preisverzerrungen ist, den Umweltschutz mithilfe der Marktkräfte anzustreben. Dabei geht es darum, den externen Effekt zu internalisieren, das heisst, den Verursacher mit den tatsächlichen Grenzkosten für die gesamte Volkswirtschaft zu konfrontieren – also um die Anwendung des *Verursacherprinzips*. Das klassische Beispiel ist eine *Lenkungsabgabe*. Diese Idee wird oft auch nach dem Begründer des Konzepts, dem britischen Ökonomen Arthur Pigou, als Pigou-Steuer bezeichnet. Eine Lenkungsabgabe kann interpretiert werden als Versuch, die Idee der preislichen Internalisierung externer Effekte, wie dies im obigen Stahlwerk-Fischerei-Beispiel für zwei Unternehmen gezeigt wurde, auf die Ebene der gesamten Volkswirtschaft zu übertragen. Dafür ist aber ein geeigneter Staatseingriff erforderlich. Die Grundüberlegung lässt sich an der bereits mehrfach angewendeten Grafik illustrieren, wie in Abbildung 6.4 dargestellt.

Bei einem negativen externen Effekt kann mit einer Steuer dafür gesorgt werden, dass die Kosten der Produktion den tatsächlichen sozialen Grenz-

Verursacherprinzip
Grundsatz, nach dem die Verursacherin oder der Verursacher einer Umweltverschmutzung die Kosten ihrer Beseitigung zu tragen hat.

Lenkungsabgabe
Besteuerung einer umweltschädigenden Tätigkeit mit dem Ziel, die externen Effekte durch eine Preisveränderung zu internalisieren. Perfekte Lenkungsabgaben werden auch als Pigou-Steuern bezeichnet.

Abb. 6.4 Pigou-Steuer (Lenkungsabgabe)

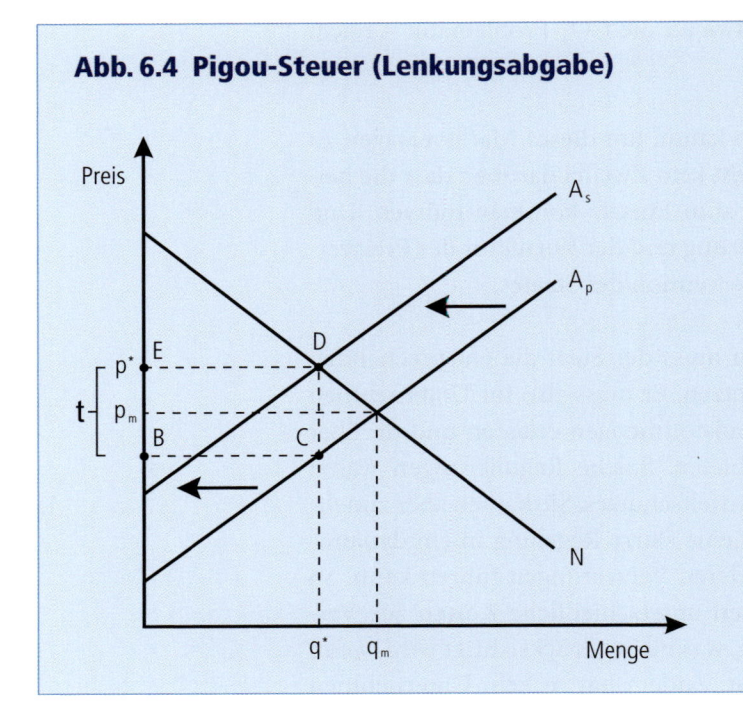

Es wird eine Steuer t erhoben, welche die Kosten für die Anbieter erhöht, sodass sich A_p nach links zu A_s hin verschiebt. Die optimale Pigou-Steuer erhöht den Marktpreis gerade um so viel, dass der sozial optimale Preis p* resultiert.

Doppelte Dividende
Konzept, gemäss dem mit einer Lenkungsabgabe gleichzeitig zwei Ziele angestrebt werden können: einerseits die Lenkungswirkung und andererseits die Erzielung von Steuereinnahmen.

Tinbergen-Regel
Ökonomische Regel, nach der für die Lösung eines Optimierungsproblems die Anzahl der Ziele nicht grösser sein darf als die Anzahl der Instrumente. Die Regel ist benannt nach dem niederländischen Ökonomen Jan Tinbergen.

kosten entsprechen. Der Steuersatz t muss dabei genauso hoch sein, dass sich die auf privaten Grenzkosten basierende Angebotskurve A_p nach oben bis zur die sozialen Grenzkosten berücksichtigenden Angebotskurve A_s verschiebt. Dann ist der Produzent mit dem wahren relativen Preis p* konfrontiert, und sein Produktionsentscheid ist im gesamtwirtschaftlichen Sinne effizient. Aus Sicht unserer bisherigen Analyse stellt dies die beste Lösung dar, weil der Staatseingriff die Preise so verändert, dass sie die tatsächlichen Knappheiten widerspiegeln. Durch die steuerliche Abgabe auf jede produzierte Einheit werden sozusagen die Kosten der Umweltverschmutzung simuliert und damit für das Unternehmen spürbar gemacht. Das grosse Problem ist jedoch, dass dieser Eingriff der Wirtschaftspolitik sehr viel abverlangt. Wie in Kapitel 5 erläutert, liegt der Vorteil der Markt- gegenüber der Planwirtschaft ja gerade darin, dass keine zentrale Planungsstelle die richtigen Knappheiten berechnen muss. Bei einer Pigou-Steuer wird aber genau das vom Staat verlangt. Er muss in einer dynamischen Wirtschaft jederzeit das korrekte Ausmass der Preisverzerrung durch die Externalität berechnen, damit er mit der geeigneten Steuer dafür sorgen kann, dass die tatsächlichen Knappheiten angezeigt werden. Aus diesem Grund ist eine perfekte Pigou-Steuer in der Praxis kaum realisierbar, und die Lenkungsabgabe kann nur versuchen, den Preis in die richtige Richtung zu bewegen.

6.4 Marktversagen III: Öffentliche Güter

Öffentliche Güter sind Güter, die von mehreren ökonomischen Akteuren gleichzeitig genutzt werden können, ohne dass dies ihre Qualität oder Quantität beeinflusst. Diese Eigenschaft führt dazu, dass kaum Anreize bestehen, solche Güter überhaupt anzubieten, obwohl sie den Nachfragern einen substanziellen Nutzen stiften können. Beispiele dafür auf unterschiedlicher Ebene sind etwa die Grundlagenforschung, Feuerwerke oder Leuchttürme. Aus Wohlfahrtssicht kann es daher sinnvoll sein, wenn der Staat die öffentlichen Güter anbietet.

> **Öffentliche Güter**
> Güter, die von mehreren ökonomischen Akteuren gleichzeitig genutzt werden können, ohne dass dies ihre Qualität und Quantität beeinflusst.

VERTIEFUNG
Was geschieht mit den Erträgen aus einer Lenkungsabgabe?

Lenkungsabgaben haben einen angenehmen Nebeneffekt. Es entstehen nämlich staatliche Einnahmen, und zwar in der Höhe des Vierecks BCDE in Abbildung 6.4. Damit stellt sich aber die Frage, was mit diesen Erträgen – eigentlich ja ein Nebenprodukt und nicht das Ziel der Abgabe – geschehen soll. Im Wesentlichen gibt es hier drei Verwendungszwecke.

Die erste Möglichkeit ist die Rückerstattung: Der Ertrag wird in diesem Fall wieder direkt – am besten gleichmässig pro Kopf – an die Bevölkerung zurückverteilt. Damit hat die Abgabe überhaupt keine Effekte auf die Staatskasse, und es handelt sich wirklich um eine reine Lenkungsabgabe. Beispiele für diese Art der Rückerstattung sind in der Schweiz zurzeit die Lenkungsabgaben auf flüchtige organische Verbindungen (VOC), Heizöl extraleicht, Benzin und Dieselöl mit hohem Schwefelgehalt. Die Rückerstattung erfolgt dort durch die Krankenversicherungen, indem der Rechnungsbetrag um die entsprechende Summe gekürzt wird. Die Staatsquote bleibt in diesem Fall trotz Erhöhung einer Steuer unberührt; im wirtschaftspolitischen Prozess ein gewichtiges Argument, das für reine Lenkungsabgaben spricht.

Die zweite, offensichtlichste Möglichkeit besteht darin, die Steuererträge in der Staatskasse zu belassen. Das ist die grundsätzliche Idee einer sogenannten ökologischen Steuerreform, die auf den ersten Blick sehr attraktiv erscheint. Schliesslich fängt man so zwei Fliegen mit einem Schlag, man erzielt eine Lenkungswirkung und generiert auch noch Steuereinnahmen: die oft zitierte *doppelte Dividende*. Allerdings birgt eine solche Strategie nicht zu unterschätzende Probleme. Sie widerspricht nämlich der grundlegenden wirtschaftspolitischen Regel, dass man mit einem Instrument (der Abgabe) nicht versuchen sollte, zwei Ziele (Lenkungswirkung und Staatseinnahmen) zu erreichen. Diese sogenannte *Tinbergen-Regel* folgt aus der Überlegung, dass wir uns für einen optimalen Instrumenteneinsatz darüber im Klaren sein müssen, welches das wichtigere Ziel ist. Wieso ist das der Fall? Nehmen wir an, wir erheben eine Lenkungsabgabe auf einer stark umweltverschmutzenden Tätigkeit, die sehr erfolgreich ist; dann lohnt sich im Extremfall die umweltverschmutzende Tätigkeit überhaupt nicht mehr. Aus Sicht der Staatseinnahmen ist das aber kontraproduktiv, da in diesem Fall gar keine Einnahmen mehr anfallen. Umgekehrt würde eine Maximierung der Steuereinnahmen oft zu einer Abgabe führen, die aus Sicht des Umweltschutzes zu niedrig ist. Dieser Zielkonflikt muss bei der Konzeption einer ökologischen Steuerreform berücksichtigt werden, und es ist unabdingbar, entweder der Ökologie oder den Steuereinnahmen Priorität einzuräumen.

Die dritte Möglichkeit, die Steuereinnahmen zu verwenden, ist die Zweckbindung. Es geht dabei darum, den positiven Effekt auf die Umwelt noch zu steigern, indem die Einnahmen für die Finanzierung zusätzlicher Umweltschutzmassnahmen eingesetzt werden. Natürlich ist eine solche Massnahme nicht staatsquotenneutral. Ein Beispiel für solch eine Zweckbindung von Lenkungsabgaben ist etwa die vorgezogene Entsorgungsgebühr, die wir für zahlreiche Produkte kennen, wobei hier der Abgabesatz nicht hoch genug ist, um eine grosse Lenkungswirkung zu erzielen. Stärker ist diese Wirkung bei den Abfallsackgebühren. Die Bevölkerung erhält hier einen gewissen Anreiz, weniger Abfall zu produzieren; gleichzeitig können die Einnahmen dafür verwendet werden, den trotzdem entstehenden Abfall zu entsorgen.

6.4.1 Worin besteht das Marktversagen?

Das Marktversagen entsteht, weil öffentliche Güter sehr spezielle Eigenschaften haben, die sie deutlich von anderen Gütern unterscheiden:
- Sie sind nicht rivalisierend im Gebrauch: Konsumiert man ein öffentliches Gut, beeinträchtigt das in keiner Weise den Konsum des gleichen Gutes durch eine andere Person.
- Sie sind nicht ausschliessbar, das heisst, niemand kann daran gehindert werden, diese Güter zu konsumieren.

Nehmen wir das Beispiel eines grossen Feuerwerks. Es ist eindeutig nicht rivalisierend. Sieht man dem Spektakel zu, beeinträchtigt dies das Zusehen einer anderen Person in keiner Weise. Gleichzeitig ist es auch kaum möglich, jemanden vom Betrachten eines Feuerwerks auszuschliessen. Es ist deshalb ein öffentliches Gut. Ein ähnliches Beispiel stellen die Ergebnisse der Grundlagenforschung dar. Sie sind nicht ausschliessbar, weil man kaum jemanden daran hindern kann, ein publiziertes Forschungsergebnis zu verwenden. Und sie sind nicht rivalisierend, weil ein solches Forschungsergebnis von mehreren gleichzeitig verwendet werden kann, ohne dass sein Nutzen für den Einzelnen dadurch beeinträchtigt wird.

Warum besteht nun bei öffentlichen Gütern ein Marktversagen? Der Grund ist, dass der Preis eines öffentlichen Gutes für die privaten Konsumentinnen und Konsumenten gleich null ist. Sie können nicht daran gehindert werden, es zu verwenden, und es stört keinen anderen Konsumenten, wenn sie es tun. Also haben sie auch keinerlei Anlass, irgendetwas für die Bereitstellung dieses Gutes zu bezahlen – wenn das Gut vorhanden ist, werden sich alle wie Trittbrettfahrer verhalten. Dadurch aber fehlt der Anreiz für allfällige Produzenten, dieses Gut herzustellen, sodass ein öffentliches Gut in einem freien Markt kaum produziert wird.
Wie bei den anderen Marktversagen besteht auch bei öffentlichen Gütern das Problem, dass deren Preise nicht die tatsächlichen Knappheiten widerspiegeln. Ein öffentliches Gut stiftet positiven Nutzen, hat gleichzeitig aber einen Preis von null, was letztlich ein falsches Signal über die tatsächliche Knappheit des Gutes aussendet.

6.4.2 Welche Lösungsmöglichkeiten gibt es?

Weil ein öffentliches Gut einen Marktpreis von null hat, wird es von einem normalen gewinnorientierten Unternehmen nicht angeboten. Dieses Marktversagen lässt sich auf zwei Arten beseitigen. Entweder gibt es ein freiwilliges, privates Angebot oder der Staat springt ein. Wie beim freiwilligen Umweltschutz besteht beim freiwilligen, privaten Angebot an öffentlichen Gütern das zentrale Trittbrettfahrerproblem. Nur in Fällen, in denen dieses Problem als nicht gewichtig eingestuft wird, ist ein privates Angebot denkbar. Im Wesentlichen gibt es hier drei Möglichkeiten.

Erstens kann es sein, dass gewisse Private eine viel ausgeprägtere Präferenz für ein öffentliches Gut haben als andere und/oder dass sie über genügend Mittel verfügen, sodass die Ausgabe kaum ins Gewicht fällt. Obwohl ein Feuerwerk ein öffentliches Gut ist, beobachten wir immer wieder, dass Private sie dennoch veranstalten. In der Regel ist das vor allem dann der Fall, wenn das Spektakel den Veranstaltern ein so grosses Vergnügen bereitet, dass es ihnen nicht so wichtig ist, dass andere Trittbrett fahren. Sie haben also besonders starke Präferenzen für dieses Gut. Zudem beobachten wir nicht überraschend, dass Wohlhabende deutlich häufiger grosse Feuerwerkskörper entzünden als weniger Begüterte – dies aufgrund der weniger ausgeprägten Budgetrestriktion.

Zweitens werden gewisse öffentliche Güter aus altruistischen Motiven zur Verfügung gestellt. Es gibt – um beim Beispiel zu bleiben – Fälle, in denen Private Feuerwerke mit dem Motiv finanzieren, ihren Mitmenschen eine Freude zu bereiten, egal, ob sich diese an der Finanzierung beteiligen oder nicht.

Drittens werden gewisse öffentliche Güter freiwillig zur Verfügung gestellt, um Anerkennung dafür zu erlangen, oder – im Falle von Unternehmen – aus Imagegründen. Ein nach der finanzierenden Person oder einem Unternehmen benanntes Feuerwerk würde unser Beispiel wohl etwas zu weit treiben. Immerhin aber kann das Anerkennungsmotiv insofern eine Rolle spielen, als ein privat organisiertes grosses Feuerwerk das Signal aussendet, dass jemand wohlhabend und grosszügig ist. Ein anderes Beispiel sind Lehrstühle an Universitäten, die gelegentlich nach ihren privaten Financiers benannt sind.

6.4.3 Die Rolle des Staates

Trotz den oben genannten Beispielen privater Angebote bleibt die gleiche Schlussfolgerung wie beim Umweltschutz: Freiwilligkeit kann das Ausmass des Marktversagens da und dort reduzieren, ist jedoch nicht genügend, um zu einer wirklich effizienten Lösung zu kommen. Entsprechend wird ein grosser Teil der Bekämpfung auch dieses Marktversagens vom Staat übernommen.

Der grosse Vorteil des Staates beim Angebot von öffentlichen Gütern ist, dass er Trittbrettfahren weitgehend verhindern kann. Da Steuern obligatorisch zu zahlen sind, kann man sich einer Finanzierung von öffentlichen Gütern über das staatliche Budget nicht so einfach entziehen. Das Trittbrettfahren wird durch die «Zwangsmitgliedschaft» der Bürgerinnen und Bürger beim Staatswesen entscheidend reduziert.

Die grosse Herausforderung für den Staat ist aber die Frage, welche öffentlichen Güter in welcher Menge zur Verfügung gestellt werden sollen. Da die Nutzniesser nicht wie bei normalen privaten Gütern ihre Zahlungsbereitschaft durch den Kaufentscheid offenbaren, ist es sehr schwer, das effiziente staatliche Angebot zu bestimmen. Dass der Staat Grundschulen, Universitäten, die Landesverteidigung oder die Grundlagenforschung finanzieren sollte, ist weitgehend unbestritten. In welchem Ausmass das aber geschehen soll, ist viel weniger eindeutig – gerade weil die Marktsignale fehlen.

Als Grundlage für die Entscheidung über die Bereitstellung öffentlicher Güter benötigt der Staat deshalb sogenannte Kosten-Nutzen-Analysen: Ist zum Beispiel der Nutzen einer öffentlich finanzierten Autobahn grösser als deren Kosten? Es ist in der Regel zwar nicht einfach, die Kosten zu ermitteln, aber doch machbar, da es zum Beispiel im Bereich Strassenbau private Unternehmen gibt, die in einer wettbewerblichen Ausschreibung offerieren können. Den Nutzen zu ermitteln ist hingegen wesentlich schwieriger, da ein öffentliches Gut nicht auf einem Markt verkauft wird und dadurch die Zahlungsbereitschaft der Konsumenten als Allokationssignal fehlt. Deshalb muss sich der Staat mit indirekten Signalen über die Präferenzen nach öffentlichen Gütern behelfen, etwa mithilfe von Befragungen. Das Problem dabei ist, dass die Befragten keinen starken Anreiz haben, ihre tatsächlichen Präferenzen offenzulegen. Da für sie das vom Staat zur Verfügung gestellte öffentliche Gut nichts kostet, werden sie in der Regel eine deutlich zu hohe Präferenz äussern. Und wenn sie befürchten, dass sie der

Staat doch direkt zur Kasse bitten wird, werden sie im Gegenteil eine zu tiefe Präferenz äussern. Aus solchen Gründen ist die Kosten-Nutzen-Analyse eine sehr anspruchsvolle Aufgabe.

6.5 Marktversagen IV: Asymmetrische Information

Schliesslich gibt es noch einen letzten Fall, in dem der Markt versagen kann, nämlich wenn der Informationsstand der wirtschaftlichen Akteure unterschiedlich ist. Im Unterschied zu den anderen drei Fällen gibt es für diese Marktversagen zahlreiche private Lösungsmöglichkeiten, sodass dem Staat für die Beseitigung dieser Verzerrung eine deutlich kleinere Rolle zukommt als bei den bisher behandelten Marktversagen.

6.5.1 Worin besteht das Marktversagen?

Eine der Voraussetzungen für das effiziente Funktionieren der Marktwirtschaft ist, dass alle Akteure vollständig informiert sind. Wir haben das in Kapitel 5 als eine der Bedingungen genannt, damit vollständige Konkurrenz zur Wohlfahrtsmaximierung führt. Wir haben dort auch dargelegt, dass nicht alle der Voraussetzungen vollständig erfüllt sein müssen, damit Märkte zu effizienteren Lösungen führen als andere Allokationsmechanismen. Informationsprobleme können das Funktionieren des Marktmechanismus aber entscheidend stören, wenn beim wirtschaftlichen Austausch eine Partei wesentlich besser informiert ist als die andere. Dieses Marktversagen wird als *asymmetrische Information* bezeichnet.

Asymmetrische Information
Bei einer Markttransaktion verfügt die eine Seite über mehr und bessere Informationen als die Gegenseite.

Es gibt zwei Fälle von asymmetrischer Information: Einerseits kann es sein, dass eine Partei besser über die Eigenschaften des gehandelten Gutes informiert ist als die andere. In solchen Fällen entsteht das Problem der adversen Selektion. Andererseits ist es möglich, dass die eine Partei mehr über ihre Handlungen weiss als die andere. Dieses Problem führt zu sogenanntem Moral Hazard. Für beide Fälle wollen wir im Folgenden erläutern, wieso dadurch Marktversagen entstehen kann.

Adverse Selektion

Wenn die Eigenschaften eines Gutes nicht allen Marktteilnehmern bekannt sind, kann das zu empfindlichen Fehlfunktionen eines Marktes führen. Das klassische Beispiel für das daraus resultierende Problem *adverser Selektion* ist der Markt für Gebrauchtwagen. In diesem Markt

Adverse Selektion
Prozess, bei dem wegen asymmetrischer Information auf einem Markt Güter mit besserer Qualität zunehmend durch Güter schlechterer Qualität verdrängt werden.

weiss der Verkäufer wesentlich besser als der Käufer, ob sein Auto fehlerhaft ist. Gleichzeitig hat der Verkäufer aber grosse Anreize, allfällige Schäden zu verschweigen. Diese Konstellation hat die auf den ersten Blick verblüffende Konsequenz, dass auf dem Gebrauchtwagenmarkt letztlich nur noch fehlerhafte Autos angeboten werden. Warum ist das so? Nehmen wir an, zu Beginn wüssten alle, dass es auf dem Markt 50 Prozent fehlerhafte Autos eines Modells gäbe, die den Kunden 5000 Franken wert wären, und 50 Prozent einwandfreie Gebrauchtwagen, für die 15 000 Franken bezahlt würden. Die durchschnittliche Zahlungsbereitschaft der Kunden liegt somit bei 10 000 Franken; dies entspricht dem Erwartungswert in dieser Konstellation. Das Problem ist nun, dass dieser Preis Anreize setzt. Für die Verkäufer einwandfreier Autos ist der Preis nicht attraktiv, da sie für ihren Wagen – der ja eigentlich 15 000 Franken wert wäre – nur 10 000 Franken erhalten würden. Umgekehrt stellt sich die Situation für die Verkäufer fehlerhafter Autos dar: 10 000 Franken ist für sie ein sehr attraktiver Preis. Damit werden aber fatale Anreize gesetzt. Die Verkäufer guter Autos werden sich sukzessive vom Markt zurückziehen, während alle Verkäufer fehlerhafter Autos auf dem Markt verbleiben. Damit nimmt die Wahrscheinlichkeit laufend ab, einen einwandfreien Wagen zu erwerben – bis letztlich nur noch fehlerhafte Gebrauchtwagen angeboten werden. Man spricht deshalb von adverser Selektion, also schlechter Auswahl. Das Marktversagen führt dazu, dass keine einwandfreien Gebrauchtwagen mehr verkauft werden; aufgrund der asymmetrischen Information finden somit zahlreiche beidseitig vorteilhafte Transaktionen nicht mehr statt.

Das Problem der adversen Selektion besteht auch auf vielen Versicherungsmärkten, wenn die Versicherung die Eigenschaften des versicherten Menschen oder Gutes weniger gut einschätzen kann als der Versicherungsnachfrager. Vor allem Menschen mit hohen Risiken haben in diesem Fall einen Anreiz, sich zu versichern. Da die Versicherer das wissen, besteht die Gefahr, dass diese gewisse Versicherungen gar nicht mehr anbieten und somit zahlreiche beidseitig vorteilhafte Kontrakte nicht abgeschlossen werden können.

Moral Hazard

Bei der adversen Selektion besteht asymmetrische Information über die Eigenschaften des gehandelten Gutes. Es gibt nun einen zweiten Fall von asymmetrischer Information, bei dem nicht die Eigenschaften des Gutes unvollständig beobachtet werden können, sondern das Verhalten der Gegenpartei: der *Moral Hazard*. Dieses Problem spielt im Versicherungs-

---

Moral Hazard
Anreiz für zu grosse Risikobereitschaft, die entsteht, wenn ein Akteur im Erfolgsfall die Erträge behalten kann, nicht aber alle Kosten selber tragen muss, wenn etwas schiefläuft und zum Beispiel Verluste entstehen.

> **VERTIEFUNG**
>
> ## Moral Hazard bei Grossbanken – das Too-big-to-fail-Problem
>
> Im Zusammenhang mit der Grossen Finanzkrise wird oft von einer besonderen Form des Moral Hazards gesprochen: der sogenannten Too-big-to-fail-Problematik. Grossbanken sind in ihren Geschäften oft so stark mit anderen Banken vernetzt, dass ihr Konkurs das gesamte Finanzsystem gefährden würde. Da der Staat die daraus resultierenden exorbitant hohen Kosten vermeiden will, können die Grossbanken davon ausgehen, im Notfall vom Staat gerettet zu werden. Dies verändert ihr Verhalten: Weil ein Grossteil der Kosten allfälliger Fehlinvestitionen aufgrund der impliziten Staatsgarantie nicht von den Bankaktionären, sondern von der Allgemeinheit getragen wird, hat die Bank einen Anreiz, grössere Risiken einzugehen. Zahlen sich die risikobehafteten Investitionen aus, erwirtschaftet die Bank höhere Gewinne, die den Aktionären zugutekommen. Geht die Investition schief, wirkt der Staat unfreiwillig als Versicherung und kommt für den Schaden auf. Dies führt auch dazu, dass sich die Bank günstiger verschulden kann. Ihre Gläubiger können davon ausgehen, dass ein Konkurs in jedem Fall abgewendet wird und müssen das Ausfallrisiko nicht berücksichtigen. Dementsprechend verlangen sie von Grossbanken niedrigere Zinsen als von anderen Banken, die nicht über eine solche Staatsgarantie verfügen. Diese Art des Moral Hazards führt somit zu einer Fehlallokation der Ressourcen, indem Grossbanken gesamtwirtschaftlich gesehen zu grosse Risiken eingehen. Genau dies geschah in der Grossen Finanzkrise, die nicht zuletzt von Grossbanken mitverursacht wurden, die zu grosse Risiken eingingen. Wir werden diese Thematik in Kapitel 16 vertiefen.

geschäft eine grosse Rolle. Wenn jemand weiss, dass er versichert ist, kann dies sein Verhalten derart ändern, dass der Schadensfall wahrscheinlicher wird. Eine Vollkaskoversicherung reduziert zum Beispiel den Anreiz, vorsichtig zu fahren. Eine Brandversicherung reduziert den Anreiz, Feuerlöscher oder funktionierende Sprinkleranlagen zu installieren. Weil den Versicherungen diese Problematik bewusst ist, sie aber über das Verhalten der Versicherungsnehmer nicht ausreichend informiert sind, werden insgesamt weniger Versicherungsverträge zu schlechteren Konditionen angeboten, als wenn symmetrische Information bestünde. Auch hier verhindert das Marktversagen einen beidseitig vorteilhaften Tausch.

6.5.2 Welche Lösungsmöglichkeiten gibt es?

Für die allermeisten Probleme mit asymmetrischen Informationen gibt es Marktlösungen. Das heisst, die Betroffenen treffen Vorkehrungen, um das Marktversagen zu mindern, ohne dass der Staat eingreifen müsste. Dabei lassen sich verschiedene Strategien unterscheiden.

Erstens kann die weniger gut informierte Marktseite versuchen, sich die entsprechenden Informationen zu beschaffen. Allerdings ist dies oft nicht möglich, da die besser informierte Marktseite einen Anreiz haben kann, diese Informationen nicht offen zu legen. Daher werden oft indirekte Signale beigezogen: Versicherungen versuchen etwa, Eigenschaften oder Verhalten, die sie nicht beobachten können, auf Basis beobachtbarer Grössen abzuschätzen. So kann es Sinn machen, bei einem 18-jährigen, männlichen Junglenker, der einen Sportwagen fährt, höhere Versicherungsprämien zu verlangen als bei einer 40-jährigen Mutter von drei Kindern, die mit einem Minivan unterwegs ist. Die beobachtbaren Eigenschaften werden dann in Kombination mit statistischen Daten verwendet, um das erwartete Risiko abzuschätzen. Im Einzelnen mag das sehr unfair sein, im Durchschnitt aber wird mit solchen Methoden ein grosser Teil der Probleme mit asymmetrischen Informationen gemildert. Im Einzelfall etwas weniger problematisch ist die Methode, die Versicherungsprämie ansteigen zu lassen, wenn jemand einen Schadensfall hatte. Auch hier wird Beobachtbares als Signal für die zukünftige Schadenswahrscheinlichkeit interpretiert.

Zweitens kann aber auch diejenige Marktseite handeln, die besser informiert ist, indem sie der weniger gut informierten Marktseite signalisiert, dass sie ein gutes Risiko darstellt. Gerade im Gebrauchtwagenmarkt lassen sich solche Strategien oft beobachten; ein Händler kann etwa beim Verkauf eine Garantie für Reparaturen in den kommenden drei Jahren geben und damit signalisieren, dass er keine fehlerhaften Autos verkauft oder sich sonst selbst damit schadet. Oft senden Gebrauchtwarenhändler auch Signale bezüglich ihrer Seriosität aus, etwa indem sie schöne Büros oder Verkaufsräume unterhalten oder indem sie darauf hinweisen, wie lange sie schon in dieser Branche tätig sind. Sie geben damit potenziellen Kundinnen und Kunden zu verstehen, dass sie einen Ruf zu verlieren haben, falls sie ihren Informationsvorteil ausnutzen würden.

Drittens lässt sich das Problem durch Verträge mit hohen Selbstbehalten lösen. Müssen etwa bei einer Autoversicherung die ersten 1000 Franken einer Reparatur selbst berappt werden, beeinflusst dies das Verhalten des Versicherungsnehmers. Auch wenn er vielleicht am Ende nicht für die gesamten Kosten aufkommen muss, ist ein Schadensfall doch mit finanziellen Konsequenzen verbunden, weshalb er versuchen wird, das Risiko zu vermindern. Auch der bereits oben erwähnte Mechanismus, im Schadensfall die zukünftigen Prämien zu erhöhen, kann präventiv wirken und das Verhalten schon von Anfang an im Sinne des Versicherers beeinflussen.

6.5.3 Die Rolle des Staates

Im Falle von asymmetrischer Information genügen meist die privaten Anpassungsstrategien, um das Marktversagen zumindest stark zu reduzieren. Die meisten Ökonominnen und Ökonomen sind deshalb der Ansicht, dass im Gegensatz zu den anderen drei Marktversagen der Staat hier keine wesentliche Rolle übernehmen muss. Dennoch gibt es einzelne Fälle, in denen staatliches Handeln bei asymmetrischen Informationen die Effizienz verbessert. So kann der Staat gewisse Informationen, die für eine Marktseite besonders schwer zu eruieren sind, selbst zur Verfügung stellen; das ist aber natürlich mit Kosten verbunden, die in die Beurteilung eingehen müssen, ob ein solcher Eingriff die Wohlfahrt insgesamt erhöht. Eine andere Eingriffsmöglichkeit ist der Weg über staatliche Regulierungen: Der Staat kann die besser informierte Marktseite mit Vorschriften zur Offenlegung gewisser Informationen zwingen. Er kann auch verfügen, dass Verkäufer gewisse minimale Garantieleistungen erbringen müssen oder dass Versicherungsverträge minimale Selbstbehalte enthalten müssen. In all diesen Fällen gilt es aber abzuwägen, ob die staatlichen Eingriffe wirklich mehr zur Korrektur des Marktversagens beitragen als die freiwilligen, privaten Anpassungsstrategien.

Schliesslich gilt es zu vermeiden, dass der Staat selber Probleme mit asymmetrischer Information schafft. Das in der Box auf Seite 185 erwähnte Moral-Hazard-Problem beim Risikoverhalten von Grossbanken entsteht gerade dadurch, dass der Staat sich gezwungen sehen kann, als unfreiwilliger Versicherer im Schadensfall einzuspringen. Der Staat sollte daher versuchen, Moral Hazard zu reduzieren, indem eine Bank gar nicht erst «too big to fail» wird. Ist dieser Fall aber bereits eingetreten, sollte zumindest ein Konkursverfahren ermöglicht werden, das die daraus entstehenden Kosten den Bankaktionären selbst auferlegt. Dann nämlich bestehen die Anreize zu ineffizient grossem Risiko nicht mehr, das Moral-Hazard-Verhalten wird eingedämmt.

6.6 Staatsversagen I: Ineffiziente Regulierungen

Zusätzlich zum Wohlstandsziel resultieren aus dem politischen Prozess eine ganze Reihe von anderen Zielen, die der Staat erfüllen soll. Viele Regulierungen oder Staatseingriffe sind etwa motiviert durch ihre Effekte auf die Verteilung der Ressourcen, beispielsweise zwischen Einkommensgruppen, Regionen oder Generationen. All diese Regulierungen greifen letztlich in marktwirtschaftliche Prozesse ein. Es ist natürlich nicht Aufgabe der Ökonominnen und Ökonomen, diese demokratisch legitimierten Ziele einer Gesellschaft zu hinterfragen. Ist das Ziel einmal gesetzt, so kann das ökonomische Instrumentarium aber angewendet werden, um zu analysieren, wie eine Regulierung dieses Ziel mit möglichst geringer Beeinträchtigung der Effizienz und damit des Wohlstands erreichen kann.

Die Analyse von wirtschaftlich positiven und negativen Effekten von Regulierungen gehört denn auch zu den wichtigsten Aufgaben von Ökonominnen und Ökonomen, die für den Staat tätig sind. Oft werden solche Abklärungen als Regulierungsanalysen oder auch als Kosten-Nutzen-Analysen bezeichnet.

In der Schweiz zum Beispiel muss bei jeder geplanten staatlichen Regulierung untersucht werden, wie ihr Ziel ohne zu starke Effizienzeinbussen erreicht werden kann. Dafür wurde beim Bund auf Basis internationaler Erfahrungen die sogenannte *Regulierungsfolgeabschätzung* entwickelt. Bei jeder bundesrätlichen Botschaft, mit der dem Parlament eine Gesetzesänderung vorgeschlagen wird, werden heute in einem speziellen Kapitel die Auswirkungen auf die Volkswirtschaft dargelegt. Dazu dient ein Schema mit fünf Prüfpunkten:
1. Notwendigkeit und Möglichkeit staatlichen Handelns,
2. Auswirkungen auf die betroffenen gesellschaftlichen Gruppen,
3. Auswirkung auf die Gesamtwirtschaft,
4. alternative Regelungen,
5. Zweckmässigkeit im Vollzug.

Es wird also explizit nicht hinterfragt, ob ein bestimmtes gesellschaftspolitisches Ziel angestrebt werden soll oder nicht; denn dies ist ein politischer Entscheid, der meist nicht nur wirtschaftliche Hintergründe hat. Es besteht jedoch der klare Auftrag, jedes Vorhaben volkswirtschaftlich zu analysieren und zu prüfen, ob durch Alternativen das gleiche Ziel mit geringeren Kosten bezüglich der gesamtwirtschaftlichen Effizienz erreichbar wäre. So wird sichergestellt, dass die Rückwirkungen neuer Regelungen auf die Funktionsfähigkeit des Marktes – und damit auf den wirtschaftlichen Wohlstand – berücksichtigt wurden. Und es werden in diesem Prozess Vorschläge erarbeitet, wie allenfalls auftretende Probleme ganz oder teilweise behoben werden könnten.

Die generelle Zunahme der Regulierungen in komplexen, arbeitsteiligen Gesellschaften hat dazu geführt, dass in den meisten OECD-Ländern solche Kosten-Nutzen-Analysen bei wichtigen Gesetzgebungsprojekten an Bedeutung gewonnen haben.

Regulierungsfolgeabschätzung
Verfahren, um die Auswirkungen neuer Regulierungen auf die Volkswirtschaft aufzuzeigen.

In Kapitel 5 haben wir diese Vorgehensweise am Beispiel der Landwirtschaft bereits angewendet. Wir haben dort nicht das politische Ziel – die Förderung der Landwirtschaft – in Frage gestellt. Jedoch haben wir die ökonomische Analyse verwendet, um abzuleiten, wie dieses Ziel mit möglichst wenig Effizienzeinbusse zu erreichen ist. Direktzahlungen statt Preiseingriffe war das Ergebnis dieser Analyse, und begründet wurde es mit dem deutlich geringeren Wohlfahrtsverlust. Denn durch Direktzahlungen wird das zentrale Steuerungsinstrument der Marktwirtschaft – Preise, welche die Knappheiten korrekt anzeigen – deutlich weniger gestört.

6.7 Staatsversagen II: Die politische Ökonomie

6.7.1 Anreize für Politiker und Verwaltung

Die Volkswirtschaftslehre spricht gerade im Zusammenhang mit Marktversagen sehr oft davon, was ein Staat wirtschaftspolitisch tun oder lassen sollte. Für die Umsetzung in die Praxis gilt aber, dass Politikerinnen und Politiker diesen Handlungsempfehlungen in der Regel nicht tel quel folgen. Vielmehr sind sie politischen Zwängen unterworfen und können auch eigene Ziele verfolgen. Oder anders, in der Sprache der Mikroökonomie ausgedrückt: Sie reagieren auf Anreize. Wenn wir dies für Haushalte und Unternehmen als plausibel annehmen, dann mit gutem Recht auch für Politikerinnen und Politiker. Ein ganz wichtiges Ziel eines jeden Politikers ist es, wiedergewählt zu werden. Er muss sich also bei jedem Entscheid überlegen, wie sich dieser auf seine Wahlchancen auswirken wird.

Ein zweiter bedeutender Akteur neben den gewählten Politikerinnen und Politikern ist die Verwaltung. Da die Verwaltung häufig die Wirtschaftspolitik vorbereitet und zu einem grossen Teil auch konzipiert und umsetzt, müssen wir uns auch hier überlegen, welchen Anreizen sie unterliegt. Mitarbeiterinnen und Mitarbeiter öffentlicher Verwaltungen unterstehen zwar keiner Wiederwahlrestriktion, befinden sich jedoch häufig in einer Monopolsituation. Muss beispielsweise für eine wirtschaftliche Tätigkeit eine Bewilligung erteilt werden, so liegt dies oft in der Verantwortung einer einzelnen staatlichen Stelle. Es existiert kein Markt, der für die Effizienz dieser Tätigkeit sorgen könnte. Und die Skepsis vieler Ökonominnen und Ökonomen, was staatliche Problemlösungen betrifft, gründet meist auf diesem Fehlen der Kontrollinstanz «Wettbewerb». Entsprechend wichtig ist es, auch für die Bürokratie geeignete Anreize zu setzen, die vor allem bei der Organisation und bei der (hierarchischen) Kontrolle ansetzen.

Insgesamt ist die Analyse der Anreize und Verhaltensweisen von Politikerinnen und Politikern sowie der Verwaltung ein wichtiger Zweig der sogenannten *politischen Ökonomie*, oft auch mit ihrem englischen Namen als Public-Choice-Analyse bezeichnet. Denn diese Anreize und Verhaltensweisen sind bei wirtschaftspolitischen Empfehlungen zu berücksichtigen, sollen diese tatsächlich die Effizienz erhöhen.

6.7.2 Interessengruppen und Rentseeking

Neben den Politikern und der Verwaltung spielen private *Interessengruppen* eine wichtige Rolle bei der Umsetzung der Wirtschaftspolitik. Als Interessengruppen werden nichtgewählte Gruppierungen bezeichnet, die versuchen, den politischen Prozess zu ihren Gunsten zu beeinflussen. Darunter fallen etwa Berufsverbände, Gewerkschaften oder Arbeitgeberverbände.

Ein grosser Teil der wirtschaftspolitischen Diskussion dreht sich um die Wirkung von Massnahmen auf verschiedene Gruppen, sei dies die Arbeiterschaft, die Bewohnerinnen und Bewohner einer bestimmten Region, bestimmte Unternehmen oder einzelne Branchen. Fast jede dieser Gruppen wird durch eine Lobby, also eine Interessenorganisation, vertreten. Ziel dieser Organisationen ist es, staatliche Regulierungen zugunsten ihrer Gruppe ausgestaltet zu sehen. Weit weniger setzen sie sich – von den Anreizen her leicht verständlich – für die Zunahme der gesamtwirtschaftlichen Wohlfahrt ein.

Das sogenannte *Rentseeking*, mit «Suchen nach Renten» nur unzureichend übersetzbar, ist ein eng mit den Interessengruppen verbundener Begriff. Er bezeichnet deren Absicht, über Regulierungen oder staatliche Finanzen Vorteile für die vertretene Gruppe zu erzielen. So kann etwa eine bestimmte Branche versuchen, mithilfe der Politik die Importe von Konkurrenzprodukten zu beschränken, um dadurch die eigenen Gewinne zu steigern. Wie wir in Kapitel 7 sehen werden, liegt eine solche Politik nicht im Gesamtinteresse einer Volkswirtschaft. Es besteht eben häufig ein Gegensatz zwischen den Interessen einer bestimmten Gruppe und den Interessen der gesamten Wirtschaft oder der gesamten Bevölkerung.

Man könnte argumentieren, dass die Interessengruppen ja ein Abbild der verschiedenen Gruppen innerhalb der Gesellschaft seien und damit auch deren relative Grösse widerspiegeln sollten. Dem ist aber nicht so:

Politische Ökonomie
Zweig der Volkswirtschaftslehre, der die Interdependenzen von volkswirtschaftlichen und politischen Prozessen untersucht.

Interessengruppen
Unterschiedlich stark organisierte, nicht gewählte Gruppierungen, die versuchen, den politischen Prozess zu ihren Gunsten zu beeinflussen.

Rentseeking
Statt Ressourcen produktiv zu verwenden, werden diese eingesetzt, um über den politischen Prozess Umverteilungen zu erreichen.

Die Bedeutung von Interessengruppen entspricht in der Regel nicht ihrem Anteil an der Bevölkerung. Denn die Organisation von Interessen kostet Geld und Zeit, und es ist nicht für alle Gruppen gleich einfach und lohnend, diese knappen Ressourcen für ihre Interessenvertretung aufzubringen.

Unbestritten ist etwa in der Schweiz der Bauernverband politisch wesentlich einflussreicher als die Konsumentenorganisationen. Das ist auf den ersten Blick erstaunlich, weil ja die Bauern den Konsumentinnen und Konsumenten zahlenmässig weit unterlegen sind. Tatsächlich sind aber gerade die Interessen einer kleinen, intensiv betroffenen Gruppe einfacher zu organisieren – was auf den Bauernverband zutrifft. Er vertritt eine relativ kleine Gruppe, und jede Bäuerin und jeder Bauer hat durch Änderungen der Landwirtschaftspolitik viel zu gewinnen oder zu verlieren. Bei den Konsumentinnen und Konsumenten, die eine sehr grosse Gruppe darstellen, ist es gerade umgekehrt. Der Einzelne hat beim Abbau einer bestimmten Regulierung, beispielsweise bei der Lockerung einer Importrestriktion für Landwirtschaftsprodukte, nur relativ geringe Vorteile. In diesem Beispiel sind die Gewinne für den einzelnen Konsumenten also klein im Vergleich mit dem, was der einzelne Bauer zu verlieren hat. Insgesamt aber

TECHNISCHE BOX
Die unterschiedliche Organisierbarkeit von Interessen

Nehmen wir an, die Kosten für die Organisation einer bestimmten wirtschaftspolitischen Aktion, zum Beispiel für den Abbau einer Importbeschränkung, betrage eine Million Franken. Der Ertrag durch den Abbau der Importbeschränkung für die betroffene Gruppe belaufe sich auf 10 Millionen Franken. Wenn diese Gruppe nun aus einem einzigen Mitglied bestünde, wenn der Gewinn der Aktion also nur einer Person zugutekäme, dann ist vollkommen klar, dass dies eine hoch rentable Investition wäre. Kosten von 1 Million, Ertrag von 10 Millionen bedeutet einen Gewinn von 9 Millionen! Kein Zweifel, dass dieser Einzelne die Aktion sofort ergreifen würde.
Stellen wir uns nun vor, dass Ertrag und Kosten der Aktion gleich blieben, dass aber statt einer nun fünf Personen gleichmässig begünstigt wären, die Kosten von 1 Million Franken aber nur von einer Person getragen würden. Es würde sich nun aus Sicht eines Einzelnen immer noch lohnen, diese politische Aktion zu ergreifen, denn selbst wenn er alleine dafür aufkommen müsste, hätte er bei Kosten von 1 Million und einem Ertrag von 2 Millionen einen Gewinn von immerhin 1 Million Franken. Allerdings bestünde schon die Schwierigkeit, dass jeder der fünf fände, einer der anderen solle doch die Aktion finanzieren, da dann sein eigener Ertrag auf 2 Millionen steigen würde. Bedeutend schwieriger würde die Situation, wenn sich der Ertrag auf 20 Personen aufteilte. Dann würde es sich für den Einzelnen nicht mehr lohnen, diese Aktion durchzuführen, weil er bei einem Ertrag von 500 000 Franken und Kosten von 1 Million einen Verlust zu tragen hätte, falls die Finanzierung der Aktion nur an ihm hängen bliebe. Weil sich eine Lobbyaktion hier für den Einzelnen nicht mehr lohnt, erfordert es eine Organisation, die sicherstellt, dass mehrere für die Kosten der Aktion aufkommen. Das ist zwar möglich, doch benötigt es Zeit und Verhandlungen zwischen den Beteiligten. Mit jedem zusätzlichen Begünstigten wird die Situation schwieriger, wie dieses einfache Beispiel zeigt.
Stellen wir uns nun die Situation der Konsumentinnen und Konsumenten vor, bei denen es sich nicht um 20, sondern um Millionen handelt, die vom Abbau einer Importrestriktion profitieren würden. Für jeden Einzelnen ist der Ertrag zwar nach wie vor eindeutig positiv, aber eben sehr klein. Die Kosten betragen nach wie vor 1 Million Franken. Man kann sich vorstellen, wie schwierig und auch kostspielig es wird, bei einer so grossen Gruppe eine Lobby zu organisieren, die dann eine politische Aktion auch tatsächlich durchzusetzen vermag.

– und das ist natürlich die relevante Grösse für die gesamtwirtschaftliche Analyse – steigen, wie wir in Kapitel 7 zeigen werden, die Gewinne der Gesellschaft durch einen solchen Zollabbau.

Je grösser die Anzahl von Nutzniessern und je kleiner der erwartete Gewinn pro Kopf, desto schwieriger ist es, politische Interessen zu organisieren, wie in der technischen Box auf Seite 191 an einem Zahlenbeispiel erläutert wird. Das bedeutet, dass es wirtschaftspolitische Aktionen, von denen die Gesellschaft insgesamt profitieren würde, im politischen Prozess oft schwer haben.

Insgesamt ist es bei jeder Umsetzung wirtschaftspolitischer Massnahmen entscheidend, die Positionen der betroffenen Interessengruppen und ihre Einflussmöglichkeiten zu untersuchen. Ohne diese Analyse ist die Praxis der Wirtschaftspolitik nicht zu verstehen.

Zusammenfassung

1. Der Staat kann auf verschiedene Arten dazu beitragen, dass die effizienzsteigernden Effekte funktionierender Märkte ausgeschöpft werden.

2. Erstens kann der Staat ein funktionierendes Rechtssystem zur Verfügung stellen, insbesondere klar definierte Eigentumsrechte und gut durchgesetzte Vertragsrechte.

3. Zweitens kann der Staat in denjenigen Fällen korrigierend eingreifen, in denen die Preise die Knappheiten nicht korrekt angeben bzw. die Akteure an einer Reaktion auf korrekt angezeigte Knappheiten gehindert werden. Diese sogenannten klassischen Marktversagen umfassen externe Effekte, Monopolmacht, die Bereitstellung öffentlicher Güter und gewisse Fälle von asymmetrischen Informationen.

4. Drittens kann der Staat dafür sorgen, dass politisch gewünschte Regulierungen so ausgestaltet werden, dass sie die wirtschaftliche Effizienz so wenig wie möglich beeinträchtigen. Dabei geht es darum, zu vermeiden, dass Staatsversagen entstehen.

5. Die politische Ökonomie zeigt, dass die mikroökonomische Analyse der Entscheide von Konsumenten und Unternehmen auch auf Politiker angewendet werden muss. Auch sie reagieren auf Anreize, und das muss bei der Analyse von wirtschaftspolitischen Massnahmen berücksichtigt werden.

Repetitionsfragen

- Welche Arten von Marktversagen können unterschieden werden?

- Zeigen Sie grafisch, welche Menge der Monopolist anbieten würde, wenn die Grenzkosten null wären.

- Zeigen Sie anhand des obigen Beispiels (Grenzkosten = 0), wie gross der Wohlfahrtsverlust ist.

- Wie entstehen natürliche Monopole? Welches sind typische Beispiele?

- Auf welche drei Arten lassen sich Externalitätenprobleme lösen?

- Welche Ansatzpunkte können bei der freiwilligen Internalisierung unterschieden werden?

- Warum sind bei Externalitäten Eingriffe in das Preissystem sinnvoll?

- Welche zwei Eigenschaften zeichnen ein öffentliches Gut aus?

- Stellt die öffentliche Sicherheit (gewährleistet durch Armee und Polizei) ein öffentliches Gut dar? Begründen Sie Ihre Antwort.

- Welche Aufgabe fällt dem Staat bei Regulierungen aus ökonomischer Sicht zu?

ZENTRALE BEGRIFFE

Marktversagen S. 161	Kartell S. 169	Trittbrettfahrerverhalten S. 176
Staatsversagen S. 161	Verstaatlichung S. 170	Verursacherprinzip S. 177
Eigentumsrechte S. 163	Deregulierungen S. 170	Lenkungsabgabe S. 177
Vertragsrechte S. 163	Reregulierungen S. 170	Doppelte Dividende S. 178
Monopolmacht S. 164	Fusionskontrolle S. 171	Tinbergen-Regel S. 178
Marktzutrittsschranken S. 164	Harte Kartelle S. 172	Öffentliche Güter S. 179
Wettbewerbspolitik S. 164	Oligopol S. 173	Asymmetrische Information S. 183
Vollständige Konkurrenz S. 164	Monopolistische Konkurrenz S. 173	Adverse Selektion S. 183
Grenzertrag S. 165	Externe Effekte S. 173	Moral Hazard S. 184
Durchschnittskosten S. 166	Private Grenzkosten S. 173	Regulierungsfolgeabschätzung S. 188
X-Ineffizienz S. 166	Soziale Grenzkosten S. 173	Politische Ökonomie S. 190
Natürliches Monopol S. 168	Internalisierung S. 175	Interessengruppen S. 190
Fixkosten S. 168	Freiwillige Internalisierung S. 175	Rentseeking S. 190
Regulierung S. 168	Coase-Theorem S. 175	

7 Internationale Arbeitsteilung

Das Ausmass, das die Arbeitsteilung heutzutage erreicht hat, ist schier unglaublich. Wir alle konzentrieren uns in unserer Arbeit auf eine einzige hoch spezialisierte Tätigkeit und verlassen uns darauf, dass alle anderen lebenswichtigen Güter und Dienstleistungen von anderen produziert werden und jederzeit erhältlich sind. An dieser Spezialisierung sehen wir, welch eine fantastische Koordinationsleistung Märkte vollbringen. Zu Recht machen wir uns nämlich keine Sorgen, dass eines Tages plötzlich der Zugang zu Lebensmitteln, medizinischer Versorgung oder Energie gefährdet wäre; die «unsichtbare Hand» sorgt für die entsprechende Lenkung der Ressourcen. Gleichzeitig ermöglicht diese extreme Spezialisierung einen Lebensstandard, der in einer Gemeinschaft von Selbstversorgern absolut undenkbar wäre.

Dieses Kapitel behandelt zuerst die Spezialisierung im Allgemeinen, wendet sich dann aber spezifisch der internationalen Arbeitsteilung zu. Unter dem Begriff der *Globalisierung* gehört diese zu den am heissesten debattierten Themen der wirtschaftspolitischen Diskussion. Viele haben den Eindruck, dass die Globalisierung in erster Linie Probleme bereite und zahlreiche Länder, besonders die Entwicklungsländer, benachteilige. Auf kaum einem anderen Gebiet sind jedoch die öffentliche Meinung und die Sicht der Ökonominnen und Ökonomen so konträr. Ökonomen streiten sich über viele Dinge, aber über etwas herrscht eine geradezu verblüffende Einigkeit: Die internationale Arbeitsteilung ist für den Wohlstand eindeutig positiv – und zwar für den Wohlstand aller beteiligten Länder. Das ist eine fundamentale Erkenntnis der volkswirtschaftlichen Analyse.

Vor allem zwei Aspekte dürften dafür verantwortlich sein, dass die Globalisierung in der öffentlichen Diskussion einen wesentlich schlechteren Ruf hat, als aufgrund der ökonomischen Analyse gerechtfertigt scheint. Erstens spielt uns bei der Beurteilung der Arbeitsteilung die Intuition meist einen Streich. Man hat den Eindruck, dass arme Länder überhaupt keine Chance hätten, mit reichen Ländern erfolgreich zu konkurrieren. Dieser intuitiv verständliche Eindruck erweist sich bei näherer Betrachtung als irreführend, da nicht absolute, sondern komparative Vorteile für den Wohlstandsgewinn durch Arbeitsteilung entscheidend sind. Und derartige Vorteile weisen auch arme Entwicklungsländer auf, wie wir noch erläutern werden. Zweitens führt die verstärkte Globalisierung in allen Ländern zu einem Anpassungsdruck, der einen beschleunigten Strukturwandel auslöst. Dies führt dann oft zum Niedergang bestimmter Industriezweige, aber gleichzeitig zum Aufbau neuer Branchen. Dieser Prozess ist die Quelle jeder Wohlstandssteigerung – wie die Tatsache zeigt, dass erst seit

---

7.1 Spezialisierung und komparative Vorteile

7.2 Wohlfahrtseffekte internationalen Handels

7.3 Protektionismus

7.4 Regionale wirtschaftliche Integration

7.5 Schweizer Aussenwirtschaftspolitik

Globalisierung
Zunehmende ökonomische Abhängigkeit einzelner Volkswirtschaften durch den wachsenden grenzüberschreitenden Handel, das Anwachsen der Finanzströme und die raschere Verbreitung von Technologien.

der Intensivierung der internationalen Arbeitsteilung vor rund 200 Jahren das Wachstum auf breiter Ebene eingesetzt hat. Die daraus resultierenden Vorteile sind aber eher längerfristig erkennbar, während die entsprechenden Anpassungskosten kurzfristig und sehr direkt sichtbar sind. Die mit dem Strukturwandel oft in Verbindung gebrachte Globalisierung wird daher verständlicherweise zum Ziel des öffentlichen Unmuts. Allerdings beruht dies, wie wir noch erkennen werden, auf einer recht kurzfristigen Betrachtungsweise, welche die längerfristigen Vorteile ausser Acht lässt.

Das Kapitel ist folgendermassen aufgebaut:
- 7.1 analysiert die positiven Wohlstandswirkungen jeglicher Arbeitsteilung.
- 7.2 demonstriert die Wohlfahrtssteigerung durch internationalen Handel mithilfe des mikroökonomischen Grundmodells.
- 7.3 zeigt, warum Protektionismus, also die Beschränkung des internationalen Handels, mit Wohlstandsverlusten verbunden ist.
- 7.4 behandelt die wirtschaftliche Integration, d. h. die Bildung von Ländergruppen, die untereinander den Handel stärker liberalisieren, und verfolgt die Entwicklung der EU, des für die Schweiz wichtigsten Integrationsraums.
- 7.5 befasst sich mit der Schweizer Aussenwirtschaftspolitik, erklärt ihre Grundprinzipien und wesentlichen Ansätze und erläutert insbesondere das Verhältnis der Schweiz zur europäischen Integration.

7.1 Spezialisierung und komparative Vorteile

Nationale wie internationale Arbeitsteilung basiert auf der Spezialisierung. Sie ist eine wesentliche Quelle der Wohlstandsgewinne in den letzten Jahrhunderten. Wir werden deshalb zuerst die Hauptelemente der Spezialisierung aufzeigen. In einem zweiten Schritt besprechen wir das zentrale Konzept des internationalen Handels, die Idee des komparativen Vorteils. Sie erklärt, wieso die (inter)nationale Arbeitsteilung für alle Beteiligten Wohlstandsgewinne bringt.

7.1.1 Spezialisierung und Marktgrösse

Neben der «unsichtbaren Hand» hat Adam Smith noch eine zweite elementare Überlegung in die Ökonomie eingebracht: die Idee der *Spezialisierung*. Die Kombination von Koordinationsleistung der «unsichtbaren Hand» und Spezialisierung erklärt zu einem grossen Teil die enorme Wohlstandsverbesserung der letzten 200 Jahre in den Industrieländern. Diese zwei Jahrhunderte unterscheiden sich wirtschaftlich von den vorhergehenden Perioden in erster Linie durch eine massive Zunahme der Spezialisierung aufgrund des Übergangs zu einer stetig wachsenden internationalen *Arbeitsteilung*; und dies in zunehmendem Masse nach marktwirtschaftlichen Prozessen.

Spezialisierung
Fokussierung auf relativ wenige Produktionsstufen innerhalb des Produktionsprozesses.

Arbeitsteilung
Aufteilung des Produktionsprozesses in einzelne Arbeitsschritte, die durch jeweils verschiedene Wirtschaftseinheiten ausgeführt werden.

Worin besteht die Grundidee der Spezialisierung? Adam Smith hat sie am einfachen Beispiel der Produktion von Nadeln demonstriert. Auf der Basis der damals, also etwa 1770, verfügbaren Technologie stellte er zunächst Folgendes fest: 10 Personen konnten pro Tag etwa 200 Nadeln herstellen, wenn jede Person jeden einzelnen Produktionsschritt selbst erledigte. Wurden diese 10 Personen aber stattdessen arbeitsteilig eingesetzt, wobei sich jeder nur auf einen gewissen Teilschritt spezialisierte, dann konnten pro Tag an die 50 000 Nadeln produziert werden. Diese phänomenale Steigerung der Produktivität und damit des erzielbaren Wohlstands beruht auf der Aufteilung der Arbeitsschritte, also eben auf der Spezialisierung.

Die Analyse des Spezialisierungsprozesses liefert aber noch eine zweite wesentliche Erkenntnis: die Bedeutung der Marktgrösse. Denn je mehr Personen sich an der Spezialisierung beteiligen, desto grösser sind die so erreichbaren Wohlstandsgewinne.

Stellen wir uns vor, die Wirtschaft wäre auf ein Dorf mit ein paar Dutzend Einwohnerinnen und Einwohnern beschränkt. Es ist klar, dass hier die Arbeitsteilung rasch an ihre natürlichen Grenzen stösst. Durch die Arbeitsteilung lässt sich ein gewisser bescheidener Wohlstandsgewinn erreichen, aber aufgrund der Kleinheit des Marktes bleibt die Spezialisierung stark beschränkt. Schliesst sich das Dorf jedoch mit anderen Dörfern zusammen und lassen diese untereinander freien Handel zu, so nehmen die Möglichkeiten der Arbeitsteilung wesentlich zu. Noch weiter kann die Spezialisierung vorangetrieben werden, wenn diese Freihandelszone ein ganzes Land umfasst, beispielsweise die Schweiz mit mehreren Millionen Einwohnerinnen und Einwohnern. Aber auch die Schweiz ist immer noch ein recht kleiner Markt, verglichen mit den Möglichkeiten, die der Weltmarkt bietet.

Und damit erreichen wir die Dimension des internationalen Handels. Es sind nicht mehr Millionen, sondern Milliarden von Personen, die in den Prozess der Arbeitsteilung eingebunden werden können. Erinnert man sich an das einfache Beispiel von Adam Smiths Nadelfabrik, so wird klar, welch gewaltiges Potenzial zur Wohlstandssteigerung sich eröffnet, sobald die Arbeitsteilung über nationale Grenzen hinaus ausgedehnt werden kann.

Der Reichtum, den sich viele Länder in den letzten 200 Jahren erarbeiten konnten, basiert auf dieser Arbeitsteilung. Eine Gesellschaft von Selbstversorgern hätte nicht die geringste Chance gehabt, ein nur annähernd vergleichbares Wohlstandsniveau zu erreichen. Das Geheimnis hinter dieser Explosion an Wohlstand ist, dass sich jede einzelne Person in ihrer Arbeit extrem spezialisiert und letztlich nur einen kleinen Schritt in der Produktion eines ganz bestimmten Gutes leistet. Alle anderen Güter und Dienstleistungen produziert sie nicht selbst, sondern kauft sie sich mit dem Ertrag aus ihrer spezialisierten Tätigkeit.

7.1.2 Das Prinzip des komparativen Vorteils

Oft wird die Ansicht vertreten, dass die internationale Arbeitsteilung zwar für die Industrieländer vorteilhaft sei, die Entwicklungsländer dabei aber das Nachsehen hätten. Diese Sichtweise lässt sich in folgender Frage zusammenfassen: Wenn die Industrieländer so gut wie alle Güter und Dienstleistungen effizienter produzieren, womit können dann die Entwicklungsländer überhaupt konkurrieren?

Will man diese Frage beantworten, muss man ein zentrales Konzept hinzuziehen, das David Ricardo – auch er ein grosser Klassiker der Ökonomie – entwickelt hat: die Idee des komparativen Vorteils. Sie zeigt, dass auch Personen oder eben Länder, die in der Herstellung aller ihrer Güter weniger produktiv sind, mit Gewinn am internationalen Handel teilnehmen können.

Am besten lässt sich dieses Konzept an einem einfachen Beispiel erläutern, das zunächst nichts mit internationaler Arbeitsteilung zu tun zu haben scheint. Und zwar stellen wir uns die Frage, ob Roger Federer selber Rasenmähen sollte oder ob er dies besser an ein zwölfjähriges Kind aus seiner Nachbarschaft delegieren sollte, das damit sein Taschengeld aufbessern will. Sicherlich kann Roger Federer als ehemaliger durchtrainierter Spitzensportler diese Arbeit schneller erledigen. Nehmen wir an, er benötige dafür zwei Stunden, das Nachbarskind dagegen doppelt so lange, also vier Stunden. Kann es sich bei dieser Ausgangslage für Federer wirklich lohnen, die Arbeit zu delegieren?

Um diese Frage zu beantworten, müssen wir uns überlegen, wie hoch die jeweiligen Opportunitätskosten der beiden sind, was sie also anstelle des Rasenmähens anderes tun könnten. In den zwei Stunden, die er für das Mähen seines Rasens benötigen würde, könnte Roger Federer beispielsweise einen Werbespot drehen und dafür, nehmen wir einmal an, 10 000 Franken kassieren. Das Kind dagegen hätte in seinen vier Stunden mit Gartenarbeit bei einem anderen Nachbarn 60 Franken verdienen können.

Es ist klar, dass Federer in beiden Tätigkeiten produktiver ist: Wir können davon ausgehen, dass er den Rasen schneller, also effizienter mähen kann als ein Zwölfjähriger und dass er gleichzeitig eindeutig mehr verdient als das Kind, wenn er bei einem Werbespot mitmacht. Bei beiden Tätigkeiten hat er einen *absoluten Vorteil* gegenüber dem Nachbarskind, und auf den ersten Blick scheint es keine Möglichkeit zur Arbeitsteilung zu geben. Genau hier aber kommt die Idee des *komparativen Vorteils* ins Spiel. Sie besagt Folgendes:

Stellen zwei Produzenten dasselbe Gut her, so hat derjenige einen komparativen Vorteil, dessen Opportunitätskosten für die Produktion dieses Gutes geringer sind.

In unserem Beispiel belaufen sich Federers Opportunitätskosten des Rasenmähens auf 10 000 Franken, die des Nachbarskinds auf 60 Franken.

Absoluter Vorteil
Gegenüber dem Handelspartner höhere Produktivität bei der Produktion eines Gutes.

Komparativer Vorteil
Gegenüber dem Handelspartner geringere Opportunitätskosten bei der Produktion eines Gutes.

Obwohl das Kind in beiden Tätigkeiten weniger produktiv ist – es hat einen absoluten Nachteil in beiden –, besitzt es zugleich einen komparativen Vorteil; nämlich beim Rasenmähen. Es kann deshalb mit Gewinn an diesem Handel teilnehmen, denn für Federer lohnt es sich, ihm für seine Arbeit einen Betrag zwischen 60 und 10 000 Franken zu bezahlen. Dank dieses Unterschieds im relativen oder eben komparativen Vorteil lohnt es sich für beide, sich zu spezialisieren: das Nachbarskind auf das Rasenmähen, Federer auf den Werbespot.

Wir können diese Überlegung eins zu eins auf Länder übertragen. Natürlich ist es so, dass die Entwicklungsländer in der Effizienz der Produktion praktisch sämtlicher Güter den Industrieländern unterlegen sind. Anders gesagt, die Industrieländer haben absolute Vorteile in mehr oder weniger allen Tätigkeiten. Dennoch können die beiden mit jeweils sehr grossem Gewinn miteinander Handel treiben, weil die Entwicklungsländer komparative Vorteile haben in der Produktion von Gütern, bei denen der Produktivitätsunterschied nicht so gross ist. In der Regel sind dies Tätigkeiten, die weniger Investitionen in Kapital oder Technologien benötigen.

Die beiden Konzepte, die wir in diesem Abschnitt kennengelernt haben – die Vorteile der Spezialisierung und die Idee des komparativen Vorteils –, bilden die Basis zum Verständnis der Frage, warum nationaler oder internationaler Handel nicht nur für einzelne, sondern eben für alle Beteiligten vorteilhaft ist.

7.2 Wohlfahrtseffekte internationalen Handels

Wir wollen nun diese intuitiven Überlegungen etwas präziser fassen und mithilfe des einfachen mikroökonomischen Konzepts erläutern, warum der internationale Handel die Wohlfahrt eines Landes erhöht.

Autarkie
Situation, in der ein Land ausschliesslich im Inland produzierte Güter und Dienstleistungen verwendet, also keinen internationalen Handel betreibt.

Wir gehen dabei von einer Situation der *Autarkie* aus, das heisst, wir stellen uns ein Land vor, das keinen Handel treibt, und betrachten den Markt für ein bestimmtes Produkt. Wird kein Handel getrieben, gilt ein einfacher, aber wichtiger Grundsatz: Alles, was in einem Land konsumiert wird, muss auch in diesem Land produziert werden. In die Sprache der Ökonomie übersetzt: Bei Autarkie muss für jedes Gut das inländische Angebot immer gleich der inländischen Nachfrage sein. Abbildung 7.1 stellt diesen Fall für ein bestimmtes Produkt dar. Ebenso dargestellt sind die Konsumenten- und die Produzentenrente im Marktgleichgewicht.

Abb. 7.1 Wohlfahrt bei Autarkie

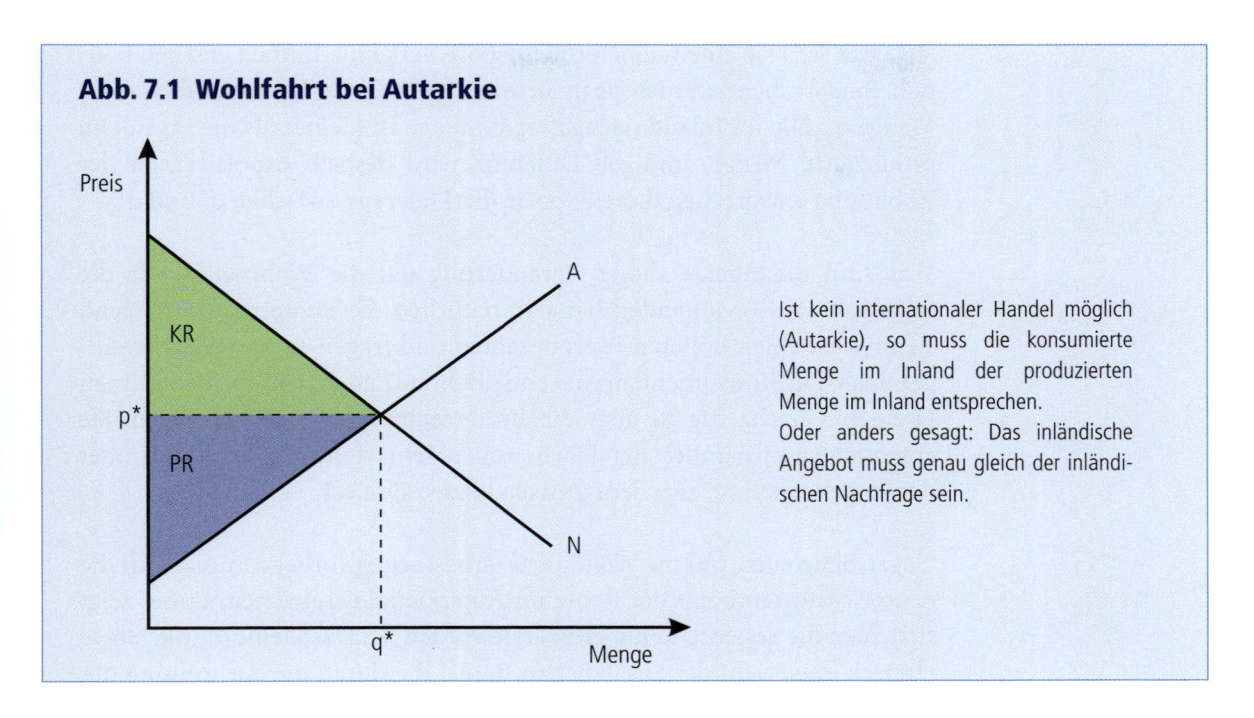

Ist kein internationaler Handel möglich (Autarkie), so muss die konsumierte Menge im Inland der produzierten Menge im Inland entsprechen.
Oder anders gesagt: Das inländische Angebot muss genau gleich der inländischen Nachfrage sein.

Nehmen wir jetzt an, das betrachtete Land öffne sich dem internationalen Handel. In diesem simplen Schema bedeutet Handel mit dem Ausland ganz einfach, dass nicht mehr der Gleichgewichtspreis p* gilt, der sich am Schnittpunkt von Angebots- und Nachfragekurve bildet. Vielmehr ist jetzt neu der Weltmarktpreis für das betrachtete Gut relevant. Dieser Weltmarktpreis kann entweder höher oder tiefer liegen als der inländische Gleichgewichtspreis. Da internationaler Handel möglich ist, müssen Angebot und Nachfrage des Inlands nicht mehr gleich gross sein, sodass in einem Land je nach Weltmarktpreis mehr konsumiert als produziert (Import) oder mehr produziert als konsumiert (Export) werden kann. Diese beiden Fälle wollen wir jetzt grafisch analysieren und uns jeweils fragen, wie die Wohlfahrt im Inland sich dabei verändert.

Beginnen wir mit dem Fall, dass der Preis eines Gutes auf dem Weltmarkt höher liegt als der Inlandspreis bei Autarkie. Der Weltmarktpreis ist in Abbildung 7.2 auf Seite 202 entsprechend über dem inländischen Gleichgewichtspreis eingezeichnet. Was ändert sich durch diesen Weltmarktpreis gegenüber der Situation bei Autarkie?

Zu diesem höheren Preis werden die inländischen Nachfragerinnen und Nachfrager weniger kaufen als bei Autarkie. Konkret fragen sie nur noch die Menge q_m nach. Gleichzeitig ist natürlich der hohe Preis für die Anbieter attraktiv, weil sie einen höheren Ertrag pro verkaufte Einheit erzielen können. Entsprechend werden sie mehr von diesem Gut anbieten, und zwar die Menge q_a. Die im Inland nachgefragte Menge ist kleiner als die im Inland produzierte Menge, und die Differenz wird deshalb exportiert. In der Abbildung entsprechen diese Exporte der Differenz zwischen q_a und q_m.

Was sind die Effekte dieser Veränderung auf die Wohlfahrt? Für die inländischen Konsumenten hat sich natürlich die Rente reduziert, denn sie müssen einen höheren Preis bezahlen und fragen entsprechend weniger nach. Die Konsumentenrente entspricht nur noch dem kleinen grünen Dreieck. Gleichzeitig ist aber die Produzentenrente stark gestiegen. Sie entspricht nun nämlich der Fläche unter dem Weltmarktpreis und über der Angebotskurve, also dem grossen blauen Dreieck.

Um zu beurteilen, ob eine Wohlfahrtsverbesserung vorliegt, müssen wir die neue Gesamtrente mit der Rente im Autarkiefall vergleichen. Dabei zeigt sich, dass die gesamte Rente grösser geworden ist. Das kleine, dunkelblaue Dreieck entspricht der zusätzlichen Rente, die durch die Ausweitung des Marktes, also durch den internationalen Handel, entstanden ist.

Betrachten wir nun den zweiten Fall, der zeigt, dass sich die positiven Wohlfahrtseffekte des internationalen Handels auch dann einstellen, wenn

Abb. 7.2 Wohlfahrtseffekte des Handels (hoher Weltmarktpreis)

Liegt der Weltmarktpreis p* über dem Gleichgewichtspreis bei Autarkie, übersteigt die inländische Produktion den inländischen Konsum. Dieser Überschuss wird exportiert. Aus Wohlfahrtssicht sinkt zwar die Konsumentenrente, die Produzentenrente steigt jedoch. Insgesamt resultiert ein Zuwachs der Gesamtrente, der hier durch die dunkelblaue Fläche markiert ist.

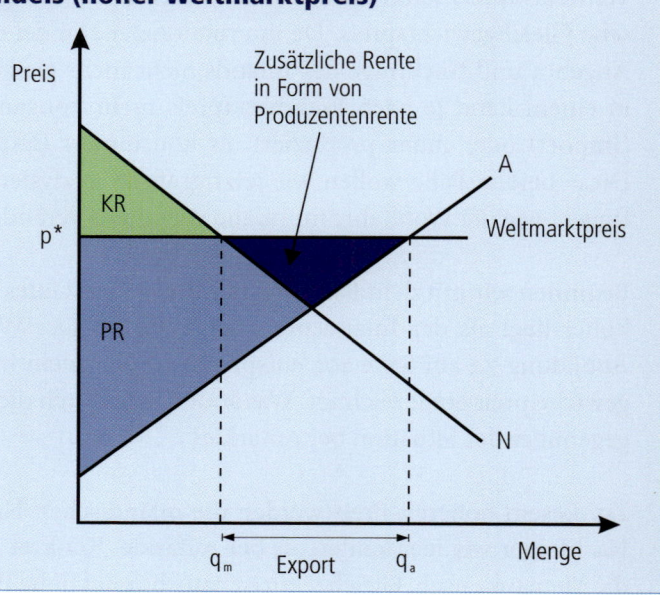

Abb. 7.3 Wohlfahrtseffekte des Handels (tiefer Weltmarktpreis)

Liegt der Weltmarktpreis p* unter dem Gleichgewichtspreis bei Autarkie, übersteigt der inländische Konsum die inländische Produktion. Dieser Überschuss wird importiert. Aus Wohlfahrtssicht sinkt zwar die Produzentenrente, die Konsumentenrente steigt jedoch. Insgesamt resultiert ein Zuwachs der Gesamtrente, der hier durch die dunkelgrüne Fläche markiert ist.

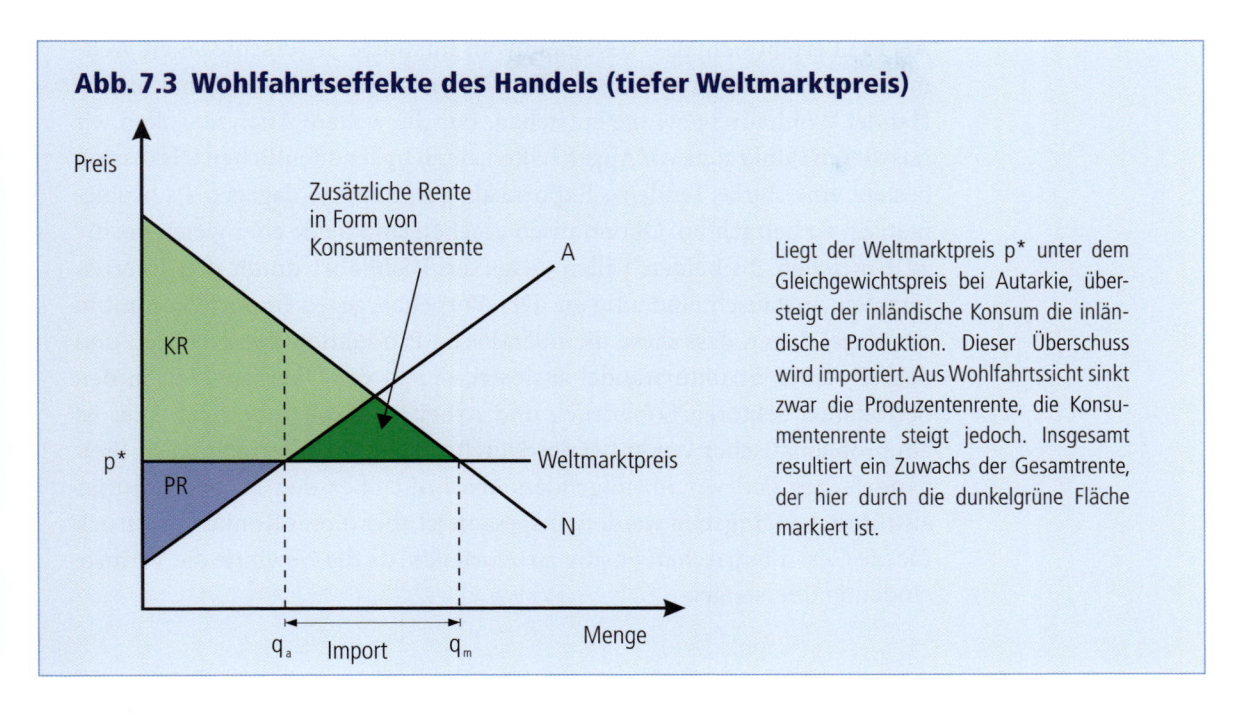

der Weltmarktpreis tiefer liegt als der inländische Preis bei Autarkie. Dieser zweite Fall ist in Abbildung 7.3 dargestellt.

Zum Weltmarktpreis werden die Konsumentinnen und Konsumenten mehr nachfragen als bei Autarkie, und zwar die Menge q_m. Gleichzeitig hat sich die Situation für die Produzenten verschlechtert, weil der neue Preis tiefer liegt. Entsprechend werden sie weniger produzieren, nämlich nur die Menge q_a. Wieder entsteht im Inland eine Differenz zwischen der produzierten und der konsumierten Menge, nur ist in diesem Fall die konsumierte Menge höher als die produzierte. Der Teil der nachgefragten Menge, der zu diesem Preis nicht im Inland produziert wird, muss importiert werden.

Analysieren wir nun die Wohlfahrtsveränderung, so zeigt sich, dass die Produzentinnen und Produzenten durch den tieferen Preis einen Verlust an Produzentenrente erlitten haben; sie entspricht jetzt nur noch dem kleinen blauen Dreieck. Die Konsumentinnen und Konsumenten andererseits haben einen Zuwachs an Konsumentenrente erfahren, entsprechend der grossen grünen Fläche. Wie man unschwer erkennt, ergibt sich auch in diesem Fall eine Wohlfahrtsverbesserung im Ausmass des dunkelgrünen Dreiecks. Dies ist der Zuwachs an gesamtwirtschaftlicher Rente. Ein Land gewinnt durch die Spezialisierung deshalb auch im Fall eines Gutes, bei dem es im internationalen Handel auf der Importseite steht.

Als Fazit ergibt sich, dass bei einem vom Inlandpreis verschiedenen Weltmarktpreis – also praktisch in allen Fällen – durch den internationalen Handel Wohlfahrtsgewinne entstehen. Für die weitere Analyse wollen wir uns diesen Punkt stets vor Augen halten, denn in der öffentlichen Diskussion besteht eine starke Tendenz, Exporte als gut, Importe dagegen als problematisch zu betrachten. Ökonomisch gesehen sind beide aber gleich positiv zu beurteilen. In beiden Fällen steigt die Wohlfahrt durch den internationalen Austausch eindeutig an. Der Vorbehalt gegen Importe kommt in der Regel daher, dass diese die inländische Produktion konkurrieren und deshalb einen Strukturwandel auslösen, der in der Übergangszeit in den betroffenen Sektoren Lohndruck und Arbeitsplatzabbau bewirkt. Dies ist ein problematischer Punkt bei der Durchsetzung des internationalen Freihandels, auf den wir im folgenden Abschnitt über den Protektionismus ausführlicher eingehen werden. Insgesamt ist aber dieser Konkurrenzdruck für die Gesamtwirtschaft positiv zu beurteilen, da die Gewinne die Verluste eindeutig übersteigen.

7.3 Protektionismus

Die Wohlfahrtsanalyse zeigt unmissverständlich die positiven Effekte des internationalen Handels auf die Wohlfahrt. Trotzdem beobachten wir in der Realität regelmässig Fälle von sogenanntem *Protektionismus*, d.h. Eingriffen in den internationalen Handel. In diesem Abschnitt gehen wir der Frage nach, wie sich der Protektionismus auswirkt und warum es so schwierig ist, ihn einzudämmen.

Protektionismus
Handelspolitische Massnahmen mit dem Ziel, die inländischen Produzenten vor ausländischer Konkurrenz zu schützen.

7.3.1 Wohlfahrtsverluste durch Zölle

Internationaler Freihandel bringt Vorteile für die Wohlfahrt, und jeder Eingriff beeinträchtigt diese Vorteile. Dies gilt auch dann, wenn der Staat durch den Eingriff Zolleinnahmen abschöpfen kann, was im Übrigen in der Vergangenheit oft das Hauptmotiv für die Erhebung von Zöllen war. Wir können die Effekte wiederum anhand der bekannten Grafik illustrieren. Abbildung 7.4 zeigt die Auswirkungen eines *Zolls* auf die Wohlfahrt.

Zoll
Steuer auf dem Import von Gütern und Dienstleistungen.

Wir betrachten die Situation, in welcher der Weltmarktpreis p^* tiefer ist als der Preis, der sich bei Autarkie bilden würde. In diesem Fall wird das betrachtete Land das betreffende Gut importieren. Bei Freihandel würde sich ein Marktgleichgewicht beim Preis p^* und der Menge q^* einstellen. Da in diesem Beispiel der Staat jedoch auf jede importierte Einheit einen proportionalen Zoll in der Höhe von t erhebt, erhöht sich der Preis pro Einheit folglich von p* auf p*+ t. Aufgrund dieser Preiserhöhung reduziert sich die nachgefragte Menge von q* auf q.

Untersuchen wir nun die Effekte dieser Veränderung auf die Wohlfahrt. Die Konsumentenrente hat sich durch die Erhöhung des Preises reduziert, und zwar um das Viereck BCDE. Was geschieht nun mit diesem Verlust an Konsumentenrente, d. h., wer hat die Differenz erhalten? Aufgrund des steigenden Preises wird im Inland mehr von diesem Gut produziert, und es erhöht sich die Produzentenrente. Diese zusätzliche Produzentenrente entspricht dem blauen Viereck. Gleichzeitig schafft der Zoll Einnahmen für den Staat. Diese Zolleinnahmen entsprechen der importierten Menge, multipliziert mit dem Zollsatz, also dem orange eingezeichneten Viereck.

Diese beiden Effekte, also die zusätzliche Produzentenrente und die zusätzlichen Zolleinnahmen, stellen jedoch lediglich eine Umverteilung der Rente von den Konsumenten an die Produzenten und den Staat dar: Es entsteht dadurch noch kein gesamtwirtschaftlicher Rentenverlust. Die beiden kleinen roten Dreiecke dagegen stellen jenen Teil der entgange-

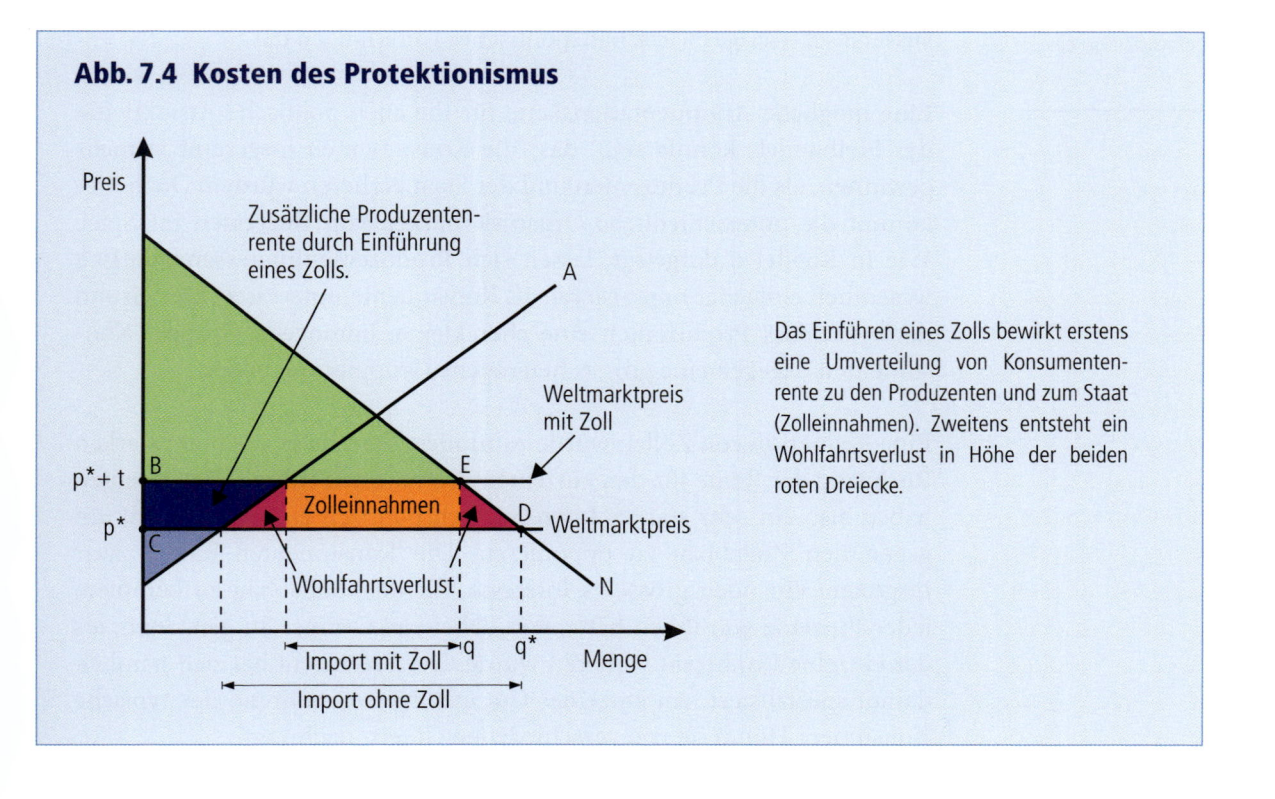

Abb. 7.4 Kosten des Protektionismus

Das Einführen eines Zolls bewirkt erstens eine Umverteilung von Konsumentenrente zu den Produzenten und zum Staat (Zolleinnahmen). Zweitens entsteht ein Wohlfahrtsverlust in Höhe der beiden roten Dreiecke.

nen Konsumentenrente dar, der niemandem zugutekommt und damit der Volkswirtschaft verloren geht. Der Protektionismus bewirkt also trotz der zusätzlichen Zolleinnahmen einen gesamtwirtschaftlichen Wohlfahrtsverlust. Dieser entsteht, weil der Zollschutz den beidseitig vorteilhaften Handel einschränkt und damit verhindert, dass das volle Potenzial der effizienzsteigernden Spezialisierung ausgeschöpft werden kann.

7.3.2 Politische Ökonomie des Protektionismus

Es stellt sich natürlich die Frage, warum der Protektionismus trotz seiner unzweifelhaft negativen Wohlfahrtseffekte so weit verbreitet ist. Dies lässt sich nur mit einer politisch-ökonomischen Analyse beantworten.

Abbildung 7.4 zeigt, dass der Übergang von einer Situation mit Zoll zu einer Situation mit Freihandel eine relativ starke Umverteilung mit sich bringt. Sie erfolgt zugunsten der Konsumentinnen und Konsumenten und zulasten der Produzentinnen und Produzenten und des Staates. Auch wenn der Gesamteffekt für die Volkswirtschaft eindeutig positiv ist, gibt es bei einer solchen Änderung der Politik trotzdem klar identifizierbare Verlierer. Die Erfahrung zeigt dass jede *Umverteilung*, die klare Verlierer schafft, politisch schwer zu realisieren ist. Ein Abbau des Protektionismus stellt also ein äusserst schwieriges wirtschaftspolitisches Unterfangen dar.

Umverteilung
Prozess, der die Verfügbarkeit von Ressourcen für einzelne wirtschaftliche Akteure verändert, meist um die Verteilung gleichmässiger auszugestalten.

Eine mögliche Argumentationskette für die auch politische Attraktivität des Freihandels könnte sein, dass die Konsumenten insgesamt ja mehr gewinnen, als die Produzenten und der Staat verlieren würden. Doch hier kommt die unterschiedliche Organisierbarkeit von Interessen ins Spiel. Wie in Kapitel 6 dargelegt, lassen sich Produzenteninteressen politisch wesentlich einfacher organisieren als Konsumenteninteressen. Der Grund dafür ist, dass Produzenten eine eher kleine, homogene Gruppe, Konsumenten dagegen eine grosse, heterogene Gruppierung bilden.

Eine Reduktion von Zöllen würde zumindest kurzfristig zu einem starken Rückgang der Rente für den einzelnen Produzenten führen. Produzenten haben also ein sehr starkes Interesse, sich politisch zu organisieren, um gegen den Zollabbau zu opponieren. Die Konsumenten hätten zwar insgesamt ein noch grösseres Interesse, für den Zollabbau zu kämpfen; jeder Einzelne von ihnen hätte aber dabei viel weniger zu gewinnen, als der einzelne Produzent verlieren würde. Der Produzent hat sich nämlich darauf spezialisiert, ein einzelnes Gut anzubieten, während der typische Konsument Hunderte von verschiedenen Gütern nachfragt.

Das Interesse der Produzenten am Protektionismus ist aber ein kurzfristiges, um nicht zu sagen ein kurzsichtiges: Durch Protektionismus kann sich eine Produzentengruppe für eine gewisse Zeit zwar eine künstliche (da auf Staatseingriffen beruhende) Rente sichern, mit der Zeit wird es für sie jedoch immer dringlicher, ihre Strukturen den sich laufend verändernden weltwirtschaftlichen Verhältnissen anzupassen. Ein Aufschieben des Strukturwandels macht die zuletzt unvermeidliche Anpassung immer schmerzhafter, weshalb man durchaus behaupten kann, dass der Protektionismus auch den vermeintlichen Gewinnern schadet. Eindrücklich führt uns dies das Beispiel der schweizerischen Landwirtschaft vor Augen. Jahrzehntelanger Protektionismus hat diese Branche international so abgeschottet, dass die heutigen Strukturen kaum noch konkurrenzfähig sind. Auch wenn in den letzten Jahren gewisse Anpassungsschritte an den internationalen Wettbewerb erfolgt sind, steht noch ein grosser Strukturwandel bevor; und die Zeit drängt, denn in internationalen Verhandlungen wird der Druck zum Abbau der Handelsschranken wohl eher grösser. Es sei daher noch einmal erwähnt: Protektionismus kann zwar kurzfristig Schutz bieten, er fügt aber mittel- bis langfristig auch den Produzenteninteressen Schaden zu.

Nicht unerwartet überwiegt in der politischen Debatte allerdings die kurzfristige Betrachtungsweise, und entsprechend spielen protektionistische Produzenteninteressen in der Handelspolitik eine zentrale Rolle. Kommt hinzu, dass bei einem Zollabbau der Staat selbst Einnahmen einbüsst, weshalb er sich oft nicht übermässig motiviert für einen Zollabbau einsetzt. Diese Konstellation macht es so schwierig, Protektionismus abzubauen. Oft sind mühsame internationale Verhandlungen erforderlich, um eine Freihandelspolitik innenpolitisch durchzusetzen, die ja eigentlich im ureigensten gesamtwirtschaftlichen Interesse aller Beteiligten liegt.

Zusammengefasst zeigt diese Analyse, weshalb der politische Kampf gegen den Protektionismus äusserst schwierig zu führen ist: Bei dem Versuch, den internationalen Freihandel einzuführen, stehen den schlecht organisierten Konsumenteninteressen die äusserst gut organisierten Produzenten entgegen.

7.3.3 Formen der Handelsliberalisierung

Die Handelsliberalisierung, also der Abbau von protektionistischen Schranken zwischen Ländern, kann auf drei Arten verwirklicht werden: multilateral, regional oder bilateral.

> **Multilaterale Handelsliberalisierung**
> Abbau protektionistischer Schranken zwischen den meisten Ländern.

Die erste Möglichkeit besteht in der *multilateralen Handelsliberalisierung*. Multilateral bedeutet, dass am Zollabbau möglichst alle oder zumindest doch die meisten Länder beteiligt sind. Diese Form der Handelsliberalisierung wird unter der Ägide der Welthandelsorganisation WTO (World Trade Organization) vorangetrieben, der inzwischen praktisch alle Länder der Erde angehören. In mehreren Runden haben Verhandlungen im Rahmen der WTO in den letzten Jahrzehnten Zölle zwischen den Mitgliedsländern abgebaut.

> **Regionale Handelsliberalisierung**
> Abbau protektionistischer Schranken innerhalb einer bestimmten Gruppe von Ländern.

Eine zweite Form bildet die *regionale Handelsliberalisierung*, auch als regionale Integration bezeichnet. Bei dieser Variante sind nicht alle Länder beteiligt, sondern nur eine Gruppe von Ländern mit besonders engen Handelsbeziehungen. Das wichtigste Beispiel einer regionalen Handelsliberalisierung stellt die Europäische Union (EU) dar, die wir noch detaillierter analysieren werden.

> **Bilaterale Handelsliberalisierung**
> Abbau protektionistischer Schranken zwischen zwei Ländern.

Die dritte Form ist die *bilaterale Handelsliberalisierung*, d. h. ein Abkommen zwischen zwei Ländern oder Ländergruppen. Solche Abkommen werden meist als Freihandelsabkommen bezeichnet. Üblicherweise werden Freihandelsabkommen ebenfalls vor allem zwischen Ländern abgeschlossen, die ohnehin bereits intensiv miteinander Handel treiben.

Regionale Integration und Freihandelsabkommen sind in der Regel Antworten auf die Tatsache, dass der Zollabbau im multilateralen Kontext oft nur schleppend vorangeht. Im Rahmen der WTO muss dafür nämlich Einigkeit zwischen praktisch allen Ländern der Erde erzielt werden. Da ist es verständlich, dass Länder mit bereits sehr intensiven Handelsbeziehungen über regionale oder bilaterale Abkommen schneller vorankommen wollen.

Allerdings werden wir in der Analyse der Integration in Unterkapitel 7.4 sehen, dass bei solchen nicht multilateralen Abkommen dem Vorteil der vertieften Handelsbeziehungen immer auch der Nachteil der Diskriminierung gegenübersteht.

7.3.4 Der Protektionismus wird raffinierter

In den verschiedenen WTO-Runden wurden inzwischen – mit der gewichtigen Ausnahme des in zahlreichen Industrieländern politisch heiklen Bereichs der Landwirtschaft – die einfachen Zölle weltweit deutlich abgebaut. Das hat aber nicht dazu geführt, dass der Protektionismus damit eliminiert worden wäre. Das starke Interesse der inländischen Produzentinnen und Produzenten an schützenden Handelsschranken hat ja nicht nachgelassen, weshalb neue Formen des Protektionismus entwickelt wurden.

Handelsbeschränkungen bestehen eben nicht nur dann, wenn Zölle, also eine Art Steuer auf jede importierte Ware, erhoben werden. Vielmehr gibt es eine ganze Reihe von sogenannten *nichttarifären Handelshemmnissen*. Das sind Methoden der Beschränkung des freien Handels, die statt über Zölle über andere Mechanismen wirken.

> **Nichttarifäre Handelshemmnisse**
> Alle protektionistischen Massnahmen mit Ausnahme der Zölle, die den freien Austausch von Gütern und Dienstleistungen behindern. Beispiele sind Quoten, unterschiedliche technische Vorschriften und Subventionen.

Ein offensichtliches Beispiel eines nichttarifären Handelshemmnisses sind Quoten, also die Vorgabe, dass nur eine bestimmte Menge eines Gutes importiert werden darf. Wie ein Zoll ist auch eine *Quote* einfach identifizierbar und lässt sich folglich in internationalen Verhandlungen zumindest technisch relativ leicht abbauen.

> **Quoten**
> Mengenmässige Beschränkungen des grenzüberschreitenden Handels. Die häufigste Form ist die Importquote, welche die Einfuhr ausländischer Güter auf eine bestimmte Menge einschränkt.

Viel problematischer sind aber die weniger offensichtlichen nichttarifären Schranken, wie beispielsweise die *technischen Handelshemmnisse*. Wenn die gleichen Güter in verschiedenen Ländern unterschiedlichen technischen Anforderungen genügen müssen, kann das eine sehr effektive und schwer abzubauende Handelsschranke darstellen. Soll nämlich das Gut exportiert werden, muss es zuerst mühsam umgerüstet werden, um den technischen Vorschriften des Importlandes zu genügen. Das kommt oft so teuer zu stehen, dass sich der Handel nicht mehr lohnt. Die effektive Beseitigung technischer Handelshemmnisse gehörte zu den wichtigsten Herausforderungen für die Integration im Rahmen der EU. Neben der Harmonisierung technischer Vorschriften spielte auch die gegenseitige Anerkennung solcher Vorschriften eine entscheidende Rolle (sogenanntes Cassis-de-Dijon-Prinzip; siehe Box auf Seite 210).

> **Technische Handelshemmnisse**
> Unterschiedliche nationale Regulierungen und Normen, die den Handel von Gütern verteuern und damit behindern.

Die Anwendung des Cassis-de-Dijon-Prinzips war für die Realisierung des europäischen Binnenmarktes von entscheidender Bedeutung. Dies führte auch in der Schweiz in zunehmendem Masse zu einer Diskussion, ob dies nicht ein effektiver Weg sein könnte, mehr Wettbewerb in den Schweizer Binnenmarkt zu bringen. Zwar war ein bilaterales Abkommen, in dem das Prinzip mit der EU gegenseitig auf vertraglicher Basis eingeführt würde, nicht erreichbar. Aber der Schweiz steht es natürlich frei, Importe aus der EU ohne Änderung der Produkte an Schweizer Vorschriften zuzulassen. Mit einer Änderung des Gesetzes über die technischen Handelshemmnisse (THG) wurde denn auch 2009 in gewissen

Cassis-de-Dijon-Prinzip
Prinzip, nach dem die EU-Mitgliedsländer beim Handel untereinander diejenigen nationalen technischen Vorschriften gegenseitig anerkennen, die nicht EU-weit harmonisiert sind. Der Begriff geht auf ein Urteil des Europäischen Gerichtshofs zurück.

Subventionen
Staatliche finanzielle Unterstützung für private Wirtschaftssubjekte ohne unmittelbare Gegenleistung. Oft durch politisch erwünschte Umverteilungen begründet.

Bereichen das *Cassis-de-Dijon-Prinzip* gegenüber den Ländern der EU einseitig eingeführt.

Eine andere Form von nichttarifären Handelshemmnissen sind *Subventionen*. Wird die inländische Produktion subventioniert, so wirkt das wie ein Zoll auf die importierte Ware. Ein weiteres wichtiges Beispiel ist der Schutz inländischer Anbieter bei öffentlichen Aufträgen. Ein bedeutender Teil an Gütern und Dienstleistungen wird vom Staat gekauft, und dieser kann dabei inländische Lieferanten bevorzugen. Damit verhält sich ein Staat mindestens ebenso protektionistisch, wie wenn er direkt einen Zoll erhoben hätte.

Die grosse Herausforderung bei den Handelsliberalisierungen besteht heute – abgesehen vom Landwirtschaftsbereich – sicher nicht mehr im Zollabbau, sondern im Versuch, diese nichttarifären Handelshemmnisse in den Griff zu bekommen. Deshalb spielen Themen wie technische Vorschriften, öffentliches Beschaffungswesen oder Subventionen in den heutigen WTO-Verhandlungen, aber auch in regionalen oder bilateralen Abkommen eine zentrale Rolle. Gelingen hier wirkliche Fortschritte, lässt sich der Freihandel auch weiterhin substanziell erhöhen. Wir werden dieser Problematik auch

VERTIEFUNG

Cassis de Dijon

Der Fall hörte sich zunächst reichlich unspektakulär an. Die Kölner Handelsgruppe REWE wollte Ende der 1970er-Jahre aus Dijon in Frankreich einen Johannisbeerlikör – einen sogenannten Cassis – nach Deutschland importieren. Die deutsche Monopolverwaltung verbot dies jedoch, weil der Alkoholgehalt des sogenannten Cassis de Dijon mit 16–22 % nicht dem vom deutschen Branntweinmonopol geforderten Gehalt von 25 % für Liköre entsprach. Gegen diesen Entscheid erhob REWE Klage und argumentierte, dass das Verbot dem Prinzip der Warenverkehrsfreiheit widerspreche, das der EG-Vertrag garantiere. Der Europäische Gerichtshof folgte als letzte Instanz dieser Argumentation und beschied, dass ein solcher Handel zugelassen werden müsse, es sei denn, er kompromittiere höhere Werte, wie z. B. die öffentliche Gesundheit. Das war aber im geschilderten Problem offensichtlich nicht der Fall. Dieser spezifisch anmutende Fall ist als Cassis-de-Dijon-Prinzip in die Geschichte der europäischen Integration eingegangen und zeitigte weit reichende Folgen. Unterschiedliche technische Vorschriften zwischen Ländern gehören nämlich zu den hartnäckigsten nichttarifären Handelshemmnissen. Muss ein Unternehmen beim Export sein Produkt den Vorschriften eines anderen Landes anpassen, so wirkt sich dies auf die Produktion oft stark verteuernd aus. Auch wenn die Zölle eliminiert sind, verhindern solche Schikanen einen guten Teil des an sich möglichen internationalen Handels. Die Realisierung eines echten freien Warenverkehrs innerhalb der EG hing also stark davon ab, wie man dieses Problem löste. Eine Möglichkeit bestand in der Harmonisierung der Vorschriften, was in zahlreichen Gebieten erfolgte, sich aber als sehr aufwändig erwies. Mit dem Cassis-de-Dijon-Urteil wurde die Harmonisierung zusätzlich durch ein sehr effektives Instrument ergänzt. In Bereichen, in denen die Vorschriften zwischen den Mitgliedsländern nicht harmonisiert wurden, gilt grundsätzlich die gegenseitige Anerkennung. Ist ein Gut in einem EG-Land zugelassen, so darf es in alle anderen Mitgliedsländer exportiert werden, ohne dass irgendwelche Anpassungen vorgenommen werden müssen. Ein Land kann dies nur dann verhindern, wenn es glaubhaft machen kann, dass mit der ausländischen Vorschrift relativ eng definierte nationale Schutzbedürfnisse unterlaufen würden. Dieses Prinzip der gegenseitigen Anerkennung hat in Ergänzung zur Harmonisierung der Vorschriften viel dazu beigetragen, die Realisierung des europäischen Binnenmarkts voranzutreiben.

in der Diskussion über die europäische Integration im nächsten Abschnitt wieder begegnen, da ein grosser Teil der Integrationsbemühungen seit den 1980er-Jahren darauf abzielt, nichttarifäre Handelshemmnisse zu beseitigen.

7.4 Regionale wirtschaftliche Integration

Wir haben gesehen, dass die regionale Integration eine Zwischenform bildet zwischen der multilateralen Liberalisierung, bei der möglichst alle Länder die Zölle abbauen, und dem Freihandelsabkommen, bei dem dies nur zwischen zwei Ländern erfolgt. Regionale Handelsabkommen haben in den letzten Jahrzehnten sehr stark an Bedeutung gewonnen, und insbesondere der europäische *Integrationsraum* – die frühere Europäische Gemeinschaft (EG) und heutige Europäische Union (EU) – hat sich als sehr dynamisch erwiesen. Für die Schweiz als Land mitten in Europa ist dies von zentraler Bedeutung. Wir werden im Folgenden zunächst die Wohlfahrtseffekte von Integrationsräumen theoretisch analysieren, anschliessend die verschiedenen konkreten Formen der Integration abhandeln und zuletzt die Entwicklung der europäischen Integration skizzieren.

Integrationsraum
Zusammenschluss mehrerer Länder zu einer Organisation, welche vor allem die wirtschaftlichen Beziehungen untereinander zu vertiefen sucht.

7.4.1 Wohlfahrtseffekte von Integrationsräumen

Regionale Integration erhöht den Freihandel, ist aber nicht mit Multilateralismus gleichzusetzen, da nur gewisse Länder beteiligt sind. Das bedeutet, dass durch die Integration eine Diskriminierung entsteht, und zwar zwischen den Mitgliedern des Integrationsraums und den Ländern, die nicht Mitglieder sind: im Fall der EU also zwischen den EU-Mitgliedern und beispielsweise der Schweiz oder den USA.

Die Integration generiert deshalb zwar zusätzlichen Handel, verzerrt aber gleichzeitig auch den schon bestehenden Handel dadurch, dass nicht mehr alle in gleichem Ausmasse daran teilnehmen können. Ob und wie stark ein Integrationsraum die gesamte Wohlfahrt erhöht, hängt davon ab, ob der zusätzliche Handel, die sogenannte *Handelsschaffung*, grösser ist als die Verzerrung der Handelsströme, die sogenannte *Handelsumlenkung*. Die Handelsumlenkung entsteht dadurch, dass man gewisse Güter nicht mehr vom weltweit billigsten Produzenten bezieht, sondern von einem Produzenten innerhalb des Integrationsraums, der nur deshalb zum billigsten Produzenten wird, weil sein Produktpreis von keinem Zoll mehr belastet ist. Die beiden Effekte und ihre Wohlfahrtswirkungen lassen sich in der üblichen mikroökonomischen Darstellung illustrieren.

Handelsschaffung
Erhöhung der Menge an gehandelten Gütern und Dienstleistungen durch wirtschaftliche Integration.

Handelsumlenkung
Bezug von Gütern und Dienstleistungen nicht mehr vom weltweit produktivsten Produzenten, sondern vom günstigsten Produzenten innerhalb des Integrationsraums, dessen Preise nicht mehr durch Zölle belastet sind.

Wir betrachten den Markt im Land A für ein bestimmtes Gut. Um die Darstellung so einfach wie möglich zu halten, gehen wir von der Annahme aus, dass in Land A dieses Gut gar nicht produziert wird. Die gesamte Menge des Gutes, die in Land A konsumiert wird, muss also importiert werden. Wir nehmen in unserer einfachen Darstellung weiter an, dass es neben dem Land A noch zwei weitere Länder gibt. Land B ist Mitglied des gleichen Integrationsraums wie Land A, während Land C ausserhalb dieses Integrationsraums liegt. Das Land A könnte zum Beispiel Deutschland, Land B Frankreich (ebenfalls EU-Mitglied) und Land C die Schweiz sein.

Analysieren wir zuerst die Situation vor der Bildung des Integrationsraums. Land A erhebt auf den Import aus allen Ländern den gleichen Zoll t pro importierte Einheit. Wir nehmen an, dass Land C das Gut billiger produzieren kann, weshalb p_C, der Preis des Gutes aus Land C, tiefer liegt als p_B, der Preis des gleichen Gutes aus Land B. Auf beide Güterpreise müssen wir den gleichen Zoll aufschlagen, wie das in Abbildung 7.5 mit den jeweils höheren Preisen $p_C + t$ bzw. $p_B + t$ dargestellt ist.

In dieser Ausgangslage importiert Land A aus dem billigeren Land C, und zwar die Menge q_C. Das verschafft dem Land A Zolleinnahmen in der Höhe der beiden Flächen 3 und 5. Stellen wir uns nun vor, dass die Länder

Abb. 7.5 Wohlfahrtseffekte einer Integration

Es wird angenommen, Land A produziere das Gut nicht. Vor der Integration bezieht Land A aus dem Land C die Menge q_C. Es entstehen Zolleinnahmen in Höhe der Flächen 3 und 5. Nach der Integration befinden sich Land A und Land B in demselben Integrationsraum. Die Zölle zwischen den beiden Ländern werden eliminiert. Nun importiert Land A die Menge q_B. Es findet eine Handelsumlenkung statt. Die Konsumentenrente steigt um die Flächen 3 und 4. Die Zolleinnahmen (3 + 5) entfallen nun. Falls die Fläche 4 grösser als die Fläche 5 ist, wirkt sich die Integration wohlfahrtssteigernd aus.

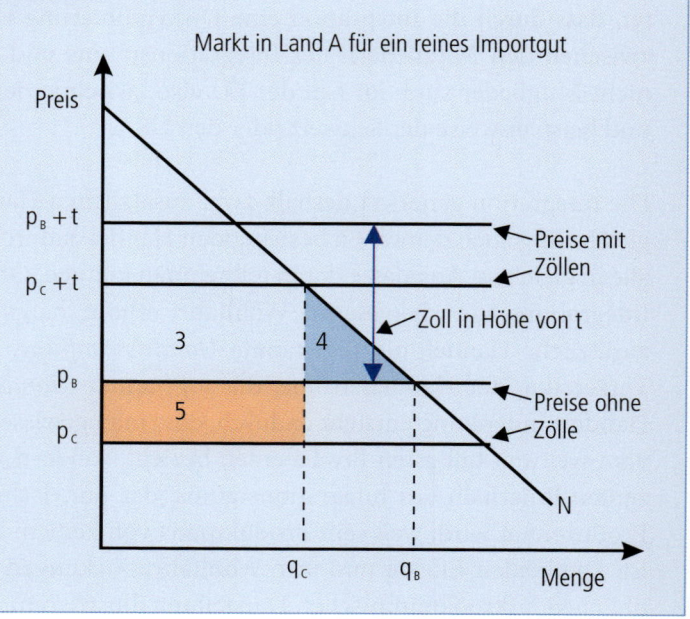

A und B einen Integrationsraum bilden, also untereinander die Zölle vollständig abbauen, nicht aber gegenüber anderen Ländern, wie etwa Land C. Damit ist für Land A nicht mehr der Preis $p_C + t$ der günstigste, sondern der zollfreie Preis p_B, sodass die Importe aus C nun teurer sind als die aus B. Folglich wird Land A das Gut nicht mehr aus Land C beziehen, dem eigentlich billigsten Produzenten, sondern aus Land B. Gegenüber der Ausgangslage wird die grössere Menge q_B zum tieferen Preis p_B importiert. Dadurch entsteht eine zusätzliche Konsumentenrente, die den Flächen 3 und 4 entspricht, weil die Konsumentinnen und Konsumenten des Landes A das Gut ja billiger erhalten und deshalb in grösserem Ausmass konsumieren. Weil aber keine Zölle mehr erhoben werden, entfallen die Zolleinnahmen in der Höhe der Flächen 3 und 5.

Ist die Integration für das Land A positiv zu beurteilen? Dazu müssen wir die Veränderung der gesamtwirtschaftlichen Rente analysieren. In Abbildung 7.5 wird die Fläche 3 einfach vom Staat an die Konsumenten umverteilt. Die Fläche 4 kommt als zusätzliche Konsumentenrente dazu, dafür verliert man die Fläche 5 an Zolleinnahmen. Wenn also die Fläche 4 grösser ist als die Fläche 5, dann wirkt die Integration im Saldo positiv auf die Wohlfahrt.

Die Grafik zeigt, dass wir einen positiven und einen negativen Effekt der Integration zu verzeichnen haben. Positiv ist, dass zusätzlicher Handel geschaffen wird; die Importe sind gestiegen. Negativ ist aber, dass eine Handelsumlenkung stattfindet, d. h., es wird nicht mehr vom effizientesten bzw. billigsten Produzenten importiert. Die entscheidende Frage für die Beurteilung der Vorteilhaftigkeit einer Integration lautet: Sind die Effekte der Handelsschaffung grösser als diejenigen der Handelsumlenkung?

Bei der Analyse dieser Frage wird der Zusammenhang zwischen Integration und völligem Freihandel klarer. Vor allem zwei Faktoren sind es, die darüber bestimmen, ob eine Integration aus Wohlfahrtssicht positiv zu beurteilen ist oder nicht: die Höhe des Zolls in der Ausgangslage sowie die Grösse des Integrationsraums.

Ist der Zoll in der Ausgangslage sehr hoch, dann bedeutet dies, dass der Zollabbau, zumindest gegenüber einem Handelspartner, stark handelsschaffend wirkt. Die selektive Abschaffung des Zolls innerhalb des Integrationsraums führt dann zu einer starken Erhöhung der Importe, was sich auf die Wohlfahrt deutlich positiv auswirkt. Dies deshalb, weil die Konsumentenrente stark ansteigt und weil in der Ausgangslage aufgrund des hohen Zolls das Gut kaum importiert wurde. Es wurden folglich auch kaum Zolleinnahmen generiert, die jetzt durch die Integration verloren gehen könnten. Wir sehen dies in Abbildung 7.6.

Die Analyse verläuft genau gleich wie in Abbildung 7.5. Der einzige Unterschied besteht darin, dass in der Ausgangslage der Zoll, den Land A erhebt, sehr hoch ist. Entsprechend wenig wird vor der Integration importiert, und entsprechend tief sind auch die Zolleinnahmen. Durch den Zollabbau gegenüber dem Integrationspartner B wird im Vergleich zur Ausgangslage eine sehr grosse Menge zusätzlich importiert. Diese Konstellation führt dazu, dass die neu gewonnene Konsumentenrente (Fläche 4) sehr gross, der Verlust an Zolleinnahmen (Fläche 5) jedoch relativ gering ist. Der positive Effekt der Handelsschaffung überwiegt also bei Weitem die negative Auswirkung der Handelsumlenkung und es entsteht – wie man in der Grafik deutlich erkennt – ein positiver Gesamteffekt für die Wohlfahrt.

In Abbildung 7.7 analysieren wir schematisch den zweiten wichtigen Faktor, der über die Vorteilhaftigkeit einer Integration entscheidet, nämlich die Grösse des Integrationsraums.

Abb. 7.6 Integration mit hohem Ausgangszoll

In dieser Situation überwiegt der handelsschaffende Effekt den Effekt der Handelsumlenkung. Die Fläche 4 ist wesentlich grösser als die Fläche 5.

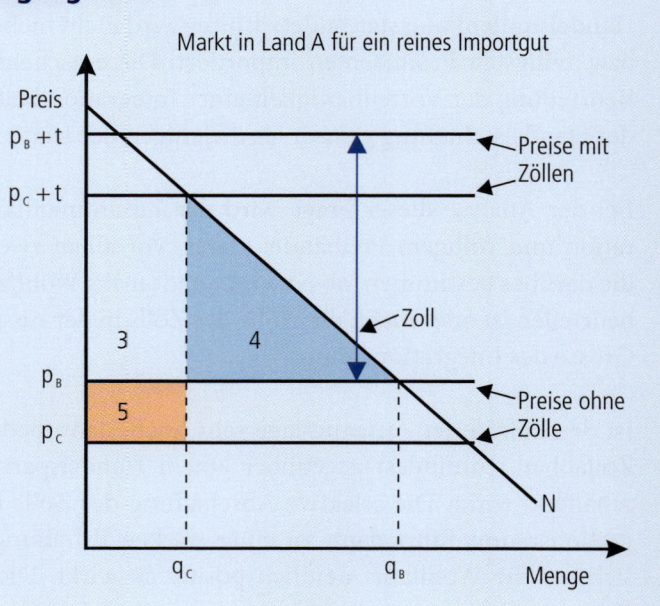

Die zentrale Überlegung ist hier die folgende: Je grösser ein Integrationsraum ist, je mehr Länder also beteiligt sind, desto grösser ist die Wahrscheinlichkeit, dass es ein Mitgliedsland gibt, das annähernd so effizient produziert wie der weltweit effizienteste Produzent. In der Grafik ist dies so dargestellt, dass p_B und p_C sehr nahe beieinander liegen, das heisst, Land B ist nur minim weniger effizient in der Produktion des Gutes als Land C. Wenden wir wiederum die gleiche Analyse wie zuvor an, so erkennen wir, dass die Fläche 5 sehr klein wird; und zwar weil Land B und Land C ähnliche Preise verlangen. Da diese Fläche die negativen Effekte der Handelsumlenkung widerspiegelt, ist die erfolgte Integration eindeutig positiv zu beurteilen: Fläche 5 ist deutlich kleiner als Fläche 4.

Würde sich der Integrationsraum jetzt immer weiter ausdehnen, so würden im Extremfall schliesslich alle Länder zu Mitgliedern. Dann läge aber keine Integration mehr vor, sondern es würde globaler Freihandel herrschen. Die Diskriminierung zwischen den Handelspartnern würde verschwinden, und es ergäbe sich der grösstmögliche positive Effekt auf die Wohlfahrt. In diesem Fall verschwände natürlich das Viereck 5 vollständig, weil Land A dann immer vom effizientesten Produzenten importieren würde. Damit verschwände der handelsumlenkende Effekt, und nur noch der handelsschaffende Effekt bliebe übrig.

Abb. 7.7 Grosser Integrationsraum

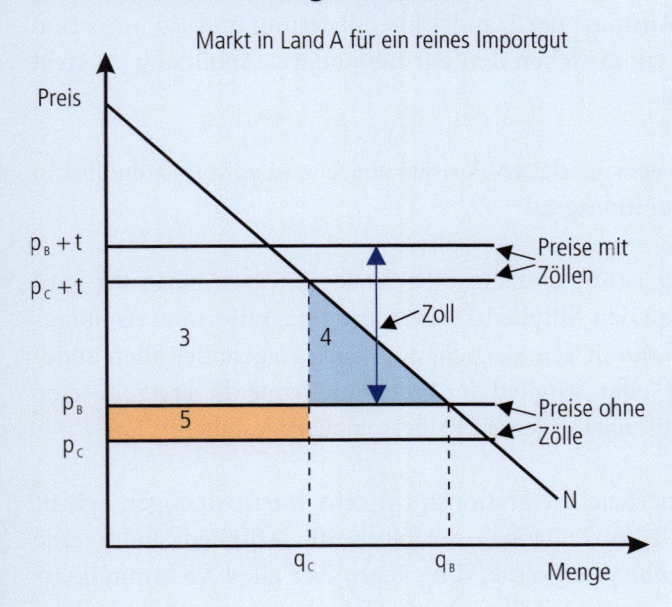

Markt in Land A für ein reines Importgut

In einem grossen Integrationsraum ist die Wahrscheinlichkeit grösser, dass auch ein Land Mitglied ist, welches das betreffende Gut sehr effizient produzieren kann.
In der Abbildung zeigt sich dies im geringen Preisunterschied zwischen Land C, dem weltweit effizientesten Produzenten, und Land B, dem effizientesten Produzenten im Integrationsraum.
Daher nimmt die Wahrscheinlichkeit zu, dass der Effekt der Handelsschaffung grösser ist als der Effekt der Handelsumlenkung, d.h., dass die Fläche 4 grösser ist als die Fläche 5.

Insgesamt lässt sich also Folgendes festhalten. Die Bildung von Integrationsräumen schafft zwar einen tieferen Wohlstandsgewinn als der globale Freihandel, ist aber in der Regel effizienter als ein Beibehalten von Zöllen gegenüber allen Ländern. Besonders positiv wirkt sich die Integration dann aus, wenn die Zölle in der Ausgangslage sehr hoch waren und wenn viele Länder an der Integration beteiligt sind. Für den Fall der europäischen Integration können wir aufgrund dieser Analyse festhalten, dass ihre starke Erweiterung in den letzten Jahren insgesamt positiv auf die Wohlfahrt aller Mitgliedsländer gewirkt haben dürfte. In diesem heute 28 Länder umfassenden Integrationsraum wird der Gewinn durch Handelsschaffung in den meisten Fällen den Verlust durch Handelsumlenkung deutlich übertreffen.

7.4.2 Formen der Integration

Wir haben bisher die wirtschaftliche Integration nur sehr schematisch betrachtet und uns auf den Zollabbau in einem bestimmten Markt konzentriert. In der Realität ist eine wirtschaftliche Integration natürlich wesentlich komplexer und kann sehr unterschiedlich weit gehen: vom einfachen Zollabbau bis zu einer vollständigen wirtschaftlichen Union, deren Integrationsraum wirtschaftlich kaum mehr von einem Nationalstaat zu unterscheiden ist.

Im Wesentlichen lassen sich fünf verschiedene Integrationsformen unterscheiden, je nach Ausmass der Handelsliberalisierung und Koordination der Wirtschaftspolitik zwischen den Partnerländern. Abbildung 7.8 stellt sie schematisch dar.

Wir betrachten die verschiedenen Formen ausgehend vom tiefsten bis hin zum höchsten Integrationsgrad:

Die *Freihandelszone* ist die einfachste Form der Integration. In ihr wird der Handel zwischen den Mitgliedsländern des Integrationsraums liberalisiert, in der Regel durch den Verzicht auf Zölle. Gegenüber allen anderen Ländern behält jedes Mitglied der Freihandelszone die Freiheit, seine Aussenhandelspolitik nach eigenem Ermessen auszugestalten.

Die *Zollunion* als nächste Integrationsform geht einen wichtigen Schritt weiter. Zusätzlich zum Zollabbau verfolgen die Mitgliedsländer eine gemeinsame Aussenhandelspolitik, d. h., gegenüber allen Nichtmitgliedsländern werden die gleichen Zölle erhoben. Dies hat einen stark handels-

---

Freihandelszone
Integrationsform, bei der Zölle und andere Handelsbeschränkungen zwischen den Mitgliedsländern abgeschafft werden, jedoch ohne gemeinsame Aussenzölle gegenüber Nichtmitgliedern.

Zollunion
Integrationsform, bei der Zölle und andere Handelsbeschränkungen zwischen den Mitgliedsländern abgeschafft und überdies gegenüber Nichtmitgliedern die gleichen Zölle erhoben werden.

erleichternden Effekt, da es nicht mehr nötig ist, sogenannte *Ursprungsnachweise* zu erbringen. In einer Freihandelszone benötigt man diese, um zu verhindern, dass aus Drittländern zuerst in das Mitgliedsland mit dem tiefsten Aussenzoll importiert und anschliessend zollfrei in die anderen Länder des Integrationsraums exportiert wird. Der Wegfall dieser Ursprungsnachweise, die aufwändige Zollformalitäten erforderlich machen, reduziert die Transaktionskosten des Handels und hat deshalb eine ähnliche Wirkung wie ein zusätzlicher Zollabbau.

Der *Binnenmarkt* stellt eine noch weiter gehende Integrationsstufe dar. In einem gemeinsamen Binnenmarkt können nicht nur Güter und Dienstleistungen zwischen den Mitgliedsländern frei zirkulieren, sondern auch die Produktionsfaktoren Arbeit und Kapital. Man spricht in diesem Fall von den sogenannten vier Freiheiten, d.h. dem freien Austausch von Gütern, Dienstleistungen, Arbeit und Kapital.

In der *Währungsunion* wird die Integration weitergetrieben, indem die nationalen Währungen zugunsten einer gemeinsamen Währung aufgegeben werden. Das bedeutet, dass die Mitgliedsländer ihre nationale Geldpolitik an eine supranationale Währungsbehörde abtreten. Dieser Integrationsschritt ist insofern sehr weit reichend, als damit das wichtigste Instrument der makroökonomischen Politik, die Geldpolitik nämlich, nicht mehr vom einzelnen Mitgliedsland gestaltet werden kann. Kommt dazu, dass eine Währungsunion nur dann gut funktionieren kann, wenn

Ursprungsnachweis
Erklärung über die Warenherkunft, wobei als Herkunftsland das Land aufgeführt wird, in dem die letzte wesentliche Be- oder Verarbeitung des Produkts stattgefunden hat.

Binnenmarkt
Integrationsform, bei der nicht nur Güter und Dienstleistungen, sondern auch die Produktionsfaktoren Arbeit und Kapital frei ausgetauscht werden können.

Währungsunion
Integrationsform, bei der die nationalen Währungen zugunsten einer gemeinsamen Währung aufgegeben werden.

Abb. 7.8 Formen der wirtschaftlichen Integration

	Keine Zölle zwischen den Mitgliedern	Gemeinsame Aussenzölle	Mobilität der Produktionsfaktoren	Gemeinsame Währung	Gemeinsame Wirtschaftspolitik
Freihandelszone	✕				
Zollunion	✕	✕			
Binnenmarkt	✕	✕	✕		
Währungsunion	✕	✕	✕	✕	
Vollständige Wirtschaftsunion	✕	✕	✕	✕	✕

auch eine gewisse Koordination der Wirtschaftspolitik, insbesondere der Finanzpolitik, erfolgt.

Die *vollständige Wirtschaftsunion* ist der weitestgehende Integrationsschritt. Hier wird eine gemeinsame Wirtschaftspolitik in den wichtigsten Bereichen verfolgt. In wirtschaftspolitischer Hinsicht unterscheidet sich eine vollständige wirtschaftliche Union kaum mehr von einem Nationalstaat.

Vollständige Wirtschaftsunion
Integrationsform, bei der eine gemeinsame Wirtschaftspolitik verfolgt wird.

Die Entwicklung der europäischen Integration liefert Beispiele für die meisten dieser Integrationsformen:
- Ein wichtiges Beispiel für eine Freihandelszone ist die *EFTA*, die European Free Trade Association, in der auch die Schweiz Mitglied ist.
- Eine Zollunion war die EG von 1957 bis 1992. Die Tatsache, dass die europäische Integration während so langer Zeit im Wesentlichen lediglich aus einer Zollunion bestand, ist vor dem Hintergrund der rasanten Entwicklung der letzten Jahrzehnte etwas in Vergessenheit geraten.
- Mit dem sogenannten Binnenmarktprogramm der 1990er-Jahre wurde die *EU* 1992 zu einem Binnenmarkt, in dem die vier Freiheiten – freier Austausch von Waren, Dienstleistungen, Arbeit und Kapital – weitgehend realisiert waren.
- Seit 1999, also seit der Einführung des Euro, stellt ein Teil der EU eine Währungsunion dar.

EFTA
Abkürzung für European Free Trade Association. Die Europäische Freihandelszone wurde 1960 gegründet.

EU
Abkürzung für Europäische Union. Die EU ging mit dem Vertrag von Maastricht aus der Europäischen Gemeinschaft hervor.

7.4.3 Die europäische Integration

Der Ursprung der europäischen Integration liegt im Wiederaufbau nach dem Zweiten Weltkrieg. Aufschlussreich sind hier die historischen Zusammenhänge, besonders wenn wir uns bewusst machen, wie unterschiedlich die wirtschaftliche Zusammenarbeit in Europa nach den beiden Weltkriegen organisiert wurde.

Die Zeit nach dem Ersten Weltkrieg stand im Zeichen der Reparationszahlungen des Versailler Vertrags, der die Verliererstaaten zur wirtschaftlichen Entschädigung an die Gewinnerstaaten verpflichtete. Das war aus Sicht der Siegermächte eine auf den ersten Blick verständliche, mittelfristig aber sehr kurzsichtige Strategie. Für ein friedliches und gedeihliches wirtschaftliches Zusammenleben zwischen den beteiligten Ländern schuf sie denkbar schlechte Voraussetzungen. Der damals noch wenig bekannte John Maynard Keynes (siehe Box auf Seite 294), in den Verhandlungen um den Versailler Vertrag wirtschaftlicher Experte der britischen Delegation, trat aus Protest gegen das Konzept der Reparationszahlungen von diesem Posten zurück. Im Anschluss daran schrieb er ein sehr einflussreiches, geradezu prophetisches Buch mit dem Titel «The Economic Consequences of the Peace». Eine Quintessenz seiner Analyse war, dass diese Art der Nachkriegsbehandlung der Verlierermächte den Keim für weitere Konflikte in sich trage.

Die weitere Entwicklung in den 1920er- und 1930er-Jahren hat diese Voraussage dann leider mehr als bestätigt. So war die Zwischenkriegszeit nicht durch wirtschaftliche Zusammenarbeit und starken Handel geprägt, sondern – insbesondere nach der Weltwirtschaftskrise von 1929 – durch eine protektionistische Wirtschaftspolitik. Diese Politik, in der wirtschaftlich alle gegen alle kämpften, anstatt die gemeinsamen Vorteile des Freihandels zu nutzen, war mitschuldig am Ausbruch des menschlich wie wirtschaftlich verheerenden Zweiten Weltkriegs.

Aus dieser Erfahrung klüger geworden, wählte man für die wirtschaftliche Neuordnung nach dem Zweiten Weltkrieg eine ganz andere Strategie. Die inzwischen legendäre Konferenz von Bretton Woods im Jahre 1944 legte den Grundstein für eine gesunde wirtschaftliche Zusammenarbeit. Es wurde besonders darauf geachtet, einen Rückfall in die protektionistische Politik der Zwischenkriegszeit zu vermeiden. Entscheidend war dabei die Behandlung der Kriegsverlierer. Anstatt Reparationszahlungen zu fordern, wurde – unter anderem mithilfe des *Marshall-Plans* – alles daran gesetzt, den Verlierermächten wirtschaftlich möglichst rasch wieder auf die Beine zu helfen und sie in den internationalen, vor allem aber europäischen Handel zu integrieren. An der *Bretton-Woods-Konferenz* wurden nicht nur die Grundpfeiler der globalen wirtschaftlichen Zusammenarbeit – der Internationale Währungsfonds (IWF), die Weltbank und die Welthandelsorganisation (GATT, heute WTO) – konzipiert, sondern es wurde eben auch der Grundstein für die europäischen Integrationsbewegung gelegt.

Auf zwei Wegen hat sich die europäische Integration in der Nachkriegszeit laufend weiterentwickelt. Einerseits wurde die wirtschaftliche Zusammenarbeit vertieft, und zwar von einer noch relativ lockeren Zollunion bis hin zu einer Währungsunion. Andererseits haben sowohl die frühere Europäische Gemeinschaft (EG) als auch die heutige Europäische Union (EU) konsequent auf Erweiterung gesetzt. In mehreren Schritten wurde der Integrationsraum durch die Aufnahme neuer Mitgliedsländer ausgedehnt. Im Folgenden werden die wichtigsten Daten der Vertiefung und der Erweiterung diskutiert.

Marshall-Plan
Konzept für den Wiederaufbau Europas nach dem Zweiten Weltkrieg, benannt nach dem damaligen amerikanischen Aussenminister George C. Marshall.

Bretton-Woods-Konferenz
Konferenz der Alliierten, abgehalten 1944 in Bretton Woods (USA), um die Grundpfeiler der globalen wirtschaftlichen Zusammenarbeit nach dem Zweiten Weltkrieg festzulegen.

Für die Vertiefung der europäischen Integration waren die folgenden Etappen entscheidend:

- 1957: Römer Verträge. Diese Verträge hatten das Ziel, innerhalb des europäischen Integrationsraums einen Binnenmarkt zu schaffen. Tatsächlich erreicht wurden während der nächsten 30 Jahre aber lediglich die Errichtung einer Zollunion und die Einigung auf eine gemeinsame Agrarpolitik.
- 1986: Einheitliche Europäische Akte. Mit diesem Vertrag sollte der gemeinsame Markt, nämlich der Binnenmarkt, der schon in den Römer Verträgen konzipiert worden war, realisiert werden. Das sogenannte Weissbuch aus dem Jahre 1985 analysierte die dafür nötigen Schritte. Konkret ging es um die Durchsetzung der vier Freiheiten, also des freien Austausches von Gütern, Dienstleistungen, Arbeit und Kapital. Das Programm wurde unter dem Schlagwort EG 92 verkauft, also mit dem messbaren Ziel, bis 1992 den Binnenmarkt zu eröffnen. Dieses Ziel wurde weitgehend erreicht.
- 1992: Maastrichter Vertrag, auch EU-Vertrag genannt. Ziel dieses Vertrags war die Vollendung der Wirtschafts- und Währungsunion. Mit diesem Meilenstein wurde die EG (Europäische Gemeinschaft) in die EU (Europäische Union) überführt. Die Einführung des Euro gelang 1999. Ausserdem wurden mit diesem Vertragswerk auch die drei Pfeiler der EU definiert, die deutlich machen, dass neben der wirtschaftlichen auch die politische Integration vorangetrieben werden soll:
    - die Europäische Gemeinschaft (EG), also die Wirtschaftsverträge der Europäischen Union,
    - die gemeinsame Aussen- und Sicherheitspolitik,
    - die vertraglich geregelte Zusammenarbeit in der Justiz- und Innenpolitik, wie z. B. im Rahmen des Abkommens von Schengen.
- 1997: Vertrag von Amsterdam. Dieses Abkommen konkretisierte die politische Integration weiter. Ziel war die Schaffung eines gemeinsamen Raums von Sicherheit und Freiheit. Der Vertrag von Amsterdam stellte eine Ergänzung und Verstärkung des EU-Vertrags dar, vor allem was die nichtwirtschaftlichen Vertragsteile betrifft.
- 2002: Vertrag von Nizza. Sein Ziel lag darin, die EU-Verträge so anzupassen, dass die Osterweiterung, also die Erweiterung um die osteuropäischen Staaten, die 2005 in die EU aufgenommen wurden, bewältigt werden konnte. Dieser Vertrag hätte mit der europäischen Verfassung vervollständigt bzw. abgerundet werden sollen. Nach den ablehnenden Volksentscheiden in Frankreich und in den Niederlanden im Jahre 2005 ist aber das Schicksal dieser Verfassung derzeit offen.

▶ 2007: Vertrag von Lissabon. Nach dem Scheitern eines eigentlichen Verfassungsvertrags einigten sich die EU-Staaten im Grundsatz darauf, stattdessen einen neuen EU-Reformvertrag zu beschliessen. Dieser ist weniger umfassend als ursprünglich geplant, enthält aber doch einige grössere institutionelle Anpassungen, wie etwa die Einsetzung eines EU-Präsidenten mit maximal fünfjähriger Amtszeit oder die Schaffung eines «Hohen Repräsentanten für Aussen- und Sicherheitspolitik» (also eines Aussenministers mit eigenem diplomatischem Dienst). Der Vertrag wurde 2007 unterzeichnet und Ende 2009 in Kraft gesetzt.

Der – wie gesagt – andere Weg, den die EU beschritt, war die stetige Erweiterung ihres Integrationsraums. Dazu die wichtigsten Etappen:
▶ 1957 bestand der europäische Integrationsraum aus den folgenden Staaten: Bundesrepublik Deutschland, Frankreich, Italien, den Niederlanden, Belgien und Luxemburg.
▶ 1973 kamen in einem ersten Erweiterungsschritt Grossbritannien, Dänemark und Irland dazu.
▶ 1981 wurde die EG um Griechenland erweitert.
▶ 1986 traten Spanien und Portugal bei, womit Mitte der 1980er-Jahre die EG 12 Mitgliedsländer umfasste (EG 12).
▶ 1995 traten drei weitere Länder der EU bei, nämlich Österreich, Finnland und Schweden. Da damals schon die Umbenennung in Europäische Union erfolgt war, sprach man in der Folge von der EU 15.
▶ 2004 folgte der nächste, als historisch zu bezeichnende Schritt: die Erweiterung um die osteuropäischen Länder. Damals traten zehn zusätzliche Staaten der EU bei, nämlich Estland, Lettland, Litauen, Malta, Polen, Slowakische Republik, Slowenien, Tschechische Republik, Ungarn und Zypern.
▶ 2007 schliesslich traten Bulgarien und Rumänien bei.
▶ 2013 wurde Kroatien der 28. Mitgliedsstaat der EU.
▶ 2016 entschied sich Grossbritannien in einer Volksabstimmung für den Austritt aus der EU. Nach langen politischen Querelen erfolgte dieser sogenannte Brexit schliesslich Ende Januar 2020 und wurde nach einer Übergangsphase per Ende Dezember 2020 endgültig vollzogen.

Parallel dazu erfolgte in Europa die Entwicklung der EFTA, also eines Integrationsraums, der sich auf die Bildung einer Freihandelszone beschränkt. Die EFTA wurde 1959 gegründet. Heute besteht sie nur noch aus vier Ländern, da die meisten Mitgliedsländer im Laufe der Zeit der EU beigetreten sind. Zur EFTA gehören derzeit noch die Schweiz, Norwegen, Island und Liechtenstein.

1993 kam als quasi jüngster Integrationsraum der *EWR* dazu, der Europäische Wirtschaftraum, der darauf abzielte, den Binnenmarkt zwischen der EFTA und den EU-Ländern einzuführen. Von den vier EFTA-Mitgliedern sind drei, nämlich Norwegen, Island und Liechtenstein, Mitglieder des EWR. Die Schweiz lehnte den Beitritt zum EWR 1992 in einer Volksabstimmung ab.

EWR
Abkürzung für Europäischer Wirtschaftsraum. Der EWR stellt die Erweiterung des europäischen Binnenmarktes um drei der vier EFTA-Staaten (Island, Norwegen und Liechtenstein) dar.

7.5 Schweizer Aussenwirtschaftspolitik

Die Schweiz ist ein kleines Land, das wirtschaftlich schon sehr früh konsequent auf die internationale Arbeitsteilung gesetzt hat. Entsprechend hoch ist auch der Anteil des Handels am Schweizer Bruttoinlandprodukt, und noch stärker ist die internationale Investitionstätigkeit von Schweizer Unternehmen.

Ein vordringliches Ziel der Schweizer *Aussenwirtschaftspolitik* ist es deshalb, die internationale Verflechtung des Landes vertraglich abzusichern. Wir werden im Folgenden zunächst die grundsätzliche strategische Ausrichtung der Schweizer Aussenwirtschaftspolitik skizzieren und dann die Beziehungen zur EU – dem mit Abstand wichtigsten Handelspartner – genauer erläutern. Wir werden dabei unter anderem sehen, dass es für die politisch umstrittene Frage, ob die Schweiz der EU beitreten solle, aus ökonomischer Sicht keine klaren Antworten gibt. Ein EU-Beitritt wäre aus Effizienzsicht sowohl mit gewichtigen Vorteilen als auch mit ernst zu nehmenden Nachteilen verbunden.

Aussenwirtschaftspolitik
Massnahme zur Absicherung der wirtschaftspolitischen Interessen des Landes gegenüber dem Ausland.

7.5.1 Grundpfeiler der Schweizer Aussenwirtschaftspolitik

Ohne Zweifel ist die Aussenwirtschaft für ein kleines Land wie die Schweiz von eminenter Bedeutung. Wir haben gesehen, dass der Wohlstand entscheidend von der Grösse und Spezialisierung des Marktes abhängt. Nie und nimmer hätte die Schweiz ihr heutiges Wohlstandsniveau erreicht, wäre sie auf sich selbst gestellt gewesen, hätte sie also nicht in grösstem Stil internationalen Handel treiben können. Dies umso mehr, als die Schweiz nicht nur ein kleines Land ist, sondern auch kaum natürliche Rohstoffe besitzt.

So gut wie jeder Bereich der Schweizer Wirtschaftspolitik hat daher eine starke aussenwirtschaftspolitische Komponente. Vor diesem Hintergrund hat der Bundesrat eine aussenwirtschaftspolitische Strategie festgelegt. Diese Strategie bildet einen guten Ansatzpunkt, um die wichtigsten Elemente der Schweizer Aussenwirtschaftspolitik darzulegen. Die Aussenwirtschaftsstrategie leitet sich direkt aus der Frage ab, wovon die positiven Wohlfahrtseffekte der internationalen Arbeitsteilung abhängen. Die Analyse führt zu drei Schlussfolgerungen:
1. Exporte erhöhen die Wohlfahrt.
2. Importe erhöhen die Wohlfahrt.
3. Eine möglichst weitgehende internationale Arbeitsteilung erhöht die Wohlfahrt.

Diese Aussagen sind in der wirtschaftspolitischen Diskussion nicht immer unumstritten.

So wird vor allem die zweite Aussage, dass Importe sich positiv auf die Wohlfahrt auswirken, häufig in Frage gestellt, was nach unserer politisch-ökonomischen Analyse nicht sonderlich überrascht. Wir haben dort gesehen, dass Produzenten kurzfristig profitieren, wenn es keine Konkurrenz durch Importe gibt. Da die Produzenteninteressen gut organisiert und in der wirtschaftspolitischen Diskussion stark präsent sind, werden steigende Importe in der Debatte oft als etwas Negatives dargestellt. Zu Unrecht, wie eine gesamtwirtschaftliche Betrachtung gezeigt hat, die auch die Konsumenteninteressen berücksichtigt.

Oft wird auch die dritte Aussage in Frage gestellt, wenn etwa argumentiert wird, dass die Globalisierung, also eine immer weiter gehende internationale Arbeitsteilung, negativ auf die Wohlfahrt wirkt. Die vorangehende Analyse hat jedoch gezeigt: Eine stärkere internationale Arbeitsteilung erhöht nicht nur den Wohlstand einzelner Länder, sondern wirkt auf alle beteiligten Länder wirtschaftlich positiv, also auch – wie oft bestritten – auf die Entwicklungsländer.

Vor dem Hintergrund der aus der ökonomischen Analyse abgeleiteten drei Aussagen zu den Wohlfahrtswirkungen des internationalen Handels beruht die strategische Ausrichtung der schweizerischen Aussenwirtschaftspolitik auf drei Standbeinen:

VERTIEFUNG
Die WTO

Die Welthandelsorganisation *WTO* ist eine internationale Organisation mit Sitz in Genf. Sie ist die Institution, innerhalb derer internationale Handelsverträge zwischen den meisten Ländern der Welt ausgehandelt werden. Sie hat 164 Mitglieder. Gegründet wurde die WTO 1994 als Dachorganisation für drei Verträge:
- GATT: Abkommen über den internationalen Handel mit Gütern,
- GATS: Abkommen über den internationalen Handel mit Dienstleistungen,
- TRIPS: Abkommen zum Schutz des geistigen Eigentums.

Die Darstellung erläutert die wichtigsten Bereiche, die in jedem dieser drei Pfeiler der WTO geregelt sind.

Die WTO ist das Organ, unter dessen Ägide die multilaterale Handelsliberalisierung vorangetrieben wird. Den multilateralen Charakter der Organisation erkennt man besonders an einem der beiden zentralen Grundprinzipien, nämlich dem Prinzip der *Meistbegünstigung*. Es besagt, dass ein Abbau von Handelsschranken, die einem Mitgliedsland der WTO gewährt wird, gleichzeitig auch für alle anderen Mitglieder gelten muss. Mit diesem zentralen Prinzip wird also eine Diskriminierung explizit ausgeschlossen. Man darf keinen Handelspartner privilegiert behandeln. Dies widerspricht natürlich der Grundidee der regionalen und der bilateralen Liberalisierung. Damit solche unter WTO-Mitgliedern zulässig sind, müssen folglich Ausnahmen zur Meistbegünstigung möglich sein. Soll das Prinzip dadurch nicht obsolet werden, so müssen diese Ausnahmen aber auf klaren Regeln beruhen. Die zentrale Regel ist dabei, dass Bilateralismus und Regionalismus «essentially all trade» umfassen müssen. Wenn man also solche im Prinzip diskriminierenden Verträge abschliessen will, so müssen sie sehr umfassend sein und im Wesentlichen den gesamten Handel umfassen; punktuelle Zugeständnisse in Einzelbereichen sind nicht zulässig. Das zweite zentrale Grundprinzip, auf dem die WTO beruht, ist das Prinzip der *Inländerbehandlung*. Inländische Güter und Dienstleistungen dürfen gegenüber den Produkten aus anderen WTO-Mitgliedsländern nicht durch Regulierungen bevorzugt werden.

Die Verhandlungen in der WTO laufen in sogenannten «Runden» ab, in denen über mehrere Jahre hinweg in verschiedenen Bereichen gegenseitige Öffnungsschritte ausgehandelt werden. Bis in die 1960er-Jahre ging es im Rahmen des GATT vor allem um den Abbau von Zöllen. In den 1970er-Jahren wurde dann dazu übergegangen, auch nichttarifäre Handelshemmnisse zu integrieren, und mit der Uruguay-Runde, die von 1986–1994 dauerte, wurden die Verhandlungsthemen so ausgebaut, dass die umfassendere WTO gegründet wurde. Seit 2001 läuft die neunte, die sogenannte Doha-Runde, die aber trotz intensiven Verhandlungen bis heute nicht abgeschlossen werden konnte.

Abb. 7.9 Die WTO

WTO

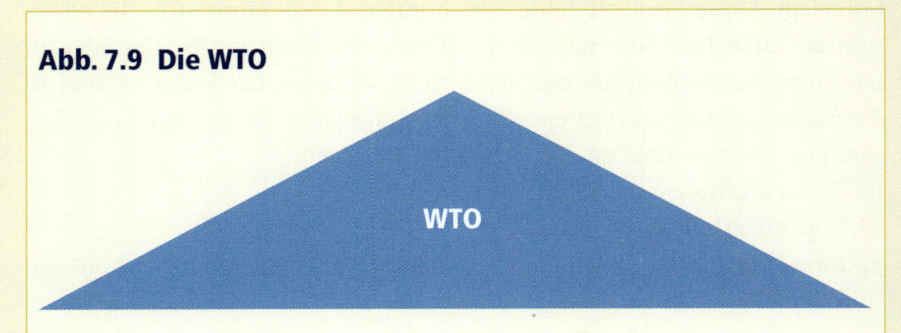

Allgemeines Zoll- und Handelsabkommen (GATT)

Regelt den Warenverkehr, z. B. in den Bereichen:
- Industriegüter
- Landwirtschaft
- Textilhandel

Dienstleistungsabkommen (GATS)

Regelt den Handel mit Dienstleistungen, Öffnung der Märkte, Abbau von Handelshemmnissen, z. B. in den Bereichen:
- Telekommunikation
- Finanzdienstleistungen
- Transport
- Tourismus

Abkommen über handelsbezogene Aspekte der Rechte des geistigen Eigentums (TRIPS)

Regelt den Schutz des geistigen Eigentums, z. B. in den Bereichen:
- Patente
- Marken
- Urheberrecht

- Zur Förderung der Exporte wird versucht, ausländische Märkte für schweizerische Produkte und Produktionsfaktoren zu öffnen.
- Zur Förderung von Importen wird angestrebt, den Marktzutritt ausländischer Güter auf den Schweizer Binnenmarkt zu erleichtern.
- Zur Förderung der internationalen Arbeitsteilung werden die Handelspartner bei ihrer Integration in die Weltwirtschaft unterstützt, um so dazu beizutragen, dass möglichst viele Länder möglichst intensiv an der globalen Arbeitsteilung teilnehmen können.

Über die Ausgestaltung der beiden letztgenannten Standbeine der Aussenwirtschaftspolitik – die Öffnung des Schweizer Binnenmarkts für Importe und die Unterstützung unserer Partnerländer – kann die Schweiz im Wesentlichen selbst entscheiden. Diese Entscheide im innenpolitischen Prozess dann auch durchzusetzen, ist allerdings vor allem im Fall der Binnenmarktöffnung nicht einfach.

Das erstgenannte Standbein jedoch, die Verbesserung des Marktzugangs für Schweizer Exporte ins Ausland, kann nur über internationale Verhandlungen erreicht werden. Hierüber kann die Schweizer Wirtschaftspolitik also nicht autonom bestimmen. Wenden wir uns nun der Gestaltung dieses Kerngebiets der Schweizer Aussenwirtschaftspolitik zu.

Bei internationalen Verhandlungen bezüglich Marktöffnung stellt sich zunächst die wichtige Frage nach den Verhandlungspartnern. Wir haben gesehen, dass drei Arten der gegenseitigen Handelsliberalisierung möglich sind: mit allen Ländern (Multilateralismus), mit einigen Ländern (Mitgliedschaft in einem regionalen Integrationsraum) oder mit einem Land (Bilateralismus). Aus ökonomischer Sicht ist Multilateralismus die beste Form der internationalen Öffnung. Denn je mehr Länder beteiligt sind, desto grösser wird der Wohlfahrtsgewinn, weil es zu kleinerer oder – wenn alle mitmachen – sogar zu überhaupt keiner Handelsumlenkung kommt. Gleichzeitig haben wir aber bereits festgehalten, dass die WTO-Verhandlungen wegen der grossen Zahl beteiligter Länder mit unterschiedlichsten Interessen ein relativ träges Instrument darstellen. In vielen Bereichen haben sie Mühe, die Handelsliberalisierung wirklich voranzubringen. Deshalb sind die beiden alternativen Formen, regionale Integration oder bilateraler Weg, für ein stark international verflochtenes Land wie die Schweiz grundsätzlich von einiger Bedeutung.

Abbildung 7.10 auf Seite 226 zeigt die prozentualen Anteile der wichtigsten Handelspartner am Schweizer Aussenhandel. Nach wie vor mit Abstand

WTO
Abkürzung für World Trade Organization. Institution, innerhalb derer multilaterale Handelsverträge ausgehandelt werden.

Meistbegünstigung
Prinzip der WTO, nach dem der Abbau einer Handelsschranke gegenüber einem Mitgliedsland gleichzeitig auch für alle anderen WTO-Mitgliedsländer gelten muss.

Inländerbehandlung
Prinzip der WTO, nach dem inländische Güter und Dienstleistungen gegenüber denjenigen anderer WTO-Mitgliedsländer nicht durch Regulierungen bevorzugt werden dürfen.

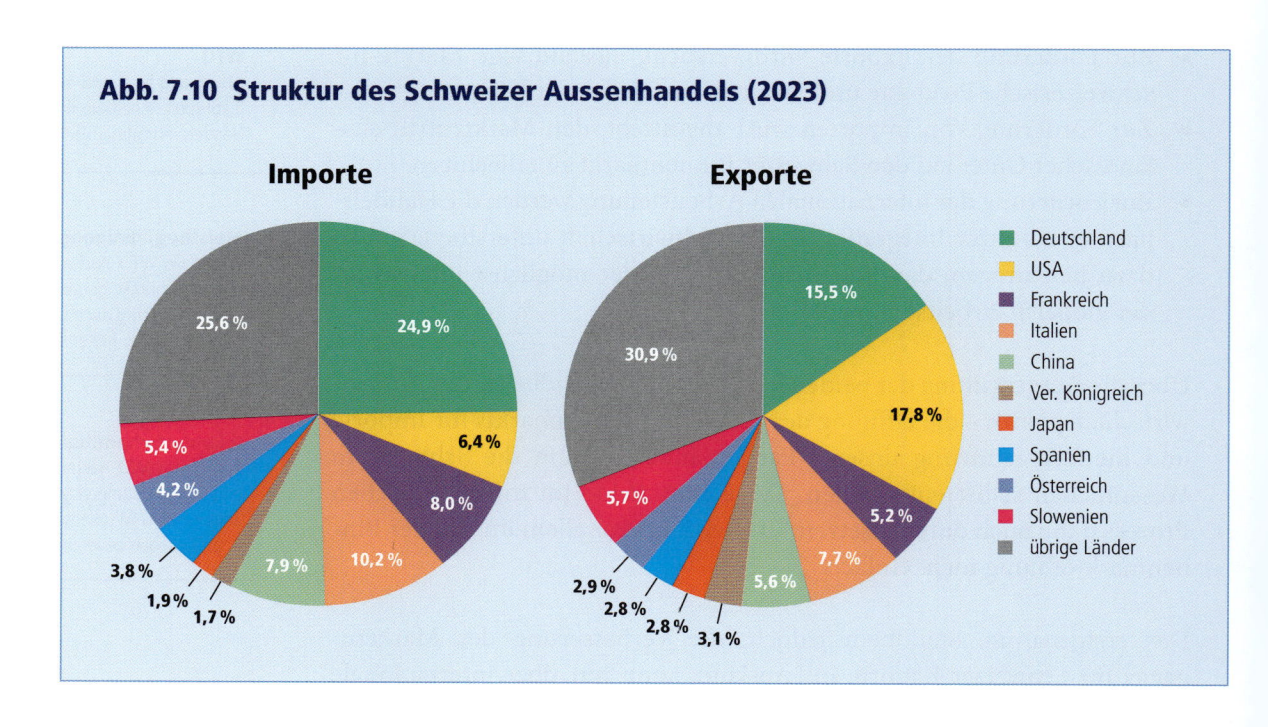

Abb. 7.10 Struktur des Schweizer Aussenhandels (2023)

Importe / Exporte

Importe: Deutschland 24,9 %, übrige Länder 25,6 %, Italien 10,2 %, Frankreich 8,0 %, China 7,9 %, USA 6,4 %, Slowenien 5,4 %, Österreich 4,2 %, Spanien 3,8 %, Japan 1,9 %, Ver. Königreich 1,7 %

Exporte: übrige Länder 30,9 %, USA 17,8 %, Deutschland 15,5 %, Frankreich 7,7 %, China 5,6 %, Slowenien 5,7 %, Italien 5,2 %, Ver. Königreich 3,1 %, Japan 2,8 %, Österreich 2,8 %, Spanien 2,9 %

Legende: Deutschland, USA, Frankreich, Italien, China, Ver. Königreich, Japan, Spanien, Österreich, Slowenien, übrige Länder

das grösste Gewicht hat dabei Deutschland, aus dem etwa ein Viertel der Schweizer Importe stammen und das auch bei den Exporten mit 15,5 % an zweiter Stelle liegt. Die USA ist bei den Exporten mit 17,8 % der wichtigste Handelspartner, gefolgt von den Nachbarländern Deutschland und Italien. Bei den Importen ist der Anteil der USA mit 6,4 % wesentlich tiefer als bei den Exporten. Italien ist mit einem Anteil von rund 10 % nach Deutschland die wichtigsten Quelle der Schweizer Importe. Frankreich hat bei den Importen einen Anteil von 8,0 %. Man sieht an diesen Zahlen, dass die grossen EU-Länder nach wie vor sehr wichtige Handelspartner der Schweiz darstellen. Die Anteile von China sowie weiteren aufstrebenden Ländern am Schweizer Aussenhandel stiegen in den letzten Jahren allerdings spürbar.

Die Aussenhandelspolitik muss die heutige relative Bedeutung der Handelspartner beachten, gleichzeitig aber auch die Dynamik berücksichtigen, da diese für die zukünftigen Handelsströme sehr bedeutsam ist. Auf dieser Basis legt die Aussenwirtschaftsstrategie des Bundesrats explizit die Kriterien fest, nach denen Partner für Freihandelsabkommen ausgewählt werden. Dabei sind eben vor allem die folgenden beiden Kriterien entscheidend:

- Wirtschaftliche Grösse: Gemeint ist die heutige, vor allem aber auch die zukünftig zu erwartende wirtschaftliche Bedeutung eines Landes. Nebst der EU stehen deshalb heute die USA, Kanada sowie Japan im Fokus der Schweizer Aussenwirtschaftspolitik; dazu kommen die aufstrebenden wirtschaftlichen Riesen China, Indien, Russland und Brasilien.
- Diskriminierungspotenzial: Dabei geht es um die Frage, wie stark Schweizer Exporteuren dadurch Nachteile erwachsen, dass wichtige Handelspartner untereinander schon umfassendere Handelsabkommen abgeschlossen haben. Wenn beispielsweise die EU mit Japan oder den USA ein Freihandelsabkommen vereinbaren würde, so würden die Schweizer Exporteure an Wettbewerbsfähigkeit in diesen Ländern verlieren, weil dann deren Handel zugunsten des jeweiligen Freihandelspartners umgelenkt wird. In diesem Fall wäre es für die Schweiz sinnvoll, sich mit diesen Ländern um gleichwertige Freihandelsverträge zu bemühen.

In zweiter Linie kommen bei Ländern, die diese beiden zentralen Kriterien nicht erfüllen, vereinzelt auch die explizit geäusserte Verhandlungsbereitschaft eines Landes oder sonstige politische Überlegungen zur Anwendung, wenn es um den Entscheid zur Aufnahme bilateraler Verhandlungen geht.

Ein weiterer wichtiger Punkt für die Aushandlung von Verträgen über den Marktzugang ist die Frage, wofür der Marktzugang liberalisiert werden soll. Die internationale Arbeitsteilung beschränkt sich je länger, je weniger auf den Güterhandel, sondern weitet sich inzwischen immer stärker auf den Bereich der Dienstleistungen aus.

Ausser den Produkten (Gütern und Dienstleistungen) werden zudem auch die Produktionsfaktoren (Arbeit, Kapital und *geistiges Eigentum*) international immer mobiler, was die internationale Arbeitsteilung weiter verbreitert. Aus diesem Grund versucht die Schweiz, Handelsabkommen möglichst umfassend auszurichten. Die Abkommen sollen deshalb nicht nur den Güterhandel, sondern auch den Handel mit Dienstleistungen sowie die Freizügigkeit der Produktionsfaktoren Arbeit, geistiges Eigentum und Kapital abdecken.

Geistiges Eigentum
Privates Eigentum an Ideen, Konzepten, Rezepten, Prozessverfahren etc., das durch das Patentrecht oder das Urheberrecht geschützt ist.

Gerade die internationalen Kapitalströme sind für die Schweiz von besonderer Bedeutung, ist sie doch ein massiver Kapitalexporteur.

7.5.2 Schweizer Integrationspolitik

Die Schweiz ist mit der EU wirtschaftlich ausgesprochen stark verflochten. Die Lieferungen in die EU machen knapp 50 % der schweizerischen Exporte aus und entsprechen jährlich rund 138 Milliarden Franken. Bei den Importen stammen sogar rund 69 % aus der EU, also jährlich gut 161 Milliarden. Dennoch hat sich die Schweiz – das haben wir bei der Entwicklung des europäischen Integrationsprozesses gesehen – wirtschaftspolitisch deutlich weniger stark institutionell integriert als die anderen europäischen Länder. Wegen der überragenden Bedeutung der EU im Schweizer Aussenhandel ist die Haltung gegenüber dem rasch voranschreitenden europäischen Integrationsprozess aber nach wie vor eine der wichtigsten, wenn nicht die wichtigste aussenwirtschaftspolitische Frage. Und da die Schweiz nach den USA immerhin der zweitgrösste Handelspartner der EU weltweit ist, besteht auch für die EU ein wirtschaftliches Interesse an vertieften Beziehungen.

Wie haben sich die Beziehungen der Schweiz zur Europäischen Gemeinschaft bzw. zur EU bisher entwickelt? Hier die wichtigsten Stationen:

- 1972: Freihandelsabkommen mit der EG. Lange Zeit war dies mit Abstand der wichtigste Integrationsschritt der Schweiz in Richtung EG/EU. Mit dem Abkommen wurde zwischen der EFTA und der damaligen EG eine Freihandelszone errichtet.
- 1992: Ablehnung des Beitritts zum Europäischen Wirtschaftsraum (EWR). Das negative Ergebnis machte klar, dass die Schweiz einen anderen Weg einschlagen würde als die restlichen europäischen Staaten, zumal ja die übrigen in der EFTA verbliebenen Staaten das Abkommen unterzeichneten. Die nächsten Integrationsschritte der Schweiz konnten also nicht in Richtung eines EU-Beitritts gehen. Vielmehr strebte man in Bereichen, bei denen gemeinsame Interessen bestanden, sektorielle Abkommen an. Diesen sogenannt bilateralen Weg beschreitet die Schweiz seither mit einigem Erfolg.
- 2000: Annahme der *Bilateralen I*. Dies war ein Paket von sieben Abkommen über den Personenverkehr, den Landverkehr, den Luftverkehr, die Forschung, das öffentliche Beschaffungswesen, die Agrarprodukte und die technischen Handelshemmnisse. Den wirtschaftlich bedeutendsten Schritt stellte dabei das Abkommen über den freien Personenverkehr dar, der seither schrittweise eingeführt wird.
- 2001: Ablehnung der Initiative «Ja zu Europa». Diese Initiative wollte Verhandlungen über einen EU-Beitritt erreichen. Ihre Ablehnung verdeutlicht, dass dieser Schritt in naher Zukunft kaum auf der politischen Traktandenliste erscheinen wird.

Bilaterale I
Vertragswerk zwischen der EU und der Schweiz, das infolge der Ablehnung des EWR-Beitritts ausgehandelt wurde. Es ist als Paket konzipiert und enthält insgesamt sieben Abkommen, darunter eines zum freien Personenverkehr.

- 2004: Abkommen über die *Bilateralen II*. Das zweite Paket umfasste neun Abkommen, von denen vor allem drei von grösserer Bedeutung waren. Zwei davon, nämlich die Abkommen über die Zinsbesteuerung und über die Betrugsbekämpfung, betrafen Anliegen der EU. Das vom Volk 2005 angenommene Abkommen zur Teilnahme der Schweiz an der Sicherheitszusammenarbeit im Rahmen von Schengen-Dublin dagegen wurde von der Schweiz als Anliegen eingebracht.
- 2009: Annahme der Weiterführung der Personenfreizügigkeit und der Ausdehnung auf Rumänien und Bulgarien in einer Volksabstimmung.
- 2014: Annahme der Initiative «Gegen Masseneinwanderung». Das Schweizer Stimmvolk entschied sich damit für einen Schritt, der die Personenfreizügigkeit gefährdete. Ende 2016 setzte das Schweizer Parlament die Initiative jedoch mit einem verstärkten Inländervorrang um, der mit der Personenfreizügigkeit im Einklang steht.
- 2021: Von 2014 bis 2018 verhandelten die Schweiz mit der EU über ein Rahmenabkommen (auch institutionelles Abkommen genannt). Die Schweiz sollte neu bei den bilateralen Abkommen zum Marktzugang zukünftiges EU-Recht direkt übernehmen. Zudem sollte ein gemeinsames Schiedsgericht Streitigkeiten zwischen der EU und der Schweiz lösen. Da das Verhandlungsergebnis in der Schweiz grossen innenpolitischen Widerstand hervorrief, verschob der Bundesrat zuerst die Unterzeichnung des Abkommens und verlangte von der EU in drei umstrittenen Punkten Klärungen. Weil ihm die Ergebnisse dieser Nachgespräche nicht genügten, erklärte der Bundesrat im Mai 2021 das Rahmenabkommen für gescheitert.
- 2024: Neuaufnahme der Verhandlungen mit der EU über ein Paket von Abkommen, das den bilateralen Weg langfristig sichern soll.

Bilaterale II

Vertragswerk zwischen der EU und der Schweiz, das die Bilateralen I ergänzt. Es umfasst insgesamt neun Abkommen, darunter die Sicherheitszusammenarbeit im Rahmen von Schengen-Dublin.

Zusammenfassung

1. Die nationale, vor allem aber auch die internationale Spezialisierung ist die Quelle der immensen Wohlstandssteigerungen der letzten Jahrhunderte.

2. Komparative und nicht absolute Vorteile bestimmen die Arbeitsteilung. Auch ein Land, das in allen Gebieten einen absoluten Produktivitätsrückstand hat, kann mit Gewinn an der internationalen Arbeitsteilung partizipieren. Es spezialisiert sich auf die Tätigkeit, bei der seine Opportunitätskosten im Verhältnis zu reicheren Ländern am geringsten sind – dort liegt sein komparativer Vorteil.

3. Öffnet ein Land seine Grenzen dem internationalen Handel, so steigt seine Wohlfahrt. Dabei ist es belanglos, ob das Land ein Exporteur oder ein Importeur eines Gutes ist; die gesamtwirtschaftliche Rente steigt in jedem Fall.

4. Zollschranken reduzieren die Wohlfahrt, da die Zolleinnahmen den Verlust an gesamtwirtschaftlicher Rente nicht kompensieren. Auch nichttarifäre Handelshemmnisse reduzieren die Wohlfahrt.

5. Protektionistische Massnahmen sind aus politisch-ökonomischen Gründen schwer zu eliminieren, da durch eine solche Politik gut organisierte Interessengruppen (inländische Produzenten) kurzfristig auf der Verliererseite stehen. Die Gewinner einer Marktöffnung (vor allem die Konsumentinnen und Konsumenten) sind politisch jedoch schwer organisierbar bzw. mobilisierbar.

6. Handelshemmnisse lassen sich auf drei Arten abbauen: multilateral (gegenüber allen Ländern), regional (gegenüber einigen Ländern) und bilateral (gegenüber einem Land).

7. Multilateraler Freihandel stellt aus Effizienzsicht klar die beste Lösung dar, ist aber politisch oft schwieriger umzusetzen als regionale oder bilaterale Handelsliberalisierungen.

8. Regionale Handelsliberalisierung wird auch als (regionale) Integration bezeichnet. Sie führt aus Effizienzsicht zu positiver Handelsschaffung (zusätzlicher Austausch mit den Mitgliedern des Integrationsraums) und zu effizienzmindernder Handelsumlenkung (es wird nicht mehr vom weltweit effizientesten Produzenten importiert).

9. Wenn der Integrationsraum gross ist und die Ausgangszölle hoch waren, dann ist die Handelsschaffung eindeutig grösser als die Handelsumlenkung.

10. Eine Integration kann unterschiedliche Stufen der Zusammenarbeit beinhalten. Mit zunehmender Intensität der Integration geht dies von Freihandelszonen über Zollunionen und Binnenmärkte bis zu Wirtschafts- und Währungsunionen.

11. Die Europäische Union ist der weltweit wichtigste Integrationsraum. Er entwickelte sich in den letzten Jahrzehnten stark, und zwar einerseits über die Vertiefung (von einer Zollunion zu einer Währungsunion), anderseits über die Erweiterung (Aufnahme zusätzlicher Mitgliedsländer; heute 27 Staaten).

12. Die Schweizer Aussenwirtschaftspolitik sucht die vertraglich abgesicherte Öffnung der Märkte primär über die WTO (multilaterale Öffnung), aber auch über bilaterale Abkommen mit wichtigen Handelspartnern.

13. Die EU ist mit Abstand der wichtigste Handelspartner der Schweiz. Über sektorielle bilaterale Abkommen versucht die Schweizer Aussenwirtschaftspolitik, die Handelsbeziehungen mit der EU zu vereinfachen.

14. Neben dem Handel mit Gütern spielt der Handel mit Dienstleistungen und die internationale Mobilität von Produktionsfaktoren für die Schweiz eine immer wichtigere Rolle. Internationale Abkommen werden deshalb immer umfassender, das heisst, sie gelten nicht nur für Produkte (Güter und Dienstleistungen), sondern umfassen auch die Produktionsfaktoren (Arbeitskräfte, Kapital und geistiges Eigentum).

Repetitionsfragen

- Angenommen, Sie kaufen im Laden eine Tiefkühlpizza. Versuchen Sie, anhand des Produktionsprozesses die Arbeitsteilung aufzuzeigen.

- Stellen Sie sich zwei benachbarte Inselstämme vor, die in Autarkie leben. Die Inselgemeinschaften verfügen über die folgenden Fähigkeiten: Auf der Insel A können pro Stunde Arbeit 3 Kokosnüsse oder 10 Bananen produziert werden. Insel B weist eine schlechtere Bodenbeschaffenheit auf, hier können pro Stunde Arbeit nur 2 Kokosnüsse oder 8 Bananen produziert werden. Zeigen Sie, dass beide Inselökonomien profitieren könnten, wenn Sie sich spezialisierten und beginnen würden, Handel zu treiben. Erklären Sie an diesem Beispiel das Konzept des absoluten und des komparativen Vorteils.

- Warum wird in öffentlichen Diskussionen dem Import viel kritischer begegnet als dem Export?

- Welche politisch-ökonomischen Prozesse erklären den Protektionismus?

- Welche Arten von Handelsliberalisierung können unterschieden werden?

- Welche Formen von nichttarifären Handelshemmnissen lassen sich unterscheiden? Geben Sie jeweils ein Beispiel.

- Die Höhe des Zolls in der Ausgangslage sowie die Grösse des Integrationsraums haben Einfluss auf die relative Bedeutung von handelsschaffenden bzw. handelsumlenkenden Wirkungen einer Integration.
Zeigen Sie anhand einer Grafik die Zusammenhänge auf.

- Was unterscheidet die fünf Formen der wirtschaftlichen Integration?
Beschreiben Sie anhand dieser Formen die Entwicklung der Europäischen Union.

ZENTRALE BEGRIFFE

Globalisierung S. 195	Quoten S. 209	EFTA S. 218
Spezialisierung S. 197	Technische Handelshemmnisse S. 209	EU S. 218
Arbeitsteilung S. 197	Cassis-de-Dijon-Prinzip S. 210	Marshall-Plan S. 219
Absoluter Vorteil S. 199	Subventionen S. 210	Bretton-Woods-Konferenz S. 219
Komparativer Vorteil S. 199	Integrationsraum S. 211	EWR S. 222
Autarkie S. 200	Handelsschaffung S. 211	Aussenwirtschaftspolitik S. 222
Protektionismus S. 204	Handelsumlenkung S. 211	WTO S. 225
Zoll S. 204	Freihandelszone S. 216	Meistbegünstigung S. 225
Umverteilung S. 206	Zollunion S. 216	Inländerbehandlung S. 225
Multilaterale Handelsliberalisierung S. 208	Ursprungsnachweis S. 217	Geistiges Eigentum S. 227
Regionale Handelsliberalisierung S. 208	Binnenmarkt S. 217	Bilaterale I S. 228
Bilaterale Handelsliberalisierung S. 208	Währungsunion S. 217	Bilaterale II S. 229
Nichttarifäre Handelshemmnisse S. 209	Vollständige Wirtschaftsunion S. 218	

8 Langfristiges Wachstum

«Die Auswirkungen von Wachstumsraten auf den Wohlstand der Menschen sind einfach verblüffend! Beginnt man einmal über die Thematik nachzudenken, fällt es schwer, noch an andere Fragen zu denken.»

Diesen oft zitierten Ausspruch machte der von der Materie offensichtlich beeindruckte amerikanische Ökonom Robert Lucas 1987 in einem wichtigen Artikel zum Thema des langfristigen Wirtschaftswachstums. Damit wollte er ausdrücken, dass kleine Veränderungen der Wachstumsrate über die Zeit hinweg gewaltige Auswirkungen auf das Pro-Kopf-Einkommen haben. Wir können dies an der jüngsten Entwicklung in der Schweiz beobachten. Die Schweiz hatte in den ersten Jahrzehnten der Nachkriegszeit während einer ziemlich langen Periode vergleichsweise hohe Wachstumsraten und war deshalb bis in die 1970er-Jahre mit Sicherheit das reichste Land der Erde. Da sich aber seither das Wachstum verlangsamte, büsste sie in den beiden letzten Jahrzehnten des vergangenen Jahrhunderts den grossen Wohlstandsvorsprung ein. Kleine, in der jährlichen Betrachtung unwesentlich erscheinende Unterschiede in den Wachstumsraten kumulieren sich längerfristig zu eindrücklichen Unterschieden im Wohlstand. Das langfristige Wachstum gehört deshalb ohne Zweifel zu den erstrangigen Themen der Wirtschaftswissenschaften und damit auch zu den wichtigsten Themen für die Wirtschaftspolitik.

- 8.1 Die Bedeutung des Wirtschaftswachstums
- 8.2 Wachstum gleich Konjunkturaufschwung?
- 8.3 Die Quellen des Wachstums
- 8.4 Die entscheidende Rolle des technischen Fortschritts
- 8.5 Wachstumspolitik

Das Kapitel ist folgendermassen aufgebaut:
- 8.1 erklärt die Bedeutung des langfristigen Wirtschaftswachstums.
- 8.2 erläutert den zentralen Unterschied zwischen Konjunktur und Wachstum.
- 8.3 analysiert die Quellen des Wirtschaftswachstums.
- 8.4 skizziert die entscheidende Rolle des technischen Fortschritts für den langfristigen Wachstumsprozess.
- 8.5 zeigt wirtschaftspolitische Massnahmen, die das langfristige Wachstum beeinflussen.

Wirtschaftswachstum
Wachstum der produzierten Menge an Gütern und Dienstleistungen in einer Volkswirtschaft, häufig gemessen als Veränderung des realen BIP.

Wachstumsrate
Relative Zunahme des BIP innerhalb einer bestimmten Zeiteinheit.

8.1 Die Bedeutung des Wirtschaftswachstums

Wollen wir die Bedeutung des langfristigen *Wirtschaftswachstums* erfassen, so können wir direkt beim Zitat am Beginn dieses Kapitels ansetzen. Langfristige *Wachstumsraten* sind von immenser Bedeutung für den Wohlstand von Ländern wie auch von Individuen. Zinseszinseffekte führen dazu, dass auch geringe Unterschiede in den Wachstumsraten längerfristig zu sehr grossen Wohlstandsunterschieden führen können.

Die verblüffenden Unterschiede in der Wohlstandsentwicklung in den letzten beiden Jahrhunderten illustriert Abbildung 8.1. Im 19. Jahrhundert starteten die USA, Japan und Ghana von einem aus heutiger Sicht ähnlich tiefen Einkommensniveau: Im Jahr 1850 betrug das reale BIP pro Kopf in den USA geschätzte 3600 US-Dollar, jenes von Ghana ungefähr ein Sechstel davon. Doch wie frappant unterschiedlich gestaltete sich die weitere Entwicklung! Die USA weisen bis heute ein konstant hohes Wachstum auf und haben inzwischen ein fast 25-mal höheres Pro-Kopf-Einkommen als 1850 erreicht. Japan wiederum zeigte, dass sich ein Rückstand rasch aufholen lässt. Bis zum Zweiten Weltkrieg ein relativ armes Land, konnte Japan innerhalb weniger Jahrzehnte mit zum Teil sehr hohen Wachstumsraten praktisch zu den USA aufschliessen. Ghana hingegen verblieb lange auf dem ähnlichen, extrem tiefen Einkommensniveau wie vor knapp 200 Jahren; erst in jüngsten Vergangenheit wies das Land eine höhere Wachstumsrate auf.

So spektakulär die Wohlstandsunterschiede sich in dieser Periode entwickelt haben, so bescheiden nehmen sich die Unterschiede in den durch-

TECHNISCHE BOX

Die 72er-Regel

Wie stark sich unterschiedliche Wachstumsraten auf den Wohlstand auswirken, ist auf den ersten Blick oft nicht einfach festzustellen; für Zinseszinseffekte können wir uns in der Regel nicht auf unsere Intuition verlassen. Anstatt sich durch eine aufwändige Berechnung durchzuarbeiten, kann zum Glück auf eine einfache Faustregel zurückgegriffen werden, die sogenannte 72er-Regel.

Sie lautet wie folgt:

$$\text{Jahre bis zur Verdoppelung des BIP} \approx \frac{72}{\text{Wachstumsrate BIP}}$$

Beträgt das durchschnittliche BIP-Wachstum beispielsweise 2 % pro Jahr, so besagt die Regel, dass es etwa 36 (= 72/2) Jahre dauern wird, bis das Land sein BIP verdoppelt hat. Liegt die Wachstumsrate jedoch nur bei 1 %, so dauert es 72 Jahre, bei 4 % Wachstum dagegen lediglich 18 Jahre bis zur BIP-Verdoppelung. Gelingt es China, als aktuell herausragendem Beispiel, die knapp 10 % Wachstum aufrechtzuerhalten, die in den letzten Jahren gelegentlich zu beobachten waren, so bedeutet dies, dass sich sein BIP rund alle sieben Jahre verdoppelt. Mit einer hohen Wachstumsrate kann also auch ein armes Land sehr rasch einen Wohlstandsrückstand aufholen.

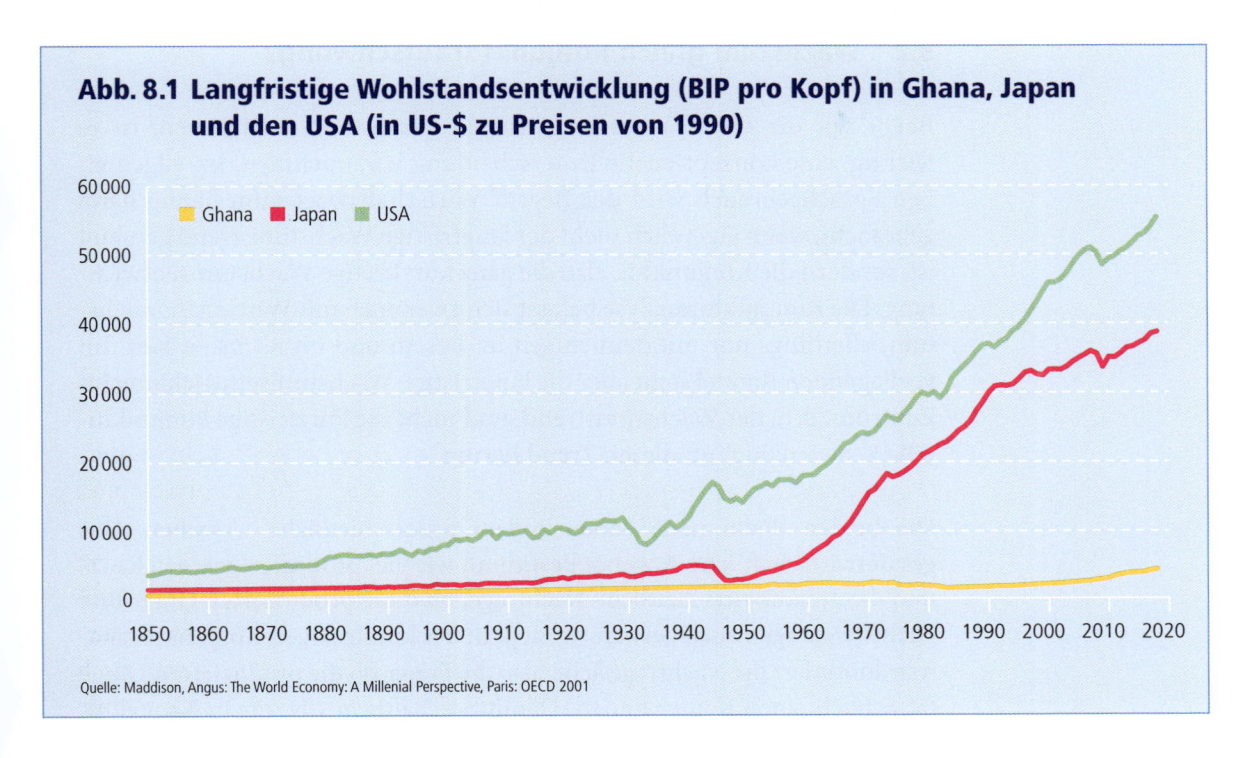

Abb. 8.1 Langfristige Wohlstandsentwicklung (BIP pro Kopf) in Ghana, Japan und den USA (in US-$ zu Preisen von 1990)

Quelle: Maddison, Angus: The World Economy: A Millenial Perspective, Paris: OECD 2001

schnittlichen jährlichen Wachstumsraten dieser Länder in der betrachteten Zeitspanne aus. Sie betrugen etwa für die USA 1,6 % und für Ghana 1,1 %. Dies zeigt, dass auch konstante Wachstumsraten zu überproportionalen Zunahmen des Einkommens führen, analog zur Geldanlage, die neben dem Zinssatz auch den Zinseszins als Ertrag abwirft. Ein für sich allein betrachtet durchaus bescheidener Zinssatz führt über längere Zeiträume zu einer spektakulären Erhöhung des Einkommens. Und relativ kleine Unterschiede in der durchschnittlichen Wachstumsrate führen langfristig zu gewaltigen Wohlstandsunterschieden.

Dazu kommt, dass die Zunahme des Bruttoinlandproduktes (BIP) den Wohlstandsgewinn eher unterschätzt. Denn die Verfügbarkeit neuer Güter wird in der langfristigen Betrachtung nicht genügend berücksichtigt. Man kann ja mit gutem Recht behaupten, dass der Durchschnittseuropäer von heute in vieler Hinsicht reicher ist als der reichste Mensch vor hundert Jahren. Zahlreiche heute selbstverständliche Güter waren damals noch gar nicht bekannt. So hatten damals auch noch so wohlhabende Personen keinen Zugang zu Interkontinentalflügen, Internet, Elektrobikes oder zahlreichen Medikamenten; alles Güter, die heute in Industrieländern auch Personen mit durchschnittlichem Einkommen zur Verfügung stehen.

8.2 Wachstum gleich Konjunkturaufschwung?

Bevor wir die Quellen des langfristigen Wachstums analysieren, ist es wichtig, eine konzeptionelle Unterscheidung vorzunehmen. Im allgemeinen Sprachgebrauch wird der Begriff Wirtschaftswachstum häufig dann gebraucht, wenn eigentlich nicht der langfristige Wachstumstrend gemeint ist, sondern die Konjunktur, also die ganz kurzfristige Wachstumsentwicklung. Die Konjunkturanalyse befasst sich zwar auch mit Wirtschaftswachstum, allerdings nur mit demjenigen in diesem und im nächsten Jahr. Im vorliegenden Kapitel steht aber die langfristige Wachstumsentwicklung im Zentrum, d. h. der Wachstumstrend, und nicht die kurzfristige konjunkturelle Schwankung um diesen Trend herum.

Die beiden Phänomene haben zudem unterschiedliche Ursachen. Das gesamtwirtschaftliche Angebot bestimmt, wie viel produziert werden kann, und die gesamtwirtschaftliche Nachfrage, ob diese produzierten Güter und Dienstleistungen auch gekauft werden. In der kurzfristigen Konjunkturanalyse dominiert die Nachfragesicht, also die Frage, ob die produzierten Dinge tatsächlich einen Käufer finden. Damit beschäftigen wir uns in Kapitel 10. Im vorliegenden Kapitel hier geht es aber um das langfristige Trendwachstum und damit um die Entwicklung der gesamtwirtschaftlichen Angebotsseite – also um die Frage: Wie viel kann überhaupt produziert werden?

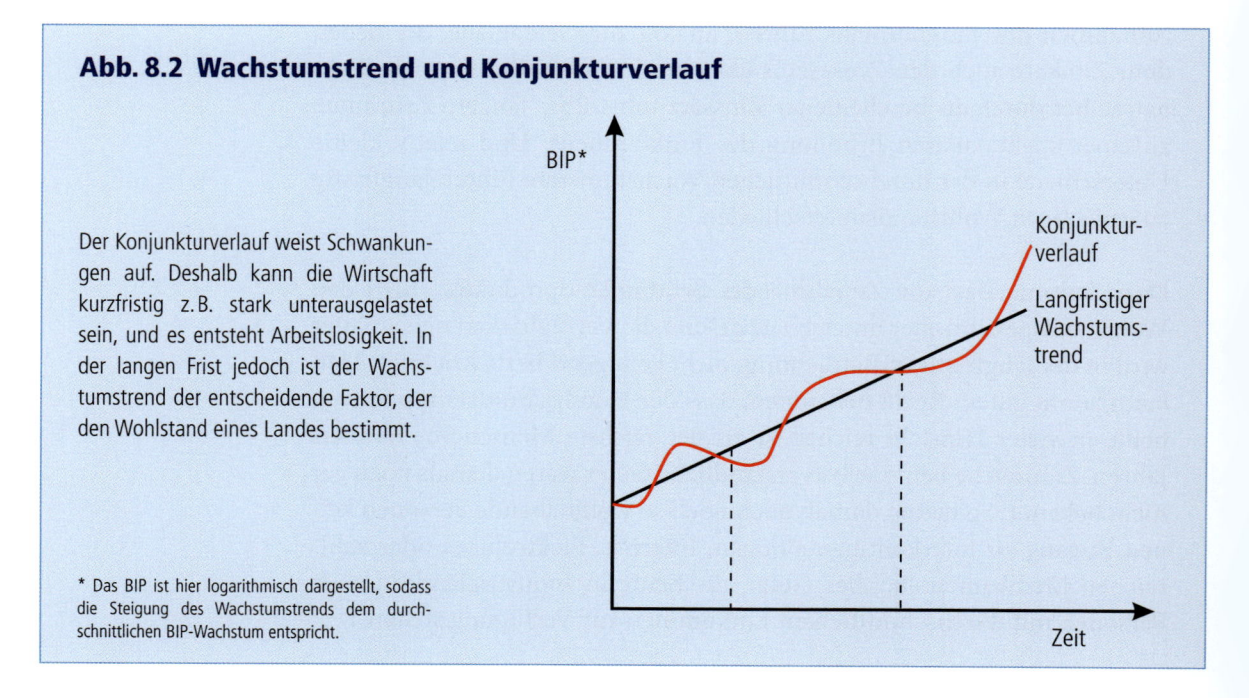

Abb. 8.2 Wachstumstrend und Konjunkturverlauf

Der Konjunkturverlauf weist Schwankungen auf. Deshalb kann die Wirtschaft kurzfristig z. B. stark unterausgelastet sein, und es entsteht Arbeitslosigkeit. In der langen Frist jedoch ist der Wachstumstrend der entscheidende Faktor, der den Wohlstand eines Landes bestimmt.

* Das BIP ist hier logarithmisch dargestellt, sodass die Steigung des Wachstumstrends dem durchschnittlichen BIP-Wachstum entspricht.

Abbildung 8.2 illustriert vereinfacht die Grundidee.

Der Konjunkturverlauf ist rot eingezeichnet. Er zeigt auf, wie sich das Bruttoinlandprodukt über die Zeit entwickelt, abhängig vom Auf und Ab der Nachfrage nach den produzierten Gütern und Dienstleistungen. Das langfristige Wirtschaftswachstum dagegen entspricht der Geraden, die den Wachstumstrend anzeigt, also das durchschnittliche Wachstum über die Konjunkturzyklen hinweg, abhängig von der Entwicklung der Produktionsmöglichkeiten.

8.3 Die Quellen des Wachstums

Wirtschaftswissenschaftliche Analysen des Wachstumsprozesses sind oft komplex und äusserst technisch. Woher das Wirtschaftswachstum kommt, lässt sich dennoch anhand eines anschaulichen Konzepts einfach erläutern. Ausgangspunkt ist die schon gewonnene Erkenntnis, dass der Wohlstand einer Volkswirtschaft davon abhängt, wie viele Güter und Dienstleistungen sie produzieren kann. Veränderungen des Wohlstands werden also durch jene Grössen bestimmt, die zu einer Veränderung der produzierbaren Menge führen. Abbildung 8.3 auf Seite 239 stellt die Zusammenhänge schematisch dar.

Zunächst verdeutlicht die Darstellung, dass es nur zwei Möglichkeiten gibt, wie das BIP pro Kopf einer Volkswirtschaft wachsen kann, wie also pro Kopf mehr Güter und Dienstleistungen produziert werden können:
▶ entweder es werden mehr Arbeitsstunden geleistet
▶ oder die Produktion pro geleistete Arbeitsstunde (die *Arbeitsproduktivität*) wird erhöht.

Arbeitsproduktivität
Menge an produzierten Gütern und Dienstleistungen pro geleisteter Arbeitsstunde.

Erhöhungen der Anzahl Arbeitsstunden und der Arbeitsproduktivität bilden also die beiden direkten Quellen des Wachstums.

In einem zweiten Schritt kann man diese beiden Faktoren aber noch weiter untergliedern. Dazu muss man ihre Determinanten ermitteln.

Wie in der Grafik dargestellt, lässt sich die Anzahl Arbeitsstunden steigern, indem mehr Personen arbeiten (mehr Erwerbstätige) oder indem jede einzelne Person mehr arbeitet (mehr Arbeitsstunden pro Erwerbstätigen). Die Anzahl Erwerbstätiger ihrerseits hängt ab von der Erwerbsquote (Anteil der Bevölkerung im erwerbsfähigen Alter, der einer Arbeit nachgeht oder dies tun möchte) und von der Arbeitslosigkeit (Anteil der Arbeitswilligen, die keine Beschäftigung finden).

Die Arbeitsproduktivität, also die Produktion pro Arbeitsstunde, hat im Wesentlichen drei Bestimmungsfaktoren: die Ausstattung mit Realkapital, die Ausstattung mit Humankapital und die verwendete Technologie.

> **Realkapital**
> Anlagen und Einrichtungen, die zur Produktion von Gütern und Dienstleistungen eingesetzt werden. Realkapital ist auch unter der Bezeichnung Sachkapital bekannt.

- Zum Ersten steigt die Produktivität, wenn einer Arbeitskraft mehr *Realkapital* zur Verfügung steht. In Branchenvergleichen zeigt sich, dass beispielsweise im Energiesektor die Arbeitsproduktivität besonders hoch ist. In diesem Sektor sind relativ wenige Arbeiter mit sehr kostspieligen Kapitalgütern ausgestattet, was ihre Produktivität besonders erhöht; dies etwa im Gegensatz zu den Coiffeuren, die ihrer Tätigkeit mit wesentlich weniger Kapitalausstattung nachgehen. Eine Erhöhung der Investitionen kann also einer Volkswirtschaft in späteren Perioden zu höherer Arbeitsproduktivität und somit zu mehr Wachstum verhelfen.

> **Humankapital**
> Fähigkeiten, Fertigkeiten und Wissen der Arbeitskräfte, erworben durch Aus- und Weiterbildung.

- Zweitens hängt die Produktivität von den Fähigkeiten der Arbeiterinnen und Arbeiter ab. Je besser die Ausbildung, desto tendenziell höher die Produktivität der Arbeitskräfte, was sich bei gut funktionierenden Arbeitsmärkten direkt in höheren Löhnen niederschlägt. Im ökonomischen Jargon spricht man in diesem Zusammenhang von *Humankapital*. Wie beim Realkapital müssen auch hier Investitionen – das heisst momentaner Konsumverzicht – geleistet werden, um dieses Kapital bilden zu können; in diesem Zusammenhang heisst die Investition Bildung. Eine Erhöhung der Investitionen in die Ausbildung steigert also die Arbeitsproduktivität und führt zu Wachstum.

> **Technologie**
> Wissen, auf welche Art Arbeit und Kapital kombiniert werden können, um Güter und Dienstleistungen zu produzieren.

- Drittens schliesslich lässt sich die Arbeitsproduktivität durch eine bessere *Technologie* erhöhen. Technologie ist das Wissen, auf welche Art Arbeit und Kapital kombiniert werden können, um Güter und Dienstleistungen zu produzieren. Nehmen wir als Beispiel dafür die Abbildungen in diesem Buch: Grafiken in dieser Qualität benötigten noch vor wenigen Jahren etliche Arbeitsstunden zu ihrer Herstellung, heute dagegen werden sie dank einem geeigneten Computerprogramm mit wenigen Mausklicks entworfen. Derartiger technischer Fortschritt kann dabei durch Forschung und Entwicklung erzielt werden, aber auch über den Lernprozess bei der Arbeit, sogenanntes Learning by Doing. Wie auch immer der technische Fortschritt entsteht, er ist, wie wir noch sehen werden, der bei Weitem wirksamste Auslöser von Wachstum.

Abb. 8.3 Quellen des Wachstums

```
                        Wachstum BIP pro Kopf
                              ↑                    ↑
              Mehr Arbeitsstunden      Mehr Produktion pro Arbeitsstunde (Arbeitsproduktivität)
                ↑           ↑            ↑              ↑              ↑
        Mehr        Mehr Arbeitsstunden  Mehr Realkapital  Mehr Humankapital  Mehr Know-how
   Erwerbstätige   pro Erwerbstätigen    (Investitionen)    (Bildung)         (techn. Fortschritt)
        └─────────┬─────────┘          └────────┬────────┘         │
               «Arbeit»                       «Kapital»         «Technologie»
                    ↑                             ↑                  ↑
                        Exogene Faktoren + Wirtschaftspolitik
```

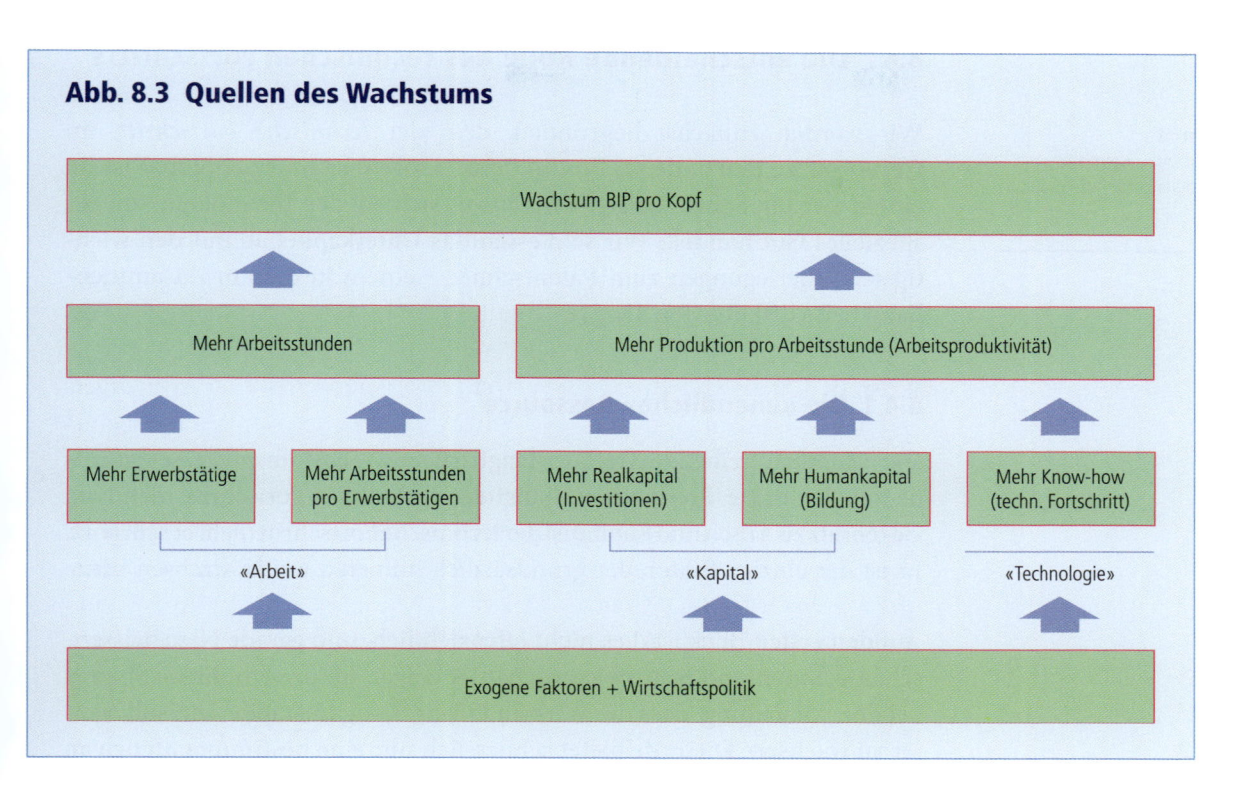

Abbildung 8.3 zerlegt den Wachstumsprozess in die soeben erläuterten fünf messbaren Grössen. Hinter diesen aber steckt das geläufige Konzept der *gesamtwirtschaftlichen Produktionsfunktion*, wonach die drei Produktionsfaktoren Arbeit, Kapital und Technologie bestimmen, wie viel produziert werden kann – d.h., wie gross das gesamtwirtschaftliche Angebot in einer Volkswirtschaft ist. Diese alternative Zerlegung ist in Abbildung 8.3 ebenfalls dargestellt.

> **Gesamtwirtschaftliche Produktionsfunktion**
> Beziehung zwischen der in einer Volkswirtschaft produzierten Menge an Gütern und Dienstleistungen (reales BIP) und den insgesamt dafür eingesetzten Produktionsfaktoren.

Schliesslich wird noch aufgezeigt, dass die fünf Determinanten der Arbeitsstunden bzw. der Arbeitsproduktivität von zwei Arten von Faktoren beeinflusst werden können.

▶ Einerseits sind sie bestimmt durch natürliche Gegebenheiten, also exogene Parameter, die sich ihrerseits nicht durch wirtschaftspolitische Entscheide beeinflussen lassen. Beispiele dafür sind das Klima, die geografische Lage oder die Nachbarstaaten eines Landes, aber auch die kulturellen und politischen Rahmenbedingungen.

▶ Andererseits können die Determinanten durch wirtschaftspolitische Entscheide modifiziert werden – ein Element, das uns in den folgenden Unterkapiteln (insbesondere in 8.5) beschäftigen wird.

Technischer Fortschritt
Verbesserung der Technologie, welche zu einer Steigerung der Produktivität der Produktionsfaktoren führt.

8.4 Die entscheidende Rolle des technischen Fortschritts

Wir werden zunächst begründen, dass der *technische Fortschritt*, im Gegensatz zu den anderen Produktionsfaktoren, kaum erschöpfbar ist. In einem zweiten Schritt zeigen wir, dass es sich bei der Technologie um ein spezielles Gut handelt. Wir schliessen das Unterkapitel ab mit den wichtigsten Überlegungen zum Patentschutz – einem in diesem Zusammenhang heiss diskutierten Thema.

8.4.1 Die «unendliche» Ressource

Die eigentlich treibende Kraft des langfristigen Wachstumsprozesses ist eindeutig der dritte Produktionsfaktor, der technische Fortschritt, denn im Gegensatz zu Arbeit und Kapital ist der technische Fortschritt nicht beschränkt. Er ist der einzige Faktor, der grundsätzlich immerzu weiter wachsen kann.

Auf den ersten Blick ist dies nicht offensichtlich, und gerade Naturwissenschaftlerinnen und Naturwissenschaftler zeigen oft unverhohlene Skepsis bei der Vorstellung, dass die Wirtschaft langfristig imstande sein soll, weiter zu wachsen. Die Erde bietet schliesslich nur eine bestimmte Menge an natürlichen Ressourcen, die wir nicht erhöhen können. Wie sollte es da möglich sein, langfristig und bei steigenden Bevölkerungszahlen immerfort ein Wachstum des Wohlstands zu generieren?

Trotz dieser logisch scheinenden Bedenken gibt es ökonomisch gesehen keinen Grund zur Annahme, das schon oft verkündete Ende des Wachstums stehe vor der Tür. Der Grund für den Optimismus der Ökonominnen und Ökonomen liegt darin, dass das gesamtwirtschaftliche Wachstum eben nur zum kleineren Teil von physischen, endlichen Dingen wie Arbeit und Kapital getrieben wird. Hauptverantwortlich für das langfristige Wachstum ist vielmehr der technische Fortschritt, also neue Möglichkeiten, die endlichen Ressourcen miteinander zu kombinieren, um so Mehrwert zu schaffen.

Man kann dies an einem einfachen Beispiel verständlich machen. Eisenoxid, auch als Rost bekannt, wurde während langer Perioden der Menschheitsgeschichte als nutzloser Abfall betrachtet. Die Höhlenmenschen kamen dann auf die Idee, mineralisches Eisenoxid als Farbe zu benutzen und damit Höhlenwände zu bemalen. Dies war ein erster Schritt, um aus wertlosem Schmutz eine Ressource zu machen, mit der sich Wertschöpfung erzielen liess. Später lernten die Menschen, aus Eisenoxid Eisen zu gewinnen. Das steigerte die Wertschöpfung erneut, denn jetzt wurde es möglich, aus dem Material eine Fülle nützlicher Produkte herzustellen. Noch später verstand man es, Eisen mit Kohlenstoff zu legieren und so Stahl herzustellen, was die Einsatzmöglichkeiten ein weiteres Mal vervielfachte. Und erst kürzlich fand man heraus, dass sich Eisenoxid zu Magnetbändern verarbeiten lässt, die als Ton- und Bildspeicher eine ganz neue Medienwelt erschlossen haben.

Für das Wachstum entscheidend ist dabei, dass die endliche Ressource Eisenoxid immer noch in gleicher Menge auf der Erde vorhanden ist wie vor Tausenden von Jahren, dass sich aber aus den neu entdeckten Verwendungsmöglichkeiten dieses Stoffs heute ein spektakulär höherer Wohlstand erzielen lässt. Der technische Fortschritt hat laufend neue Ideen generiert, wie diese Ressource immer produktiver genutzt werden kann. Und es ist wenig wahrscheinlich, dass bereits der letzte wertvermehrende Schritt in der Verwendung des Eisenoxids getan ist; vielmehr spricht alles dafür, dass sich in Zukunft noch produktivere Anwendungen dieser Ressource finden werden.

Das Beispiel veranschaulicht die prinzipielle Unbeschränktheit des wirtschaftlichen Wachstums trotz der endlichen Menge der auf der Erde vorhandenen Rohstoffe. Denn es ist sehr wahrscheinlich, dass wir laufend neue Wege finden, die endlichen Ressourcen wertvermehrend miteinander zu kombinieren. Beim Versuch, grosse Wachstumsschübe zu verstehen, stossen wir regelmässig auf den technischen Fortschritt als entscheidenden Auslöser. Nehmen wir nur den gewaltigen Fortschritt in der Produktion von Licht. Der Preis für eine Einheit Beleuchtung ist durch den Übergang von der Kerzenbeleuchtung zu inzwischen ausserordentlich leistungsfähigen Glühbirnen seit dem Jahre 1800 zirka um den Faktor 4000 gesunken.

Der technische Fortschritt beschränkt sich aber nicht nur auf naturwissenschaftliche Durchbrüche. Ein grosser Teil der Produktivitätssteigerung entsteht aus kleinen, unspektakulären, kaum beachteten Ideen zur verbesserten Organisation von Arbeitsabläufen in Unternehmen. So hatte etwa die amerikanische Detailhandelsbranche, insbesondere der Detailhandelsriese Wal-Mart, in den 1990er-Jahren einen gewaltigen Produktivitätsschub erlebt. Dies gelang durch eine Kombination der neuen Informations- und Kommunikationstechnologien mit Fortschritten im Know-how zur Unternehmensorganisation. Man spricht heute davon, dass ein Drittel des zusätzlichen Produktivitätswachstums der USA in den 1990er-Jahren allein auf diese Fortschritte im Detailhandel zurückzuführen war. Auch hier wurden bestehende Ressourcen auf neue Weise kombiniert und so Mehrwert geschaffen.

8.4.2 Ein ganz spezielles Gut

Um die besondere Rolle von Technologien oder neuen Ideen noch besser zu verstehen, muss man sich darüber klar werden, dass es sich bei ihnen

VERTIEFUNG

Das verblüffende Ausmass des technischen Fortschritts

Das Produktivitätswachstum in den letzten 200 Jahren war dermassen gross, dass im historischen Kontext fast von einem Wunder die Rede sein muss. In den 1500 Jahren vor der industriellen Revolution blieb die Produktivität praktisch unverändert. Seither – wir haben es in den Daten zu Beginn des Kapitels gesehen – ist das Wachstum in den Industrieländern förmlich explodiert. Und ein Grossteil dieses Wachstums ist auf Fortschritte in der Produktivität zurückzuführen. Am besten verdeutlichen lassen sich diese Fortschritte, wenn man ein paar konkrete Beispiele betrachtet. Preisvergleiche von Gütern über die Zeit sind nicht einfach. Deshalb stellt Abbildung 8.4 dar, wie viele Minuten bzw. Stunden der durchschnittliche Konsument arbeiten muss, um sich ein bestimmtes, klar definiertes Gut leisten zu können. Da sich die Qualität der betrachteten Produkte über die Zeit sicher stark verbessert hat, unterschätzen die Daten wohl den tatsächlichen Fortschritt. Sie sind aber schon so eindrücklich genug.

So musste man für ein Mikrowellengerät 1947 noch rund 2500 Stunden arbeiten, während es 1997 gerade noch 15 Stunden waren. Wie man im Vergleich mit dem Big-Mac-Beispiel sieht, ist natürlich das Potenzial an Produktivitätssteigerung bei technologischen Produkten grösser; aber der Fall des Kaugummis zeigt, dass auch sonst erkleckliche Möglichkeiten bestehen. Das eindrücklichste Beispiel lässt sich aufgrund der schieren Grösse des Effekts in dieser Grafik nicht sinnvoll darstellen – es ist dies der Produktivitätsgewinn in der Leistungsfähigkeit von Computern. Um eine bestimmte standardisierte Leistungsmenge eines Computers (Million Instruktionen pro Sekunde) zu kaufen, ist heute deutlich weniger als eine halbe Stunde Arbeitszeit erforderlich. 1984 waren es noch 52 Stunden, 1970 hätte man 1,24 Lebensarbeitszeiten gebraucht und 1944 733 000 Lebensarbeitszeiten.

Nicht nur die Produktivität in der Herstellung von Gütern ist über die Zeit stark gewachsen, sondern auch das Angebot an Gütern selbst. Auch hier setzte das Wachstum erst vor gut 200 Jahren ein. So gab es vor dem Beginn des 19. Jahrhunderts nur ganz wenige Güter, die nicht schon zu Zeiten der alten Römer vorhanden waren. Wirkliche Neuerungen waren (ungenaue) Uhren und Gewehre, Papier und Fensterglas. Wenn man sich überlegt, welche Unmengen an neuen Produkten nur schon in den letzten Jahrzehnten entstanden sind (PC, Handy, Internet etc.), sieht man, dass neue Produkte ebenso den Wohlstand vorantreiben wie die höhere Produktivität bei der Erzeugung bekannter Produkte.

Abb. 8.4 Produktivitätsgewinne bei einzelnen Gütern

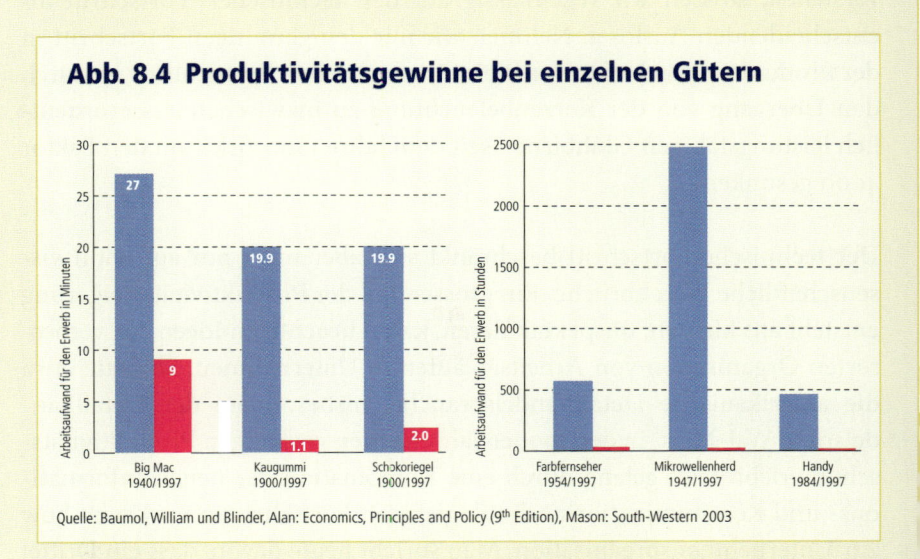

Quelle: Baumol, William und Blinder, Alan: Economics, Principles and Policy (9th Edition), Mason: South-Western 2003

um eine spezielle Form von Gütern handelt. Erst diese Besonderheiten erklären ihr gewaltiges Potenzial zur Steigerung des Wohlstands.

Abbildung 8.5 zeigt die für die ökonomische Analyse primären Unterscheidungsmerkmale von Gütern, die auch in Kapitel 6 im Zusammenhang mit der Definition öffentlicher Güter angesprochen wird.

Die Güter werden dabei in verschiedene Kategorien aufgeteilt. Für die Einteilung der Güter sind jeweils zwei Fragen zu beantworten:
▸ Ist das Gut *rivalisierend* im Gebrauch?
▸ Ist die Verwendung des Gutes *ausschliessbar*?

Ein Gut ist dann rivalisierend, wenn es nicht von zwei Personen gleichzeitig verwendet werden kann. Wenn ich einen Apfel esse, kann kein anderer den gleichen Apfel essen. Der Apfel ist also ein Gut, dessen Gebrauch rivalisierend ist.

Ein Gut ist dann ausschliessbar, wenn es möglich ist, jemand anderen am Gebrauch dieses Gutes zu hindern. Kaufe ich einen Apfel, dann kann ich andere davon abhalten, den Apfel zu essen. Der Apfel ist also auch ein Gut, dessen Verwendung ausschliessbar ist.

Die Extremformen hinsichtlich dieser beiden Eigenschaften bilden die reinen privaten und die reinen öffentlichen Güter. *Private Güter* sind rivalisierend im Gebrauch und vollständig ausschliessbar. Deshalb sind sie in der Darstellung 8.5 links oben aufgeführt. Ein Apfel erfüllt beide Eigenschaften und ist folglich ein Beispiel für ein privates Gut.

Rivalität
Eigenschaft von Gütern, wonach der Gebrauch eines Gutes durch einen ökonomischen Akteur den Gebrauch des gleichen Gutes durch einen anderen verunmöglicht.

Ausschliessbarkeit
Eigenschaft von Gütern, wonach ein Akteur einen anderen am Gebrauch eines Gutes hindern kann.

Private Güter
Güter, die sowohl rivalisierend im Gebrauch als auch ausschliessbar sind.

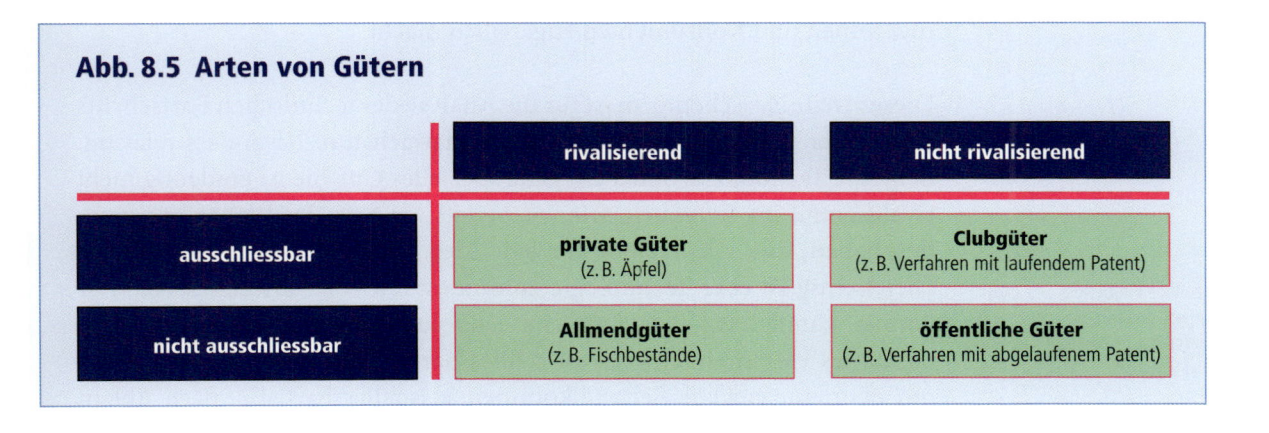

Abb. 8.5 Arten von Gütern

	rivalisierend	nicht rivalisierend
ausschliessbar	private Güter (z. B. Äpfel)	Clubgüter (z. B. Verfahren mit laufendem Patent)
nicht ausschliessbar	Allmendgüter (z. B. Fischbestände)	öffentliche Güter (z. B. Verfahren mit abgelaufenem Patent)

Öffentliche Güter andererseits sind nicht rivalisierend im Gebrauch und überhaupt nicht ausschliessbar. Nehmen wir als Beispiel den Satz des Pythagoras. Dieser ist ein Wissen, das nicht rivalisierend im Gebrauch ist. Wenn ich den Satz des Pythagoras anwende, dann stört es mich keineswegs, wenn gleichzeitig tausend andere das Gleiche tun. Er ist immer gleich produktiv, egal, wie viele ihn verwenden. Gleichzeitig ist der Satz des Pythagoras überhaupt nicht ausschliessbar. Ich kann niemanden daran hindern, ihn ebenfalls anzuwenden. Er ist deshalb ein rein öffentliches Gut.

Wenden wir uns nun den für die vorliegende Fragestellung besonders relevanten Zwischenformen zu.

Eine wichtige ökonomische Zwischenform sind Güter, die rivalisierend im Gebrauch, aber überhaupt nicht ausschliessbar sind. Dies sind die sogenannten *Allmendgüter*. Bei diesen Gütern besteht das Problem, dass sie viel zu intensiv verwendet werden. Das klassische Beispiel sind Fischbestände. Der einzelne Fisch stellt ein Gut dar, das rivalisierend ist im Gebrauch: Wenn ich den Fisch fange, kann niemand gleichzeitig denselben Fisch fangen. Gleichzeitig ist er aber nicht ausschliessbar. Es ist nämlich so gut wie unmöglich, ein Eigentumsrecht auf einen Fisch durchzusetzen, der im Meer umherschwimmt. Diese Zwischenform ist für den Wachstumsprozess jedoch weniger wichtig.

Die andere, für uns an dieser Stelle bedeutendere Zwischenform bilden jene Güter, die nicht rivalisierend im Gebrauch, zugleich aber ausschliessbar sind – die sogenannten *Clubgüter*. Ein Beispiel dafür ist das Pay-TV. Eine Pay-TV-Sendung ist nicht rivalisierend. Die ganze Welt könnte die Sendung zur gleichen Zeit verfolgen wie ich, meinen Gebrauch dieses Gutes würde dies in keiner Weise beeinträchtigen. Dieses Gut ist aber ausschliessbar, und zwar indem man es kodiert und nur zahlenden Konsumentinnen und Konsumenten zugänglich macht.

Diese zweite Zwischenform ist für die Analyse des technischen Fortschritts und seiner Bedeutung für das Wirtschaftswachstum besonders relevant; denn die Technologie bildet ein ganz spezielles Gut. Sie ist eindeutig nicht rivalisierend im Gebrauch, wie wir bereits am Satz des Pythagoras gesehen haben; dies gilt letztlich für jede Idee, für jedes Stückchen Wissen. Gleichzeitig ist aber Technologie zumindest teilweise ausschliessbar. Wir können nämlich ein *Patent* auf ein technologisches Verfahren anmelden, das dieses Verfahren teilweise ausschliessbar macht – nur teilweise, weil es nur über eine gewisse Zeit vollkommen ausschliessbar ist –, nach Ablauf

---

Allmendgüter
Güter, die zwar rivalisierend im Gebrauch, aber nicht ausschliessbar sind.

Clubgüter
Güter, die ausschliessbar, aber nicht rivalisierend im Gebrauch sind.

Patent
Vom Staat vergebenes, zeitlich limitiertes Schutzrecht auf Erfindungen, das es dem Inhaber ermöglicht, anderen die unerlaubte Nutzung der Erfindung zu verbieten.

der Patentdauer verliert es diese Eigenschaft. Das technische Verfahren wird zu einem reinen öffentlichen Gut, da es nun von jedem angewendet werden darf.

Eine weitere Möglichkeit, andere vom Gebrauch einer Technologie zumindest teilweise auszuschliessen, ist im Übrigen natürlich die Geheimhaltung.

8.4.3 Patentschutz

Für den Wachstumsprozess ist die Eigenschaft der Nicht-Rivalität entscheidend. Sie führt dazu, dass grössere Märkte die Produktivitätsgewinne aus neuen Technologien potenzieren; und zwar aus dem einfachen Grund, weil eine nicht rivalisierende Idee durch viel mehr Personen gewinnbringend eingesetzt werden kann. Wird ein neues Verfahren in einem Dorf entwickelt und wird es nicht über die Grenzen des Dorfes hinaus bekannt, dann ist sein Potenzial an Produktivitätserhöhung unendlich viel geringer, als wenn es in einer globalisierten Wirtschaft in kürzester Zeit weltweit angewendet werden kann. Sein nicht rivalisierender Gebrauch im globalen Massstab kumuliert sich zu eindrücklichen Produktivitätssteigerungen. Mit Sicherheit beruht daher ein grosser Teil des enormen Wachstums vieler Länder in den letzten 200 Jahren auf der Eigenschaft der Technologie, nicht rivalisierend zu sein. Wachsender technologischer Fortschritt (Entstehung der Technologie) und wachsende Internationalisierung (Verbreitung der Technologie) haben sich dabei in idealer Weise ergänzt. So gesehen, sollte eigentlich alles dafür getan werden, neue Technologien so rasch als möglich zu verbreiten; und so gesehen, sind Patentrechte problematisch, da sie ja den Gebrauch der Technologien künstlich beschränken.

Doch es gibt hier einen Haken. Wenn sich nämlich neues Wissen sofort und umfassend verbreitet, dann lässt sich kein Preis für dieses Gut verlangen. Aufgrund der Eigenschaft der Nicht-Rivalität hat neues Wissen, wenn man andere vom Gebrauch nicht ausschliessen kann, einen Preis von null. Als Folge davon entsteht nicht nur beim Wissen, sondern bei allen öffentlichen Gütern ein Marktversagen, wie dies in Kapitel 6 dargelegt wird. Niemand ist bereit, für ein Gut zu zahlen, das frei verfügbar ist, auch wenn das Gut an sich wertvoll ist. Demnach gäbe es für Unternehmen wenig Anreize, neue Technologien zu schaffen und dafür Ressourcen aufzuwenden, da die Erträge nur zu einem kleinen Teil an das Unternehmen zurückfliessen würden. Entsprechend würde viel weniger von dem Gut produziert, als eigentlich effizient wäre.

> **Learning by Doing**
> Entwicklung neuer Technologien über den Lernprozess bei der täglichen Arbeit, ohne dass dafür Ressourcen für Forschung und Entwicklung aufgewendet werden müssen.

> **Forschung und Entwicklung**
> Einsatz von Ressourcen zur Produktverbesserung oder Produkterneuerung.

Für die weitere Analyse dieses Problems müssen wir uns bewusst sein, dass neue Technologie auf zwei Arten entstehen kann:

Die erste Art ist das *Learning by Doing*. Wird eine Tätigkeit mehrmals wiederholt, so steigert dies mit der Zeit die Produktivität. Für diesen Lerneffekt müssen keine speziellen Ressourcen aufgewendet werden, sondern dieser «technische Fortschritt» ist ein Nebeneffekt der produktiven Tätigkeit. Wird das so Gelernte nun von einem zweiten und dritten Unternehmen imitiert und daher nach und nach verbreitet, so besteht kein Marktversagen, weil das erste Unternehmen ja keinerlei zusätzliche Ressourcen aufwenden musste, um den Lerneffekt zu erzielen. Folglich führen Imitation und Verbreitung der neuen Idee auch nicht dazu, dass zu wenig in Learning by Doing investiert würde: Es stellt sich ja ganz ohne entsprechende Investition ein.

Ganz anders verhält es sich bei der zweiten Quelle des technischen Fortschritts, bei *Forschung und Entwicklung* (F&E). Diese sind kein Nebenprodukt der Produktion, denn ein Unternehmen muss dafür Ressourcen aufwenden, also investieren mit dem Ziel, in Zukunft produktiver zu sein. Wenn so entwickelte neue Technologien nun sofort allen zur Verfügung stehen, wird die Investition dem forschenden Unternehmen keinen Vorteil gegenüber der Konkurrenz mehr verschaffen. Schlimmer noch, die imitierenden Konkurrenten werden einen Kostenvorteil erlangen, da sie sich die Investitionskosten in die F&E gespart haben.

Folglich wird ein einzelnes Unternehmen sich hüten, Ressourcen für F&E aufzuwenden, wenn die daraus entstehenden Erträge öffentliche Güter sind. Seine beste Strategie ist, darauf zu warten, dass andere Unternehmen F&E betreiben, um dann von deren Ergebnissen zu profitieren. Da dies für alle gilt, wird mit Sicherheit viel zu wenig in die Forschung investiert; und das ist die klassische Problematik positiver Externalitäten oder eben öffentlicher Güter.

Es ist deshalb unabdingbar, F&E-Ergebnisse zu einem gewissen Grad – also für eine beschränkte Zeit – ausschliessbar zu machen, d.h. zu vermeiden, dass sie von Anfang an allen zugänglich sind. Das gibt den Innovatoren während einer bestimmten Periode die Möglichkeit, als Einzige die durch die Innovation mögliche Steigerung der Produktivität zu realisieren. So wird überhaupt erst ein Anreiz geschaffen, F&E zu betreiben. Patentrechte machen also ein öffentliches Gut wie die Technologie zumindest temporär zu einem Clubgut, das nicht rivalisierend und ausschliessbar ist.

Auf der anderen Seite dürfen F&E-Ergebnisse nicht vollständig ausschliessbar gemacht werden, da sonst die Wachstumseffekte neuer Ideen, die aufgrund ihrer Nicht-Rivalität an sich stark verbreitet werden könnten, massiv beschnitten würden. Nehmen wir an, Patentrechte wären für 100 Jahre gültig. Dann bestünde zwar ein gewaltiger Anreiz, F&E zu betreiben, doch das Potenzial zur gesamtwirtschaftlichen Wachstumserhöhung würde extrem reduziert. Eine neue, produktivitätssteigernde Technologie würde dann während 100 Jahren nur von einem Unternehmen benutzt werden, obwohl eigentlich eine grosse Zahl von Unternehmen sie mit Gewinn verwenden könnten.

Wie weit der Patentschutz gehen soll, wird auch in der Schweiz immer wieder intensiv diskutiert, denn es besteht hier in der Tat ein komplexer Zielkonflikt. Auf der einen Seite ist ein gewisser Patentschutz – also eine temporäre Ausschliessbarkeit – notwendig, damit überhaupt F&E betrieben wird. Auf der anderen Seite aber wird die gesamtwirtschaftliche Produktivität durch einen zu langen Patentschutz massiv reduziert. Ausserdem schafft er natürlich eine Monopolstellung für die innovativen Unternehmen, was mit den Ineffizienzen verbunden ist, die in Kapitel 6 erörtert werden.

Im Übrigen ist es wichtig zu betonen, dass die wachstumssteigernde Eigenschaft der Nicht-Rivalität von Ideen ein zusätzliches, wenn nicht gar das zentrale Argument für wirtschaftliche Offenheit darstellt. Ein wirtschaftlich offenes Land kann von der weltweit besten Technologie unmittelbar profitieren. Dies erklärt einen guten Teil des spektakulären Aufholprozesses gerade derjenigen Entwicklungsländer, die ihre Märkte früh und weitgehend geöffnet haben.

8.5 Wachstumspolitik

Wie in Abbildung 8.3 auf Seite 239 festgehalten, wird das Wachstum unter anderem durch eine Reihe von exogenen Parameter beeinflusst. Bevor wir uns mit der Wachstumspolitik beschäftigen, müssen wir uns darüber im Klaren sein, dass diese Faktoren kaum durch wirtschaftspolitische Weichenstellung beeinflussbar sind.

Zu den *exogenen Wachstumsdeterminanten* gehören einmal geografische Gegebenheiten, wie
- die Ausstattung mit Rohstoffen,
- das Klima,
- die Nähe zu starken Handelspartnern.

Exogene Wachstumsdeterminanten
Bestimmungsfaktoren des Wirtschaftswachstums, die durch die Wirtschaftspolitik nicht beeinflussbar sind.

> **Sozialkapital**
> Ressourcen, die sich aus den Beziehungen zwischen Menschen ableiten, also aus deren Teilnahme am sozialen Netzwerk.

Dazu zählen wir aber auch das, was man als *Sozialkapital* bezeichnen kann:
- politische Stabilität,
- Ausgestaltung der politischen Rechte,
- Vertrauen in Eigentums- und Vertragsrechte,
- tiefe Korruption.

Wie empirische Analysen zeigen, erklären gewisse der politischen und soziologischen Parameter einen beträchtlichen Teil der Wachstumsunterschiede zwischen Ländern. So findet sich in den meisten untersuchten Fällen ein klar positiver Zusammenhang zwischen politischer Stabilität und Wachstum oder zwischen Vertrauen in Eigentums- und Vertragsrechte und Wachstum.

Das Sozialkapital ist im Gegensatz zu den geografischen Gegebenheiten zwar im Prinzip langfristig gestaltbar und daher eigentlich endogen. Es lässt sich aber kaum durch wirtschaftspolitische Entscheide im engeren Sinne beeinflussen, sondern beruht auf langfristigen gesellschaftspolitischen Werthaltungen und Weichenstellungen. Für die Analyse der wirtschaftspolitischen Determinanten des Wachstums kann man das Sozialkapital daher als exogen betrachten. Was aber, wie gesagt, nicht heissen will, dass diese Einflussfaktoren weniger bedeutend wären. Gerade für das Wachstum von Entwicklungsländern ist die Gestaltung des politischen und soziologischen Umfelds ausschlaggebend. In den meisten OECD-Ländern dagegen hat das Sozialkapital einen gewissen Mindeststandard erreicht, sodass Unterschiede im Wachstum dieser Länder sich eher auf wirtschaftspolitische Entscheide im engeren Sinne zurückführen lassen.

Wirtschaftspolitische Entscheide lassen sich nun danach einteilen, ob sie eher über die Beschäftigung oder über die Arbeitsproduktivität auf das Wachstum wirken.

Betrachten wir als erste Quelle des Wachstums die Beschäftigung, also die Anzahl geleisteter Arbeitsstunden. Wirtschaftspolitisch gesehen, wird Beschäftigung vor allem von zwei Parametern direkt beeinflusst: einerseits von der Arbeitsmarktpolitik und andererseits von der Sozialpolitik. Da wir beide Parameter in den Kapiteln 9 und 15 im Detail betrachten, hier nur einige Hinweise:

Die Arbeitsmarktpolitik, d.h. die Regulierung des Arbeitsmarktes, setzt Anreize dafür, wie stark das vorhandene Potenzial an Arbeitskräften tatsächlich ausgeschöpft werden kann. Die Frage ist also: Welcher Anteil der potenziell beschäftigungsfähigen Bevölkerung geht wie lange einer bezahlten Arbeit nach, und wie lässt sich dieser Anteil vergrössern?

Aber auch die Sozialpolitik ist für die Beschäftigung von Bedeutung, weil sozialpolitische Institutionen sehr häufig direkt Anreize setzen für das Ausmass der Erwerbstätigkeit. Sind z. B. die Sozialabgaben sehr hoch oder sind die Leistungen der Arbeitslosenversicherung besonders grosszügig, so kann dies den Arbeitsanreiz reduzieren, was sofort zu einem Rückgang der geleisteten Arbeitsstunden führt.

Die Arbeitsproduktivität ist die zweite Quelle des Wachstums. Sie wird durch die Wirtschaftspolitik vor allem in den folgenden vier Bereichen direkt beeinflusst:
- Wettbewerbspolitik,
- Aussenwirtschaftspolitik,
- Finanzpolitik,
- Bildungs- und Forschungspolitik.

Die Wettbewerbspolitik ist nicht nur für den effizienten Einsatz der vorhandenen Ressourcen von zentraler Bedeutung, sondern soll vor allem auch Anreize dafür schaffen, neue produktivitätssteigernde Technologien zu entwickeln. Diese Effekte werden in Kapitel 6 im Detail analysiert.

Eng damit verknüpft ist die Aussenwirtschaftspolitik. In einem kleinen, offenen Land wie der Schweiz kann die wirtschaftliche Offenheit – Stichwort Zulassung der Importkonkurrenz – einen wichtigen Beitrag zu einem produktivitätssteigernden Wettbewerbsklima leisten. Die Aussenwirtschaftspolitik beeinflusst aber auch die Marktgrösse für die Exportindustrie und kann damit direkt auf das Produktivitätswachstum wirken. Diese Einflüsse sind Gegenstand des Kapitels 7.

Ebenfalls für das Wachstum der Produktivität wichtig ist die Finanzpolitik. Eine hohe Verschuldung hemmt den Wachstumsprozess ebenso stark wie verzerrende und zu hohe Steuern. Gleichzeitig muss – auf der Ausgabenseite – die Finanzierung der notwendigen Investitionen in die Infrastruktur gesichert bleiben. Ein Thema, das in Kapitel 14, teilweise auch in Kapitel 15 behandelt wird.

Nicht zuletzt hat auch die Bildungs- und Forschungspolitik einen wichtigen Einfluss, hängen doch Produktivität und Innovationsfähigkeit sehr stark vom Ausbildungsstand der Beschäftigten ab. Bildung erhöht das

Humankapital einer Volkswirtschaft, also eine der direkten Wachstumsdeterminanten der Arbeitsproduktivität. Gleichzeitig sind gut ausgebildete Menschen ein entscheidender Faktor für Forschung und Entwicklung. Deren zentrale Rolle für den technologischen Fortschritt haben wir bereits oben besprochen.

Zusammenfassung

1. Unterschiede der wirtschaftlichen Wachstumsraten führen längerfristig zu sehr grossen Unterschieden im Wohlstand. Wächst die Wirtschaft eines Landes beispielsweise mit 10 % pro Jahr, so dauert es lediglich 7 Jahre, bis sich das Pro-Kopf-Einkommen verdoppelt.

2. Langfristiges und kurzfristiges Wachstum müssen scharf unterschieden werden. Das langfristige Wachstum entspricht dem Trendwachstum des BIP, während die Konjunktur die kurzfristigen Schwankungen des Wachstums um diesen Trend herum beschreibt.

3. Das Trendwachstum hat zwei mögliche Quellen. Entweder werden mehr Arbeitsstunden geleistet, oder pro Arbeitsstunde wird mehr produziert; Letzteres wird auch als Produktivitätswachstum bezeichnet.

4. Eine starke Erhöhung des Pro-Kopf-Einkommens kann langfristig nur durch Produktivitätswachstum erreicht werden, weil die Ausdehnung der Arbeitsstunden pro Kopf an natürliche Grenzen stösst.

5. Die Arbeitsproduktivität selbst wird erstens bestimmt durch die Ausstattung mit Realkapital, zweitens durch das Humankapital und drittens durch den technischen Fortschritt. Langfristig dominiert von diesen drei Quellen der technische Fortschritt. Die Technologie oder das «Wissen» ist die einzige Ressource, die praktisch grenzenlos wachsen kann.

6. Das Wissen ist im Prinzip ein öffentliches Gut. Aufgrund der Nicht-Rivalität im Gebrauch kann eine neue Technologie die Produktivität sehr vieler Personen erhöhen. Die Globalisierung verstärkt diesen positiven Effekt, da sich neues Wissen rasch und weltweit ausbreiten kann.

7. Weil ein öffentliches Gut nicht ausschliessbar ist, hat es einen Marktpreis von null. Es besteht deshalb die Gefahr, dass zu wenig in die Entwicklung neuen Wissens investiert wird. Um dem vorzubeugen, schafft der Patentschutz eine temporäre Ausschliessbarkeit der Verwendung neuen Wissens. Wie lange dieser Schutz dauern soll, der ja die an sich wachstumsfördernde Verbreitung neuen Wissens verhindert, ist eine sehr schwierige wirtschaftspolitische Frage.

8. Die Wirtschaftspolitik beeinflusst das Trendwachstum über die Determinanten der beiden Quellen des Wachtums. Dabei wirkt die Arbeitsmarktregulierung sowie teilweise die Sozialpolitik auf die geleisteten Arbeitsstunden und die meisten übrigen wirtschaftspolitischen Instrumente auf die Entwicklung der Arbeitsproduktivität.

Repetitionsfragen

- Erklären Sie den Unterschied zwischen Konjunktur und langfristigem Wachstumstrend.

- Welche zwei Faktoren beeinflussen das BIP pro Kopf? Wie können diese Faktoren weiter untergliedert werden?

- Begründen Sie die Aussage «Technologie ist eine unendliche Ressource».

- Beschreiben Sie die Systematik, mit der private von öffentlichen Gütern unterschieden werden können.

- Auf welche zwei Arten kann eine neue Technologie entstehen?

- Das Wachstum wird neben wirtschaftspolitischen Entscheiden auch durch exogene Faktoren beeinflusst. Beschreiben Sie diese.

- Inwiefern wirken die folgenden Politikbereiche auf das Wirtschaftswachstum: Arbeitsmarktpolitik, Aussenwirtschaftspolitik, Bildungs- und Forschungspolitik, Finanzpolitik, Sozialpolitik, Wettbewerbspolitik? Geben Sie je ein Beispiel und ordnen Sie die Politikbereiche einer entsprechenden Quelle des Wachstums zu.

ZENTRALE BEGRIFFE

Wirtschaftswachstum S. 234
Wachstumsrate S. 234
Arbeitsproduktivität S. 237
Realkapital S. 238
Humankapital S. 238
Technologie S. 238

Gesamtwirtschaftliche Produktionsfunktion S. 239
Technischer Fortschritt S. 240
Rivalität S. 243
Ausschliessbarkeit S. 243
Private Güter S. 243
Allmendgüter S. 244

Clubgüter S. 244
Patent S. 244
Learning by Doing S. 246
Forschung und Entwicklung S. 246
Exogene Wachstumsdeterminanten S. 247
Sozialkapital S. 248

III Arbeitslosigkeit

In der öffentlichen Diskussion um die Ausgestaltung der Wirtschaftspolitik stellt die Arbeitslosigkeit meist das wichtigste Thema dar. Steigen die Arbeitslosenzahlen, so ist dies für die Öffentlichkeit ein unverkennbares Warnzeichen, und selten schallt der Ruf nach korrigierenden Massnahmen so laut wie in diesem Fall. Was aber unterscheidet die Arbeitslosigkeit von anderen wirtschaftspolitischen Problemen?

Zum Ersten trifft die Arbeitslosigkeit nicht alle ein wenig, sondern einige sehr stark. Sinkt die Beschäftigung um 10 %, so müssen nicht alle Personen ihre Arbeitszeit um 10 % reduzieren, sondern 10 % der Bevölkerung können überhaupt keiner Arbeit mehr nachgehen. Dies sollte zwar das Mitgefühl der weiterhin Beschäftigten erwecken, aber eigentlich nicht dazu führen, dass die Arbeitslosigkeit von einer Mehrheit als grosses Problem empfunden wird. Schliesslich bleiben die meisten ja beschäftigt, und deutlich mehr als 90 % der Personen, die arbeiten möchten, haben in der Schweiz auch bei hoher Arbeitslosigkeit immer eine Stelle.

Hier kommt allerdings der zweite Effekt der Arbeitslosigkeit ins Spiel – die Unsicherheit. Diese entsteht vor allem dann, wenn die Arbeitslosigkeit stark ansteigt, da nicht klar ist, wer betroffen sein wird. Für einen bedeutenden Teil der Bevölkerung ist deshalb die eigene Arbeitsstelle in einer Periode steigender Arbeitslosigkeit nicht mehr sicher oder wird zumindest als weniger sicher wahrgenommen. Viele befürchten dann, die grossen Probleme einer Arbeitslosigkeit bald einmal am eigenen Leib zu spüren zu bekommen.

Diese beiden Merkmale der Arbeitslosigkeit – die stark negativen Effekte auf Einzelne sowie die Unsicherheit darüber, wer betroffen sein wird – sind hauptverantwortlich für die prominente Vertretung des Themas in der wirtschaftspolitischen Diskussion.

In diesem zweiten Teil des Lehrbuchs wird die Arbeitslosigkeit in zwei Kapiteln behandelt:
▶ in Kapitel 9 die Sockelarbeitslosigkeit und
▶ in Kapitel 10 die konjunkturelle Arbeitslosigkeit.

Diese Unterscheidung ist essenziell für die richtige Wahl wirtschaftspolitischer Massnahmen zur Bekämpfung der Arbeitslosigkeit.

Sockelarbeitslosigkeit ist dann vorhanden, wenn an und für sich genügend Stellen verfügbar wären, aber die Arbeitslosen und die vorhandenen Stellen nicht zusammenpassen oder die Arbeitslosen die vorhandenen Stellen zuerst finden müssen. Die Sockelarbeitslosigkeit ist ein unvermeidliches Phänomen einer dynamischen Marktwirtschaft, die einem stetigen strukturellen Wandel unterworfen ist. Da gewisse Branchen oder Regionen neue Stellen schaffen, während andere wiederum bestehende Stellen abbauen, bedingt dieser Anpassungsprozess den unvermeidbaren Sockel an Arbeitslosigkeit. Für die Definition entscheidend ist aber, dass es bei der Sockelarbeitslosigkeit, gesamthaft betrachtet, genügend offene Stellen gibt.

Dies ist bei der konjunkturellen Arbeitslosigkeit anders, die, wie es der Name sagt, von der Konjunktur abhängt. Hier sind tatsächlich zu wenige Stellen vorhanden: In einer konjunkturellen Baisse oder Rezession ist die Anzahl der Arbeit suchenden Personen grösser als die Anzahl der freien Arbeitsplätze.

Um die zentrale Unterscheidung zwischen Sockelarbeitslosigkeit und konjunktureller Arbeitslosigkeit empirisch zu erfassen, erweist sich die sogenannte Beveridge-Kurve als hilfreich. Abbildung III.1 stellt dieses Konzept dar.

Abb. III.1 Die Beveridge-Kurve

Das Konzept

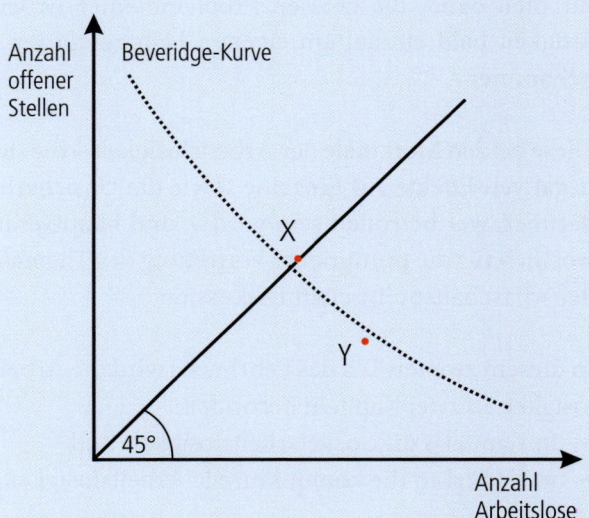

Ein hypothetisches Beispiel

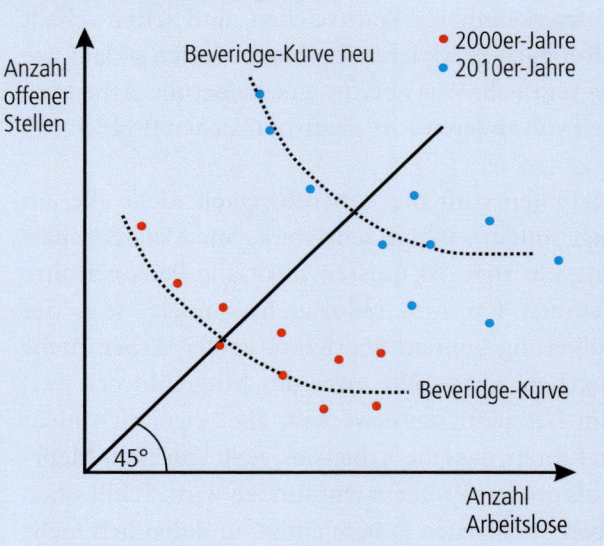

- 2000er-Jahre
- 2010er-Jahre

Die Beveridge-Kurve stellt die Anzahl offener Stellen der Anzahl an Arbeitslosen gegenüber. Befindet sich ein Punkt auf der 45°-Linie, dann halten sich die beiden Grössen die Waage. Das ist etwa bei Punkt X der Fall: In einer solchen Situation gibt es lediglich Sockelarbeitslosigkeit. Punkt Y zeigt eine Situation, in der die Zahl der Arbeitslosen die Anzahl der offenen Stellen übersteigt. Ein Teil der Arbeitslosigkeit ist somit der konjunkturellen Arbeitslosigkeit zuzurechnen.

Werden die Beobachtungspunkte einzelner Jahre abgetragen, lässt sich unter Umständen eine Verschiebung der Beveridge-Kurve erkennen. Im hier schematisch dargestellten Fall hätte sich die Beveridge-Kurve nach aussen verschoben, was gleichbedeutend mit einer Zunahme der Sockelarbeitslosigkeit ist.

Auf der vertikalen Achse ist die Anzahl offener Stellen abgetragen und auf der horizontalen Achse die Anzahl Arbeitsloser. Auf der Winkelhalbierenden entspricht also die Anzahl offener Stellen genau der Anzahl Arbeitsloser; für alle Arbeitslosen wäre eine Stelle vorhanden. Besteht in dieser Situation Arbeitslosigkeit, so ist dies reine Sockelarbeitslosigkeit. Die Beveridge-Kurve zeigt verschiedene Kombinationen von Arbeitslosigkeit und offenen Stellen. Sie ist ein empirisches Konzept, da – vom statistischen Problem abgesehen, dass nur ein kleiner Teil der offenen Stellen tatsächlich gemeldet wird – im Prinzip zu jedem Zeitpunkt die tatsächliche Kombination von Arbeitslosigkeit und offenen Stellen gemessen werden kann. Auf dem Punkt Y in Abbildung III.1 ist die Zahl der Arbeitslosen grösser als die Zahl der offenen Stellen. In diesem Fall herrscht konjunkturelle Arbeitslosigkeit. Wenn sich die konjunkturelle Situation verbessert, dann hat dies eine Bewegung auf der Beveridge-Kurve bis zur Winkelhalbierenden zur Folge, also bis zum Punkt X. Damit würde sich die Arbeitslosigkeit wieder auf die Sockelarbeitslosigkeit reduzieren. Ein Punkt auf der Kurve links der 45°-Linie entspricht einer Überhitzung oder Hochkonjunktur, weil es in dieser Situation mehr offene Stellen als Arbeitslose gibt.

Wichtig ist, dass die Beveridge-Kurve nicht konstant ist, sondern sich verschieben kann. Kommt es zu einer Veränderung der Sockelarbeitslosigkeit, so hat dies eine Verschiebung der Beveridge-Kurve nach aussen oder nach innen zur Folge. Die Verschiebung der Kurve bedeutet, dass wir in einer konjunkturell neutralen Situation, also in einer normal ausgelasteten Wirtschaft, auf einem anderen Punkt der Winkelhalbierenden landen; jede Beveridge-Kurve impliziert also ein bestimmtes Ausmass an Sockelarbeitslosigkeit.

Verschiebt sich die Kurve nach aussen, bedeutet dies einen Anstieg der Sockelarbeitslosigkeit. Gelingt es andererseits, die Sockelarbeitslosigkeit nachhaltig zu reduzieren, verschiebt sich die Kurve nach innen. Auf den ersten Blick erscheint es deshalb als optimal, wenn in der Grafik der Nullpunkt erreicht würde, in dem es weder offene Stellen noch Arbeitslose gibt. Ein solcher Punkt ist aber in einer arbeitsteiligen, dynamischen Marktwirtschaft undenkbar, da dies bedeuten würde, dass es gar keinen Strukturwandel mehr gäbe. Eine solche Wirtschaft wäre vollkommen statisch, womit auch kein Wachstum mehr zu erwarten wäre. Trotzdem ist es natürlich ein erstrebenswertes Ziel, eine dynamische Wirtschaft zu haben, deren Beveridge-Kurve möglichst nahe am Ursprung liegt.

9 Sockelarbeitslosigkeit

Wenn die Arbeitslosenquote in der Schweiz 5 % erreicht, dann herrscht Krisenstimmung, und das Beschäftigungsproblem dominiert die wirtschaftspolitische Debatte vollständig. Wie wir das Mitte der 1990er-Jahre erlebt haben, werden die politischen Verantwortungsträger harsch kritisiert, und der Ruf nach wirtschaftspolitischen Gegenmassnahmen wird unüberhörbar. Würde in Frankreich die gleiche Quote erreicht, so würde das wohl Jubelstimmung auslösen, und die amtierende Regierung müsste sich um ihre Wiederwahl keine Sorgen mehr machen. Dieser frappante Unterschied in der Arbeitsmarktlage der beiden Länder hat nichts mit Konjunkturschwankungen zu tun. Auch bei bester Konjunkturlage wird die Arbeitslosenquote in Frankreich kaum unter 7 % sinken, während in einer solchen Situation in der Schweiz die entsprechende Quote auf gegen 2 % zurückgehen kann. Die Erklärung für diesen Unterschied liegt in der Sockelarbeitslosigkeit begründet, die in Frankreich ein wesentlich höheres Niveau aufweist als in der Schweiz.

> 9.1 Analyse der strukturellen Arbeitslosigkeit
>
> 9.2 Erklärungsfaktoren für die strukturelle Arbeitslosigkeit
>
> 9.3 Friktionelle Arbeitslosigkeit
>
> 9.4 Geht uns die Arbeit aus?
>
> 9.5 Schweizer Arbeitsmarktpolitik

Auf den ersten Blick mag es zynisch wirken, dass die Sockelarbeitslosigkeit oft auch als gleichgewichtige Arbeitslosigkeit bezeichnet wird. Der Begriff «gleichgewichtig» hat hier aber keinerlei positive Bedeutung. Er besagt lediglich, dass es bei dieser Form der Arbeitslosigkeit gleich viele offene Stellen wie Arbeitslose gibt. Das Ausmass der Sockelarbeitslosigkeit kann – wir sehen dies am eindrücklichen Vergleich zwischen der Schweiz und Frankreich – von Land zu Land sehr unterschiedlich sein; und hier spielt die Ausgestaltung der Wirtschaftspolitik eine ausschlaggebende Rolle.

Die Sockelarbeitslosigkeit entsteht, weil eine arbeitsteilige Wirtschaft einem stetigen Wandel unterworfen ist. Sie tritt dabei in zwei Formen auf, deren Unterscheidung wichtig ist, da sie unterschiedliche Ursachen haben.

Die erste Art der Sockelarbeitslosigkeit ist die sogenannte strukturelle Arbeitslosigkeit. In diesem Fall sind an sich genügend Stellen vorhanden, doch die Qualifikationen der arbeitslosen Personen passen nicht auf die Profile der vorhandenen Stellen. Man spricht hier deshalb von struktureller Arbeitslosigkeit, weil sie vom strukturellen Wandel einer Volkswirtschaft verursacht wird; also dem Niedergang gewisser Branchen und dem gleichzeitigen Aufbau anderer Wirtschaftszweige. Neu geschaffene Stellen in den wachsenden Branchen verlangen neue oder andere Qualifikationen, als die Stellen in alten Branchen erfordert haben. Diese Art von Arbeitslosigkeit ist, wie wir sehen werden, schwierig zu bekämpfen, weil die Arbeitslosen ihre Qualifikationen – ihr Humankapital – zuerst den neu geschaffenen Stellen anpassen müssen; der Hauptteil dieses Kapitels ist der strukturellen Arbeitslosigkeit gewidmet.

Die zweite Art der Sockelarbeitslosigkeit ist die sogenannte friktionelle Arbeitslosigkeit, auch Sucharbeitslosigkeit genannt. Dieser zweite Begriff macht klar, worum es hier geht. Friktionelle Arbeitslosigkeit besteht dann, wenn genügend Stellen vorhanden sind und wenn diese Stellen auch den Qualifikationsprofilen der Arbeitslosen entsprechen. Das Problem dabei liegt lediglich darin, dass die Arbeitslosen diese Stellen erst finden müssen.

Das Kapitel ist wie folgt aufgebaut:
- 9.1 erklärt mit einer einfachen Analyse die Entstehung der strukturellen Arbeitslosigkeit.
- 9.2 beschreibt detaillierter die Gründe für die Entstehung der strukturellen Arbeitslosigkeit und analysiert auf dieser Basis wirtschaftspolitische Ansätze zu ihrer Bekämpfung.
- 9.3 erläutert die friktionelle Arbeitslosigkeit.
- 9.4 zeigt, dass Globalisierung und technischer Fortschritt nicht zum viel beschworenen Ende der Arbeit führen, dass es also keinen Trend zu steigender Sockelarbeitslosigkeit gibt.
- 9.5 beleuchtet die schweizerische Arbeitsmarktpolitik und identifiziert die Bestimmungsfaktoren der Sockelarbeitslosigkeit in der Schweiz.

9.1 Analyse der strukturellen Arbeitslosigkeit

In einem ersten Schritt verwenden wir das einfache mikroökonomische Grundmodell, um den Arbeitsmarkt zu analysieren. Dabei zeigen wir, dass ein Beschäftigungsrückgang nicht unbedingt mit einem Anstieg der Arbeitslosigkeit einhergehen muss. In einem zweiten Schritt wird mithilfe der grafischen Analyse die Entstehung von struktureller Arbeitslosigkeit erläutert.

9.1.1 Beschäftigungsrückgang versus steigende Arbeitslosigkeit

Die Analyse der *strukturellen Arbeitslosigkeit* lässt sich am einfachsten mit dem mikroökonomischen Grundmodell – angewendet auf den Arbeitsmarkt – vornehmen. Dies erlaubt zudem eine ökonomisch präzisere Beantwortung der Frage, was Arbeitslosigkeit genau ist und weshalb ein Beschäftigungsrückgang nicht das Gleiche ist wie eine steigende Arbeitslosigkeit.

Strukturelle Arbeitslosigkeit
Vom strukturellen Wandel verursachte Arbeitslosigkeit, bei der die Qualifikationen der arbeitslosen Personen nicht auf die Qualifikationsprofile der offenen Stellen passen.

Zunächst erscheint der erste Teil der Frage recht eigenartig, sollte es doch eindeutig festzustellen sein, ob jemand arbeitslos ist oder nicht. Tatsächlich ist es aber nicht so, dass jede Person ohne Beschäftigung auch arbeitslos ist, wie wir dies bereits bei der Definition der Arbeitslosigkeit gesehen haben. Zahlreiche Personen, gerade mit Familie, sind ohne Arbeit, wollen aber zu den herrschenden Arbeitsmarktbedingungen auch gar keine Arbeit aufnehmen. Im ökonomischen Sinne arbeitslos ist eine Person erst dann, wenn sie zu den herrschenden Marktbedingungen – insbesondere zum herrschenden Marktlohn – arbeiten möchte, aber keine Beschäftigung findet.

Betrachten wir nun den Arbeitsmarkt, um zu sehen, unter welchen Bedingungen diese Situation entstehen kann. Die erstaunliche Feststellung dabei: In einer klassischen mikroökonomischen Analyse eines flexiblen Arbeitsmarktes gibt es keine Arbeitslosigkeit im oben definierten Sinne. Abbildung 9.1. auf Seite 260 stellt den Arbeitsmarkt für eine bestimmte Branche als einfachen mikroökonomischen Markt dar.

Der Preis auf diesem Markt ist der Lohn, die Menge auf diesem Markt ist die Anzahl Beschäftigter. Die Anbieter von Arbeit sind die Haushalte, nachgefragt wird die Arbeit von den Unternehmen. Beide Kurven weisen den normalen Verlauf auf. Im Schnittpunkt der beiden Kurven entsprechen sich Angebot und Nachfrage, der gleichgewichtige Lohn beträgt w^*. Alle

Reservationslohn
Individuell erwarteter minimaler Lohn. Für einen Lohn unter diesem Minimum verzichtet eine Arbeitnehmerin oder ein Arbeitnehmer auf eine Beschäftigung.

Personen, die nicht beschäftigt sind, haben einen höheren *Reservationslohn* als w^*; d.h., sie gehen in der betrachteten Branche freiwillig keiner Beschäftigung nach, weil ihnen der gleichgewichtige Lohn zu tief ist.

Nehmen wir nun an, dass die Nachfrage nach Arbeitskräften auf dem betrachteten Arbeitsmarkt sinkt. Ein möglicher Grund dafür ist ein Strukturwandel, der zu einer Schrumpfung der betrachteten Branche und folglich zu einer Verkleinerung der Arbeitsnachfrage für entsprechend ausgebildete Personen führt. Eine solche Situation ist in Abbildung 9.2 dargestellt. Der Nachfragerückgang nach dieser Art von Arbeit zeigt sich in einer Verschiebung der Nachfragekurve nach links, da zu jedem Lohn weniger Arbeit nachgefragt wird. Intuitiv würde man nun annehmen, dass die neue Situation zu Arbeitslosigkeit führt, da die Nachfrage kleiner ausfällt und zum neuen gleichgewichtigen Lohn weniger Personen beschäftigt werden können.

Tatsächlich ist hier nun aber keine Arbeitslosigkeit im oben, ökonomisch definierten Sinne entstanden, sondern es ist ein Beschäftigungsrückgang zu verzeichnen. Für einige Arbeitnehmerinnen und Arbeitnehmer ist der neue, tiefere Gleichgewichtslohn w_2 zu tief, als dass sie dafür noch bereit wären zu arbeiten. Ihr Reservationslohn ist höher als der Marktlohn, und

Abb. 9.1 Arbeitsmarkt bei flexiblen Löhnen

Die Angebotskurve zeigt den Reservationslohn, d.h. den Lohn, der mindestens gezahlt werden muss, damit eine Arbeitskraft in der betrachteten Branche eine Arbeitstätigkeit aufnimmt.
Die Nachfragekurve zeigt, wie viel Arbeit die Unternehmen bei einem bestimmten Reallohn nachfragen. Dort, wo sich die beiden Kurven schneiden, stellt sich ein Gleichgewicht mit einem Reallohn in der Höhe von w^* und q^* Beschäftigten ein. Niemand ist somit unfreiwillig arbeitslos, da alle, die zum geltenden Marktlohn eine Beschäftigung annehmen möchten, auch eine Stelle haben.

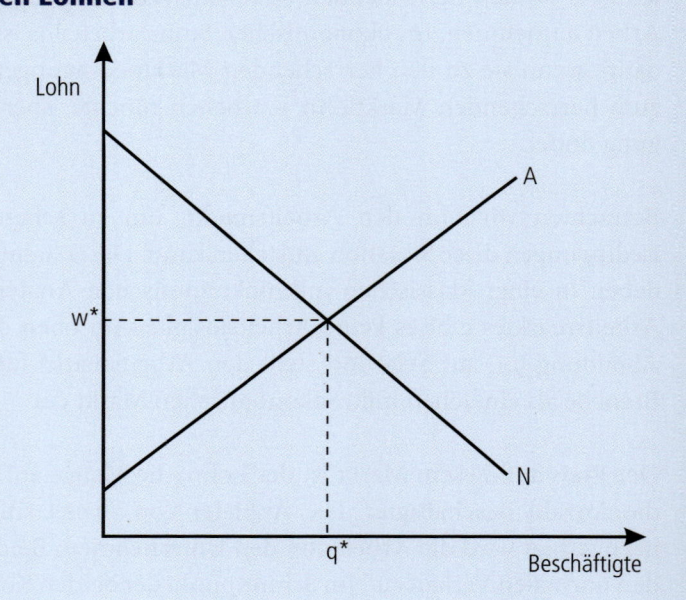

deshalb ziehen sie sich freiwillig aus dem Arbeitsmarkt in der betrachteten Branche zurück. Das ist für die Betroffenen mit Sicherheit nicht erfreulich, insbesondere wenn sie Verpflichtungen haben, für die sie den höheren Lohn benötigen würden – Arbeitslosigkeit entsteht dabei allerdings nicht. Alle, die zum neuen Marktlohn arbeiten möchten, könnten dies auch tun. Es gibt in der betrachteten Branche keine unfreiwillige Arbeitslosigkeit, sondern einen Beschäftigungsrückgang.

Abb. 9.2 Reaktion des Arbeitsmarktes auf Veränderungen der Nachfrage

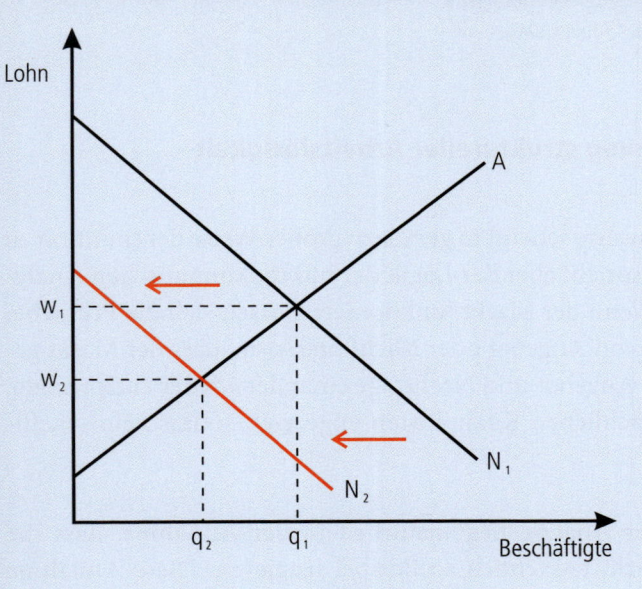

Geht die Nachfrage nach Arbeit in einer Branche aufgrund von veränderten Wirtschaftsbedingungen zurück, passt sich bei flexiblen Löhnen der Lohn nach unten an. Im neuen Gleichgewicht stellt sich ein tieferer Marktlohn ein. Alle, die zu diesem Lohn arbeiten wollen, können dies tun. Es entsteht somit in der betrachteten Branche keine unfreiwillige Arbeitslosigkeit, da alle, die bereit sind, zum neuen Gleichgewichtslohn w_2 zu arbeiten, weiterhin beschäftigt werden.

VERTIEFUNG
Strukturwandel

Starkes Wirtschaftswachstum ist immer mit einer Veränderung der Branchenzusammensetzung, also mit *Strukturwandel*, verbunden. Der Grund dafür ist natürlich, dass das Wachstum vor allem auf technischem Fortschritt und zusätzlicher (internationaler) Arbeitsteilung beruht. Und sowohl die Einführung neuer Technologien als auch das Fortschreiten der Globalisierung sind mit strukturellen Veränderungen verbunden.

So ist es kein Zufall, dass gerade im letzten Jahrhundert diese strukturelle Veränderung der Wirtschaft viel stärker vonstatten ging als in den Jahrhunderten zuvor. Bis weit ins 19. Jahrhundert dominierte in der Schweizer Wirtschaft der Agrarsektor. In diesem Sektor gab es zwar auch Produktivitätsverbesserungen, aber diese vollzogen sich nur langsam und schrittweise; entsprechend wenig dynamisch entwickelte sich die Gesamtwirtschaft. Mit der voranschreitenden Industrialisierung und der zunehmend stärkeren Einbettung in die internationale Arbeitsteilung änderte sich dies markant. Zuerst nahm die Bedeutung der Industrie deutlich zu, dann waren es in den letzten Jahrzehnten aber vor allem die Dienstleistungen, welche ihren Beschäftigungsanteil stark ausbauten. Nach dem Ende des Zweiten Weltkriegs waren immerhin noch mehr als 20 % der Schweizer Bevölkerung in der Landwirtschaft beschäftigt. Heute sind es noch etwas mehr als 3 %. In der gleichen Periode ist auch der Anteil der Industrie stark gesunken, und zwar von über 40 % auf unter 22 %. Massiv ausgebaut wurde folglich der Anteil des 3. Sektors, der Dienstleistungen. Ihr Beschäftigungsanteil stieg von rund 35 % auf heute rund 75 % an.

Diese Anteilsveränderungen zeigen erstens, dass der Strukturwandel stark und mit hohem Tempo voranschreitet. Zweitens aber zeigt sich, dass dem Abbau von Stellen immer auch ein Aufbau von neuen Stellen gegenübersteht. Strukturwandel bedeutet immer, dass zwar gewisse Branchen Arbeitsplätze abbauen, aber – und das ist der wesentliche Punkt – dass gleichzeitig, meist in anderen Branchen, auch wieder Arbeitsplätze geschaffen werden.

Die Anpassung an den Strukturwandel ist für die Betroffenen nicht einfach. Veränderungen stehen viele ohnehin eher skeptisch gegenüber. Und das gilt verständlicherweise besonders stark für den Wechsel des Arbeitsplatzes, insbesondere, wenn der Wechsel auch mit einer Anpassung der geforderten Fähigkeiten verbunden ist, also auch eine Veränderung des Humankapitals erfordert. Es ist deshalb kaum überraschend, dass oft politische Massnahmen gegen den Strukturwandel gefordert werden, dass also *Strukturerhaltung* betrieben wird. Das Problem an dieser Strategie ist aber, dass sie die Anpassungen aufschieben, letztlich aber nicht verhindern kann. Und durch den Aufschub werden die notwendigen Anpassungsschritte mit der Zeit immer grösser. Oft ist dann ein eigentlicher Strukturbruch die Folge, der zu einem sprunghaften Anstieg der strukturellen Arbeitslosigkeit im betroffenen Sektor führt. Wesentlich sinnvoller ist die Strategie, den Strukturwandel zuzulassen und gleichzeitig die Strukturanpassung für die Arbeitnehmerinnen und Arbeitnehmer der betroffenen Branchen möglichst zu erleichtern. Eine gut ausgebaute Arbeitslosenversicherung spielt dabei ebenso eine wichtige Rolle wie ein flexibel regulierter Arbeitsmarkt, der die Anstellung neuer Mitarbeiter in den wachsenden Branchen attraktiv macht.

Strukturwandel
Veränderungen in der Wirtschaftsstruktur eines Landes, vor allem in der relativen Bedeutung verschiedener Branchen.

Strukturerhaltung
Wirtschaftspolitische Eingriffe, die einen natürlichen Strukturwandel verhindern resp. verzögern.

9.1.2 Die Entstehung struktureller Arbeitslosigkeit

Diese Betrachtungsweise scheint in geradezu grober Weise der Intuition zu widersprechen, entspricht aber der Logik der mikroökonomischen Analyse eines Marktes. Wenn der Markt funktioniert, passen sich die Preise bei einer Veränderung von Angebot oder Nachfrage so an, dass der Markt geräumt ist, dass also Angebot und Nachfrage einander wieder entsprechen. Es werden die tatsächlichen Knappheiten angezeigt, sodass keine Ineffizienzen auftreten.

Das Problem dieser Analyse liegt natürlich in der Annahme, dass die Preise auf dem Markt tatsächlich so flexibel reagieren. Diese Annahme ist ebenso entscheidend wie in Wirklichkeit unrealistisch. Eine rasche

Lohnanpassung nach unten als Folge eines Nachfragerückgangs auf dem Arbeitsmarkt ist nicht das, was man in den OECD-Ländern üblicherweise beobachtet. Löhne werden oft am Verhandlungstisch zwischen Tarifpartnern für längere Zeit festgelegt. Jeder Lohnrückgang ist meist ausgesprochen schwierig durchzusetzen. Eine realistische Annahme scheint vielmehr, dass ein Reallohn, zumindest über eine gewisse Zeit, fixiert ist. Damit erfolgt die Anpassung auf einen Nachfragerückgang nicht über eine Preisreaktion (fallender Lohn), sondern eben über eine Mengenreaktion (steigende Arbeitslosigkeit).

Dies ist in Abbildung 9.3 dargestellt. Wenn wir annehmen, dass der Lohn auf dem ursprünglichen Niveau w_1 vertraglich fixiert ist, dann hat ein Rückgang der Arbeitsnachfrage natürlich ganz andere Auswirkungen.

Verbleibt der Lohn auch bei reduzierter Nachfrage auf w_1, dann sind immer noch q_1 Personen bereit, zu diesem Lohn zu arbeiten. Tatsächlich werden aber nur q_3 Arbeiter zu diesem im Vergleich zum Gleichgewichtslohn jetzt zu hohen Lohn nachgefragt. Die Differenz zwischen q_1 und q_3 entspricht der Anzahl Personen, die in der betrachteten Branche unfreiwillig nicht

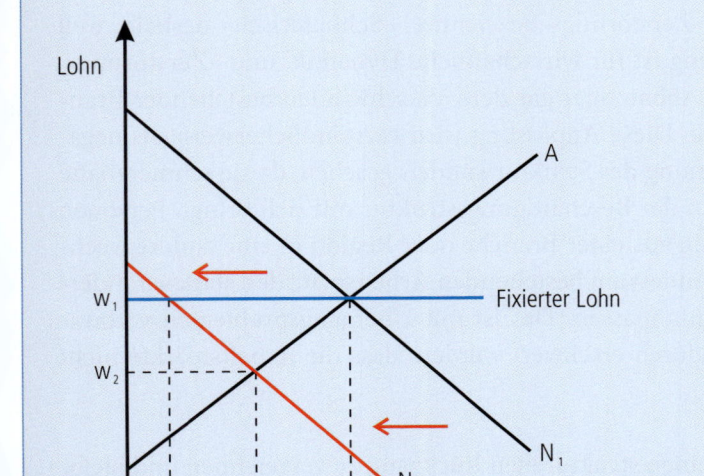

Abb. 9.3 Arbeitsmarkt bei fixen Löhnen

Wird der Lohn fixiert, z. B. durch einen Mindestlohn in der Höhe des ursprünglichen Lohns, entsteht bei einem Rückgang der Nachfrage unfreiwillige Arbeitslosigkeit.
Eigentlich möchte zu diesem Lohn die Anzahl q_1 beschäftigt werden, die Unternehmen werden aber nur der Anzahl q_3 einen Arbeitsvertrag anbieten. Es entsteht somit Arbeitslosigkeit in der Höhe von $q_1 - q_3$. Die Effekte auf die Wohlfahrt verhalten sich analog zu einem Mindestpreis (vgl. Abbildung 5.1).

beschäftigt sind, also Arbeitslose im oben definierten Sinne darstellen; zum herrschenden (allerdings zu hohen) Lohn finden sie keine Arbeit.

Unfreiwillige Arbeitslosigkeit entsteht immer dann, wenn auf dem Arbeitsmarkt für eine bestimmte Branche der Preis der Arbeit, der Reallohn, aus irgendeinem Grund nicht flexibel auf Veränderungen in der Nachfrage nach Arbeit reagieren kann. Betrachtet man den Idealzustand eines im mikroökonomischen Sinne funktionierenden Arbeitsmarktes, so kann keine Arbeitslosigkeit entstehen. Erst verschiedene Formen der Unvollkommenheit auf diesem Markt können zu Arbeitslosigkeit führen.

Wir haben in den Abbildungen 9.2 und 9.3 die Entstehung der Arbeitslosigkeit mit einer exogenen Veränderung der Nachfrage nach dem betrachteten Typ von Arbeit begründet. In der Realität sind solche Schwankungen in der Nachfrage nach bestimmten Formen der Arbeit auf den Strukturwandel zurückzuführen, also auf die Tatsache, dass sich die Branchenstruktur von Volkswirtschaften über die Zeit verändert (genauere Erläuterungen dazu finden sich in der Box auf Seite 262).

Strukturwandel ist in einer arbeitsteiligen Marktwirtschaft nicht nur unvermeidbar, er ist aus Wohlfahrtssicht auch durchaus positiv zu beurteilen. Letztlich steckt diese laufende Reallokation der Ressourcen hinter dem wirtschaftlichen Wachstum; und nicht zufällig wird dieser Prozess, zurückgehend auf den österreichischen Ökonomen Joseph Schumpeter, als «schöpferische Zerstörung» bezeichnet. «Schöpferisch» deshalb, weil er die Voraussetzung ist für wirtschaftliche Dynamik, und «Zerstörung», weil er mit einem Abbau oder gar dem Verschwinden bestehender Branchen verbunden ist. Diese Anpassung wird verständlicherweise als negative Begleiterscheinung des Strukturwandels gesehen, da sie schmerzhafte Umschichtungen in der Beschäftigungsstruktur mit sich bringt. Personen müssen längerfristig aus einer Branche oder Region in eine andere wechseln oder sich zumindest am bestehenden Arbeitsplatz den stark veränderten Anforderungen anpassen. Das ist mit Übergangsproblemen verbunden, die häufig dadurch erschwert werden, dass die Arbeitsmärkte nicht flexibel reagieren.

Hat eine Branche einen strukturellen Rückgang zu verzeichnen und bleibt ihr Lohn konstant, so führt dies unweigerlich zu unfreiwilliger Arbeitslosigkeit in dieser Branche. Woher kommen aber diese Inflexibilitäten der Löhne? Dieser Frage wollen wir uns nun zuwenden.

9.2 Erklärungsfaktoren für die strukturelle Arbeitslosigkeit

In der obigen Analyse haben wir festgestellt, dass in einem vollständig flexiblen Arbeitsmarkt, in dem die Löhne sofort auf Veränderungen der Nachfrage reagieren, gar keine strukturelle Arbeitslosigkeit entstehen kann. Tatsächlich ist es aber so, dass der Arbeitsmarkt zumindest kurzfristig eher so funktioniert, wie wir es in Abbildung 9.3 auf Seite 263 gesehen haben. Die Arbeitsbedingungen und die Löhne sind nur beschränkt flexibel, weshalb strukturelle Arbeitslosigkeit entstehen kann. In diesem Abschnitt wollen wir nun zeigen, aus welchen Gründen Preise auf Arbeitsmärkten nicht sofort reagieren. Im Wesentlichen können wir zwei Faktoren unterscheiden, welche die Anpassungsfähigkeit bestimmen:

- Die vielfältigen Regulierungen des Arbeitsmarktes: Sie erklären, weshalb die Löhne kurzfristig nicht auf einen Rückgang der Nachfrage nach entsprechenden Arbeitskräften reagieren.
- Die Aus- und Weiterbildung: Sie bestimmt zu einem gewissen Grad, wie schnell die Arbeitnehmenden sich dem Strukturwandel anpassen können.

9.2.1 Regulierungen des Arbeitsmarktes

Betrachten wir zunächst die Regulierungen auf dem Arbeitsmarkt. In den meisten Industrieländern ist dieser wesentlich stärker reguliert als normale Gütermärkte. Das hängt damit zusammen, dass der Arbeitsmarkt als spezieller Markt betrachtet wird. Verliert jemand seine Arbeit, so wird das als ein wesentlich dramatischeres Ereignis wahrgenommen als die fallende Nachfrage nach einem Gut.

Der Vorteil von schützenden *Arbeitsmarktregulierungen* ist, dass die Arbeitnehmenden eine gewisse Sicherheit erhalten. Der Nachteil kann jedoch sein, dass es für Arbeitslose gerade wegen dieser Regulierungen schwieriger wird, wieder eine Arbeit zu finden.

Arbeitsmarktregulierungen
Gestaltung des Arbeitsmarktes durch Gesetze und Verordnungen.

Die grosse Kunst der Regulierung des Arbeitsmarktes besteht also darin, ein Gleichgewicht zwischen dem Schutz der Arbeitnehmenden und der Flexibilität des Arbeitsmarktes zu finden. Dabei ist klar, dass ein zu starker Schutz die Illusion erweckt, Arbeitsplätze könnten für alle Zeiten gesichert werden. In einer Marktwirtschaft, die strukturellem Wandel unterworfen ist, ist dies jedoch nicht möglich. Jeder Versuch, in einer bestimmten Branche die Arbeitsplätze zu garantieren, ist riskant, da er die Anpassungsfähigkeit und den Anpassungswillen der Beschäftigten untergräbt und so dafür sorgt, dass die irgendwann dann doch nötige Anpassung schockartig erfolgt.

Welches sind nun die wichtigsten Formen von Arbeitsmarktregulierungen, welche die Flexibilität des Arbeitsmarktes gewollt oder ungewollt einschränken? Wir können hier konzeptionell mindestens fünf Formen unterscheiden:
- Mindestlöhne,
- zentralisierte Lohnverhandlungen,
- Regulierungen bezüglich Anstellungen und Entlassungen von Arbeitnehmenden («hire and fire regulations»),
- Ausgestaltung der Arbeitslosenversicherung,
- Regulierungen der Arbeitszeit.

Mindestlohn
Gesetzlich oder vertraglich festgelegtes Lohnminimum mit landes- oder branchenweiter Verbindlichkeit.

Mindestlöhne stellen die offensichtlichste und in ihrer Wirkung am einfachsten verständliche Inflexibilität auf dem Arbeitsmarkt dar. Wird ein Mindestlohn eingeführt, ist dies ein direkter Eingriff in den Preismechanismus. Die Situation ist vergleichbar mit einem zu hoch angesetzten Mindestpreis auf einem Gütermarkt. Wie in Kapitel 5 ausgeführt, kommt es dabei zu einem Überangebot und einer zu geringen Nachfrage. Mindestlöhne werden oft mit dem Ziel, ein genügend hohes Einkommen für die Arbeitnehmenden zu garantieren, auf ein Niveau gesetzt, das über der Produktivität der betroffenen Arbeitskräfte liegt. Die Arbeitgeber werden in einem solchen Fall aber nicht bereit sein, alle Arbeitswilligen zu diesen Löhnen einzustellen. Da die Produktivität unter dem bezahlten Lohn liegt, würde ein Unternehmen mit jeder Arbeitsstunde, die es unter diesen Bedingungen nachfragt, einen Verlust erleiden.

Zentralisierte Lohnverhandlungen
Lohnverhandlungen zwischen Vertretern von Arbeitgebern und Arbeitnehmern, deren Ergebnisse branchenweite Gültigkeit haben.

Eine zweite, konzeptionell eng mit Mindestlöhnen verbundene Quelle von Inflexibilität im Arbeitsmarkt sind *zentralisierte Lohnverhandlungen*. Je stärker diese zentralisiert sind, desto weniger können sie auf die Situation einzelner Arbeitsverhältnisse, insbesondere auf unterschiedliche Produktivitäten der Arbeitnehmenden, Rücksicht nehmen. Wenn in Lohnverhandlungen die Bedingungen für breite Branchen einheitlich festgelegt werden, ergibt sich ein grober Durchschnitt, der sich in einzelnen Segmenten des Arbeitsmarktes analog einem zu hoch angesetzten Mindestlohn auswirkt.

Eine dritte wichtige Determinante der Arbeitsmarktflexibilität ist die Ausgestaltung von Regulierungen zur Einstellung und vor allem Entlassung.

Dabei geht es um Vorschriften, die es erschweren, jemanden zu entlassen oder anzustellen. Ein gut ausgebauter *Kündigungsschutz* scheint intuitiv etwas Positives zu sein; schliesslich trägt er ja scheinbar zur Sicherheit der Arbeitsplätze bei. Leider handelt es sich dabei aber um eine Regulierung, die auf subtile Weise verhindern kann, dass eine arbeitslose Person überhaupt eine freie Stelle findet. Denn wenn ein Unternehmer weiss, dass er bei einer Verschlechterung der Wirtschaftslage kaum jemanden entlassen kann, hat er einen starken Anreiz, auch bei momentan guter Konjunkturlage auf Anstellungen zu verzichten. Vordergründig scheint diese Regulierung positiv auf die Beschäftigung zu wirken, tatsächlich aber wird sie zu einem Bumerang und führt mittelfristig zu einer Reduktion der insgesamt vorhandenen Stellen. Es handelt sich somit um ein klassisches Beispiel einer Regulierung, welche die Anreize der Beteiligten zu wenig berücksichtigt und nicht beachtet, dass Entscheidungsträgerinnen und Entscheidungsträger in Unternehmen rational reagieren. Das ursprüngliche Ziel der Regelung wird damit konterkariert; dies ist eine Spielart des in Kapitel 5 erläuterten Kobra-Effektes.

Kündigungsschutz
Vorschriften, welche die Entlassung von Arbeitskräften erschweren oder verhindern.

Ein vierter wichtiger Einflussfaktor auf die strukturelle Arbeitslosigkeit ist die Ausgestaltung der Arbeitslosenunterstützung. Auch hier sind die Auswirkungen oft anders als ursprünglich angestrebt. Eine grosszügige Arbeitslosenunterstützung ist aus sozialer Sicht in ihrer Zielsetzung natürlich positiv zu beurteilen. Verliert eine Person ihre Arbeitsstelle, ist sie während der ohnehin schwierigen Zeit der Arbeitslosigkeit wenigstens materiell abgesichert. Aber auch diese Institution setzt Anreize, die das Gegenteil des Angestrebten bewirken können. Eine grosszügige Arbeitslosenunterstützung kann nämlich für die Arbeitslosen den Anreiz reduzieren, sich intensiv um eine neue Stelle zu bemühen. So besteht die Gefahr, dass ein Teil der Betroffenen erst knapp vor dem Auslaufen der Arbeitslosenunterstützung mit einer wesentlich intensiveren Stellensuche beginnt. Damit ergeben sich hier, genauso wie beim Kündigungsschutz, schwerwiegende Zielkonflikte. Ein zu umfassender Ausbau der schützenden Regulierung kann dazu führen, dass sich das ursprüngliche Problem – die Arbeitslosigkeit – verschärft, anstatt sich wie gewünscht zu reduzieren. Bei der Ausgestaltung von Regulierungen ist es also unabdingbar, die rationalen Anreize der Betroffenen zu berücksichtigen.

Der fünfte Einflussfaktor schliesslich sind die Regulierungen der Arbeitszeit. Diese haben – für sich alleine genommen – zwar einen negativen Effekt auf die Gesamtbeschäftigung, da tendenziell weniger Arbeitsstunden geleistet werden, nicht notwendigerweise aber auf die Arbeitslosigkeit. Häufig werden im politischen Prozess jedoch Arbeitszeitregulierungen angestrebt, welche die Arbeitszeit bei gleichem Lohn reduzieren. In diesem Fall wirkt die Massnahme natürlich wie ein zu hoch angesetzter Mindestlohn. Wenn sich die Löhne der Reduktion der Arbeitszeit nicht in gleichem Masse anpassen können, führt dies zu unfreiwilliger Arbeitslosigkeit.

Zusammenfassend lässt sich festhalten, dass die Ausgestaltung der verschiedenen Arbeitsmarktregulierungen einen ersten wesentlichen Ansatzpunkt darstellt, um das Ausmass der Sockelarbeitslosigkeit im strukturellen Sinne zu verstehen.

9.2.2 Aus- und Weiterbildung

Neben den Regulierungen des Arbeitsmarktes sind Aus- und Weiterbildung wichtige, im weiteren Sinne wirtschaftspolitisch lenkbare Einflussfaktoren der strukturellen Arbeitslosigkeit. Letztlich entsteht diese Arbeitslosigkeit ja dadurch, dass aufgrund des Strukturwandels die Nachfrage nach einem bestimmten Qualifikationsprofil zurückgeht und der Reallohn nicht schnell genug darauf reagiert.

Will eine arbeitslose Person nun zu ähnlichen Konditionen eine Beschäftigung finden, so muss sie ihre Qualifikationen an das neu geforderte Stellenprofil anpassen. Dabei zeigt sich meist deutlich, dass es Personen mit einem relativ guten Ausbildungsniveau leichter haben, die Anpassung an ein neues Profil zu bewerkstelligen. Ist eine Person gewohnt zu lernen, ist es für sie einfacher, sich neue Fertigkeiten oder Qualifikationen anzueignen.

Eng damit verbunden sind gut ausgebaute Weiterbildungssysteme. Sie ermöglichen es den von struktureller Arbeitslosigkeit Betroffenen, sich relativ rasch neue Fertigkeiten anzueignen. Die Arbeitslosenunterstützung ist folgerichtig in den meisten Ländern – auch in der Schweiz – vermehrt dazu übergegangen, den Arbeitslosen eine Weiterbildung im weitesten Sinne anzubieten, ja sie sogar dazu zu verpflichten.

Zusammengefasst sind also die Regulierungen des Arbeitsmarktes und die Bildung im weitesten Sinne die wichtigsten Bestimmungsfaktoren der strukturellen Arbeitslosigkeit. Soll diese Form der Arbeitslosigkeit bekämpft werden, kann dies durch eine Reform der Regulierungen oder durch eine Verbesserung des Bildungsangebots erreicht werden.

9.3 Friktionelle Arbeitslosigkeit

Eine wesentlich weniger problematische Art der Sockelarbeitslosigkeit ist die *friktionelle Arbeitslosigkeit*. In diesem Fall verfügen die Arbeitslosen über die für die offenen Stellen benötigten Qualifikationen. Allerdings müssen sie diese vorhandenen Stellen erst finden, denn in einer komplexen, arbeitsteiligen Marktwirtschaft herrscht in Bezug auf das Stellenangebot nie vollständige Transparenz. Neben den unterschiedlichen Auswirkungen auf einzelne Branchen hat der strukturelle Wandel auch regional ungleiche Effekte. Ein Unternehmen, das Stellen aufbaut, befindet sich nicht notwendigerweise in derselben Region wie ein Unternehmen, das Stellen abbaut. Auch diese regionalen Unterschiede erhöhen die Informationskosten und erschweren damit die Suche. Es werden immer Personen auf Arbeitssuche sein, auch wenn es genügend passende Stellen gibt. Die Gleichgewichts- oder Sockelarbeitslosigkeit wird alleine schon aufgrund dieser friktionellen Arbeitslosigkeit nie ganz eliminiert werden können.

> **Friktionelle Arbeitslosigkeit**
> Arbeitslosigkeit, die beim Stellenwechsel dadurch entsteht, dass die neue Stelle erst gefunden werden muss. Die friktionelle Arbeitslosigkeit wird auch als Sucharbeitslosigkeit bezeichnet.

Friktionelle Arbeitslosigkeit lässt sich vor allem durch eine möglichst hohe Transparenz auf dem Arbeitsmarkt bekämpfen. Je schneller die Informationen über neue Arbeitsstellen verbreitet werden, desto rascher kann die Volkswirtschaft den Abgleich zwischen Stellensuchenden und anbietenden Unternehmen bewältigen. Neben den klassischen Informationsträgern bietet hier vor allem das Internet enorme Möglichkeiten. Zusätzlich spielt die Mobilität der Arbeitskräfte eine wichtige Rolle.

Wie weit der Staat durch seine Wirtschaftspolitik für die Organisation dieser Transparenz des Arbeitsmarktes verantwortlich sein sollte, ist eine strittige Frage. Denn die Arbeitsvermittlung schafft auch lukrative Geschäftsmöglichkeiten für private Anbieter. Ein gewisses Basisangebot, das der Staat über sein Engagement in der Arbeitslosenunterstützung bietet, ist wohl unbestritten. Darüber hinausgehende staatliche Dienstleistungen sind aber aus Sicht der Effizienz fragwürdiger, da ja kein offensichtliches Marktversagen vorliegt.

9.4 Geht uns die Arbeit aus?

Mit der Befürchtung, dass uns einmal die Arbeit ausgehen könnte, werden Ökonominnen und Ökonomen in der wirtschaftspolitischen Diskussion immer wieder konfrontiert. Wenn die Nachfrage nach Arbeit tatsächlich rückläufig wäre, so würde das ja bedeuten, dass ein universaler Trend zu sinkender Beschäftigung bestünde – was natürlich ein verheerender Befund wäre. Glücklicherweise lässt sich mithilfe einfacher ökonomischer Überlegungen zeigen, dass diese Befürchtung unbegründet ist. Strukturwandel ist stets verbunden mit dem Abbau von Arbeitsplätzen in einer Branche und dem gleichzeitigen Aufbau von Arbeitsplätzen in anderen Branchen. So ist beispielsweise in den letzten Jahrzehnten in der Schweiz die Beschäftigung in der Textilbranche zurückgegangen, während sie in der Informatik deutlich angestiegen ist. Dieser Mechanismus des Auf und Ab von Branchen gehört zu einer Marktwirtschaft und funktioniert nun schon seit sehr langer Zeit. Dennoch hört man in der wirtschaftspolitischen Diskussion immer wieder die Befürchtung, der strukturelle Wandel könne, vor allem des technischen Fortschritts wegen, die Arbeit zunehmend zum Verschwinden bringen. Jüngstes Beispiel sind die Befürchtungen, der Einsatz von Robotern würde menschliche Arbeitskräfte zunehmend überflüssig machen.

Woher kommt diese offensichtlich tief sitzende Angst vor dem bevorstehenden Ende der Arbeit? Ein Grund dafür ist sicher, dass ein Stellenabbau meist öffentlich wahrgenommen wird, während der Stellenaufbau kaum Beachtung findet. Streicht ein Unternehmen in einer bestimmten Region 200 Stellen, dann ist das eine Nachricht mit regionalem, oft auch nationalem Echo. Der Aufbau neuer Stellen dagegen erfolgt meist verstreut über viele einzelne Unternehmen und verteilt über einen längeren Zeitraum. Auch wenn sich aus dem Auf- und Abbau insgesamt ein deutlicher Stellenzuwachs ergibt, ist dies zu unspektakulär und zu schwierig verfolgbar, um auf breiter Front wirklich wahrgenommen zu werden. All das summiert sich zum Eindruck, viel öfter mit Stellenabbau als mit Stellenaufbau konfrontiert zu sein. Abbildung 9.4 zeigt aber, dass die Beschäftigung – und sogar die Erwerbsquote – in der Schweiz in den letzten Jahrzehnten deutlich angestiegen ist.

Ein weiterer Grund ist die Furcht, neue, arbeitssparende Technologien würden die Arbeit dauerhaft immer obsoleter machen und die Globalisierung verstärke diesen Prozess noch, indem Arbeitsplätze an andere Länder verloren gingen. Diese Angst hat im Übrigen eine lange Tradition. Schon im 19. Jahrhundert wurden die Maschinen, die zu einer starken Automatisierung im industriellen Bereich führten, von sogenannten Maschinenstürmern zerstört. Diese behaupteten, dass die Maschinen der Bevölkerung die Arbeit wegnähmen, dass also der technische Fortschritt langfristig zu einem Verschwinden der Arbeit führe.

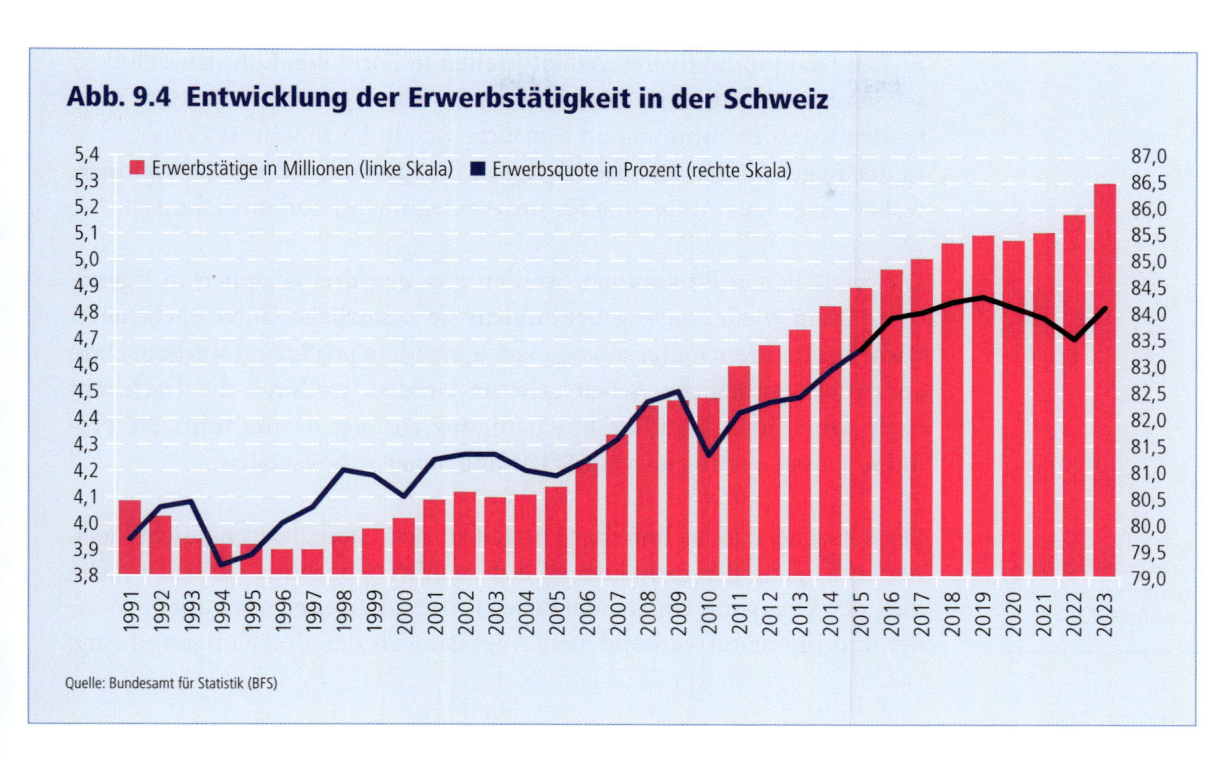

Abb. 9.4 Entwicklung der Erwerbstätigkeit in der Schweiz

■ Erwerbstätige in Millionen (linke Skala) ■ Erwerbsquote in Prozent (rechte Skala)

Quelle: Bundesamt für Statistik (BFS)

Konzeptionell stammt die Angst vor dem Ende der Arbeit daher, dass man sich bei der Analyse der Frage nach den Auswirkungen von technischem Fortschritt und Globalisierung auf den Arbeitsmarkt oft auf die Betrachtung von Einzelsektoren beschränkt und die Effekte auf die Gesamtwirtschaft zu wenig berücksichtigt. Betrachten wir als Beispiel die Schreibmaschine, die durch den Computer verdrängt wurde. Wird nur die Situation der Schreibmaschinenproduzenten in die Analyse mit einbezogen, dann hat die neue Technologie – in diesem Fall der Computer – in der Tat zu einem signifikanten Abbau von Arbeitsplätzen im entsprechenden Sektor geführt. Doch wir müssen auch die Effekte auf andere Sektoren berücksichtigen. In der gesamten Wirtschaft führte der Einsatz von Computern in der Textverarbeitung zu einem spektakulären Produktivitätsgewinn, damit zu zusätzlichem Einkommen und folglich zu einer zusätzlichen Nachfrage nach Arbeitskräften.

Wie genau verläuft dieser Prozess? Betrachten wir eine neue Technologie – z. B. neue Arten von Robotern – deren Einsatz die Produktivität erhöht. Diese Produktivitätserhöhung, die mit dem Abbau von Arbeitsplätzen in bestimmten Sektoren verbunden sein mag, führt dazu, dass insgesamt in der Ökonomie mehr Einkommen vorhanden ist. Dieses kann drei Gruppen zufliessen:

- den jetzt produktiveren Arbeitskräften in Form von Lohnzuwachs,
- den Kapitalgebern in Form höherer Gewinne sowie
- den Konsumentinnen und Konsumenten in Form tieferer Preise.

In der Regel werden alle drei Gruppen ihr Einkommen erhöhen können, wobei die genaue Aufteilung für unsere Argumentation unwichtig ist.

Die zusätzlichen Einkommen werden von den drei Gruppen in irgendeiner Form wieder ausgegeben, indem sie zusätzliche Güter nachfragen. Diese zusätzlichen Güter müssen von jemandem produziert werden. Dazu aber muss zusätzliche Arbeit geleistet werden, wodurch die Nachfrage nach Arbeit und damit die Beschäftigung ansteigt. Damit führt die Produktivitätssteigerung also zur Schaffung neuer Arbeitsplätze.

Die Tatsache, dass technischer Fortschritt und Globalisierung nicht zu einem Rückgang der vorhandenen Arbeit führen, bedeutet natürlich nicht, dass der Übergang ein schmerzloser Prozess ist. Jeder strukturelle Wandel und die damit verbundenen Anpassungen der Beschäftigung bringt

Lohnstückkosten
Lohnkosten pro Einheit eines Gutes. Die Lohnstückkosten berechnen sich aus dem Lohnsatz geteilt durch die Arbeitsproduktivität.

TECHNISCHE BOX

Produktivität und Löhne

Oft wird die Befürchtung geäussert, dass die europäische Wirtschaft gegen die unglaublich tiefen Löhne in China nie und nimmer konkurrieren könne; und auf den ersten Blick zeichnen die Zahlen tatsächlich ein alarmierendes Bild. Die durchschnittlichen jährlichen Industrielöhne in China lagen gemäss einer Untersuchung Ende der 1990er-Jahre bei etwas über 700 US-$ pro Jahr, während sie beispielsweise in Deutschland rund 35 000 US-$ betrugen. Um das richtig zu interpretieren, ist es aber entscheidend, nicht nur die Löhne zu betrachten, sondern auch deren Gegenwert, die Produktivität. Dabei zeigt sich, dass die chinesischen Arbeiter nicht nur viel billiger, sondern auch viel weniger produktiv sind. Die durchschnittliche jährliche Wertschöpfung pro Arbeitskraft lag in der gleichen Periode in Deutschland bei rund 80 000 US-$, während sie in China nicht einmal 3000 US-$ betrug. Das heisst aber, dass die für die Wettbewerbsfähigkeit relevanten *Lohnstückkosten* (Löhne im Verhältnis zur Produktivität) in China nicht massiv tiefer sind als in Industrieländern. Der Grund dafür ist, dass die durchschnittliche europäische Arbeitskraft mit deutlich mehr Kapital, einer besseren Ausbildung und effizienteren Technologien operiert.

Häufig folgt darauf der Einwand, dass bei den enormen Wachstumsraten von China die Produktivität so rasch steige, dass es nicht lange dauern werde, bis die tiefen Löhne einen unschlagbaren Wettbewerbsvorteil darstellten. Auch hier sind die Befürchtungen unbegründet. Der Zusammenhang zwischen den Löhnen und der Produktivität gilt nämlich nicht nur statisch für einen bestimmten Zeitpunkt, sondern auch dynamisch. Die steigende Produktivität in China schafft zusätzliches Einkommen, das irgendjemandem zufliessen wird, also entweder den Kapitalgebern oder den Arbeitskräften in Form von höheren Löhnen. Zudem wird der Lohn in wettbewerbsintensiven Märkten durch seinen realen Gegenwert, also die Produktivität der Arbeitskräfte, bestimmt. Tatsächlich lässt sich beobachten, dass sich aufgrund dieses Mechanismus die Reallöhne in vormaligen Entwicklungsländern in etwa im gleichen Tempo erhöhen wie die Produktivität. Ein typisches Beispiel ist Korea, das 1970 Industrielöhne aufwies, die etwa 8 % des US-Niveaus entsprachen. 1995 erreichten sie bereits 48 % der US-Löhne; diese Lohnerhöhung entsprach ziemlich genau dem relativen Produktivitätsschub von Korea in dieser Periode.

Der enge Zusammenhang zwischen den Löhnen und der Produktivität zeigt sich auch in Untersuchungen für einzelne Länder. Selbst für die oft als besonders «kapitalfreundlich» bezeichneten USA ist die Korrelation geradezu verblüffend. So wiesen die Arbeitsproduktivität und die Reallöhne von 1959 bis 2000 exakt die gleiche Wachstumsrate von 2 % auf. Die Reallöhne folgten in dieser Periode auch praktisch vollständig den Schwankungen der Produktivität.

für die direkt Betroffenen eine schwierige Zeit mit sich. Personen, die durch den Strukturwandel ihre Stelle verloren haben, müssen eine neue Beschäftigung oft in fachlich und geografisch anderen Bereichen suchen. Mit der ökonomischen Analyse lassen sich die Schwierigkeiten dieses Anpassungsprozesses nicht wegdiskutieren. Sie zeigt aber, dass der Strukturwandel nicht zum Ende der Arbeit führt.

9.5 Schweizer Arbeitsmarktpolitik

Die im internationalen Vergleich ausgesprochen positive Bilanz des Schweizer Arbeitsmarktes haben wir bereits verschiedentlich festgehalten. Selbst in Rezessionen hatte die Schweiz bisher tiefere Arbeitslosenquoten, als sie die meisten anderen OECD-Länder in einer Hochkonjunktur erreichen können. Dies zeigt, dass die gleichgewichtige Arbeitslosigkeit – die Sockelarbeitslosigkeit eben – in der Schweiz tiefer liegt als in vergleichbaren Ländern. Ebenso positiv zu beurteilen ist die sehr hohe Erwerbstätigenquote, wie Abbildung 9.5 zeigt. Auch hier sticht die Schweiz im internationalen Vergleich heraus.

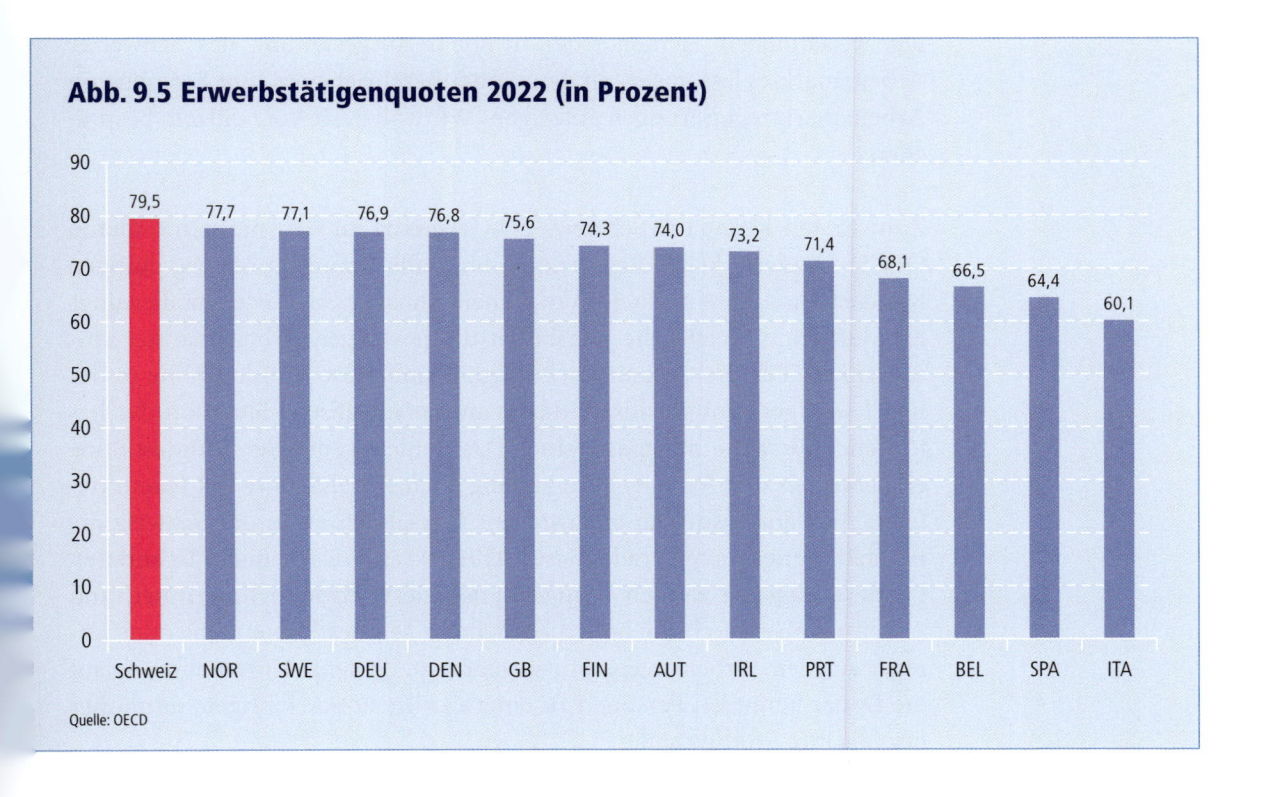

Abb. 9.5 Erwerbstätigenquoten 2022 (in Prozent)

Schweiz	79,5
NOR	77,7
SWE	77,1
DEU	76,9
DEN	76,8
GB	75,6
FIN	74,3
AUT	74,0
IRL	73,2
PRT	71,4
FRA	68,1
BEL	66,5
SPA	64,4
ITA	60,1

Quelle: OECD

Drei wichtige Elemente der Arbeitsmarktpolitik, welche die Sockelarbeitslosigkeit beeinflussen, sollen hervorgehoben werden: die Regulierung des Arbeitsmarktes, das System der Berufslehre und die Ausgestaltung der Arbeitslosenversicherung.

9.5.1 Die Regulierung des Schweizer Arbeitsmarktes

Die Schweiz kennt im internationalen Vergleich eine Arbeitsmarktregulierung, welche die Flexibilität betont und entsprechend wenige starre Regulierungen aufweist.

Anzumerken ist hier, dass in der Schweiz eine bemerkenswerte Differenz zwischen der Regulierung des Arbeitsmarktes einerseits und des Produktmarktes andererseits besteht. Der Letztere ist in der Schweiz – ganz im Gegensatz zum Arbeitsmarkt – im internationalen Vergleich relativ stark reguliert. Diese Differenz zeigt sich deutlich in der Diskussion um die Schweizer Wachstumsschwäche der 1990er-Jahre, verglichen mit der entsprechenden Diskussion in Deutschland. In der Schweiz ging es in der Debatte meist um die Regulierung der Produktmärkte, also um die Wettbewerbsintensität auf dem Binnenmarkt, während in Deutschland Arbeitsmarktfragen im Vordergrund standen.

Die wesentlichen Elemente der flexiblen Ausgestaltung des Schweizer Arbeitsmarktes lassen sich an den vorher beschriebenen fünf Formen von Arbeitsmarktregulierungen aufzeigen. Wir wollen sie kurz einzeln besprechen.

Zum Ersten kennt die Schweiz, im Gegensatz zu den meisten anderen OECD-Ländern, keine allgemeinen, über alle Branchen hinweg gültigen Mindestlöhne. In einzelnen Branchenvereinbarungen bestehen allerdings Mindestlöhne, welche die Flexibilität des jeweiligen Arbeitsmarktes einschränken. Für die Gesamtbeschäftigung sind diese Mindestlöhne in der Regel weniger problematisch, da sie an die spezifische Situation der betroffenen Branche angepasst sind. Das Fehlen genereller Mindestlöhne erleichtert es den Arbeitgebern zudem, auch Arbeitskräfte mit einem tieferen Ausbildungsniveau einzustellen: Tatsächlich ist in der Schweiz die Beschäftigungsquote gerade dieser Arbeitskräfte relativ hoch. In anderen Ländern dagegen werden weniger qualifizierte Arbeitnehmerinnen und Arbeitnehmer durch die hohen bindenden Mindestlöhne mehr oder weniger aus dem Arbeitsmarkt hinausgedrängt, da keine Unternehmung auf die Dauer bereit ist, Personen zu einem Lohn zu beschäftigen, der höher liegt als ihre Produktivität.

Zweitens gibt es in der Schweiz relativ dezentrale Lohnverhandlungen und keine flächendeckenden Tarifverträge wie beispielsweise in Deutschland, wo über Millionen von Arbeitsverhältnissen hinweg Löhne und Arbeitsbedingungen vertraglich fixiert werden. Die Lohnverhandlungen erfolgen in der Schweiz auf Branchen- oder sogar Unternehmensebene. So werden die Löhne besser der Produktivität der Arbeitskräfte angeglichen, was sich günstig auf die Beschäftigung auswirkt.

Drittens kennt der Schweizer Arbeitsmarkt deutlich weniger Restriktionen bei der Anstellung und Entlassung von Arbeitskräften. Im Unterschied zu anderen Ländern bedeutet eine Anstellung nicht eine Verpflichtung über Jahre hinweg, von der sich die Arbeitgeber nur mit hohen Kosten wieder entbinden können. Entsprechend leichter fällt es ihnen, bei gutem Geschäftsgang Personal einzustellen, weil es auch möglich ist, sich in härteren Zeiten von diesen Arbeitnehmern wieder zu trennen. Dies steht in starkem Gegensatz etwa zu Italien oder Frankreich, wo der Kündigungsschutz sehr stark ausgebaut ist. Daher vermeiden es Unternehmen in diesen Ländern oft mit allen Mitteln, Personen fix einzustellen. Bei einer Verschlechterung der Wirtschaftslage wäre es für sie nämlich ausserordentlich schwierig und kostspielig, diese Personen wieder zu entlassen. Entsprechend schwierig ist es dann aber auch für die Arbeitswilligen, eine feste Stelle zu finden.

Viertens ist die Arbeitslosenversicherung in der Schweiz stark aktivierend ausgestaltet: Sie versucht, Anreize zur Verkürzung der Arbeitslosigkeitsdauer zu schaffen. Dieser Punkt wird im übernächsten Abschnitt näher behandelt.

Fünftens gibt es in der Schweiz kaum Restriktionen der Arbeitszeit. Die Schweiz ist hier nachhaltig flexibel reguliert, was sich auch darin manifestiert, dass die Initiative zur 36-Stunden-Woche in der Abstimmung keine Chance hatte. In der Schweiz ist es zudem sehr einfach möglich, Teilzeitverhältnisse einzugehen, was die Beschäftigungssituation ebenfalls verbessert.

Alle Regulierungen, die auf die Höhe der Sockelarbeitslosigkeit einen Einfluss haben, sind in der Schweiz im internationalen Vergleich eher flexibel ausgestaltet. Es ist deshalb kaum überraschend, dass die Sockelarbeitslosigkeit in der Schweiz tatsächlich sehr tief liegt.

9.5.2 Berufslehre und Jugendarbeitslosigkeit

Neben den Regulierungen des Arbeitsmarktes spielt das Bildungssystem eine zentrale Rolle für die Entwicklung der Arbeitslosigkeit in einem Land. Auch hier weist die Schweiz mit der grossen Bedeutung der Berufslehre eine Besonderheit auf, die einen wichtigen Beitrag zur Erklärung der tiefen Sockelarbeitslosigkeit liefert. Zwei Drittel der Jugendlichen durchlaufen in der Schweiz die Berufsbildung, die damit bei Weitem die wichtigste Erstausbildung ist. Man spricht dabei oft von der sogenannten dualen Berufsbildung. Dies, weil die Ausbildung aus zwei Komponenten besteht – der Ausbildung in einem Unternehmen als praktischer Komponente einerseits und dem Besuch einer Berufsfachschule als konzeptioneller Komponente andererseits.

Der grosse Vorteil dieses System ist, dass die Jugendlichen bereits früh in der Ausbildung in ein Unternehmen integriert sind und ihre Ausbildung damit sehr praxisorientiert und marktnahe abläuft. Dies trägt entscheidend zu der sehr tiefen Jugendarbeitslosigkeit in der Schweiz bei. In dieser Hinsicht unterscheiden sich Länder mit einem breit ausgerichteten Berufslehresystem im internationalen Vergleich augenfällig. In Ländern mit dualem Bildungssystem wie Deutschland, Österreich, den Niederlanden oder der Schweiz liegt die durchschnittliche Jugendarbeitslosenquote mehr als 10 Prozentpunkte tiefer als in Ländern, die dieses System nicht kennen. Im Zuge der Finanzkrise hat sich diese Tendenz noch verstärkt. Kommt hinzu, dass viele Lernende nach dem Abschluss im Lehrbetrieb eine Festanstellung erhalten. Da sich die Wahrscheinlichkeit, längere Zeit arbeitslos zu sein, deutlich erhöht, wenn man bereits beim Einstieg ins Berufsleben keine Stelle findet, wirkt dies dämpfend auf die gesamte Arbeitslosigkeit. Zudem führt das System dazu, dass der Anteil Ungelernter deutlich tiefer liegt. Dies ist relevant, denn Personen ohne Ausbildung sind in der Regel öfter arbeitslos als solche mit einem Bildungsabschluss.

Aus all diesen Gründen gehört das duale Berufsbildungssystem zu den zentralen Faktoren, wenn es darum geht, die ausserordentlich tiefe Arbeitslosigkeit in der Schweiz zu erklären.

9.5.3 Die Arbeitslosenversicherung

Die *Arbeitslosenversicherung* ist eine wichtige wirtschaftspolitische Institution: Sie ist einerseits Teil der Arbeitsmarktpolitik, bildet gleichzeitig aber auch einen wesentlichen Bereich der Sozialversicherungen.

Arbeitslosenversicherung
Sozialversicherung, die erwerbslosen Personen während der Arbeitssuche ein Einkommen garantiert.

In der Schweiz besteht die Arbeitslosenversicherung aus zwei Elementen:
- aus einem passiven Teil, nämlich der Zahlung eines Lohnersatzes für Personen, die arbeitslos geworden sind und einen Anspruch auf Arbeitslosenunterstützung haben, sowie
- aus einem aktivierenden Teil, den sogenannten arbeitsmarktlichen Massnahmen. Diese zielen darauf ab, arbeitslos gewordene Personen mit verschiedenen Massnahmen dazu anzuhalten, arbeitsmarktfähig zu bleiben und sich aktiv um eine neue Stelle zu bemühen.

Die Schweizer Arbeitslosenversicherung wurde 1977 obligatorisch. Bis Ende der 1980er-Jahre war sie gesamtwirtschaftlich unbedeutend, denn die Arbeitslosenquote in der Schweiz lag meist unter 1 %. Der Schock der 1990er-Jahre, als die Arbeitslosigkeit von weniger als 1 % innerhalb von drei Jahren auf mehr als 5 % anstieg, führte zu einer starken Umgestaltung der Arbeitslosenversicherung. Mitte der 1990er-Jahre wurden zwei Revisionen durchgeführt, im Jahr 2003 wurde die Arbeitslosenversicherung in einer dritten Revision auf stabilere Grundlagen gestellt, und 2011 folgte die vierte Revision.

Bei den Revisionen wurden die Versicherungsleistungen neu festgelegt. Im Zentrum standen dabei vor allem die folgenden Komponenten, die bei der Ausgestaltung jeder Arbeitslosenversicherung eine wichtige Rolle spielen:
- Die maximale Bezugsdauer: Wie lange hat eine arbeitslose Person Anrecht auf Arbeitslosenunterstützung? Im Jahr 1992 lag die maximale Bezugsdauer noch bei 250 Tagen und wurde ein Jahr später auf 300 Tage erhöht. Als die Arbeitslosigkeit weiter anstieg, wurde die Bezugsdauer noch im gleichen Jahr auf 400 Tage erhöht, 1996 schliesslich sogar auf 520 Tage. Damit waren die Leistungen der Schweizer Arbeitslosenversicherung im internationalen Vergleich ausgesprochen grosszügig. Heute liegt die maximale Bezugsdauer in der Schweiz (von einigen Ausnahmen abgesehen) wieder bei 400 Tagen.
- Der maximal versicherbare Lohn: Dieser liegt in der Schweiz derzeit bei 148 200 Franken.
- Die Höhe des *Taggelds*: Wie viele Prozent des zuletzt verdienten Einkommens werden als Arbeitslosenunterstützung ausbezahlt? In der Schweiz liegt dieser Betrag bei 70–80 % des letzten Lohnes, mit dem versicherbaren Lohn als Obergrenze.
- Die Beitragsdauer: Wie lange muss eine Person Beiträge in die Arbeitslosenversicherung bezahlen, bis ein voller Anspruch auf Leistungen besteht? In der Schweiz sind das heute in der Regel 12 Monate innerhalb der letzten 2 Jahre.

Taggeld
Arbeitslosenunterstützung in Prozent des zuletzt verdienten Einkommens.

Als Maximum kann eine arbeitslose Person in der Schweiz heute also 80 % von 148 200 Franken während 400 Tagen (in gewissen Fällen 520 Tagen) erhalten.

Die Arbeitslosenversicherung muss aber auch finanziert werden. Dies erfolgt durch obligatorische Beiträge, die alle Erwerbstätigen als Prozentsatz ihres versicherten Lohnes bezahlen müssen. Eine wichtige Entscheidung bei der Ausgestaltung der Arbeitslosenversicherung ist deshalb, welchen Anteil ihres Lohnes die Beschäftigten in die Arbeitslosenversicherung einzuzahlen haben. Der Beitragssatz, der 1991 noch bescheidene 0,4 % betrug, musste in den 1990er-Jahren aufgrund des steigenden Finanzierungsbedarfs massiv erhöht werden, und zwar 1992 auf 2 % und 1995 sogar auf 3 %. Im Zuge der Revision der Arbeitslosenversicherung und auch des Rückgangs der Arbeitslosenzahlen nach der Jahrtausendwende wurde der Beitragssatz wieder gesenkt.

Ein weiterer wichtiger Eckpfeiler der Ausgestaltung der Arbeitslosenversicherung ist schliesslich die Festlegung, ob die Zahlung von Arbeitslosenentschädigung passiv erfolgt oder an die Teilnahme an *arbeitsmarktlichen Massnahmen* gebunden ist.

In den 1990er-Jahren erfolgte der Wechsel zu einer aktivierenden Arbeitslosenversicherung. Zusätzlich zur passiven Auszahlung von Arbeitslosenunterstützung sind die Arbeitslosen seither verpflichtet, sich an aktiven Massnahmen zu beteiligen, um ihre Arbeitsmarktfähigkeit zu erhalten.

> **Arbeitsmarktliche Massnahmen**
> Gesamtheit aller Massnahmen, mittels derer arbeitslose Personen arbeitsmarktfähig gehalten werden und rasch wieder in den Arbeitsprozess eingegliedert werden sollen.

Es gibt verschiedene Arten von arbeitsmarktlichen Massnahmen, die in der Schweiz von der Arbeitslosenversicherung finanziert werden. Darunter finden sich etwa die folgenden:
- Weiterbildung im weitesten Sinne. Diese umfasst Ausbildungszuschüsse sowie Beiträge zur eigentlichen Weiterbildung und zur Umschulung. Hier geht es also ganz direkt darum, die Qualifikationen der Arbeitslosen an die Anforderungen neu geschaffener Stellen anzupassen. Natürlich können im Rahmen der Arbeitslosenversicherung nur begrenzte Weiterbildungsbeiträge gezahlt werden; es geht hier um die punktuelle Ergänzung der Ausbildung und nicht um die Finanzierung einer vollständigen Umschulung.
- *Einarbeitungszuschüsse*, also zeitlich begrenzte Zuschüsse während der Einarbeitung in eine neue Stelle.
- Förderung der Selbstständigkeit, indem die Arbeitslosenversicherung Unterstützung bei der Planung des Unternehmens leistet.

> **Einarbeitungszuschüsse**
> Arbeitsmarktliche Eingliederungsmassnahme in Form einer Lohnsubvention. Deckt die Lücke ab zwischen dem aktuellen Lohn und dem Lohn, den die Versicherte oder der Versicherte nach der Einarbeitung erwarten darf.

▶ Zwischenverdienst. Es handelt sich dabei um eine Form von zeitlich begrenzter *Lohnsubvention*. Nimmt eine Person eine Arbeit an, die mit einer starken Lohneinbusse gegenüber der letzten Stelle verbunden ist, kann sie für maximal zwei Jahre über die Arbeitslosenversicherung eine Lohnsubvention erhalten. Damit kann sie insgesamt ein höheres Einkommen erzielen, als sie über die rein passive Arbeitslosenunterstützung beziehen würde. Mit diesem Zwischenverdienst hat die Schweiz eine interessante Variante eines Systems von Lohnsubventionen verwirklicht. In den angelsächsischen Ländern spielen solche arbeitsmarktlichen Instrumente in den letzten Jahren eine zunehmend wichtigere Rolle.

Im Herbst 2008 unterbreitete der Bundesrat dem Parlament den Vorschlag zu einer weiteren Revision des Arbeitslosenversicherungsgesetzes. Der Grund dafür war die zu hohe Verschuldung, die dadurch entstand, dass bei der Finanzierung von einer durchschnittlichen Arbeitslosenzahl von 100 000 Personen ausgegangen wurde. Tatsächlich dürfte die Zahl jedoch um einiges höher liegen. Die Revision zielte darauf ab, mit einer Mischung aus höheren Beiträgen und punktuell tieferen Leistungen wieder ein finanzielles Gleichgewicht zu erreichen. Damit sollte sichergestellt werden, dass die Versicherung über einen Konjunkturzyklus hinweg keine roten Zahlen mehr schreibt. Die Vorlage kam im Herbst 2010 vors Volk und wurde angenommen.

Lohnsubvention
Staatlicher Lohnzuschuss an Personen, die durch ihr Einkommen aus der Erwerbstätigkeit ein Existenzminimum nicht erreichen. Mit dieser Massnahme sollen Personen mit niedriger Arbeitsproduktivität arbeitsmarktfähig gehalten werden.

Zusammenfassung

1. Die Funktionsfähigkeit eines Arbeitsmarktes zeigt sich vor allem an zwei Kenngrössen: der Arbeitslosenquote (Prozentsatz der Arbeitswilligen, die keine Stelle finden) und der Erwerbstätigenquote (Prozentsatz der Personen im erwerbsfähigen Alter, die einer bezahlten Arbeit nachgehen).

2. Die Sockelarbeitslosigkeit ist dadurch gekennzeichnet, dass es an sich genug Stellen gibt, aber die Arbeitslosen aus verschiedenen Gründen nicht auf diese Stellen passen.

3. Zwei Formen der Sockelarbeitslosigkeit lassen sich unterscheiden. Bei der friktionellen Arbeitslosigkeit gibt es eine offene Stelle, auf die der Arbeitslose passt, die er aber zuerst finden muss. Bei der strukturellen Arbeitslosigkeit passen die Qualifikationen der Arbeitslosen nicht auf die offenen Stellen.

4. Sind die Löhne flexibel, so gibt es ausser in kurzen Anpassungsphasen keine Arbeitslosigkeit. Ein Rückgang der Nachfrage nach einer bestimmten Art von Arbeit führt dann zu einer Kombination aus fallenden Löhnen und «freiwilligem» Rückzug vom Arbeitsmarkt in der betrachteten Branche.

5. Strukturelle Arbeitslosigkeit entsteht, wenn die Löhne nicht flexibel auf einen Rückgang der Arbeitsnachfrage reagieren können. Die so arbeitslos gewordenen Personen müssen ihre Qualifikationen anpassen, um wieder eine Beschäftigung zu finden.

6. Wie hoch die strukturelle Arbeitslosigkeit in einem Land ist, hängt vor allem von den Arbeitsmarktregulierungen, aber auch vom Bildungssystem ab. Je flexibler der Arbeitsmarkt und je besser ausgebaut das Bildungs- und Weiterbildungssystem, desto tiefer ist die strukturelle Arbeitslosigkeit.

7. Wie hoch die friktionelle Arbeitslosigkeit ist, hängt von der Transparenz des Arbeitsmarktes ab. Je besser die Informationen auf diesem Markt fliessen, desto schneller finden die Arbeitslosen die auf sie passenden offenen Stellen.

8. Befürchtungen, dass die Arbeit aufgrund von Produktivitätssteigerungen im Zusammenhang mit dem technischen Fortschritt oder der Globalisierung knapper werden könnte, sind unbegründet. In einer wachsenden Wirtschaft steigen die Einkommen, was die Nachfrage nach Gütern und damit die Nachfrage nach Arbeit stimuliert. Mittelfristig gesehen, hängen deshalb Produktivität und Beschäftigung dynamisch zusammen und wachsen gleichermassen.

9. Der Schweizer Arbeitsmarkt ist im internationalen Vergleich relativ flexibel reguliert. Es gibt keine flächendeckenden Mindestlöhne; Lohnverhandlungen verlaufen vorwiegend dezentral; und es gibt keine unüberwindbaren Hindernisse für Arbeitgeber, jemanden zu entlassen, wenn sich die wirtschaftliche Lage verschlechtert. Diese Arbeitsmarktflexibilität ist ein wichtiger Grund für die tiefe strukturelle Arbeitslosigkeit in der Schweiz.

10. Die Arbeitslosenversicherung ist in der Schweiz in den 1990er-Jahren stark aus- und umgebaut worden. Neben dem passiven Bezug von finanziellen Leistungen sind die Arbeitslosen heute auch verpflichtet, über verschiedene durch die Arbeitslosenversicherung finanzierte Angebote ihre Arbeitsmarktfähigkeit aktiv zu erhalten oder zu steigern.

Repetitionsfragen

- Welche zwei Formen von Arbeitslosigkeit lassen sich grundsätzlich unterscheiden?

- Welche Unterformen lassen sich bei der Sockelarbeitslosigkeit unterscheiden? Beschreiben Sie diese und geben Sie je ein Beispiel pro Unterform.

- Erklären Sie das Konzept der Beveridge-Kurve? Beschreiben Sie die drei Fälle, die sich grundsätzlich unterscheiden lassen.

- Wie sind Arbeitslosenquote, Erwerbsquote und Erwerbstätigenquote definiert?

- Wann gilt jemand im ökonomischen Sinn als arbeitslos?

- Zeigen Sie grafisch (inkl. Beschreibung), wie sich ein Mindestlohn auf die Arbeitslosigkeit auswirkt.

- Welche zwei Faktoren können die Anpassungsfähigkeit der Löhne beeinflussen?

- Welche Argumente lassen sich gegen die Aussage «Der Gesellschaft geht die Arbeit aus» aufführen?

- Charakterisieren Sie die Regulierung des Schweizer Arbeitsmarktes.

- Wie sind in der Schweiz die zentralen Komponenten der Arbeitslosenversicherung ausgestaltet?

- Nennen Sie einige Formen aktiver arbeitsmarktlicher Massnahmen, die in der Schweiz zur Anwendung gelangen.

ZENTRALE BEGRIFFE

Strukturelle Arbeitslosigkeit S.259	Mindestlohn S.266	Arbeitslosenversicherung S.276
Reservationslohn S.260	Zentralisierte Lohnverhandlungen S.266	Taggeld S.277
Strukturwandel S.262	Kündigungsschutz S.267	Arbeitsmarktliche Massnahmen S.278
Strukturerhaltung S.262	Friktionelle Arbeitslosigkeit S.269	Einarbeitungszuschüsse S.278
Arbeitsmarktregulierungen S.265	Lohnstückkosten S.272	Lohnsubvention S.279

10 Konjunktur und Arbeitslosigkeit

Die Geburtsstunde der Makroökonomie als eigenständiger Zweig der Wirtschaftswissenschaften schlug im Gefolge der grossen Weltwirtschaftskrise Anfang der 1930er-Jahre. Im Zentrum stand dabei das Phänomen der konjunkturellen Arbeitslosigkeit.

Nach dem Börsencrash von 1929 erlebte eine ganze Reihe von Industrieländern eine tiefe, jahrelang anhaltende Rezession, die begleitet wurde von bisher ungekannten Arbeitslosenraten in zweistelliger Prozenthöhe. Diese Entwicklung brachte die klassische ökonomische Theorie des Arbeitsmarktes in arge Bedrängnis, weil gemäss deren Analysen Arbeitslosigkeit nur dann entstehen kann, wenn Arbeitsmärkte zu wenig flexibel sind und sich deshalb die Löhne kurzfristig nicht adäquat anpassen können. Mittelfristig müsste sich nach dieser Theorie das Problem jedoch von selbst lösen.

John Maynard Keynes hielt dem in seiner 1936 publizierten Analyse das Argument entgegen, dass dieser selbstständige Anpassungsprozess zu viel Zeit beanspruchen könnte. «In the long run we are all dead», war sein meistzitierter Ausspruch. Dieser sollte verdeutlichen, dass die Lösung des Problems unter Umständen (zu) lange auf sich warten lassen kann.

Zudem argumentierte Keynes, dass die Probleme nicht auf den Arbeitsmarkt beschränkt blieben, sondern die gesamte Wirtschaft in Mitleidenschaft gezogen würde. Keynes entwickelte auf der Basis dieser Überlegung eine makroökonomische Erklärung der Grossen Depression und leitete daraus überaus einflussreiche wirtschaftspolitische Lösungsansätze ab. Der Begriff und die Analyse der konjunkturellen Arbeitslosigkeit gehen auf diese Ideen zurück. Der Hauptpunkt dieser wirtschaftspolitischen Lösungsansätze besteht darin, dass der Staat in einer Rezession mit geeigneter Geld- und Fiskalpolitik die gesamtwirtschaftliche Nachfrage stärken und damit die Wirtschaft aus der Rezession führen sollte. Mithilfe der sogenannten Konjunkturpolitik könnte dann auch die konjunkturelle Arbeitslosigkeit eliminiert werden. Diese Grundidee wird als «Keynesianismus» bezeichnet; wir werden sie in diesem Kapitel erläutern und ihre Vorzüge und Probleme diskutieren.

Dieses Kapitel gliedert sich in vier Abschnitte:
▶ 10.1 erläutert die Entstehung konjunktureller Arbeitslosigkeit auf der Basis eines einfachen gesamtwirtschaftlichen Modells.

10.1 Konjunkturelle Arbeitslosigkeit

10.2 Konjunkturpolitik

10.3 Probleme einer aktiven Konjunkturpolitik

10.4 Schweizer Konjunkturpolitik

Keynesianismus
Ökonomische Theorie, nach der eine Volkswirtschaft – entgegen der klassischen Sichtweise – längere Zeit auf einem Produktionsniveau weit unterhalb der Kapazitätsgrenze verharren kann.

- 10.2 wendet sich der Konjunkturpolitik zu und zeigt die Effekte verschiedener wirtschaftspolitischer Ansätze auf die konjunkturelle Arbeitslosigkeit.
- 10.3 geht auf die Probleme einer aktiven Konjunkturpolitik ein und fragt, warum die aktive Konjunkturpolitik nach keynesianischem Vorbild in den letzten Jahren an Bedeutung verloren hat.
- 10.4 zeigt die konkrete Anwendung der Konjunkturpolitik, also der Ansätze zur Bekämpfung der konjunkturellen Arbeitslosigkeit in der Schweiz.

10.1 Konjunkturelle Arbeitslosigkeit

Konjunkturelle Arbeitslosigkeit herrscht, vereinfacht gesagt, wenn aus konjunkturellen Gründen die Wirtschaft zu wenig stark wächst. In der Einleitung zu Teil III haben wir gezeigt, dass es sich dabei um ein Ungleichgewichtsphänomen handelt. Es besteht also nicht ein Problem der strukturellen Anpassung, bei dem eigentlich genügend freie Stellen vorhanden wären, sondern ein konjunkturelles Problem, bei dem weniger Arbeitsplätze als Arbeitskräfte vorhanden sind.

Da die konjunkturelle Arbeitslosigkeit nicht nur einen einzelnen Markt, sondern die gesamte Wirtschaft betrifft, lässt sich die Situation nicht mehr mit dem einfachen mikroökonomischen Modell analysieren. Wir verwenden deshalb hier erstmals das in Kapitel 3 erläuterte makroökonomische Grundmodell, das wir auf alle gesamtwirtschaftlichen Fragen anwenden können.

In diesem Modell wird das kurzfristige Wirtschaftswachstum durch die aggregierte Nachfrage bestimmt. Werden deshalb die in einem Land während einer bestimmten Zeit produzierten Güter aus irgendeinem Grund nicht vollständig gekauft, so werden die Unternehmen entsprechend darauf reagieren. Das heisst, sie werden in der nächsten Periode weniger produzieren, weil sie ja noch Güter aus der laufenden Periode am Lager haben. Sie werden daher auch weniger Produktionsfaktoren benötigen, sprich weniger Kapital und weniger Arbeitskräfte. Können sich dann die Preise der neuen Situation nicht vollständig anpassen – kurzfristig eine realistische Annahme –, so entsteht durch diesen Produktionsrückgang Arbeitslosigkeit.

Abbildung 10.1 auf Seite 286 illustriert, wie konjunkturelle Arbeitslosigkeit entstehen kann. Wir nehmen an, dass ein *Nachfrageschock* eintritt, dass also die aggregierte Nachfrage von AN_1 nach AN_2 sinkt. Ursache dafür kann beispielsweise eine Rezession in einem wichtigen Handelspartnerland sein, was sinkende Exporte zur Folge hat. Die aggregierte Nachfrage verschiebt sich, da zu jedem Preisniveau weniger exportiert wird. Es ergibt sich ein neuer Schnittpunkt zwischen der AA_K- und der AN_2-Kurve, der unterhalb der Kapazitätsgrenze liegt. Insgesamt werden nicht so viele Güter und Dienstleistungen produziert, wie dies bei ausgelasteten Kapazitäten möglich wäre. Das reale Bruttoinlandprodukt reduziert sich daher von Q_1 auf Q_2.

> **Nachfrageschock**
> Exogener Rückgang der gesamtwirtschaftlichen Nachfrage.

Abb. 10.1 Nachfrageschock

Tritt ein Nachfrageschock in Form einer exogenen Reduktion des Konsums auf, bewirkt dies eine Linksverschiebung der Nachfragekurve von AN_1 zu AN_2. Statt weniger Konsum wäre auch ein Rückgang der Investitionen, der Staatsausgaben oder der Nettoexporte ein möglicher Grund für einen Nachfrageschock.

In dieser Situation entsteht nun konjunkturelle Arbeitslosigkeit, da das gleichgewichtige reale BIP (Q_2) unterhalb der Kapazitätsgrenze (Q_1) zu liegen kommt. Dies bedeutet, dass nicht alle Ressourcen – Arbeit und Kapital – ausgelastet sind, womit die Beschäftigung aus konjunkturellen Gründen sinkt.

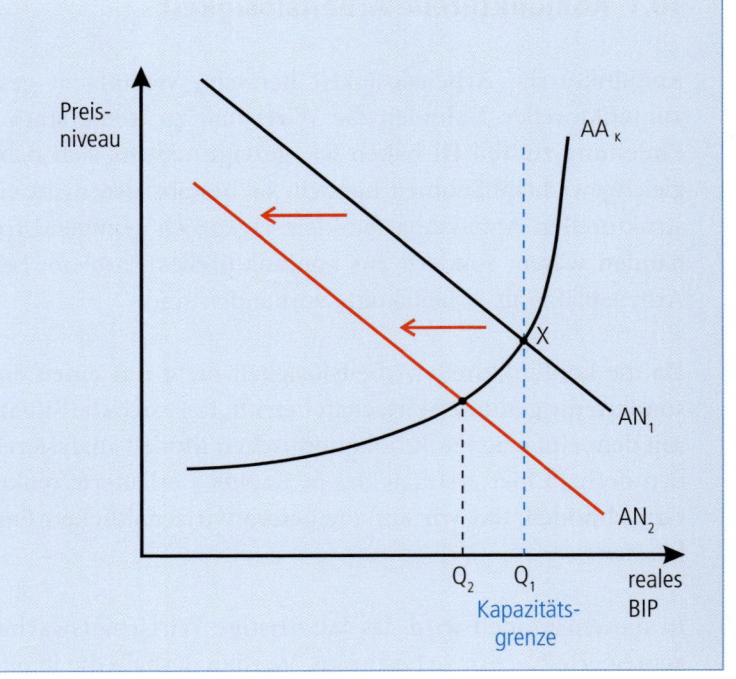

Aus der Grafik ist die dabei entstandene Arbeitslosigkeit nicht direkt ablesbar. Doch die Tatsache, dass der Output unterhalb der Kapazitätsgrenze liegt, lässt den Rückschluss zu, dass in dieser Situation Arbeitslosigkeit bestehen muss. Die Kapazitätsgrenze zeigt, wie viel produziert wird, wenn alle Ressourcen normal ausgelastet sind. Dies impliziert eine vollständige Beschäftigung aller Arbeitswilligen, die nicht strukturell arbeitslos sind. Wird jedoch unter der Kapazitätsgrenze produziert, so kann ein Teil der arbeitswilligen Personen nicht beschäftigt werden. Bei jedem Gleichgewicht, in dem der Output unterhalb der Kapazitätsgrenze zu liegen kommt, wird demnach Arbeitslosigkeit entstehen. Natürlich entsteht ein Teil der Unterauslastung auch dadurch, dass die Kapitalgüter nicht vollständig ausgelastet sind; da aber bei der Produktion der meisten Güter sowohl Arbeit als auch Kapital benötigt wird, wird ein Produktionsrückgang stets mit steigender Arbeitslosigkeit verbunden sein.

Hierbei handelt es sich um konjunkturelle Arbeitslosigkeit: Es gibt, über die gesamte Wirtschaft gesehen, zu wenige Arbeitsplätze, um zu den aktuellen Löhnen alle Beschäftigungswilligen zu beschäftigen oder – anders ausgedrückt – um die Kapazitätsgrenze zu erreichen. Dies ist kein strukturelles Problem, bei dem in gewissen Märkten eine zu geringe, in anderen dafür eine übermässige Nachfrage nach Arbeitskräften vorliegt. Hier stehen insgesamt zu wenige Arbeitsplätze für die Arbeitsuchenden zur Verfügung. Und der Auslöser für diese Situation ist, wie immer bei der konjunkturellen Arbeitslosigkeit, ein Rückgang der gesamtwirtschaftlichen Nachfrage.

10.2 Konjunkturpolitik

Was kann und soll nun die Wirtschaftspolitik gegen die konjunkturelle Arbeitslosigkeit unternehmen? Wie soll sie auf einen Nachfrageschock – also einen exogenen Rückgang der gesamtwirtschaftlichen Nachfrage – reagieren?

Es gibt hier zwei grundlegend verschiedene Reaktionsmöglichkeiten:
▶ Die erste Möglichkeit besteht darin, nichts zu unternehmen. In diesem Fall vertraut man darauf, dass die Anpassung an die neue Situation ohne aktive *Konjunkturpolitik* erfolgt.
▶ Die zweite Möglichkeit ist eine aktive Konjunkturpolitik. Diese versucht, dem Nachfragerückgang direkt entgegenzuwirken. Sie wird oft auch – als Reverenz an John Maynard Keynes, den Begründer dieser Theorie – als «keynesianische» Konjunkturpolitik bezeichnet.

Konjunkturpolitik
Beeinflussung der Konjunktur durch staatliche Massnahmen.

10.2.1 «Nichts tun»: Anpassung ohne aktive Konjunkturpolitik

Wir wollen als Erstes die zugrunde liegenden Anpassungsmechanismen ohne aktive Konjunkturpolitik erläutern. Was geschieht, wenn auf einen negativen Nachfrageschock wirtschaftspolitisch nicht reagiert wird? Wir sehen dies in Abbildung 10.2 auf Seite 288.

Wir erinnern uns: Ausgangspunkt ist eine voll ausgelastete Wirtschaft ohne konjunkturelle Arbeitslosigkeit, die von einem negativen Nachfrageschock getroffen wird, d. h. von einem Rückgang der gesamtwirtschaftlichen Nachfrage bei jedem Preisniveau. Dies führt – wie bereits oben analysiert – zu einer Verschiebung der AN-Kurve nach links, von AN_1 nach AN_2. Neu liegt das Gleichgewicht im Schnittpunkt von AN_2 und AA_{K1}, was das tiefere reale Bruttoinlandprodukt von Q_2 ergibt. Der Prozess führt zu konjunktureller Arbeitslosigkeit, da die Wirtschaft nicht mehr die Kapazitätsgrenze erreicht, die Produktionsfaktoren Arbeit und Kapital also nicht mehr voll ausgelastet sind. Wir sehen auch, dass sich im neuen Gleichgewichtspunkt Y im Vergleich zum Ausgangspunkt X nicht nur das Bruttoinlandprodukt

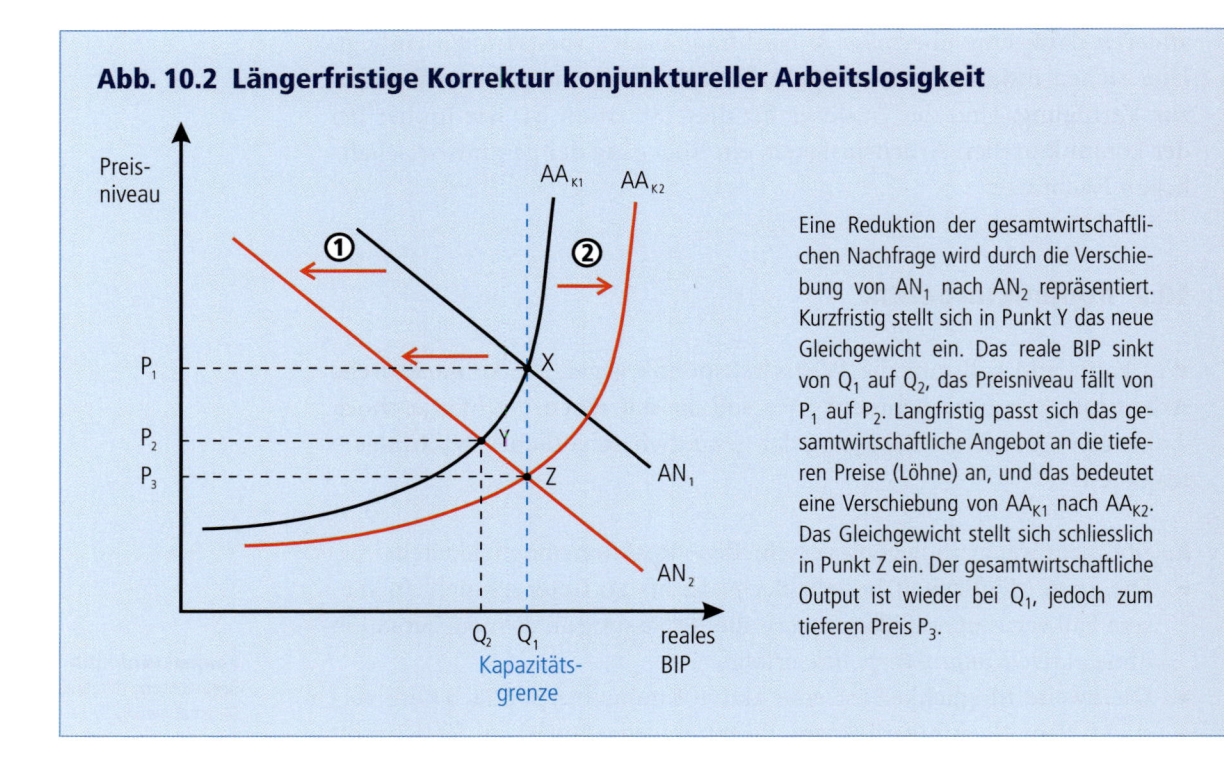

Abb. 10.2 Längerfristige Korrektur konjunktureller Arbeitslosigkeit

Eine Reduktion der gesamtwirtschaftlichen Nachfrage wird durch die Verschiebung von AN_1 nach AN_2 repräsentiert. Kurzfristig stellt sich in Punkt Y das neue Gleichgewicht ein. Das reale BIP sinkt von Q_1 auf Q_2, das Preisniveau fällt von P_1 auf P_2. Langfristig passt sich das gesamtwirtschaftliche Angebot an die tieferen Preise (Löhne) an, und das bedeutet eine Verschiebung von AA_{K1} nach AA_{K2}. Das Gleichgewicht stellt sich schliesslich in Punkt Z ein. Der gesamtwirtschaftliche Output ist wieder bei Q_1, jedoch zum tieferen Preis P_3.

reduziert hat, sondern auch das Preisniveau von P_1 auf P_2 gefallen ist. Der Grund für den Rückgang der Produktion liegt darin begründet, dass für die meisten Unternehmen sich die Gewinnsituation verschlechtert; die Preise ihrer Verkaufsgüter sind gefallen, während die Löhne – die in der Regel viel weniger rasch auf neue Informationen reagieren – konstant geblieben sind; damit sinken die Gewinne, und die Unternehmen schrauben die Produktion zurück. In Kapitel 3 wird dies genauer erläutert.

Ist der anfängliche Nachfrageschock permanent, so werden sich auch die kurzfristig fixen Preise der neuen Situation anpassen. Welche Auswirkungen hat aber dann dieser Preisrückgang auf das gesamtwirtschaftliche Angebot? Die Beantwortung dieser Frage ist entscheidend für das Verständnis des makroökonomischen Anpassungsprozesses nach einem Nachfrageschock.

Mittelfristig werden die sinkenden Preise dazu führen, dass sich die aggregierte Angebotskurve AA_{K1} nach rechts zu AA_{K2} verschiebt, denn für die Produzenten reduzieren sich aufgrund der rückläufigen Preise und vor allem auch der geringeren Löhne die Kosten. Deshalb entsteht für sie der Anreiz, bei jedem Preisniveau mehr zu produzieren. Diese Ausweitung der Produktion wird so lange andauern, bis die Kapazitäten wieder ausgelastet sind, was zu einem neuen Gleichgewicht in Punkt Z führt. Dieses neue Gleichgewicht weist zwar ein tieferes Preisniveau P_3 auf, es existiert in dieser Situation jedoch keine konjunkturelle Arbeitslosigkeit mehr, da die Kapazitätsgrenze wieder erreicht wird. Da die Preise sich allerdings nur langsam nach unten anpassen, kann dieser Prozess eine Weile dauern.

Betrachten wir noch einmal genauer den entscheidenden Schritt dieses Anpassungsprozesses: die Verschiebung der aggregierten Angebotskurve nach rechts. Wie entsteht dieser Mechanismus, der die Effekte des Nachfrageschocks wieder korrigiert? Eine zentrale Rolle spielen dabei die Preiserwartungen der Arbeitnehmerinnen und Arbeitnehmer. Gehen diese nämlich davon aus, dass sich die Preise reduzieren, werden sie bereit sein, zu einem tieferen Lohn zu arbeiten. Ihr Reallohn entspricht dem Nominallohn, geteilt durch die Preise. Wenn die Arbeitnehmer eine Abnahme des Preisniveaus erwarten, was in einer Rezession der Fall ist, so können sie einen tieferen Nominallohn akzeptieren, weil sich dadurch ihre Kaufkraft – der Reallohn – nicht reduziert. Sinken dann die Nominallöhne tatsächlich, so bedeutet dies, dass sich die Kosten für die Unternehmer reduzieren, weshalb diese mehr produzieren. Damit wird sich aber das gesamtwirtschaftliche Angebot ausweiten. Die Produzentinnen und Produzenten werden ihre Produktion so lange ausdehnen, bis die Kapazitätsgrenze wieder erreicht ist. Aufgrund dieses Mechanismus wird sich deshalb eine Rezession mit der Zeit selbst korrigieren. Diese Überlegung ist auch der Grund dafür, dass bis zur Weltwirtschaftskrise in den 1930er-Jahren die konjunkturelle Arbeitslosigkeit in den Wirtschaftswissenschaften gar nicht spezifisch behandelt wurde; sie war in der damaligen Sichtweise ein reines Übergangsproblem, das sich von selbst löst.

Der ganze Anpassungsprozess wurde hier unter der Annahme beschrieben, dass der Nachfrageschock permanent ist, das heisst, die aggregierte Nachfragekurve bei AN2 verharrt. Eine andere Möglichkeit ist, dass der Nachfrageschock sich von selbst wieder korrigiert (z. B. indem verschlechterte Erwartungen zur Auslandskonjunktur, die zur ursprünglichen Verschiebung von AN geführt haben, sich wieder verbessern). Dann würde die Korrektur über eine Verschiebung der Nachfragekurve zurück nach AN1 erfolgen. In der Realität kann die Korrektur auch einer Kombination einer Rechtsverschiebung der AA-Kurve und einer Zurückverschiebung der AN-Kurve entsprechen. In jedem Fall wird aber längerfristig wieder das ursprüngliche BIP (bei Q1) und damit die Kapazitätsgrenze erreicht. Ob die Korrektur eher auf der AA- oder auf der AN-Seite erfolgt, bestimmt letztlich nur, wie stark das Preisniveau sinkt, bis das neue Gleichgewicht erreicht wird.

Diese ganze Sichtweise mitsamt ihrer passiven Handlungsanweisung wurde dann nach der Grossen Depression von John Maynard Keynes kritisiert, und er entwickelte als Reaktion darauf die aktive, heute «keynesianisch» genannte, Konjunkturpolitik, die wir im nächsten Abschnitt erläutern werden. Während der lang anhaltenden Rezession nach der Weltwirtschaftskrise stellte sich Keynes nämlich die entscheidende Frage nach der möglichen Dauer dieses Selbstregulierungsprozesses. Er kam zum Schluss, dass er unter Umständen sehr lange dauern kann, da es äusserst schwierig ist, Nominallohnsenkungen durchzusetzen. Seine Beobachtung war, dass selbst bei einem Preisrückgang nur sehr selten Reduktionen des Nominallohnes zu verzeichnen sind. Eine solche Lohnsenkung ist aber nötig, damit sich die aggregierte Angebotskurve – wie beschrieben – nach rechts verschiebt.

Keynes stellte dabei weniger den Mechanismus selbst in Frage, sondern kritisierte vielmehr die inakzeptabel hohen Kosten der lang anhaltenden konjunkturellen Arbeitslosigkeit. Die Grosse Depression der 1930er-Jahre hat dieser Argumentation natürlich kräftigen Auftrieb verliehen. Es handelte sich hier wirklich um eine Periode, in der die konjunkturelle Arbeitslosigkeit bisher ungekannte Höhen erreichte und über einen aussergewöhnlich langen Zeitraum auf diesem Niveau verharrte.

10.2.2 Aktive Konjunkturpolitik

Die *aktive Konjunkturpolitik* wurde mit dem Argument entwickelt, dass man einer konjunkturellen Arbeitslosigkeit nicht einfach zusehen dürfe, bis sich die Lage durch die Anpassung der Preiserwartungen von selbst entspanne. Vielmehr müsse der Staat gemäss dieser Sichtweise aktiv gegen die konjunkturelle Arbeitslosigkeit vorgehen. Abbildung 10.3 illustriert die Mechanismen einer solchen aktiven, keynesianischen Konjunkturpolitik.

Die Ausgangslage ist dieselbe wie in Abbildung 10.2. Es liegt ein exogener Schock vor, durch den die aggregierte Nachfragekurve nach links verschoben wird. Dadurch kommt die Produktionsmenge tiefer zu liegen als bei der Kapazitätsgrenze, was konjunkturelle Arbeitslosigkeit zur Folge hat.

Die Idee der keynesianischen Konjunkturpolitik ist nun, dass der Staat diesen negativen Schock durch einen positiven Schock auf der Nachfrageseite kompensieren soll. Der Staat fördert also aktiv die gesamtwirtschaft-

---

Aktive Konjunkturpolitik
Beeinflussung der Konjunktur durch gezielte staatliche Massnahmen, insbesondere über die Geld- und Fiskalpolitik. Die aktive Konjunkturpolitik wird auch als keynesianische Konjunkturpolitik bezeichnet.

liche Nachfrage. Dies tut er idealerweise gerade so stark, dass sich die Kurve AN_2 möglichst schnell wieder zur ursprünglichen Position AN_1 zurück verschiebt. Die Anpassung an die neue Marktsituation erfolgt also nicht – wie in der natürlichen Selbstregulation – auf der Angebotsseite, sondern durch eine staatliche Stimulierung der Nachfrageseite.

Nun stellt sich natürlich die unmittelbare Frage, wie der Staat in der Realität die gesamtwirtschaftliche Nachfrage positiv beeinflussen kann. Handlungsmöglichkeiten dafür gibt es grundsätzlich in zwei wirtschaftspolitischen Gebieten, nämlich in der Fiskalpolitik und der Geldpolitik. In beiden Bereichen sollen wirtschaftspolitische Massnahmen dafür sorgen, dass zu jedem Preisniveau mehr Güter und Dienstleistungen nachgefragt werden. Um die Effekte der Geld- und Fiskalpolitik zu verstehen, muss man von der gesamtwirtschaftlichen Nachfrage ausgehen.

Wir erinnern uns, dass diese sich zusammensetzt aus
- der Konsumnachfrage,
- der Investitionsnachfrage,
- der Nachfrage des Staates,
- der Nettonachfrage des Auslands (Exporte minus Importe).

Abb. 10.3 Aktive Konjunkturpolitik

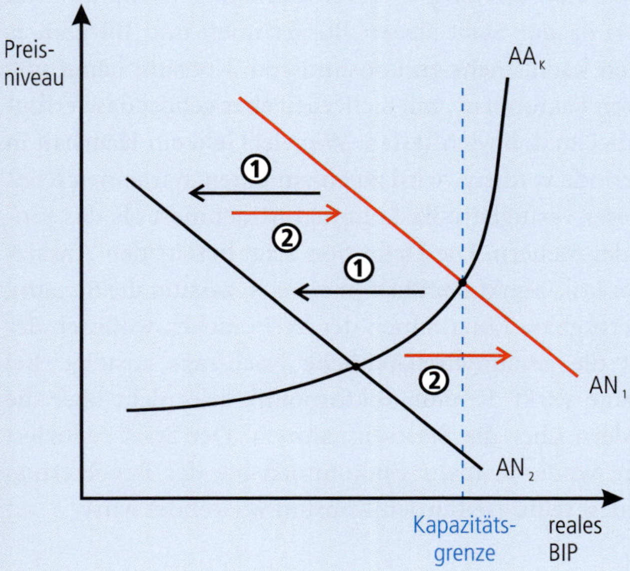

Bei einer aktiven Konjunkturpolitik ergreift der Staat Massnahmen, die darauf abzielen, die gesamtwirtschaftliche Nachfrage auszuweiten.
Dies zeigt sich in der abgebildeten Situation. Kommt es zu einer Reduktion der aggregierten Nachfrage (AN_2), wird der Staat versuchen, die Nachfrage so zu stimulieren, dass sich die aggregierte Nachfrage wieder zurück in die Ausgangssituation (AN_1) verschiebt.

Wie wirken nun Fiskal- und Geldpolitik auf diese Komponenten der aggregierten Nachfrage?

Fiskalpolitik

Beginnen wir mit der *Fiskalpolitik*, also dem Umgang mit den Staatseinnahmen und -ausgaben. Die einfachste und direkteste Methode, die Nachfrage zu stimulieren, ist eine Erhöhung der *Staatsausgaben,* also der Nachfrage des Staates. Vergibt der Staat in einer Rezession zusätzliche Aufträge oder kauft Güter und Dienstleistungen, so wird bei jedem Preisniveau mehr nachgefragt: Die aggregierte Nachfragekurve verschiebt sich damit, wie gewünscht, nach rechts.

Dies war die wesentliche wirtschaftspolitische Empfehlung der ursprünglichen keynesianischen Analyse. Sie hielt fest, dass es für den grundsätzlich angestrebten Effekt auf die Nachfrage gleichgültig sei, wofür der Staat das Geld ausgebe. Bildlich gesprochen, könnte er sogar Arbeiter anstellen, die Löcher in den Boden graben, um sie anschliessend wieder zuzuschaufeln. Wichtig dabei sei nur, dass die Arbeiter dafür einen Lohn erhielten, denn dieser würde dann zumindest teilweise wieder ausgegeben und stimuliere so die gesamtwirtschaftliche Nachfrage.

Die zweite Nachfragekomponente, bei der die Fiskalpolitik ansetzen kann, ist die Stimulierung der *Konsumnachfrage*. Der Mechanismus funktioniert hier etwas indirekter, da der Staat seinen Bürgerinnen und Bürgern ja nicht einfach befehlen kann, mehr zu konsumieren. Konsum hängt von einer ganzen Reihe von Faktoren ab, mit Sicherheit aber gehört das verfügbare Einkommen dabei zu den wichtigsten. Wie viel Geld ein Haushalt in einer bestimmten Periode verdient, wird zu einem guten Teil seinen Konsum bestimmen. Dieses verfügbare Einkommen ist definiert als das Einkommen abzüglich der Steuern. Die Definition zeigt bereits den Ansatzpunkt für die Fiskalpolitik. Senkt der Staat in einer Rezession die Steuern, so erhöht dies das verfügbare Einkommen der Verbraucher, wodurch der Konsum und damit die gesamtwirtschaftliche Nachfrage ansteigt. Bei dieser zweiten Variante wirkt die Konjunkturpolitik also nicht über die Staatsausgaben, sondern über die Staatseinnahmen. Der Staat reduziert die Staatseinnahmen, wodurch mehr Einkommen bei der Bevölkerung verbleibt, das zumindest teilweise für den Konsum verwendet wird.

Fiskalpolitik
Beeinflussung der Konjunktur durch die Gestaltung der Staatseinnahmen und Staatsausgaben.

Staatsausgaben
Ausgaben öffentlicher Haushalte für Güter und Dienstleistungen. Die Staatsausgaben stellen eine Komponente der gesamtwirtschaftlichen Nachfrage dar.

Konsumnachfrage
Ausgaben privater Haushalte für Güter und Dienstleistungen. Der Konsum stellt eine Komponente der gesamtwirtschaftlichen Nachfrage dar.

Erhöhung der Staatsausgaben und Senkung der Staatseinnahmen sind also die beiden fiskalpolitischen Ansatzpunkte zur Bekämpfung der konjunkturellen Arbeitslosigkeit. Wie man anhand der obigen Ausführungen unschwer erkennt – und das wird uns im Folgenden noch beschäftigen –, führt eine solche keynesianische Fiskalpolitik in der Rezession zu staatlichen Budgetdefiziten, die über die Staatsverschuldung finanziert werden müssen.

Geldpolitik

Die zweite Möglichkeit der Nachfragesteuerung durch den Staat ist die *Geldpolitik*. Sie wirkt vor allem auf die beiden anderen Komponenten der gesamtwirtschaftlichen Nachfrage, nämlich auf die *Investitionsnachfrage* einerseits und auf die Nettoexporte andererseits. Die Details der Umsetzung der Geldpolitik werden in Kapitel 12 ausführlich behandelt; an dieser Stelle betrachten wir nur im Überblick denjenigen Effekt einer Geldmengenausweitung, der auch ohne tiefere Analyse verständlich ist.

> **Geldpolitik**
> Steuerung des Geldangebots durch die Zentralbank.

Konzentrieren wir uns zuerst auf die Auswirkung einer expansiven Geldpolitik auf die Investitionsnachfrage. Die Nachfrage nach Investitionen hängt von verschiedenen Faktoren ab, von denen die Kosten ihrer Finanzierung eine zentrale Rolle spielen. Und diese Kosten wiederum hängen vom Zinssatz ab. Er ist der Preis für die Finanzierung von Investitionen.

> **Investitionsnachfrage**
> Ausgaben der Produzenten für die Anschaffung dauerhafter Produktionsmittel. Die Investitionen stellen eine Komponente der gesamtwirtschaftlichen Nachfrage dar.

Mit einer *expansiven Geldpolitik* kann der Staat das Geld quasi verbilligen. Indem er mehr Geld zur Verfügung stellt, reduziert er den Zinssatz, und dies reduziert die Kosten für Investitionen. Die sinkenden Zinsen stimulieren also die Nachfrage nach Investitionsgütern – eine der Komponenten der gesamtwirtschaftlichen Nachfrage –, was die AN-Kurve nach rechts verschiebt.

> **Expansive Geldpolitik**
> Ausweitung des Geldangebots durch die Zentralbank.

Eine expansive Geldpolitik hat aber auch Auswirkungen auf die vierte Komponente der gesamtwirtschaftlichen Nachfrage, die sogenannten Nettoexporte, also die Nachfrage des Auslands. Diese definieren sich als Differenz zwischen Exporten und Importen. Durch eine Expansion der Geldmenge erhöht sich im Verhältnis zum ausländischen Geld die Menge an inländischem Geld. Weitet die Schweiz beispielsweise die Geldmenge aus, während sie im Euroraum konstant bleibt, gibt es im Verhältnis zum Euro nun mehr Schweizer Franken. Das bedeutet aber, dass der Euro, relativ gesehen, knapper wird und damit der Schweizer Franken gegenüber dem Euro an Wert verliert. Die expansive Geldpolitik führt also zu einer Abwertung des Schweizer Frankens.

Diese Abwertung wiederum hat zur Folge, dass die Exporte stimuliert werden. Es wird einfacher, zu exportieren, weil es für Ausländerinnen und Ausländer billiger wird, Schweizer Waren zu kaufen; sie erhalten mehr Schweizer Franken für jeden Euro. Gleichzeitig führt aber die Abwertung dazu, dass die Importe in die Schweiz reduziert werden, weil die Schweizerinnen und Schweizer für ihre Franken weniger Euro erhalten und sich deshalb weniger Importe leisten können. Die wichtige Schlussfolgerung daraus ist die, dass – ausgelöst durch die expansive Geldpolitik – die Abwertung der Währung die Exporte stimuliert und gleichzeitig die Importe dämpft. Das aber bedeutet eine grössere Nachfrage des Auslands nach Schweizer Gütern und gleichzeitig einen kleineren Kaufkraftabfluss über Importe, was beides die gesamtwirtschaftliche Nachfrage in der Schweiz stimuliert.

VERTIEFUNG

John Maynard Keynes

Der einzige Ökonom, dessen Einfluss auf die Wirtschaftswissenschaften wohl mit demjenigen von Adam Smith vergleichbar ist, war John Maynard Keynes. Er war eine schillernde Persönlichkeit mit vielfältigen Talenten und Interessen; und er prägte die Wirtschaftspolitik des 20. Jahrhunderts wie kaum ein anderer. Die Makroökonomie als eigenständiger Zweig der Ökonomie geht auf sein Hauptwerk zurück.

Keynes wurde 1883 in England geboren. Er studierte in Cambridge Mathematik und wurde an der gleichen Universität 1908 Dozent für Ökonomie. Im Jahre 1915 trat er ins englische Finanzministerium ein und war dann 1919 Vertreter des britischen Schatzkanzlers an den Versailler Friedensverhandlungen nach dem Ersten Weltkrieg. Aus Protest gegen die Behandlung der Kriegsverlierer trat er jedoch von dieser Position zurück und verfasste das Buch «The Economic Consequences of the Peace», das ihm innerhalb kürzester Zeit Weltruhm verschaffte.

Darin kritisierte er die Deutschland auferlegten Reparationszahlungen vehement und prophezeite, dass diese die ökonomische Saat für weitere Konflikte legen würden. Angesichts der Weltwirtschaftskrise nach dem Börsencrash von 1929 publizierte er 1936 sein Hauptwerk «The General Theory of Employment, Interest and Money». Darin legte er die Grundlage für die heute als «keynesianisch» bezeichnete makroökonomische Politik. Die zentrale Aussage seiner Ausführungen war, dass in der kurzen Frist die Nachfrage bestimmt, wie viel produziert wird, wie hoch also das Wachstum und damit die Beschäftigung ausfällt. Die Weltwirtschaftskrise wurde gemäss dieser Analyse durch einen starken Einbruch der gesamtwirtschaftlichen Nachfrage ausgelöst. Den politischen Entscheidungsträgern wurde daher empfohlen, vor allem durch eine Expansion der Staatsausgaben die fehlende Nachfrage zu kompensieren. Die Ereignisse vor dem Zweiten Weltkrieg bestätigten zu einem gewissen Grad diese Theorie, führten doch die forcierten Rüstungsausgaben zu einer deutlichen Verbesserung der Beschäftigungssituation in zahlreichen Ländern; allerdings war damit eine massiv steigende Staatsverschuldung verbunden – später ein entscheidender Kritikpunkt an der keynesianischen Wirtschaftspolitik. Gegen Ende des Zweiten Weltkriegs fungierte Keynes als englischer Verhandlungsführer an der Konferenz von Bretton Woods, welche die weltwirtschaftliche Nachkriegsordnung begründete. Unter anderem resultierte daraus die Gründung des Internationalen Währungsfonds und der Weltbank. Keynes starb im April 1946. Er war ein vielseitig begabter Mensch, der zu den bekanntesten Intellektuellen seiner Zeit gehörte. So war er auch ein erfolgreicher Spekulant, der damit das Vermögen seiner Universität mehrte, er publizierte zur mathematischen Wahrscheinlichkeitstheorie, und er war Mitglied der legendären Bloomsbury Group, die bekannte Künstler und Intellektuelle umfasste.

Zusammenfassend besteht aktive Konjunktursteuerung also darin, mit einer expansiven Geld- oder Fiskalpolitik die gesamtwirtschaftliche Nachfrage zu stimulieren, sodass die konjunkturelle Arbeitslosigkeit beseitigt wird.

10.3 Probleme einer aktiven Konjunkturpolitik

Das Konzept einer aktiven Konjunktursteuerung – die keynesianische Konjunkturpolitik – war lange Zeit sehr einflussreich und bestimmte die makroökonomische Politik der Nachkriegszeit stark. Vordergründig weckte die zugrunde liegende Analyse die Erwartung, dass sich Konjunkturzyklen durch geschickte Handhabung der Geld- und Fiskalpolitik weitgehend vermeiden lassen würden. Zumindest schien dies aus der simplen Empfehlung zu folgen, die gesamtwirtschaftliche Nachfrage durch staatliche, d. h. fiskal- und geldpolitische Massnahmen zu beeinflussen. Die Erfahrung hat dann aber gezeigt, dass dieses einfache Konzept in der Realität doch einige grössere Probleme aufweist. Inzwischen hat sich die Begeisterung für eine keynesianische Feinsteuerung verflüchtigt, und zwar so weit, dass von einer aktiven Konjunkturpolitik oft vollständig abgeraten wird.

Welches sind nun die Schwierigkeiten, die bei der aktiven Bekämpfung der konjunkturellen Arbeitslosigkeit auftreten können? Vor allem sind dies die zwei folgenden grundsätzlichen Probleme der Feinsteuerung: die Wirkungsverzögerungen (die sogenannten Lags) einerseits sowie die problematischen politischen Anreize andererseits.

10.3.1 Wirkungsverzögerungen (Lags)

In der Analyse sieht die Bekämpfung der konjunkturellen Arbeitslosigkeit einfach aus: Bei einem Nachfrageschock kann die Wirtschaftspolitik mit einer expansiven Geld- oder Fiskalpolitik die rückläufige gesamtwirtschaftliche Nachfrage wieder ankurbeln und so das Problem lösen. In der Realität jedoch lässt sich diese simple makroökonomische Handlungsanweisung nicht so rasch und effizient umsetzen. Eine ganze Reihe von Gründen führt zu problematischen *Wirkungsverzögerungen der Konjunkturpolitik*.

Vergehen vom Zeitpunkt des negativen Nachfrageschocks bis zur Wirkung der gewählten Massnahmen zwei bis drei Jahre, dann können die

Wirkungsverzögerungen der Konjunkturpolitik
Zeit, die vom Auftreten eines konjunkturellen Problems bis zur Wirkung der wirtschaftspolitischen Gegenmassnahmen verstreicht.

oben beschriebenen, selbstregulierenden Anpassungsprozesse über das gesamtwirtschaftliche Angebot bereits weitgehend abgeschlossen sein. Es kann dann der Fall eintreten, dass die Wirtschaftspolitik eine Rezession bekämpft, während der Aufschwung bereits wieder voll eingesetzt hat; die Massnahmen wirken sich dann aber kontraproduktiv aus. Die Grundidee der keynesianischen Feinsteuerung – expansive Politik in einer Rezession, restriktive Politik in einer Überhitzung – kann also bei grösseren Verzögerungen nicht funktionieren.

Was kann nun zu derartigen Verzögerungen führen? Hier lassen sich drei Formen unterscheiden:
- Verzögerung in der Erkenntnis,
- Verzögerung in der Implementierung,
- Verzögerung in der Wirkung.

Zum Ersten dauert es meist eine gewisse Zeit, bis man einen Nachfrageschock überhaupt zweifelsfrei als solchen erkennt. Eigentlich sollte ja eine Rezession einfach und sofort festzustellen sein; in der Realität ist das aber nicht der Fall. Eine Rezession lässt sich frühestens drei bis sechs Monate nach ihrem Beginn erkennen, dann nämlich, wenn die ersten verlässlichen Daten über das Quartal vorliegen, in dem sie allenfalls aufgetreten ist. Im Unterschied zum aktuellen Wetter, das wir mit einem Blick aus dem Fenster wahrnehmen, können wir die aktuelle Wirtschaftslage erst nach der Analyse einer ganzen Reihe von Daten und Indikatoren nachträglich feststellen. Die erste Verzögerung von mindestens drei Monaten entsteht also nur schon aufgrund der Messproblematik.

Eine zweite Verzögerung rührt daher, dass es eine gewisse Zeit erfordert, politische Massnahmen zu beschliessen und umzusetzen. Bei der Geldpolitik stellt die Umsetzung ein eher geringeres Problem dar. Hier können die Zuständigen von einem Tag auf den anderen die Geldmenge verändern, sollte ihnen das nötig erscheinen. Bei der Fiskalpolitik hingegen muss jede Anpassung einen ausgeklügelten politischen Prozess durchlaufen.

Auf der Ausgabenseite ist dies der Budgetprozess. Wir legen im Vorjahr fest, wie das Budget im Folgejahr aussehen soll. Dabei muss die Vorgabe zuerst durch die Verwaltung vorgeschlagen, anschliessend durch die Regierung verabschiedet und zu guter Letzt vom Parlament beschlossen werden. Es ist ziemlich heikel, diesen Prozess beim Erkennen einer Rezession kurzfristig zu beschleunigen. Auch im günstigsten Fall wird es daher mindestens ein halbes Jahr dauern, bis erste Massnahmen implementiert werden können.

Soll aber die Konjunktur auf der Einnahmenseite durch eine Reduktion von Steuern stimuliert werden, so ist das Prozedere noch zeitraubender. Steuersenkungen erfordern in der Regel Gesetzesänderungen, in der Schweiz sogar eine Verfassungsänderung samt obligatorischer Volksabstimmung. Die Verzögerung der Implementierung fällt also dermassen hoch aus, dass man hier kaum von einer in der Praxis zweckmässigen Massnahme sprechen kann.

Schliesslich existiert noch eine dritte Form der Verzögerung. Vom Zeitpunkt an, in dem eine Massnahme umgesetzt wird, bis zu dem Zeitpunkt, in dem sie sich tatsächlich auf die gesamtwirtschaftliche Nachfrage auswirkt, vergehen meist Monate bis Jahre. Bei der Fiskalpolitik ist dies weniger problematisch. Werden zum Beispiel die Staatsausgaben erhöht, so wirkt dies mehr oder weniger direkt auf die aggregierte Nachfrage. Bei der Geldpolitik aber wissen wir, dass es bis zu drei Jahre dauern kann, bis eine Expansion der Geldmenge ihre volle Wirkung entfaltet. In Kapitel 12 wird dieser Mechanismus genauer analysiert.

Die Annahme ist also nicht unrealistisch, dass vom Beginn der Rezession bis zur Wirkung der konjunkturpolitischen Gegenmassnahmen mindestens ein bis zwei Jahre vergehen. Die Realität erweist sich hier als weit komplexer als das einfache Verschieben von Kurven, mit dem man das Problem in der Theorie elegant lösen kann.

Ein Vorteil von automatischen Stabilisatoren gegenüber aktiver Konjunktursteuerung liegt gerade darin, dass wegen der automatischen Reaktion die Lags deutlich reduziert werden. Sowohl die Verzögerung in der Erkenntnis als auch in der Implementierung entfallen, sodass lediglich die Wirkungsverzögerung verbleibt; und diese ist ja gerade im – für die automatischen Stabilisatoren relevanten – Bereich der Fiskalpolitik ohnehin klein. Die Stabilisatoren wirken deshalb zeitgerecht.

10.3.2 Politische Ökonomie von Konjunkturzyklen

Ein zweites Problem hat sich bei der Anwendung der keynesianischen Konjunktursteuerung als mindestens ebenso gross erwiesen. Dabei geht es um die politische Ökonomie, also die Schwierigkeit der politischen Umsetzung eines ökonomischen Konzepts in einer Welt mit rational eigennützigen Politikern.

Rekapitulieren wir nochmals kurz die Idee der keynesianischen Konjunktursteuerung. In einer Rezession mit steigender konjunktureller Arbeitslosigkeit sollte der Staat die zu tiefe gesamtwirtschaftliche Nachfrage mit geeigneten Massnahmen stimulieren.

Umgekehrt – und mit diesem wichtigen Punkt haben wir uns bisher noch nicht eingehend befasst – sollte der Staat in einer Boomperiode, wenn also eine expandierende Nachfrage die Wirtschaft kurzfristig über die Kapazitätsgrenze hinaus anwachsen lässt, mit einer restriktiven Konjunkturpolitik Gegensteuer geben. Er sollte also im Boom die Staatsausgaben reduzieren, die Steuern erhöhen oder die Geldmenge reduzieren, um eine Überhitzung der Wirtschaft mit steigender Inflation zu vermeiden.

Wendet man diese Massnahmen wirklich symmetrisch an, so entstehen mittelfristig keine Probleme in Form übermässiger Budgetdefizite, steigender Verschuldung oder steigender Inflation. Tatsächlich hat sich aber gezeigt, dass die Anwendung der keynesianischen Konjunktursteuerung zumindest mitverantwortlich war für die Inflationsschübe in den 1960er- und 1970er-Jahren. Gleichzeitig hat sie die staatliche Verschuldung stark in die Höhe getrieben. Bei symmetrischer Anwendung sollte dies, wie gesagt, eigentlich nicht passieren. Es fragt sich also, warum die Konjunkturpolitik immer nur dann mit Nachdruck eingriff, wenn die Wirtschaft nicht vollständig ausgelastet war, nicht aber, wenn sie oberhalb der Kapazitätsgrenze operierte. Überlegt man sich aber genauer, was denn eine konsequente symmetrische Anwendung der entsprechenden Handlungsempfehlungen in der Realität bedeutet, dann wird sofort klar, dass eine Implementierung wie im Lehrbuch aus einfach verständlichen politischen Gründen nicht zu erwarten ist. Die keynesianische Konjunktursteuerung weist nämlich, vom Standpunkt der Politikerinnen und Politiker aus gesehen, einen sehr attraktiven, aber auch einen äusserst unattraktiven Teil auf. Der attraktive Teil besteht in der Möglichkeit, in der Rezession eine expansive Politik zu betreiben. Dies bedeutet, dass der Staat aktiv eingreift, um die Nachfrage zu stimulieren, zusätzliche Arbeitsplätze zu schaffen und die Arbeitslosigkeit zu eliminieren. Welcher Politiker würde solche Massnahmen nicht aus vollem Herzen mittragen wollen?

Wesentlich unattraktiver wird die keynesianische Politik aber in einer Hochkonjunktur. Gerade wenn sich die Wirtschaft spürbar positiv entwickelt und auf einen eigentlichen Boom zusteuert, sollte der Staat dieser positiv scheinenden Tendenz mit einer restriktiven Politik entgegenwirken, die das Wachstum kurzfristig bremst und die Beschäftigungsdynamik bricht. Kein Politiker möchte gerne mit dieser Art von Politik in Verbindung gebracht werden. Entsprechend konnte man geradezu systematisch beobachten, dass der expansive Teil der Konjunktursteuerung umgesetzt wurde, der restriktive Teil aber nicht oder bei Weitem zu wenig konsequent. Das führt nun erstens dazu, dass die Wirtschaft durch diese einseitige Konjunkturpolitik ständig zu stark stimuliert wird, was die Inflation anheizt, wie das in Kapitel 11 erläutert wird.

Zweitens sind durch eine solch asymmetrische Handhabung der Konjunktursteuerung permanente Budgetdefizite vorprogrammiert, womit die Staatsverschuldung laufend wächst. Genau diese negativen Folgen konnte man in der Nachkriegszeit in zahlreichen Ländern feststellen. Die forcierte und asymmetrische Anwendung der keynesianischen Rezepte führte zu einem zunehmenden Anstieg der Inflation und zu einer Verschlechterung der staatlichen Schuldensituation.

Drittens ist eine so konzipierte Konjunkturpolitik anfällig für politische Manipulationen. Man nennt dies die Theorie der *politischen Konjunkturzyklen*. Sie besagt, dass Politikerinnen und Politiker, die wiedergewählt werden wollen, aus wahltaktischen Gründen Konjunkturzyklen auslösen könnten. Das erstaunt kaum, weil ja die Wiederwahlchancen einer Regierung direkt von der Konjunkturlage im Wahljahr abhängen. In den USA sind die Arbeitslosigkeit und das Wirtschaftswachstum im Wahljahr jeweils die besten Indikatoren für die Prognose des Wahlausgangs. Dies schafft für eine Regierung den Anreiz, im Wahljahr oder knapp davor eine *expansive Konjunkturpolitik* zu betreiben, um so ihre Wiederwahlchancen zu erhöhen. Wird die Regierung dann wiedergewählt, kann sie zumindest die ersten ein bis zwei Jahre der Regierungszeit dafür verwenden, mit einer Bremsung der Konjunktur die Schäden der überexpansiven Vorwahlpolitik zu neutralisieren. Stehen dann wieder Wahlen vor der Tür, so wird sie erneut expansiv auf die Wirtschaft einwirken. Dadurch kommt es zu Konjunkturzyklen, die einzig und alleine durch den politischen Prozess ausgelöst werden.

Zu einem gewissen Grad ist dies das genaue Gegenteil dessen, was die keynesianische Konjunktursteuerung eigentlich beabsichtigt. Statt die Wirtschaft zu stabilisieren, verstärkt eine solche Politik die Konjunkturausschläge.

Politische Konjunkturzyklen
Aus wahltaktischen Gründen ausgelöste Konjunkturzyklen, um die Chancen der Wiederwahl zu erhöhen.

Expansive Konjunkturpolitik
Stimulierung der gesamtwirtschaftlichen Nachfrage, insbesondere durch die Geld- und Fiskalpolitik.

Aufgrund der verschiedenen potenziellen Probleme ist man in den letzten Jahrzehnten vermehrt dazu übergegangen, zumindest die Geldpolitik zu entpolitisieren. Dazu wurde sie in die Hände von regierungsunabhängigen Zentralbanken gelegt und somit dem Einfluss der Regierungen entzogen.

Zusammengefasst bringt eine aktive Konjunktursteuerung – so gut sie auf dem Papier auch aussieht – doch etliche ernst zu nehmende Probleme mit sich, vor allem in der zeitlichen Wirkungsverzögerung und in der Gefahr der politischen Manipulation.

10.3.3 Automatische Stabilisatoren

Die genannten Probleme führen letztlich dazu, dass vor allem die Fiskalpolitik in einer Demokratie kaum ein sinnvolles Instrument für die aktive Konjunkturpolitik sein kann; die Herausforderung liegt dabei besonders in den grossen Zeitverzögerungen, die demokratische politische Entscheide über Steuern und Staatsausgaben mit sich bringen. Es gibt jedoch einen eleganten Lösungsansatz für dieses Problem, nämlich die bewusste Schaffung sogenannter *automatischer Stabilisatoren*. Sie ermöglichen ein Anpassung an Nachfrageschocks, ohne dass es dazu explizite politische Ent-

Automatische Stabilisatoren
Staatliche Einnahmen und Ausgaben, die so ausgestaltet sind, dass bei einem Rückgang der gesamtwirtschaftlichen Nachfrage automatisch die Nachfrage stimuliert wird.

Abb. 10.4 Automatische Stabilisatoren

Hier ist wiederum der Fall eines exogenen Schocks abgebildet, der die aggregierte Nachfrage von AN_1 nach AN_2 verschiebt. Ein automatischer Stabilisator verschiebt die Nachfragekurve wieder in Richtung der ursprünglichen Position zurück (AN_3). Typische Beispiele für automatische Stabilisatoren sind die Steuern und die Arbeitslosenversicherung.

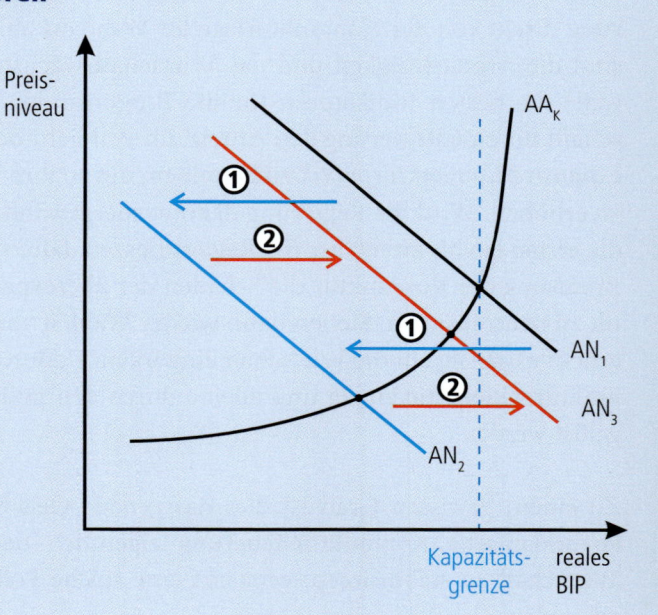

scheide braucht. Die Fiskalpolitik wird dabei so konzipiert, dass bei einem Rückgang der gesamtwirtschaftlichen Nachfrage automatisch Mechanismen greifen, welche die Nachfrage stimulieren. Dabei kann man sowohl auf der Ausgaben- als auch auf der Einnahmeseite des Staates ansetzen.

Analysieren wir zuerst die automatischen Stabilisatoren auf der Einnahmenseite. Praktisch alle Steuern sind positiv mit der ökonomischen Aktivität korreliert, sie steigen also, wenn die Wirtschaft wächst, und sie reduzieren sich, wenn die Wirtschaft schrumpft. Das gilt erstens für die persönliche Einkommenssteuer. Diese ist direkt an die Einkommen der Haushalte gekoppelt, die während einer Rezession sinken. Zweitens gilt dies auch für die Sozialabgaben, die über Lohnabzüge erhoben werden und folglich auch direkt vom Einkommen und damit von der Konjunkturlage abhängen. Drittens sind auch die Gewinne der Unternehmen von der konjunkturellen Situation abhängig, sodass sich die Gewinnsteuern reduzieren, wenn sich die wirtschaftliche Lage verschlechtert. In einer Rezession reduzieren sich also automatisch zahlreiche Staatseinnahmen, was wie eine Steuersenkung wirkt, wodurch den Akteuren – relativ zu einer Situation ohne automatische Stabilisatoren – mehr Geld in der Tasche verbleibt, mit dem sie Güter und Dienstleistungen nachfragen können. Deshalb sinkt in einer Rezessionsphase die Nachfrage weniger markant. Insbesondere bei progressiven Steuersystemen ist dieser Effekt ausgeprägt.

Ein zweiter wichtiger automatischer Stabilisator, der sowohl auf der Einnahmen- als auch auf der Ausgabenseite wirkt, ist die Arbeitslosenversicherung. Sie gewährt entlassenen Personen staatliche Zuschüsse in Form von Arbeitslosenunterstützung. Steigt die Arbeitslosigkeit, steigen also auch automatisch die Staatsausgaben in Form von Zahlungen der Arbeitslosenversicherung. Damit sinken die Konsumausgaben der Arbeitslosen viel weniger stark als ohne dieses Ersatzeinkommen. Dies wirkt ebenfalls als automatischer Stabilisator. Zudem wirkt die Arbeitslosenversicherung – analog zu anderen Steuern – auch auf der Einnahmenseite stabilisierend; die Einnahmen gehen in der Rezession zurück und steigen in der Hochkonjunktur, da die Versicherten ja Beiträge als Prozentsatz der geleisteten Arbeitsstunden bezahlen.

Wie ein automatischer Stabilisator sich auswirkt, ist in Abbildung 10.4 illustriert. Wieder gehen wir von der gleichen Ausgangslage aus. Die aggregierte Nachfrage reduziert sich durch einen exogenen Schock von AN_1 auf AN_2, wodurch die betrachtete Wirtschaft in eine Rezession gerät.

> **VERTIEFUNG**
>
> ### Die Kurzarbeit als machtvoller Stabilisator
>
> Die Schweizer Arbeitslosenversicherung kennt mit der Entschädigung für die sogenannte Kurzarbeit ein Instrument, das sich in den Wirtschaftskrisen der letzten Zeit als sehr effektiv erwiesen hat, um die Situation zu stabilisieren.
>
> Als Kurzarbeit bezeichnet man eine vorübergehende Reduzierung oder gar vollständige Einstellung der Arbeit bei einem Unternehmen, wobei das Arbeitsverhältnis aufrechterhalten bleibt und die angestellte Person fast ihren ganzen Lohn weitererhält. Die staatliche Arbeitslosenversicherung übernimmt dabei für die betroffenen Unternehmen eine gewisse Zeit lang einen Teil der Lohnzahlungen, indem sie die sogenannte Kurzarbeitsentschädigung ausrichtet. Damit soll verhindert werden, dass Unternehmen wegen kurzfristiger Arbeitsausfälle Kündigungen aussprechen.
>
> Die Kurzarbeit ist vor allem dann sehr wirkungsvoll, wenn die Wirtschaft in eine scharfe Rezession fällt, von der sie sich aber relativ rasch wieder erholt. Das war etwa bei der Finanzkrise der Fall. Untersuchungen haben gezeigt, dass damals die sehr breit in Anspruch genommenen Kurzarbeitsentschädigungen dazu geführt haben, dass die Arbeitslosigkeit trotz eines starken Einbruchs der gesamtwirtschaftlichen Nachfrage nicht übermässig anstieg.
>
> Von grosser Bedeutung ist die Kurzarbeit bisher auch bei der Bewältigung des Corona-Schocks; angesichts des Ausmasses des Einbruchs bauten die Behörden die Anspruchsberechtigung während dieser Krise stark aus, sodass im Frühjahr 2020 zeitweise für beinahe 2 Millionen Schweizer Arbeitnehmerinnen und Arbeitnehmer Kurzarbeit bewilligt worden war. Über 1.2 Million Menschen bezogen am Höhepunkt im April 2020 dann auch tatsächlich Kurzarbeitsentschädigung; das sind mit Abstand die höchsten Werte, die in der Geschichte der Schweizer Arbeitslosenversicherung je erreicht wurden.
>
> Die stabilisierende Wirkung des Instruments kommt daher, dass dadurch die Arbeitslosigkeit zu Beginn einer Krise nicht so stark ansteigt, als dies ohne diese Massnahme der Fall wäre. Dauert eine Krise allerdings länger an, dann verfällt nach einiger Zeit der Anspruch auf Kurzarbeitsentschädigung und die Arbeitslosigkeit steigt dann doch deutlich an. Nachhaltig stabilisierend wirkt das Instrument also nur bei kurzen Krisen.
>
> Die Schweiz konnte dank diesem Regime im Frühling 2020 einen sprunghaften Anstieg der Arbeitslosigkeit verhindern – dies im Gegensatz zu Ländern, die keine ausgebaute Kurzarbeitsentschädigung kennen; ein prominentes Beispiel ist die USA, wo die Arbeitslosenquote im Frühling 2020 innerhalb eines Monats von rund 4% (März) auf rund 14% (April) angestiegen war.

Kurzarbeit
Vorübergehende Verringerung der regelmässigen Arbeitszeit in einem Unternehmen aufgrund eines erheblichen Arbeitsausfalls.

Kurzarbeitsentschädigung
Die Arbeitslosenversicherung deckt über einen gewissen Zeitraum einen Teil der Lohnkosten für von Kurzarbeit betroffene Arbeitgeber ab.

Aufgrund der automatischen Stabilisatoren verschiebt sich die Nachfragekurve jedoch wieder zurück in Richtung AN_1. Allerdings kommt sie nicht wieder vollständig auf dem Niveau von AN_1 zu liegen, da die automatischen Stabilisatoren den Schock nicht im vollen Umfang kompensieren können. Der automatische – weil an die Konjunkturentwicklung gekoppelte – Anstieg der Staatsausgaben bei gleichzeitigem Rückgang der Staatseinnahmen kompensiert aber einen guten Teil des Nachfragerückgangs und reduziert damit die Effekte einer Rezession auf die konjunkturelle Arbeitslosigkeit.

Die automatischen Stabilisatoren sind also eine geeignete Antwort auf beide Probleme einer aktiven Konjunkturpolitik, nämlich die Wirkungsverzögerungen und die politische Ökonomie. Die Wirkungsverzögerungen werden reduziert, weil es keiner expliziten politischen Entscheid bedarf. So spielt weder die Verzögerung in der Erkenntnis eine Rolle noch die Verzögerung in der Implementierung. Und die politisch-ökonomischen Probleme werden auch deutlich entschärft, weil der Automatismus nicht nur in Rezessionen wirkt (wo stimuliert werden sollte), sondern auch in

Boomphasen (wo – was politisch schwieriger ist – gebremst werden sollte). Es ist daher nicht verwunderlich, dass die automatischen Stabilisatoren bei der fiskalpolitischen Konjunkturstabilisierung in den meisten Ländern inzwischen eine wesentlich grössere Rolle spielen als die aktive Stimulierung durch fiskalpolitische Konjunkturprogramme.

10.4 Schweizer Konjunkturpolitik

Die heutige schweizerische Wirtschaftspolitik kennt kaum noch Elemente einer aktiven Konjunktursteuerung im keynesianischen Sinne. Sie ist stark auf automatische Stabilisatoren und auf eine vorsichtige Anwendung der Geldpolitik ausgerichtet. Neben den oben genannten Argumenten zur Vorsicht bei der Konjunktursteuerung ist dies vor allem darauf zurückzuführen, dass die Schweiz eine relativ kleine und offene Volkswirtschaft mit einem hohen Importanteil ist. Sind die Importe im Verhältnis zur Gesamtnachfrage sehr hoch, so begünstigt jede Stimulierung der gesamtwirtschaftlichen Nachfrage zu einem guten Teil statt der inländischen Wirtschaft diejenige der Handelspartner. Wir haben gesehen, dass in der Zusammensetzung der aggregierten Nachfrage die Importe einen Abzugsposten darstellen. Wenn also mit einer expansiven Politik die Importe stimuliert werden, dann hat dies keine positiven Auswirkungen auf die Schweizer Konjunktur.

Betrachten wir nun kurz die konjunkturpolitische Ausrichtung der Schweizer Geld- und Fiskalpolitik. In beiden Fällen beschränken wir uns auf eine Diskussion der konjunkturell relevanten Aspekte, da beide Politikbereiche in den Teilen IV und V umfassender behandelt werden.

10.4.1 Geldpolitik und Konjunktur

Die schweizerische Geldpolitik ist in erster Linie auf die Sicherung der Preisstabilität ausgerichtet. Gleichzeitig ist die Nationalbank aber beauftragt, auf die konjunkturelle Lage Rücksicht zu nehmen, solange die Preisstabilität nicht gefährdet ist. Besteht also keine Inflationsgefahr, typischerweise in einer Rezession, kann sie die Geldpolitik einsetzen, um die konjunkturelle Lage zu stabilisieren. Es stellt sich dabei jedoch die heikle Frage, wie stark die Nationalbank die Geldpolitik expansiv gestalten kann, ohne damit die Preisstabilität zu gefährden.

Die Schweizerische Nationalbank (SNB) ist ausdrücklich unabhängig von der Regierung. Geldpolitische Entscheide sind also ausschliesslich Sache der Nationalbankspitze, und nur sie kann über die konjunkturelle Ausrichtung der Geldpolitik entscheiden. In den 1990er-Jahren hat man allerdings gesehen, dass auch eine unabhängige Nationalbank politisch angegriffen werden kann, wenn die Geldpolitik auf breiter Ebene dafür kritisiert wird, zu wenig Rücksicht auf die Konjunkturlage zu nehmen. Ist die Preisstabilität – das zentrale Ziel der SNB – nicht gefährdet, bemüht sich die Nationalbank deshalb auch in eigenem Interesse darum, konjunkturellen Einbrüchen bis zu einem gewissen Grade entgegenzuwirken.

In einer echten Rezessionsphase ist die Geldpolitik jedenfalls das wirkungsvollste Instrument der Schweizer Konjunkturpolitik.

10.4.2 Fiskalpolitik und Konjunktur

Die Fiskalpolitik der Schweiz wirkt vor allem über – zum Teil bewusst als solche konzipierte – automatische Stabilisatoren auf die konjunkturelle Entwicklung. Eine aktive fiskalpolitische Konjunktursteuerung kommt dagegen eher selten zur Anwendung.

Auf der Einnahmenseite wäre in der Schweiz eine aktive Steuerung der Konjunktur auf Bundesebene ohnehin illusorisch, da die wichtigsten Steuersätze des Bundes in der Verfassung festgehalten sind. Es wäre also eine Verfassungsänderung mit obligatorischer Abstimmung erforderlich, um hier etwas zu verändern. Lediglich im Falle schwerer konjunktureller Krisen erlaubt die Verfassung vorübergehende Steuersenkungen. Das heisst aber, dass unter normalen Umständen auf diese Weise eine Stimulierung der Schweizer Konjunktur innerhalb eines zweckmässigen Zeitrahmens gar nicht möglich ist.

Schuldenbremse
Finanzpolitischer Mechanismus zur Stabilisierung der Staatsverschuldung unter Berücksichtigung des Konjunkturzyklus.

Was die Ausgabenseite betrifft, wurde mit der sogenannten *Schuldenbremse* ein System eingeführt, das die Konjunktur automatisch stabilisieren soll. Da die Schuldenbremse in Kapitel 14 im Detail besprochen wird, wollen wir hier lediglich ihre Relevanz für die Stabilisierung der Konjunktur erwähnen. Das Ziel der Schuldenbremse ist es, über den Konjunkturzyklus hinweg das Budget auszugleichen. Das bedeutet, dass in einer Rezession Defizite anfallen dürfen, die automatisch durch Überschüsse bei guter Wirtschaftslage kompensiert werden müssen. Die asymmetrische Fiskalpolitik, die der Keynesianismus empfiehlt, wird hier also durch die Gestaltung eines Budgetmechanismus automatisch umgesetzt.

Gerade wegen der konjunkturellen Effekte des Budgets wurde darauf verzichtet, dem Schuldenwachstum mit dem auf den ersten Blick offensichtlichsten Instrument entgegenzuwirken: einem in jedem Jahr ausgeglichenen Staatsbudget. Eine solche Regel würde keinerlei Rücksicht auf die konjunkturelle Situation nehmen und so deren Schwankungen eher verstärken. Die höheren Ausgaben – etwa der Arbeitslosenversicherung – während einer Rezession müssten mit einer Beitragserhöhung finanziert werden, was die Nachfrageschwäche noch vergrössern würde.

Auch die Finanzierung der Arbeitslosenversicherung ist in der Schweiz seit kurzem explizit als automatischer Stabilisator konzipiert. Auch hier müssen die Beiträge nicht jederzeit die Ausgaben decken. Bei schlechter

Konjunkturbeobachtung
Ermittlung der aktuellen konjunkturellen Situation mittels Interpretation geeigneter Indikatoren.

Konjunkturprognose
Vorhersage der zukünftigen konjunkturellen Entwicklung mithilfe von Prognosemodellen.

TECHNISCHE BOX

Konjunkturbeobachtung und Konjunkturprognose in der Schweiz

Kaum ein anderes volkswirtschaftliches Thema nimmt in den Medien einen so grossen Raum ein wie die Berichterstattung zur Konjunkturlage. Dabei interessieren einerseits die momentane Situation (Konjunkturbeobachtung) und andererseits die Aussichten für die Wirtschaftsentwicklung (Konjunkturprognose). Da es in beiden Fällen um die kurze Frist geht, ist es nicht erstaunlich, dass die Komponenten der gesamtwirtschaftlichen Nachfrage im Vordergrund stehen. Die Konjunkturanalyse fokussiert deshalb auf die Entwicklung von Konsum, Investitionen, Staatsausgaben und Nettoexporten. Dabei ist es immer wichtig, die Messung der heutigen Konjunktursituation von der Prognose der morgigen zu unterscheiden.
Die *Konjunkturbeobachtung* hat das Ziel, die heutige Konjunkturlage zu beschreiben. Das scheint ganz einfach, ist aber tatsächlich mit einigen Schwierigkeiten verbunden. Wie die heutige Wirtschaftslage der Schweiz ist, das wissen wir erst in einigen Jahren genau, wenn nämlich alle verfügbaren Daten vom Bundesamt für Statistik erhoben und analysiert worden sind.

Es ist offensichtlich, dass niemand bereit ist, mehrere Jahre zu warten, um die tatsächliche, datenmässig gesicherte Beschreibung des heutigen Zustands zu kennen. Aus diesem Grund beruht die Konjunkturbeobachtung auf mehr oder weniger provisorischen Daten. Dabei gilt es, offizielle Daten von inoffiziellen Beurteilungen zu unterscheiden. Offiziell wird rund zwei Monate nach Ablauf eines Quartals eine erste Schätzung des BIP dieses Quartals vom Staatssekretariat für Wirtschaft (SECO) publiziert. Diese beruht auf einer international standardisierten Methode zur Schätzung des BIP und seiner Komponenten auf der Basis von frühzeitig vorhandenen Indikatoren. Für das Gesamtjahr erstellt das Bundesamt für Statistik jeweils im Folgejahr eine provisorische Berechnung auf viel breiterer Datenbasis, die dann später, nach Vorliegen aller Informationen, zur definitiven, offiziellen BIP-Zahl eines Jahres erklärt wird. Neben dieser offiziellen, harmonisierten Schätzung analysieren natürlich auch private Konjunkturbeobachter und -beobachterinnen laufend die vorhandenen Indikatoren, um sich ein Bild der Konjunkturlage zu machen; dies stellt keine offizielle und international abgestimmte Analyse dar (muss aber deshalb nicht weniger interessant oder zutreffend sein).
Die *Konjunkturprognose* versucht, die Entwicklung des BIP und seiner Komponenten für die Zukunft vorherzusagen, in der Regel für das laufende und das nächste Jahr. Sie beruht entweder auf ökonometrischen Modellen oder auf Expertenbeurteilung, häufig auch auf einer Kombination von beiden. Prognosen werden sowohl von staatlichen als auch von privaten Institutionen gemacht. Da die zukünftigen Staatseinnahmen und -ausgaben massgeblich von der Wirtschaftsentwicklung abhängen, benötigt der Staat Konjunkturprognosen für die Erstellung seines Budgets. Diese Prognosen werden vierteljährlich von einer verwaltungsinternen Expertengruppe unter Leitung des SECO erstellt. Andere breit beachtete Prognosen stammen von der Konjunkturforschungsstelle KOF der ETH, von BAK Basel Economics, von der OECD und von den meisten grösseren Banken.

Wirtschaftslage kann die Arbeitslosenversicherung Schulden machen, die über den Konjunkturzyklus hinweg wieder kompensiert werden müssen. Dahinter steckt die gleiche Idee wie bei der Schuldenbremse.
Wichtig für diese automatischen Stabilisatoren ist natürlich ein eingebauter Mechanismus, der sie vor dem tagespolitischen Prozess schützt, um die oben beschriebenen politischen Konjunkturzyklen zu verhindern. Für ihre Anwendung ist deshalb weder ein Entscheid des Parlaments noch der Regierung nötig, sondern sie sind als fixe Regel vorgegeben.

Neben diesen beiden bewusst antizyklisch konzipierten fiskalpolitischen Mechanismen gibt es in der Schweiz auch die allgemeinen, bereits erwähnten automatischen Stabilisatoren. Diese funktionieren
- über das Steuersystem, das bei guter Wirtschaftslage zusätzliche Einnahmen generiert und entsprechend bei schlechter Wirtschaftslage die Einnahmen reduziert;
- über die Ausgabenseite der Arbeitslosenversicherung, wodurch die Staatsausgaben automatisch erhöht werden, wenn sich die privaten Einkommen aufgrund der steigenden Arbeitslosigkeit reduzieren. Im Übrigen wirkt auch die Einnahmenseite der Arbeitslosenversicherung stabilisierend, da die Einnahmen in der Rezession zurückgehen.

In der schweizerischen Fiskalpolitik eher unüblich sind aktive Programme zur Steuerung der Konjunktur. Ein Beispiel war der sogenannte Investitionsbonus im Jahr 1997, der innerhalb einer bestimmten Periode zusätzliche Gelder für Infrastrukturausgaben zur Verfügung stellte, um damit die lahmende Konjunktur zu stimulieren. Die Analyse des Investitionsbonus offenbarte aber seine eher beschränkte Wirkung. Sie fiel insbesondere deshalb gering aus, weil die Schweiz ein kleines, offenes Land ist, sodass ein grosser Teil der zusätzlich stimulierten Nachfrage in die Importe floss. Solche «Lecks» sind in offenen Wirtschaften unvermeidlich, wo stets ein Teil des Fiskalimpulses ins Ausland «verpufft»: Positiv ausgedrückt heisst dies, dass dabei die ausländische Konjunktur mit zusätzlichen heimischen Fiskalausgaben gestützt wird.

Ein wichtiger Aspekt darf hier nicht vergessen werden. Das schweizerische Fiskalsystem ist ausgesprochen föderalistisch ausgestaltet. Die Ausgaben des Bundes machen insgesamt nur rund ein Drittel der gesamten Staatsausgaben aus. Wird von Bundesebene aus versucht, eine expansive Fiskalpolitik zu betreiben, ist der Hebel schon deshalb deutlich kürzer als in zentralistisch organisierten Ländern, weil ein viel kleinerer Teil der Staatsausgaben überhaupt vom Bund gesteuert werden kann. Nur eine konzertierte Aktion von Bund, Kantonen und Gemeinden könnte eine wirklich expansive Politik durchsetzen. Dies lässt sich politisch jedoch nur sehr schwer verwirklichen, da die Entscheidungsprozesse auf diesen drei Ebenen verschieden ausgestaltet und untereinander schwer zu koordinieren sind.

Auch deshalb spielt die aktive Konjunktursteuerung in der Schweizer Wirtschaftspolitik nur eine untergeordnete Rolle. Mit den automatischen Stabilisatoren wird jedoch angestrebt, die gesamtwirtschaftliche Nachfrage über die Staatsausgaben und Staatseinnahmen antizyklisch zu glätten.

10.4.3 Die Schweizer Konjunkturpolitik in der Grossen Finanzkrise

Die Turbulenzen auf den Finanzmärkten (vgl. Kapitel 17) bescherten der Weltwirtschaft ab der zweiten Hälfte des Jahres 2008 den tiefsten Einbruch seit Jahrzehnten. Ab Herbst 2008 wurde auch die bis dahin robuste Schweizer Wirtschaft in zunehmendem Masse von diesem Einbruch erfasst. Ab dem dritten Quartal 2008 wies die Schweizer Wirtschaft negative Wachstumsraten auf, und die Arbeitslosigkeit stieg bald deutlich an.

Die Unsicherheit über Verlauf und Dauer der Krise war ungewöhnlich gross. Es handelte sich nicht um einen «normalen» Konjunkturabschwung nach einer wirtschaftlichen Boomphase, sondern um eine weltwirtschaftliche Krise, die durch das Platzen einer aussergewöhnlichen Kredit- und Immobilienblase ausgelöst worden war. Wie rasch und wie tief dieser Anpassungsprozess verlaufen würde und wie stark die im Binnenmarkt ein robustes Wachstum aufweisende Schweiz davon betroffen sein würde, war kaum abzuschätzen.

Vor dem Hintergrund dieser Unsicherheiten entschied sich der Bundesrat im Herbst 2008, die Wirtschaft mit konjunkturpolitischen Massnahmen zu stützen. Er wählte dabei ein stufenweises Vorgehen: Bis 2010 wurden drei Stufen von konjunkturellen *Stabilisierungsmassnahmen* beschlossen. Alle drei Stufen bewegten sich dabei explizit im Rahmen der Schuldenbremse. Neben der grossen Unsicherheit sprach auch die Dynamik des Abschwungs in der Schweiz für einen stufenweisen Einsatz der konjunkturpolitischen Instrumente. Die Schweiz befand sich bis weit in den Sommer 2008 hinein in einer konjunkturellen Schönwetterlage. Anders als in manchen OECD-Ländern war die wirtschaftliche Situation eines Grossteils der Wirtschaft relativ lange gut; mit der Finanzkrise hatten vorerst «nur» die Grossbanken zu kämpfen, deren Lage sich im Herbst

Stabilisierungsmassnahmen
Wirtschaftspolitische Massnahmen, um konjunkturelle Schwankungen zu dämpfen.

2008 jedoch dramatisch verschlechterte. Mit der zunehmenden weltwirtschaftlichen Abschwächung begannen aber gegen Ende des Jahres 2008 die Exporte deutlich nachzugeben, und auch die Aussichten für die Ausrüstungsinvestitionen wurden zunehmend schlechter. Beim Konsum und dem Bau war bis Ende 2008 kaum ein Rückgang zu sehen, auch wenn sich die Prognosen deutlich verdüsterten.

Entsprechend dieser Dynamik in der Entwicklung der gesamtwirtschaftlichen Nachfrage erfolgte die wirtschaftspolitische Reaktion: Zunächst standen Massnahmen zur Stärkung des Finanzsystems – und hier insbesondere das Massnahmenpaket zur Rettung der UBS (siehe Seite 527) – sowie eine zunehmend expansive Geldpolitik im Vordergrund, auch um den Aufwertungsdruck auf den Schweizer Franken und die daraus drohenden negativen Auswirkungen auf die Exporte zu mildern. Erst dann folgten 2009 die ersten beiden Stufen von finanzpolitischen Massnahmen, um die Bauinvestitionen und den Konsum zu stärken. Die dritte Stufe für das Jahr 2010 schliesslich enthielt in erster Linie Massnahmen zur Bekämpfung der Arbeitslosigkeit mit dem Argument, dass die Wirkungen der Krise auf dem Arbeitsmarkt erst mit Verzögerung, dann aber einschneidend sichtbar würden.

Die drei Pakete von Stabilisierungsmassnahmen konnten realisiert werden, ohne dass sich der Bund zusätzlich verschulden musste. Es hat sich damit gezeigt, dass das Konzept der Schuldenbremse auch in stürmischen Zeiten für die Finanzpolitik einen guten Rahmen abgibt.

10.4.4 Die Schweizer Konjunkturpolitik währen der Coronapandemie

Bei einer klassischen Rezession spielt in der Schweiz die Geldpolitik die aktivere Rolle, während sich die Fiskalpolitik darauf beschränkt, die automatischen Stabilisatoren spielen zu lassen. In der Coronakrise war das anders. Weltweit und auch in der Schweiz dominierten die fiskalpolitische Massnahmen. Die Geldpolitik wurde mit der einsetzenden Krise zwar über zusätzliche quantitative Lockerung auch expansiver gestaltet (siehe Abbildung 12.8 auf Seite 377), konnte aber keine entscheidenden, zusätzlichen Impulse setzen. Das hatte sicher damit zu tun, dass die Zinsen schon bei Ausbruch der Krise auf Tiefstständen lagen und die massiven quantitativen Lockerungen schon zuvor die Zentralbankbilanzen in enorme Höhen getrieben hatten. Fehlende Liquidität im Bankensektor war diesmal – ganz im Gegensatz zur Grossen Finanzkrise – kaum ein echtes Problem.

Die Fiskalpolitik aber erlebte in dieser Krise weltweit die massivste Ausdehnung seit dem Zweiten Weltkrieg. Das galt auch in der Schweiz. Über verschiedene Instrumente wurde ein sehr teures Massnahmenpaket umgesetzt, das zu sehr hohen Defiziten und entsprechendem Schuldenaufbau führte. Dieses Vorgehen war mit der Schuldenbremse konform. Diese sieht in ausserordentlichen Notfällen vor, dass die im Normalfall vorgegebenen Ausgabenplafonds überschritten werden können. Es ist unbestritten, dass die Coronakrise als ein solcher ausserordentlicher Notfall gilt, war sie doch ein völlig unerwartetes, exogenes Ereignis.

Das fiskalische Massnahmenpaket zur Bekämpfung der Coronakrise baute zum Teil auf bestehenden Instrumenten auf, führte aber auch völlig neue, explizit für diese Krise konzipierte Instrumente ein. Wir gehen hier nicht auf alle Details ein, sondern skizzieren die vier wichtigsten Ansatzpunkte der fiskalischen Massnahmen während der Krise.

Erstens konnte man auf das bestehende Instrument der Kurzarbeitsentschädigung zurückgreifen. Die dort etablierte Auszahlung von Lohnersatz aus der Arbeitslosenversicherung erlaubt es Unternehmen, ihre Arbeitskräfte in Krisenzeiten ohne genügend Einnahmen weiter zu beschäftigen und so unmittelbare Entlassungen zu vermeiden (siehe Box auf Seite 302). Da die Beschäftigungsverhältnisse aufrecht erhalten bleiben, können die Arbeitskräfte bei einer Verbesserung der Lage sofort wieder voll produktiv arbeiten. Ausserdem führt die Lohnfortzahlung dazu, dass die Arbeitnehmer und Arbeitnehmerinnen auch in der Krise ihren Konsum nicht gross zurückfahren müssen, was die Nachfrage stützt. Diese Massnahme musste nicht neu konzipiert werden, aber verschiedene kurzfristig beschlossene Erleichterungen erlaubten es, dass das Instrument der Kurzarbeit in der Coronakrise ausgebaut und in bisher nie gesehenem Ausmasse genutzt wurde.

Abbildung 10.5 zeigt, dass in dieser Krise die Kurzarbeitsentschädigung absolut entscheidend war: 2020 war deutlich über eine Million Beschäftigte in Kurzarbeit. Selbst in der Grossen Finanzkrise, wo die Kurzarbeit durchaus eine wichtige stabilisierende Rolle gespielt hatte, waren die entsprechenden Bezüge im Vergleich dazu bescheiden.

Zweitens wurde versucht, den Grundgedanken der Kurzarbeit auch auf Konstellationen anzuwenden, in denen kein Anstellungsverhältnis zwischen Arbeitgeber und Arbeitnehmerin besteht: So wurde neu ein Erwerbsersatz für Selbstständige eingeführt, die direkt oder indirekt wegen der gesundheitspolitischen Auflagen zur Eindämmung des Coronavirus unverschuldet Einkommensverluste erlitten.

Drittens wurde zu Beginn der Krise – als völlig neues Instrument – eine Liquiditätshilfe für Unternehmen etabliert. Dabei wurden insbesondere für kleinere Unternehmen Bankkredite durch die Behörden garantiert. Diese Überbrückungskredite zielen darauf ab, Unternehmen zu unterstützen, die wegen des Lockdowns unverschuldet in Liquiditätsengpässe kamen, weil die Kapitalkosten weiterliefen, die Einnahmen aber wegbrachen. Damit verhinderte der Staat Konkurse infolge des Lockdowns. Die betroffenen Unternehmen konnten ihr Produktionspotenzial bewahren, was ihnen erlaubte nach dem Lockdown sehr rasch wieder in die bestehenden Strukturen hineinzuwachsen.

Viertens wurde zu einem späteren Zeitpunkt für besonders stark betroffene Unternehmen eine sogenannte Härtefallunterstützung eingeführt. Dabei geht es nicht um rückzahlbare Kredite wie beim Liquiditätsprogramm, sondern um nicht rückzahlbare finanzielle Zuwendungen. Anrecht auf solche Unterstützung haben Unternehmen, die durch behördliche Massnahmen temporär geschlossen wurden oder die durch solche Massnahmen erhebliche Umsatzrückgänge zu verzeichnen hatten.

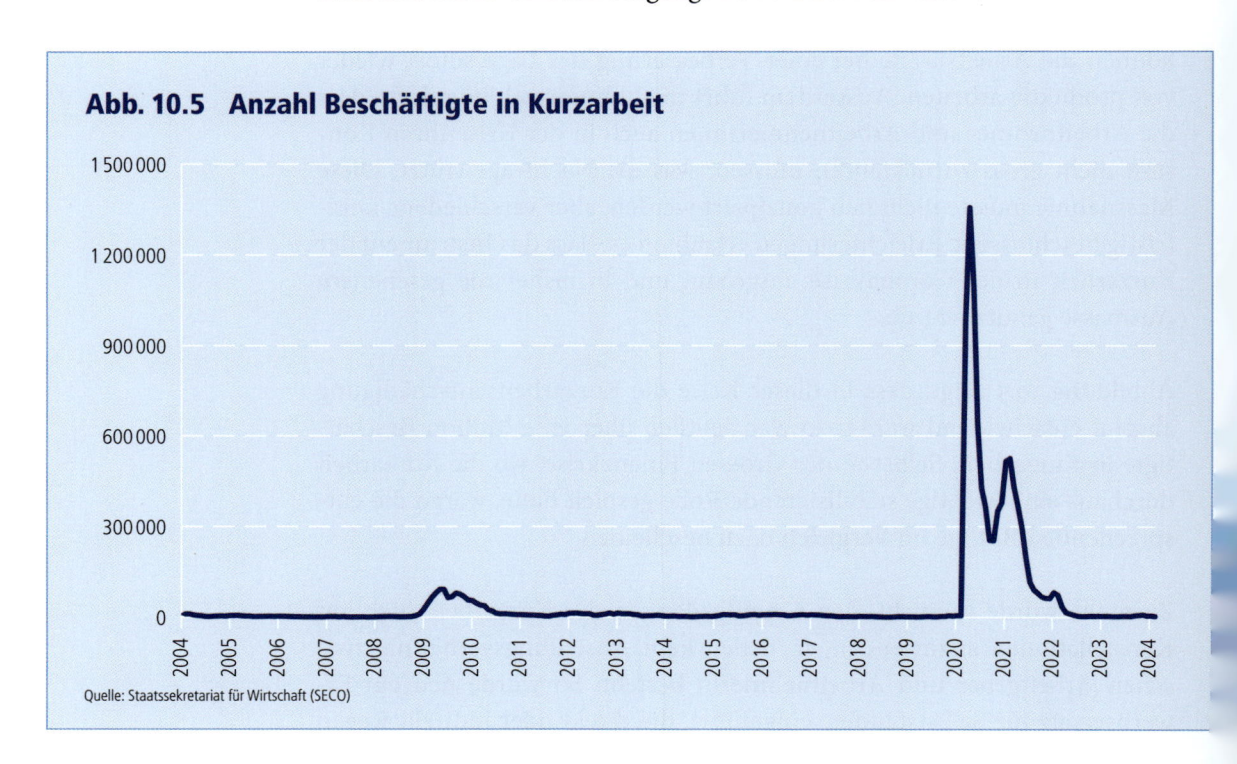

Abb. 10.5   Anzahl Beschäftigte in Kurzarbeit

Quelle: Staatssekretariat für Wirtschaft (SECO)

Zusammenfassung

1. Konjunkturelle Arbeitslosigkeit entsteht, wenn sich die Konjunktur abschwächt. Es gibt dann zu den herrschenden Konditionen auf dem Arbeitsmarkt mehr Arbeitslose als offene Stellen.

2. Eine Rezession entsteht in der Regel durch einen Rückgang der aggregierten Nachfrage. Dies kann z. B. durch eine Verschlechterung der Auslandskonjunktur oder durch eine restriktive Geld- bzw. Fiskalpolitik ausgelöst werden. Dadurch sinken wichtige Nachfragekomponenten (Konsum, Investitionen, Staatsausgaben, Nettoexporte) bei jedem Preisniveau.

3. In der kurzen Frist ist die aggregierte Angebotskurve nicht vertikal, sondern weist eine positive Steigung auf. Deshalb führt eine Verschiebung der Nachfragkurve zu einem Gleichgewicht mit tieferem realem BIP und damit zu einer geringeren Auslastung der Produktionsfaktoren, insbesondere der Arbeit. Das Resultat ist Arbeitslosigkeit, die durch die konjunkturelle Abschwächung der Nachfrage ausgelöst wurde.

4. Auf das Entstehen konjunktureller Arbeitslosigkeit kann die Wirtschaftspolitik auf drei Arten reagieren: Sie kann
   - nichts tun und warten, dass sich das Ungleichgewicht von selbst korrigiert,
   - mit einer aktiven Nachfragestimulierung die Konjunkturschwäche bekämpfen oder
   - mit der Stärkung automatischer Stabilisatoren die Anfälligkeit der Wirtschaft auf Konjunkturschwankungen reduzieren.

5. Unternimmt die Wirtschaftspolitik nichts zur Bekämpfung der Rezession, so wird sich mittelfristig das Problem von selbst lösen. Da die Preise in einer Rezession sinken, werden die Arbeitnehmerinnen und Arbeitnehmer mit der Zeit bereit sein, tiefere Löhne zu akzeptieren. Dadurch können die Unternehmen ihr Angebot bei jedem Preis ausdehnen, was die aggregierte Angebotskurve nach rechts verschiebt, bis die Kapazitätsgrenze wieder erreicht ist.

6. Betreibt der Staat eine aktive Konjunkturpolitik zur Bekämpfung der Rezession, so versucht er, die gesunkene Nachfrage wieder zu stimulieren. Er kann dies mit einer expansiven Fiskalpolitik (höhere Staatsausgaben oder tiefere Steuern) oder mit einer expansiven Geldpolitik tun.

7. Als automatischer Stabilisator wirkt die Fiskalpolitik dann, wenn bei einer Rezession ohne Zutun des Staates die Staatsausgaben steigen und/oder die Staatseinnahmen sinken. Die Einkommenssteuern und die Arbeitslosenversicherung gehören zu den wichtigsten automatischen Stabilisatoren.

8. Die aktive Konjunkturpolitik wurde in der Nachkriegszeit von vielen Ländern stark genutzt, hat seither aber deutlich an Bedeutung verloren. Erstens führen die langen Wirkungsverzögerungen dazu, dass eine zeitgerechte Konjunktursteuerung technisch kaum möglich ist, und zweitens besteht politisch ein (zu) starker Anreiz, mithilfe der Konjunkturpolitik die Wirtschaft systematisch zu stark zu stimulieren, was zu übermässiger Inflation führt.

9. Die Schweizer Wirtschaftspolitik verzichtet heute weitgehend auf eine aktive Konjunkturpolitik. Die Geldpolitik kann auf konjunkturelle Faktoren Rücksicht nehmen, aber nur, wenn das primäre Ziel der Preisstabilität nicht gefährdet ist. Die Fiskalpolitik ist stark regelgebunden und auf die Stärkung der automatischen Stabilisatoren ausgerichtet.

Repetitionsfragen

- Wie entsteht konjunkturelle Arbeitslosigkeit?

- Wie kann die Wirtschaftspolitik auf einen Nachfrageschock reagieren?

- Was geschieht bei der Anpassung ohne aktive Konjunktursteuerung?

- Welche zwei wirtschaftspolitischen Ansatzpunkte können bei einer aktiven Konjunktursteuerung unterschieden werden?

- Wie ist die gesamtwirtschaftliche Nachfrage zusammengesetzt? Welche Komponenten der gesamtwirtschaftlichen Nachfrage können durch die Fiskalpolitik, welche durch die Geldpolitik beeinflusst werden?

- Nennen Sie je ein Beispiel von automatischen Stabilisatoren auf der Einnahmen- und der Ausgabenseite.

- Welche Probleme können sich bei der keynesianischen Feinsteuerung ergeben? Beschreiben Sie diese.

- Charakterisieren Sie die Schweizer Konjunkturpolitik in Bezug auf die Geldpolitik und die Fiskalpolitik.

ZENTRALE BEGRIFFE

Keynesianismus S. 283
Nachfrageschock S. 285
Konjunkturpolitik S. 287
Aktive Konjunkturpolitik S. 290
Fiskalpolitik S. 292
Staatsausgaben S. 292
Konsumnachfrage S. 292
Geldpolitik S. 293

Investitionsnachfrage S. 293
Expansive Geldpolitik S. 293
Automatische Stabilisatoren S. 300
Kurzarbeit S. 302
Kurzarbeitsentschädigung S. 302
Wirkungsverzögerungen
    der Konjunkturpolitik S. 295
Politische Konjunkturzyklen S. 299

Expansive Konjunkturpolitik S. 299
Schuldenbremse S. 304
Konjunkturbeobachtung S. 305
Konjunkturprognose S. 305
Stabilisierungsmassnahmen S. 307

IV Preisstabilität

Die Preisstabilität fand in den wirtschaftspolitischen Debatten der letzten Jahre weit weniger Beachtung als das Thema Arbeitslosigkeit. Ein wichtiger Grund dafür liegt in der ausgesprochen erfolgreichen Inflationsprävention der Schweiz sowie der meisten OECD-Länder. Im historischen Kontext ist eine solche länger anhaltende Periode der Preisstabilität eher die Ausnahme; es gab im vergangenen Jahrhundert immer wieder längere Phasen, in denen die Inflation nicht genügend unter Kontrolle war. Und bei diesen Gelegenheiten zeigte sich, dass ab einer gewissen Höhe die Inflation sofort zum überragenden wirtschaftspolitischen Problem wird. Eine galoppierende Inflation hat nämlich nicht nur eine völlig willkürliche Umverteilung zur Folge, sondern auch einen deutlich reduzierten Wohlstand. Preisstabilität ist deshalb ein eminent wichtiges wirtschaftspolitisches Ziel.

Dieser vierte Teil des Buches umfasst drei Kapitel, welche die verschiedenen Facetten der Preisstabilität und die damit verbundenen makroökonomischen Themen behandeln:

- ▶ Kapitel 11 befasst sich mit den Hintergründen und den Kosten von Inflation und Deflation.

- ▶ Kapitel 12 ist der Geldpolitik gewidmet, dem entscheidenden wirtschaftspolitischen Instrument zur Sicherung der Preisstabilität.

- ▶ Kapitel 13 behandelt die Wechselkurse. Denn die Geldpolitik hat unmittelbare und starke Auswirkungen auf die Wechselkurse, und diese spielen in einem kleinen und offenen Land wie der Schweiz für die wirtschaftliche Entwicklung eine ganz besondere Rolle.

11 Inflation und Deflation

Im Januar des Jahres 1923 kostete in der Weimarer Republik ein US-Dollar 20 000 Mark, im August musste bereits 1 Million Mark für einen Dollar bezahlt werden, im September 1 Milliarde und im Oktober desselben Jahres 1 Billion Mark. Es erfordert nicht viel Fantasie, sich vorzustellen, welch verheerende Wirkung eine solche Inflation auf die Wirtschaft eines Landes hat. Es ist deshalb leicht verständlich, dass gerade in Deutschland die Angst vor einer Geldentwertung nach wie vor tief sitzt. Innerhalb weniger Wochen wurden im Herbst 1923 die Geldvermögen einer ganzen Generation buchstäblich vernichtet. Erreicht eine Inflation derartige Ausmasse, dann wird sie sofort zur dominierenden wirtschaftspolitischen Herausforderung. Es gehört zu den offensichtlichen Aufgaben der Wirtschaftspolitik, solche ökonomischen Katastrophen zu vermeiden. Allerdings werden wir in diesem Kapitel sehen, dass auch schon eine moderate Inflation mit substanziellen Kosten verbunden ist und dass die bald notwendige Bekämpfung einer solchen Inflation zwangsläufig mit einer Rezession bezahlt werden muss. Zudem haben uns die Erfahrungen Japans in den 1990er-Jahren in Erinnerung gerufen, dass auch eine Deflation – also generell sinkende Preise – mit enormen gesamtwirtschaftlichen Kosten verbunden ist.

In diesem Kapitel wollen wir zunächst verstehen, was eine Inflation ist, wodurch sie ausgelöst wird und wie sie bekämpft werden kann. Neben der Inflation als weitaus häufigster Gefahr für die Preisstabilität analysieren wir aber auch das seltenere, in letzter Zeit aber wieder öfter diskutierte Problem der Deflation.

Das Kapitel ist wie folgt aufgebaut:
▶ 11.1 erklärt die Entstehung einer Inflation und analysiert ihre Abhängigkeit von der Geldpolitik.
▶ 11.2 benennt die Kosten einer Inflation, die zugleich begründen, weshalb die Preisstabilität überhaupt ein wirtschaftspolitisches Ziel darstellt.
▶ 11.3 zeigt die Kosten der Inflationsbekämpfung auf und liefert damit einen weiteren wichtigen Grund, warum die Inflation möglichst tief gehalten werden sollte.
▶ 11.4 ist schliesslich der Deflation, ihrer Entstehung und ihren Kosten gewidmet. Wir werden zeigen, dass die Deflation unter Umständen ein noch grösseres Problem als die Inflation darstellt, zum Glück aber recht selten auftritt.

11.1 Erklärung der Inflation

11.2 Kosten der Inflation

11.3 Kosten der Inflationsbekämpfung

11.4 Entstehung und Kosten der Deflation

11.1 Erklärung der Inflation

Wir erläutern zunächst, wie eine Inflation eigentlich entsteht, und analysieren dann die Wirkung der Geldpolitik auf die Inflation. Schliesslich wollen wir den Zusammenhang zwischen der Finanzierung der Staatstätigkeit und der Inflation ansprechen.

11.1.1 Entstehung von Inflation

Inflation bedeutet eine permanente Steigerung des Preisniveaus. Liegt nur eine Erhöhung einzelner Preise vor, so handelt es sich lediglich um eine Veränderung der relativen Preise und keineswegs um eine Inflation. Ebenso ist diese von einer einmaligen, generellen Preissteigerung zu unterscheiden, bei der sich zwar das Preisniveau erhöht, dies aber nur ein einziges Mal um einen bestimmten Faktor. Eine echte Inflation entsteht erst bei einer laufenden Geldentwertung, wenn die Preise also über eine längere Zeit einen Wachstumstrend aufweisen.

Was kann nun der Auslöser für eine so definierte Inflation sein? Damit eine laufende Geldentwertung eintreten kann, ist eine erstmalige Preissteigerung erforderlich, die diese Inflation überhaupt erst verursachen kann (aber nicht muss!). Eine solche Preissteigerung kennt zwei mögliche Quellen: die Nachfrageseite und die Angebotsseite.

Weitaus am häufigsten wird die Preissteigerung auf der Nachfrageseite ausgelöst, und zwar durch eine übermässige Ausdehung der aggregierten Nachfrage. Ein solcher *expansiver Nachfrageschock* ist in Abbildung 11.1 schematisch eingezeichnet.

Expansiver Nachfrageschock
Exogene Ausweitung der Nachfrage nach Gütern und Dienstleistungen.

Ausgangspunkt ist eine Situation, in der die Wirtschaft schon relativ gut ausgelastet ist, mit einer aggregierten Nachfragekurve AN_1, welche die kurzfristige Angebotskurve AA_K nahe der Kapazitätsgrenze schneidet. Erfolgt hier eine Expansion der Nachfrage, sei es aufgrund einer wirtschaftspolitischen Nachfragestimulierung oder aufgrund optimistischer Erwartungen, dann wird dies die Nachfragekurve bekanntlich nach rechts verschieben. Da die Kapazitäten weitgehend ausgelastet sind, kann diese Nachfragesteigerung nicht durch zusätzliche Produktion befriedigt werden, sodass es zu einer Preissteigerung kommt. Wir beobachten also eine nur geringe Reaktion des realen BIP und gleichzeitig eine deutliche Erhöhung des Preisniveaus. Eine solche Preissteigerung kann eine Inflation auslösen. Wir werden weiter unten erklären, unter welchen Bedingungen das geschehen kann.

Abb. 11.1 Expansiver Nachfrageschock

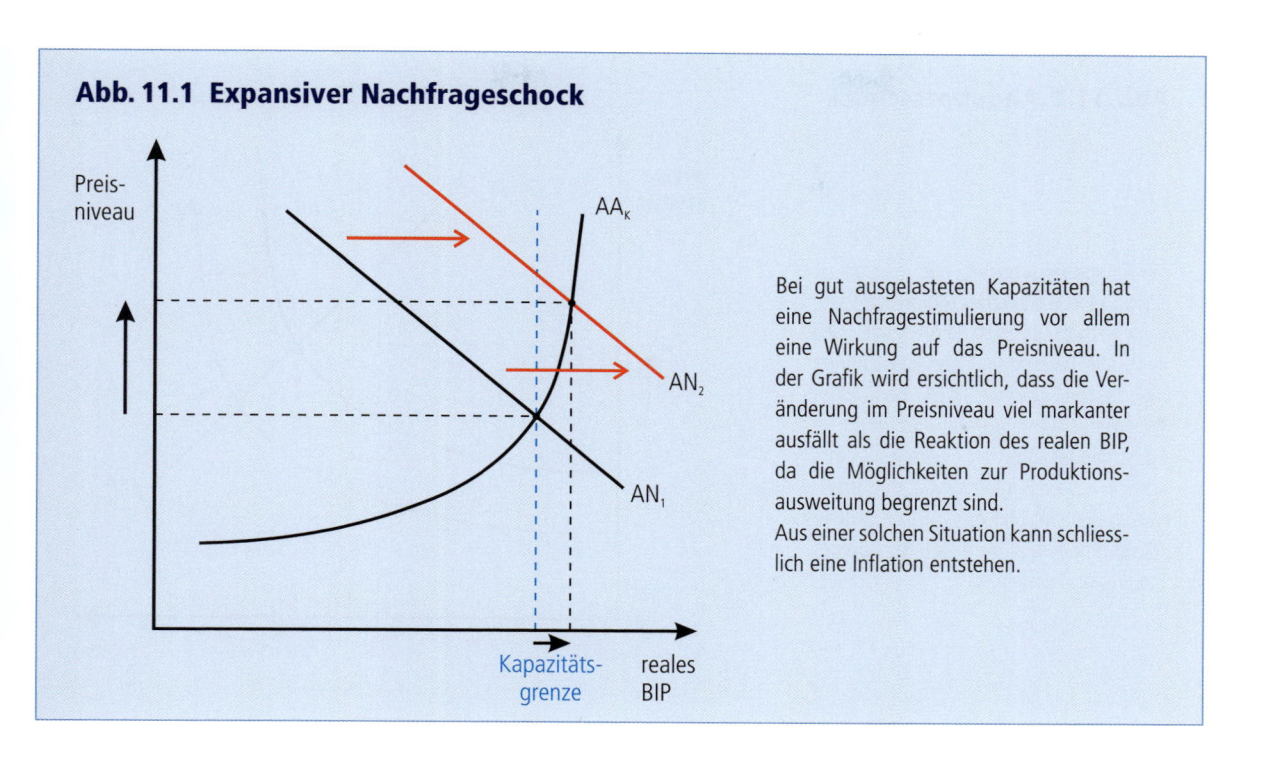

Bei gut ausgelasteten Kapazitäten hat eine Nachfragestimulierung vor allem eine Wirkung auf das Preisniveau. In der Grafik wird ersichtlich, dass die Veränderung im Preisniveau viel markanter ausfällt als die Reaktion des realen BIP, da die Möglichkeiten zur Produktionsausweitung begrenzt sind.
Aus einer solchen Situation kann schliesslich eine Inflation entstehen.

Betrachten wir zunächst noch die zweite Möglichkeit, dass nämlich die Preissteigerung auf der Angebotsseite ausgelöst wird, und zwar durch einen plötzlichen Rückgang des aggregierten Angebots. Ein solcher negativer *Angebotsschock* ist in Abbildung 11.2 auf Seite 318 dargestellt.

Der Ausgangspunkt ist der gleiche wie in Abbildung 11.1, doch diesmal wird die Wirtschaft von einem exogenen Rückgang des aggregierten Angebots getroffen. Das klassische Beispiel hierfür sind Erdölpreisschocks. Weil Erdöl ein wichtiger Rohstoff für die Produktion zahlreicher Güter ist, bewirkt eine Erhöhung seines Preises einen Kostensprung für die gesamte Wirtschaft. Das bedeutet, dass zu jedem Preisniveau weniger produziert werden kann, weshalb sich die kurzfristige aggregierte Angebotskurve AA_K nach links verschiebt. Wie wir in Abbildung 11.2 sehen, ist die Wirkung eines solchen Angebotsschocks ausgesprochen unerfreulich. Es erfolgt nämlich gleichzeitig ein Rückgang des realen BIP und eine Erhöhung des Preisniveaus. Diese Kombination wurde im Zusammenhang mit den Erdölschocks der 1970er- und 1980er-Jahre treffend als *Stagflation* (zusammengesetzt aus den Begriffen Stagnation und Inflation) bezeichnet. Auch ein Angebotsschock kann also Auslöser einer Inflation sein.

Angebotsschock
Exogener Rückgang des gesamtwirtschaftlichen Angebots an Gütern und Dienstleistungen.

Stagflation
Situation, in der eine Volkswirtschaft sowohl unter einem schwachen Wachstum des BIP (Stagnation), als auch unter Inflation leidet.

Abb. 11.2 Angebotsschock

Ein Angebotsschock, z. B. ausgelöst durch einen starken Erdölpreisanstieg, verschiebt die kurzfristige AA-Kurve nach links. Die Verteuerung dieses wichtigen Inputfaktors bewirkt, dass bei jedem Preisniveau weniger produziert wird.
Das Unangenehme an einem Angebotsschock ist, dass gleichzeitig das Preisniveau ansteigt und das BIP zurückgeht. Dieses Phänomen wird mit dem Begriff Stagflation bezeichnet.

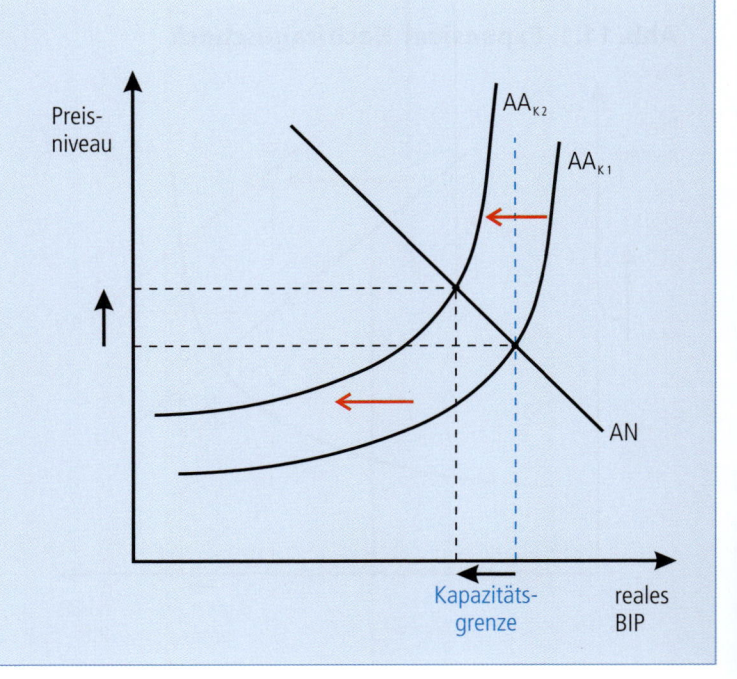

Die beiden besprochenen Schocks führen aber, wie aus den grafischen Darstellungen ersichtlich, nur zu einer einmaligen Preiserhöhung, was an sich noch keine Inflation ist. Der Übergang von einem Gleichgewicht zum anderen erfolgt allerdings nicht schlagartig, sondern schrittweise innerhalb einer gewissen Übergangsperiode. Während dieser Periode beobachtet man ein wachsendes Preisniveau, also (vorübergehende) Inflation.

Ob dieser Prozess eines steigenden Preisniveaus aber auch nach Erreichen des neuen Gleichgewichts weiterläuft, ob also tatsächlich auch über die Anpassungsperiode hinaus eine Inflation auftritt, hängt entscheidend von der Reaktion der Geldpolitik ab. Reagiert diese nämlich nicht, bleibt die Geldmenge also konstant, so führt ein solcher Schock tatsächlich nur zu einer einmaligen Preiserhöhung. Befriedigt die Geldpolitik aber die zusätzliche Nachfrage nach Geld durch ein erweitertes Geldangebot, dann kann sich daraus ein selbstverstärkender Prozess entwickeln, der auch als *Lohn-Preis-Spirale* bezeichnet wird. Die Spirale symbolisiert dabei den Schritt von einer einmaligen zu einer permanenten Preissteigerung, also zu einer Inflation.

Lohn-Preis-Spirale
Selbstverstärkender Prozess, bei dem ein Anstieg des Preisniveaus einen Anstieg der Löhne bewirkt, der wiederum zu einer Preisanpassung nach oben führt.

Dabei geschieht Folgendes: Der anfängliche Schock erhöht das Preisniveau. Dies führt dazu, dass die Reallöhne sinken. Das heisst, mit einem gegebenen Geldbetrag kann aufgrund der höheren Preise weniger gekauft werden, womit die Kaufkraft der Nominallöhne sinkt. Der Effekt wird dadurch verstärkt, dass die Nominallöhne in Arbeitsverträgen typischerweise für eine gewisse Zeitspanne festgeschrieben sind. Steigt nun innerhalb dieser Zeitspanne das Preisniveau, sinken also die Reallöhne. Deshalb werden die Arbeitnehmerinnen und Arbeitnehmer in der nächsten Lohnrunde einen höheren Nominallohn fordern. Wird ihnen nun der Nominallohn nur um die Differenz der einmaligen Preissteigerung erhöht, dann führt das lediglich zu einer Rückführung der Reallöhne auf das alte Niveau. Erfolgt diese Lohnrunde aber in einem Umfeld mit hoher Inflation, dann werden die Arbeitnehmer eine Nominallohnerhöhung anstreben, die die Teuerung der vergangenen Perioden übersteigt. Erstens wollen sie eine gewisse Entschädigung für die tiefere Kaufkraft ihrer Löhne in der vergangenen Periode. Zweitens – und vor allem – aber wollen sie vermeiden, wieder in dieselbe Situation mit sinkenden Reallöhnen zu geraten. Gewähren die Unternehmen aber diese stärkere Nominallohnerhöhung, so führt dies zu einer Kostensteigerung, welche die Unternehmen zumindest teilweise in Form höherer Güterpreise an die Konsumentinnen und Konsumenten weitergeben werden. Damit erhöht sich das Preisniveau, und das Spiel beginnt wieder von vorne.

Wir erkennen also in dem oben erläuterten Ablauf einen sich selbst verstärkenden Prozess: Preiserhöhungen führen zu überproportional steigenden Nominallöhnen und damit wieder zu Preiserhöhungen. Das entscheidende Element dieses Prozesses ist die durch die Preissteigerung ausgelöste *Inflationserwartung* der Arbeitnehmerinnen und Arbeitnehmer, d. h. ihre Erwartung, dass die Preise weiter und möglicherweise sogar beschleunigt steigen werden.

Inflationserwartung
Annahmen über die zukünftige Entwicklung des Preisniveaus.

Will man eine solche Lohn-Preis-Spirale bekämpfen, muss die Inflationserwartung gedämpft werden. Dies ist die zentrale Aufgabe der Geldpolitik. Kämpft diese nämlich aktiv gegen die Inflation an, dann wird die Lohn-Preis-Spirale sehr schnell ihre Dynamik verlieren; stellt die Zentralbank nicht zusätzliches Geld zur Vefügung, so ist gar nicht genügend Geld vorhanden, um die Preissteigerungen zu ermöglichen. Allerdings, und das werden wir in Unterkapitel 11.3 sehen, ist ein solches Gegensteuern der Geldpolitik kurzfristig mit negativen konjunkturellen Effekten verbunden und entsprechend unpopulär. Schreckt die Geldpolitik jedoch vor einem solchen Gegensteuer zurück, dann führen die an sich einmaligen preissteigernden Schocks effektiv zu einer Inflation. Auch die Erdölpreisschocks in den 1970er- und 1980er-Jahren waren eigentlich einmalige, schockartige Preiserhöhungen, die dann aber Lohn-Preis-Spiralen auslösten und deshalb die Inflation längerfristig anheizen. Man spricht in diesem Zusammenhang oft von sogenannten *Zweitrundeneffekten* der Erdölpreissteigerung. Dies deshalb, weil eigentlich nicht die Preissteigerung eines einzelnen Gutes zu erhöhter Inflation führt, sondern erst – gleichsam in einer zweiten Runde – die Erhöhung aller Preise über die Lohn-Preis-Spirale.

11.1.2 Geldpolitik und Inflation: Die Quantitätsgleichung

Wir wollen in diesem Unterabschnitt den Zusammenhang zwischen Geldpolitik und Inflation etwas genauer untersuchen. Dabei können wir auf ein Grundkonzept der monetären Analyse zurückgreifen, auf die sogenannte Quantitätsgleichung. An diesem Konzept lässt sich im Übrigen auch die Grundidee repetieren, die hinter unserem gesamtwirtschaftlichen Modell steht.

Die vom amerikanischen Ökonomen Irving Fisher massgeblich entwickelte Quantitätstheorie des Geldes lässt sich anhand einer einfachen Gleichung erläutern, aus deren Analyse wir die Effekte der Geldpolitik auf die Inflation und andere gesamtwirtschaftliche Grössen ableiten können. Diese *Quantitätsgleichung* lautet wie folgt:

$$\mathbf{P}_{\text{(Preisniveau)}} \times \mathbf{Q}_{\text{(reales BIP)}} = \mathbf{M}_{\text{(Geldmenge)}} \times \mathbf{V}_{\text{(Geldumlaufgeschwindigkeit)}}$$

Da es sich hier um eine Identität handelt, gilt diese Gleichung per definitionem immer. Ein Ungleichgewicht ist deshalb, auch kurzfristig, nicht möglich. Wenn sich also eine der Grössen verändert, dann muss sich gleichzeitig eine andere der Grössen so ändern, dass die Gleichung wieder gilt.

Wie aber setzt sich die Gleichung zusammen? Sowohl auf der rechten als auch auf der linken Seite der Gleichung steht der gleiche Betrag, jedoch einmal in Form von Geld (rechte Seite) und einmal als in Geldeinheiten bewertetes BIP (linke Seite). Die Multiplikation des Preisniveaus P mit dem realen Bruttoinlandprodukt Q entspricht dem nominalen Bruttoinlandprodukt, also dem BIP, ausgedrückt beispielsweise in Franken. Das nominale Bruttoinlandprodukt ist die Wertschöpfung einer Ökonomie in einer bestimmten Zeitperiode, meist während eines Jahres. Um dieses in Geldeinheiten, also hier in Franken, bewerten zu können, ist Geld notwendig. Dieses Geld ist auf der rechten Seite der Gleichung abgetragen, und zwar als die Geldmenge M multipliziert mit der *Umlaufgeschwindigkeit des Geldes* V.

Zweitrundeneffekt
Verstärkung der Inflation über die Lohn-Preis-Spirale nach einem einmaligen Preisschock.

Quantitätsgleichung
Ökonomische Identität, nach der das nominale BIP der Geldmenge multipliziert mit der Umlaufgeschwindigkeit des Geldes entspricht.

Umlaufgeschwindigkeit des Geldes
Anzahl Transaktionen, die mit einer Einheit Geld in einer Periode durchgeführt werden.

Was ist die Bedeutung dieser Umlaufgeschwindigkeit? Das BIP bildet die Wertschöpfung eines ganzen Jahres ab. Da aber die einzelnen Geldeinheiten, z. B. eine Zehnernote, pro Jahr mehrmals für Zahlungen verwendet werden, muss nicht für das gesamte nominale Bruttoinlandprodukt Geld im physischen Sinne vorhanden sein. Es genügt eine kleinere Geldmenge, um den Gegenwert des nominalen BIP abzubilden. Wie gross der nötige Betrag an physischem Geld ist, hängt davon ab, wie viele Male pro Jahr die Zehnernote verwendet wird – was der Umlaufgeschwindigkeit des Geldes entspricht. Beträgt diese 10, so bedeutet das, dass im Durchschnitt jede Note zehnmal verwendet wird und deshalb nur eine Geldmenge M benötigt wird, die einem Zehntel des Werts des nominalen BIP entspricht. Je grösser also die Umlaufgeschwindigkeit V, desto kleiner ist die benötigte Geldmenge M.

Was aber hat das alles mit der Inflation zu tun?

Mit der Quantitätsgleichung lässt sich analysieren, welche Auswirkungen eine Veränderung der Geldmenge M, also zum Beispiel eine expansive Geldpolitik, hat. Dafür macht man in der Regel die wichtige Annahme, dass die Umlaufgeschwindigkeit des Geldes konstant ist. Mit anderen Worten heisst dies, dass die Geldnachfrage – die Zahlungsgewohnheiten also – sich nicht stark ändert. Mit dieser Annahme wird aus der Quantitätsgleichung die Quantitätstheorie des Geldes, die in der Analyse der Effekte der Geldpolitik auf die Inflation eine zentrale Rolle spielt und auf der die folgende Diskussion beruht.

Wichtig ist dabei, kurz- und langfristige Wirkungen einer Geldmengenerhöhung zu unterscheiden. Diese zentrale Unterscheidung, die in Kapitel 3 detaillierter erläutert wird, treffen wir immer an, wenn wir makroökonomische Fragen erörtern.

Betrachten wir zuerst den langfristigen Effekt. In der langen Frist kann aus rein logischen Gründen eine Geldmengenerhöhung, also eine Erhöhung der Anzahl Franken im Umlauf, kaum einen Effekt auf eine reale Grösse wie das Bruttoinlandprodukt haben. Geld besteht ja im Wesentlichen aus nichts anderem als aus bedruckten Scheinen, die als Zahlungsmittel akzeptiert sind, an sich aber keinen Wert besitzen. Verdoppeln wir die Menge an bedruckten Scheinen, so erwartet niemand, dass wir deshalb nun doppelt so reich seien. Real ändert sich ja trotz der Geldmengenerhöhung nichts. Auf die Quantitätsgleichung angewendet, bedeutet dies, dass die Erhöhung der Geldmenge M langfristig zu einer proportionalen Erhöhung des Preisniveaus P, also zu Inflation führt, bis die Gleichung wieder erfüllt ist. Das reale BIP bleibt unberührt.

Kurzfristig aber, und das ist eine Quintessenz unserer Analyse konjunktureller Schwankungen in Kapitel 10, wirkt die Geldmengenerhöhung nicht nur auf das Preisniveau. Vielmehr stimuliert eine solche expansive Geldpolitik die gesamtwirtschaftliche Nachfrage und hat daher kurzfristig einen Effekt auf den Output, also auf das reale Bruttoinlandprodukt. Die Quantitätsgleichung kann verwendet werden, um dies formal abzubilden: Eine Erhöhung der Geldmenge M führt in diesem Fall nicht nur zu einer Erhöhung von P, sondern zu einer Kombination aus steigendem P und steigendem Q, wobei P und Q so stark steigen, bis die Identität wieder erfüllt ist. Wie stark der Effekt auf Q ist, hängt davon ab, wie flach die kurzfristige AA-Kurve ist, also unter anderem davon, wie weit von der Kapazitätsgrenze entfernt die Wirtschaft in der Ausgangslage operiert hat.

Abbildung 11.3 rekapituliert die kurzfristigen Auswirkungen einer expansiven Geldpolitik, indem zwei Fälle betrachtet werden.

In einem ersten Fall liegt die AN-Kurve zu Beginn relativ weit von der Kapazitätsgrenze entfernt, also im eher flachen Abschnitt der kurzfristigen

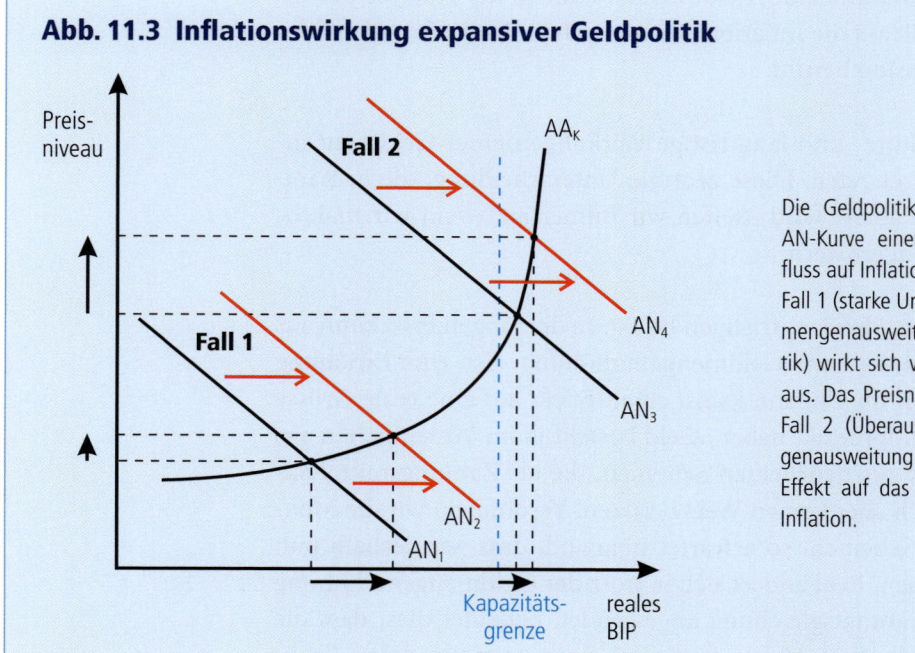

Abb. 11.3 Inflationswirkung expansiver Geldpolitik

Die Geldpolitik hat je nach Lage der AN-Kurve einen unterschiedlichen Einfluss auf Inflation und Output.
Fall 1 (starke Unterauslastung): Die Geldmengenausweitung (expansive Geldpolitik) wirkt sich vor allem auf den Output aus. Das Preisniveau steigt nur minimal.
Fall 2 (Überauslastung): Die Geldmengenausweitung hat vor allem einen Effekt auf das Preisniveau. Es entsteht Inflation.

aggregierten Angebotskurve (AA_K). Betreibt man in dieser Situation eine expansive Geldpolitik, wirkt dies vor allem auf den realen Output Q und in geringerem Mass auf das Preisniveau P; die Quantitätsgleichung wird also vor allem durch die Anpassung des Outputs wieder erfüllt. In seiner ursprünglichen Analyse hatte Keynes sogar den Extremfall vor Augen, bei dem eine Nachfrageerhöhung ausschliesslich zu einer Reaktion des realen Outputs und zu überhaupt keiner Erhöhung des Preisniveaus führt. Auf die Grafik übertragen, würde das bedeuten, dass die aggregierte Angebotskurve im relevanten Bereich horizontal wäre, d. h., alle Preise wären vollständig fixiert.

Im zweiten Fall von Abbildung 11.3 finden wir eine Situation vor, in der die Auslastung der Wirtschaft relativ gut ist. Die AN-Kurve liegt deshalb nahe am vertikalen Bereich der AA_K-Kurve. Hier hat eine Expansion der Geldpolitik kurzfristig vor allem eine Erhöhung des Preisniveaus und nur eine minime Erhöhung des realen Outputs zur Folge.

Grundsätzlich gibt es noch einen dritten Fall, bei dem wir die Annahme einer konstanten Umlaufgeschwindigkeit aufgeben: Eine Erhöhung von M könnte nämlich P und Q unverändert belassen, dafür aber zu einem Rückgang von V führen. Dieser Fall, bei dem die Umlaufgeschwindigkeit des Geldes massiv fällt, ist allerdings eher ungewöhnlich. Im Wesentlichen würde dies bedeuten, dass der einzelne Geldschein weniger häufig umgesetzt wird, dass also Geld gehortet wird.

Keynes argumentierte, dass dieser dritte Fall in einer sehr schweren Wirtschaftskrise tatsächlich auftreten könnte. Nämlich dann, wenn die Menschen eine so düstere Zukunftseinschätzung haben, dass sie zusätzliches Geld (M steigt) horten, statt es auszugeben (V fällt so stark, dass die Quantitätsgleichung erfüllt bleibt; sowohl Q als auch P verändern sich nicht). Im Extremfall, der sogenannten *Liquiditätsfalle*, kann das dazu führen, dass eine expansive Geldpolitik sich gar nicht mehr auf die aggregierte Nachfrage (also auf das reale BIP) auswirkt, weil das gesamte zusätzliche Geld gehortet, statt für den Kauf von Gütern verwendet wird; die Nachfrage bleibt dann unverändert. In einer solchen Situation kann nach Keynes eigentlich nur noch eine expansive Fiskalpolitik zu einer Erhöhung der gesamtwirtschaftlichen Nachfrage führen. Gemäss Keynes lag in der Grossen Depression nach der Weltwirtschaftskrise tatsächlich eine solche Liquiditätsfalle vor. Er empfahl deshalb, die Wirtschaft durch eine Expansion der Staatsausgaben anzukurbeln.

Liquiditätsfalle
Situation, in der sich eine Volkswirtschaft in einer Rezession befindet, die Nominalzinsen bei null liegen und übliche geldpolitische Massnahmen keine Wirkung zeigen.

Zusammenfassend lässt sich aufgrund der Quantitätstheorie sagen, dass hinter jeder Inflation letztlich eine Expansion der Geldmenge steht. Ob die inflationäre Entwicklung bereits kurz nach der erfolgten Expansion einsetzt, darüber gibt es lebhafte wirtschaftspolitische Debatten. Dass aber langfristig jede Inflation auf eine zu starke Geldmengenexpansion zurückzuführen ist, gilt als unbestritten.

Folgt nun aus dieser Analyse, dass jede Geldmengenexpansion langfristig zu einer Inflation führt? Die Antwort ist nein, und zwar aus dem einfachen Grund, weil eine real wachsende Wirtschaft tatsächlich mehr Geld benötigt. Das ist intuitiv einleuchtend, da Wachstum zu mehr Transaktionen führt, die mehr liquide Mittel erfordern. Allerdings darf sich die Geldmenge jeweils nur im Tempo des realen BIP-Wachstums erhöhen und nicht stärker. Diese Überlegung wird übrigens durch die Quantitätsgleichung bestätigt. Wenn die Wirtschaft wächst, wenn also das reale BIP Q steigt (linke Seite der Gleichung erhöht sich), dann kann die Geldmenge M um den gleichen Betrag steigen (rechte Seite steigt), ohne dass sich das Preisniveau P verändert; eine solche Expansion der Geldmenge ist also nicht inflatorisch. Sie ist im Gegenteil sogar nötig, damit die Wirtschaft mit genügend Geld versorgt ist und die Geldpolitik nicht restriktiv wirkt.

11.1.3 Staatsfinanzen und Inflation

Die Finanzierung der Staatstätigkeit hat sich in der Vergangenheit immer wieder als zentraler Auslöser von Inflationen erwiesen. Auch heute noch lässt sich dieser Mechanismus vor allem in Entwicklungs- und Schwellenländern häufig beobachten. Da die Staatsfinanzen in Teil V detaillierter analysiert werden, sollen hier nur die grundsätzlichen Zusammenhänge aufgezeigt werden.

Ein Staat kann seine Ausgaben prinzipiell auf drei Arten finanzieren. Er kann
▶ Steuern erheben (die einzige längerfristig nachhaltige Art),
▶ sich verschulden oder
▶ Geld drucken.

Auf die ersten beiden Methoden werden wir in Kapitel 14 zu sprechen kommen. Weder eine Steuererhöhung noch eine zusätzliche Verschuldung sind politisch besonders attraktive Finanzierungsarten. Dagegen erscheint die Finanzierung über die *Geldschöpfung* äusserst verlockend. Der Staat kann sich bei der Zentralbank «verschulden», indem er diese dazu bewegt, Geld zu schaffen und der Regierung als «Darlehen» zur Verfügung zu stel-

---

Geldschöpfung
Geldschaffung der Geschäftsbanken durch die Gewährung von Krediten.

len. Es gibt kaum eine einfachere und vordergründig wirksamere Methode für eine Regierung, um einen kurzfristigen Aufschwung auszulösen.

Die Finanzierung der Staatsausgaben über die Notenpresse scheint auf den ersten Blick schmerzlos zu sein, führt aber langfristig zu massiven Inflationsproblemen, die oft gar in eine *Hyperinflation* münden. Denn wie wir erkannt haben, führt eine zu expansive Geldpolitik, also eine zu starke Erhöhung der Geldmenge, längerfristig unweigerlich zu Preiserhöhungen, also zu einer Inflation.

> **Hyperinflation**
> Sehr starke Inflation. Als Faustregel gilt: Liegen die monatlichen Inflationsraten über 50%, wird von Hyperinflation gesprochen.

Die Geldschöpfung kann man deshalb auch als eine Form der Steuer auf die Geldhaltung interpretieren. Das Bargeld, das jemand hält, entwertet sich mit der Inflationsrate, sie entspricht dem Steuersatz. Entsprechend ist eine solche «Steuer», wie sie gelegentlich in Entwicklungsländern beobachtet werden kann, ausgesprochen unsozial, da gerade die Ärmsten darauf angewiesen sind, lokales Geld zu halten. Sie haben nicht die Möglichkeit, dieses Geld in Devisen oder direkt im Ausland anzulegen.

Es besteht gerade für schwache Regierungen oft der starke Anreiz, sich über die Geldpresse zu finanzieren, was mittelfristig unweigerlich die Inflation in die Höhe treibt. Vor diesem Hintergrund ist klar, warum eine strikte institutionelle Trennung zwischen Zentralbank und Regierung von so grosser Bedeutung ist.

11.2 Kosten der Inflation

Die Kosten der Inflation treten meist nicht derart offensichtlich zutage wie diejenigen der Arbeitslosigkeit. Inflation bedeutet eine mehr oder weniger schleichende Entwertung des Geldes, woran man sich bis zu einem gewissen Grad sogar gewöhnen kann. Vollends sichtbar werden die Kosten erst dann, wenn die Inflation eine gewisse Höhe erreicht hat. So zeigen die Erfahrungen mit Hyperinflationen, also mit monatlichen Inflationsraten von 50% und mehr, dass ab einem gewissen Mass die Inflation das Wirtschaftsgeschehen vollständig dominiert.

Bei einer Hyperinflation besteht die produktivste wirtschaftliche Tätigkeit in der Spekulation. Sobald jemand Geld erhält, muss er es auf innovative Art und Weise so schnell wie möglich wieder loswerden. Wie die Analysen von Hyperinflationen zeigen, geht dies teilweise so weit, dass praktisch das gesamte sonstige Wirtschaftsleben zum Stillstand kommt. Nun kann man mit einigem Recht festhalten, dass Hyperinflationen äusserst selten auftreten und daher für die Beurteilung der Inflationskosten wenig relevant sind. Allerdings entstehen schon bei eher tiefen Inflationsraten von 10 bis 15 % pro Jahr doch sehr hohe Kosten. Hinzu kommt die ständige Gefahr, dass sich die Inflation ab einer gewissen Höhe von selbst weiter nach oben schaukelt, ein Phänomen, dem wir bereits bei der Diskussion der Lohn-Preis-Spirale begegnet sind. Denn eine relativ hohe, aber stabile Inflation ist eher selten.

Wenden wir uns nun den Kosten einer moderaten Inflation zu. Sie lassen sich in fünf Kategorien unterteilen:
1. Transaktionskosten,
2. Kosten der Unsicherheit,
3. Kosten aufgrund der Verzerrung der relativen Preise,
4. Kosten für die Kreditgeber,
5. Kosten aufgrund der kalten Progression der Steuern.

> **Transaktionskosten**
> Kosten des Austausches von Gütern und Dienstleistungen. Damit ist nicht der Preis des transferierten Gutes gemeint, sondern die durch die Transaktion zusätzlich anfallenden Kosten (z. B. Informations-, Verhandlungs-, Abwicklungs- und Kontrollkosten).

Beginnen wir mit den *Transaktionskosten*. Hat eine Inflation eine gewisse Höhe erreicht, überlegen sich die Menschen, wie sie sich gegen die Geldentwertung schützen können. Sie werden versuchen, ihre Bargeldhaltung, also die Entscheidung, wie viel Geld sie in der Brieftasche haben, auf die Situation abzustimmen. Diese Aktivitäten zum Schutz vor der Inflation, beispielsweise der häufigere Gang zur Bank, um dort kleinere Beträge abzuheben, stellen Transaktionskosten dar. Es sind an sich unproduktive Aufwendungen, auf die man bei tiefer Inflation verzichten könnte.

Bedeutender als die vergleichsweise kleinen Transaktionskosten sind die Kosten, die durch die Unsicherheit verursacht werden. Wie erwähnt, ist eine höhere Inflation nur äusserst selten stabil. Läge eine stabile Inflation von beispielsweise 12 % jährlich vor, so könnte sich die Wirtschaft auf diese einstellen, indem in alle langfristigen Verträge eine Inflationsrate von 12 % eingebaut würde. Tatsächlich haben aber höhere Inflationsraten die Tendenz, weiter zu steigen. Sie sind zudem sehr volatil, d. h., die Inflationsrate kann von Jahr zu Jahr stark schwanken. In allen längerfristigen Verträgen, vor allem natürlich in Kreditverträgen im weitesten Sinne, muss deshalb ein entsprechend grosser Sicherheitsbonus eingebaut werden. Diese Unsicherheit bringt Kosten der Risikoabsicherung mit sich. Für Kreditverträge müssen dann aus zwei Gründen höhere Zinsen gezahlt werden: wegen der erwarteten Inflation und wegen der Unsicherheit über ihre tatsächliche Höhe, für die der Kreditgeber verständlicherweise auch in Form von Zinsaufschlägen entschädigt werden möchte.

Die dritte Form von Inflationskosten ist etwas subtiler. Es geht dabei um die *Verzerrung der relativen Preise*, wodurch Knappheitssignale verwischt werden und ein ineffizienter Einsatz der Ressourcen ausgelöst werden kann. Auf den ersten Blick scheint das überraschend, haben wir doch die Inflation als eine Erhöhung aller Preise und nicht einzelner Preise definiert. Wenn aber alle Preise gleich steigen, dann müssten ja die relativen Preise zwischen den Gütern unverändert bleiben, weil alle um den gleichen Prozentsatz zunehmen.

In der Praxis ist es aber so, dass nicht alle Preise gleich flexibel sind. Eine Tatsache, die bei der Erklärung der makroökonomisch wichtigen positiven Steigung der kurzfristigen aggregierten Angebotskurve in Kapitel 3 eingehend erläutert wird. Es gibt Preise, die sich jede Sekunde anpassen, z. B. die Preise für Erdöl oder Zucker. Bei anderen kann es durchaus ein halbes Jahr oder länger dauern, bis sie auf veränderte Bedingungen reagieren. Beispiele dafür sind die in Katalogen abgedruckten Preise oder Löhne, die längerfristig vertraglich festgelegt sind. Diese unterschiedlichen Anpassungstempi gewinnen während einer inflationären Periode zunehmend an Bedeutung, da sie dafür verantwortlich sind, dass sich die relativen Preise zwischen den Gütern verändern. Ein Gut, dessen Preis sich bei einer Inflation relativ schnell erhöht, wird dann durch das Preissignal als zu knapp bewertet. Das führt dazu, dass im Vergleich zur unverzerrten Situation zu viel dieses Gutes produziert und zu wenig davon konsumiert wird. Der zentrale Steuermechanismus einer Marktwirtschaft wird also, wenn nicht ausser Kraft gesetzt, so doch empfindlich gestört. Das bildet einen wichtigen, allerdings kaum direkt erkennbaren Kostenfaktor der Inflation.

Die vierte Form von Inflationskosten besteht in der Schädigung der Kreditgeber, falls die Inflation unerwartet ansteigt. Nehmen wir an, jemand vergebe einen Kredit von 100 Franken und man einige sich auf eine jährliche Zinszahlung von 10 % des Betrags, also von 10 Franken. Beträgt nun im Verlaufe des Jahres die Inflation unerwartet 100 % – um ein extremes Beispiel zu wählen –, dann ist diese Zinszahlung von 10 Franken am Ende des Jahres real nur noch die Hälfte wert. Das Gleiche gilt für den ursprünglichen Betrag von 100 Franken, der die Hälfte an Kaufkraft verloren hat, sodass der Kreditgeber auch bei Rückzahlung der Schuld geschädigt wird. Kreditgeber sind im Übrigen meist die Haushalte. Mit diesem Mechanismus haben sich Regierungen nach teuren Kriegen oft des Grossteils ihrer Schulden entledigt. Mit einer massiven Nachkriegsinflation wurde der reale Wert der oft zwangsweise eingezogenen Kriegsanleihen in kürzester Zeit praktisch auf null reduziert.

> **Verzerrung der relativen Preise**
> Zustand, in dem die relativen Preise nicht die richtigen Signale über die Knappheit der entsprechenden Güter und Dienstleistungen wiedergeben.

Natürlich werden sich die Kreditgeber in der Regel dagegen zu schützen versuchen, indem sie höhere Zinsen verlangen. Das bedeutet aber, wie wir gesehen haben, dass in einem Umfeld mit hoher Inflation die Zinsen meist sehr hoch sind, was die Wirtschaftstätigkeit empfindlich dämpft.

Eine fünfte Form von Kosten der Inflation ist schliesslich die sogenannte *kalte Progression*. Sie entsteht dadurch, dass die Steuerklassen in der Regel in nominalen Werten definiert sind und die Einkommenssteuer progressiv ausgestaltet ist. So steigt das nominale Einkommen aufgrund der Inflation, auch wenn es real nicht an Wert zugenommen hat. Erhält beispielsweise jemand mit einem Jahreseinkommen von 50 000 Franken Ende Jahr eine Lohnerhöhung auf 55 000 Franken, so ist real nichts passiert, falls die Inflation in diesem Jahr 10 % betrug. Das nominal (aber eben nicht real!) höhere Einkommen kann aber dazu führen, dass die betroffene Person in eine höhere Steuerklasse aufrückt. Musste sie bisher 10 % an Steuern bezahlen, so werden nun in diesem hypothetischen Beispiel aufgrund der Geldentwertung auf dem real gesehen immer noch gleich hohen Betrag 12 % Steuern fällig. Dies bedeutet eine eigentlich unbeabsichtigte Umverteilung des Einkommens von den Steuerzahlerinnen und Steuerzahlern zum Staat.

> **Kalte Progression**
> Anstieg der realen Steuerlast, der dadurch entsteht, dass die in nominalen Grössen definierten Steuerklassen nicht laufend der Inflation angepasst werden.

11.3 Kosten der Inflationsbekämpfung

Neben den genannten direkten Kosten verursacht eine steigende Inflation jedoch auch grosse indirekte Kosten. Sie fallen an, weil eine steigende Inflation zwingend irgendwann wieder gesenkt werden muss. Die Korrektur ist vor allem auch deshalb nötig, weil die Inflation sich zu einem gewissen Grad selbst zu verstärken droht. Sind nämlich einmal Inflationserwartungen bei den Beteiligten einer Volkswirtschaft entstanden, so besteht die starke Tendenz einer Spirale nach oben, und es muss kräftig wirtschaftspolitisches Gegensteuer gegeben werden, um die Lage nicht ausser Kontrolle geraten zu lassen.

Hier zeigt sich dann, dass die Bekämpfung einer höheren Inflation mit hohen gesamtwirtschaftlichen Kosten verbunden ist, die sich in Form von Rezessionen und steigender Arbeitslosigkeit manifestieren. Sie sind im Gegensatz zu den im letzten Abschnitt analysierten direkten Kosten für alle unmittelbar sicht- und spürbar; allerdings werden sie in der öffentlichen Diskussion oft zu wenig mit der vorangegangenen Inflation in Zusammenhang gebracht.

11.3.1 Effekte auf die Konjunktur

Die Auswirkungen der Inflationsbekämpfung auf die Konjunktur lassen sich mit dem gesamtwirtschaftlichen Grundmodell relativ einfach analysieren. Abbildung 11.4 zeigt die zugrunde liegenden Mechanismen.

In der Ausgangslage ist die Wirtschaft ausgelastet und aufgrund der vorgängig stark expansiven Geldpolitik besteht ein inflatorisches Umfeld. Das heisst, die aggregierte Nachfragekurve AN unterliegt der Tendenz, sich laufend weiter nach rechts oben zu verschieben. Wir nehmen an, dass die Zentralbank der Inflation die Spitze brechen will, indem sie die Geldmenge reduziert, also eine restriktive Geldpolitik betreibt. Idealerweise würde sie das genügend schnell machen, sodass die Nachfrage gerade so hoch bliebe, dass die Wirtschaft weiterhin an der Kapazitätsgrenze operieren könnte. Die Geldpolitik ist jedoch kein feinchirurgisches Instrument, sondern wirkt in der Regel wie ein Holzhammer, mit dem die Inflation eher erschlagen als subtil gedämpft werden kann. In der Realität folgt deshalb aus einer restriktiven Geldpolitik zur Inflationsbekämpfung ein Szenario, wie es in Abbildung 11.4 dargestellt ist. Die aggregierte Nachfragekurve verschiebt sich durch den geldpolitischen Eingriff zu stark nach links. Die Folge ist zwar tatsächlich der erhoffte dämpfende Effekt auf das Preis-

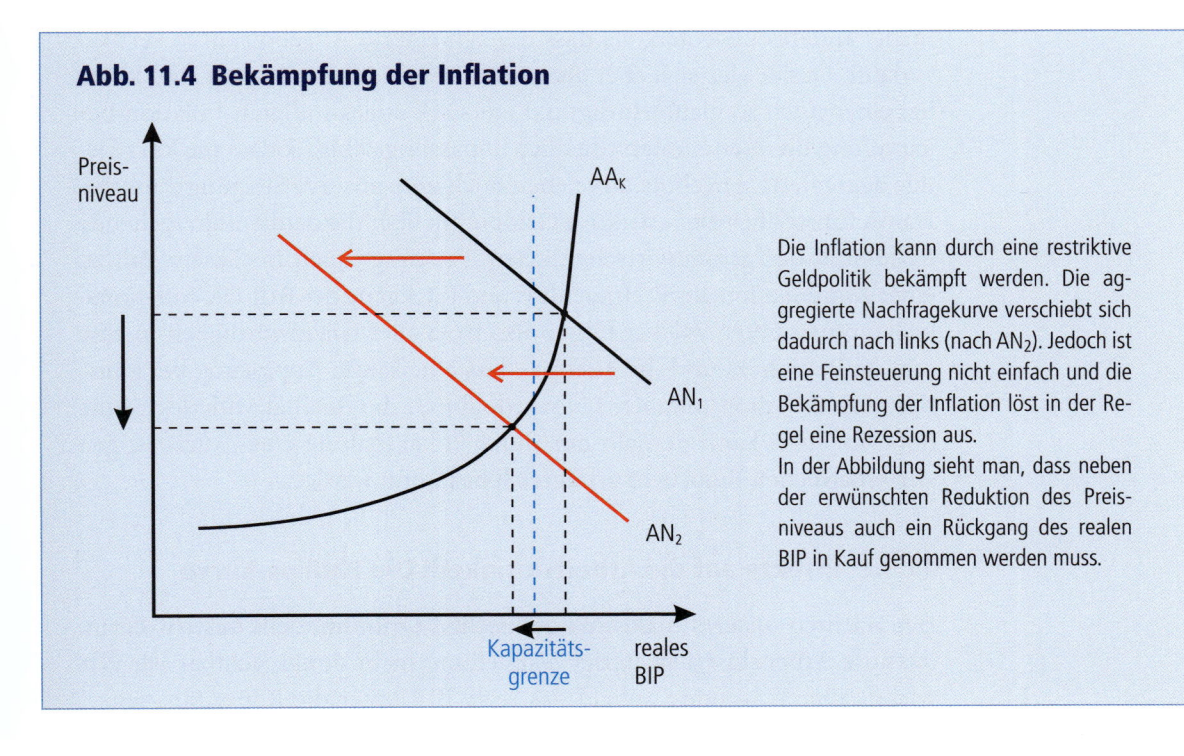

Abb. 11.4 Bekämpfung der Inflation

Die Inflation kann durch eine restriktive Geldpolitik bekämpft werden. Die aggregierte Nachfragekurve verschiebt sich dadurch nach links (nach AN_2). Jedoch ist eine Feinsteuerung nicht einfach und die Bekämpfung der Inflation löst in der Regel eine Rezession aus.
In der Abbildung sieht man, dass neben der erwünschten Reduktion des Preisniveaus auch ein Rückgang des realen BIP in Kauf genommen werden muss.

niveau und die Inflationsdynamik, gleichzeitig ergibt sich aber auch ein Rückgang des Bruttoinlandproduktes. Die restriktive Geldpolitik löst also eine Rezession aus.

Dies ist keine Hypothese, sondern entspringt einer jahrzehntelangen internationalen Erfahrung. Selbst in Fällen, in denen die restriktive Geldpolitik zur Inflationsbekämpfung glaubwürdig angekündigt wurde, sodass sich die Bevölkerung darauf einstellen konnte, führte der erfolgreiche Kampf gegen die Inflation zu einer Rezession. Das bekannteste Beispiel war die Volcker-*Disinflation* in den USA zu Beginn der 1980er-Jahre. Paul Volcker kündigte als neu gewählter Präsident der amerikanischen Zentralbank klar und unmissverständlich an, dass er mit einer restriktiven Geldpolitik gegen die damalige hohe Inflation angehen werde. Alle waren informiert, und man hätte erwarten können, dass die so erhoffte Minderung der Inflationserwartungen eine relativ schmerzlose Anpassung erlauben würde. Dies deshalb, weil in Erwartung sinkender Inflation sich die Preise ungewöhnlich flexibel hätten verhalten sollen – eine von vielen Ökonominnen und Ökonomen ex ante vertretene Theorie. Weil alle wussten, dass sich Preiserhöhungen aufgrund der straffen Inflationsbekämpfung reduzieren würden – so die Überlegung –, hätte die restriktive Geldpolitik alle Preise gleichzeitig dämpfen sollen. Und damit hätte man im Idealfall keine Reduktion des BIP, also keine Rezession, erleiden müssen, da die sich flexibel anpassenden Preise ja nichts anderes bedeuten, als dass die aggregierte Angebotskurve vertikal verläuft. Das erwies sich aber als graue Theorie. In der Realität sind selbst bei einer noch so glaubwürdig und lautstark angekündigten Inflationsbekämpfung die Preise unterschiedlich anpassungsfähig, sodass die kurzfristige aggregierte Angebotskurve eben doch eine positive Steigung aufweist. Damit führte aber die restriktive Geldpolitik über die damit einhergehende Reduktion der gesamtwirtschaftlichen Nachfrage auch in diesem Fall zu einer Kombination aus Preisnachlass und Rückgang des BIP. Die Inflationsbekämpfung unter Volcker führte also trotz aller Glaubwürdigkeit in eine scharfe Rezession, und die Theorie, dass eine sanfte Anpassung bei günstiger Konstellation möglich sei, wurde durch die Realität widerlegt. Eine hohe Inflation kann deshalb nur durch Inkaufnahme eines kurzfristigen wirtschaftlichen Einbruchs erfolgreich bekämpft werden.

11.3.2 Effekte auf die Arbeitslosigkeit: Die Phillips-Kurve

Ein Nachteil unseres makroökonomischen Grundmodells besteht darin, dass die Arbeitslosigkeit in der Darstellung nicht direkt sichtbar ist. Wir wissen aber Folgendes: Sobald das reale BIP unter die Kapazitätsgrenze,

> **Disinflation**
> Rückgang der Inflationsrate, also Verlangsamung von Preissteigerungen. Die Disinflation ist nicht zu verwechseln mit der Deflation.

also den potenziellen Output, fällt, steigt tendenziell die Arbeitslosigkeit, weil nicht mehr alle Ressourcen voll ausgelastet sind.

Nun kennt die makroökonomische Analyse ein sehr einfaches Konzept, das in der wirtschaftspolitischen Praxis nicht zuletzt deshalb eine äusserst wichtige Rolle gespielt hat, weil es die Effekte konjunktureller Schwankungen auf die Arbeitslosigkeit direkt aufzeigen kann. Dieses Konzept ist die sogenannte *Phillips-Kurve*, die in Abbildung 11.5 schematisch dargestellt ist.

Phillips-Kurve
Konzept, das bei steigender Inflation einen Rückgang der Arbeitslosigkeit postuliert.

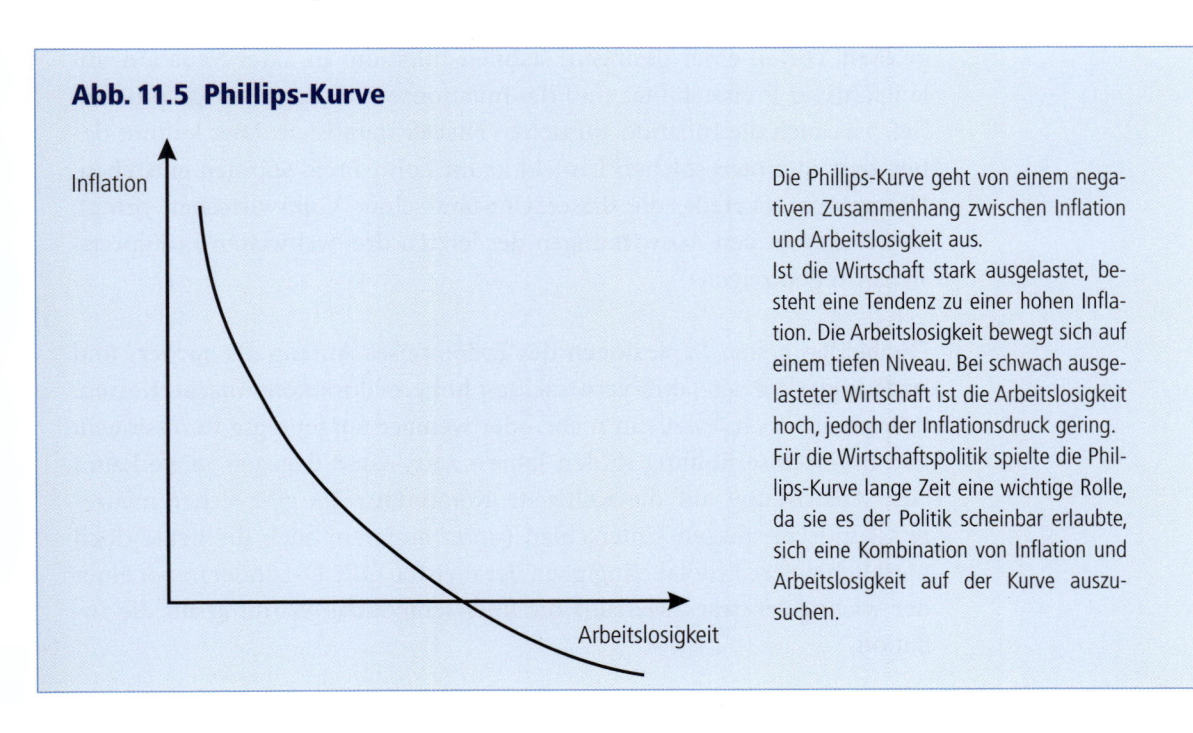

Auf der vertikalen Achse wird die Inflation und auf der horizontalen Achse die Arbeitslosigkeit abgetragen. Die Phillips-Kurve unterstellt einen negativen Zusammenhang zwischen Inflation und Arbeitslosigkeit. Wie kann dies interpretiert werden?

Im Wesentlichen zeigt die Grafik die kurzfristige Analyse des makroökonomischen Grundmodells in einer etwas anderen Form. Produziert die Wirtschaft weit von der Kapazitätsgrenze entfernt, ist sie also unterausgelastet, dann besteht wenig inflationärer Druck und eine relativ hohe konjunkturelle Arbeitslosigkeit. Diese Situation entspricht einem Punkt auf der Phillips-Kurve, der rechts unten liegt. Umgekehrt ist die Lage in einer überhitzten, voll ausgelasteten Wirtschaft, in der die Arbeitslosigkeit sehr

Abb. 11.5 Phillips-Kurve

Die Phillips-Kurve geht von einem negativen Zusammenhang zwischen Inflation und Arbeitslosigkeit aus.
Ist die Wirtschaft stark ausgelastet, besteht eine Tendenz zu einer hohen Inflation. Die Arbeitslosigkeit bewegt sich auf einem tiefen Niveau. Bei schwach ausgelasteter Wirtschaft ist die Arbeitslosigkeit hoch, jedoch der Inflationsdruck gering. Für die Wirtschaftspolitik spielte die Phillips-Kurve lange Zeit eine wichtige Rolle, da sie es der Politik scheinbar erlaubte, sich eine Kombination von Inflation und Arbeitslosigkeit auf der Kurve auszusuchen.

tief, die Inflation aber gleichzeitig hoch ist. Sie entspricht einem Punkt, der links oben auf der Kurve zu liegen kommt.

Es ist nicht schwer zu verstehen, dass die Phillips-Kurve in der makroökonomischen Diskussion lange eine bedeutende Rolle spielte. Sie unterstellte ja einen Zielkonflikt zwischen zwei fundamentalen makroökonomischen Grössen, nämlich der Inflation und der Arbeitslosigkeit.

Die kurzfristigen Kosten der Inflationsbekämpfung lassen sich anhand der Phillips-Kurve direkt analysieren. Wenn sich die Wirtschaft in einer Situation mit hoher Inflation befindet, dann zeigt uns die Kurve, dass jede Bekämpfung der Inflation zu einer Erhöhung der Arbeitslosigkeit führt. Es erfolgt dann eine Bewegung auf der Kurve von einem Punkt links oben zu einem Punkt rechts unten. Nach der Anpassung ist die Inflation zwar deutlich gesunken, jedoch auf Kosten eines Anstiegs der Arbeitslosigkeit. Da es sich dabei um konjunkturelle Arbeitslosigkeit handelt, verschwindet der Effekt mittelfristig wieder. Im Übergang aber erlebt die Wirtschaft eine Rezession mit höherer Arbeitslosigkeit als direkte Folge der effizienten Inflationsbekämpfung.

11.3.3 Die selbstverstärkende Wirkung tiefer Inflation

Die Überlegungen zu den Kosten der Inflationsbekämpfung zeigen den grossen Vorteil einer geringen, stabilen Inflation. In einer Situation mit langjähriger Preisstabilität sind die Inflationserwartungen ausgesprochen tief, was auch die Inflation auf tiefem Niveau stabilisiert. Dies kommt daher, dass in einem solchen Umfeld kaum Lohn-Preis-Spiralen entstehen. Die grossen Vorteile, die dieser Umstand einer Volkswirtschaft bringt, lassen sich an den Auswirkungen der letzten drei weltweiten Erdölpreissteigerungen zeigen.

Die beiden ersten Explosionen des Erdölpreises Anfang der 1970er- und Anfang der 1980er-Jahre verursachten hohe makroökonomische Kosten, führten sie doch jeweils in mehr oder weniger ausgeprägte Rezessionen. Die Erdölpreiserhöhung in den Jahren 2003–2008 dagegen zeigte kaum eine Auswirkung auf die weltweite Konjunktur. Es gibt sicher mehrere Gründe für diesen Unterschied (unter anderem auch die heute doch merklich tiefere Erdölabhängigkeit der meisten OECD-Länder), aber einer der wichtigsten war zweifellos die unterschiedliche Wirkung auf die Inflation.

VERTIEFUNG

Hintergrund der Phillips-Kurve und ihre Rolle in der Politikberatung

Die Grundlagen für das Konzept wurden in den 1950er-Jahren vom ansonsten wenig bekannten Ökonomen Arthur Phillips entwickelt. Er zeigte in einer empirischen Analyse, dass in England während rund 100 Jahren zwischen der Lohnsteigerung und der Arbeitslosigkeit ein negativer Zusammenhang bestand. Für jedes Jahr stellte er in einer Grafik die Kombination aus Lohnsteigerung und Arbeitslosigkeit dar: Die Punkte bildeten dabei annähernd eine negativ geneigte Gerade. In den 1960er-Jahren ersetzten die auch in der Politikberatung sehr einflussreichen amerikanischen Ökonomen Paul Samuelson und Robert Solow die Lohnsteigerung in der ursprünglichen Grafik von Phillips durch die Preissteigerung, also die Inflation. Dies mit der plausiblen Argumentation, dass zwischen Lohnentwicklung und Inflation ein sehr enger Zusammenhang bestehe. Mit dieser leichten Anpassung der Grafik (auf der vertikalen Achse stand nun statt der Lohnsteigerung die Inflation) war das wirtschaftspolitische Konzept der Phillips-Kurve geboren, das sofort eine zentrale Bedeutung in der wirtschaftspolitischen Praxis erlangte. Denn die Phillips-Kurve wurde als eine Art Menükarte betrachtet, auf der sich die Politik die bevorzugte Kombination aus Arbeitslosigkeit und Inflation aussuchen konnte. In den 1960er-Jahren hatte diese Vorstellung einen starken Einfluss auf die makroökonomische Politik in den OECD-Ländern. Geld- und Fiskalpolitik wurden gezielt eingesetzt, um sich auf der Phillips-Kurve je nach politischen Präferenzen zu positionieren.

Dieses Vorgehen wurde Ende der 1960er-Jahre vom amerikanischen Ökonomen Milton Friedman eloquent und prominent kritisiert. Er wies darauf hin, dass die Phillips-Kurve bestenfalls einen kurzfristigen Zusammenhang zeigen könne, weil ja – wie wir schon einige Male feststellen konnten – Geld- und Fiskalpolitik das reale BIP und damit die Arbeitslosigkeit längerfristig nicht beeinflussen können. Zudem machte Friedman die Vorhersage, dass der in der Phillips-Kurve dargestellte negative Zusammenhang verschwinden würde, sobald man ihn in der Wirtschaftspolitik auszunutzen beginne. Mit der Zeit würde die Bevölkerung ihre Inflationserwartungen an diese Strategie anpassen, und eine expansive Geldpolitik hätte dann keine oder nur noch eine geringe Auswirkung. Die Arbeitnehmer würden nämlich erkennen, dass steigende Nominallöhne nicht ein höheres reales Einkommen bedeuten, sondern letztlich nur von der Inflation herrühren. Diese Vorhersage traf dann auch tatsächlich ein. In den 1970er- und 1980er-Jahren verschwand der negative Zusammenhang, und die Phillips-Kurve nahm mittelfristig mehr und mehr die Form einer Vertikalen an. Dies ist in Abbildung 11.6 schematisch gezeigt, welche die langfristige Phillips-Kurve darstellt. Langfristig gibt es also keinen Trade-off zwischen Arbeitslosigkeit und Inflation.

Je stärker man versucht, den kurzfristigen Trade-off auszunutzen, desto eher wird schon die kurzfristige Phillips-Kurve vertikal, da die Preise inklusive der Löhne immer flexibler werden. Das entspricht unserer bisherigen Analyse, derzufolge eine Stimulierung der aggregierten Nachfrage langfristig keinen Effekt auf reale Grössen hat. Die langfristige Phillips-Kurve, die eine Vertikale über der Sockelarbeitslosigkeit ist, entspricht dabei der vertikalen AA_L-Kurve bei der Kapazitätsgrenze im makroökonomischen Grundmodell. Es handelt sich um exakt das gleiche Konzept.

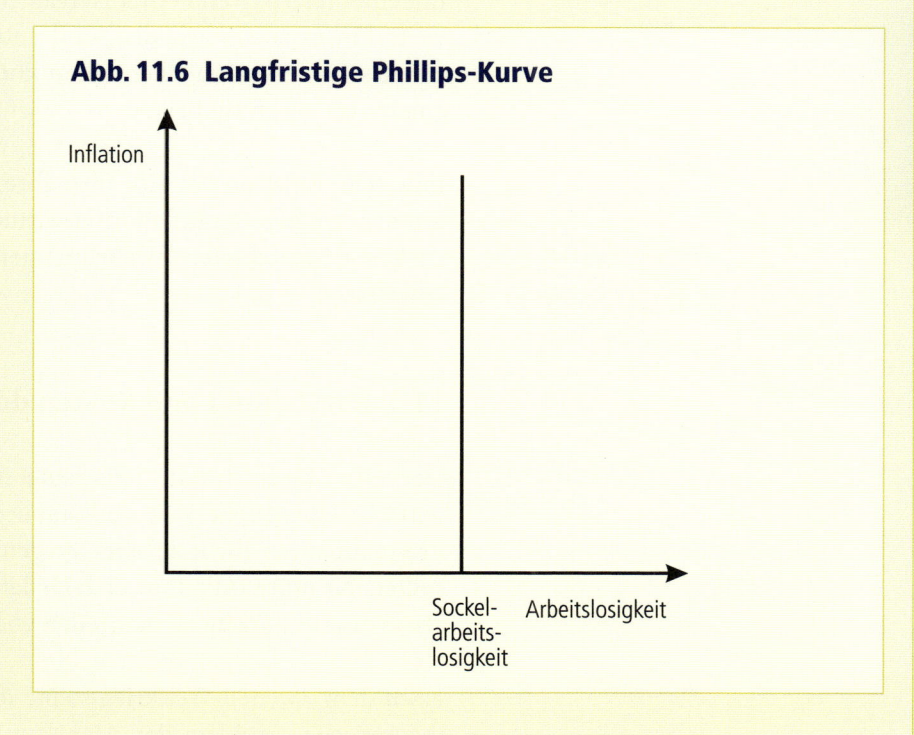

Abb. 11.6 Langfristige Phillips-Kurve

Die ersten beiden Ölkrisen führten zu einer starken Beschleunigung der Inflation, weil sie in einem bereits inflationären Umfeld stattfanden. Die Inflationserwartungen waren hoch, was zu ausgeprägten Lohn-Preis-Spiralen führte. Als Reaktion darauf waren die Zentralbanken dazu gezwungen, die Zinsen deutlich zu erhöhen, um die laufend wachsende Inflation einzudämmen. Die Zentralbanken beantworteten also den negativen Angebotsschock der Ölpreiserhöhung mit einem negativen Nachfrageschock, um noch Schlimmeres zu verhindern. Das gelang auch, aber nur – wie wir das aufgrund unserer Analysen erwarten dürfen – auf Kosten einer Rezession.

Ganz anders war die Situation bei der ebenfalls massiven Erdölpreiserhöhung 2003–2008. Dieser Schock spielte sich in einem Umfeld mit ausgesprochen tiefer Ausgangsinflation ab. Entsprechend tief waren die Inflationserwartungen. Das führte dazu, dass es zu praktisch keinen Lohn-Preis-Spiralen, also zu keinen sogenannten Zweitrundeneffekten der Preiserhöhung kam. Da die Inflation tief war, realisierte die Bevölkerung, dass die Erhöhung des Ölpreises nur die Steigerung eines einzelnen, wenn auch wichtigen Preises war – und eben nicht eine Inflation, also die Steigerung aller Preise. Weil deshalb die Zweitrundeneffekte ausblieben, waren die Zentralbanken auch nicht gezwungen, in einem ungünstigen Moment mit einer restriktiven Politik zu reagieren. Vielmehr wurde die Geldpolitik weiterhin expansiv belassen, und entsprechend führte der negative Angebotsschock zwar zu einer konjunkturellen Abschwächung, aber nicht zu einem rezessiven Einbruch.

Eine tiefe Inflation hat also über ihre unmittelbaren Vorteile hinaus den grossen Vorzug, die Inflationserwartungen zu stabilisieren und damit die zu Recht befürchteten Zweitrundeneffekte von inflationären Schocks zu verhindern.

11.4 Entstehung und Kosten der Deflation

Der Titel dieses dritten Teils lautet nicht zufällig «Preisstabilität». Das wirtschaftspolitische Ziel sind stabile Preise, und das bedeutet, dass die Preise nicht nur nicht zu stark steigen, sondern auch nicht zu stark fallen sollten. Negative Inflation, auch Deflation genannt, ist in dieser Sichtweise als ebenso ungünstig zu beurteilen wie die «normale», positive Inflation.

Nach dem Zweiten Weltkrieg stellte die Deflation für lange Zeit ein eher theoretisches Problem dar. Man kannte es aus der Analyse der Grossen

Depression der 1930er-Jahre, aber es wurde bestenfalls in wirtschaftshistorischen Arbeiten behandelt. Nicht zuletzt auch aufgrund der starken Anwendung der keynesianischen Konjunktursteuerung bestand das Hauptproblem der Nachkriegszeit vor allem in einer konstant hohen Inflation. Während langer Zeit konnten also keinerlei Deflationserfahrungen gemacht werden. Das änderte sich dann aber in den 1990er-Jahren mit den Ereignissen in Japan. Das Land erlebte in dieser Periode eine ausgeprägte Deflation, in der sich zeigte, wie hartnäckig und schädlich dieses Phänomen sein kann.

Wir werden in diesem letzten Unterkapitel zunächst definieren, was eine Deflation ist, anschliessend auf die Persistenz der Deflation eingehen und schliesslich aufzeigen, wie sie bekämpft werden kann.

11.4.1 Was ist Deflation?

Ganz ähnlich wie bei der Inflation ist zunächst festzuhalten, dass es sich bei der Deflation nicht um eine einmalige Preisveränderung handelt. Wenn die Preise in einer Periode sinken, dann stellt das noch längst keine Deflation dar, sondern zunächst einmal einen einfachen Preisrückgang. Eine Deflation kann erst entstehen, wenn die Preise über längere Zeit in konstanten oder sogar steigenden Raten zurückgehen.

Ein zweiter wichtiger Punkt ist, dass ein länger anhaltender Preisrückgang nur dann eine schädliche Deflation darstellt, wenn er auf einen Rückgang der aggregierten Nachfrage zurückzuführen ist. Das Preisniveau kann nämlich aus zwei Gründen sinken: aufgrund eines Rückgangs der aggregierten Nachfrage oder aufgrund einer Erhöhung des aggregierten Angebots. Diese beiden Phänomene sind jedoch völlig verschieden zu beurteilen. Während der Effekt auf der Angebotsseite als vorübergehend zu betrachten und ausserdem eindeutig positiv zu beurteilen ist, kann ein Nachfragerückgang tatsächlich eine schädliche und lang anhaltende Deflation auslösen. Abbildung 11.7 auf Seite 336 zeigt den Fall, in dem der Preisrückgang auf eine Ausweitung des Angebots zurückzuführen ist.

Erlauben beispielsweise neue Technologien eine Steigerung der Produktivität bei jedem Preisniveau, so bedeutet dies in der Grafik eine Rechtsverschiebung der kurzfristigen AA-Kurve. Man sieht, dass diese Rechtsverschiebung die Preise sinken lässt; und auf den ersten Blick gleicht die Situation einer Deflation. Zu beachten ist aber, dass gleichzeitig auch das Bruttoinlandprodukt steigt.

Abb. 11.7 Produktivitätssteigerung: Keine Deflation

Wenn die Produktivität steigt, entspricht dies einer Rechtsverschiebung der kurzfristigen aggregierten Angebotskurve. Das Preisniveau sinkt, gleichzeitig erhöht sich aber das reale BIP.
Dies ist keine Deflation. Der Preisrückgang beruht nicht auf einer Reduktion der aggregierten Nachfrage. Der Preisrückgang ist hier vielmehr mit einer sehr guten Wirtschaftslage verbunden (starkes BIP-Wachstum). Das Produktivitätswachstum verschiebt die Kapazitätsgrenze nach aussen.

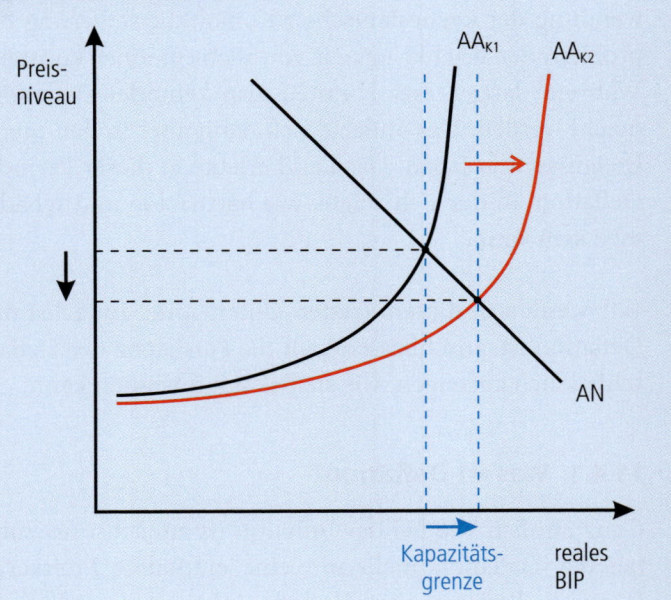

Wir haben es hier mit einer Kombination von zwei positiven Effekten zu tun, nämlich mit sinkenden Preisen und höherem Wachstum. Eine solche Preissenkung hat nichts mit einer Deflation im herkömmlichen Sinne, also einem negativen wirtschaftlichen Ereignis, zu tun. Diese Preissenkung kommt vielmehr dadurch zustande, dass sich die Kapazitätsgrenze und damit die langfristige aggregierte Angebotskurve aufgrund der Produktivitätssteigerung permanent nach aussen verschiebt. Es handelt sich also um einen langfristigen Wachstumseffekt, wie er in Kapitel 8 analysiert wird.

In Abbildung 11.8 wird dagegen aufgezeigt, wie eine Deflation tatsächlich entstehen kann.

Eine echte Deflation tritt nur dann auf, wenn der Preisrückgang auf einem Rückgang der aggregierten Nachfrage beruht. Ein solcher negativer Schock führt dazu, dass bei jedem Preisniveau weniger nachgefragt wird, womit sich die aggregierte Nachfragekurve von AN_1 nach AN_2 verschiebt. Wir sehen, dass dadurch das Preisniveau nach unten fällt. Dabei kann tatsächlich eine Deflation ausgelöst werden, wenn sich der Preisrückgang nämlich, wie weiter unten beschrieben, selbst verstärkt, sodass die AN-Kurve immer weiter nach innen verschoben wird – mit entsprechend negativer Wirkung auf das Preisniveau und das BIP.

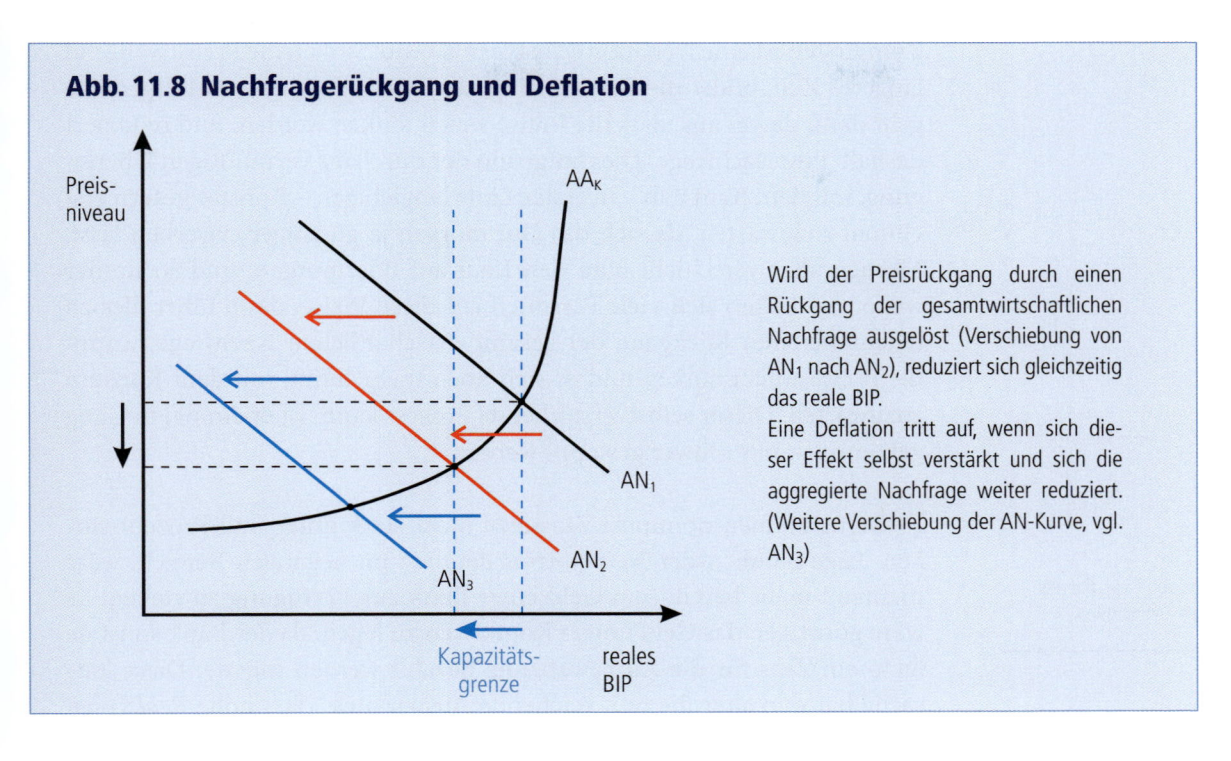

Abb. 11.8 Nachfragerückgang und Deflation

Wird der Preisrückgang durch einen Rückgang der gesamtwirtschaftlichen Nachfrage ausgelöst (Verschiebung von AN_1 nach AN_2), reduziert sich gleichzeitig das reale BIP.
Eine Deflation tritt auf, wenn sich dieser Effekt selbst verstärkt und sich die aggregierte Nachfrage weiter reduziert. (Weitere Verschiebung der AN-Kurve, vgl. AN_3)

Der Nachfragerückgang – und das ist der entscheidende Unterschied zum positiven Angebotsschock – führt, wie in der Grafik zu sehen ist, zu einem Rückgang des realen BIP. Im Falle einer Deflation kombinieren sich also fallende Preise mit einem Rückgang des Bruttoinlandproduktes, d. h. mit einer Rezession. Typischerweise ist die Situation auch verbunden mit ausgesprochen tiefen Nominalzinsen von nahezu 0 %. Das heisst aber, dass die Geldpolitik die Lage auch nicht mit Zinssenkungen verbessern kann. Wir werden diesen wichtigen Punkt gleich ansprechen.

11.4.2 Persistenz der Deflation

Eine Deflation wird oft als noch problematischer eingestuft als eine Inflation, da sie wirtschaftspolitisch deutlich schwieriger zu bekämpfen ist. Eine einmal entstandene Deflation ist nämlich ausgesprochen persistent, sie lässt sich mithilfe der konventionellen Geldpolitik kaum mehr aus der Welt schaffen. Dabei sind es vor allem die folgenden vier Effekte, die hartnäckige Probleme verursachen:

1. selbstverstärkende Wirkung,
2. hohe Realzinsen,
3. steigende Reallöhne,
4. sinkende Bonität der Schuldner und Bankenkrisen.

Zum Ersten ist eine Deflation selbstverstärkend. Sinken die Preise während längerer Zeit, bildet die Bevölkerung negative Inflationserwartungen. Sie geht dann davon aus, dass die Preise weiter sinken werden, und reduziert deshalb ihre Nachfrage. Dies aufgrund der durchaus vernünftigen Überlegung, mit dem Kauf von – in erster Linie langlebigen – Konsumgütern erst einmal zuzuwarten, da sich das Gut morgen ja günstiger erwerben lässt. Morgen aber verschiebt man den Kauf auf übermorgen, und so immer weiter. Verhalten sich viele Personen auf diese Weise, dann führt dies zu einem weiteren Rückgang der gesamtwirtschaftlichen Nachfrage, womit die Preise weiter sinken und es sich noch mehr lohnt, mit dem Konsum zuzuwarten. Dieser selbstverstärkende Prozess kann, ist er einmal in Gang gekommen, nur schwer gestoppt werden.

Nominalzinsen
Preis für die Überlassung von Geld, den der Schuldner dem Gläubiger zahlen muss.

Realzinsen
Um die Inflation korrigierte Nominalzinsen.

Zweitens können nominale Zinssätze nicht stark unter null Prozent sinken. Läge nämlich der *Nominalzins* deutlich im negativen Bereich, wäre niemand mehr bereit, sein Geld einer Bank zur Verfügung zu stellen. Es wäre günstiger, das Geld unters Kopfkissen zu legen, da der Bank sonst de facto ein Zins für die Aufbewahrung bezahlt werden müsste. Diese Tatsache hat nun aber die weit reichende Auswirkung, dass hohe *Realzinsen* entstehen. Der Realzins r entspricht ungefähr dem Nominalzins i abzüglich der erwarteten Inflation p_e:

$$r \text{ (Realzins)} \approx i \text{ (Nominalzins)} - p_e \text{ (erwartete Inflation)}$$

Für ökonomische Entscheide ist natürlich der Realzins relevant, weil er ausdrückt, wie viel pro Periode in realen Werten gezahlt werden muss. Nehmen wir an, dass die erwartete Deflation 5 % pro Jahr betrage. Dann ist $p_e = -5$. Da der Nominalzins nicht stark negativ werden kann, kann ihn die Zentralbank nicht wesentlich unter 0 % senken. Wenn wir als Untergrenze der Einfachheit halber 0 % annehmen, dann entspricht der Realzins dem Nominalzins (0) abzüglich der erwarteten Inflation (– 5), also beträgt er 5 %. Obwohl also die Nominalzinsen so tief wie nur möglich gehalten werden, entstehen während einer Deflation sehr hohe Realzinsen. In einer Wirtschaftslage, in der die Geldpolitik eigentlich expansiv sein müsste, wirkt sie tatsächlich stark restriktiv, obwohl die Zinsen bei null liegen. Die hohen Realzinsen wirken natürlich selbstverstärkend, da sie die Investitionsnachfrage stark dämpfen und damit zu einem weiteren negativen Nachfrageeffekt führen. Dadurch verschlimmert sich die Rezession weiter.

Drittens wirkt eine weitere Rigidität zusätzlich restriktiv: Es ist aus psychologischen Gründen kaum möglich, Nominallöhne zu senken, da dies als sichtbarer Verlust der Kaufkraft interpretiert würde. In einer Deflation trifft aber gerade das Gegenteil zu: Aufgrund der sinkenden Preise gewinnt ein fixer Nominallohn immer mehr an Wert, d.h., die Reallöhne steigen, und die Beschäftigung von Arbeitskräften wird für die Unternehmen immer teurer. Auch dieser Effekt dämpft die Nachfrage, nämlich diejenige nach Arbeit, und zwar in einer Situation, in der ohnehin schon eine steigende Arbeitslosigkeit zu verzeichnen ist.

Viertens schliesslich sind es bei einer Deflation – umgekehrt zur Inflation – die Kreditgeber, die gewinnen, und die Kreditnehmer, die verlieren. Bei einer Deflation steigt der reale Wert einer in Franken fixierten Zinszahlung jährlich an. Dies schädigt vor allem die Unternehmen, die ihre Investitionen durch Fremdkapital finanzieren und daher Nettoschuldner sind. Der Realwert ihrer Schuld steigt durch die Deflation dauernd an, wodurch die Bonität des Unternehmens laufend vermindert wird. So tritt in einer Deflation häufig der Fall auf, dass ursprünglich finanziell gesunde Unternehmen Konkurs gehen oder vom Konkurs bedroht sind, weil ihre reale Schuldenlast immer grösser wird. Dies hat auch direkte Auswirkungen auf die Banken, die zusehen müssen, wie ein immer grösserer Teil ihrer Kredite nicht mehr bedient wird. Lang anhaltende Deflationen führen deshalb oft auch zu eigentlichen Bankenkrisen.

Diese zahlreichen negativen Effekte zeigen, welch ein traumatisches makroökonomisches Ereignis eine Deflation darstellt. Ihre Auswirkungen sind wohl noch einschneidender als die einer hohen Inflation, und zwar vor allem aufgrund des zweiten der erwähnten Effekte. Die Tatsache, dass eine Untergrenze für die Nominalzinsen besteht, ist hauptsächlich dafür verantwortlich, dass eine Deflation noch schwerer zu bekämpfen ist als eine Inflation. Bei der Inflationsbekämpfung hat die Zentralbank ja die Möglichkeit, die Zinsen beliebig zu erhöhen; es gibt keine obere Grenze. Es herrscht also eine Asymmetrie in der Wirksamkeit der traditionellen Geldpolitik bei der Bekämpfung von Inflation und Deflation.

Die grösste Wirtschaftskrise der modernen Zeit – die Weltwirtschaftskrise nach dem Börsencrash von 1929 – war vor allem deshalb so schmerzhaft, weil sie zu einer Periode lang anhaltender Deflation führte. Und die schwere Wirtschaftskrise Japans in den 1990er-Jahren hat gezeigt, dass auch ein modernes Industrieland in eine derartige Situation geraten kann und dass die gesamtwirtschaftlichen Kosten dann drastische Ausmasse annehmen. Seit dem Ausbruch der Finanzkrise ist die Deflationsgefahr in vielen Ländern relativ ausgeprägt.

11.4.3 Bekämpfung der Deflation

Aufgrund der beschriebenen Persistenz ist es ausgesprochen schwierig, eine Deflation zu bekämpfen, vor allem, wenn sie einmal voll im Gange ist und die gesamte Wirtschaft in Mitleidenschaft gezogen hat. Ausschlaggebend ist dabei, wie erwähnt, dass die nominalen Zinsen nicht deutlich unter 0 % sinken können. Die Zentralbank kann daher in einer deflationären Wirtschaftlage das traditionelle Zinsinstrument nicht mehr zur Stimulierung der Nachfrage einsetzen. Keynes hat diese Machtlosigkeit der Geldpolitik gegenüber einer deflationären Wirtschaft als Liquiditätsfalle bezeichnet. Weil die Geldpolitik hier offenbar wirkungslos ist, empfahl er stattdessen, die Wirtschaft mit einer expansiven Fiskalpolitik aus der Liquiditätsfalle zu befreien. Wie der Fall Japans in den 1990er-Jahren gezeigt hat, ist aber auch dieses Instrument oft wenig wirksam. Trotz massiver fiskalpolitischer Stimulierung konnte sich die japanische Wirtschaft während langer Zeit nicht aus der Deflation befreien. Ganz abgesehen von ihrer relativen Wirkungslosigkeit beschert eine solche Fiskalpolitik einem Land einen dramatischen Anstieg der Staatsverschuldung. Mit dieser Hypothek muss Japan noch heute leben.

In der Diskussion um die Gefahren der Deflation, die im Zusammenhang mit der Grossen Finanzkrise geführt wurde, hat man nach Wegen gesucht, wie die Geldpolitik auch in einer Deflation wirksam sein könnte. Zwar bleibt dann der Weg über eine traditionelle Senkung der Zinsen verbaut, die Zentralbanken verfügen jedoch auch über unkonventionellere Mittel. Einige Zentralbanken gingen dazu über, die Wirtschaft massiv mit Liquidität zu überschütten und damit unmissverständlich zu signalisieren, dass eine Deflation um jeden Preis vermieden werden sollte. Die Gefahr dieser Geldpolitik ist, dass man die Geister nicht mehr los wird, die man rief – und mittelfristig eine starke Inflation lostritt. Vor dem Hintergrund dieser Risiken muss das Hauptziel der Geldpolitik deshalb sein, es gar nicht zum Schlimmsten kommen zu lassen, indem jede Deflationstendenz im Keim erstickt wird. Wie in Kapitel 12 gezeigt wird, ist Preisstabilität als Ziel für Zentralbanken deshalb auch meistens nicht als Nullinflation definiert. Als Preisstabilität wird also nicht etwa ein Wert der Inflation zwischen – 1 und + 1 %, angestrebt, sondern einer zwischen 0 und 2 %. Man lässt also im Durchschnitt auch deshalb eine leichte Inflation zu, um die Gefahr einer Deflation von vornherein zu minimieren.

Zusammenfassung

1. Erhöhungen des Preisniveaus können durch einen plötzlichen Anstieg der gesamtwirtschaftlichen Nachfrage oder durch einen plötzlichen Rückgang des gesamtwirtschaftlichen Angebots ausgelöst werden. Dies führt während einer Übergangszeit zu Preissteigerungen.

2. Ob aus der Preissteigerung eine Inflation resultiert, hängt von der Reaktion der Geldpolitik ab. Erhöht die Zentralbank die Geldmenge, um die gestiegene Geldnachfrage zu befriedigen, so kann eine Lohn-Preis-Spirale entstehen, in der sich Lohn- und Preiserhöhungen gegenseitig schrittweise aufschaukeln.

3. Die Kosten einer moderaten Inflation sind auf den ersten Blick nicht leicht zu erkennen. Diese beeinträchtigt die Funktionsfähigkeit einer arbeitsteiligen Wirtschaft auf eher subtile Art, beispielsweise durch verzerrte relative Preise, steigende Unsicherheit oder eine arbiträre Umverteilung von Ressourcen.

4. Offensichtlicher sind die Kosten der unvermeidlichen Inflationsbekämpfung. Hat die Inflation eine gewisse Höhe erreicht, so wird sie selbstverstärkend und muss deshalb eingedämmt werden. Dies erfordert eine restriktive Geldpolitik, die aufgrund des dadurch ausgelösten Rückgangs der gesamtwirtschaftlichen Nachfrage in aller Regel eine Rezession zur Folge hat.

5. Ist die Inflation längere Zeit tief, so sinken die Inflationserwartungen. Dies hat ausgesprochen positive Auswirkungen auf die makroökonomische Stabilität, da in einer solchen Situation auch nach preissteigernden Schocks kaum Lohn-Preis-Spiralen entstehen. Dieser Mechanismus erklärt zu einem guten Teil, warum die ersten beiden Erdölschocks zu steigender Inflation geführt haben, heute aber solche Preiserhöhungen kaum mehr inflatorisch wirken.

6. Preisstabilität bedeutet auch, Deflationen zu vermeiden. Eine Deflation entsteht, wenn in einem Umfeld mit tiefer Inflation ein stark negativer Nachfrageschock zu einer Reduktion des Preisniveaus führt. Es kommt dann zu einer Kombination von permanent sinkenden Preisen, einer Rezession und Nullzinsen.

7. Im Gegensatz zur Inflation kann die Deflation nicht durch Angebotsschocks entstehen. Sinken die Preise wegen einer unerwarteten Ausdehnung des Angebots, dann haben wir eine ausgesprochen positive Kombination von starkem Wirtschaftswachstum und sinkenden Preisen. Mit einer schädlichen Deflation hat dies aber nichts zu tun.

8. Eine Deflation ist noch ausgeprägter selbstverstärkend als eine Inflation. Im Gegensatz zur Inflation lässt sie sich aber mit der Geldpolitik nur begrenzt bekämpfen, weil der Nominalzins nicht deutlich unter null sinken kann. Diese Asymmetrie führt dazu, dass eine einmal entstandene Deflation nur schwer wieder rückgängig gemacht werden kann.

Repetitionsfragen

- Was können Auslöser für eine Inflation sein?

- Beschreiben Sie die Lohn-Preis-Spirale.

- Es wird gemeldet, der neueste Hollywood-Film sei der erfolgreichste aller Zeiten, da er, in US-Dollar gemessen, höhere Einnahmen an Eintrittsgeldern erzielt hätte als alle bisherigen in der Kinogeschichte. Kommentieren Sie diese Aussage.

- Wie sieht die Quantitätsgleichung aus? Warum handelt es sich dabei um eine Identität?

- Wenn das reale BIP 100 000, das Preisniveau 100 und die Geldmenge 2 Millionen beträgt, wie gross ist die Umlaufgeschwindigkeit V des Geldes?

- Welche drei Reaktionen könnten gemäss Quantitätsgleichung auftreten, wenn die Geldmenge erhöht wird?

- Wie kann die gesamtwirtschaftliche Nachfrage stimuliert werden, wenn die Volkswirtschaft in einer Liquiditätsfalle steckt?

- Nach Kriegen gibt es oft sehr hohe Inflationen. Erklären Sie dieses Phänomen.

- Warum ist es problematisch, wenn der Staat seine Ausgaben über die Geldschöpfung finanziert?

- In welche Kategorien lassen sich die Kosten der Inflation unterteilen?

- Wie kann sich eine Inflationsbekämpfung auf die Konjunktur auswirken?

- Zwischen welchen Grössen unterstellte die Phillips-Kurve einen Trade-off?

- Wie verläuft die langfristige Phillips-Kurve? Erklären Sie diesen Verlauf mithilfe des makroökonomischen Grundmodells.

- Ein Produktivitätsschub führt zu sinkenden Preisen. Handelt es sich dabei um eine Deflation? Erklären Sie Ihre Antwort.

- Beschreiben Sie anhand der Erdölpreisschocks die Rolle der Inflationserwartung.

- Welche Faktoren sind verantwortlich für die Persistenz der Deflation?

ZENTRALE BEGRIFFE

Expansiver Nachfrageschock S.316
Angebotsschock S.317
Stagflation S.317
Lohn-Preis-Spirale S.318
Inflationserwartung S.319
Zweitrundeneffekt S.320

Quantitätsgleichung S.320
Umlaufgeschwindigkeit des Geldes S.320
Liquiditätsfalle S.323
Geldschöpfung S.324
Hyperinflation S.325
Transaktionskosten S.326

Verzerrung der relativen Preise S.327
Kalte Progression S.328
Disinflation S.330
Phillips-Kurve S.331
Nominalzinsen S.338
Realzinsen S.338

12 Geldpolitik

Wir sind es so gewohnt, mit Geld umzugehen, dass uns gar nicht mehr bewusst ist, um welch eine bemerkenswerte Einrichtung es sich dabei handelt. Mit bunt bedruckten, vom Material her praktisch wertlosen Papierscheinen kann man jederzeit wertvolle Dinge erwerben. Ein Autohändler beispielsweise überlässt uns dafür einen neuen Wagen, weil er weiss, dass er diese Scheine jederzeit für seine eigenen Einkäufe verwenden kann. Gäbe es kein Geld, müsste man dem Autohändler ein Gut anbieten, das ihm genügend wertvoll erschiene, um dagegen den neuen Wagen einzutauschen. Leicht vorstellbar, um wie viel komplizierter eine Wirtschaft wäre, die auf einem solchen Gütertausch beruhte. Dass die bunten Scheine immer, überall und von allen als Zahlungsmittel akzeptiert werden, ist umso erstaunlicher, wenn man bedenkt, dass sie eigentlich aus dem Nichts entstehen. Anders als früher ist das Geld heute nicht mehr durch Gold gedeckt, sondern kann von der Zentralbank im Prinzip jederzeit und in beliebiger Menge gedruckt werden. Diese Institution hat also buchstäblich die Lizenz zum Gelddrucken, und wir verlassen uns darauf, dass sie ihre weit reichende Kompetenz nicht missbraucht. Umso wichtiger für das Funktionieren einer arbeitsteiligen Wirtschaft ist deshalb das fundierte Verständnis der Regeln und Mechanismen, die bei der Steuerung der Geldmenge eine Rolle spielen.

Wir haben in den vorangehenden Kapiteln bereits mehrmals über Geldpolitik gesprochen. Bei der Diskussion der konjunkturellen Arbeitslosigkeit in Kapitel 10 wird argumentiert, dass die Geldpolitik eine der Möglichkeiten ist, die gesamtwirtschaftliche Nachfrage zu stimulieren. Und in Kapitel 11 wird gezeigt, dass Inflation immer auf eine Expansion der Geldmenge zurückzuführen ist.

In diesem Kapitel wollen wir nun versuchen, die Mechanismen der Geldpolitik genauer zu verstehen. Ausserdem werden wir die wichtigsten Funktionen und Aufgaben einer Zentralbank besprechen und am Beispiel der Schweizerischen Nationalbank (SNB) erläutern.

Das Kapitel ist wie folgt aufgebaut:
- 12.1 erklärt die Funktionen und die Entstehung von Geld.
- 12.2 erörtert die konkreten Instrumente der Geldpolitik und zeigt, wie die Zentralbank die Geldmenge verändern kann.
- 12.3 behandelt die grundsätzlichen geldpolitischen Ziele und Strategien.
- 12.4 erläutert die Geldpolitik der Schweizerischen Nationalbank.
- 12.5 diskutiert die aussergewöhnliche Geldpolitik seit der Grossen Finanzkrise.

12.1 Funktionen und Entstehung von Geld

12.2 Instrumente der Geldpolitik

12.3 Geldpolitische Strategien

12.4 Die Schweizer Geldpolitik

12.5 Aussergewöhnliche Geldpolitik seit der Finanzkrise

12.1 Funktionen und Entstehung von Geld

Beginnt man, über die Einrichtung Geld nachzudenken, so stellen sich sofort zwei grundlegende Fragen:
- Wozu ist Geld eigentlich notwendig?
- Wer schafft in einer modernen Marktwirtschaft Geld?

12.1.1 Wozu ist Geld notwendig?

Dass ein an sich wertloses Stückchen Papier einen Wert aufweisen kann, ist verblüffend. Ebenso erstaunt, warum diese Papierfetzen für die wirtschaftliche Entwicklung eine derartig eminente Bedeutung haben, dass ihnen in der ökonomischen Analyse so viel Aufmerksamkeit gewidmet wird. Der Grund ist, dass *Geld* eine Reihe von Funktionen erfüllt, ohne die eine arbeitsteilige Wirtschaft undenkbar wäre. Im Wesentlichen handelt es sich dabei um drei Funktionen; denn Geld dient als:
1. Tauschmittel,
2. Wertaufbewahrungsmittel,
3. Masseinheit.

Mit Abstand die wichtigste dieser drei Funktionen ist diejenige als Tauschmittel. Geld ist die unverzichtbare Voraussetzung für einen effizienten wirtschaftlichen Austausch.

Stellen wir uns eine Welt ohne Geld vor. In einer solchen Welt könnte man Güter nicht mit Geld, sondern nur im Tausch gegen andere Güter erwerben. Hätte man etwa Lust auf eine Flasche Wein, könnte man nicht einfach eine bestimmte Geldsumme auslegen und dieses Gut irgendwo kaufen. Man müsste vielmehr Personen finden, die bereit wären, einem exakt dieses Gut im Austausch für andere Güter zu überlassen, die man gerade besitzt. Und es wären Verhandlungen mit den potenziellen Verkäufern darüber nötig, wie viele Flaschen Wein sie einem beispielsweise für ein Paar Schuhe bieten würden. Wobei die Schuhe, die man offerieren würde, genau die richtige Grösse haben und dem Weinverkäufer gefallen müssten.

Denkt man solche Beispiele weiter, werden einem rasch die immensen Transaktionskosten einer solchen Tauschwirtschaft bewusst. Wie viel einfacher wird dieser Handel doch mit einem generell akzeptierten Zahlungsmittel, das in diesem Fall gegen das gewünschte Gut eingetauscht werden kann. Es ist dann nicht mehr nötig, dass der Weinverkäufer genau das verwenden kann, was man ihm anbietet, sondern er akzeptiert das Geld, mit

Geld
Allgemein anerkanntes Zahlungsmittel, das eine effiziente Abwicklung von Tauschgeschäften in einer arbeitsteiligen Wirtschaft ermöglicht.

dem er all diejenigen Güter und Dienstleistungen erwerben kann, die er benötigt. Es ist also nicht übertrieben, zu behaupten, dass eine moderne, arbeitsteilige Wirtschaft ohne Geld funktionsunfähig wäre. Die Tauschprozesse wären so aufwändig, dass die Spezialisierung sehr schnell an natürliche Grenzen stossen würde.

Die zweite wichtige Funktion des Geldes ist diejenige als Wertaufbewahrungsmittel. Geld ermöglicht es, Kaufkraft zu «lagern». Man muss es nicht unbedingt sofort ausgeben, ein Kauf kann auch aufgeschoben werden. Das wäre mit zahlreichen Gütern und den allermeisten Dienstleistungen nicht möglich. Diese Wertaufbewahrungsfunktion erklärt unter anderem, warum die Inflation ein Problem darstellt. Ein Prozess, in dem sich das Geld über die Zeit entwertet, stört diese wichtige Funktion ganz empfindlich und kann sie im Extremfall sogar zerstören: Bei sehr hoher Inflation wird niemand mehr Geld als Wertaufbewahrungsmittel nutzen.

Die dritte Funktion des Geldes ist diejenige als Masseinheit. Weil alle Preise in Geldeinheiten ausgedrückt werden, ist der relative Wert von Gütern einfach zu vergleichen. In einer Situation ohne Geld müsste der Preis eines Lehrbuchs in Form seines Gegenwerts in Bananen oder Äpfeln bestimmt werden. Wesentlich einfacher lässt sich da der relative Wert des Lehrbuchs festlegen, wenn er, wie die Preise aller Güter, in Schweizer Franken angegeben wird.

12.1.2 Wer schafft Geld?

Diese drei Funktionen des Geldes kann grundsätzlich jedes Gut übernehmen, das allgemein als Zahlungsmittel akzeptiert wird. Das können Noten und Münzen sein, wie bei uns üblich, oder Silber oder Gold wie in früheren Zeiten. Auch gibt es aus der Not geborene Möglichkeiten wie beispielsweise in Kriegsgefangenenlagern, wo Zigaretten als Geld verwendet wurden. Das Zahlungsmittel muss nur die drei Funktionen Tauschmittel, Wertaufbewahrungsmittel und Masseinheit erfüllen. In einem Umfeld, in dem niemand Zigaretten produzieren kann, erfüllen Zigaretten ohne Weiteres alle drei Funktionen.

Als effizienteste Art und Weise der Geldschaffung hat sich aber die Einrichtung eines staatlich anerkannten Monopols bewährt. Dieses Monopol, *Zentralbank* genannt, hat als einzige Organisation die legale Möglichkeit, Geld zu schaffen.

Zentralbank
Institution, die im Gesamtinteresse des Landes für die Geldpolitik verantwortlich ist.

Zentralbankgeld
Summe aus Notenumlauf und Sichtguthaben der Geschäftsbanken bei der Zentralbank. Das Zentralbankgeld ist auch unter dem Begriff Notenbankgeldmenge bekannt.

Als Geld fungieren in einer modernen, arbeitsteiligen Wirtschaft aber nicht nur die von der Zentralbank in Umlauf gesetzten Noten und Münzen. Denn wie wir sehen werden, können auch die Geschäftsbanken Geld schaffen, und zwar auf der Basis von *Zentralbankgeld*. Deshalb sind die im Umlauf befindlichen liquiden Mittel viel grösser als das, was an Noten und Münzen durch die Zentralbank herausgegeben wird.

Der Geldschöpfungsmultiplikator

Am einfachsten lässt sich das zeigen, indem man analysiert, wie neues Zentralbankgeld im Bankensystem zur Schaffung zusätzlicher Zahlungsmittel führt. Die folgende Beschreibung vereinfacht aus didaktischen Gründen den tatsächlichen Vorgang, indem davon ausgegangen wird, dass die Sparer mit ihrer Einlage den Banken Bargeld zur Verfügung stellen, das die Banken dann für die Finanzierung von Krediten weiterverwenden. In der technischen Box auf Seite 347 findet sich eine Beschreibung, wie der Mechanismus in einer Welt mit vorwiegend elektronischem Geld abläuft. In beiden Fällen kommt man aber zu den gleichen grundsätzlichen Effekten des Multiplikators.

Mindestreservesatz
Prozentualer Anteil der Kundenguthaben, der von den Banken als Sicherheit liquide gehalten werden muss.

Nehmen wir an, die Zentralbank schleust zusätzliche 10 000 Franken in das Bankensystem ein. Wie dies genau vor sich geht, werden wir in Unterkapitel 12.2 sehen, in dem die Instrumente der Geldpolitik behandelt werden. Hier gehen wir einfach davon aus, dass 10 000 Franken Zentralbankgeld auf dem Konto einer Geschäftsbank landen. Diese ist verpflichtet, eine Mindestreserve zu halten, kann also nicht die gesamten 10 000 Franken als Kredite vergeben. Der *Mindestreservesatz* beträgt 10 Prozent. Die Bank kann also von den 10 000 Franken, die sie von der Zentralbank erhalten hat, 9000 Franken als Kredite vergeben. Gehen wir davon aus, dass ein Unternehmen diesen Kredit erhält und sich dafür eine Maschine kauft. Der Verkäufer der Maschine zahlt die 9000 Franken anschliessend bei seiner Hausbank ein. Diese Bank muss von diesen 9000 Franken wiederum 10 Prozent als Mindestreserve zurückbehalten und kann somit einen Kredit von 8100 Franken an eine anderes Unternehmen vergeben. Schon nach diesen beiden Schritten sind aus den 10 000 Franken Nationalbankgeld zusätzliche 17 100 Franken an liquiden Mitteln geschaffen worden. Und dieser Prozess setzt sich immer weiter fort, bis im Extremfall aus den ursprünglichen 10 000 Franken Zentralbankgeld 100 000 Franken liquide Mittel geworden sind. Dies ist dann der Fall, wenn das gesamte als Kredit vergebene Geld immer wieder an die Banken zurückfliesst. Der Geldschöpfungsmultiplikator lässt sich einfach errechnen:

$$\text{GM}_{\text{(Geldschöpfungsmultiplikator)}} = \frac{1}{\text{RS}}_{\text{(Reservesatz)}}$$

In unserem Beispiel ist der Reservesatz 0,1, und der *Geldschöpfungsmultiplikator* beträgt demnach 10.

Dieses Beispiel zeigt, wie über den Bankensektor zusätzliche liquide Mittel geschaffen werden. Durch das Zusammenwirken von Zentralbank und Geschäftsbanken entstehen wesentlich mehr Zahlungsmittel, als die

> **Geldschöpfungsmultiplikator**
> Faktor, um den sich eine von der Zentralbank geschaffene Geldeinheit durch die Geldschöpfung der Geschäftsbanken erhöht.

TECHNISCHE BOX

Eine genauere, technischere Analyse der Geldschöpfung der Banken

Die Beschreibung der Geldschöpfung im Haupttext impliziert, dass die Banken für die Vergabe eines Kredits physisches Geld benötigen, das ihnen von Sparern in Form von Einlagen zur Verfügung gestellt wird. Diese Darstellung war lange zutreffend und hilft auch, den Geldschöpfungsprozess im Bankensystem relativ verständlich zu erklären. Inzwischen spielt sich aber ein ganz grosser Teil des Finanzsystems im elektronischen Raum ab und physisches, «reales», Geld verliert im Vergleich zu Buchgeld zunehmend an Bedeutung. Deshalb kommt die folgende alternative Beschreibung, wie die Geldschöpfung durch die Banken funktioniert, der Realität näher, auch wenn sich dabei nichts Grundsätzliches an der Bedeutung der Spargelder und des Zentralbankgelds ändert.

Im heutigen Bankensystem schaffen Banken neues Geld, wenn immer sie einen Kredit vergeben. Schätzen sie einen Kreditnehmer und sein Projekt als genügend gut ein, so schreiben sie in ihre Bücher eine Einlage dieses Kreditnehmers in Höhe des vergebenen Kredites. In der Terminologie der Bankbilanz, die in Kapitel 16 eingeführt wird, steht dann auf der Passivseite (Mittelherkunft) die Einlage des Kreditnehmers und auf der Aktivseite (Mittelverwendung) die gleiche Summe als Kreditforderung. Und diese Einlagen sind dann – wie in der klassischen Beschreibung im Haupttext – zusätzliches Geld. Die Bank schafft also, sobald sie einen Kredit vergibt, quasi aus dem Nichts zusätzliches virtuelles Geld in Form der Einlage des Kreditnehmers. Geld ist es, weil dieses als Zahlungsmittel verwendet werden kann, und virtuell ist es, weil es im Wesentlichen ein Versprechen der Bank ist, in dieser Höhe Zahlungen machen zu können. Die Bank hat denn auch einen grossen Anreiz, gute Kredite zu vergeben, weil sie letztlich garantieren muss, im Gegenwert für diese Einlagen im Bedarfsfall nicht nur virtuelles, sondern «reales» Zentralbankgeld auszahlen zu können. Wie in der klassischen Beschreibung der Geldschöpfung gezeigt, ist die Bank zwingend auf das Vertrauen der Einleger in die Werthaltigkeit ihrer Konten angewiesen, weil sie zu keinem Zeitpunkt genügend «reales» Geld hat, um alle Einleger gleichzeitig auszuzahlen.

Angesichts dieser Beschreibung der Geldschöpfung stellt sich vielleicht die Frage, ob denn Spargelder und Zentralbankgelder überhaupt relevant sind, wenn doch die Bank das Geld durch die Kreditvergabe einfach aus dem Nichts schaffen kann. Tatsächlich ändert sich durch diese alternative Beschreibung aber nichts an der Relevanz der Sparer und der Zentralbank. Letztlich sind die von den Banken geschaffenen Buchgelder ja wie gesagt Versprechen auf die Zahlung von «realem» Zentralbankgeld. Und das kann die Bank im Bedarfsfall nicht selber schaffen. Sie muss deshalb über einen gewissen Bestand an Zentralbankgeld verfügen (entweder in Form von Bargeld oder in Form von Einlagen bei der Zentralbank) oder sie muss es sich ausleihen. Das Ausleihen geschieht über Spargelder (klassische Einlagen der Kunden) oder über Kredite der Zentralbank oder anderer Banken. Wegen dieses Bedarfs an «realem» Geld sind Banken stark daran interessiert, Spargelder zu erhalten, sodass sie sogar bereit sind, einen Zins dafür zu bezahlen.

Und auch in dieser Betrachtungsweise ändert sich nichts daran, dass die Zentralbank die Geldschöpfung der Banken und damit die ganze Geldmenge beeinflussen kann. Sie tut dies über die Steuerung der Menge und des Preises des Zentralbankgelds, das sie den Banken bei Bedarf zur Verfügung stellt. Wie das genau verläuft – also welche grundsätzlichen Instrumente die Zentralbank hier hat – wird in Abschnitt 12.2 beschrieben. Den Effekt eines dieser Instrumente, nämlich des Mindestreservesatzes, haben wir im Haupttext schon gesehen. Erhöht die Zentralbank diesen Satz, so reduziert das den Geldschöpfungsmultiplikator und damit die Schaffung von Buchgeld durch die Banken, weil die Banken nun für jeden Franken neu geschaffenen Buchgelds mehr Zentralbankgeld halten müssen.

Zentralbank ursprünglich ins Bankensystem eingeschleust hat. Die Basis der zusätzlichen Geldschöpfung der Geschäftsbanken ist aber immer der ursprünglich von der Zentralbank zur Verfügung gestellte Betrag. Damit ist die Geldmenge, die insgesamt geschaffen werden kann, stets von den Aktionen der Zentralbank abhängig. Von ihr mag zwar nur ein Bruchteil der sich im Umlauf befindenden liquiden Mittel stammen, sie kann aber dennoch die Entwicklung der gesamten Liquidität steuern.

Geldmengenkonzepte

Die obigen Überlegungen machen klar, dass die *Geldmenge* nicht nur aus den Noten und Münzen besteht, die von der Zentralbank in Umlauf gesetzt werden. Jeder weiss aus eigener Erfahrung, dass Zahlungen nicht nur mit physischem Geld geleistet werden können, sondern auch mit Debitkarten, Kreditkarten oder Checks. In diesem Fall wechselt bei einer Bezahlung kein Bargeld den Besitzer. Im Wesentlichen erfolgen diese Zahlungen über Bankkonten, die so liquide sind, dass wir sie wie Geld verwenden können. In einer sinnvollen Definition der Geldmenge müssen diese Konten deshalb integriert sein. Was alles zur Geldmenge gehört, hängt ja letztlich davon ab, was alles als allgemein anerkanntes Zahlungsmittel verwendet werden kann. Diese Abgrenzung kann unterschiedlich ausfallen, weshalb es auch verschiedene Definitionen der Geldmenge gibt.

> **Geldmenge**
> Menge an Mitteln, die für Zahlungen verwendet werden können. Je breiter die Geldmenge definiert wird, desto weniger liquide Mittel sind darin enthalten.

Beim engsten Konzept, der sogenannten Notenbankgeldmenge oder M0, wird lediglich das Bargeld (also Noten und Münzen) sowie die Girokonten, welche die Geschäftsbanken direkt bei der Zentralbank haben, als Geld bezeichnet. Die weiter gehenden Konzepte integrieren Mittel, die auch genügend liquide sind, um relativ direkt als Zahlungsmittel verwendet werden zu können.

M1 beinhaltet neben dem Bargeld auch *Sichteinlagen* und *Transaktionskonten*. Diese beiden Kontenformen sind so liquide, dass sie von den Kontoinhaberinnen und -inhabern ohne Weiteres als Zahlungsmittel verwendet werden können.

> **Sichteinlagen**
> Bankguthaben, über die innert kurzer Frist verfügt werden kann.
>
> **Transaktionskonten**
> Bankeinlagen in Spar- und Anlageformen zu Zahlungszwecken.
>
> **Spareinlagen**
> Bankeinlagen, die nicht direkt für den Zahlungsverkehr bestimmt sind.

M2 ist ein breiteres Aggregat, das zusätzlich zu M1 die *Spareinlagen* berücksichtigt. Diese sind nicht ganz so liquide wie Sichtguthaben und Transaktionskonten. Sie können nicht direkt für Zahlungen verwendet, innerhalb einer Rückzugslimite allerdings einfach in Bargeld umgewandelt werden.

M3 ist die weitestgehende der oft verwendeten Definitionen der Geldmengen. Sie entspricht M2 zuzüglich der *Termineinlagen*. Solche auf Termin angelegte Gelder können eigentlich erst bei Fälligkeit in Bargeld umgewandelt werden, eine vorzeitige Auflösung ist mit Kosten verbunden. Sie sind damit weniger liquide als die Spareinlagen, können aber doch, wenn auch mit Kostenfolgen, relativ einfach als Zahlungsmittel verwendet werden. M3 wird in der Geldpolitik häufig als zentrale Geldmengendefinition verwendet. Die Schweizerische Nationalbank verwendet heute sowohl M2 als auch M3 als Indikatoren.

> **Termineinlagen**
> Einlagen, die für eine bestimmte Zeitspanne den Geschäftsbanken zur Verfügung gestellt werden und erst nach Ablauf dieser Frist wieder verfügbar sind.

TECHNISCHE BOX
Kryptowährungen

Wie wir im Haupttext sehen, wird nur ein kleiner Teil des Geldes physisch, das heisst als Banknoten oder Münzen gehalten. Der grösste Teil der Zahlungsmittel besteht aus virtuellen, elektronischen Einträgen auf Bankkonten. So gesehen ist heute schon ein Grossteil des Geldes digital.

Was ist dann aber wirklich neu bei den in letzter Zeit entstandenen Kryptowährungen wie Bitcoin oder Libra? Wie unterscheiden sich diese von den normalen elektronischen Zahlungsmitteln auf unserem Bankkonto?

Reine Kryptowährungen wie Bitcoin sind in zweierlei Hinsicht anders. Erstens ist es wirklich eine neue Währung.

Während unser Bankkonto und unsere Zahlungen auf Schweizer Franken lauten, hat eine reine Kryptowährung nichts mit etablierten Währungen zu tun; man zahlt mit Bitcoins. Das ist keine Landeswährung, die durch eine staatliche Stelle wie die Zentralbank herausgegeben wurde. Es gibt also keine staatliche Garantie darauf. Denn Bitcoins werden durch eine private Vereinigung geschaffen. Zweitens erfolgen Zahlungen in einer Kryptowährung nicht, wie wir das gewohnt sind, von einem Bankkonto zum anderen (und über ein zentrales Abwicklungssystem, das gemeinsam von der Zentralbank und den Banken betrieben wird). Vielmehr wird die Transaktion über eine dezentrale Datenbank abgewickelt, die sogenannte Blockchain. Bei der Zahlung mit einer solchen digitalen Währung sind weder Banken noch die Zentralbank involviert.

Inwiefern erfüllen solch reine Kryptowährungen die drei Funktionen des Geldes als Tauschmittel, als Wertaufbewahrungsmittel und als Masseinheit, wie wir es in Abschnitt 12.1.1 definiert haben? Insgesamt nicht besonders gut. Bitcoin wird zwar als Tauschmittel verwendet, das heisst, in gewissen Fällen kann man damit bezahlen. Allerdings ist diese Funktion stark dadurch beeinträchtigt, dass der Wert der Währung wilden Schwankungen unterworfen ist; im Jahre 2022 zum Beispiel fluktuierte der Kurs eines Bitcoins zwischen 15 000 und 44 000 Franken. Vor diesem Hintergrund ist auch klar, dass Kryptowährungen die anderen beiden Funktionen von Geld gar nicht erfüllen (Masseinheit) oder nur höchst eingeschränkt (Wertaufbewahrungsmittel). Aus heutiger Sicht sind Kryptowährungen wie Bitcoin eher ein spekulatives Anlagepapier als ein Zahlungsmittel.

Angesichts dieser Probleme versuchen neuere Entwicklungen, vom Konzept einer reinen Kryptowährung wegzukommen und einen sogenannten «Stablecoin» zu etablieren. Wie der Name sagt, geht es dabei darum, die Instabilität des Werts in den Griff zu bekommen. Um dies zu erreichen, lässt man den Wert der Währung nicht wie bei Bitcoin frei schwanken, sondern bindet ihn an einen stabilen Vermögenswert. Da diese Stabilitätsanker in der Regel bestehende Währungen sind, verabschiedet man sich von einem der beiden oben genannten Unterscheidungsmerkmale, nämlich von der völligen Unabhängigkeit von staatlichen Währungen. Das von Facebook lancierte Projekt Libra (später Diem) basiert auf einem solchen Konzept, denn es will den Wert der neuen Währung an einen Währungskorb binden.

Aus ökonomischer Sicht ist die wirkliche Innovation von Kryptowährungen, dass die neue Technologie der Blockchain eine deutliche Vereinfachung von internationalen Zahlungen bringen könnte. Noch scheinen die bestehenden Konzepte nicht genügend ausgereift, um von den Finanzaufsichtsbehörden akzeptiert zu werden und sich breit durchzusetzen. Gelingt es aber, ein sicheres und einfaches Blockchain-Zahlungssystem zu etablieren, würde das nicht nur deutliche Kostensenkungen bei internationalen Geldtransaktionen ermöglichen, sondern könnte auch in Ländern mit instabilen monetären Verhältnissen viel zur wirtschaftlichen Entwicklung beitragen.

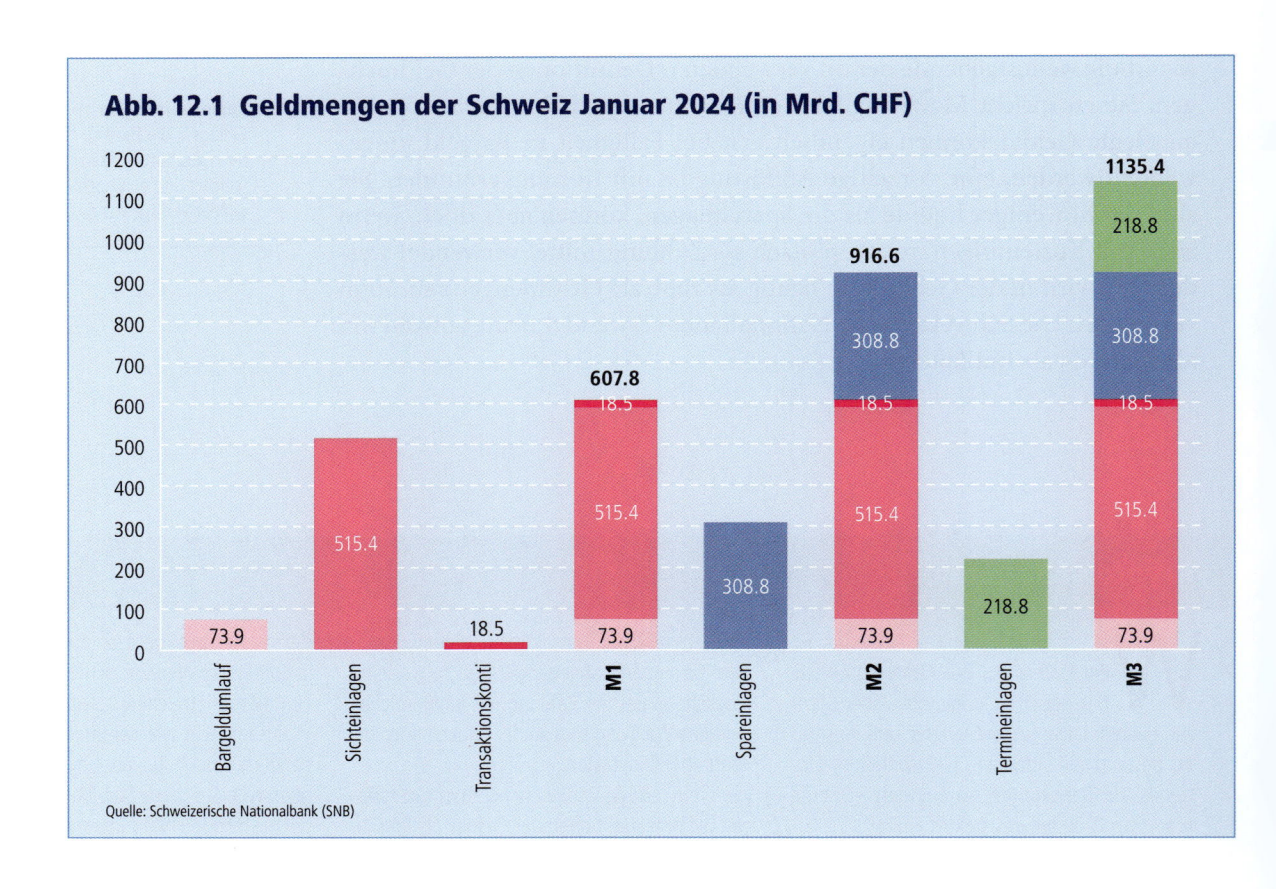

Abb. 12.1 Geldmengen der Schweiz Januar 2024 (in Mrd. CHF)

Quelle: Schweizerische Nationalbank (SNB)

Abbildung 12.1 stellt die Zusammensetzung der verschiedenen Geldmengenkonzepte für die Schweiz dar und zeigt die Grössenordnungen.

Man sieht in der Darstellung insbesondere, dass das Bargeld nur einen sehr kleinen Teil der liquiden Mittel ausmacht.

12.2 Instrumente der Geldpolitik

Wie wir gesehen haben, gibt es zwei Arten von Organisationen, die an der Geldschaffung beteiligt sind: die Zentralbank und die Geschäftsbanken. Mit welchen Instrumenten kann die Geldpolitik nun konkret die Geldmenge verändern?

Es lassen sich grundsätzlich vier Methoden unterscheiden, wie die Zentralbank direkt oder indirekt die Geldmenge verändern und damit Geldpolitik «machen» kann:

1. Offenmarktpolitik,
2. Diskontpolitik,
3. Mindestreservenpolitik,
4. Verzinsung der Sichtguthaben der Banken.

Bei allen drei Formen der Geldpolitik kann die Initiative für eine Veränderung der Geldmenge nur von der Zentralbank kommen. Zwar schaffen die Geschäftsbanken, wie wir gesehen haben, über den Geldschöpfungsmultiplikator zusätzliche Gelder. Soll aber die gesamte Geldmenge erhöht oder reduziert werden, kann nur die Zentralbank dafür besorgt sein. Am direktesten und sichtbarsten tut sie dies mit der Offenmarktpolitik, bei der sie auf dem offenen Markt Geld schafft oder «vernichtet».

Die anderen beiden Formen der Geldpolitik erfordern ein weniger direktes Auftreten der Zentralbank; vielmehr versucht diese hier etwa über die Setzung von Anreizen, die Geldschöpfung der Geschäftsbanken zu beeinflussen. Betrachten wir die drei Formen der Geldpolitik im Einzelnen.

12.2.1 Offenmarktpolitik

Die *Offenmarktpolitik* (OMP) ist eindeutig die elementarste und wichtigste Form der Geldpolitik. In den meisten Industrieländern sind die wesentlichen geldpolitischen Instrumente heute Variationen der Offenmarktpolitik. Ihre Grundidee besteht darin, dass die Zentralbank Wertpapiere im weitesten Sinne auf dem offenen Markt kauft oder verkauft. Damit kann sie die Geldmenge erhöhen oder reduzieren, weil sie die Transaktionen mit Zentralbankgeld bezahlt oder solches Geld einnimmt.

Offenmarktpolitik
Instrument der Geldpolitik. Kauf und Verkauf von Aktiva (hauptsächlich Wertschriften) durch die Zentralbank, um ihre geldpolitischen Ziele zu erreichen.

Betrachten wir ein konkretes Beispiel. Nehmen wir an, dass die Zentralbank eine expansive Geldpolitik verfolgt. Sie erhöht also die Geldmenge. In diesem Fall kauft sie auf dem Kapitalmarkt Wertpapiere, beispielsweise Staatsobligationen. Sie bezahlt diese Obligationen mit «frisch gedrucktem» Geld. Die Zentralbank hat ja die spezielle Position inne, dass sie etwas mit selbst geschaffenem Geld kaufen kann. Das neue Zentralbankgeld fliesst zur Geschäftsbank, die die Wertpapiere verkauft. Dadurch erhöht sich die im Umlauf befindliche Geldmenge. Über die Kreditvergabe dieser und weiterer Geschäftsbanken vermehren sich dann, wie wir das oben beschrieben haben, die liquiden Mittel durch den Geldschöpfungsmultiplikator.

Möchte die Zentralbank umgekehrt eine restriktive Geldpolitik betreiben und die Geldmenge reduzieren, verkauft sie Wertpapiere auf dem offenen

> **Abb. 12.2 Stilisierte Bilanz einer Zentralbank**
>
> Bei einer expansiven Geldpolitik nimmt die Bilanzsumme zu, da die Zentralbank mit neu geschaffenem Notenbankgeld auf dem offenen Markt Aktiva kauft.
> Bei einer restriktiven Geldpolitik nimmt die Bilanzsumme ab, da die Zentralbank Aktiva verkauft und somit den Notenumlauf reduziert.
>
> | Aktiva | Passiva |
> |---|---|
> | – Gold | – Notenumlauf |
> | – Inländische Wertpapiere | – Girokonten der Geschäftsbanken |
> | – Ausländische Wertpapiere (Devisen) | – Reserven |
> | – Andere Aktiva | |

Markt. Sie verkauft beispielsweise Staatsobligationen an eine Geschäftsbank. Indem diese den Preis der Obligationen an die Zentralbank zahlt, wird Geld im Wert der Kaufsumme dem Markt entzogen; die Geldmenge hat sich damit reduziert.

Wir können die beschriebenen Mechanismen der Offenmarktpolitik direkt an der stilisierten Bilanz einer Zentralbank zeigen, die in Abbildung 12.2 dargestellt ist. Auf der Aktivseite einer Zentralbankbilanz stehen Aktiva, also Wertgegenstände im weitesten Sinne wie Gold, Devisen, inländische Wertpapiere, aber auch Gebäude oder Landbesitz. Auf der Passivseite der Bilanz stehen die sich im Umlauf befindenden Noten und Münzen, die *Girokonten der Geschäftsbanken bei der Zentralbank* sowie die Reserven. Mit Ausnahme der Reserven sind dies also die liquiden Mittel, die in der engsten Definition der Geldmenge enthalten sind. Dass das im Umlauf befindliche Geld auf der Passivseite der Zentralbankbilanz steht, kommt daher, dass mit diesen Mitteln die auf der Aktivseite der Bilanz stehenden Wertpapiere, Devisen oder Goldbestände finanziert werden.

Will die Zentralbank nun eine expansive Geldpolitik betreiben, so verlängert sie die Bilanz auf der Aktiv- und der Passivseite um den gleichen Betrag. Sie kauft auf dem offenen Markt Aktiva: typischerweise Gold, Devisen oder Wertpapiere, theoretisch möglich wären aber auch Gebäude, Gemälde oder beliebige andere Wertgegenstände. Der entsprechende Posten auf der Aktivseite erhöht sich um den Wert dieser Aktiva. Auf der Passivseite erhöht sich der Posten Notenumlauf um den gleichen Betrag, sodass die Bilanz wieder ausgeglichen ist. Für den Kauf der Aktiva hat die Zentralbank damit die entsprechende Menge an liquiden Mitteln neu geschaffen.

Girokonten der Geschäftsbanken bei der Zentralbank
Einlagen der Geschäftsbanken bei der Zentralbank, die so liquide wie Bargeld sind. Die Girokonten der Geschäftsbanken gehören zur Notenbankgeldmenge, der Geldmenge mit der grössten Liquidität.

Will die Zentralbank umgekehrt eine restriktive Geldpolitik betreiben, dann verkürzt sie die Bilanz. Sie verkauft Aktiva, beispielsweise Gold, womit sich der Goldbestand auf der Aktivseite und gleichzeitig der Notenumlauf auf der Passivseite reduzieren. Der Notenumlauf wird reduziert, weil die Zentralbank für den Verkauf des Goldes liquide Mittel erhält, die damit aus dem Umlauf und folglich auch aus der Zentralbankbilanz verschwinden.

Wie wir bei der Beschreibung der expansiven Geldpolitik gesehen haben, handelt es sich bei Zentralbanken offenbar um Institutionen in heikler Position. Denn die Zentralbank ist die einzige staatliche Stelle, die die Instrumente zur Geldschöpfung besitzt, sodass sie sich prinzipiell kaufen kann, was immer sie möchte: der Traum eines jeden Finanzministers. Darum müssen hier strikte Vorkehrungen dafür sorgen, dass diese Macht nicht missbraucht wird und keine Staatsausgaben über die Geldschöpfung finanziert werden, da dies unweigerlich eine Inflation auslösen würde. Entsprechend wichtig ist deshalb, dass die Zentralbank ein klares Mandat hat und von der Regierung unabhängig ist.

Aus der Bilanz in Abbildung 12.2 ist auch sofort ersichtlich, dass die Zentralbank fast immer einen Gewinn erwirtschaften wird, auch wenn dies gar nicht das Ziel ihrer Tätigkeit ist. Denn auf den Notenumlauf der Passivseite bezahlt sie keine Zinsen, doch auf den Wertpapieren auf der Aktivseite erzielt sie eine Rendite.

Die Offenmarktpolitik lässt sich auch in einer grafischen Darstellung erläutern, die den Zusammenhang zum Zinsniveau verdeutlicht. Abbildung 12.3 auf Seite 354 stellt den Markt dar, auf dem von der Zentralbank geschaffenes Geld (also M0) gehandelt wird. Auf der horizontalen Achse steht die Menge an Notenbankgeld und auf der vertikalen Achse der Preis für dieses Geld, nämlich der Zinssatz. Nachfrager auf diesem Markt sind die Banken, die sich hier mit Liquidität versorgen können; warum Banken solche liquide Mittel benötigen, wird in Kapitel 16 vertieft.

Warum hat die Nachfragekurve eine negative Steigung? Der Grund sind die Opportunitätskosten der Geldhaltung: Hält die Bank Mittel in Form von Geld, so kann sie diese nicht für profitablere Zwecke verwenden, etwa um Kredite zu vergeben. Der Zinsertrag, den sie mit diesen Krediten erzielen könnte, entspricht den Opportunitätskosten. Steigt der Zinssatz an, steigen diese Kosten und die Banken fragen weniger Geld nach. Anbieter auf diesem Markt ist die Zentralbank. Sie stellt über die Offenmarktpolitik eine bestimmte Geldmenge zur Verfügung; und dieses Angebot ist unabhängig vom Zins auf diesem Markt, das heisst die Angebotskurve Angebot 1 ist vertikal. Der Grund dafür ist, dass die Zentralbank nicht an Zinserträgen interessiert ist, sondern an einer optimalen Versorgung der Wirtschaft mit Geld, um Preisstabilität zu gewährleisten. Der Schnittpunkt von Angebots- und Nachfragekurve bestimmt den Zinssatz, also den Preis für Zentralbankgeld, der indirekt alle Zinssätze in einer Volkswirtschaft beeinflusst. Will die Zentralbank nun eine restriktivere Geldpolitik betreiben, so verkauft sie – wie im vorherigen Abschnitt beschrieben – Wertpapiere auf dem offenen Markt. Damit reduziert sich die Notenbankgeldmenge im Umlauf und die Angebotskurve verschiebt sich nach links zu Angebot 2. Das Resultat ist ein neues Gleichgewicht mit einem höheren Zinssatz.

Wenn die Zentralbank also kommuniziert, dass sie «die Zinsen erhöht», bedeutet dies, dass sie so lange eine restriktive Offenmarktpolitik betreibt (also die Menge an Notenbankgeld reduziert), bis der Zins auf das angekündigte Niveau gestiegen ist. Diesen Zinssatz wird von den Zentralbanken meist als *Leitzins* bezeichnet; in den USA etwa als «Federal Funds Rate» und in der Schweiz als «SNB-Leitzins».

Leitzins
Zentraler kurzfristiger Zinssatz für die Kommunikation der Geldpolitik.

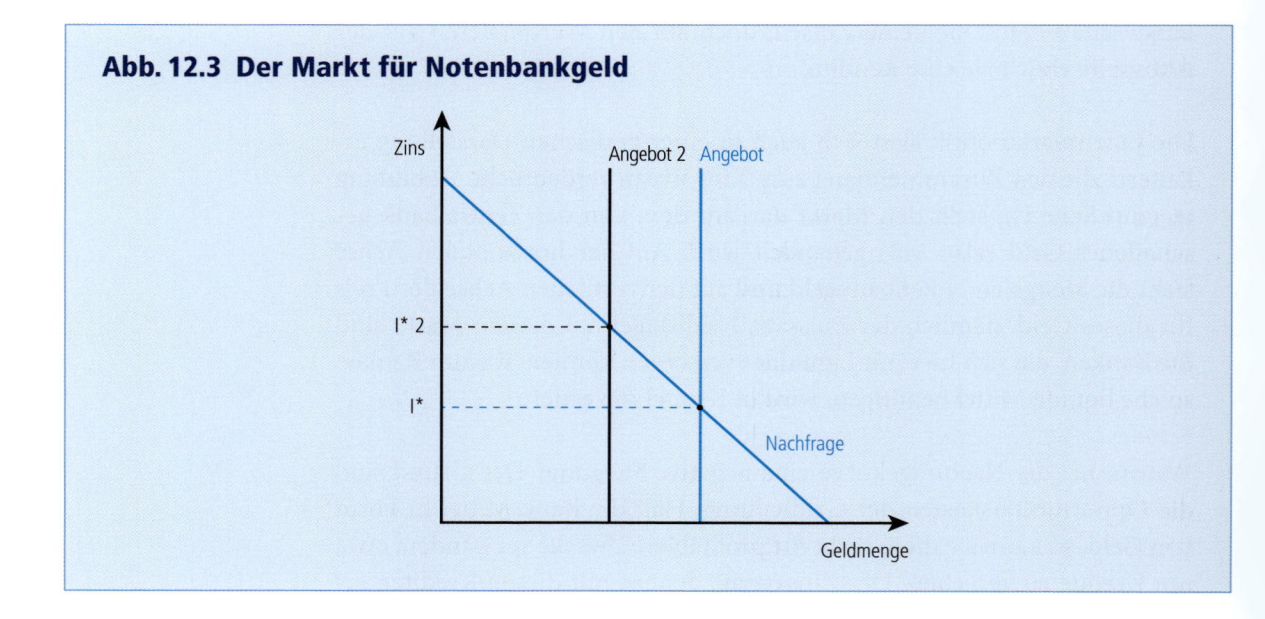

Abb. 12.3 Der Markt für Notenbankgeld

12.2.2 Diskontpolitik

Mit der *Diskontpolitik* versucht die Zentralbank, die Geldschöpfung der Geschäftsbanken zu beeinflussen. Hat beispielsweise eine Geschäftsbank zu wenige liquide Mittel, weil zu viele Personen gleichzeitig ihr Geld abheben wollen, so kann sie sich bei der Zentralbank verschulden. Das ist jedoch mit Zinskosten verbunden, weil die Zentralbank für diese Schulden den sogenannten Diskontsatz erhebt. Erhöht die Zentralbank diesen Zinssatz, so wird die Verschuldung bei der Zentralbank für die Geschäftsbanken teurer.

> **Diskontpolitik**
> Instrument der Geldpolitik. Der Diskontsatz ist der Zinssatz, den die Zentralbank von den Geschäftsbanken einfordert, wenn sie ihnen Liquidität zur Verfügung stellt. Er beeinflusst die Geldschöpfung über das Bankensystem und damit die Geldmenge.

Was aber hat dies nun mit Geldpolitik zu tun? Wie oben beschrieben, schaffen die Geschäftsbanken zusätzliche liquide Mittel, indem sie Kredite vergeben. Wie viele Kredite die Geschäftsbanken vergeben, hängt unter anderem davon ab, wie teuer sie ein Mangel an liquiden Mitteln zu stehen kommt.

Erhöht sich der Diskontsatz, so steigen diese Kosten der Illiquidität. Die Geschäftsbanken werden deshalb bei steigendem Diskontsatz mehr liquide Mittel halten, um das Risiko zu reduzieren, diese Kosten tragen zu müssen. Damit reduziert sich die Kreditvergabe und folglich der Bestand an liquiden Mitteln, die im Umlauf sind. Durch eine Erhöhung des Diskontsatzes reduziert die Zentralbank also den Geldschöpfungsmultiplikator und damit die breiter definierte Geldmenge.

Soll umgekehrt eine expansive Geldpolitik betrieben werden, so setzt die Zentralbank den Diskontsatz herab. Das macht es für die Banken weniger teuer, in einen Liquiditätsengpass zu geraten, und entsprechend werden sie mehr Kredite vergeben. Damit aber steigt der Bestand an liquiden Mitteln, und folglich erhöht sich auch die Geldmenge.

Der Begriff «Diskontpolitik» ist eher historisch bedingt und wird heute zwar noch in Lehrbüchern, aber weniger in der praktischen Geldpolitik verwendet. Die Zentralbanken sprechen stattdessen eher von *Ständigen Fazilitäten*. Damit ist gemeint, dass die Zentralbank einer Geschäftsbank, die Liquidität benötigt, anbietet, zu einem vorher festgelegten Zinssatz (dem «Diskontsatz») einen kurzfristigen Kredit zu erhalten. Die Initiative zur Inanspruchnahme liegt bei der Geschäftsbank.

> **Ständige Fazilitäten**
> Angebot der Zentralbank an die Geschäftsbanken, jederzeit zum Diskontsatz Liquidität beziehen zu können.

> **Mindestreservepolitik**
> Instrument der Geldpolitik. Vorschriften hinsichtlich des Betrags, den eine Bank als Sicherheit für Kundenguthaben bei der Zentralbank hinterlegen muss.

12.2.3 Mindestreservepolitik

Die *Mindestreservepolitik* wirkt ähnlich wie die Diskontpolitik. Wie wir gesehen haben, verpflichtet die Bankenregulierung die Geschäftsbanken, einen bestimmten Prozentsatz der Zentralbankgelder als liquide Mindestreserven zu halten, also nicht als Kredite zu vergeben. Diesen Prozentsatz legt die Zentralbank fest, und sie kann damit Geldpolitik betreiben. So kann eine restriktivere Geldpolitik umgesetzt werden, indem die Zentralbank den Mindestreservesatz erhöht. Das zwingt die Banken, einen grösseren Anteil des Zentralbankgeldes liquide zu halten, und vermindert damit die Kreditsumme, die sie vergeben können. Somit verringert sich die Geldschöpfung über das Bankensystem.

Will die Zentralbank umgekehrt eine expansive Politik betreiben, so kann sie den Mindestreservesatz reduzieren. Die Geschäftsbanken sind so in der Lage, mehr Kredite zu vergeben, womit das Bankensystem mehr Geld schafft.

Von den drei Instrumenten dominiert heute in den OECD-Ländern die Offenmarktpolitik in verschiedenen Ausprägungen.

12.2.4 Verzinsung der Sichtguthaben der Banken

Wie wir in Abschnitt 12.5 erläutern werden, hat die Geldpolitik seit der Grossen Finanzkrise von 2008 weltweit zu einer massiven Ausdehnung der Notenbankgeldmenge geführt. Diese anhaltende Liquiditätsschwemme erschwert traditionelle Zinserhöhungen durch eine restriktive Offenmarktpolitik. Um eine solche Politik unter den neuen Umständen überhaupt möglich zu machen, musste ein neues geldpolitisches Instrument eingeführt werden: die Verzinsung der Sichtguthaben der Banken.

Das Problem lässt sich anhand des Marktdiagramms für Notenbankgeld analysieren. Abbildung 12.4 zeigt den Effekt der massiv expansiven Geldpolitik: Die Angebotskurve wurde so weit nach rechts verschoben, dass sie die Nachfragekurve im horizontalen Bereich schneidet und damit der Gleichgewichtszins bei 0 % liegt.

Was bedeutet dies ökonomisch? Die Banken verfügen heute über so viel Liquidität, dass sie selbst bei einem Zinssatz von 0 % nicht bereit sind, zusätzliches Geld nachzufragen. Diese Überschussliquidität verändert die Ausgangslage für die Zentralbanken fundamental. Sie können nicht mehr – wie in der Vergangenheit (siehe Abbildung 12.3) – den Zinssatz durch eine geringfügige Verringerung der Geldmenge erhöhen, wenn sie eine restriktivere Geldpolitik verfolgen wollen. Die einzige Möglichkeit im bestehenden Rahmen wäre eine massive Reduktion der Geldmenge, welche die Angebotskurve so weit nach links verschiebt, dass sie die Nachfragekurve wieder dort schneidet, wo sie eine negative Steigung aufweist. Eine solche schockartige Anpassung der Geldpolitik ist aber kaum ein sinnvolles Instrument. Denn die Anpassung wäre schwer zu steuern und könnte unter Umständen zu extremen Verwerfungen führen (etwa zu einer starken Aufwertung der Währung).

Wie können die Zentralbanken also trotzdem die Zinsen erhöhen? Hier kommt das neue geldpolitisches Instrument zum Einsatz, nämlich die Verzinsung des Geldes, das die Banken auf ihren Sichtguthaben bei der Zentralbank halten. Dies ist in Abbildung 12.5 auf Seite 358 dargestellt.

Zahlt die Zentralbank den Banken einen Zins auf ihren Sichteinlagen, so verändert sich die Nachfragekurve. Sie hat zu Beginn den bekannten negativen Verlauf, wird aber bei dem Zinssatz, den die Zentralbank den Banken bezahlt, horizontal. Der Gleichgewichtszinssatz ist damit nicht mehr 0 %, sondern entspricht dem von der Zentralbank gezahlten Zinssatz. Einen niedrigeren Zinssatz wird keine Bank akzeptieren, da sie ja das Geld jederzeit auf ihr Einlagenkonto bei der Zentralbank legen kann und dort den Zins auf das Sichtguthaben erhält.

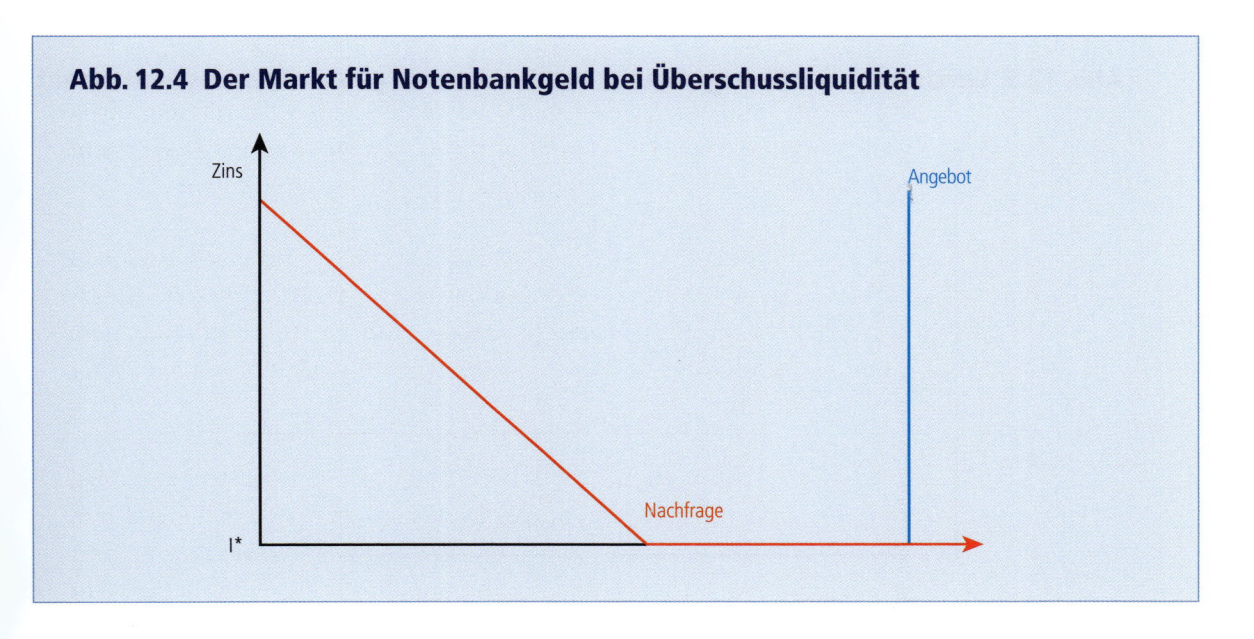

Abb. 12.4 Der Markt für Notenbankgeld bei Überschussliquidität

Damit aber wird dieser Zinssatz auf Sichtguthaben direkt zu einem neuen geldpolitischen Instrument. Will die Zentralbank eine restriktive Geldpolitik betreiben, erhöht sie den Zinssatz, den sie den Banken auf ihre Sichtguthaben bezahlt (das heisst die Nachfragekurve wird rascher horizontal), und damit steigt der geldpolitisch relevante Zinssatz.

Solange die seit der Grossen Finanzkrise aufgebaute Liquidität nicht stark und nachhaltig abgebaut ist, muss die Geldpolitik über den hier beschriebenen Mechanismus umgesetzt werden. Erst wenn sich die Angebotskurve wieder so weit nach links verschoben hat, dass sie die Nachfragekurve im Bereich der negativen Steigung schneidet, können die Zentralbanken wieder dazu übergehen, die Zinsen über die traditionelle Offenmarktpolitik zu steuern. Dies dürfte aus heutiger Sicht noch einige Zeit dauern.

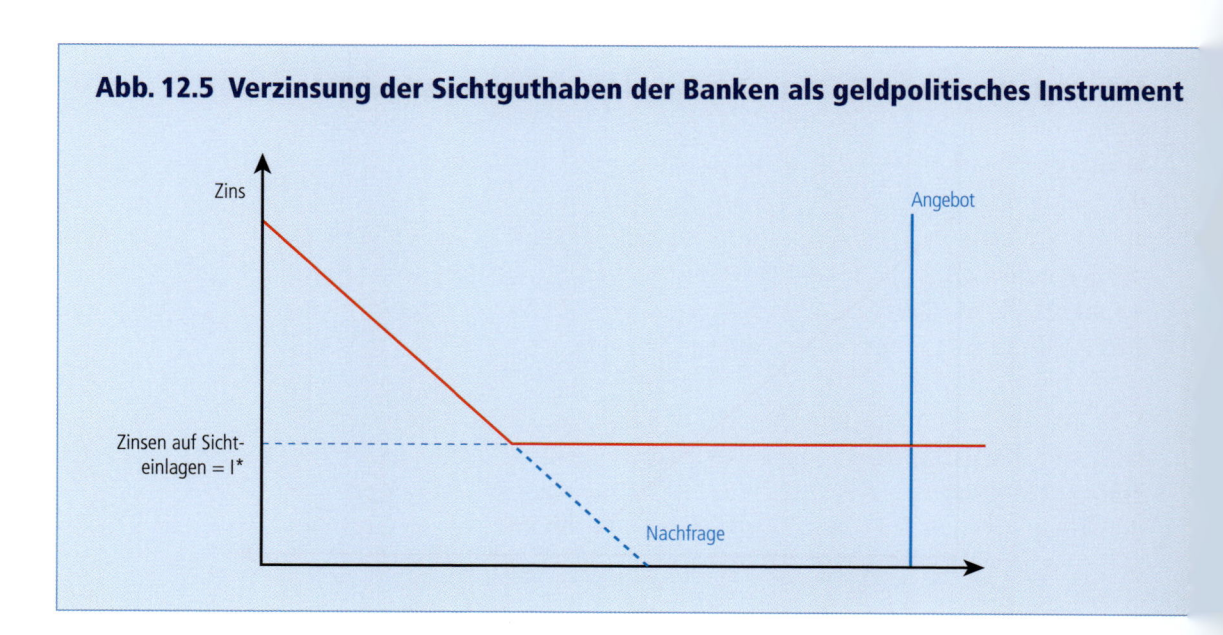

Abb. 12.5 Verzinsung der Sichtguthaben der Banken als geldpolitisches Instrument

12.3 Geldpolitische Strategien

Wir wissen jetzt, über welche Mechanismen die Zentralbank die Geldmenge verändern kann. Verlassen wir nun diese technische Ebene, so stellt sich die wichtige Frage, welche geldpolitischen Ziele die Zentralbank anstreben soll. Da sie über sehr grosse Macht bezüglich der Geldmengenveränderung verfügt, müssen ihr klare Verpflichtungen und messbare Ziele vorgegeben werden.

12.3.1 Welche Zielgrösse für die Geldpolitik?

In den meisten OECD-Ländern hat die Geldpolitik ein wesentliches Ziel: die Sicherung der Preisstabilität. Die Geldmenge soll so gesteuert werden, dass höhere Inflation ebenso vermieden wird wie Deflation; denn ein Verlassen der Preisstabilität ist, wie in Kapitel 11 erläutert wird, mit hohen gesamtwirtschaftlichen Kosten verbunden. Und tatsächlich hat ja die Zentralbank mit der Geldmengensteuerung das Instrument in der Hand, das die mittel- und längerfristige Inflationsentwicklung beeinflussen kann.

Ausserdem übt die Geldpolitik aber auch einen unmittelbaren Einfluss auf die gesamtwirtschaftliche Nachfrage aus und ist damit in der Lage, die konjunkturelle Arbeitslosigkeit zu beeinflussen.

Deshalb bietet die Geldpolitik immer wieder Stoff für lebhafte wirtschaftspolitische Auseinandersetzungen. Sie drehen sich meist um die Frage, ob die Zentralbank eher das Ziel der Preisstabilität oder das Ziel der Stabilisierung von Wirtschaftstätigkeit und Konjunktur in den Vordergrund stellen solle. In den meisten Ländern ist die relative Gewichtung dieser beiden Anliegen im Mandat an die Zentralbank eindeutig: Primäres Ziel der Geldpolitik ist die langfristige Preisstabilität. Dabei ist aber klar, dass auch auf die Wirtschaftslage Rücksicht genommen werden muss. Ist also die Preisstabilität nicht gefährdet, dann sollte die Zentralbank durchaus versuchen, konjunkturelle Schwankungen und damit ein übermässiges Ansteigen der konjunkturellen Arbeitslosigkeit zu dämpfen.

Will man das Ziel der Preisstabilität konkretisieren, müssen die in Kapitel 10 beschriebenen starken Wirkungsverzögerungen (Lags) der Geldpolitik berücksichtigt werden. Eine Veränderung der Geldmenge wirkt ja nur mit deutlicher und erst noch variabler Verzögerung auf das allgemeine Preisniveau. Diese Verzögerungen können ein bis zwei Jahre oder sogar noch länger dauern. Daher muss die geldpolitische Strategie klarstellen, über welchen Mechanismus die Preisstabilität erreicht werden soll und anhand welcher Grössen die Öffentlichkeit auch kurzfristig die Ausrichtung der Geldpolitik beurteilen kann. In Abbildung 12.6 wird der Zusammenhang zwischen der kurzen und der langen Frist in der Geldpolitik anhand ihrer Wirkungskette aufgezeigt.

Der Auftrag der Geldpolitik und damit auch die eigentliche Zielgrösse für die Zentralbank ist die Erhaltung der Preisstabilität. Aufgrund der Wirkungsverzögerungen ist es aber wichtig, operative Ziele und Zwischenziele zu formulieren. Sie sollten möglichst unmittelbar mit geldpolitischen Instrumenten erreicht werden können und zugleich eng mit dem eigentlichen, langfristigen Ziel der Preisstabilität zusammenhängen.

Geldmarkt
Markt, auf dem Kredite mit sehr kurzfristiger Fälligkeit gehandelt werden.

Ein typisches operatives Ziel sind kurzfristige Zinsen, also die Zinsen, die auf dem *Geldmarkt* zwischen Banken gezahlt werden. Auf diesem Markt kann die Zentralbank als so bedeutender Akteur auftreten, dass sie den Zinssatz tatsächlich mehr oder weniger steuern kann.

Neben den kurzfristigen operativen Zielen werden häufig auch Zwischenziele formuliert. Sie können von der Zentralbank weniger direkt beeinflusst werden, sind aber klar messbar und haben einen direkten Zusammenhang mit der Preisstabilität. Ein Beispiel für ein solches Zwischenziel ist die Entwicklung der Geldmenge M3. Die Zentralbank kann die Grösse dieser Geldmenge zwar mitbestimmen, doch ihr Einfluss ist hier eher indirekt. Das Verhalten der Geschäftsbanken und die Entwicklung der Geldnachfrage haben ein fast ebenso grosses Gewicht.

Abb. 12.6 Geldpolitik: Vom Instrument zum Ziel

Instrument → **Operatives Ziel** → **Zwischenziel** → **Ziel**
z. B. Offenmarktpolitik   z. B. kurzfristige Zinsen   Geldmenge, z. B. M3   Preisstabilität

Die Wirkungsverzögerungen der Geldpolitik müssen berücksichtigt werden. Um das eigentliche Ziel der Preisstabilität zu erreichen, verfolgt die Zentralbank die Strategie, operative Ziele und Zwischenziele zu formulieren, die mit dem langfristigen Ziel der Preisstabilität korrelieren. Die operativen Ziele können von der Zentralbank am direktesten angepeilt werden, z. B. ist die Steuerung der kurzfristigen Zinsen relativ gut möglich. Bei den Zwischenzielen ist die Zielvorgabe zwar gut messbar, die Steuerungsmöglichkeit der Zentralbank ist aber eher indirekt, da auch das Verhalten zahlreicher anderer Marktteilnehmer einen massgeblichen Einfluss auf diese Grössen haben.

Quelle: in Anlehnung an Jordan, Thomas: Geldpolitische Strategien (Vorlesungsskript), mimeo: Universität Bern und SNB.

Am Ende der Wirkungskette steht dann als eigentliches Ziel typischerweise die Preisstabilität.

Diese Wirkungskette muss berücksichtigt werden, wenn der Auftrag an eine Zentralbank formuliert und ihr Erfolg gemessen werden soll. Es ist nämlich sehr schwer zu beurteilen, ob eine heute verfolgte Geldpolitik langfristig tatsächlich zu Preisstabilität führen wird. Doch kann kurzfristig beurteilt werden, ob das operative Ziel (die kurzfristigen Zinsen) die richtige Höhe hat, um das Zwischenziel (die Entwicklung einer breit definierten Geldmenge, wie zum Beispiel M3) erreichen zu können. Die Auswirkungen geldpolitischer Aktionen sowohl auf die kurzfristigen Zinsen als auch auf die Geldmenge werden nämlich relativ rasch sichtbar; dies im Gegensatz zu den Auswirkungen auf die Inflationsrate. Die Effekte der heutigen Geldpolitik auf die Inflationsrate zeigen sich erst mit grosser Verzögerung von bis zu drei Jahren.

Die drei wichtigsten Ausrichtungen der strategischen Geldpolitik unterscheiden sich vor allem auch darin, welches Element der Wirkungskette im Vordergrund steht. Es sind dies Wechselkursziele, Geldmengenziele und Inflationsziele. Im Folgenden betrachten wir diese drei Formen etwas genauer.

12.3.2 Wechselkursziele

Der Wechselkurs ist ein wichtiger Preis, der durch die Geldpolitik sehr direkt beeinflusst werden kann; Kapitel 13 analysiert dies detaillierter. Hier ist nur wichtig, zu wissen, dass die Veränderung der Geldmenge zu einer Verschiebung der relativen Knappheiten zwischen heimischer und ausländischen Währungen führt. Damit verändert sich aber auch der relative Preis der Währung, also der Wechselkurs. Strebt eine Zentralbank einen bestimmten Wechselkurs an, so stellt der Wechselkurs zumindest eine Art Zwischenziel im Sinne der Wirkungskette in Abbildung 12.3 dar. Der Wechselkurs kann durch die Geldpolitik beeinflusst werden, auch wenn die Zentralbank nur einer der Akteure ist, die auf diesen Preis einwirken. Eine konkrete Umsetzungsmöglichkeit besteht darin, dass die Zentralbank ihre geldpolitischen Absichten kommuniziert, indem sie ankündigt, einen bestimmten Wechselkurs anzustreben. Damit wissen die Marktteilnehmer, dass die Zentralbank, in der Regel mit Offenmarktoperationen, die Geldmenge so ausdehnen oder verknappen wird, dass der relative Wert der Währung – der Wechselkurs – innerhalb der angekündigten Bandbreite bleibt.

Wechselkursziel
Geldpolitisches Ziel, bei dem der Wechselkurs gegenüber einer anderen Währung innerhalb einer festgelegten Bandbreite gehalten wird.

Wesentlich häufiger aber wird ein *Wechselkursziel* ganz direkt verfolgt, nämlich mithilfe einer eigentlichen Fixierung des Wechselkurses. Der angestrebte Wechselkurs ersetzt dann zu einem gewissen Grad die Preisstabilität als eigentliches Ziel der Geldpolitik. Hier steuert die Zentralbank explizit die Geldmenge so, dass der Wechselkurs auf dem angekündigten Niveau gehalten wird. In den Industrieländern der Nachkriegszeit dominierte dieser Mechanismus die Geldpolitik. Die Währungen der wichtigsten Industrieländer waren bis Anfang der 1970er-Jahre gekoppelt. In Kapitel 13 wird dieser Fall genauer betrachtet.

Zu beachten ist, dass das Ziel eines fixen Wechselkurses der Zentralbank die Möglichkeit nimmt, selbst direkt ein Inflationsziel zu verfolgen. Wird der Wechselkurs an den eines anderen Landes gekoppelt, muss die Geldpolitik diesen Preis für das Geld – ausgedrückt in ausländischen Devisen – zu erreichen suchen. Sie kann nicht gleichzeitig und unabhängig davon ein Inflationsziel verfolgen.

Nehmen wir an, Land A habe seine Währung an diejenige von Land B fixiert und Land B wechsle nun zu einer stark inflationserhöhenden Geldpolitik, deren Kosten Land A nicht mehr länger mittragen möchte. Damit kann Land A aber den Wechselkurs gegenüber der Währung von Land B nicht mehr halten. Bekämpft Land A nämlich die Inflation mit einer restriktiveren Geldpolitik, so reduziert sich die Menge seiner Währung im Verhältnis zur Menge der Währung des Landes B. Da die Währung von A relativ knapper geworden ist, wird ihr relativer Wert steigen und sie sich damit gegenüber der Währung von B aufwerten. Damit ist aber die Wechselkursfixierung de facto aufgehoben.

Eine Wechselkursfixierung nimmt also der nationalen Geldpolitik die Möglichkeit, autonom ein anderes Inflationsziel als andere Länder des Fixkurssystems zu verfolgen.

12.3.3 Geldmengenziele

Geldmengenziele waren in den 1970er- und 1980er-Jahren in vielen Industrieländern ausgesprochen beliebt. Sehr viele Zentralbanken, darunter auch die schweizerische, verfolgten eine entsprechende Strategie. Der Einfluss des Monetarismus spielte für die Verbreitung von Geldmengenzielen eine grosse Rolle.

Geldmengenziel
Geldpolitisches Ziel, das über die Beeinflussung der Geldmenge Preisstabilität anvisiert.

Ein Geldmengenziel legt ein messbares und damit kommunizierbares, mit der Inflation stark korreliertes und kurzfristig erreichbares Zwischenziel im Sinne von Abbildung 12.6 auf Seite 360 fest. Den Leitgedanken des Geldmengenziels kann man an der Quantitätsgleichung zeigen, die in Kapitel 11 ausführlich besprochen wird:

$$P_{(\text{Preisniveau})} \times Q_{(\text{reales BIP})} = M_{(\text{Geldmenge})} \times V_{(\text{Geldumlaufgeschwindigkeit})}$$

Der *Monetarismus* beruht auf der Annahme, dass zwischen dem Preisniveau und der Geldmengenentwicklung ein sehr direkter Zusammenhang besteht. Dies ist – wie in Kapitel 11 ausgeführt – gemäss Quantitätsgleichung dann der Fall, wenn die Umlaufgeschwindigkeit des Geldes V konstant ist. Dann nämlich führt eine Erhöhung der Geldmenge M zumindest mittelfristig zu einer Preisniveauerhöhung in gleichem Ausmass. Dies vor dem Hintergrund, dass der Effekt der Veränderung der Geldmenge auf das reale BIP nur kurzfristig ist, dass also die längerfristige aggregierte Angebotskurve vertikal verläuft. Ist dies der Fall, entwickeln sich die Geldmenge und das Preisniveau tatsächlich synchron.

Monetarismus
Ökonomische Theorie, nach der Inflation immer durch ein Überangebot an Geld verursacht wird. Anzustreben ist daher ein Geldmengenwachstum, das dem Wachstum des gesamtwirtschaftlichen Angebots entspricht.

Entscheidend an dieser Überlegung ist aber, dass die Umlaufgeschwindigkeit des Geldes konstant sein muss. Schwankt sie, so fehlt der klare und vorhersehbare Zusammenhang zwischen Geldmengenentwicklung und Preisen – die Geldmenge taugt dann kaum als Zwischenziel. Wir werden in der Diskussion der Entwicklung der schweizerischen Geldpolitik sehen, dass dies ein ganz kritischer Punkt sein kann. Als nämlich gegen Ende der 1980er-Jahre die Umlaufgeschwindigkeit des Geldes bezüglich einer engen Geldmengendefinition in der Schweiz instabil wurde, musste die Nationalbank ihre geldpolitische Strategie anpassen und ging – wie wir sehen werden – von einem Geldmengenziel de facto zu einem Inflationsziel über.

12.3.4 Inflationsziele

Direkte *Inflationsziele* sind in den letzten Jahren für die Geldpolitik wesentlich beliebter geworden. Auf den ersten Blick erscheint dieser Begriff beinahe tautologisch. Wir haben ja festgehalten, dass die Preisstabilität ohnehin immer das oberste Ziel der Geldpolitik ist, das allerdings erst längerfristig erreicht werden kann. Mit welchen Zwischenzielen wird aber dann operiert?

Inflationsziel
Geldpolitisches Ziel, das direkt Preisstabilität anvisiert.

Der Grundgedanke des Inflationsziels ist nun gerade, auf die Definition von Zwischenzielen zu verzichten. Hier will sich also die Geldpolitik direkt an der Erreichung des Endziels messen lassen und dies auch ins Zentrum der Kommunikation stellen. Die Umsetzung erfolgt durch die Bekanntgabe operativer Ziele im Sinne von Abbildung 12.6 auf Seite 360, also von Zielen, die direkt und kurzfristig mit der Geldpolitik erreicht werden können. Im Vordergrund stehen dabei klar definierte Niveaus von kurzfristigen Zinsen, welche die Zentralbank gut steuern kann. In den meisten Industrieländern wurde dieses Vorgehen in den letzten Jahren immer beliebter. Auch die Schweiz operiert heute de facto mit einem Inflationsziel.

12.4 Die Schweizer Geldpolitik

Wir wollen zunächst das Mandat der Schweizerischen Nationalbank erläutern, bevor wir die Entwicklung der Zielgrössen der schweizerischen Geldpolitik und insbesondere ihre heutige Ausgestaltung auf der Basis der hier diskutierten Konzepte und Instrumente beleuchten.

12.4.1 Mandat der Schweizerischen Nationalbank (SNB)

Schweizerische Nationalbank (SNB)
Staatliche Institution, die für die schweizerische Geldpolitik zuständig ist.

Die *Schweizerische Nationalbank (SNB)* ist eine staatliche Institution mit ganz speziellen Kompetenzen. Sie ist keine Verwaltungsstelle im üblichen Sinne, denn sie ist von Regierung und Parlament unabhängig. Will man nämlich glaubwürdig das Ziel der Preisstabilität verfolgen, so ist es dringend notwendig, dass die Regierung keinerlei Einfluss auf die operative Tätigkeit der Nationalbank nehmen kann. Insbesondere muss es der Regierung verwehrt sein, die Geldschöpfung als Finanzierungsquelle zu benutzen oder aus politischen Gründen – etwa zur Verbesserung der Wahlchancen – die Konjunktur über die Geldpolitik zu beeinflussen.

Entsprechend hat in der Schweiz der Bundesrat gegenüber der Nationalbank auch keine Weisungsbefugnis. Es besteht ein gegenseitiger Informationsaustausch, es finden Gespräche zwischen Bundesrat und Nationalbankspitze statt – aber es gibt keine Befehle der Regierung an die Nationalbank. Das Nationalbankgesetz verbietet SNB-Mitgliedern sogar, Weisungen von den Behörden anzunehmen. Gegenüber dem Parlament ist die SNB zwar rechenschaftspflichtig, aber auch die Volksvertreterinnen und Volksvertreter dürfen auf die operative Tätigkeit der Nationalbank keinen Einfluss nehmen.

Hier hat also eine staatliche Stelle, die einen der zentralen wirtschaftspolitischen Hebel in der Hand hält, eine doch aussergewöhnliche Unabhängigkeit. Entsprechend wichtig ist es, dieser Stelle einen klaren Auftrag zu erteilen. Es muss unmissverständlich definiert sein, welche Ziele die Nationalbank verfolgen soll, um beurteilen zu können, ob sie ihre Unabhängigkeit allein zur Zielerreichung verwendet.

Die Schweizerische Nationalbank ist gemäss Verfassung und Gesetz dazu verpflichtet, eine Geldpolitik im Gesamtinteresse des Landes zu verfolgen, als vorrangiges Ziel die Preisstabilität zu gewährleisten und dabei die Konjunktur zu berücksichtigen. Die Hierarchie der beiden Ziele ist mit dieser Formulierung klar.

Häufig wird darüber diskutiert, ob man dem konjunkturellen Ziel – der Möglichkeit also, mit der Geldpolitik die Nachfrage zu beeinflussen – mehr Gewicht geben sollte. In der Nachkriegszeit hat sich aber gezeigt, dass das primäre Ziel der Geldstabilität in Frage gestellt ist, wenn dem Konjunkturziel zu viel Gewicht beigemessen wird. Der Versuch einer keynesianischen Feinsteuerung der Konjunktur hat nämlich damals den meisten OECD-Ländern Phasen mit zweistelligen Inflationsraten beschert. Zudem besteht ja mittelfristig zwischen den beiden Zielen der Preisstabilität und der ausgeglichenen konjunkturellen Entwicklung gar kein Zielkonflikt.

Im internationalen Vergleich hat die Europäische Zentralbank (EZB) ein ähnliches Mandat wie die Schweizerische Nationalbank, wenn es auch noch strikter auf die Inflationsbekämpfung ausgerichtet ist. In den USA wiederum stehen die beiden Ziele der Inflationsbekämpfung und der konjunkturellen Stabilisierung relativ gleichberechtigt nebeneinander. Es gibt also durchaus Nuancen in den Mandaten, auch wenn die grundsätzliche Philosophie sich nicht stark unterscheidet.

Wir konzentrieren uns hier auf die Geldpolitik im engeren Sinne. Die SNB hat – wie andere Zentralbanken auch – ausserdem die Aufgabe, zur Stabilität des Finanzsystems beizutragen; wir werden dies in Kapitel 16 genauer erläutern. Die Auswirkungen der Finanzkrise 2008 haben die Bedeutung dieser Aufgabe gezeigt. Die SNB intervenierte stark, um die Liquiditätsengpässe bei Banken zu lindern. Zusätzlich zur Bereitstellung von Liquidität half sie mit, einen Konkurs der Grossbank UBS zu verhindern (siehe Kapitel 17). Diese Aktionen folgten aus ihrem Mandat, die Stabilität des Finanzsystems zu sichern. Sowohl ein Austrocknen der Liquidität als auch der Konkurs einer Grossbank hätten zum Zusammenbruch des Schweizer Finanzsystems führen können, mit unabsehbaren Kosten für die Gesamtwirtschaft.

12.4.2 Geldpolitische Strategien der SNB in der Nachkriegszeit

Die Schweizer Geldpolitik der Nachkriegszeit lässt sich grob in drei Phasen unterteilen. In jeder dieser Phasen orientierte sich die schweizerische Geldpolitik an anderen der oben genannten drei grundsätzlichen Zielgrössen.

1945–1973: Orientierung am Wechselkurs

Von 1945 bis 1973 verfolgte die Schweizerische Nationalbank ein Wechselkursziel. Der Grund dafür war die Teilnahme der Schweiz am sogenannten Bretton-Woods-System fixer Wechselkurse. Das primäre Ziel einer solchen Geldpolitik ist natürlich die Aufrechterhaltung der Wechselkursfixierung. Dabei waren aber die angestrebten Wechselkurse nicht für alle Zeiten festgelegt, sondern konnten im gegenseitigen Einverständnis angepasst werden. Dies blieb aber eine eher seltene Ausnahme, weil das System sich ansonsten kaum mehr von flexiblen Wechselkursen unterschieden hätte.

In der genannten Periode stand also nicht die Preisstabilität, sondern der Wechselkurs im Fokus der Schweizer Geldpolitik. Dies ging gut, solange der US-Dollar als *Leitwährung* des Systems stabil war. Als aber die USA gegen Ende der 1960er-Jahre begannen, im Zusammenhang mit der Finanzierung des Vietnamkriegs eine zunehmend inflationistische Politik zu verfolgen, zeigten sich die Nachteile einer Wechselkursfixierung immer deutlicher. Denn ein Land, das seine Währung an die eines anderen Landes bindet, übernimmt, wie wir ausgeführt haben, automatisch die Inflationstendenz des anderen Landes. Es muss ja die gleiche Geldpolitik wie das andere Land betreiben, damit sich die relativen Knappheiten der beiden Währungen und damit der Wechselkurs nicht verändern. Die steigende Inflation in den USA übertrug sich deshalb auf alle anderen Länder innerhalb des Bretton-Woods-Systems. Die Kosten der Inflation wurden für diese Länder aber immer weniger tragbar.

Durch die zunehmende Inflationsneigung der US-Geldpolitik nahm zudem die *Golddeckung* des Dollars massiv ab. Die Aufkündigung der Goldeinlösepflicht durch die US-Regierung führte schlussendlich zum Zusammenbruch des Systems. Im Jahr 1974 wurde die Wechselkursfixierung aufgegeben und das Bretton-Woods-System aufgehoben.

Leitwährung
Referenzwährung bei einer Wechselkursfixierung zwischen mehreren Ländern.

Golddeckung
Der von einer Zentralbank jederzeit garantierte Austausch der eigenen Währung gegen Gold. Die Golddeckung wird auch als Goldeinlösepflicht bezeichnet.

1974–1999: Orientierung an der Geldmenge

Für die schweizerische Geldpolitik stellte sich nun die Frage, an welchem Ziel sie sich in Zukunft orientieren sollte. Zu dieser Zeit war mit dem Monetarismus ein neues geldpolitisches Konzept in den Vordergrund der akademischen Analyse getreten. Es hatte auf die wirtschaftspolitischen Analysten einen starken Einfluss, der schliesslich mitverantwortlich dafür war, dass die Schweizerische Nationalbank das für den Monetarismus typische Geldmengenziel übernahm.

Von 1974 bis 1999 konzentrierte sich die Geldpolitik daher stark auf das Zwischenziel der Geldmengenentwicklung; dies geschah unter der Annahme, dass eine starke Korrelation zwischen diesem Zwischenziel und dem eigentlichen Ziel der Preisstabilität bestehe. Diese Politik war über lange Zeit erfolgreich. Die Schweiz hatte im internationalen Vergleich eine relativ tiefe Inflationsrate, wie in Kapitel 1 festgehalten ist.

Gegen Ende der 1980er-Jahre wurden die Probleme der Geldmengensteuerung jedoch immer offensichtlicher. Das monetaristische Konzept funktioniert nämlich nur dann, wenn die Umlaufgeschwindigkeit des Geldes relativ konstant, d. h. die Geldnachfrage stabil bleibt. Wie wir bei der Analyse der Quantitätsgleichung gesehen haben, besteht in diesem Fall ein relativ stabiler Zusammenhang zwischen Geldmengenentwicklung und Inflation. Sobald aber die Umlaufgeschwindigkeit des Geldes unvorhersehbar zu schwanken beginnt, bricht der stabile Zusammenhang zusammen, sodass aufgrund der Geldmengenentwicklung keine verlässlichen Aussagen mehr über die zu erwartende Inflation gemacht werden können. Als nun Ende der 1980er-Jahre eine ganze Reihe von Innovationen auf den Finanzmärkten dazu führte, dass sich die Geldnachfrage stark veränderte, wurde die Prognose der Inflationsentwicklung auf der Basis der Geldmengenentwicklung immer schwieriger. Weil die Nationalbank das Geldmengenziel – was vor diesem Hintergrund verständlich ist – nicht stur verfolgte, sondern auch andere Faktoren, wie z. B. den Wechselkurs berücksichtigte, wurden die Geldmengenziele immer häufiger verfehlt. Man kündigte diese Geldmengenziele zwar regelmässig an, doch sie wurden kaum je erreicht. Damit wurde aber der scheinbare Kommunikationsvorteil (Geldmengenziele sind einfach zu kommunizieren) zu einer Hypothek: Ein Ziel, das dauernd verfehlt wird, verwirrt eher, als dass es Klarheit über die geldpolitische Ausrichtung schafft. Ausserdem drohte, dass mit der Glaubwürdigkeit das wohl wichtigste Kapital der Zentralbank in Frage gestellt würde. Dazu kam, dass Ende der 1980er- und Anfang der 1990er-Jahre die SNB, auch wegen der unklaren Entwicklung der Geldnachfrage, einige besonders schwierige und folgenreiche Entscheide getroffen hat. Ende der 1980er-Jahre war die Geldpolitik deutlich zu expansiv, was die Inflationsraten stark erhöhte. Auf diese Entwicklung reagierte die SNB mit einer stark restriktiven Geldpolitik, was zwar die Preisentwicklung stabilisierte, gleichzeitig jedoch die Rezession Anfang der 1990er-Jahre verschärfte. Diese restriktive Geldpolitik trug zu einer Aufwertung des Frankens bei, was die gesamtwirtschaftliche Nachfrage zusätzlich schwächte.

Seit 1999: Orientierung an der Inflation(sprognose)

Diese Schwierigkeiten mit der Geldmengensteuerung und insbesondere mit der Kommunikation der geldpolitischen Ausrichtung zeigten im Verlaufe der 1990er-Jahre deutlich, dass mittelfristig ein neues geldpolitisches Konzept zur Anwendung kommen musste. Schon seit Mitte der 1990er-Jahre orientierte man sich daher weniger stark am Geldmengenziel. Im Jahr 1999 wurde das Konzept dann völlig aufgegeben, und man ging de facto zu einem Inflationsziel über. Allerdings spielen insbesondere die breiteren Geldmengendefinitionen M2 und M3 nach wie vor eine wichtige Rolle als Entscheidungsgrundlagen für die Geldpolitik. Da die beiden Geldmengenkonzepte Informationen über die Entwicklung von Preisniveau und Zinsen

VERTIEFUNG

Die Wechselkursuntergrenze von 2011 bis 2015

Die Nachwehen der Grossen Finanzkrise – und hier insbesondere der Schuldenkrise im Euroraum ab Anfang 2010 – führten zu einem zunehmenden Aufwertungsdruck auf den Schweizer Franken. Zahlte man für einen Euro Ende 2009 noch CHF 1.50, so waren es Anfang 2011 noch rund CHF 1.25 und im August 2011 wurde beinahe die Parität von CHF 1.– pro Euro erreicht. Diese massive Aufwertung des Frankens hatte vor allem damit zu tun, dass verunsicherte Anleger in Scharen aus dem Euro in den sicheren Hafen des Schweizer Frankens flüchteten. Eine Entwicklung, die im Sommer 2011 einen guten Teil der Schweizer Exportindustrie in den Ruin zu treiben drohte.
Vor diesem Hintergrund entschloss sich die SNB am 6. September 2011 eine Untergrenze von CHF 1.20 pro Euro zu garantieren und kündigte an, dass sie bereit sei, diese Grenze mit unbeschränkter Ausdehnung der Geldmenge durchzusetzen. Diese Untergrenze konnte – zum Teil mit substanziellen Eurokäufen – in der Folge erfolgreich verteidigt werden.
Mit diesem Beschluss stand der Wechselkurs wieder eindeutig im Zentrum der Geldpolitik. Die SNB hatte zwar ihr Konzept auf Basis von Inflationszielen nicht aufgegeben, aber die Geldpolitik und deren Kommunikation waren ab Einführung der Untergrenze wieder weitgehend von der Wechselkursentwicklung getrieben. Im Januar 2015 gab die SNB in einem überraschenden Schritt die Wechselkursuntergrenze wieder auf. Sie begründete dies in erster Linie damit, dass sie bei einer Weiterführung die Kontrolle über ihre Bilanz verlieren würde. In der Tat zwänge eine Aufrechterhaltung der Untergrenze die SNB bei jeder drohenden Aufwertung zu möglicherweise massivem Kauf von Devisen, was ihre Bilanz stark verlängern würde. Anfang 2015 kündigte die EZB an, ihre Geldpolitik deutlich expansiver auszugestalten, wonach die SNB befürchtete, in sehr grossem Masse intervenieren zu müssen, um die Untergrenze zu halten. Nach der Politikänderung wertete sich der Schweizer Franken in der Tat stark auf, stabilisierte sich dann aber bei etwa CHF 1.10 pro Euro. Obwohl die SNB seit Anfang 2015 kein explizites Wechselkursziel verfolgt, hat sie auch danach immer wieder mit Devisenkäufen interveniert, wenn sich der Franken zu stark aufzuwerten drohte. Der Wechselkurs, insbesondere gegenüber dem Euro, spielt also nach wie vor eine sehr wichtige Rolle für die Geldpolitik der SNB.

enthalten, werden sie als Indikatoren für die zu erwartende Inflation verwendet. Allerdings wird dieser Indikator – im Gegensatz zur Praxis der Europäischen Zentralbank – von der SNB nicht mehr kommuniziert.

12.4.3 Das geldpolitische Konzept der SNB

Das heutige geldpolitische Konzept der SNB umfasst drei wesentliche Punkte:
1. Definition der Preisstabilität (Ziel),
2. Inflationsprognose (Entscheidungsgrundlage),
3. Der SNB-Leitzins (operatives Ziel).

Diese drei Elemente – gemeinsam mit Instrumenten der Offenmarktpolitik zur Umsetzung – sind essenziell, um die heutige Ausrichtung der schweizerischen Geldpolitik zu verstehen.

Die Definition der Preisstabilität

Ein Inflationsziel erfordert zunächst einmal eine klare Kommunikation darüber, was unter Preisstabilität zu verstehen ist. Im geldpolitischen Konzept der SNB herrscht Preisstabilität dann, wenn die Inflation unter 2 Prozent liegt. De facto strebt die SNB deshalb eine Inflationsrate zwischen 2 Prozent und 0 Prozent an; das bedeutet, dass auch eine leichte Deflation als Zielverfehlung taxiert würde. Dies ist eine allgemein akzeptierte Interpretation der Zieldefinition, nach der also auch eine leichte Erhöhung des Preisniveaus als Preisstabilität bezeichnet wird.

Einerseits wird eine leicht positive Inflation aufgrund der in Kapitel 11 ausführlich diskutierten speziellen Gefahren einer Deflation angestrebt. Da eine Deflation besonders selbstverstärkend werden kann, ist es sehr schwierig, wieder aus ihr herauszufinden; eine gewisse Sicherheitsmarge ist deshalb sinnvoll. Andererseits wird eine leichte Inflation deshalb als Ziel verfolgt, weil durch die offizielle Inflationsrate die tatsächliche Inflation aus verschiedenen Gründen tendenziell etwas überschätzt wird. Es entsteht nämlich in der Regel eine scheinbare Inflation von schätzungsweise 0,5–1 Prozent pro Jahr einfach durch die Tatsache, dass die Qualitätsverbesserungen von Gütern in der Messung der Inflation nicht genügend berücksichtigt werden können. Ein wichtiges Beispiel sind Computer, deren Leistungsfähigkeit so schnell steigt, dass der Preis eines zwei Jahre alten Computers kaum mit dem eines aktuellen verglichen werden kann, da die neue Version eigentlich ein anderes Produkt darstellt.

Wichtig ist, dass das Ziel der Preisstabilität, wie es die SNB anstrebt, nicht zu jedem Zeitpunkt erreicht werden muss. Vielmehr handelt es sich explizit um ein mittelfristiges Ziel. Wird es kurzfristig über- oder unterschritten, heisst dies nicht, dass das Ziel verfehlt worden wäre. So ergibt sich eine gewisse Flexibilität, insbesondere dann, wenn beispielsweise starke Wechselkurs- oder Erdölpreisschocks in einer bestimmten Periode kurzfristig und vorübergehend eine Inflation auslösen, die ober- oder unterhalb des Zielbandes liegt. Die Nationalbank ist in solchen Fällen nicht gezwungen, sofort und unter Umständen mit unverhältnismässigen Mitteln das Inflationsziel anzustreben.

Die Inflationsprognose

Das zweite wichtige Element des geldpolitischen Konzepts der Schweizerischen Nationalbank ist die *Inflationsprognose*. Es wird ja ein langfristiges Inflationsziel angestrebt, und die Geldpolitik wirkt mit einer gewissen Verzögerung auf die Inflation. Daher ist es offensichtlich, dass als Entscheidungsgrundlage eine Prognose darüber erforderlich ist, wie sich die heutige Politik auf die Inflation der kommenden Jahre auswirken wird.

Diese Prognose, welche die Nationalbank vierteljährlich publiziert, ist allerdings keine Prognose im eigentlichen Wortsinn. Sie geht nämlich explizit davon aus, dass die von der Nationalbank kontrollierten Zinssätze während des Prognosezeitraums konstant bleiben. Damit soll quasi mithilfe eines Gedankenexperiments abgeschätzt werden, ob der momentane Zinssatz mit einer längerfristigen Preisstabilität vereinbar ist. Zeigt es sich, dass unter dieser Annahme die Inflation zu hoch wird, dann bedeutet dies, dass die Nationalbank in den kommenden Perioden eine restriktivere Politik verfolgen, also den Zinssatz erhöhen wird. Zeigt die Prognose umgekehrt, dass die momentane Geldpolitik in deflationistische Bereiche führt, dann ist dies implizit eine Ankündigung, dass die Nationalbank in naher Zukunft eine expansivere Geldpolitik verfolgen wird.

Man muss sich also im Klaren darüber sein, was genau die SNB jedes Quartal eigentlich kommuniziert; es handelt sich dabei nicht um eine Prognose der zukünftigen Inflation oder Deflation, sondern um eine Entscheidungsgrundlage. Führt diese Prognose dazu, dass im prognostizierten Zeitraum von drei Jahren das Stabilitätsziel nicht erreicht wird, dann signalisiert dies, dass eine Änderung der Geldpolitik notwendig wird. Der Prognosezeitraum von drei Jahren resultiert aus den bereits erwähnten grossen und schwankenden Wirkungsverzögerungen der Geldpolitik. Als Faustregel

---

Inflationsprognose
Voraussage der zukünftigen Inflationsentwicklung.

kann man sagen, dass von der Zinsveränderung bis zum vollen Effekt auf das BIP etwa 1,5 Jahre verstreichen und dann noch einmal etwa 1,5 Jahre, bis die Veränderung des BIP voll auf die Inflation durchgeschlagen hat.

Diese bedingte Prognose entsteht jeweils in einem mehrstufigen Entscheidungsprozess innerhalb der SNB. Es gibt nicht ein einzelnes Modell, aus dem diese Prognose mechanisch resultieren würde. Vielmehr kommen verschiedene Modelle zum Einsatz, und in einer Reihe von Beurteilungsrunden werden ausserdem qualitative Einschätzungen vorgenommen. All diese Daten werden dann zu einer neuen Prognose verdichtet.

Die Inflationsprognose ist einerseits die Grundlage für den geldpolitischen Entscheid und andererseits ein wichtiges Instrument für die Kommunikation der Geldpolitik. Mit der Publikation der bedingten Prognose – also der Prognose unter Annahme konstanter Zinsen – sollen auch die Erwartungen der Marktteilnehmer beeinflusst werden. Für die Erarbeitung der geldpolitischen Entscheide kommen dann aber natürlich neben den bedingten auch unbedingte Prognosen zur Anwendung; d. h., es werden verschiedene Szenarien von Zinsentwicklungen und ihre Auswirkungen auf die Inflation durchgerechnet.

Der SNB-Leitzins

Zur Umsetzung ihrer Geldpolitik verwendet die Schweizerische Nationalbank den sogenannten SNB-Leitzins. Der Leitzins entspricht mehr oder weniger dem Zinssatz, zu dem sich Banken sehr kurzfristig Geld leihen können. Für die SNB ist dabei der sogenannte *SARON* die Referenzgrösse.

Repo-Geschäfte
Sehr kurzfristige Geschäfte der Zentralbank mit den Geschäftsbanken, die eine flexible Steuerung der Liquidität erlauben. Die Geschäftsbank erhält dabei kurzfristig liquide Mittel, wofür die Zentralbank den sogenannten Repo-Zins verrechnet.

SARON
Abkürzung für Swiss Average Rate Overnight; Zinssatz, den eine Bank bezahlen muss, um sich für einen Tag (overnight) Schweizer Franken auszuleihen – und damit wichtige Referenzgrösse für die Geldpolitik der Schweizerischen Nationalbank.

TECHNISCHE BOX
Die Umsetzung der Geldpolitik über Repo-Geschäfte

Um die Marktzinsen möglichst nahe am SNB-Leitzins zu halten, setzt die Schweizerische Nationalbank sogenannte kurzfristige *Repo-Geschäfte* ein. Der Begriff ist eine Abkürzung von «repurchase agreement» (Rückkaufvereinbarung). Bei einem expansiven Repo-Geschäft verkauft eine Bank der SNB Wertpapiere und erhält dafür liquide Mittel. Gleichzeitig wird vereinbart, dass die Bank zu einem späteren Zeitpunkt dieselbe Menge gleichartiger Wertpapiere von der SNB wieder zurückkauft. Die Bank bezahlt der SNB während der Laufzeit des Repos einen Zins, den sogenannten Repo-Zins. Die Repo-Geschäfte sind oft sehr kurzfristig angelegt, haben also in der Regel eine Laufzeit von wenigen Tagen oder Wochen.

Mit diesem Instrument kann die SNB sehr flexibel den Markt mit zusätzlicher Liquidität versorgen (expansive Geldpolitik) beziehungsweise diese dem Markt entziehen (restriktive Geldpolitik). Wird so das kurzfristige Geldangebot verändert, beeinflusst dies die Höhe des SARON und der anderen Marktzinsen, weil eine Veränderung der Geldmenge letztlich alle Zinsen betrifft.

Das ist der Zinssatz, den eine Bank bezahlen muss, um sich für einen Tag (overnight) Schweizer Franken auszuleihen. Die Nationalbank ist jederzeit in der Lage, diesen Marktzins auf die von ihr gewünschte Höhe zu bringen.

Abbildung 12.7 zeigt die Bewegungen des SARON sowie die Entwicklung des 2019 eingeführten SNB-Leitzinses. Während der SARON sich ständig leicht verändert, legt die SNB ihren Leitzins vierteljährlich neu fest, bei Bedarf aber auch kurzfristig.

Indem die Nationalbank die Höhe des SNB-Leitzinses bestimmt, kommuniziert sie ihre Geldpolitik: Will die Nationalbank eine expansivere Geldpolitik verfolgen, kündet sie an, dass sie einen tieferen Leitzins anstrebt. Soll die Geldpolitik hingegen restriktiver werden, gibt sie eine Erhöhung des Leitzinses bekannt.

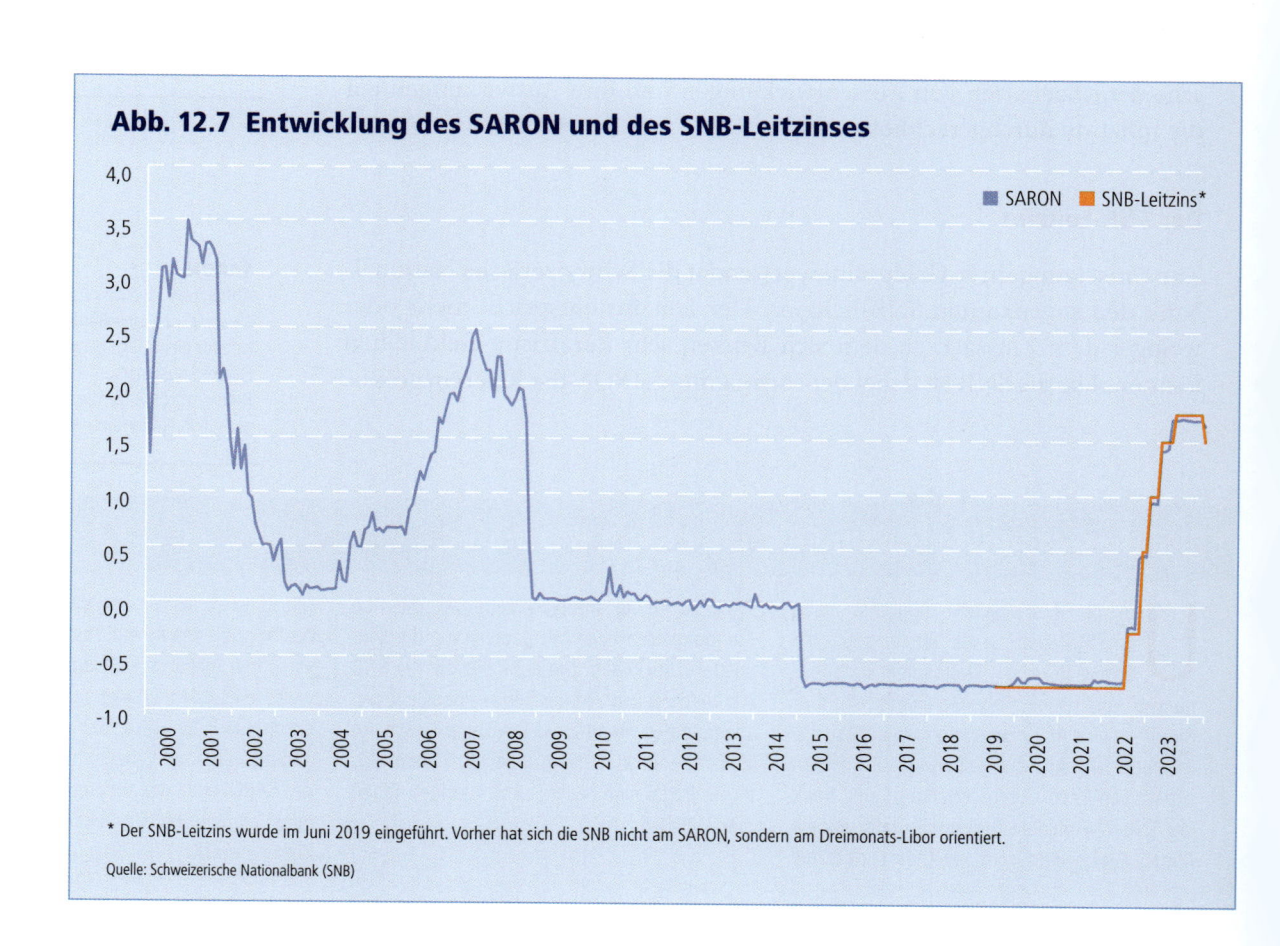

Abb. 12.7 Entwicklung des SARON und des SNB-Leitzinses

* Der SNB-Leitzins wurde im Juni 2019 eingeführt. Vorher hat sich die SNB nicht am SARON, sondern am Dreimonats-Libor orientiert.

Quelle: Schweizerische Nationalbank (SNB)

12.5 Aussergewöhnliche Geldpolitik seit der Finanzkrise

Bis hierher haben wir beschrieben, wie die Geldpolitik normalerweise betrieben wird bzw. vom Ende des Zweiten Weltkriegs bis etwa ins Jahr 2008 betrieben wurde. Seit der Finanzkrise aber scheint in der sonst so behäbigen und konservativen Welt der Zentralbanken kaum ein Stein auf dem anderen geblieben zu sein. Nullzinsen, zum Teil sogar negative Zinsen oder neuartige Instrumente wie die quantitative Lockerung passen kaum in die gewohnte Analyse dieses Themas. Müssen wir deshalb die Analyse der Geldpolitik neu konzipieren? Die Antwort ist ein klares Nein. Die Geldpolitik ist seit der Finanzkrise zwar in der Tat aussergewöhnlich, lässt sich aber gut im Rahmen der bisherigen Analyseinstrumente beschreiben. Auf dieser Basis wollen wir im Folgenden die neusten Entwicklungen erläutern und einordnen. Dies ist auch darum wichtig, weil die Frage, wie sich die aussergewöhnliche Geldpolitik wieder normalisieren lässt, zu den grossen wirtschaftspolitischen Herausforderungen der nächsten Jahre gehört.

Zuerst gilt es, die unmittelbare Reaktion der Zentralbanken auf die Finanzkrise von den längerfristigen geldpolitischen Veränderungen zu unterscheiden. Es geht dabei um zwei verschiedene Aufgaben der Zentralbank, nämlich die Geldpolitik einerseits und die Finanzstabilisierung andererseits. Wie wir in Abschnitt 17.4 beschreiben werden, leiden Banken in einer schweren Finanzkrise an akuter Liquiditätsknappheit; das heisst, sie kommen kaum mehr an Bargeld heran. Damit das nicht zu einem Zusammenbruch des Finanzsystems führt, geben Zentralbanken den Banken in einer solchen Situation praktisch unbeschränkten Zugang zu kurzfristigen Krediten, also Liquidität. Das hat aber wenig mit Geldpolitik im üblichen Sinne zu tun: Diese Politik zielt nicht darauf ab, das Preisniveau oder die Konjunktur zu beeinflussen, sondern soll die Finanzmärkte stabilisieren. Als die Finanzkrise im Sommer 2007 ausbrach, leisteten die Zentralbanken denn auch zuerst Liquiditätshilfe. Erst mit den starken Senkungen der Leitzinsen ab Mitte 2008 begann die eigentliche, zunächst noch konventionelle geldpolitische Reaktion auf die Krise. Diese wurde dann aber rasch ergänzt durch unkonventionellere Massnahmen, die wir in der Folge betrachten werden.

12.5.1 Die Untergrenze für kurzfristige Zinsen

Die traditionelle Geldpolitik ist darauf ausgerichtet, die kurzfristigen Zinsen zu beeinflussen. Das wird typischerweise mit verschiedenen Varianten der Offenmarktpolitik umgesetzt, indem die Zentralbanken Papiere mit kurzer Laufzeit kaufen oder verkaufen, oft mit sogenannten Repo-Transaktionen (siehe Box auf Seite 371). Als im Verlauf des Jahres 2008 immer klarer wurde, dass die Finanzkrise eine schwere Wirtschaftskrise im Ausmass der Grossen Depression auslösen könnte, reagierten die Zentralbanken umgehend. In mehreren, zum Teil koordinierten Schritten gestalteten sie die Geldpolitik massiv expansiver. Dabei wendeten die Zentralbanken die konventionelle Methode an, d. h., sie senkten die kurzfristigen Zinsen. Wir sehen dies in Abbildung 12.8.

Die US-amerikanische Notenbank (Fed) und die Schweizerische Nationalbank (SNB) erreichten hier schon Ende 2008 praktisch die Nullgrenze, und auch die Europäische Zentralbank (EZB) näherte sich ihr sehr rasch an. Bemerkenswert ist dabei weniger die rasche Expansion der Geldpolitik, sondern die Tatsache, dass das Zinsniveau in den darauffolgenden Jahren auf diesem historisch extrem tiefen Niveau verblieb und zum Teil sogar noch weiter gesenkt wurde.

Lange Zeit ging man davon aus, dass diese Zinsen nicht unter null Prozent sinken können. Denn bei negativen Zinsen muss man der Bank etwas dafür bezahlen, dass das Geld auf dem Konto liegt; und in diesem Fall würde es sich doch lohnen, das Geld abzuheben und in bar aufzubewahren. Inzwischen hat sich diese Ansicht etwas relativiert; wir sehen, dass die SNB ab Anfang 2015 die Leitzinsen tatsächlich unter null Prozent gesenkt hat, ohne dass dies zu einem massiven Abzug von Bargeld geführt hätte. Bedeutet dies, dass es keine Untergrenze für die Geldpolitik gibt? Nein, es zeigt lediglich, dass der Übergang von der Geldaufbewahrung auf der Bank hin zu Bargeld gewisse Transaktionskosten verursacht. Sind die Zinsen leicht negativ, sind diese Kosten zu gross, und deshalb lohnt es sich für die meisten nicht, auf Bargeld zu wechseln. Sobald aber die Negativzinsen ein gewisses Mass überschreiten, werden die Zinskosten die Transaktionskosten übersteigen und ein Grossteil der Bankkundinnen und Bankkunden wird ihr Geld abheben. Sie können sich selbst fragen, ab welchen Negativzinsen Sie Ihr Bankkonto auflösen würden: bei −1, −2 oder erst bei −3 Prozent? Diese Schmerzgrenze wird bei jedem etwas anders liegen, aber es ist völlig klar, dass sie irgendwann erreicht wird. Kurz nach der Einführung der Negativzinsen waren die Banken selbst noch unsicher, ob und gegebenenfalls

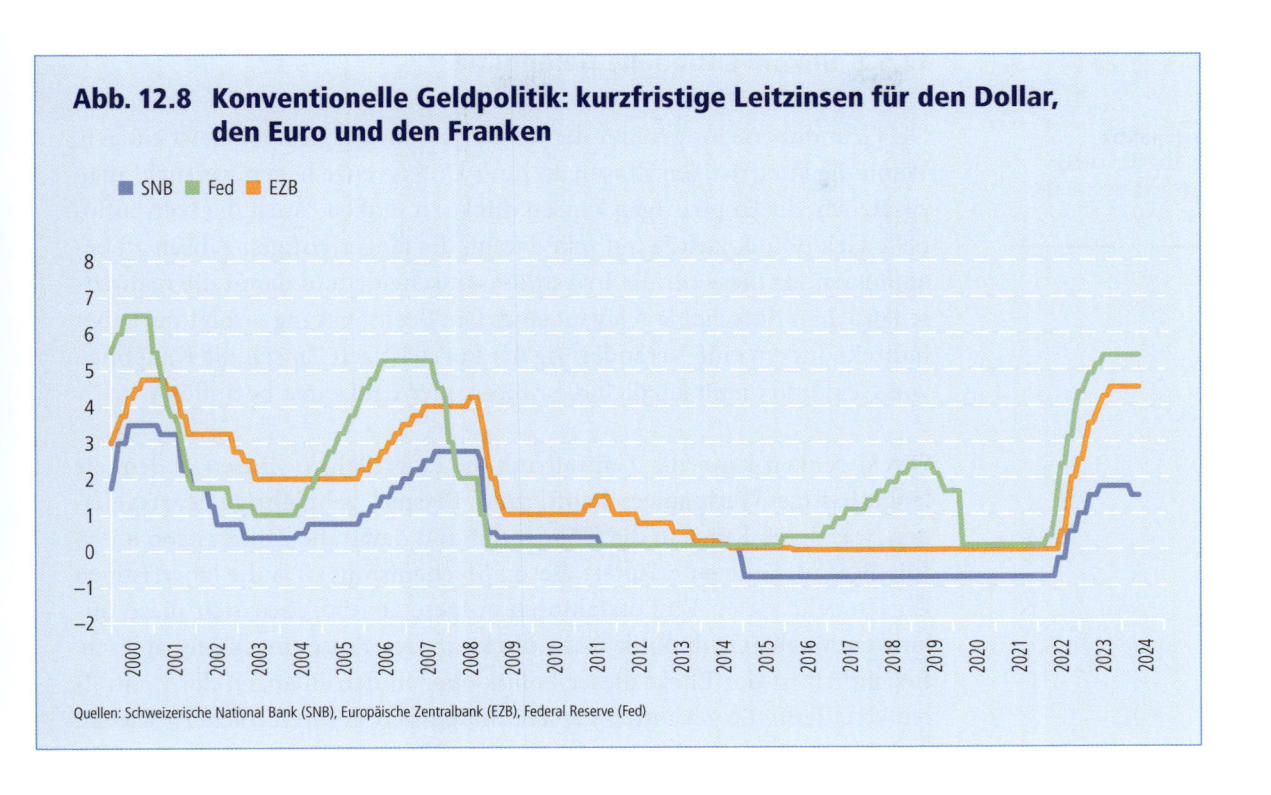

Abb. 12.8 Konventionelle Geldpolitik: kurzfristige Leitzinsen für den Dollar, den Euro und den Franken

■ SNB ■ Fed ■ EZB

Quellen: Schweizerische National Bank (SNB), Europäische Zentralbank (EZB), Federal Reserve (Fed)

wie stark die Kundinnen und Kunden Negativzinsen akzeptieren würden. Damals hatten nur ganz wenige Schweizer Banken negative Zinsen auf Sparkonten eingeführt und damit die negativen Zinsen, die sie auf ihren Konten bei der SNB zahlen, an ihre Einleger weitergegeben. In neuster Zeit gaben aber immer mehr Banken diese Zurückhaltung auf und begannen, ab einem bestimmten Kontobetrag Negativzinsen von bis zu −0,8 % auf Sparkonten zu verlangen.

Auch Negativzinsen ändern also nichts an der Tatsache, dass es eine Untergrenze für Zinsen gibt; sie liegt aber offensichtlich nicht bei null Prozent, sondern leicht tiefer. Und die Existenz dieser Untergrenze macht klar, dass die konventionelle Geldpolitik zwar beliebig restriktiv werden kann (es gibt keine Obergrenze für den kurzfristigen Zins), aber nicht beliebig expansiv. Mit der Zinssenkung zu Beginn der Finanzkrise zeigte sich, dass diese Form der Geldpolitik rasch an ihre Grenze stösst, und es stellte sich die Frage, wie man – angesichts der Depressionsgefahr – die Geldpolitik noch expansiver gestalten könnte.

12.5.2 Unkonventionelle Geldpolitik

Die Grundüberlegung hinter der *unkonventionellen Geldpolitik* ist einfach. Wenn die kurzfristigen Zinsen an ihrer Untergrenze liegen, versucht man zusätzlich, die langfristigen Zinsen direkt zu senken. Auch die konventionelle Geldpolitik zielt ja indirekt darauf, die längerfristigen Zinsen zu beeinflussen, da diese für die Investitionsentscheide und damit die realwirtschaftlichen Entscheide relevant sind. Die Beeinflussung erfolgt dort aber indirekt, indem eine Veränderung der kurzfristigen Zinsen die Knappheit von Geld und damit letztlich die Zinsen aller Laufzeiten beeinflusst.

Direkt senken kann die Zentralbank die langfristigen Zinsen, indem sie längerfristige Wertpapiere kauft, zum Beispiel zehnjährige Staatsanleihen, was deren Kurse in die Höhe treibt und damit die Zinsen nach unten (die Box auf Seite 94 erläutert diesen Mechanismus). Da die langfristigen Zinsen sehr vielen Einflussfaktoren ausgesetzt sind, lässt sich diese unkonventionelle Geldpolitik nicht direkt an der Zinsentwicklung ablesen. Ersichtlich ist der Effekt dieser Politik aber in den Bilanzen der Zentralbanken, denn die gekauften Papiere finden sich in ihren Büchern wieder. Abbildung 12.9 zeigt die Entwicklung der Bilanzgrössen der SNB, der EZB und des Fed.

Wir sehen, wie intensiv die drei Zentralbanken nach der Finanzkrise diese unkonventionelle Politik, die auch als «quantitative Lockerung» bezeichnet wird, verfolgten. Das Fed war Vorreiter. Es verdoppelte seine Bilanz 2008 in kürzester Zeit; Ende 2016 war sie etwa fünfmal so gross wie zu Beginn der Finanzkrise. Die EZB agierte zunächst noch nicht so intensiv, verfolgt aber seit 2015 explizit eine unkonventionelle Geldpolitik mit dem Ziel, die Bilanzsumme deutlich zu erhöhen. Die SNB hat ihre Bilanz ähnlich stark ausgeweitet wie das Fed. Der Grund ist allerdings nicht, dass die SNB eine Politik der quantitativen Lockerung verfolgen wollte. Vielmehr vergrösserte sich ihre Bilanz, weil sie mit dem Kauf von Devisen auf die Gefahr der übermässigen Aufwertung des Schweizer Frankens reagieren musste. Insgesamt sehen wir in Abbildung 12.9, dass im Vergleich zur Zeit vor der Finanzkrise diese unkonventionelle Geldpolitik in allen drei Ländern zu einer aussergewöhnlichen Ausdehnung der Geldmenge geführt hat.

Die quantitative Lockerung konzentriert sich in der Regel auf den Kauf von Staatsanleihen, weil diese als sehr sicher gelten und ein grosser Markt dafür besteht. Zudem erfolgt der Kauf der Staatsanleihen in der Regel auf dem sogenannten Sekundärmarkt, d. h., die Zentralbanken erwerben be-

---

Unkonventionelle Geldpolitik
Geldpolitik, die versucht, direkt langfristige Zinsen zu beeinflussen, oft auch als quantitative Lockerung bezeichnet.

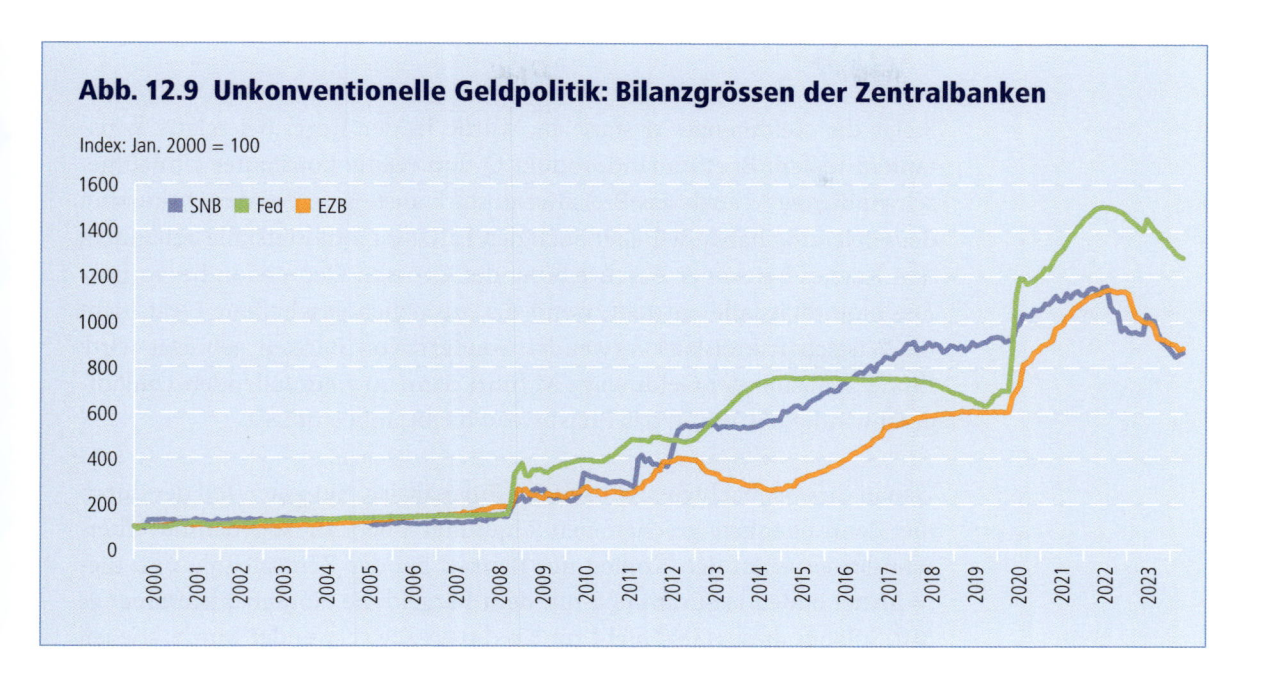

Abb. 12.9 Unkonventionelle Geldpolitik: Bilanzgrössen der Zentralbanken

Index: Jan. 2000 = 100

reits existierende Staatsanleihen auf den Kapitalmärkten. Es handelt sich also nicht direkt um eine Form der viel problematischeren monetären Staatsfinanzierung, bei der eine Zentralbank der Regierung direkt neu ausgegebene Staatsanleihen abkauft (Primärmarkt). Ein solches Vorgehen würde die Grenzen zwischen Staatsfinanzierung und Geldpolitik verwischen und die Unabhängigkeit der Zentralbank arg kompromittieren.

12.5.3 Wieso trotz Geldschwemme lange keine Inflation?

Die Kombination aus ausserordentlich expansiver konventioneller und unkonventioneller Geldpolitik hat die von den Zentralbanken geschaffenen Zahlungsmittel geradezu explodieren lassen. Diese sogenannte Notenbankgeldmenge (oft auch als «M0» oder «monetäre Basis» bezeichnet) ist sehr stark angestiegen, wie Abbildung 12.10 auf Seite 378 zeigt.

Es ist kaum übertrieben zu sagen, dass die Zentralbanken ihre Länder mit einem Ozean an Liquidität versorgt haben. Angesichts dieses starken Wachstums der Geldmenge bei gleichzeitig kaum wachsender Gütermenge stellt sich die Frage, warum die Inflation so lange sehr tief blieb. Um dies zu beantworten, müssen wir mit der Quantitätsgleichung arbeiten, die wir in Kapitel 11 kennengelernt haben:

$P \times Q = M \times V$

Steigt die Geldmenge M stark an, würde in der Regel bei relativ konstantem realem Bruttoinlandprodukt Q und relativ konstanter Umlaufgeschwindigkeit V auch das Preisniveau stark ansteigen. Bei der Diskussion der Gleichung haben wir aber auch den Fall der Liquiditätsfalle behandelt, den Keynes bei seiner Beschreibung der Grossen Depression hervorhob. Die Liquiditätsfalle entsteht, wenn das zusätzlich geschaffene Geld nicht im Wirtschaftskreislauf verwendet, sondern von Banken gehortet wird. Eine Expansion der Geldmenge M führt dann zu einer fallenden Umlaufgeschwindigkeit V und das Preisniveau bleibt unbeeinflusst.

Genau dies beobachteten wir seit der Finanzkrise. Ein guter Teil der durch die Zentralbanken geschaffenen Liquidität blieb als sogenannte Überschussreserve auf den Konten der Banken bei der Zentralbank; und diese Mittel bilden ja zusammen mit dem Bargeld die Notenbankgeldmenge M0. Solange dieses Geld nicht zur Kreditvergabe verwendet wurde, stiegen die breiteren Geldmengenaggregate wie M2 oder M3 (siehe Abschnitt 12.1) nicht an, obwohl M0 sehr stark expandierte. Die neu geschaffene Liquidität kam also gar nicht erst in der breiteren Wirtschaft an. Man kann dieses Phänomen messen, indem man die Entwicklung des Mengenverhältnisses von M3 zu M0 betrachtet. Dieses lag in der Schweiz vor der Finanzkrise

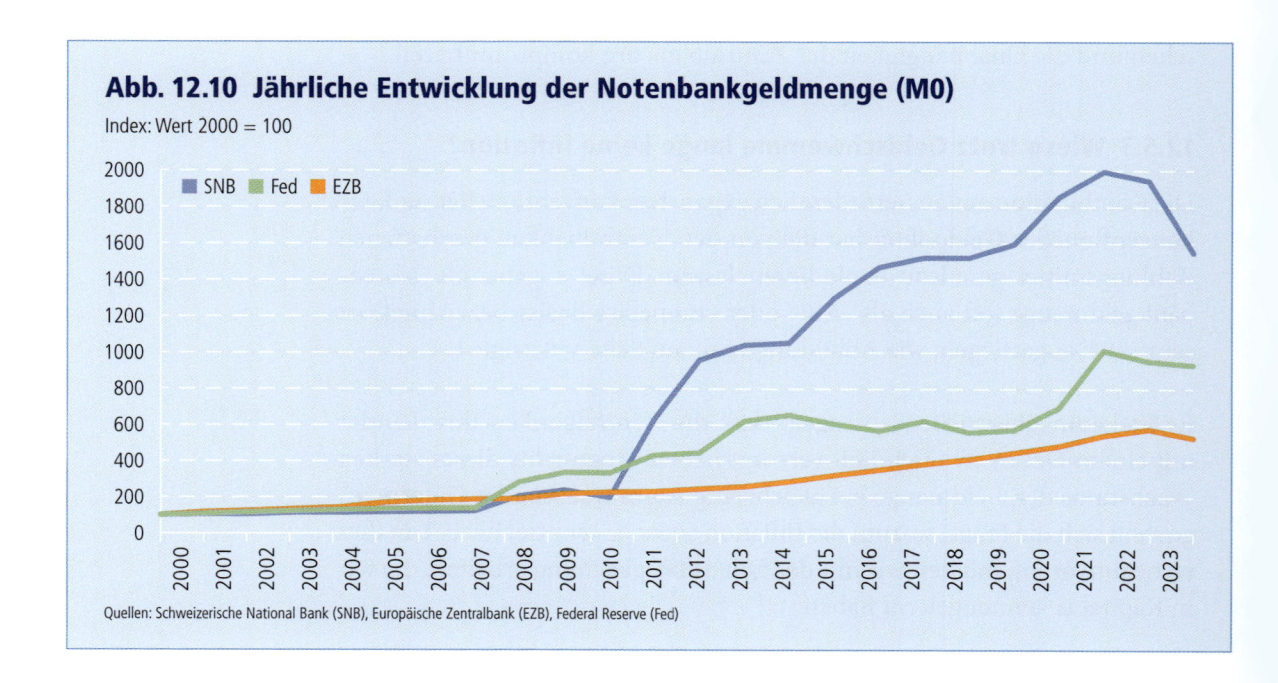

Abb. 12.10 Jährliche Entwicklung der Notenbankgeldmenge (M0)

Index: Wert 2000 = 100

Quellen: Schweizerische National Bank (SNB), Europäische Zentralbank (EZB), Federal Reserve (Fed)

bei einem Wert von etwa 14 und ist heute auf 2 gefallen, das heisst, dass das Verhältnis heute massiv kleiner ist als noch vor wenigen Jahren. Tatsächlich war dieser Wert in den letzten hundert Jahren noch nie so tief wie heute; sogar während der grossen Depression lag er bei etwa 4. Die ausserordentliche Geldschwemme der letzten Jahre hatte also lange keine Inflation verursacht, weil sich gleichzeitig die Umlaufgeschwindigkeit stark verringert hat.

12.5.4 Die Rückkehr der Inflation nach der Coronapandemie

Ab der zweiten Jahreshälfte 2021 setzte eine spektakuläre Trendwende bei der Inflationsentwicklung ein. Nachdem die Inflation während beinahe drei Jahrzehnten kein Thema gewesen war, schoss das Preisniveau plötzlich sehr rasch in die Höhe, und zwar mit einem Tempo, wie man es letztmals in den 1980er-Jahren gesehen hatte. Abbildung 1.7 in Abschnitt 1.2.3 zeigt, dass der Anstieg überall zu beobachten war, in der Schweiz aber weniger stark als in den Vergleichsländern. Seit Ende 2022 gehen die Inflationsraten wieder zurück, sind aber teilweise immer noch über den 2 %, bis zu denen noch von Preisstabilität gesprochen wird.

Wir wollen im Folgenden die Hintergründe dieses Phänomens beleuchten und diskutieren, ob es zu einer nachhaltigen Rückkehr des Inflationsproblems kommen kann.

Einmalige Preiserhöhungen versus problematischer Inflationsprozess

Steigt der Konsumentenpreisindex – also die Preise für den Warenkorb einer typischen Konsumentin – im Vergleich zum Monat des Vorjahres stark an, spricht man von Inflation. Eine solche Erhöhung allein heisst aber noch lange nicht, dass ein makroökonomisches Problem vorliegt. Entscheidend ist, ob es sich dabei um eine einmalige Preiserhöhung (oft als «Schock» bezeichnet) handelt, oder um einen selbstverstärkenden Prozess.

Grössere Preisveränderungen sind in einer Marktwirtschaft völlig normal und ein Zeichen, dass Knappheitssignale funktionieren und dadurch Ressourcen nicht verschwendet werden. Steigen Preise stark an, die im Konsumentenpreisindex ein grösseres Gewicht haben, äussert sich das statistisch in einem spürbaren Anstieg der Inflationsrate. Ein solches Ereignis hat aber noch nichts mit einem problematischen, selbstverstärkenden Inflationsprozess zu tun, der ein wirtschaftspolitischen Eingriff erfordern würde.

In Abbildung 12.11 ist der Fall einer einmaligen Preiserhöhung mit der gelben Kurve dargestellt: Zu Beginn sind die Preise stabil, dann führt der Schock zu steigendem Preisniveau für einige Monate, aber die Erhöhung reduziert sich danach mit jedem weiteren Monat.

Nach der Anpassung sind wir auf einem höheren Preisniveau, haben aber keine Inflation mehr und damit besteht auch kein mittelfristiges Problem. Um ein Beispiel zu machen: Verdoppeln sich die Erdölpreise und bleiben sie dann auf dem höheren Niveau, muss die Geldpolitik nicht darauf reagieren, obwohl die Inflation vorübergehend ansteigt; die Zentralbanken haben schliesslich keinen Einfluss auf die Knappheitsverhältnisse auf dem globalen Erdölmarkt.

Eine echte Inflation entsteht erst dann, wenn preissteigernde Schocks in einzelnen Wirtschaftsbereichen einen Prozess länger anhaltender Preiserhöhungen auslösen und sich die Preiserhöhungen nicht auf einzelne Güter (z. B. Erdöl) beschränken, sondern sich auf andere Sektoren ausdehnen. Zentral sind dabei steigende Inflationserwartungen, die Lohn-Preis-Spiralen auslösen, wie das in Abschnitt 11.1.1 erläutert wurde. Schaukeln sich Löhne und Preise in einem solchen Prozess gegenseitig hoch, hat man es mit einer echten, potenziell langanhaltenden Inflation zu tun. In Abbildung 12.11 ist dann die blaue Kurve relevant, wo der Schock eine

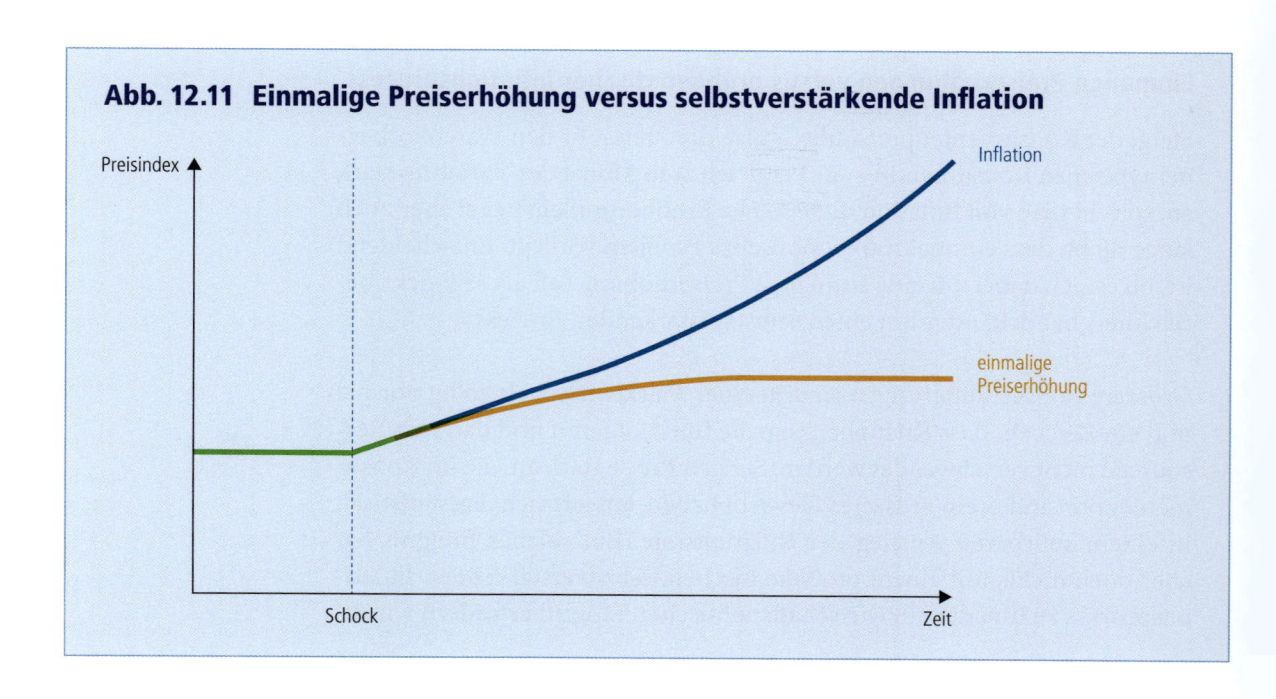

Abb. 12.11 Einmalige Preiserhöhung versus selbstverstärkende Inflation

selbstverstärkende Inflation auslöst. Und ist es einmal so weit, kann – die Wirtschaftsgeschichte lehrt uns das eindrücklich – der Inflationsprozess letztlich nur mit stark restriktiver Geldpolitik und entsprechend hohen realwirtschaftlichen Kosten bekämpft werden. Wenn wir beurteilen wollen, ob ein solches Inflationsumfeld droht, müssen wir also nicht nur abschätzen, ob es zu preissteigernden Schocks gekommen ist, sondern auch ob dadurch die Inflationserwartungen steigen und damit eine Lohn-Preis-Spirale ausgelöst wird.

Ein «perfekter Sturm» preissteigernder Schocks nach der Coronapandemie

Ob es in den jüngeren Entwicklung preissteigende Schocks gab, ist einfach zu beantworten. Wir erlebten ab 2021 ein gleichzeitiges Auftreten mehrerer, kurzfristig preissteigernder Schocks, die darauf zurückzuführen sind, dass die Nachfrage stärker wuchs als das Angebot.

Diese preissteigernde Schocks entstanden einerseits durch eine relativ plötzliche Ausdehnung der gesamtwirtschaftlichen Nachfrage:

▶ Post-Corona-Boom: Nachdem Konsum und Investitionen während der Pandemie deutlich eingebrochen waren, kam es zu einem starken Aufholeffekt.
▶ Expansion der Staatsausgaben: Um die Pandemie zu bekämpfen, wurden die Staatsausgaben überall deutlich ausgedehnt. Dies stimulierte die Nachfrage auch über die Pandemie hinaus.
▶ Sehr expansive Geldpolitik: Schon vor der Pandemie war die Geldpolitik sehr expansiv. Zur Pandemiebekämpfung wurde dies noch deutlich verstärkt.

Inflationen werden meist durch eine überschiessende Nachfrage ausgelöst. In diesem speziellen Fall aber spielten auch Schocks auf der gesamtwirtschaftlichen Angebotsseite – plötzliche Einschränkungen des Angebots – eine zentrale Rolle:

▶ Engpässe bei den Lieferketten: Infolge der Pandemie wurde die Produktion weltweit heruntergefahren. Dies beeinträchtigte weite Teile der Wertschöpfungsketten, die durch die globale Arbeitsteilung international miteinander verbunden sind.

▶ Energieverknappung: Als sich die Situation bei den Lieferketten etwas zu entspannen begann, versetzte der Ausbruch des Ukrainekriegs dem gesamtwirtschaftlichen Angebot einen weiteren negativen Schock. Die dadurch ausgelöste Verknappung wichtiger Energieträger verteuert die Produktion.

Zusammengefasst ist es also kaum übertrieben, in den Jahren 2021 und 2022 von einem «perfekten Sturm» preissteigernder Schocks zu sprechen. Damit war eine der beiden Voraussetzungen für einen problematischen Inflationsprozesses erfüllt.

Anzeichen steigender Inflationserwartungen

Trotz all dieser Schocks muss das aber keinen nachhaltigen Inflationsprozess auslösen – solche Schocks sind wie wir gezeigt haben eine notwendige, aber keine hinreichende Voraussetzung für ein Inflationsproblem. Entscheidend für einen nachhaltigen Inflationsprozess ist, wie schon festgehalten, ob der Schock nicht nur vorübergehende Preisanpassungen auslöst, sondern auch die langfristigen Inflationserwartungen erhöht und damit eine Lohn-Preis-Spirale lostritt.

Wegen der jahrzehntelangen Preisstabilität waren die Inflationserwartungen in den Industrieländern bis vor kurzem sehr tief. Dies trug wesentlich dazu bei, dass die oben genannten, verschiedenen preissteigernden Schocks (zu) lange als vorübergehend und damit nicht wirklich inflationsrelevant betrachtet wurden.

Im Verlaufe des Jahres 2022 änderte sich das aber deutlich, weil die Anzeichen für eine Lohn-Preis-Spirale immer klarer wurden. Direkte Masse dafür gibt es nicht, aber ein sehr guter Indikator ist die Entwicklung der sogenannten *Kerninflation*. Sie misst die Veränderungsrate eines Konsumentenpreisindexes, der die Güterkategorien der besonders instabilen Preisen – Energie und Nahrungsmittel – nicht enthält. Steigt die Inflation, aber die Kerninflation bleibt stabil, bedeutet das, dass die Preissteigerungen auf den typischerweise volatilen Teil der Güter beschränkt ist und damit nicht auf andere Preise übergreift; steigt die Kerninflation hingegen auch an, haben wir es mit einem breiten Inflationsprozess zu tun, der zu höheren Lohnforderungen in allen Wirtschaftssektoren führt und damit alle Güterpreise nach oben zieht.

Kerninflation
Veränderungsrate eines Konsumentenpreisindexes, der die Güterkategorien Energie und Nahrungsmittel nicht berücksichtigt, da deren Preise besonders instabil sind.

Der Verlauf der Kerninflation machte rasch deutlich, dass die Gefahr eines selbstverstärkenden Inflationsprozesses hoch war bzw. weiterhin ist. Die Kerninflation stieg 2021 und 2022 nämlich deutlich an: in den USA und der Eurozone auf über 5 %, in der Schweiz auf gut 2 %. Damit war klar, dass ohne eine deutliche Reaktion der Geldpolitik ein sehr schädlicher und langanhaltender Inflationsprozess drohte.

Reaktionen der Geldpolitik

Der rasche und anhaltende Inflationsanstieg zeigt, dass die grossen Zentralbanken dieser Entwicklung zunächst zu wenig Beachtung geschenkt hatten und zum Teil deutlich zu spät mit Gegenmassnahmen begonnen hatten. Aus vergangenen Inflationsepisoden wissen wir erstens, dass die von den Zentralbanken verantwortete Geldpolitik letztlich das einzige wirtschaftspolitische Instrument ist, das einer voranschreitenden Inflationsdynamik die Spitze brechen kann. Und zweitens ist klar, dass diese Bekämpfung immer teurer wird, je stärker die Inflationserwartungen gestiegen sind und bereits eine selbstverstärkende Lohn-Preis-Spirale ausgelöst haben. In dieser Ausgangslage ist klar, dass die Zentralbanken rasch und deutlich die Zinsen erhöhen sollten, bevor sich die höhere Inflation nachhaltig durchgesetzt hat.

Wie wir in Abbildung 12.7 auf Seite 375 gesehen haben, reagierten die Zentralbanken ab 2022 mit Zinserhöhungen. Die amerikanische Zentralbank hat mit deutlichen Zinserhöhungen rasch signalisiert, dass sie auch unter Inkaufnahme hoher realwirtschaftlicher Kosten bereit ist, den Inflationsprozess zu bekämpfen. Mit Verzögerung hat auch die Europäische Zentralbank (EZB) mehrere Zinserhöhungen beschlossen. In der Schweiz hat die SNB zwar zunächst auch relativ lange gewartet, dann aber noch vor der EZB mit Zinserhöhungen begonnen.

Um diese Zinserhöhungen trotz der nach wie vor vorhandenen sehr hohen Liquidität umsetzen zu können, wurde das geldpolitische Instrument der Verzinsung der Guthaben der Banken erstmals auf breiter Ebene angewendet (siehe Abschnitt 12.2.4).

Zusammenfassung

1. Ohne Geld müsste die Wirtschaft auf Tauschhandel basieren, was das Potenzial der Arbeitsteilung empfindlich einschränken würde. Neben der zentralen Funktion als Tauschmittel dient das Geld auch als Recheneinheit und Wertaufbewahrungsmittel.

2. Als Geld kann alles verwendet werden, was allgemein als Zahlungsmittel akzeptiert wird. Früher waren dies vor allem geprägte Gold- oder Silbermünzen, die selbst einen Wert besassen. Mit der Zeit ging man dann dazu über, an sich wertloses Papier, das durch ein staatlich eingerichtetes Monopol – die Zentralbank – ausgegeben wird, als Geld zu verwenden.

3. Über Kreditvergaben der Banken werden aus jedem von der Zentralbank ausgegebenen Franken mehrere Franken Zahlungsmittel. Die Geldmenge setzt sich deshalb aus Zentralbankgeld und relativ liquiden – das heisst als Zahlungsmittel verwendbaren – Einlagen bei den Banken zusammen (z. B. Kontokorrentkonten).

4. Die Zentralbank kann die Geldmenge über vier konzeptionell unterschiedliche Instrumente verändern: über die Offenmarktpolitik, über den Diskontsatz, über die Festlegung des Mindestreservesatzes und über die Verzinsung der Sichtguthaben der Banken. Die Offenmarktpolitik ist dabei heute das wichtigste Instrument.

5. Bei einer expansiven Offenmarktpolitik kauft die Zentralbank auf dem offenen Markt Wertpapiere und bezahlt mit neu geschaffenem Geld; damit erhöht sich die Geldmenge. Restriktiv wirkt die Offenmarktpolitik, wenn die Zentralbank Wertpapiere verkauft und damit Geld aus dem Markt nimmt.

6. Diskont- und Mindestreservepolitik setzen bei der Kreditschöpfung der Geschäftsbanken an. Erhöht sich der Diskont- oder der Mindestreservesatz, so werden weniger Kredite vergeben, d. h., es reduzieren sich die liquiden Mittel und eine breit definierte Geldmenge. Die Verzinsung der Sichtguthaben der Banken ist ein neues Instrument, das wegen der jüngst ungewöhnlichen Liquiditätsschwemme erst vor Kurzem eingeführt wurde, um überhaupt noch eine restriktive Geldpolitik verfolgen zu können.

7. Geldpolitische Strategien unterscheiden sich vor allem darin, über welches deklarierte Ziel die Zentralbank Preisstabilität anstrebt. Sie kann dies tun, indem sie ein Wechselkursziel verfolgt, ein Geldmengenziel deklariert oder direkt ein Inflationsziel verfolgt.

8. Die Schweizerische Nationalbank (SNB) hat in der Nachkriegszeit in verschiedenen Phasen alle drei Strategien verfolgt: bis Anfang der 1970er-Jahre ein Wechselkursziel; danach bis Ende der 1990er-Jahre mehr oder weniger intensiv ein Geldmengenziel; und seit 2011 ein Inflationsziel.

9. Die heutige geldpolitische Strategie der SNB besteht aus drei Elementen: einem expliziten Ziel in Form einer Definition der Preisstabilität; einer Inflationsprognose, welche die Entscheidungsgrundlage darstellt; und den SNB-Leitzins als Kommunikationsinstrument.

10. Infolge der Finanzkrise wurde weltweit eine ausserordentlich expansive Geldpolitik verfolgt. Die kurzfristigen Zinsen lagen bei null oder sogar leicht im negativen Bereich, und mithilfe einer unkonventionellen Geldpolitik wurde zusätzlich versucht, die langfristigen Zinsen nach unten zu drücken. Als ab 2021 jedoch die Inflation stark anstieg, reagierten die Zentralbanken und hoben die Zinsen an. Dafür wurde das neue Instrument der Verzinsung der Sichtguthaben der Banken eingesetzt.

Repetitionsfragen

- Welche drei Funktionen des Geldes können unterschieden werden?

- Warum ist eine Bankenregulierung notwendig?

- Was ist der Geldschöpfungsmultiplikator, und wie wird er berechnet?

- Welche Geldmengenkonzepte werden unterschieden?

- Nennen Sie die Instrumente der Geldpolitik und zeigen Sie jeweils auf, wie damit eine restriktive Geldpolitik verfolgt werden kann.

- Welches sind die drei wichtigsten Möglichkeiten zur strategischen Ausrichtung der Geldpolitik?

- Beschreiben und begründen Sie die institutionelle Sonderstellung der Schweizerischen Nationalbank innerhalb der staatlichen Verwaltung.

- Wenn Sie die Schweizer Geldpolitik der Nachkriegszeit bis 2011 betrachten, können grob drei Phasen unterschieden werden. Nennen Sie diese und beschreiben Sie, welche geldpolitische Strategie jeweils verfolgt wurde.

- Beschreiben Sie das aktuelle geldpolitische Konzept der Schweizerischen Nationalbank in groben Zügen.

ZENTRALE BEGRIFFE

Geld S.344
Zentralbank S.345
Zentralbankgeld S.346
Mindestreservesatz S.346
Geldschöpfungsmultiplikator S.347
Geldmenge S.348
Sichteinlagen S.348
Transaktionskonten S.348
Spareinlagen S.348
Termineinlagen S.349

Offenmarktpolitik S.351
Girokonten der Geschäftsbanken bei der Zentralbank S.352
Leitzins S.354
Diskontpolitik S.355
Ständige Fazilitäten S.355
Mindestreservepolitik S.356
Geldmarkt S.360
Wechselkursziel S.362
Geldmengenziel S.362

Monetarismus S.363
Inflationsziel S.363
Schweizerische Nationalbank (SNB) S.364
Leitwährung S.366
Golddeckung S.366
Inflationsprognose S.370
Repo-Geschäfte S.371
SARON S.371
Unkonventionelle Geldpolitik S.376
Kerninflation S.382

13 Wechselkurse

Die Entwicklung der Wechselkurse gibt in der Schweiz immer wieder Anlass zu heftigen wirtschaftspolitischen Debatten. Die starke internationale Verflechtung des Landes bringt es mit sich, dass Veränderungen in den Wechselkursen starke Auswirkungen auf zahlreiche Unternehmen, ja ganze Branchen haben. So ist es nicht ungewöhnlich, dass die Gewinnentwicklung einer Schweizer Unternehmung zu einem guten Teil durch die Wechselkursentwicklung bestimmt wird; und das ist natürlich ein Faktor, den das Unternehmen durch seine Geschäftstätigkeit nicht beeinflussen kann. Jüngstes Beispiel ist die Frankenstärke seit der Finanzkrise.

Die Geldpolitik wirkt auf zwei zentrale nominale Grössen in einer Volkswirtschaft, nämlich auf das Preisniveau und den Wechselkurs. In den Kapiteln 11 und 12 geht es in erster Linie um den Einfluss der Geldmenge auf das inländische Preisniveau. Dieses Kapitel nun behandelt den anderen wichtigen Preis, der über die Veränderung der Geldmenge beeinflusst wird: den Wechselkurs. Jede Geldmengenveränderung bedeutet eine Veränderung der Menge an Schweizer Franken im Verhältnis zur Menge an anderen Währungen. Nun wissen wir, dass relative Mengenveränderungen zu relativen Preisveränderungen führen. Gibt es mehr von einem Gut, sinkt dessen Preis. Wird ein Gut umgekehrt knapper, steigt sein Preis. Ebenso verhält es sich mit dem in anderen Währungen ausgedrückten Preis für den Schweizer Franken, also mit dem Wechselkurs. Eine Verknappung der Menge an Schweizer Franken treibt seinen relativen Wert nach oben, was einer Aufwertung des Frankens gleichkommt.

13.1 Wechselkurskonzepte und flexible Wechselkurse

13.2 Fixe Wechselkurse

13.3 Das Europäische Währungssystem (EWS)

13.4 Währungsunionen

13.5 Die Europäische Währungsunion (EWU)

Dieses Zusammenwirken von Geldpolitik und Wechselkursentwicklung steht im Zentrum des Kapitels.

Es ist wie folgt aufgebaut:
- 13.1 erläutert nominale sowie reale Wechselkurse und behandelt die Wirkung der Geldpolitik bei flexiblen Wechselkursen.
- 13.2 analysiert fixe Wechselkurse und fragt, was sich bei einer Fixierung des Wechselkurses ändert.
- 13.3 illustriert dies am Beispiel des Europäische Wechselkurssystems (EWS).
- 13.4 geht einen Schritt weiter und legt dar, was es für ein Land heisst, seine Währung vollständig aufzugeben und sich mit anderen Ländern zu einer Währungsunion zusammenzuschliessen.
- 13.5 betrachtet als konkretes Beispiel dafür die Europäische Währungsunion (EWU).

13.1 Wechselkurskonzepte und flexible Wechselkurse

Ein Wechselkurs ist dann flexibel, wenn die Geldpolitik nicht versucht, ihn zu steuern. Die Geldpolitik wird in diesem Fall andere Zielgrössen verfolgen. Natürlich spielt – insbesondere in kleinen, offenen Ländern – die Wechselkursentwicklung für geldpolitische Entscheide stets eine wichtige Rolle. Schliesslich handelt es sich dabei um einen ganz zentralen Preis jeder Volkswirtschaft, dessen Veränderungen auch Auswirkungen auf die Preisstabilität haben können. Verfolgt die Geldpolitik jedoch eine Strategie *flexibler Wechselkurse*, wird kein explizit bestimmtes Kursniveau angestrebt.

Wie verändert die Geldpolitik den Preis von Währungen? Bei einer expansiven Geldpolitik wird die Geldmenge durch die in Kapitel 12 analysierten Mechanismen erhöht, und es sind dann im Vergleich zu anderen Währungen mehr Schweizer Franken im Umlauf. Damit reduziert sich die relative Knappheit dieser Währung, was ihren Preis senkt. Eine expansive Geldpolitik führt also zu einer Abwertung der inländischen Währung. Umgekehrt verhält es sich bei einer restriktiven Geldpolitik: Wird die Geldmenge im Verhältnis zu anderen Währungen verknappt, führt dies in der Regel zu einer Preiserhöhung. Bei einer restriktiven Geldpolitik erfolgt deshalb eine Aufwertung der Währung.

Wir wollen nun genauer betrachten, wie Wechselkurse definiert sind. Dabei machen wir die wichtige Unterscheidung zwischen nominalen und realen Wechselkursen und zeigen, wie sich die Geldpolitik auf diese beiden Grössen auswirkt.

13.1.1 Nominale Wechselkurse

Der *nominale Wechselkurs* ist, was man auch umgangssprachlich als Wechselkurs bezeichnet: der Wert der einen Währung im Verhältnis zu einer anderen. Spricht man von einem Wechselkurs, ist es wichtig, klarzustellen, wie er definiert ist. Da der Wechselkurs ein relativer Preis ist, kann er beispielsweise als Euro pro Franken oder aber auch als Franken pro Euro festgelegt werden. Die Art der Definition ist vor allem dann wichtig, wenn darüber gesprochen wird, ob ein Wechselkurs «steigt» oder «fällt». Was im Zähler und was im Nenner steht, entscheidet letztlich darüber, was mit dieser Aussage gemeint ist. Aufgrund dieser terminologischen Unschärfe ist es im Allgemeinen besser, von einer Auf- oder Abwertung

---

Flexibler Wechselkurs
Wechselkurs, der sich auf dem freien Markt bildet, ohne dass die Zentralbank versucht, diesen Kurs mit gezielten geldpolitischen Eingriffen zu gestalten.

Nominaler Wechselkurs
Gibt an, in welchem Verhältnis die Währung eines Landes gegen die Währung eines anderen Landes getauscht werden kann.

der einheimischen Währung zu sprechen, weil dann völlig klar ist, welche Währung an Wert gewinnt und welche an Wert verliert.

In der Regel ist der nominale Wechselkurs in europäischen Ländern definiert als einheimische Währung geteilt durch ausländische Währung. Der wichtigste Wechselkurs für die Schweiz ist folglich definiert als Franken geteilt durch Euro:

$$\text{Nominaler Wechselkurs} = \frac{\text{einheimische Währung}}{\text{ausländische Währung}} = \frac{CHF}{EUR} = \frac{1.10}{1.00} = 1.10$$

Der so ausgedrückte Wechselkurs gibt an, wie viele Franken man benötigt, um einen Euro zu kaufen. Werden dafür mehr Franken benötigt, sinkt der relative Wert des Frankens. Steigt der Wechselkurs in Franken pro Euro von CHF 1.10 auf CHF 1.15, so heisst dies, dass sich der Franken gegenüber dem Euro nominal abgewertet hat; ich benötige fünf Rappen mehr, um mir einen Euro zu kaufen. Wir können diesen Fall auch umgekehrt betrachten: Der Euro hat sich gegenüber dem Schweizer Franken aufgewertet, weil weniger Euro nötig sind, um einen Franken zu kaufen.

13.1.2 Reale Wechselkurse

Ein wichtiges Konzept zum Verständnis von Wechselkurssystemen ist der sogenannte *reale Wechselkurs*. Obwohl in Zeitungen fast immer nur der nominale Wechselkurs aufgeführt wird, ist eigentlich der reale Wechselkurs die ökonomisch relevante Grösse. Der Grund liegt darin, dass langfristig und real gesehen nichts geschieht, wenn sich eine nominale Grösse verändert. Eine Tatsache, die in diesem Buch verschiedentlich betont wird.

Realer Wechselkurs
Gibt an, in welchem Verhältnis ein repräsentativer Güterkorb eines Landes gegen denselben Güterkorb eines anderen Landes getauscht werden kann.

Wie wir im Folgenden noch zeigen werden, ist hier von Neuem die Unterscheidung zwischen langer und kurzer Frist wichtig, da kurzfristig nicht alle Preise gleich flexibel sind. Wir treffen also wieder auf dieses zentrale Motiv der Makroökonomie: Wird morgen die Geldmenge in der Schweiz verdoppelt, so hat dies, langfristig betrachtet, keine Auswirkungen, weil sich dadurch die Preise aller Güter verdoppeln und sich somit real nichts verändert. Der nominale Wechselkurs wird sich in einem solchen Fall so stark abwerten, dass zuletzt der Franken – in einer anderen Währung ausgedrückt – nominal nur noch die Hälfte, real aber gleich viel wert sein wird wie zu Beginn.

Kurzfristig aber besteht durchaus ein Effekt, weil sich nicht alle Preise sofort anpassen. Gewisse Preise – zum Beispiel die Löhne und damit die Preise zahlreicher Dienstleistungen – werden erst nach einer gewissen Zeit voll auf die neue Situation reagieren.

Was genau ist nun aber der reale Wechselkurs? Vereinfacht gesagt, gibt der reale Wechselkurs den Preis für einen bestimmten *Güterkorb* im Ausland im Verhältnis zum Preis des gleichen Güterkorbs in der Schweiz an. Damit sie aber wirklich sinnvoll verglichen werden können, müssen die Preise beider Güterkörbe in Schweizer Franken angegeben werden. Formal ausgedrückt:

> **Güterkorb**
> Gewichtetes Bündel an Gütern und Dienstleistungen. Zusammensetzung und Gewichtung variieren je nach Vergleichszweck. Der Güterkorb ist auch unter dem Begriff Warenkorb bekannt.

$$r_{\text{(realer Wechselkurs)}} = \frac{e_{\text{(nominaler Wechselkurs)}} \times p^*_{\text{(Preis Güterkorb im Ausland in ausländischer Währung)}}}{p_{\text{(Preis Güterkorb im Inland in Schweizer Franken)}}}$$

Wobei gilt:
- e ist der nominale Wechselkurs, wie wir ihn zuvor definiert haben (hier Franken pro Euro);
- p^* – das ausländische Preisniveau – gibt an, wie viel der betrachtete Güterkorb im Ausland in ausländischer Währung kostet. Durch die Multiplikation mit dem nominalen Wechselkurs e wird der Preis p^* in Franken umgerechnet.
- p ist das inländische Preisniveau, ausgedrückt als Kosten des gleichen Güterkorbs in Franken in der Schweiz.

Wenn der reale Wechselkurs grösser als 1 ist, so bedeutet dies, dass der Güterkorb im Ausland mehr kostet als in der Schweiz; der Zähler ist grösser als der Nenner.

Die Relevanz der Unterscheidung zwischen nominalen und realen Wechselkursen wird klarer, wenn im folgenden Abschnitt die Effekte der Geldpolitik auf diese beiden Grössen diskutiert werden.

13.1.3 Effekte der Geldpolitik auf nominale und reale Wechselkurse

Eine Erhöhung der Geldmenge entwertet das Geld. Dies führt einerseits zu einer *nominalen Abwertung* der Währung (e steigt), andererseits aber auch zu einer höheren Inflation (p steigt). Entscheidend dabei ist: Die Reaktion dieser beiden Grössen – des nominalen Wechselkurses und des Preisniveaus – erfolgt aufgrund der kurzfristigen Inflexibilität gewisser Preise unterschiedlich schnell.

> **Nominale Abwertung**
> Die ausländische Währung wird, in inländischer Währung ausgedrückt, teurer.

Der nominale Wechselkurs ist ein hoch variabler Preis, der auf den internationalen Finanzmärkten gebildet wird. Er reagiert auf jede neue Information äusserst rasch, denn die entsprechenden Transaktionen auf den Finanzmärkten werden sekundenschnell getätigt, weil sich damit viel Geld verdienen lässt. Wird also überraschend bekannt, dass die Geldpolitik eines Landes expansiver ausgestaltet wird, so wertet sich der nominale Wechselkurs für die entsprechende Währung – der Preis ihrer Devisen auf den Finanzmärkten – sofort ab.

Es kann dagegen, wie in Kapitel 3 ausführlich dargelegt, lange dauern, bis sich alle Preise eines Güterkorbs angepasst haben. Gewisse Preise reagieren sofort (die meisten Güterpreise), andere aber mit einiger Verzögerung (vor allem Preise von Dienstleistungen, da diese stark von Lohnkosten abhängen). Alle diese Preise sind aber im Preisindex p, also dem Preis des gesamten Güterkorbs, enthalten. Somit kann es deutlich länger als ein Jahr dauern, bis sich eine Geldmengenerhöhung vollständig in der Erhöhung des Preisniveaus widerspiegelt.

Kurzfristiger Effekt auf den realen Wechselkurs

Betrachten wir vor diesem Hintergrund zunächst den kurzfristigen Effekt einer expansiven Geldpolitik auf den realen Wechselkurs. Die Expansion der Geldmenge wird sofort zu einer nominalen Abwertung des Frankens führen, da im Verhältnis zu anderen Währungen mehr Franken vorhanden sind. Der nominale Wechselkurs e steigt, da mehr Franken benötigt werden, um einen Euro zu kaufen. Das Preisniveau dagegen wird kurzfristig kaum reagieren, weil eben zahlreiche Preise relativ unflexibel sind. Welche kurzfristigen Auswirkungen hat dies nun auf den realen Wechselkurs, der ja die relativen Knappheiten anzeigt und folglich das Verhalten lenkt?

$$r \text{ (realer Wechselkurs)} \uparrow = \frac{e \text{ (nominaler Wechselkurs)} \uparrow \times p^* \text{ (Preis Güterkorb im Ausland in ausländischer Währung)}}{p \text{ (Preis Güterkorb im Inland in Schweizer Franken)}}$$

Durch die nominale Abwertung steigt e, während p kurzfristig im Wesentlichen unverändert bleibt. Wir machen hier die vereinfachende Annahme, dass p überhaupt nicht reagiert (die ganz kurze Frist also); es ändert sich aber nichts an den grundsätzlichen Punkten, wenn gewisse – aber nicht alle Güterpreise – auch kurzfristig reagieren. Das ausländische Preisniveau p^* bleibt durch die inländische Geldpolitik natürlich unberührt. Weil die Güterpreise unverändert bleiben, führt die nominale Abwertung auch zu einem Anstieg des realen Wechselkurses r und damit zu einer *realen Abwertung*. Was aber bedeutet dies ökonomisch?

> **Reale Abwertung**
> In gleicher Währung ausgedrückt wird ein Güterkorb im Ausland teurer im Verhältnis zum gleichen Güterkorb im Inland.

Am leichtesten lässt sich die Situation am Beispiel eines Exportunternehmens verstehen, sagen wir eines Schweizer Uhrenproduzenten. Die Kosten für die Produktion der Uhren fallen vor allem im Inland an (Löhne, Immobilien, lokale Aufwendungen), während die Unternehmung die Uhren vor allem im Ausland verkauft; das heisst, sie erzielt ihre Erträge im Ausland. Erfolgt nun eine reale Abwertung des Schweizer Frankens, so wird, in Franken ausgedrückt, ein Güterkorb im Ausland teurer im Vergleich zum gleichen Güterkorb in der Schweiz. Dies bedeutet eine Verbesserung der Situation für das Exportunternehmen, weil seine Kosten ja vor allem im Inland, seine Erlöse aber im Ausland anfallen. Reduzieren sich die Kosten im Inland (die ja im Preisindex p enthalten sind) und steigen die Preise im Ausland – erfolgt also eine reale Abwertung des Schweizer Frankens –, so steigen die Gewinne des Uhrenproduzenten. Da der reale Wechselkurs die Preise von Inland- und Auslandgütern in Franken ausdrückt, lassen sich diese Grössen direkt vergleichen. Wir sehen an diesem Beispiel, dass der reale Wechselkurs ein Mass für die *preisliche Wettbewerbsfähigkeit* von Exportunternehmen ist: Wertet er sich ab, so erhöht sich deren Wettbewerbsfähigkeit, wertet er sich auf, so werden die Unternehmen international weniger wettbewerbsfähig.

Preisliche Wettbewerbsfähigkeit
Die inländischen Preise sind, in die gleiche Währung umgerechnet, tiefer als die entsprechenden Preise im Ausland.

Langfristiger Effekt auf den realen Wechselkurs

Bis hierher entspricht die Analyse den Erwartungen: Eine Abwertung begünstigt kurzfristig die Exporte. Diese Aussage gilt für nominale wie für reale Wechselkurse, weil sich an den Preisniveaus p und p* (die ja den Unterschied zwischen nominalem und realem Wechselkurs ausmachen) kurzfristig nichts ändert. Steigt e, dann steigt auch r. Soweit die kurzfristige Betrachtung. Was aber geschieht langfristig? Wir wissen, dass eine expansive Geldpolitik langfristig nicht nur den nominalen Wechselkurs, sondern auch die Preise im Inland verändert und zu einer erhöhten Inflation führt. Nicht nur der nominale Wechselkurs e steigt dann, sondern sukzessive auch das inländische Preisniveau p. Auf das ausländische Preisniveau hat eine expansive Geldpolitik der Schweiz natürlich auch langfristig keinen Einfluss. Betrachten wir erneut die Formel für den realen Wechselkurs:

$$r \text{ (realer Wechselkurs)} = \frac{e \text{ (nominaler Wechselkurs)} \uparrow \times p^* \text{ (Preis Güterkorb im Ausland in ausländischer Währung)}}{p \text{ (Preis Güterkorb im Inland in Schweizer Franken)} \uparrow}$$

Wir sehen, dass langfristig der Effekt einer expansiven Geldpolitik auf den realen Wechselkurs r verschwindet. Der Anstieg des nominalen Wechselkurses wird kompensiert durch den Anstieg des Preisniveaus p. Langfristig hat also eine expansive Geldpolitik auf den realen Wechselkurs keinen Einfluss.

Dies ist genau das, was wir erwarten. Die Veränderung einer nominalen Grösse wie der Geldmenge wirkt sich langfristig nicht auf eine reale Grösse wie den realen Wechselkurs aus, wie ja auch bei den Analysen in anderen Kapiteln die Geldmenge keinen Einfluss auf das langfristige reale BIP hatte. Der kurzfristige Effekt verschwindet in der langen Frist, weil alle Preise langfristig vollständig flexibel sind. Aus exakt demselben Grund weist auch die aggregierte Angebotskurve, wie mehrfach betont, kurzfristig eine positive Steigung auf, wird aber langfristig vertikal. Wir sehen, dass dieses Grundmotiv in der Makroökonomie immer wieder auftaucht. Wann immer wir gesamtwirtschaftliche Prozesse betrachten, müssen wir den Unterschied zwischen der kurzen und der langen Frist beachten.

Für die konjunkturelle Betrachtung ist vor allem der kurzfristige Effekt der Geldpolitik auf die Wechselkurse wichtig. Hier muss nicht zwischen realen und nominalen Wechselkursen unterschieden werden, weil der Effekt, hervorgerufen durch die kurzfristig relativ inflexiblen Preise, auf beide Grössen etwa gleich stark ist und in die gleiche Richtung geht. Für die langfristige Betrachtung allerdings, also auch für die Erklärung von Wachstumsprozessen, hat die Geldpolitik keinen Einfluss auf reale Grössen wie den realen Wechselkurs oder das reale BIP.

Fazit

Weil die Unterscheidungen in kurzfristig versus langfristig beziehungsweise nominal versus real doch etwas verwirrend sein können, fassen wir die grundsätzlichen Ergebnisse zu den Effekten der Geldpolitik auf die Wechselkurse noch einmal zusammen.

Eine Expansion der inländischen Geldmenge führt, wenn sonst alles gleich bleibt,
▶ kurzfristig zu einer nominalen Abwertung der inländischen Währung,
▶ kurzfristig zu einer realen Abwertung der inländischen Währung,
▶ langfristig zu einer nominalen Abwertung der inländischen Währung und
▶ langfristig zu keiner Veränderung des realen Wechselkurses der inländischen Währung.

Langfristig hat also die Veränderung der nominalen Geldmenge keinen Effekt auf die realen Austauschverhältnisse und damit auch keinen Effekt auf den Ressourceneinsatz.

13.2 Fixe Wechselkurse

Wir wollen zunächst analysieren, wie fixe Wechselkurse funktionieren und was die Vorteile eines solchen Systems sind. Anschliessend werden die Kosten und Gefahren von *Fixkurssystemen* dargelegt.

13.2.1 Funktionsweise und Vorteile

Die Fixierung eines Wechselkurses hat, wie in Kapitel 12 erwähnt, eine grosse Auswirkung auf die Geldpolitik. Diese hat dann nicht mehr in erster Linie die Inflationsbekämpfung und die Preisstabilität zum Ziel, sondern sie muss sich vor allem auf den Wechselkurs ausrichten. Solche Wechselkursziele werden zumeist in Bandbreiten definiert. Das heisst, es wird nicht ein genauer Wert für den Wechselkurs angestrebt, sondern ein enges Band definiert, innerhalb dessen der Kurs fluktuieren kann. Somit ist die Geldpolitik nicht gezwungen, schon bei minimalen Ausschlägen an den Finanzmärkten zu reagieren. Sobald der Wechselkurs aber den gesetzten Rahmen zu verlassen droht, muss die Geldpolitik korrigierend eingreifen. Nehmen wir an, einem Land, das Mitglied eines Fixkurssystems ist, drohe eine substanzielle Aufwertung der Währung. Die Zentralbank ist dann gezwungen, gegen die Aufwertung vorzugehen, indem sie eine expansivere Geldpolitik betreibt. Eine Aufwertung bedeutet ja, dass im Verhältnis zu den anderen Währungen die eigene Währung knapp wird. Soll dieser Aufwertung entgegengewirkt werden, muss die Zentralbank zusätzliches inländisches Geld zur Verfügung stellen, um die relative Knappheit der eigenen Währung und damit den Aufwertungsdruck zu mindern. Droht hingegen eine Abwertung, wird die Zentralbank versuchen, den Wechselkurs zu stabilisieren, indem sie inländisches Geld vom Markt nimmt. Mit einer restriktiven Geldpolitik verknappt sie dann das inländische Geld, womit der Abwertungsdruck reduziert wird.

Warum aber «opfert» ein Land seine autonome Geldpolitik und begibt sich in ein Fixkurssystem? Fixe Wechselkurse haben den wesentlichen Vorteil, dass das Risiko von Wechselkursschwankungen eliminiert oder zumindest stark reduziert wird. Das ist besonders dann vorteilhaft, wenn zwei Länder sehr intensive Handelsbeziehungen miteinander unterhalten. Durch die Fixierung wird dann die Wechselkursentwicklung berechenbarer. Ein weiterer Vorteil besteht oft darin, dass mit einer Fixierung des Wechselkurses die stabile Geldpolitik eines anderen Landes übernommen werden kann. Ein Land, das aufgrund einer zu expansiven Geldpolitik mit einem stark inflationären Preisniveau kämpft, kann versuchen, die eigenen Preise zu

---

Fixkurssystem
Wechselkurssystem, in dem die Währungen innerhalb von definierten Bandbreiten aneinander gebunden sind.

stabilisieren, indem es seinen Wechselkurs an den eines Landes mit einer ausgeglicheneren Geldpolitik koppelt.

13.2.2 Kosten und Gefahren

Den Vorteilen eines fixen Wechselkurses steht aber ein deutlicher Nachteil gegenüber. Ein Land gibt nämlich durch die Anbindung seine eigenständige Geldpolitik auf und ist somit gezwungen, die Geldpolitik eines anderen Landes selbst dann zu imitieren, wenn diese Politik anderen Interessen als der Wechselkursbindung zuwiderläuft. Wir wollen diesen wichtigen Effekt der Wechselkursfixierung auf die Geldpolitik an einem Beispiel demonstrieren.

Dazu betrachten wir die Situation Anfang der 1990er-Jahre im *Europäischen Währungssystem (EWS)*, das wir im nächsten Unterkapitel noch eingehender besprechen werden. In diesem Währungssystem hatten die Mitgliedsländer ihre Währung an die D-Mark als Leitwährung gekoppelt. Zu Beginn der 1990er-Jahre erlebte Deutschland aufgrund der Wiedervereinigung einen wirtschaftlichen Boom, da diese sehr grosse Staatsausgaben in den neuen Bundesländern erforderte, was die gesamtwirtschaftliche Nachfrage stark stimulierte.

Europäisches Währungssystem (EWS)
Währungspolitische Zusammenarbeit der Mitglieder der Europäischen Gemeinschaft mit dem Ziel, Währungsstabilität zu gewährleisten.

In Abbildung 13.1 ist links die Situation in Deutschland dargestellt. Im Ausgangspunkt war das Land in einer Situation, in der wegen der sehr hohen gesamtwirtschaftlichen Nachfrage starker Inflationsdruck herrschte. Grossbritannien andererseits befand sich in einer rezessiven Phase, wie das in der rechten Grafik von Abbildung 13.1 stilisiert dargestellt ist. Die geringe gesamtwirtschaftliche Nachfrage hinderte die Wirtschaft kurzfristig an der Erreichung der Kapazitätsgrenze. Die beiden Länder befanden sich also in sehr unterschiedlichen konjunkturellen Situationen. Deutschland, mit seiner D-Mark als Leitwährung im EWS, konnte auf den Inflationsdruck reagieren und ging zu einer explizit restriktiveren Geldpolitik über. In der Abbildung sehen wir, dass sich die AN-Kurve deshalb nach links verschiebt. Für Deutschland war dies die richtige Politik, und es gelang tatsächlich, die Inflation in Schach zu halten. Wegen ihrer Mitgliedschaft im Fixkurssystem war die Bank of England gezwungen, ebenfalls eine restriktive Geldpolitik zu betreiben, damit sich das Pfund gegenüber der deutschen Mark nicht abwertete. Die damit verbundene Reduktion der gesamtwirtschaftlichen Nachfrage (Linksverschiebung der AN-Kurve) verschärfte das konjunkturelle Problem Grossbritanniens noch zusätzlich. Die verfolgte Politik war einerseits zwar konsistent mit dem Ziel des fixen Wechselkurses, andererseits gänzlich inkonsistent mit dem Ziel der Ver-

Abb. 13.1 Probleme der Geldpolitik in einem Fixkurssystem: Das Beispiel des Wiedervereinigungsbooms

Deutschland

Grossbritannien

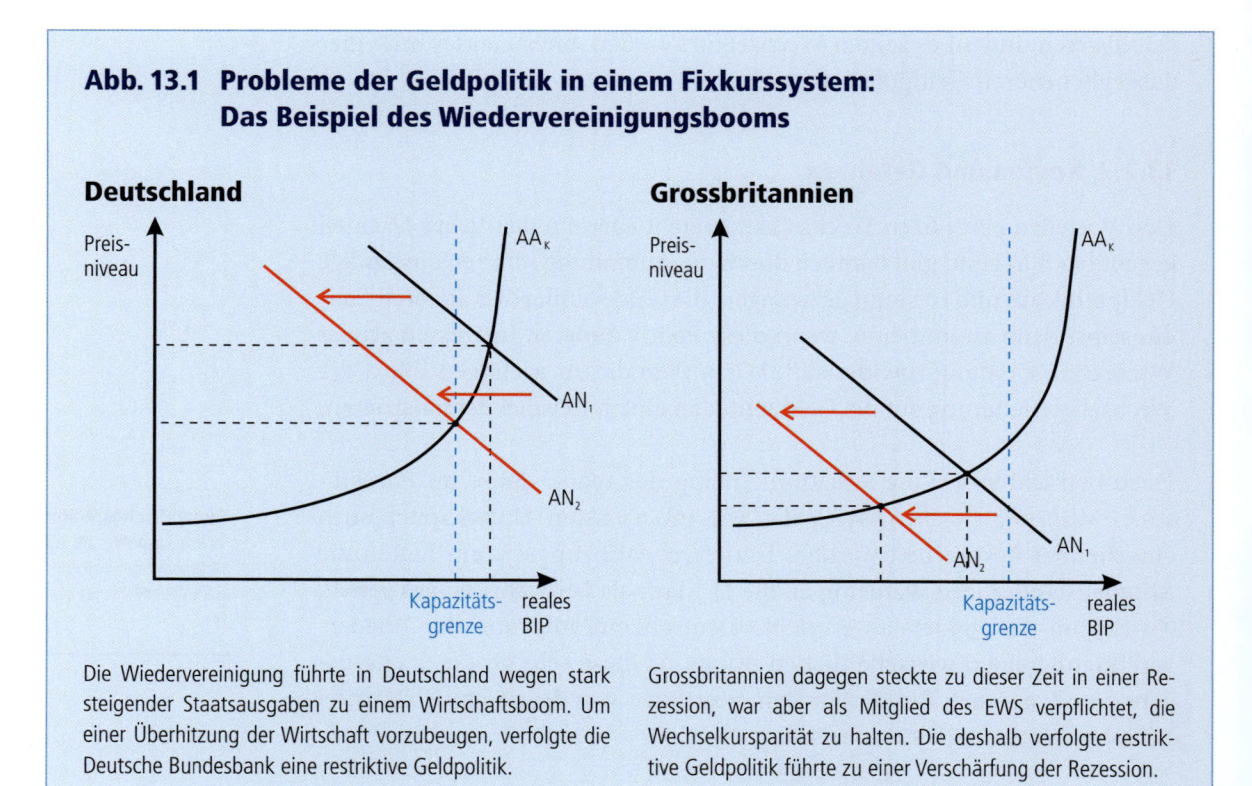

Die Wiedervereinigung führte in Deutschland wegen stark steigender Staatsausgaben zu einem Wirtschaftsboom. Um einer Überhitzung der Wirtschaft vorzubeugen, verfolgte die Deutsche Bundesbank eine restriktive Geldpolitik.

Grossbritannien dagegen steckte zu dieser Zeit in einer Rezession, war aber als Mitglied des EWS verpflichtet, die Wechselkursparität zu halten. Die deshalb verfolgte restriktive Geldpolitik führte zu einer Verschärfung der Rezession.

meidung konjunktureller Arbeitslosigkeit. Wie wir weiter unten sehen werden, hatte diese Inkonsistenz spektakuläre Folgen.

Fixe Wechselkurse führen also dann zu Problemen, wenn sich die konjunkturellen Situationen der beteiligten Länder deutlich voneinander unterscheiden. Aus konjunktureller Sicht sollten die Geldpolitiken der verschiedenen Länder dann eigentlich unterschiedlich ausgestaltet sein; die Wechselkursbindung zwingt sie jedoch zu einem einheitlichen Vorgehen.

13.2.3 Das Trilemma der Wechselkurspolitik

Die eben erläuterten Probleme im Europäischen Währungssystem sind ein Anwendungsbeispiel für eine grundlegende Erkenntnis der internationalen Makroökonomie. Das *Trilemma der Wechselkurspolitik* besagt, dass es nicht möglich ist, die folgenden drei Ziele gleichzeitig zu erreichen:
▶ fixe Wechselkurse,
▶ eigenständige Geldpolitik,
▶ Kapitalmobilität.

Trilemma der Wechselkurspolitik
Unmöglichkeit, gleichzeitig die drei Ziele fixe Wechselkurse, eigenständige Geldpolitik und internationale Kapitalmobilität zu erreichen.

Abbildung 13.2 stellt das Trilemma der Wechselkurspolitik grafisch dar und nennt einige Beispiele.

Wir können die Logik dieses Trilemmas an einem Beispiel durchspielen. Die Schweizer Geldpolitik verfolgt seit Jahrzehnten die Kombination einer eigenständigen Geldpolitik und uneingeschränkter internationaler Kapitalmobilität. Das bedeutet aber zwangsläufig, dass sie gleichzeitig flexible Wechselkurse haben muss; sie befindet sich im Trilemma am Punkt rechts unten. Dass sich die gewählte Kombination nicht mit fixen Wechselkursen kombinieren lässt, konnte man beobachten, als die Schweiz 2011 die Untergrenze von 1.20 Franken pro Euro einführte. Diese Politik schränkte die Flexibilität des Wechselkurses stark ein und wirkte – wegen des starken Aufwertungsdrucks auf den Franken – de facto wie ein fixer Wechselkurs bei 1.20. Damit verlor die Schweiz aber ihre eigenständige Geldpolitik und bewegte sich im Trilemma vom Punkt rechts unten zum Punkt links unten. Sobald man den Wechselkurs fixiert, muss die Geldpolitik nämlich intervenieren, wenn immer der Wechselkurs vom angekündigten Wert abweicht. Tut man das nicht, so führen internationale Kapitalströme automatisch zu Abweichungen des Wechselkurses. Konkret für den Fall der Schweiz: Hätte die SNB nach 2011 – zum Beispiel aus Sorge vor einer Überhitzung auf dem Schweizer Häusermarkt – die inländischen Zinsen erhöht (also eine eigenständige geldpolitische Entscheidung getroffen), so wäre

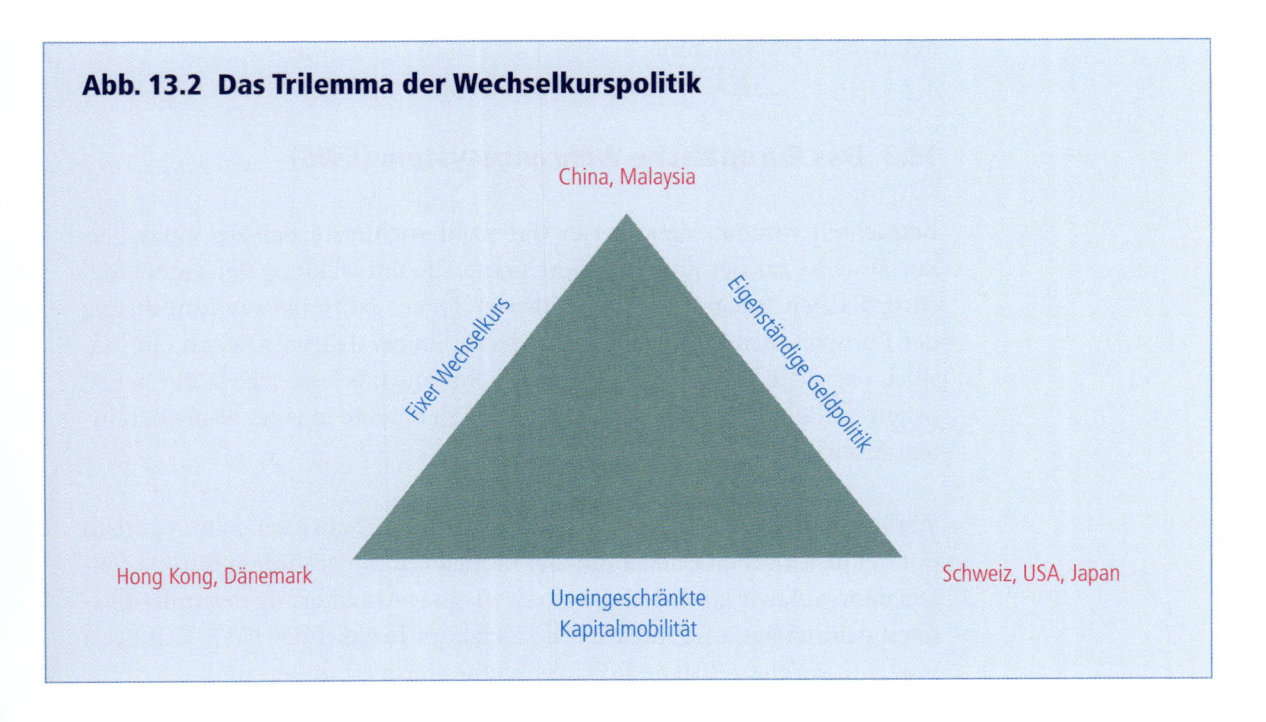

Abb. 13.2 Das Trilemma der Wechselkurspolitik

China, Malaysia

Fixer Wechselkurs

Eigenständige Geldpolitik

Hong Kong, Dänemark

Uneingeschränkte Kapitalmobilität

Schweiz, USA, Japan

es für Investoren noch attraktiver geworden, Kapital in Franken anzulegen. Damit hätte sich der Wechselkurs des Frankens aufgewertet und die Untergrenze wäre durchbrochen worden. Das hätte man nur verhindern können, indem man über Kapitalverkehrskontrollen die Verschiebung ausländischen Geldes in die Schweiz behindert hätte. Eine solche Politik würde aber bedeuten, die internationale Kapitalmobilität einzuschränken, und damit hätte sich die Schweiz im Trilemma vom Punkt rechts unten zum Punkt in der Mitte oben bewegt. Dieses Beispiel zeigt klar: Wie auch immer man es dreht und wendet, man kann immer nur zwei der drei genannten makroökonomischen Ziele erreichen.

Wir sehen in der Abbildung für jede der Kombinationen wichtige Beispiele. Die Kombination aus freiem Kapitalverkehr und eigenständiger Geldpolitik (Punkt rechts unten in der Abbildung) verfolgen neben der Schweiz unter anderem auch die USA oder Japan. Stark verbreitet ist auch die Kombination aus freiem Kapitalverkehr und fixen Wechselkursen (Punkt links unten in der Abbildung), die wir zum Beispiel in Dänemark mit seiner Fixierung an den Euro beobachten können, sowie bei vielen Schwellen- und Entwicklungsländern, die ihre Währung an den Dollar fixieren. Schliesslich gibt es etwas weniger häufig die Kombination von eigenständiger Geldpolitik und fixen Wechselkursen (Punkt oben Mitte in der Abbildung), die notwendigerweise mit einer Einschränkung des freien Kapitalverkehrs verbunden sein müssen. Wichtigstes Beispiel dafür war in den letzten Jahren China.

13.3 Das Europäische Währungssystem (EWS)

Betrachten wir nun detaillierter das wohl wichtigste Beispiel eines Fixkurssystems aus der jüngeren Geschichte: die Entwicklung der monetären europäischen Integration seit Mitte der 1970er-Jahre bis zur Einführung der Europäischen Währungsunion in den 1990er-Jahren. Dies ist ein Beispiel, das nicht nur aus historischer Sicht von Interesse ist, da die neuen osteuropäischen Mitgliedsstaaten der EU sich heute in einer ähnlichen Integrationsphase befinden.

Wir analysieren die Entwicklung des EWS in drei Schritten: Wir beginnen mit der historischen Entstehung der monetären Integration in Europa, zeigen dann auf, wie stark dieses System zu einer Annäherung der Inflationsraten geführt hat, und illustrieren zuletzt am Beispiel der EWS-Krise von 1992, mit welchen Risiken Fixkurssysteme stets verbunden sind.

13.3.1 Entwicklung der monetären Integration in Europa

Bis Anfang der 1970er-Jahre waren die Wechselkurse der wichtigen Industrieländer im Bretton-Woods-System aneinander gebunden und orientierten sich am US-Dollar als der Leitwährung. Nach dem Zusammenbruch dieses Systems und dem damit verbundenen Übergang zu flexiblen Wechselkursen kam in den Ländern der Europäischen Gemeinschaft (EG) bald der Wunsch auf, wieder eine grössere Wechselkursstabilität zwischen den Währungen zu erreichen. Dieses Streben der EG-Staaten zur monetären Integration hatte vor allem zwei Gründe:

Zum Ersten waren (und sind) die EG-Länder wirtschaftlich relativ stark miteinander verflochten, d.h., sie unterhielten untereinander intensive Handelsbeziehungen. Unvorhersehbare Wechselkursveränderungen schaffen aber in einer solchen Situation für die Unternehmen einige Unsicherheit, erhöhen die Risiken des Handels und erschweren so die Handelsströme.

Der zweite Grund bestand in der für die EG-Länder abschreckenden Erfahrung aus der Zeit vor dem Zweiten Weltkrieg. Die Periode nach der Weltwirtschaftskrise von 1929 war in Europa gekennzeichnet vom bewussten Versuch einzelner Länder, mit einer Schwächung ihrer eigenen Währung durch eine stark expansive Geldpolitik ihre Exportindustrie auf Kosten derjenigen der Handelspartner zu bevorteilen. Das grundsätzliche Problem einer solchen Politik ist natürlich, dass der Wechselkurs ein relativer Preis ist und dass deshalb nicht alle Länder gleichzeitig ihre Währung schwächen können. Um überhaupt noch den gewünschten Effekt erzielen zu können, muss die Geldpolitik mit der Zeit immer expansiver werden, sodass ein eigentlicher Wettlauf daraus entstehen kann. Dieser Versuch, sich auf Kosten der europäischen Nachbarn aus der konjunkturellen Krise zu befreien, trug natürlich dazu bei, das politische Klima zwischen den beteiligten Ländern zu vergiften. Und diese problematische Politik lässt sich nur in einem System flexibler Wechselkurse verfolgen, was sicher mit ein Grund dafür ist, dass die europäischen Länder seit längerem eine starke Präferenz für untereinander fixierte Wechselkurse haben.

1979 wurde von den damaligen EG-Ländern das sogenannte Europäische Währungssystem (EWS) eingeführt: Man einigte sich darauf, die Wechselkurse nur innerhalb enger, vorher vereinbarter Bandbreiten schwanken zu lassen.

13.3.2 Inflationskonvergenz im EWS

Bei der Einführung dieses fixen Wechselkurssystems stellte sich das Problem, dass die beteiligten Länder in der Ausgangslage sehr unterschiedliche Inflationsraten aufwiesen. Wir sehen dies in Abbildung 13.3, welche für die drei wichtigsten beteiligten Länder die Inflationsentwicklung von den 1970er- bis in die frühen 1990er-Jahre zeigt.

Wir sehen, dass bei der Einführung des Europäischen Währungssystems substanzielle Inflationsunterschiede zwischen Italien und Deutschland bestanden. Wird in einer solchen Situation der nominale Wechselkurs fixiert, hat dies massive Auswirkungen auf den realen Wechselkurs. Zur Erinnerung: Der reale Wechselkurs ist für unser Beispiel definiert als

$$r_{\text{(realer Wechselkurs)}} = \frac{e_{\text{(nominaler Wechselkurs)}} \times p^*_{\text{(Preis Güterkorb im Ausland = Deutschland, in D-Mark)}}}{p_{\text{(Preis Güterkorb im Inland = Italien, in Lira)}}}$$

Wir nehmen also an, das Inland sei Italien, das eine wesentlich höhere Inflationsrate aufwies als Deutschland. Wird in einer solchen Situation der nominale Wechselkurs e fixiert, steigt aufgrund der höheren Inflation in Italien das inländische Preisniveau p wesentlich stärker als das ausländische Preisniveau p* und der reale Wechselkurs fällt. Dieses Sinken des realen Wechselkurses bedeutet aber eine reale Aufwertung der inländischen Währung, hier

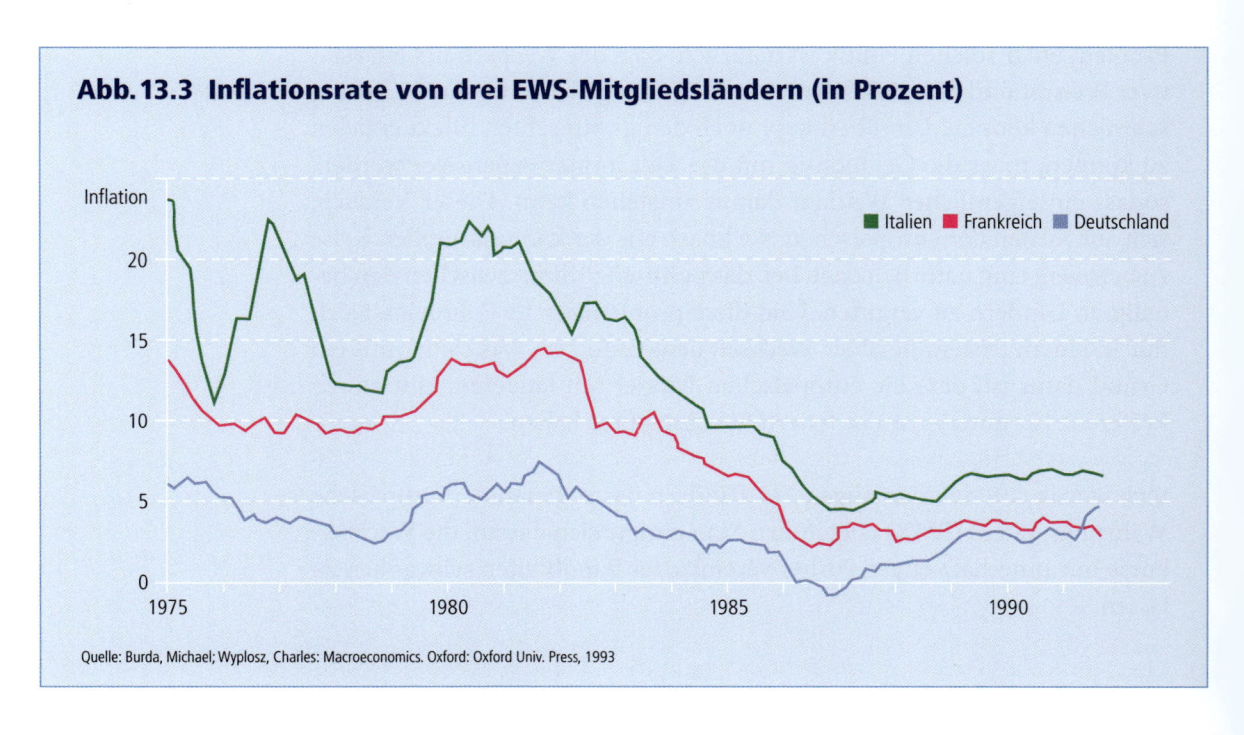

Abb. 13.3 Inflationsrate von drei EWS-Mitgliedsländern (in Prozent)

Quelle: Burda, Michael; Wyplosz, Charles: Macroeconomics. Oxford: Oxford Univ. Press, 1993

also eine fortlaufende reale Aufwertung der Lira gegenüber der D-Mark. Der Preis des Güterkorbs in Italien stieg stärker an als der Preis des gleichen Güterkorbs in Deutschland, beide ausgedrückt in Lira. Für ein italienisches Exportunternehmen bedeutete dies, dass die in Italien anfallenden Kosten viel stärker stiegen als die in Deutschland erreichten Erträge. Die reale Aufwertung der Lira benachteiligte also die italienischen Exporteure, und dies erschwerte die Einführung des Europäischen Währungssystems erheblich. Hätte man den Wechselkurs nämlich zu Beginn gleich ein für allemal fixiert, so hätte die – durch die hohe italienische Inflation ausgelöste – reale Aufwertung der Lira die italienische Exportindustrie innert weniger Jahre ruiniert. Gegenüber der deutschen Konkurrenz hätte sie ja mit jedem Jahr stärker an preislicher Wettbewerbsfähigkeit eingebüsst.

Warum aber blieb die Inflation auch nach Einführung des EWS in Italien höher als in Deutschland? Hier müssen wieder die kurz- von den langfristigen Effekten der Geldpolitik unterschieden werden. Die Fixierung der italienischen Lira an die D-Mark führte zu einer deutlich restriktiveren Geldpolitik in Italien. Der entsprechende Rückgang der Inflation hätte somit die Aufwertungsprobleme eliminieren sollen, weil ja dann p und p* gleich stark gestiegen wären und damit der reale Wechselkurs unverändert geblieben wäre. Diese Effekte auf die Preise und die Inflation wirken jedoch erst langfristig. Kurzfristig ist in einer Wirtschaft, in der schon längere Zeit starke Inflation herrscht, die Inflationserwartung in alle Preise eingebaut. Verfolgt die Geldpolitik in einer solchen Wirtschaftslage eine restriktivere Strategie, so sinkt zwar der nominale Wechselkurs (e) sofort, die Inflation (Veränderung von p) dagegen nimmt erst mit beträchtlicher Verzögerung ab. Die Folge davon ist die oben beschriebene reale Aufwertung.

Angesichts dieser Problematik wurde das EWS nur «light» eingeführt. Das heisst, die Währungen wurden zwar gegenseitig fixiert, allerdings von Zeit zu Zeit an die Entwicklung der Inflationsdifferenzen angepasst, bis die Inflationsraten genügend stark konvergiert waren.

Wir sehen die Folge dieser Strategie in Abbildung 13.4 an der Wechselkursentwicklung zwischen der Lira und der deutschen Mark in der entsprechenden Periode.

Der Wechselkurs wurde zwar innerhalb eines relativ engen Bandes fixiert, vor allem zu Beginn allerdings immer wieder angepasst, was zu einer treppenartigen nominalen Abwertung der Lira im Zeitverlauf führte. Mit diesen periodischen Anpassungen der *Wechselkursparität* wurde der reale

Wechselkursparität
Im Rahmen eines fixen Wechselkurssystems festgelegtes Austauschverhältnis zwischen zwei Währungen bzw. einer Währung und Gold (Gold-Parität).

Abb. 13.4 Entwicklung Wechselkurs Lira/D-Mark im EWS

Der realen Aufwertung der Lira gegenüber der D-Mark wurde durch eine gestaffelte Anpassung der Wechselkursparität begegnet, d.h., die Lira wurde periodisch nominal abgewertet. Die Abbildung zeigt das Band, innerhalb dessen der Wechselkurs jeweils schwanken durfte, sowie die tatsächliche Entwicklung dieses Wechselkurses.

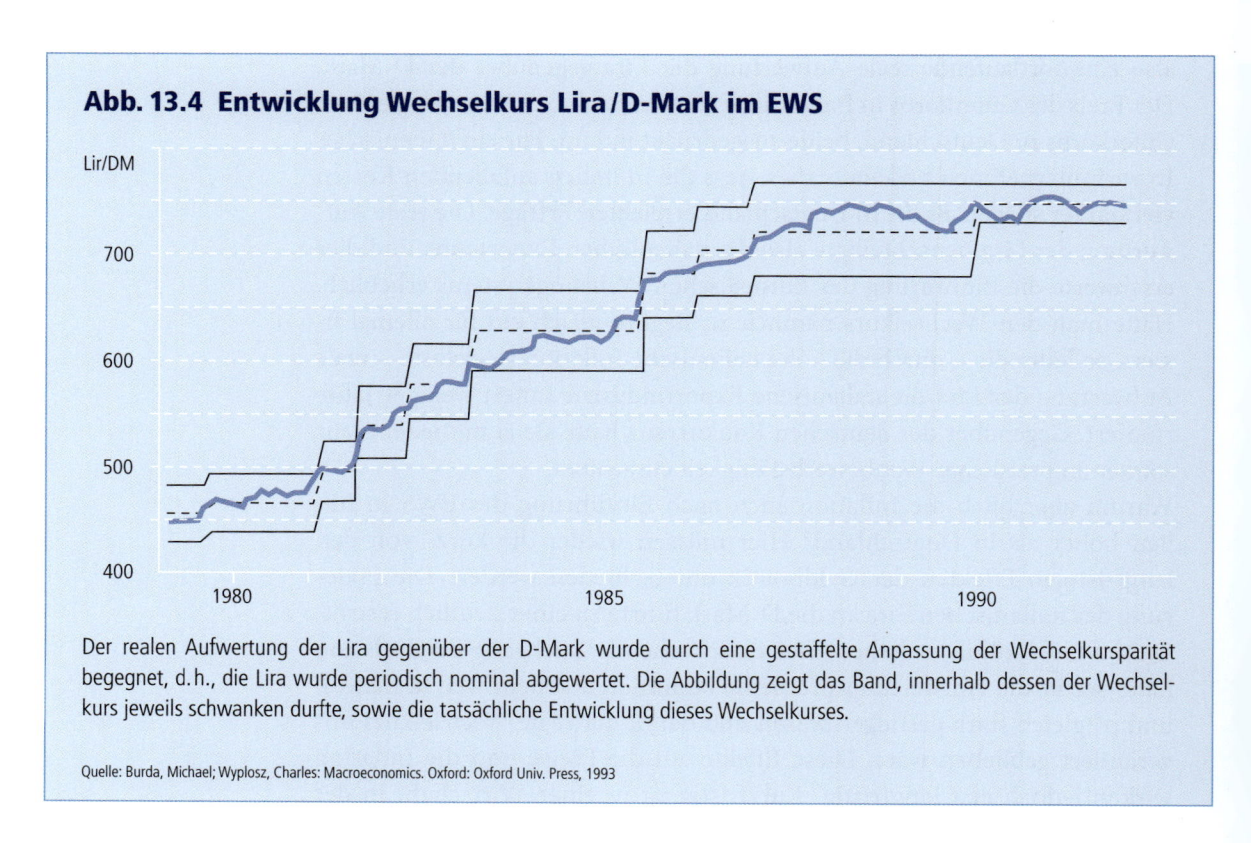

Quelle: Burda, Michael; Wyplosz, Charles: Macroeconomics. Oxford: Oxford Univ. Press, 1993

Aufwertungseffekt aufgefangen und damit das Problem für die italienische Exportindustrie entschärft.

Hierin zeigt sich ein wichtiger Unterschied zwischen einem System fixer Wechselkurse und einer Währungsunion. In einem fixen Wechselkurssystem verfügt man über die Flexibilität, Schwankungen in den realen Wechselkursen durch eine gelegentliche Anpassung der nominalen Wechselkurse auszugleichen. In einer Währungsunion fehlt diese Möglichkeit, und wie wir noch sehen werden, macht gerade dieser Umstand eine Währungsunion zu einem besonders ehrgeizigen Projekt.

Gleichzeitig führte das EWS aber auch dazu, dass sich die Inflationsraten der beteiligten Länder mit der Zeit sukzessive annäherten, dass also die beschriebenen Probleme mit der Entwicklung der realen Wechselkurse immer kleiner wurden. Dies entsprach den Erwartungen, da die beteiligten Länder die gleiche Geldpolitik verfolgen mussten, um den nominalen Wechselkurs fix halten zu können. Indem sich die Inflationserwartungen der einzelnen Länder mit der Zeit anpassten, verringerten sich die Unterschiede in den Inflationsraten laufend.

Abbildung 13.3 auf Seite 400 zeigt eindrücklich, dass dies tatsächlich der Fall war. Die Inflationsdifferenzen zwischen der D-Mark und der Lira reduzierten sich mit zunehmender Dauer des EWS geradezu spektakulär. Entsprechend wurde es mit der Zeit immer seltener nötig, die Paritäten anzupassen, weil die Fixierung des Wechselkurses die italienische Zentralbank zu einer restriktiveren Geldpolitik zwang, die längerfristig dann den erwarteten Effekt auf die Inflation zeitigte. Mit der durch das Fixkurssystem notwendigen Imitation der deutschen Geldpolitik übernahm die italienische Zentralbank also gleichzeitig auch die Preisstabilität der D-Mark.

13.3.3 Die EWS-Krise von 1992: Spekulative Attacken auf fixe Wechselkurse

Fixe Wechselkurse bringen einerseits den Vorteil grösserer Vorhersehbarkeit, andererseits entfällt aber die Möglichkeit, eine landesspezifische Geldpolitik zu betreiben. In einem solchen System konzentriert sich die Geldpolitik ausschliesslich auf den Wechselkurs, sodass andere Ziele wie zum Beispiel die Konjunkturstabilisierung oder die Sicherung der preislichen Wettbewerbsfähigkeit vernachlässigt werden. Dies kann dazu führen, dass Fixkurssysteme anfällig sind gegenüber sogenannten *spekulativen Attacken,* die eine grosse Instabilität des Systems verursachen können.

Die Ursache dieser Probleme besteht darin, dass in einem fixen Wechselkurssystem ein Land rein technisch jederzeit beschliessen kann, den Wechselkurs auf- oder abzuwerten oder sogar aus dem Fixkurssystem auszusteigen; das ist ein politischer Entscheid. Da die Finanzmärkte das wissen, können sie auf solche Auf- oder Abwertungen spekulieren, sobald sie eine grössere Inkonsistenz zwischen dem Ziel der Wechselkursfixierung und anderen makroökonomischen Zielen beobachten. Dieses Problem wird noch dadurch verschärft, dass diese Spekulationen oft in einer Art von selbsterfüllender Prophezeiung die Auf- oder Abwertung erzwingen. Das EWS bot Anfang der 1990er-Jahre Anschauungsunterricht, wie so etwas geschehen kann.

Es gibt vor allem zwei Formen von Inkonsistenzen, die von den Finanzmarktteilnehmern für sogenannte spekulative Attacken genutzt werden, und beide konnten in der EWS-Krise von 1992 beobachtet werden:
- ▶ Die erste Form ist eine Inkonsistenz zwischen der Konjunkturlage und der Geldpolitik, die aus der Fixierung des Wechselkurses resultiert (Fall Grossbritannien).

Spekulative Attacke
Situation, bei der die Finanzmarktteilnehmer in grossem Stil eine erwartete Wechselkurskorrektur aufgrund von bestehenden makroökonomischen Ungleichgewichten ausnutzen, und zwar durch den gezielten Kauf oder Verkauf der entsprechenden Währung. Die Spekulation erzwingt dann häufig die Anpassung, auf die spekuliert wurde.

▶ Die zweite Form ist die Beeinträchtigung der Wettbewerbsfähigkeit der inländischen Exportindustrie, weil ein fixer Wechselkurs bei zu grossen Inflationsunterschieden zu einer realen Aufwertung der inländischen Währung führt (Fall Italien).

Der Fall des englischen Pfunds

Betrachten wir zunächst im Detail den Fall der Konjunkturdifferenzen. Wir beziehen uns dabei auf die Grafik 13.1 auf Seite 396, d. h. auf den Unterschied in der konjunkturellen Situation zwischen Deutschland und Grossbritannien im Jahr 1992. Das grundsätzliche Problem zeigt sich darin, dass Grossbritannien während einer rezessiven Phase mit einer Arbeitslosenquote von über 10 % statt einer expansiven eine restriktive Geldpolitik betreiben musste, um den Wechselkurs zu halten. In dieser politisch wenig attraktiven Situation spekulierten die Finanzmarktteilnehmer ab Sommer 1992 darauf, dass die Bank of England ihre restriktive Geldpolitik längerfristig – wegen des steigenden innenpolitischen Drucks – nicht werde durchhalten können. Sie rechneten vielmehr mit einem Ausstieg des Pfunds aus dem Wechselkurssystem und einer Abwertung der englischen Währung gegenüber der D-Mark, also mit einer durch die schlechte Konjunkturlage erzwungenen expansiveren britischen Geldpolitik. Politisch, so das Argument, wäre es ausgesprochen schwierig, mit ganz realen konjunkturellen Kosten ein für die öffentliche Wahrnehmung eher theoretisches Ziel wie die Mitgliedschaft im EWS mit allen Mitteln zu verfolgen. Das Ziel der spekulativen Attacken auf den fixen Wechselkurs war, mittels einer ganz simplen Operation grosse Gewinne zu erzielen: Mit (noch) überbewerteten Pfund wurden grosse Mengen an D-Mark gekauft. Mit diesen D-Mark konnte man dann nach erfolgter Pfundabwertung wesentlich grössere Mengen an Pfund zurückkaufen. Dabei gingen die Spekulanten so gut wie kein Risiko ein, da eine Aufwertung des Pfunds in der vorliegenden Konstellation wohl kaum in Frage kam, sodass sie selbst bei einem Ausbleiben der Abwertung zumindest keine grossen Verluste erlitten hätten. Sobald also die Finanzmärkte davon überzeugt waren, dass sich eine solche Spekulation lohnen würde, wurden diese Geschäfte in grossem Stil getätigt. Die Bank of England sah sich mit dem Risiko eines massiven Währungsverlustes konfrontiert, hätte sie doch zur Stützung des Pfunds grosse Mengen an D-Mark viel zu billig verkaufen müssen – zu billig für den wahrscheinlichen Fall, dass die Abwertung des Pfunds schliesslich doch nicht abwendbar sein würde. Die Bank of England gab in der Folge tatsächlich rasch nach, indem sie am 16. September 1992 eine Abwertung des Pfunds um 20 % zuliess und damit de facto das EWS verliess. Im Zuge dieser Vorgänge wurde der Investor George Soros berühmt, der massiv auf die Abwertung des Pfunds spekulierte und dabei in kürzester Zeit Milliardenbeträge verdiente. Für das Ansehen der britischen Regierung war diese erzwungene Abwertung des Pfunds natürlich ein empfindlicher Schlag. Konjunkturell allerdings erwies sie sich als sinnvoll; die Arbeitslosigkeit reduzierte sich in den zwei Jahren nach der Abwertung spürbar.

Die beschriebenen Probleme sind ein Beispiel für das in 13.2.3 geschilderte Trilemma der Wechselkurspolitik. Sie zeigen letztlich drastisch auf, dass man sich bei freiem Kapitalverkehr entweder für fixe Wechselkurse oder für eine eigenständige Geldpolitik entscheiden muss. George Soros spekulierte mit Erfolg darauf, dass sich Grossbritannien angesichts einer drohenden Rezession von den angekündigten fixen Wechselkursen verabschieden würde, um mit einer eigenständigen Geldpolitik den Abschwung zu bekämpfen. Soros verdiente Unsummen mit der korrekten Vorhersage, dass in der damaligen Konstellation der Punkt rechts unten im Trilemma (Abbildung 13.2) politisch attraktiver sein würde als der Punkt links unten.

Der Fall der italienischen Lira

Die zweite Möglichkeit, wie Fixkurssysteme in Schieflage geraten können, bilden nach wie vor vorhandene Inflationsdifferenzen. Diese Differenzen können ebenfalls leicht den Ausgangspunkt spekulativer Attacken bilden. Wir sehen bei einer genaueren Betrachtung von Abbildung 13.3 auf Seite 400, dass trotz der bemerkenswerten Annäherung der Inflationsraten Ende der 1980er-Jahre noch immer leichte Inflationsdifferenzen zwischen Italien und Deutschland bestanden. Italien wies in dieser Situation über fünf, sechs Jahre bei einem in dieser Periode vollständig fixierten nominalen Wechselkurs eine leicht höhere Inflationsrate auf als Deutschland. Dies führte zu einer schleichenden realen Aufwertung der Lira gegenüber der deutschen Mark. In der Frühphase des EWS war dies – wie wir ausführlich erläutert haben – durch gelegentliche Paritätsanpassungen korrigiert worden. Nachdem sich aber die Inflation immer stärker angeglichen hatte, wurde gegen Ende der 1980er-Jahre bewusst auf weitere Paritätsanpassungen verzichtet. Dies war zwar angesichts der Annäherungen der Inflationsraten verständlich, barg aber dennoch ein Risiko, weil die Inflationsdifferenzen noch nicht völlig ausgeräumt waren. Im Verlauf der folgenden Jahre wurde die reale Aufwertung der nach wie vor etwas inflationäreren Lira dann immer offensichtlicher. Auch in dieser Situation bot sich für die Finanzmärkte eine «one-way bet», eine Wette also, die man kaum verlieren kann. Die Finanzmarktteilnehmer spekulierten nämlich darauf, dass es für die italienische Regierung angesichts der realen Aufwertung der Lira und der damit wachsenden Probleme der italienischen Exportindustrie politisch zunehmend schwieriger sein würde, den fixen nominalen Wechselkurs langfristig beizubehalten. Sie verkauften daher im grossen Stil italienische Lira und kauften dafür billige D-Mark – billig deshalb, weil die erwartete Abwertung der Lira die D-Mark, in Lira ausgedrückt, verteuern würde. Aufgrund der drohenden massiven Währungsverluste (durch vor dem Hintergrund der drohenden Abwertung der Lira zu billig verkaufte D-Mark) war die Banca d'Italia bald gezwungen, dieser spekulativen Attacke nachzugeben und eine Abwertung der Lira zuzulassen. Weitere Interventionen wären auch in diesem Fall für die Zentralbanken (auch für die Deutsche Bundesbank, die bei der Stabilisierung des gemeinsam vereinbarten Wechselkurses mitmachen musste) inakzeptabel teuer geworden.

Zusammengefasst zeigt die EWS-Krise von 1992, dass fixe Wechselkurssysteme in sich sehr labil sind, sobald es klare Differenzen in der makroökonomischen Situation der beteiligten Länder gibt. Unterschiede in der konjunkturellen Entwicklung oder in den Inflationsraten signalisieren den Finanzmärkten, dass die Geldpolitik zweier Länder eigentlich verschieden sein sollte, aufgrund der Fixierung des Wechselkurses aber dennoch gleich sein muss. Diese Inkonsistenz verspricht praktisch risikolose Spekulationsgewinne. Spekulieren in einem solchen Fall die Finanzmarktteilnehmer auf eine Veränderung der Parität, so können die beteiligten Zentralbanken sich letztlich kaum mehr mit vertretbaren Kosten gegen eine Anpassung wehren; denn die Verluste bei der Verteidigung eines «falschen» Wechselkurses können innerhalb kürzester Zeit atemberaubende Dimensionen annehmen.

13.4 Währungsunionen

Zunächst zeigen wir, dass zwischen Fixkurssystemen und Währungsunionen bedeutende Unterschiede bestehen. Anschliessend wird die für die Analyse von Währungsunionen entscheidende Theorie optimaler Währungsräume vorgestellt.

13.4.1 Fixkurssysteme versus Währungsunionen

Auf den ersten Blick mag es eigenartig erscheinen, fixe Wechselkurssysteme und Währungsunionen in unterschiedlichen Abschnitten zu behandeln, scheint es sich doch in beiden Fällen um das Gleiche zu handeln: eine

Situation, in der die beteiligten Länder ihre nationale Geldpolitik nicht mehr autonom gestalten können. Tatsächlich aber bestehen zwischen den beiden Systemen fundamentale Unterschiede.

In einem Fixkurssystem sind die Wechselkurse nicht für alle Zeiten fixiert; es ist für ein Land jederzeit möglich, aus dem System auszusteigen und den Wechselkurs anzupassen. Im letzten Abschnitt sahen wir, dass gerade diese Anpassungsmöglichkeit in einem fixen Wechselkurssystem auch einen wichtigen Nachteil eines solchen Systems darstellt. Da es immer noch nationale Geldpolitiken gibt, ist es bei Inkonsistenzen in der makroökonomischen Entwicklung schwierig, einen fixen Wechselkurs zu halten, wenn die Finanzmärkte diese Inkonsistenz «testen», also auf eine Veränderung der Paritäten spekulieren.

In einer Währungsunion dagegen sind die nominalen Wechselkurse unwiderruflich fixiert. Es ist nicht mehr möglich, Anpassungen vorzunehmen, da nur noch eine Währung existiert. Anstelle von nationalen Geldpolitiken tritt eine geldpolitische Behörde für die gesamte Währungsunion. Daher ist es für die einzelnen Länder auch nicht mehr möglich, durch Veränderungen der relativen Geldmengen Auf- und Abwertungen zu tätigen. Das erhöht einerseits die Stabilität, reduziert aber andererseits die Flexibilität. Damit sind die Vor- und Nachteile einer Währungsunion bereits angesprochen.

Der Vorteil der Währungsunion besteht nämlich darin, dass die oben erwähnten positiven Effekte von fixen Wechselkurssystemen massiv verstärkt werden. Das *Wechselkursrisiko* wie auch die Transaktionskosten beim Währungstausch werden nicht nur reduziert, sondern vollständig eliminiert. Ausserdem steigt die Preistransparenz deutlich an, da die Güterpreise direkt verglichen werden können, was bei einem fixen Wechselkurssystem mit seinen zahlreichen Währungen schwieriger ist. Dieser Gewinn an Transparenz und Stabilität durch eine gemeinsame Währung bringt einen klaren positiven Wohlstandseffekt, da er den gemeinsamen Handel kräftig stimuliert.

Wechselkursrisiko
Unsicherheit über die zukünftigen Wechselkursentwicklungen.

Den Nachteil einer Währungsunion haben wir bereits angesprochen: Die Geldpolitik als eigenständiges makroökonomisches Instrument geht den einzelnen Mitgliedsländern verloren. Es ist nicht mehr möglich, auf konjunkturelle Differenzen mit einer Anpassung der Geldpolitik zu reagieren. Die Gewichtung dieser Nachteile im Verhältnis zu den Vorteilen ist das Thema der Theorie optimaler Währungsräume.

13.4.2 Optimale Währungsräume

Innerhalb eines einzelnen Landes ist eine einheitliche Geldpolitik der Normalfall. Betrachtet man die Schweiz, so kann man sich prinzipiell zwar gut vorstellen, das es eine Basler und eine Berner Geldpolitik gäbe. Allerdings ist die Schweiz als Wirtschaftsraum zu stark integriert, als dass ihre verschiedenen Landesteile massiv unterschiedliche Konjunkturentwicklungen aufweisen könnten, die eine eigene Geldpolitik rechtfertigen würden.

Ebenso wird eine Währungsunion zwischen verschiedenen Ländern dann besonders erfolgreich sein, wenn deren Konjunkturverläufe einander möglichst ähnlich sind. Befinden sich beispielsweise alle Länder gleichzeitig in einer Rezession, so ist auch für alle eine eher expansive Geldpolitik angezeigt. Je ähnlicher also die Wirtschaftsstrukturen der Mitgliedsländer einer Währungsunion sind, desto kleiner ist die Gefahr, dass diese Union von sogenannten *asymmetrischen Schocks* getroffen wird. Asymmetrisch sind Schocks dann, wenn sie gewisse Länder besonders stark tangieren und andere weniger; eine Situation, die an sich eine unterschiedliche geldpolitische Ausrichtung wünschenswert machen würde.

Asymmetrischer Schock
Exogene Veränderungen der konjunkturellen Situation, welche die Mitgliedsländer einer Währungsunion in unterschiedlichem Ausmass treffen.

Sind nun aber die zu einer Währungsunion zusammengeschlossenen Länder in ihrer konjunkturellen Entwicklung verschieden und steht eine national unterschiedliche Geldpolitik nicht mehr zur Verfügung, so kann dies durch andere Anpassungsmechanismen bis zu einem gewissen Grad aufgefangen werden. Dabei stehen vor allem drei alternative Anpassungsmechanismen im Vordergrund:
- flexible Löhne (und damit auch flexible Preise),
- mobile Arbeitskräfte,
- *ausgleichende Fiskalströme*.

Betrachten wir diese drei Mechanismen kurz im Einzelnen.

Ausgleichende Fiskalströme
Versuch, regionale wirtschaftliche Ungleichgewichte über fiskalpolitische Massnahmen auszugleichen.

Sind Länder mit relativ ungleicher Konjunkturentwicklung in einer Währungsunion zusammengeschlossen, so stellen flexible Löhne einen ausgleichenden Faktor bei asymmetrischen Schocks dar. Befindet sich ein Land in einer Rezession, dann werden in diesem Land die Löhne sinken, während umgekehrt die Löhne in einem Land mit sehr guter Konjunktur steigen. Die Reaktionen der Löhne und damit der Preise führen so zu den notwendigen Anpassungen, die sonst über die Geldpolitik erfolgen. Wir kennen diese Überlegung aus der Analyse der Konjunkturschwankungen. Ein Rückgang der gesamtwirtschaftlichen Nachfrage hat nur dann einen negativen Effekt auf das BIP und die Beschäftigung, wenn die Preise – und Löhne gehören ja zu den wichtigsten Preisen – nicht vollständig flexibel sind, was sich in einer positiv geneigten aggregierten Angebotskurve ausdrückt. Bei völlig flexiblen Löhnen und Preisen verläuft die aggregierte Angebotskurve jedoch vertikal an der Kapazitätsgrenze, und ein Nachfrageschock hat gar keine realen Auswirkungen. Es bedarf dann auch keiner nationalen Geldpolitik, um gegen diesen Schock vorzugehen. Deshalb gilt: Je flexibler die Preise in den Mitgliedsstaaten einer Währungsunion sind, desto geringere negative Auswirkungen hat der Verlust der monetären Autonomie.

Der zweite Faktor ist die Mobilität der Arbeitskräfte. Sie stellt eine zusätzliche Anpassungsmöglichkeit in einem Land dar, das durch einen negativen Schock getroffen wird und aufgrund seiner Mitgliedschaft in einer Währungsunion seine Geldpolitik nicht anpassen kann. Nehmen wir an, die Nachfrage nach Produkten, die in einem bestimmten Land produziert werden, gehe plötzlich stark zurück. Sind die Arbeitskräfte in dieser Situation mobil, können sie dieses Land verlassen und ihre Tätigkeit in Länder mit besserer Wirtschaftslage verlegen. Ausgesprochen mobile Arbeitskräfte können also makroökonomische Schocks zu einem gewissen Grade ausgleichen.

Der dritte Mechanismus sind ausgleichende Fiskalströme. Innerhalb einer Währungsunion kann zwar keine regionale Geldpolitik betrieben werden, trotzdem lässt sich über die Fiskalpolitik im Prinzip nach wie vor eine stabilisierende Wirkung erzielen. So können die Fiskalausgaben in den Ländern verstärkt werden, die sich in einer Rezession befinden, während sie in Ländern mit guter Wirtschaftslage reduziert werden. Über verschiedene Formen des Finanzausgleichs lassen sich somit asymmetrische Schocks in einer stark ausgebauten Wirtschafts- und Währungsunion ebenfalls bis zu einem gewissen Grad abfedern.

13.5 Die Europäische Währungsunion (EWU)

Das wohl bekannteste Beispiel einer Währungsunion ist die *Europäische Währungsunion*. Wir werden zuerst deren Entwicklung nachzeichnen, bevor dann die wichtige Tatsache analysiert wird, dass auch in einer Währungsunion Wechselkursanpassungen möglich und üblich sind; allerdings geht es dabei natürlich nicht um nominale, sondern um reale Wechselkurse.

Europäische Währungsunion (EWU)
Zusammenschluss eines Teils der Mitgliedsländer der EU zu einer Währungsunion mit dem Euro als gemeinsamer Währung und der EZB als gemeinsamer Zentralbank.

13.5.1 Entstehung der EWU und die Konvergenzkriterien

Mit der Schaffung einer Währungsunion machte die EU in den 1990er-Jahren einen weiteren wichtigen Schritt zur Vertiefung ihres Integrationsprozesses. Ökonomisch gesehen, war dies sicherlich der bedeutendste Integrationsschritt, wurde doch mit der Geldpolitik eines der zentralen wirtschaftspolitischen Instrumente von der nationalen auf die supranationale Ebene verlagert. Der Vertrag von Maastricht Anfang der 1990er-Jahre legte das Prozedere fest, gemäss dem aus der Europäischen Gemeinschaft eine Währungsunion werden sollte. Den Kernpunkt dieses Prozedere bildete die Entwicklung einer Reihe von makroökonomischen Kenngrössen, den sogenannten *Konvergenzkriterien*. Diese betrafen die Geld- bzw. Fiskalpolitik. Sie dienten – und dienen noch heute – zur Beurteilung, ob ein Land Mitglied der Europäischen Währungsunion werden kann.

Bei der Geldpolitik waren es die folgenden Kriterien:
▶ Zinssätze innerhalb eines engen Rahmens,
▶ ein relativ stabiler Wechselkurs im Vorfeld des Beitritts,
▶ eine ähnliche Inflationsrate wie die übrigen Mitgliedsländer.

Bei der Fiskalpolitik wurden die folgenden, viel zitierten Kriterien festgelegt:
▶ ein jährliches Budgetdefizit (Nettoneuverschuldung) von maximal 3 % des Bruttoinlandproduktes,
▶ eine Staatsverschuldung von unter 60 % des Bruttoinlandproduktes.

Mit diesen Kriterien wurde angestrebt, die beteiligten Volkswirtschaften einander makroökonomisch so weit anzunähern, dass sie die Bedingungen eines optimalen Währungsraums so gut als möglich erfüllten. Vor allem die Konjunkturdifferenzen zwischen den beteiligten Ländern sollten dabei nicht zu gross sein. Obwohl die Union, gemessen an diesen Kriterien, erfolgreich vollzogen wurde, erwies sich deren Erfüllung allein doch als zu wenig weitgehend, um tatsächlich einen optimalen Währungsraum zu schaffen. Die Gefahr, dass unterschiedliche Regionen von asymmetrischen Schocks getroffen werden, hängt nämlich vor allem von realwirtschaftlichen Grössen wie der Wirtschaftsstruktur oder der Regulierung der Arbeits- und Produktmärkte ab. Diese Grössen sind jedoch weitgehend landesspezifisch bedingt und können nicht auf gesamteuropäischer Ebene geregelt werden.

Konvergenzkriterien
Makroökonomische Bedingungen, die ein Land erfüllen muss, wenn es Mitglied der Europäischen Währungsunion (EWU) werden möchte.

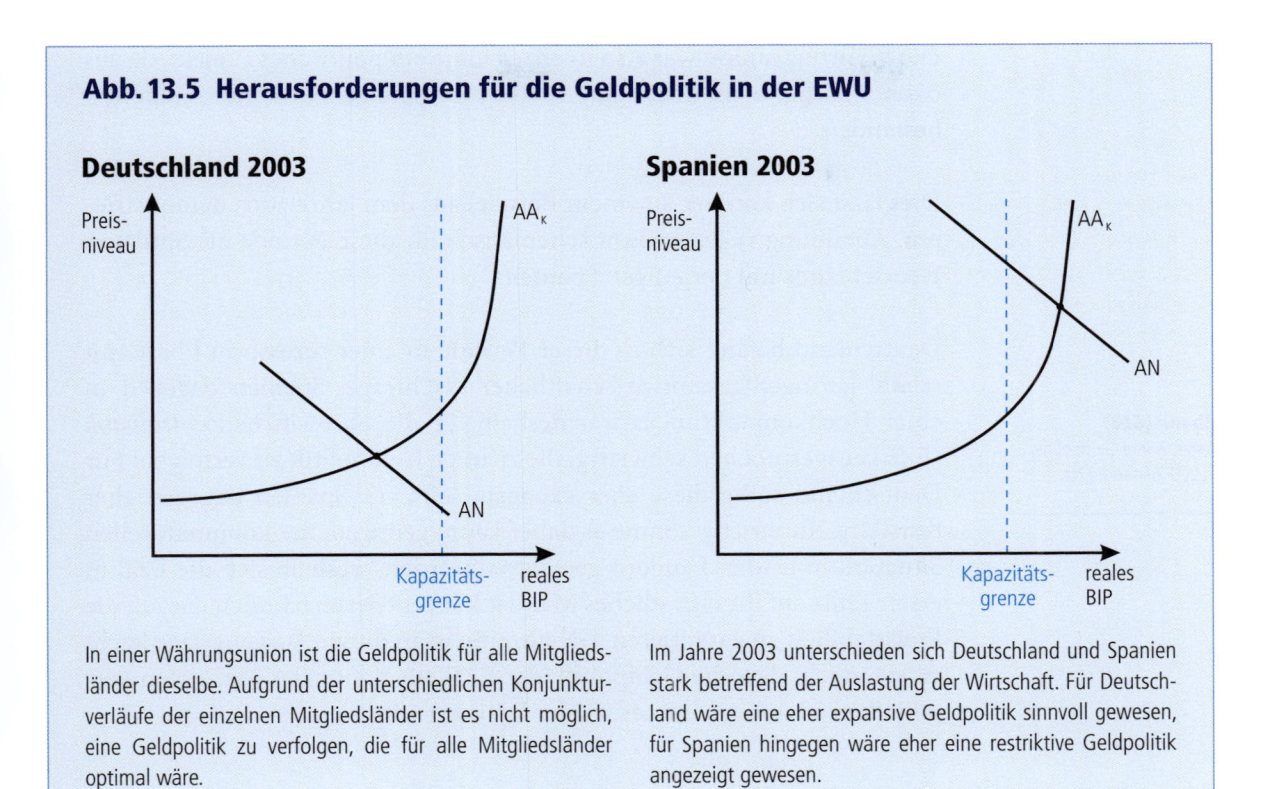

Abb. 13.5 Herausforderungen für die Geldpolitik in der EWU

Deutschland 2003

Spanien 2003

In einer Währungsunion ist die Geldpolitik für alle Mitgliedsländer dieselbe. Aufgrund der unterschiedlichen Konjunkturverläufe der einzelnen Mitgliedsländer ist es nicht möglich, eine Geldpolitik zu verfolgen, die für alle Mitgliedsländer optimal wäre.

Im Jahre 2003 unterschieden sich Deutschland und Spanien stark betreffend der Auslastung der Wirtschaft. Für Deutschland wäre eine eher expansive Geldpolitik sinnvoll gewesen, für Spanien hingegen wäre eher eine restriktive Geldpolitik angezeigt gewesen.

Von Beginn an war deshalb das Projekt der Europäischen Währungsunion von vielen Ökonominnen und Ökonomen stark kritisiert worden. Sie hielten fest, dass die Europäische Währungsunion aus zwei Gründen keinen optimalen Währungsraum darstelle. Einerseits deshalb, weil die Gefahr asymmetrischer Schocks bei der strukturellen Verschiedenheit der einzelnen Länder relativ gross sei, und andererseits aufgrund der nicht oder in zu geringem Masse vorhandenen Ausgleichsmechanismen, die selbst bei unterschiedlichen Konjunkturentwicklungen einen optimalen Währungsraum erlauben würden. Alle oben genannten Ausgleichsmechanismen sind auch heute noch in der EU wenig ausgebaut. Denn zahlreiche Mitglieder der Europäischen Union haben

▶ wenig flexible Löhne und relativ starr regulierte Arbeitsmärkte;
▶ wenig mobile Arbeitskräfte (auch aufgrund der Sprachunterschiede, die eine ähnliche Mobilität der Arbeitskräfte wie in den USA verhindern) und
▶ geringe ausgleichende Fiskalströme, weil das von Brüssel aus zentral verwaltete Budget der EU bei Weitem nicht gross genug ist, um hier einen makroökonomisch wirksamen Ausgleich zu schaffen.

Die Währungsunion war also in erster Linie ein politisches Projekt, da aus ökonomischer Sicht doch klare Risiken für eine gemeinsame Geldpolitik bestanden.

Dies lässt sich konkret an einem Beispiel aus dem Jahre 2003 demonstrieren. Abbildung 13.5 vergleicht schematisch für diese Periode die Situation Deutschlands mit derjenigen Spaniens.

Deutschland befand sich in dieser Periode in einer rezessiven Phase mit relativ geringer gesamtwirtschaftlicher Nachfrage, Spanien dagegen in einer Hochkonjunktur. Es war deshalb für die *Europäische Zentralbank (EZB)* ausgesprochen schwierig, die richtige Geldpolitik zu verfolgen: Für Deutschland sollte diese eher expansiv sein, für Spanien dagegen eher restriktiv. Kurzfristig konnte es daher kaum gelingen, der konjunkturellen Situation in beiden Ländern gerecht zu werden, weshalb sich die EZB in erster Linie auf ihr eigentliches Mandat konzentrierte; nämlich darauf, die Preisstabilität zu garantieren. Gleichzeitig ist in dieser Ausgangslage leicht verständlich, dass die Geldpolitik der EZB aus nationaler Warte von verschiedenen Ländern immer wieder kritisiert wird.

13.5.2 Entstehung von Ungleichgewichten im Vorfeld der Eurokrise

Seit dem Frühjahr 2010 kämpft die *Eurozone* mit der schwersten Krise seit ihrer Gründung. Ausgehend von der massiven Überschuldung Griechenlands und insbesondere des griechischen Staates, stieg die Besorgnis über die Staatsverschuldung zahlreicher europäischer Staaten rasch an. Allen voran bei Griechenland, Irland, Spanien und Portugal – den sogenannten *GIPS-Ländern* – begannen sich die Akteure auf den Finanzmärkten plötzlich zu fragen, ob diese Länder ihre Schulden jemals würden zurückzahlen können. Diese Ungewissheit verunsicherte die Anleger in Staatsanleihen natürlich stark. Seit diesem Zeitpunkt befindet sich die Eurozone in permanenter Krisenbekämpfung. Im Folgenden geht es nicht darum, die Eurokrise zu beschreiben, sondern eine Erklärung ihrer tieferen Ursachen zu liefern. Diese liegen letztlich in Konstruktionsfehlern der Währungsunion.

Der Aufbau von Ungleichgewichten seit der Einführung des Euro

Die Finanzkrise war zwar der Auslöser des Sturms, der Europa im Frühjahr 2010 heimsuchte. Dessen Heftigkeit aber kann nur verstanden wer-

---

Europäische Zentralbank (EZB)
Institution, die für die gemeinsame Geldpolitik der Mitgliedsländer der EWU zuständig ist.

Eurozone
Mitgliedsländer der Europäischen Währungsunion.

GIPS-Länder
Abkürzung für Griechenland, Irland, Portugal und Spanien, also diejenigen Länder, deren Staatshaushalte ab 2010 eine krisenhafte Verschlechterung erlebten. Die GIPS werden auch als PIGS oder PIIGS bezeichnet, wobei der letztere Begriff zusätzlich Italien einschliesst.

den, wenn man die jüngere Geschichte der Europäischen Währungsunion (EWU) betrachtet. Seit der Einführung des Euro Ende des letzten Jahrtausends bauten sich in der Währungsunion nämlich – von der Öffentlichkeit fast unbemerkt – gewaltige makroökonomische Ungleichgewichte auf, die der tiefer liegende Grund für die Krise im Euroraum sind. Die Finanzkrise (siehe Kapitel 17) trug dann aber dazu bei, dass die Korrektur dieser Situation schockartig verlief. Zuerst müssen wir jedoch verstehen, woher diese Ungleichgewichte stammten. Entscheidend für den Aufbau der Ungleichgewichte war, dass die Einführung des Euro insbesondere den drei südlichen Ländern Spanien, Portugal und Griechenland einen plötzlichen, bedeutenden wirtschaftlichen «Schock» brachte: Ihr Zinsniveau sank drastisch. Wir sehen dies in Abbildung 13.6.

Die Kurven stellen den Unterschied zwischen den Zinsen dar, die auf Staatsanleihen der vier GIPS-Länder und auf diejenigen Deutschlands bezahlt wurden. Die Einführung des Euro ist mit blossem Auge zu erkennen. Es ist der Zeitpunkt, an dem diese Unterschiede verschwinden, die Differenz zu den deutschen Zinsen also gegen null fällt – in Spanien, Portugal und Irland wurde der Euro 1999 eingeführt, in Griechenland 2001. Der drastische Fall des Zinsniveaus in diesen Ländern hatte einen einfachen Grund: Mit der Aufgabe der eigenen Währung verschwand für die Anleger

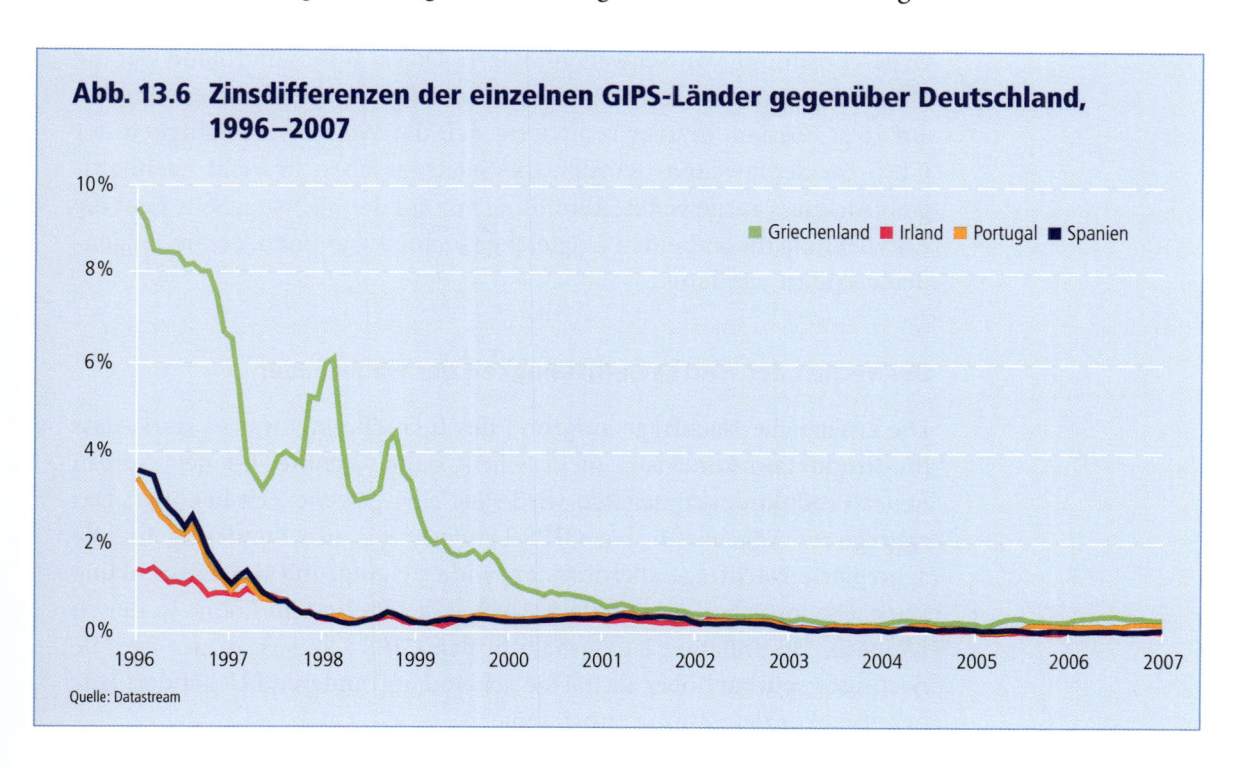

Abb. 13.6 Zinsdifferenzen der einzelnen GIPS-Länder gegenüber Deutschland, 1996–2007

Quelle: Datastream

das Risiko von Wechselkursanpassungen. Die im Vergleich zu Deutschland historisch lockere Geldpolitik insbesondere der südlichen Länder führte vor Einführung des Euro zu einer laufenden nominellen Abwertung ihrer nationalen Währungen und damit zu einer Entwertung der auf diesen Anleihen bezahlten Zinseinkommen. Die Anleger liessen sich für dieses Abwertungsrisiko entschädigen, indem sie von den GIPS-Ländern höhere Zinsen verlangten. Sobald aber diese Länder die gleiche Währung hatten wie Deutschland, gab es kein Abwertungsrisiko mehr, und damit glichen sich die Zinsen auf Anleihen dieser Länder sofort den deutschen Zinsen an. Mit anderen Worten: Die Anleger gingen seit Beginn des neuen Jahrtausends davon aus, dass das Risiko von GIPS-Länder-Anleihen genau gleich hoch sei wie das von deutschen Anleihen. Bei Ausbruch der Krise zeigte sich, dass diese Annahme falsch war.

Für die Volkswirtschaften der GIPS-Länder wirkte dieser drastische Zinsrückgang nach Einführung des Euro äusserst stimulierend. Er hatte den gleichen Effekt wie ein Übergang zu einer massiv expansiven Geldpolitik (der sich ja auch in sinkenden Zinsen manifestiert). In den Jahren nach der Zinsanpassung verzeichneten diese Länder denn auch einen eigentlichen Boom. Die Nachfrage im Inland erhöhte sich stark, da die tiefen Zinsen die Investitionen und den Konsum im Inland ankurbelten. Die durchschnittlichen Wachstumsraten erreichten in dieser Periode die Grössenordnung von Schwellenländern. Dieser Boom im Inland war die Quelle für den Aufbau der fatalen Ungleichgewichte. Diese entstanden auf zwei Ebenen: Erstens reduzierte sich die Wettbewerbsfähigkeit der GIPS-Länder, zweitens wurden die Staatsausgaben in nicht nachhaltigem Ausmass ausgeweitet. Abbildung 13.7 auf der nächsten Seite fasst die Entwicklung dieser beiden Ungleichgewichte zusammen, die im Folgenden erläutert werden.

Der Verlust der Wettbewerbsfähigkeit der GIPS-Länder

Die zusätzliche Nachfrage aufgrund des Inlandbooms war so stark, dass die Produktion kurzfristig nicht Schritt halten konnte; für den Aufbau neuer Produktionskapazitäten wird stets eine gewisse Zeit benötigt. Das aggregierte Angebot in den GIPS-Ländern war also kurzfristig fix, die aggregierte Nachfrage allerdings expandierte aufgrund der Zinssenkung stark. Die logische Folge war ein Anstieg der Preise und Löhne in diesen Ländern. Die Inflation lag deshalb in den GIPS-Ländern in der Periode nach 2001 spürbar höher als in Deutschland und anderen EU-Ländern, die bereits zuvor tiefe Zinsen aufwiesen.

Abb. 13.7 Der Aufbau von Ungleichgewichten in den GIPS-Ländern

```
                    Einführung des Euro
                    in den GIPS-Ländern
                            │
                  Zinsen sinken auf das Niveau
                        von Deutschland
                            │
                        Boom im Inland
                         ┌──┴──┐
   Steigende Preise (reale Aufwertung)   Steigende Steuereinnahmen
                │                                  │
   Verlust der Wettbewerbsfähigkeit      Starker Ausbau der Staatsausgaben
                │                                  │
   Grosse Handelsbilanzdefizite          Grosse strukturelle Budgetdefizite
```

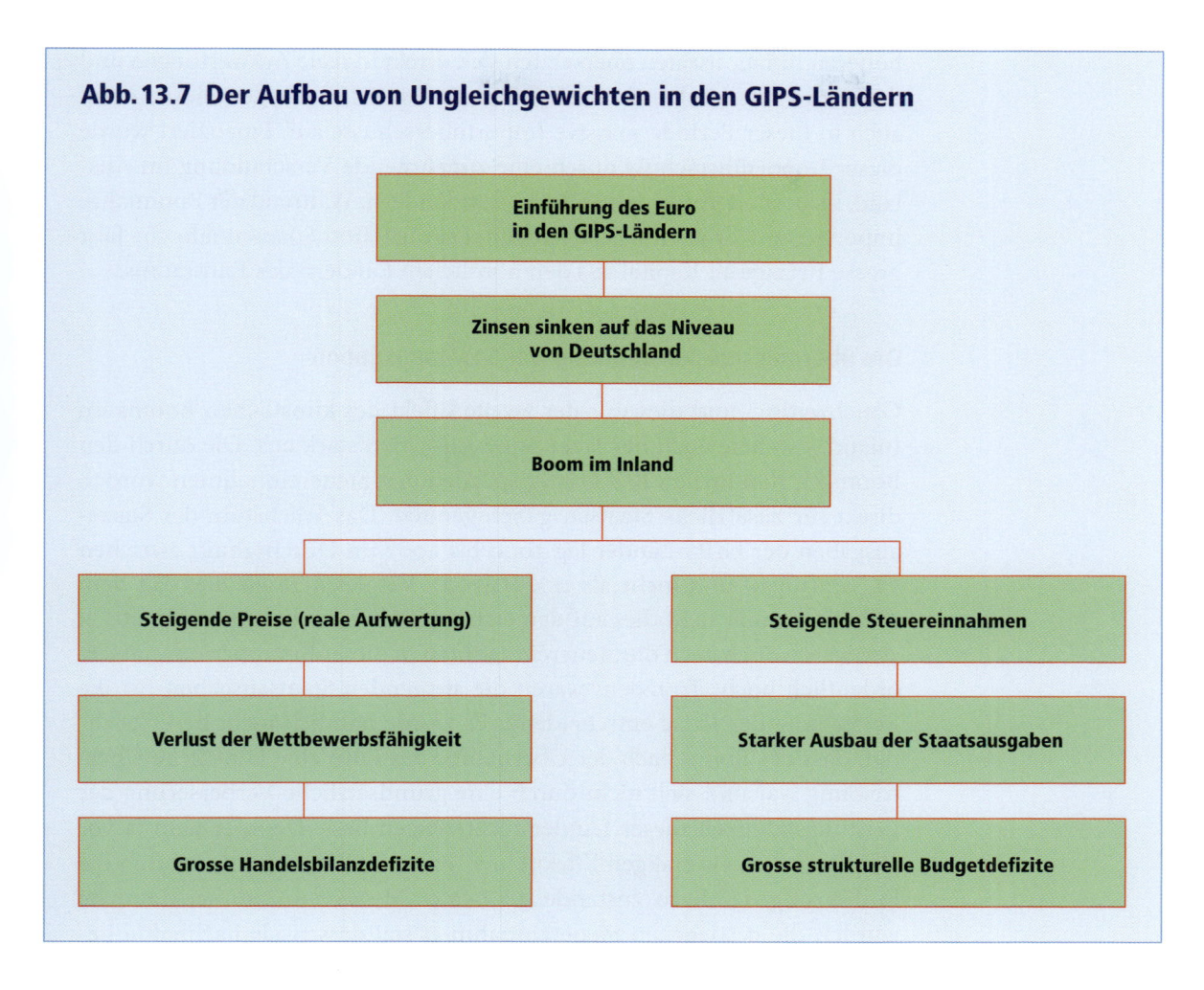

Diese Inflationsunterschiede hatten eine unangenehme Nebenwirkung. Sie führten zu einer realen Aufwertung und damit zu einer sich laufend verschlechternden Wettbewerbsfähigkeit der Exporteure in den boomenden GIPS-Ländern. Dieser Punkt ist absolut entscheidend für das Verständnis der Hintergründe der Eurokrise: Ist die Inflation in einem Land höher als bei den Handelspartnern, so wird es immer teurer, in diesem Land zu produzieren. Ein Exporteur bezieht die meisten Vorleistungen im Inland und erzielt seine Erträge im Ausland. Ist die Inflation im Inland höher, bedeutet dies, dass seine Kosten stärker steigen als seine Erträge; damit wird es für ihn immer weniger attraktiv, zu exportieren. Vor der Einführung des Euro hätte die höhere Inflation einfach zu einer nominellen Abwertung der inländischen Währung geführt und so den negativen Effekt der Inflation auf die Wettbewerbsfähigkeit wieder kompensiert. Nach Einführung des Euro bestand aber dieser Anpassungsmechanismus nicht mehr. Die höheren Inflationsraten übersetzten sich direkt in reale Aufwertungen und damit in sinkende Wettbewerbsfähigkeit. Die GIPS-Länder wiesen denn auch in dieser Periode massive Importüberschüsse auf. Finanziert wurde dieser Importüberschuss durch eine zunehmende Verschuldung im Ausland, insbesondere bei den anderen Euroländern. Während der Boomjahre importierten vor allem Griechenland, Portugal und Spanien Jahr für Jahr grosse Beträge an Kapital aus den nördlichen Ländern des Euroraums.

Die übermässige Ausdehnung der Staatsausgaben

Gleichzeitig – und dies war der zweite Effekt des künstlichen Booms im Inland – weitete auch der Staat seine Ausgaben stark aus. Die durch den Boom im nominellen BIP kräftig sprudelnden Steuereinnahmen wurden direkt für zusätzliche Staatsausgaben genutzt. Das Wachstum der Staatsausgaben der GIPS-Länder lag 2000 bis 2007 im Durchschnitt zwischen 5% (Portugal) und mehr als 11% (Irland). Vergleichen wir dies mit dem BIP-Wachstum, sieht dies auf den ersten Blick gar nicht so problematisch aus, waren doch auch die Steuereinnahmen in dieser Boomperiode ausserordentlich hoch. Trotzdem waren die steigenden Staatsausgaben für die Entstehung der Krise entscheidend. Es wurde nämlich nicht berücksichtigt, dass der Boom nach der Übernahme des Euro eine künstliche Übertreibung war und sich nicht durch eine grundsätzliche Verbesserung der Leistungsfähigkeit dieser Länder rechtfertigen liess. Denn er kam ja vor allem aus dem einmaligen Effekt einer massiven Zinsreduktion durch die Einführung des Euro zustande. In fataler Missachtung dieser Tatsache wurden die gestiegenen Steuereinnahmen stattdessen als nachhaltig behandelt. Dadurch stieg das strukturelle Defizit in den Haushalten der GIPS-Länder stark an.

Mit dem Ausbruch der Finanzkrise wurden diese Ungleichgewichte plötzlich offensichtlich und die bis heute anhaltende Eurokrise war die unmittelbare Folge. Wir werden dies in Kapitel 17 genauer erläutern.

Zusammenfassung

1. Die Geldpolitik eines Landes beeinflusst auch den internationalen Wert der einheimischen Währung, den Wechselkurs. Vergrössert sich die Menge des einheimischen Geldes im Verhältnis zur Menge des ausländischen Geldes, so wertet sich die inländische Währung ab.

2. Flexible Wechselkurse sind dadurch gekennzeichnet, dass die Zentralbank den Wechselkurs nicht aktiv zu beeinflussen versucht. Bei fixen Wechselkursen hingegen wird die Geldpolitik darauf ausgerichtet, den relativen Preis zwischen inländischer und ausländischer Währung konstant zu halten.

3. Der nominale Wechselkurs ist der Preis der inländischen Währung im Verhältnis zur ausländischen Währung. Der reale Wechselkurs drückt das Verhältnis zwischen dem Preis eines Güterkorbs im Inland und dem Preis desselben Güterkorbs im Ausland in gleicher Währung aus. Die relative Knappheit wird durch den realen Wechselkurs angezeigt; dieser ist deshalb auch die relevante Grösse für ökonomische Entscheide.

4. Eine expansive Geldpolitik führt sofort zu einer Abwertung des nominalen Wechselkurses, aber aufgrund der unterschiedlich flexiblen Preise von Gütern und Dienstleistungen zu einer langsameren Erhöhung des Preisniveaus. Kurzfristig bewirkt dies also sowohl eine nominale wie auch eine reale Abwertung. Wenn sich dann alle Preise angepasst haben, verschwindet der Effekt auf den realen Wechselkurs jedoch wieder. Die Geldpolitik hat langfristig keinen Einfluss auf reale Grössen.

5. Fixe Wechselkurse haben den Vorteil, dass die Risiken aus der Währungsentwicklung stark reduziert werden, und den Nachteil, dass die Geldpolitik ausschliesslich zur Stabilisierung des Wechselkurses eingesetzt werden kann. Eine eigenständige, an die nationale Konjunkturentwicklung angepasste Geldpolitik ist nicht mehr möglich.

6. Im Europäischen Wechselkurssystem (EWS) fixierten die EG-Länder nach dem Zusammenbruch des Bretton-Woods-Systems ihre Währungen. Weil dies die Zentralbanken der beteiligten Länder zu einer identischen Geldpolitik zwang, führte das EWS mit der Zeit zu einer starken Angleichung von Inflationsraten und Zinssätzen.

7. In einem Fixkurssystem ist es prinzipiell jederzeit möglich, die Geldpolitik wieder autonom auszugestalten, wobei dann der fixe Wechselkurs nicht mehr aufrechterhalten werden kann. In der EWS-Krise von 1992 zeigte sich exemplarisch, dass diese Tatsache von den Finanzmärkten gewinnbringend ausgenutzt werden kann. Besteht eine Inkonsistenz zwischen Wechselkursziel und z. B. konjunkturellen Zielen, so drohen spekulative Attacken das Fixkurssystem auszuhebeln.

8. In einer Währungsunion sind im Gegensatz zu Fixkurssystemen die nominalen Wechselkurse nicht mehr anpassbar, da es keine nationalen Währungen mehr gibt. In einem solchen System wird mit der Geldpolitik ein zentraler Teil der Wirtschaftspolitik an eine supranationale Behörde delegiert.

9. Da die Geldpolitik nicht mehr zur Verfügung steht, sollten die Wirtschaftslagen von Ländern, welche eine Währungsunion bilden, genügend ähnlich sein, damit eine identische Geldpolitik jederzeit für alle Mitglieder sinnvoll ist. Ist das nicht der Fall, dann sollten die Länder möglichst flexible Preise aufweisen (auch kurzfristig relativ steile AA-Kurve). Dadurch erübrigt sich nämlich eine eigenständige Geldpolitik, die in diesem Fall ohnehin kaum

mehr reale Auswirkungen hat. Dies folgt aus der Theorie optimaler Währungsräume.

10. Mit den sogenannten Maastrichter Konvergenzkriterien wurden Bedingungen für den Beitritt zur Europäischen Währungsunion (EWU) gestellt, damit die ansonsten unterschiedlichen Länder wenigstens eine ähnliche makroökonomische Politik aufwiesen. Allerdings war und ist die Flexibilität der Märkte kaum hoch genug, um einen optimalen Währungsraum zu garantieren.

11. Veränderungen des nominalen Wechselkurses sind in einer Währungsunion nicht möglich, solche der realen Wechselkurse aber schon. Die überhöhte Inflation in den GIPS-Ländern (Griechenland, Irland, Portugal und Spanien) führte denn auch nach Einführung des Euro zu starken realen Aufwertungen in diesen Ländern.

12. Die seit 2010 anhaltende Eurokrise hatte ihren Ursprung einerseits in diesen starken Veränderungen der realen Wechselkurse innerhalb des Euroraums. Andererseits hatten die nach der Einführung des Euro sprudelnden Steuereinnahmen zu einer nicht nachhaltigen Ausdehnung der Staatsausgaben in den GIPS-Ländern geführt.

Repetitionsfragen

▶ Nehmen Sie zur folgenden Aussage Stellung: Wenn der nominale Wechselkurs fällt, dann entspricht dies einer Abwertung der einheimischen Währung.

▶ Wie ist der reale Wechselkurs definiert?

▶ Was geschieht bei einer restriktiven Geldpolitik kurzfristig mit dem nominalen sowie dem realen Wechselkurs? Erklären Sie die Effekte für ein Exportunternehmen.

▶ Was geschieht bei einer restriktiven Geldpolitik langfristig mit dem nominalen sowie dem realen Wechselkurs?

▶ Welches sind die wichtigsten Vor- und Nachteile fixer Wechselkurse?

▶ Beschreiben Sie die Vorgänge bei der spekulativen Attacke auf das englische Pfund im Rahmen der EWS-Krise von 1992. Was war der Auslöser für diese spekulative Attacke?

▶ Nennen Sie die Vor- und Nachteile einer Währungsunion. Welche Anpassungsmechanismen können dafür sorgen, dass sich die Nachteile nicht zu stark auswirken?

▶ Welches Problem taucht bei konjunkturellen Unterschieden der Mitgliedsländer einer Währungsunion auf? Wie löst sich dieses Problem längerfristig?

ZENTRALE BEGRIFFE

Flexibler Wechselkurs S.388	Fixkurssystem S.394	Ausgleichende Fiskalströme S.408
Nominaler Wechselkurs S.388	Europäisches Währungssystem (EWS) S.395	Europäische Währungsunion (EWU) S.409
Realer Wechselkurs S.389	Trilemma der Wechselkurspolitik S.396	Konvergenzkriterien S.410
Güterkorb S.390	Wechselkursparität S.401	Europäische Zentralbank (EZB) S.412
Nominale Abwertung S.390	Spekulative Attacke S.403	Eurozone S.412
Reale Abwertung S.391	Wechselkursrisiko S.407	GIPS-Länder S.412
Preisliche Wettbewerbsfähigkeit S.392	Asymmetrischer Schock S.408	

V Staatsfinanzen

Damit der Staat die verschiedenen Funktionen wahrnehmen kann, die wir bei den bisherigen Themen immer wieder angesprochen haben, braucht er finanzielle Mittel. Die Art der Erhebung dieser Mittel hat nachhaltige Effekte auf die anderen Zielgrössen der Wirtschaftspolitik. In diesem Teil sollen die wichtigsten volkswirtschaftlichen Aspekte der Staatsfinanzierung angesprochen werden, wobei ein noch kaum behandelter, aber äusserst wichtiger Bereich der Staatsfinanzen thematisiert wird: die Sozialpolitik. Da in Zukunft insbesondere die nachhaltige Finanzierung der wachsenden Ausgaben für die Sozialwerke eine wirtschaftspolitische Herausforderung darstellt, ist ihnen ein separates Kapitel in diesem Teil gewidmet.

In Kapitel 14 werden wir die Einnahmenseite des Staates genauer analysieren. Dabei geht es vor allem um die beiden wichtigsten Methoden der Staatsfinanzierung: die Steuern und die Verschuldung auf dem Kapitalmarkt. Für beide Finanzierungsformen analysieren wir die wesentlichen volkswirtschaftlichen Aspekte, wobei es primär um die Frage geht, wie die Finanzierung des Staates mit möglichst geringen Effizienzverlusten gesichert werden kann.

Kapitel 15 widmet sich dann der inzwischen wichtigsten und laufend wachsenden Kategorie staatlicher Ausgaben, den Sozialwerken. Wir werden dort zunächst grundsätzlich die Frage der Einkommensverteilung diskutieren und uns dann insbesondere mit der Altersvorsorge befassen, die wegen der voranschreitenden Bevölkerungsalterung eine immer grössere Rolle spielt.

14 Finanzierung der Staatstätigkeit

In zahlreichen volkswirtschaftlich relevanten Bereichen spielen staatlich finanzierte Tätigkeiten eine wichtige Rolle. Dies gilt bei der Bereitstellung eines funktionierenden Rechtssystems ebenso wie beim Bildungswesen, bei der Grundlagenforschung ebenso wie bei der Garantie gewisser Infrastrukturnetze.

Solche Aufgaben müssen natürlich finanziert werden. Bei jeder dem Staat zugeteilten Aufgabe stellt sich sofort die Frage, mit welchen Mitteln diese Tätigkeit bezahlt werden soll. Wie wir in diesem Kapitel sehen werden, ist diese Finanzierung der Staatstätigkeit mit interessanten ökonomischen Fragestellungen verbunden, beeinträchtigen doch alle Finanzierungsformen mehr oder weniger stark die Effizienz des Wirtschaftssystems. Diese Effizienzkosten müssen sorgfältig analysiert, berücksichtigt und gegeneinander abgewogen werden, bevor behauptet werden kann, diese oder jene Staatsausgabe erhöhe die Wohlfahrt.

14.1 Formen von Staatseinnahmen

14.2 Steuern

14.3 Staatsverschuldung

14.4 Schweizer Staatsfinanzen

Das Kapitel ist wie folgt aufgebaut:
- ▶ 14.1 beschreibt die wichtigsten Formen von Staatseinnahmen.
- ▶ 14.2 analysiert die erste Form der Finanzierung der Staatstätigkeit: die Steuern.
- ▶ 14.3 behandelt die zweite Form der Finanzierung der Staatstätigkeit: die Staatsverschuldung.
- ▶ 14.4 zeigt, wie in der Schweiz die Staatstätigkeit finanziert wird, und erklärt dabei die wichtigsten Steuerarten sowie die Staatsverschuldung und die Institution der Schuldenbremse.

14.1 Formen von Staatseinnahmen

Es gibt grundsätzlich drei Arten, wie Staatsausgaben finanziert werden können. Der Staat kann
- Steuern erheben,
- sich auf dem Kapitalmarkt verschulden oder
- sich bei der Zentralbank verschulden, was im Wesentlichen einer Finanzierung durch Geldschöpfung entspricht.

Betrachten wir diese drei Formen der Finanzierung etwas genauer.

14.1.1 Steuern

In einem erweiterten Sinne kann man als *Steuern* alle Abgaben bezeichnen, die der Staat in verschiedenen Formen erhebt. Sie lassen sich in drei Kategorien unterteilen:
- direkte Steuern,
- indirekte Steuern,
- Gebühren.

Steuer
Abgabe, die der Staat von Individuen oder Unternehmen einfordert und der keine direkte Gegenleistung gegenübersteht.

Direkte Steuern sind Abgaben, die aufgrund persönlicher Merkmale der Steuerzahlerinnen und Steuerzahler erhoben werden und deshalb bei verschiedenen Personen unterschiedlich hoch sind. Wie hoch die Steuerzahlungen der Einzelnen sind, wird meist aufgrund der Höhe des Einkommens oder Vermögens bestimmt.

Direkte Steuer
Steuer, deren Bemessungsgrundlage auf persönlichen Merkmalen der steuerpflichtigen Personen und Unternehmen beruht, etwa dem Einkommen oder dem Vermögen.

Direkte Steuern, wie beispielsweise die Einkommenssteuer, enthalten in der Regel in zweierlei Hinsicht eine Umverteilungskomponente von wohlhabenden zu weniger wohlhabenden Akteuren. Einerseits wird das gesamte Einkommen besteuert, womit Personen mit höherem Einkommen einen grösseren absoluten Steuerbetrag bezahlen. Andererseits enthalten direkte Steuern meist noch eine sogenannte Progression. Diese lässt den Prozentsatz des Einkommens, der als Steuer zu entrichten ist, mit der Einkommenshöhe ansteigen.

Indirekte Steuer
Steuer, deren Bemessungsgrundlage im weitesten Sinne auf Markttransaktionen beruht. Ein typisches Beispiel einer indirekten Steuer ist die Mehrwertsteuer.

Indirekte Steuern sind Abgaben, die keine persönlichen Merkmale der Steuerzahler berücksichtigen. Sie werden auf Markttransaktionen im weitesten Sinne erhoben, unabhängig davon, wer die Transaktion ausführt. So ist bei einer Mehrwertsteuer auf einem bestimmten Produkt der Steuersatz unabhängig von Einkommen und Vermögen für alle gleich hoch; das ist ebenso bei den Zöllen, einer weiteren wichtigen Form der indirekten

Steuer. Da es administrativ kompliziert wäre, eine progressive indirekte Steuer zu erheben, wird hier auch auf diese zweite Form der Umverteilung verzichtet. Trotzdem versucht man, ein gewisses Umverteilungselement auch bei den indirekten Steuern zu integrieren, indem Güter des täglichen Bedarfs mit einem tieferen Steuersatz belegt werden.

Gebühren schliesslich sind Zahlungen von Personen an den Staat für eine klar definierte Leistung. Erhält man beispielsweise einen Pass ausgestellt, so wird eine Gebühr fällig. Da Gebühren ein mehr oder weniger kostendeckender Erwerb einer bestimmten staatlichen Leistung sind, handelt es sich streng genommen nicht um eine eigentliche Steuer. Trotzdem stellen Gebühren eine Staatseinnahme mit Steuercharakter dar, da man ihr kaum ausweichen kann.

Direkte und indirekte Steuern entrichtet man in einen gemeinsamen Topf und hat damit einen generellen Anspruch auf allgemeine öffentliche Leistungen. Bei den Gebühren dagegen erwirbt man direkt eine ganz bestimmte staatliche Leistung. In einer breiteren Definition ist es dennoch sinnvoll, Gebühren als eine Form von Steuern zu bezeichnen. Dies insofern, als auch bei den Gebühren die laufenden Staatsausgaben durch laufende Staatseinnahmen finanziert werden, sodass keine Verschuldung nötig wird.

14.1.2 Verschuldung

Eine zweite Form staatlicher Finanzierung ist die *Staatsverschuldung*. Der Staat verschuldet sich auf dem Kapitalmarkt und bestreitet mit den Krediten seine Ausgaben. Er verwendet also nicht heutige (oder gestrige) Einnahmen für seine aktuellen Ausgaben, sondern er bezieht heute eine Leistung und verbürgt sich, morgen dafür zu bezahlen.

Der Staat kann sowohl Investitionen als auch die laufenden Ausgaben durch Kreditaufnahme finanzieren. Verschuldet sich der Staat, um Investitionen zu tätigen, so entspricht dies der Finanzierungstätigkeit einer privaten Unternehmung. Verschuldet sich der Staat zur Finanzierung des laufenden Staatsaufwands, entspricht dies eher dem Verhalten eines Privathaushalts, der seinen Konsum über Kredite finanziert. Diese beiden Verwendungsarten staatlicher Kredite sind aus Sicht des langfristigen Wohlstands unterschiedlich zu beurteilen.

Die Effekte der Staatsverschuldung werden uns später in diesem Kapitel noch beschäftigen, wir können aber jetzt schon festhalten, dass eine hohe

Staatsverschuldung
Gesamtheit der Schulden aller öffentlichen Haushalte. In der Schweiz entspricht die gesamte Staatsverschuldung der Summe der Bundes-, Kantons- und Gemeindeschulden.

Verschuldung hohe Kosten mit sich bringt. Einerseits steigen bei höherer Staatsverschuldung die Passivzinsen, also die Zinszahlungen auf der Schuld. Andererseits sinkt auf den Kapitalmärkten die Bonität eines stark verschuldeten Staates, was bedeutet, dass der Staat für jeden aufgenommenen Franken höhere Zinsen bezahlen muss. Erreicht die Staatsverschuldung ein solches Ausmass, dass die Passivzinsen zum grössten Budgetposten des Staatshaushalts werden, findet der Staat kaum mehr Investoren, die ihm weiteres Geld leihen. Dies zwingt ihn längerfristig dazu, die Staatsverschuldung wieder zu senken, was nur über Steuererhöhungen oder eine Reduktion der Staatsausgaben geschehen kann. Das bedeutet, dass jede Periode mit steigender Staatsverschuldung – mehr Ausgaben als Einnahmen – früher oder später von einer Periode abgelöst werden muss, in der die Einnahmen höher sind als die Ausgaben, um die Schulden wieder tilgen zu können. Diese erhöhten Einnahmen können dann aber in der Regel nur noch über ordentliche Steuereinnahmen erzielt werden.

14.1.3 Inflationssteuer

Die Diskussion der Geldpolitik in Teil IV zeigt, dass sich der Staat noch auf eine dritte Art und Weise finanzieren kann. Er kann sich das notwendige Geld – plakativ formuliert – auch einfach drucken lassen. Dazu nimmt der

Ricardianische Äquivalenz
Konzept, nach dem rationale Wirtschaftssubjekte Verschuldung und Steuererhöhung als äquivalent betrachten. Die Ricardianische Äquivalenz wurde formuliert vom britischen Ökonomen David Ricardo.

VERTIEFUNG

Sind Steuern und Staatsverschuldung äquivalent?

In der ökonomischen Zunft wird immer wieder lebhaft darüber diskutiert, ob Steuern und Staatsverschuldung nicht letztendlich dasselbe seien. Die Idee dahinter, dass nämlich Unternehmen und Haushalte sich bewusst sind, heutige Verschuldung mit morgigen Steuern berappen zu müssen, ist – nach ihrem Begründer, dem englischen Ökonomen David Ricardo – unter der Bezeichnung «*Ricardianische Äquivalenz*» bekannt. Sie postuliert, dass rationale Steuerzahler Verschuldung und Steuererhöhung als äquivalent betrachten und daher bei einer über Schulden finanzierten Steuersenkung bereits heute zu sparen beginnen, um die später unvermeidlich fällige Steuererhöhung bezahlen zu können.
Ein solches Verhalten hätte natürlich fundamentale Auswirkungen auf die Stabilisierungspolitik, also die Bekämpfung der konjunkturellen Arbeitslosigkeit. Wie in Kapitel 10 argumentiert wird, kann der Staat in einer Rezession die gesamtwirtschaftliche Nachfrage steigern, indem er sich verschuldet und die Staatsausgaben erhöht. Dadurch soll die Nachfrage stimuliert werden, sodass die Wirtschaft wieder an der Kapazitätsgrenze operieren kann. Interpretieren die Haushalte aber eine Erhöhung der Staatsverschuldung als verkappte Steuererhöhung – wie das die Ricardianische Äquivalenz nahe legt –, dann würden sie in der Rezession zu sparen beginnen und damit den expansiven Effekt der Staatsausgaben auf die gesamtwirtschaftliche Nachfrage umgehend wieder zunichte machen.
Man ist sich heute darüber einig, dass die Ricardianische Äquivalenz in der Regel nicht oder zumindest nicht vollständig gilt. Es ist nämlich nicht zu erwarten, dass die Steuerzahler in einem Land mit gesunden Staatsfinanzen eine Erhöhung der Verschuldung als verkappte Steuererhöhung interpretieren. (Hätten Sie daran gedacht, bevor Sie diesen Abschnitt gelesen haben?) Übersteigt aber die Staatsverschuldung eine bestimmte Grössenordnung und werden die Staatsfinanzen zunehmend auch von breiten Bevölkerungsschichten als zerrüttet wahrgenommen, werden ricardianische Überlegungen eine immer wichtigere Rolle spielen. Denn je höher der Anteil der Passivzinsen an den Staatsausgaben wird, desto mehr werden die Menschen beginnen, jede weitere Verschuldung als eine zusätzliche Steuer wahrzunehmen, und entsprechend darauf reagieren.

Staat auch hier einen Kredit auf, aber nicht auf dem Kapitalmarkt, sondern direkt bei der Zentralbank, die sich die dazu nötigen liquiden Mittel durch Geldschöpfung beschafft.

Längerfristig lässt sich diese Art der Finanzierung nicht aufrechterhalten, denn hier wird letztlich eine *Inflationssteuer* erhoben. Mit der Zeit führt die Finanzierung grösserer Teile der Staatstätigkeit über die Geldschöpfung nämlich zu einer sich beschleunigenden Inflation. Also besteuert man in ständig zunehmendem Masse jene, die gezwungen sind, Geld zu halten. Als Folge werden die Bürger mit der Zeit alles unternehmen, um möglichst kein Geld halten zu müssen. Damit verliert die Inflationssteuer ihre Steuerbasis, weil niemand mehr das von der Zentralbank gedruckte Geld annehmen will, sodass es der Staat auch nicht länger verwenden kann, um damit seine Ausgaben zu finanzieren. Dann bleibt einem Staat aber nichts anderes übrig, als durch ein radikales Stabilisierungsprogramm – oft begleitet durch den Internationalen Währungsfonds – die Staatsfinanzen wieder zu sanieren. Dies bedeutet, dass die Staatsausgaben wieder über ordentliche Steuern finanziert werden müssen.

Inflationssteuer
Einnahmen, die der Staat durch übermässige Geldschöpfung erzielt.

Die Finanzierung der Staatsausgaben über Zentralbankkredite ist längerfristig nicht aufrechtzuerhalten. Dennoch stellt die Notenpresse für Regierungen in Finanzierungsnöten stets eine Versuchung dar, weshalb in den meisten Ländern die Verantwortlichkeiten für die *Finanzpolitik* und für die Geldpolitik klar getrennt sind: Das Finanzministerium ist Teil des Regierungsapparats, die Geldpolitik dagegen ist Sache einer unabhängigen Behörde.

Finanzpolitik
Massnahmen zur Steuerung der Einnahmen und Ausgaben des Staates.

14.2 Steuern

Ein ernst zu nehmender Nachteil von Steuern ist, dass sie die relativen Preise verändern und damit Ineffizienzen verursachen. Wie man diese Effizienzverluste möglichst klein halten kann, gehört zu den wichtigen Aufgabestellungen der wirtschaftspolitischen Praxis. Wir wollen im Folgenden
▶ zeigen, wieso Steuern (fast) immer zu Wohlfahrtsverlusten führen,
▶ analysieren, wovon die Höhe dieser Wohlfahrtsverluste abhängt, und
▶ erläutern, wer eine Steuer schlussendlich bezahlt.

14.2.1 Steuern als verzerrende Preiseingriffe

Jede Steuer auf eine Tätigkeit oder ein Gut führt zu einer Veränderung der relativen Preise. Sie ist letztlich immer ein Aufschlag auf den Preis, der sich auf dem Markt bildet. Jede künstliche – also nicht aus veränderten Knappheiten resultierende – Veränderung von Preisen führt aber zu wohlfahrtsmindernden Verzerrungen, wie dies in Kapitel 5 ausführlich dargelegt wird. Dabei bewirken Steuern in allen Fällen Preisveränderungen, gleichgültig, ob als indirekte Steuern bei den Preisen für Güter und Dienstleistungen oder als direkte Steuern bei den Löhnen der Beschäftigten und den Zinseinkommen der Kapitalgeber.

Dass die Veränderung der Preise durch Steuern zu Wohlfahrtsverlusten führt, mag auf den ersten Blick nicht verständlich sein. Schliesslich kann ja der Staat mit den Steuereinkünften Güter und Dienstleistungen kaufen und produktive Tätigkeiten entfalten. Aber gleichgültig, ob und wie produktiv der Staat die Steuereinnahmen einsetzt, immer ergibt sich ein Wohlfahrtsverlust durch die Veränderung der relativen Preise, die nicht mehr die tatsächlichen Knappheiten widerspiegeln. Gesamthaft kann die Staatstätigkeit natürlich trotzdem wohlfahrtssteigernd sein, wenn nämlich aus Effizienzsicht die positiven Effekte der Staatsausgaben die negativen Effekte der Verzerrungen aus den Steuereinnahmen übertreffen.

Abbildung 14.1 zeigt die Effekte von Steuern auf die Wohlfahrt auf Basis der mikroökonomischen Darstellung des Marktes für ein Gut. Ausgehend vom Marktgleichgewicht, analysieren wir die Folgen einer Steuererhebung.

In diesem Beispiel handelt es sich um eine indirekte Steuer auf ein Gut. Ob diese Steuer auf der Angebots- oder auf der Nachfrageseite erhoben wird, ist völlig gleichgültig – eine Tatsache, die zuerst doch etwas überraschen mag.

Wird sie auf der Angebotsseite erhoben – also wenn ein Unternehmen das Gut auf den Markt bringen will –, so verschiebt sich die Angebotskurve nach links oben, da sich die Kosten der Produktion jeder Einheit um den Steuerbetrag erhöht. Wird sie auf der Nachfrageseite erhoben – also erst, wenn eine Konsumentin oder ein Konsument das Gut kauft –, verschiebt sich die Nachfragekurve nach links unten, weil der Preis für jede Einheit um den Steuerbetrag erhöht wird. In beiden Fällen verschieben sich die Kurven jeweils genau um den Betrag der Steuer t, da der Preis bei jeder Menge genau um diesen Betrag steigen muss. Entscheidend ist nun, dass die Steuer einen Keil treibt zwischen den Preis, den die Konsumentinnen und Konsumenten bezahlen müssen, und den Preis, der tatsächlich an die Produzenten geht. Die Differenz zwischen diesen beiden Preisen entspricht dem Steuerertrag pro verkauftem bzw. erworbenem Gut.

Multipliziert man diesen mit der Menge q, die im neuen Marktgleichgewicht abgesetzt wird, dann erhält man die Steuereinnahmen für den Staat. Da die Steuer den Marktpreis nach oben treibt, ist die Menge q natürlich kleiner als die Menge q*, die ohne eine Steuer nachgefragt würde.

Welchen Effekt hat die Steuer nun auf die Wohlfahrt? Wir sehen in der Abbildung 14.1, dass die Steuer sowohl die Konsumentenrente als auch die Produzentenrente gegenüber dem Ausgangsniveau reduziert. Das ist verständlich, weil die Steuer ja dazu führt, dass die Konsumenten mehr bezahlen und die Produzenten weniger einnehmen. Zudem ist der Steuerertrag in Form eines orangefarbenen Vierecks eingetragen, der sich aus der Steuerhöhe t multipliziert mit der Menge q ergibt. Diese Steuereinnahmen werden jedoch lediglich von den Konsumenten und Produzenten an den Staat umverteilt und verursachen damit noch keinen Wohlfahrtsverlust für die gesamte Volkswirtschaft. Wir erkennen aber auch, dass gegenüber der Ausgangssituation, in der keine Steuer erhoben wurde, die Wohlfahrt um das rote Dreieck reduziert wird. Dieses Dreieck ist der Teil des Rückgangs von Produzenten- und Konsumentenrente, der nicht dem Staat zukommt. Es bezeichnet deshalb einen Verlust an gesamtwirtschaftlicher Wohlfahrt, der dadurch entsteht, dass die Steuer die relativen Preise verzerrt.

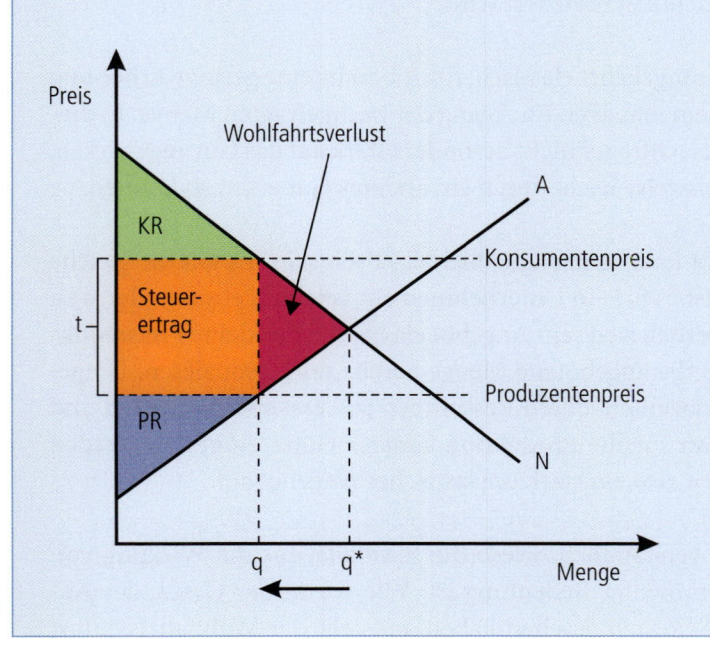

Abb. 14.1 Wohlfahrtseffekte einer Steuer

Eine Steuer t treibt einen Keil zwischen den Preis, den die Konsumenten bezahlen, und den Preis, den die Produzenten erhalten. Ein Teil der verlorenen Konsumenten- resp. Produzentenrente wird in Form des Steuerertrags an den Staat umverteilt. Schliesslich bleibt aber ein Verlust an Rente, was einen Wohlfahrtsverlust bedeutet.

14.2.2 Die Höhe der Wohlfahrtsverluste durch Steuern

Ein gewisser Wohlfahrtsverlust durch Steuern ist also unvermeidlich. Wie hoch aber der jeweilige Verlust ausfällt, hängt stark von der konkreten Ausgestaltung der Steuer ab. Dabei spielen zwei Faktoren eine wichtige Rolle:
▶ die Preiselastizität von Angebot und Nachfrage,
▶ die Höhe der Steuer.

Die Bedeutung der Preiselastizität

Die Elastizität ist ein wesentliches Konzept der Mikroökonomie, dem auch in der Steueranalyse eine zentrale Bedeutung zukommt. Die in diesem Zusammenhang zentrale *Preiselastizität* misst, wie stark die nachgefragte oder angebotene Menge auf eine Preisveränderung reagiert. Eine detailliertere Beschreibung des Konzepts findet sich in Kapitel 2.

Preiselastizität
Verhältnis der proportionalen Änderung der Menge zur proportionalen Änderung des Preises.

Ist die Nachfrage unelastisch, bedeutet dies, dass eine Veränderung des Preises zu einer relativ geringen Veränderung der Menge führt. Die Nachfrager sind in diesem Fall an dem Gut so stark interessiert, dass sie selbst bei einer deutlichen Preiserhöhung die von ihnen konsumierte Menge nur wenig reduzieren. Ein gutes, im Zusammenhang mit Steuern wichtiges Beispiel stellt das Rauchen dar. Ist eine Person nikotinabhängig, muss eine Preiserhöhung für Zigaretten schon sehr massiv ausfallen, damit die konsumierte Menge deutlich reduziert wird.

Ist die Nachfrage umgekehrt elastisch, führt bereits eine geringe Erhöhung des Preises zu einem massiven Rückgang der nachgefragten Menge. In diesem Fall sind die Nachfrager nicht besonders stark auf das Gut angewiesen, weil sie es beispielsweise leicht durch ein anderes Gut ersetzen können.

Auch das Angebot kann unterschiedlich elastisch sein. Es gilt die gleiche Argumentation: Ist es für ein Unternehmen ein Leichtes, etwas anderes zu produzieren, so verhält sich sein Angebot elastisch; eine kleine Preisreduktion wird deshalb die angebotene Menge bereits stark reduzieren. Umgekehrt gibt es Produzenten, deren Ressourcen äusserst spezifisch sind und deshalb nur schwer für die Produktion anderer Güter eingesetzt werden können. Sie weisen also ein stark unelastisches Angebot auf.

Intuitiv ist leicht verständlich, wieso die Elastizität für die Wirkung von Steuern von so eminenter Bedeutung ist. Wie wir in der Grafik der Abbildung 14.1 auf Seite 429 gesehen haben, entsteht der Wohlfahrtsverlust dadurch, dass die Preisveränderung durch die Steuer zu einer Veränderung der nachgefragten und angebotenen Menge führt. Je deutlicher diese Veränderung ist, desto grösser wird der Wohlfahrtsverlust ausfallen. In die mikroökonomische Terminologie übersetzt, bedeutet dies: Je elastischer Nachfrage und Angebot sind, desto stärker reagiert die Menge und desto grösser werden die Wohlfahrtsverluste. Da es bei hoher Elastizität sehr einfach ist, der Steuer auszuweichen, verändern sich die gehandelten Mengen stark und es entstehen hohe Wohlfahrtsverluste.

Dies lässt sich anhand der Abbildung 14.2 erläutern. Wir unterscheiden hier zur Illustration zwei Fälle. Die Nachfragekurve für das betrachtete Gut sieht in beiden Fällen genau gleich aus, in der linken Grafik haben wir jedoch eine sehr elastische und in der rechten eine sehr unelastische Angebotskurve.

Die elastische Angebotskurve hat einen relativ flachen Verlauf. Das bedeutet, dass eine kleine Preisveränderung zu einer starken Veränderung der angebotenen Menge führt. Ist die Angebotskurve hingegen unelastisch, so ist sie beinahe vertikal, womit eine Preisveränderung kaum Effekte auf die angebotene Menge hat.

Abb. 14.2 Elastizitäten und der Wohlfahrtsverlust durch Steuern

Eher elastisches Angebot

Eher unelastisches Angebot

Angenommen, die Nachfrage weise in beiden Situationen die gleiche Elastizität auf; das Angebot sei aber unterschiedlich elastisch.

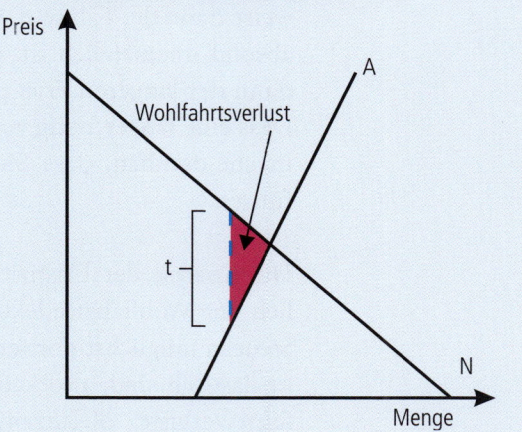

Bei gleich hoher Steuer ist der Wohlfahrtsverlust bei elastischem Angebot deutlich höher als bei unelastischem Angebot.

Wir nehmen an, dass auf das betrachtete Gut eine Steuer t erhoben wird, die in beiden Fällen genau gleich hoch ist. In der linken Grafik sehen wir, dass diese Steuer zu einem massiven Rückgang der auf dem Markt gehandelten Menge führt, und zwar deshalb, weil die Reaktion auf diese Steuer auf der Angebotsseite äusserst stark ausfällt. Weil das Angebot sehr elastisch ist – die Produzenten können also ohne Weiteres auf die Produktion anderer Güter umsteigen –, wird der Minderertrag, den die Anbieter aufgrund der Steuer erfahren, sie dazu bewegen, wesentlich weniger von diesem Gut zu produzieren. Entsprechend ist der Wohlfahrtsverlust hier relativ gross. Er ist wieder durch ein rotes Dreieck dargestellt.

Ganz anders verhält es sich in der rechten Grafik, wo ein sehr unelastisches Angebot vorliegt, das kaum auf Preisveränderungen reagiert. Zwar reduziert die Steuer den Preis, den die Anbieter erhalten, dennoch werden sie ihre angebotene Menge dieses Gutes kaum verkleinern, da sie kaum auf ein anderes Gut umsteigen können. Deshalb ist auch der Wohlfahrtsverlust – das rote Dreieck – in diesem Fall relativ klein.

Denkt man die obigen Überlegungen konsequent zu Ende, so erkennt man, dass es einen Fall gibt, in dem die Steuer zu keinen Wohlfahrtsverlusten führt. Dann nämlich, wenn das Angebot völlig unelastisch ist, also überhaupt nicht auf Preisveränderungen reagiert – eine unwahrscheinliche, aber denkbare Möglichkeit. Dann wäre die Angebotskurve eine Vertikale, die Steuer würde keine Verhaltensänderung bewirken, und es gäbe folglich auch kein rotes Dreieck an Rentenverlust. Dies könnte beispielsweise dann der Fall sein, wenn ein bestimmter Rohstoff für einen Anbieter absolut unersetzlich ist. Das ist allerdings meist nur kurzfristig denkbar, da in der längeren Frist praktisch immer eine Alternative gefunden wird. Dass eine längerfristig vertikale Kurve einen so unplausiblen Fall darstellt, macht deutlich, dass Steuern praktisch immer zu Wohlfahrtsverlusten führen.

Die Analyse der Elastizität führt zu einer sehr wichtigen Aussage bezüglich der Wohlfahrtseffekte der Steuerpolitik: Aus Effizienzgründen sollten Steuern möglichst dort erhoben werden, wo Angebot oder Nachfrage sehr unelastisch sind, also kaum reagieren können – dies verringert die Wohlfahrtsverluste. Gleichzeitig ergibt sich aber natürlich ein starker Verteilungseffekt, weil die Marktseite, die nicht ausweichen kann, den Grossteil der Steuer bezahlen muss. Sie wird durch die Steuer also deutlich schlechter gestellt.

Betrachten wir dazu nochmals – diesmal als Beispiel auf der Nachfrageseite – die Besteuerung des Zigarettenkonsums. Die Tabaksteuer ist aus Wohlfahrtssicht eine vorteilhafte Steuer, weil sie kaum einen Effekt auf die nachgefragte Menge hat und deshalb bei kleinen Wohlfahrtskosten enorm ergiebig ist. Klare Verlierer sind in diesem Fall aber die Raucherinnen und Raucher.

In diesem Zusammenhang interessant ist im Übrigen die Tatsache, dass das Angebot an Arbeit und das Angebot an Kapital unterschiedlich elastisch sind. Auf der einen Seite ist Finanzkapital ausgesprochen elastisch, sodass schon kleinere Steuerveränderungen oft zu massiven Kapitalverschiebungen in andere Länder führen. Auf der anderen Seite hat jedoch eine leichte Veränderung in der Besteuerung der Arbeit kaum einen Effekt auf die angebotene Menge an Arbeit, da es relativ viel braucht, bis jemand seine Beschäftigung verändert.

Aus Effizienzsicht ist deshalb eine Kapitalsteuer klar ungünstiger als eine Steuer auf die Arbeit, die ihrerseits aber – aufgrund der als unfair empfundenen Verteilung der Kosten – stets heftige politische Reaktionen auslöst.

Die Bedeutung der Steuerhöhe

Der zweite Faktor, der die Höhe der Wohlfahrtsverluste bestimmt, ist die Steuerhöhe. Es ist einleuchtend, dass die Mengenreaktionen umso stärker ausfallen, je höher eine Steuer ist. Im Extremfall kann man sich eine prohibitiv hohe Steuer vorstellen, bei der auf dem betrachteten Markt nichts mehr angeboten oder nachgefragt wird.

Wir sehen die Effekte der Steuerhöhe in Abbildung 14.3 auf Seite 434 dargestellt. Die linke Grafik gibt die Situation wieder, bei der eine relativ kleine Steuer erhoben wird. In der rechten Grafik wird eine sehr hohe Steuer erhoben.

Die Angebots- und Nachfragekurven haben in beiden Fällen genau die gleiche Form; es bestehen also keine Unterschiede in der Elastizität. Wir sehen, dass das Verhältnis zwischen Steuerertrag und Wohlfahrtsverlust bei einer relativ tiefen Steuer viel günstiger ist als bei einer hohen Steuer. Trotz der Steuerhöhe resultieren bei sehr hohen Steuern nämlich nicht viel grössere Steuereinnahmen als bei der tiefen Steuer, weil aufgrund der starken Preiserhöhung durch die Steuer kaum mehr Transaktionen stattfinden. Gleichzeitig aber führt die starke Beschränkung der gehandelten

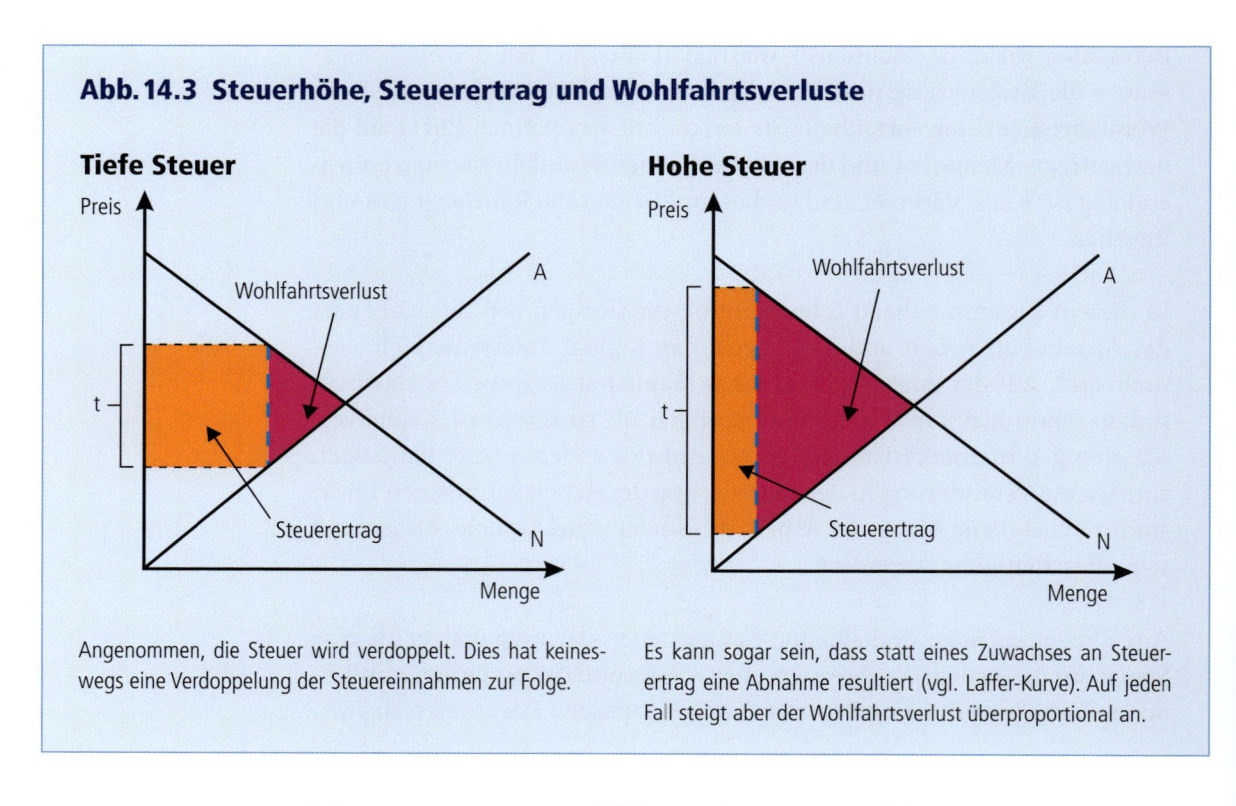

Abb. 14.3 Steuerhöhe, Steuerertrag und Wohlfahrtsverluste

Tiefe Steuer

Angenommen, die Steuer wird verdoppelt. Dies hat keineswegs eine Verdoppelung der Steuereinnahmen zur Folge.

Hohe Steuer

Es kann sogar sein, dass statt eines Zuwachses an Steuerertrag eine Abnahme resultiert (vgl. Laffer-Kurve). Auf jeden Fall steigt aber der Wohlfahrtsverlust überproportional an.

Laffer-Kurve
Konzept des Zusammenhangs zwischen Steuersatz und Steuereinnahmen, gemäss dem mit zunehmendem Steuersatz die Steuereinnahmen zuerst ansteigen, um ab einem gewissen Punkt wieder zu fallen. Das Konzept ist nach dem amerikanischen Ökonomen Arthur Laffer benannt.

Menge zu massiven Wohlfahrtsverlusten. Augenfällig ist dabei vor allem, dass die Ergiebigkeit, also die Höhe der Steuereinnahmen, bei hohen Steuersätzen stark zurückgeht. In gewissen Fällen lassen sich deshalb die Steuereinnahmen erhöhen, indem man die Steuersätze senkt.

Dies ist das Konzept der sogenannten *Laffer-Kurve*, die in der wirtschaftspolitischen Diskussion, insbesondere in den USA, eine wichtige und kontroverse Rolle gespielt hat. Sie besagt, dass eine Senkung sehr hoher Steuern die Steuereinnahmen erhöhen sollte. Die Steuersenkungen zu Beginn der 1980er-Jahre in den USA waren von diesem Gedanken geprägt. Stark umstritten bleibt allerdings die Frage, ab wann eine Steuer so hoch ist, dass ihre Senkung tatsächlich expansiv wirkt.

14.2.3 Wer bezahlt die Steuern?

Wie erwartet, sind in der politischen Diskussion die Verteilungswirkungen von Steuern oft wesentlich bedeutsamer als die Wohlfahrtseffekte. Es geht vor allem um die Frage, wer letztendlich die Steuer bezahlt. Auch hier spielt die Elastizität wiederum eine entscheidende Rolle, denn der Löwenanteil der Steuern wird stets von der weniger elastischen Marktseite getragen. Also kommt es darauf an, ob eher die Angebots- oder die Nachfrageseite unelastisch ist und damit allfälligen Preisveränderungen weniger gut ausweichen kann. Die Frage, welche Bevölkerungsgruppen eine Steuer schliesslich bezahlen müssen, nennt man die *Steuerinzidenz*.

> **Steuerinzidenz**
> Analyse der Verteilungswirkung einer Steuer. Die Steuerinzidenz zeigt auf, welche Bevölkerungsgruppe die Steuer schliesslich bezahlt.

Betrachten wir die zwei Fälle in Abbildung 14.4. Die Steuerhöhe ist in beiden Fällen die gleiche. Wir sehen aber, dass die Verteilung der Steuerkosten sehr unterschiedlich ausfällt.

Links wird der Fall einer relativ unelastischen Nachfrage und eines relativ elastischen Angebots dargestellt – hier bezahlen die nachfragenden Konsumenten den Löwenanteil der Steuer.

Rechts ist es umgekehrt: Das Angebot ist unelastisch und die Nachfrage eher elastisch – es ist der anbietende Produzent, der den Hauptteil der Steuer trägt.

Abb. 14.4 Wer bezahlt die Steuer?

Eher elastisches A, eher unelastische N

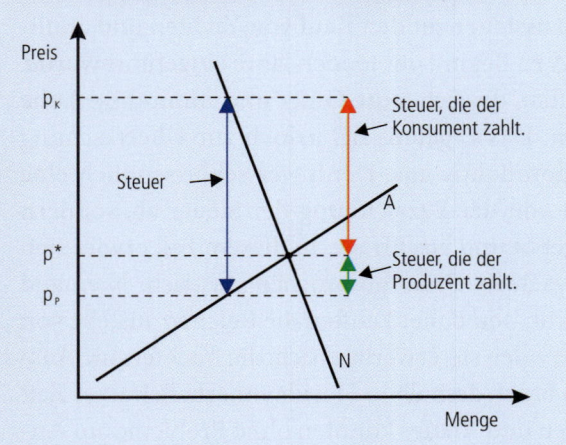

Eher unelastisches A, eher elastische N

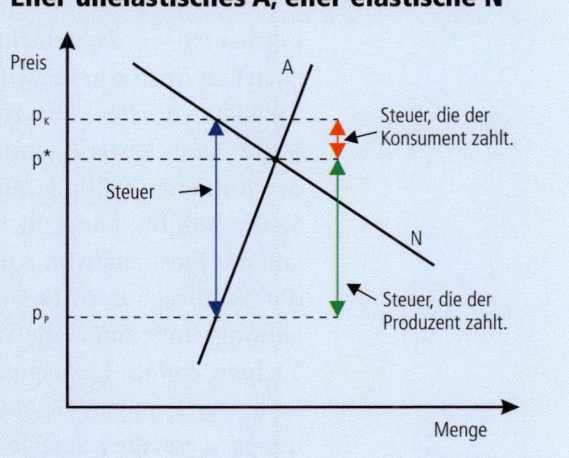

Ist die Nachfrage eher unelastisch und das Angebot relativ elastisch, fällt die Steuerlast vor allem auf die Nachfrager. Ein typisches Beispiel für eine relativ unelastische Nachfrage stellt der Tabakkonsum dar. Die Nachfrage der Raucherinnen und Raucher nach Tabakwaren geht auch bei ziemlich grossen Preissteigerungen nur geringfügig zurück; sie tragen folglich den Löwenanteil der Steuer.

Der gegenteilige Fall, dass die Anbieter von Gütern weniger elastisch auf eine Preisänderung reagieren, ist ebenfalls möglich. In diesem Fall tragen vor allem die Anbieter die Steuerlast. Im Text wird das Beispiel der Luxussteuer auf Yachten beschrieben. Diese Steuer wird nicht in erster Linie durch wohlhabende Yachtbesitzer (Konsumenten) gezahlt, sondern von den Yachtproduzenten, also vor allem den Angestellten der Yachtwerften.

Man muss sich dabei vor Augen halten, dass es letztlich gleichgültig ist, ob die Steuer auf der Angebots- oder auf der Nachfrageseite erhoben wird. Dies entscheidet nur darüber, ob sich in der grafischen Darstellung die Angebots- oder die Nachfragekurve verschiebt. Wer die Steuer bezahlt, hängt einzig von der Elastizität ab, also davon, welche Marktseite einer Preisveränderung weniger gut ausweichen kann.

Eine voreilige oder unsaubere Analyse kann vor diesem Hintergrund zu völlig falschen Schlüssen über die Verteilungswirkung von Steuern führen. Ein klassisches Beispiel ist die Frage, wer eine sogenannte *Luxussteuer* bezahlt. Die Absicht von Luxussteuern ist es, hohe Steuern auf Güter zu erheben, die von Reichen konsumiert werden. Davon erhofft man sich eine ausgleichende Umverteilung von Reich zu Arm oder zumindest von Reich zum Staat. Dabei werden beispielsweise Diamantencolliers, Golfausrüstungen oder Yachten mit hohen Steuern belegt.

Luxussteuer
Steuer auf Gütern und Dienstleistungen, deren Konsum als Luxus gilt. Die Luxussteuer hat zum Ziel, Wohlhabende stärker zu besteuern.

Der Haken ist aber, dass die hohen Steuern auf diese Güter nicht garantieren, dass tatsächlich die Reichen den Löwenanteil der Steuern bezahlen müssen. Paradoxerweise sind es oft gerade weniger wohlhabende Personen, die zur Kasse gebeten werden.

Betrachten wir dazu die Luxussteuer auf den Kauf von Yachten und ähnlichen Gütern, die in den USA zu Beginn der 1990er-Jahre eingeführt wurde. Sie sollte vor allem jene treffen, die sich teure Güter und somit diese hohe Steuer auch leisten konnten. Das Ergebnis fiel jedoch zur Überraschung der Initianten völlig kontraproduktiv aus. Denn wer schlussendlich eine Steuer bezahlt, hängt nicht von der Bezeichnung der Steuer ab, sondern von der Elastizität von Angebot und Nachfrage. In diesem Fall erwies sich die Nachfrage nach Luxusyachten als ausgesprochen elastisch. Niemand benötigt unbedingt eine Yacht, und daher kauften die Reichen anstelle von Yachten andere Luxusgüter, oder sie erwarben sich die Yachten im Ausland. Der Kauf von Yachten brach deshalb in Florida innerhalb kurzer Zeit um 90 % ein; die Käuferinnen und Käufer konnten ohne Probleme auf Angebote aus nahe gelegenen karibischen Staaten ausweichen. Weniger gut ausweichen konnten aber die amerikanischen Anbieter von Yachten und mit ihnen die Angestellten der Yachtwerften, die üblicherweise nicht einer vermögenden Bevölkerungsgruppe angehören. Für sie ging es nicht um das eher zweitrangige Problem, sich nun statt des einen Luxusgutes einfach ein anderes zu kaufen. Vielmehr bedeutete für sie das Ausweichen vor der Steuer, dass sie sich eine andere Beschäftigung suchen mussten. Dies ist jedoch ein schwieriges und aufwändiges Unterfangen, und entsprechend unelastisch war ihr Angebot. Damit aber wurde die Luxussteuer vor allem von den finanziell schlechter gestellten Angestellten der Yachtwerften und nur zu einem kleinen Teil von denjenigen Reichen bezahlt, die sich trotz der Steuer eine in den USA produzierte Yacht leisten wollten. Nach dieser Erfahrung wurde diese Luxussteuer bald wieder abgeschafft.

Wie das Beispiel zeigt, ist es enorm wichtig, sich nicht von der Bezeichnung einer Steuer fehlleiten zu lassen. Es ist einerlei, ob die Steuer auf der Nachfrage- oder Angebotsseite erhoben wird; entscheidend ist, wer dieser Steuer besser ausweichen kann. Die Analyse, wer letztendlich die Steuer trägt, also die Frage der sogenannten Steuerinzidenz, gehört zu den wichtigsten Aspekten beim Abwägen jeder steuerpolitischen Vorlage.

14.3 Staatsverschuldung

Sind während einer Periode die Staatseinnahmen kleiner als die Staatsausgaben, so entsteht ein Budgetdefizit. Dieses muss der Staat notgedrungen durch Verschuldung finanzieren, also durch die zweite der besprochenen Möglichkeiten zur Finanzierung der Staatsaufgaben. In diesem Abschnitt wollen wir genauer analysieren, welche Effekte verschiedene Formen der Verschuldung haben können. Wir werden deshalb zunächst die Arten der Staatsverschuldung präsentieren, dann die Vorteile und die Nachteile der Staatsverschuldung gegeneinander abwägen und schliesslich darlegen, wieso die Staatsverschuldung oft tendenziell ansteigt.

14.3.1 Staatsverschuldung im Inland und im Ausland

Ein Budgetdefizit bedeutet, dass die budgetierten Ausgaben grösser als die budgetierten Einnahmen sind. Die Mehrausgaben werden – wenn wir von der nicht nachhaltigen Finanzierung über die Notenpresse absehen – immer über Verschuldung finanziert. Dazu kann der Staat die notwendigen Mittel entweder im Inland oder im Ausland aufnehmen. Beide Verschuldungsarten führen zu einer Veränderung wichtiger Komponenten der gesamtwirtschaftlichen Nachfrage:
▶ Erfolgt die Verschuldung im Inland, so führt dies zu einem Rückgang der inländischen Investitionen.
▶ Erfolgt die Verschuldung im Ausland, so führt dies zu einem Rückgang der Nettoexporte (Exporte minus Importe).

Crowding-out
Verdrängung privater Investitionen durch die wegen einer expansiven Fiskalpolitik steigenden Zinsen.

Warum führt eine Finanzierung des Budgetdefizits im Inland zu einem Rückgang der Investitionen? Ökonomisch bedeutet eine Verschuldung des Staates im Inland, dass die Kreditnachfrage auf dem inländischen Kapitalmarkt steigt. Wenn aber der Staat zusätzliche Kredite nachfragt und gleichzeitig das Kreditangebot konstant bleibt, wird der Preis für die Kredite (der Zinssatz) steigen, was zu einem Rückgang der privaten Investitionen führt. Dies ist der sogenannte *Crowding-out*-Prozess, demzufolge die staatliche Kreditnachfrage zu einem gewissen Grad die private Kreditnachfrage verdrängt.

Warum führt eine Finanzierung des Budgetdefizits im Ausland zu einer Reduktion der Nettoexporte? Verschuldet sich der Staat im Ausland, so fragt er auf einem ausländischen Kapitalmarkt Kredite nach. Diese werden ihm in ausländischer Währung gewährt, im Falle der Schweiz beispielswei-

---

TECHNISCHE BOX

Finanzierungsquellen der Staatsverschuldung

Die beiden Finanzierungsquellen der Staatsverschuldung können wir auf der Basis einfacher makroökonomischer Identitäten (d. h. Gleichungen, die per Definition immer gelten müssen) herleiten. Dabei gehen wir davon aus, dass in der Ausgangslage das Land ein ausgeglichenes Budget hat. Wir beginnen mit einer Definition des Budgetdefizits, indem wir die Ersparnis des Staates betrachten:

(i) $S_g = T - G$

Die staatliche Ersparnis ist gleich der Differenz zwischen Steuern und Staatsausgaben. Sind die Steuern grösser als die Staatsausgaben, spart der Staat; er weist in diesem Fall einen Budgetüberschuss aus. Sind umgekehrt die Steuern kleiner als die Staatsausgaben, liegt ein Budgetdefizit vor; der Staat muss sich dann verschulden.

Neben dem Staat können in einer Volkswirtschaft natürlich auch die Haushalte und die Unternehmen sparen; dies ist die sogenannte private Ersparnis, die man folgendermassen definieren kann:

(ii) $S_h = Y - T - C$

Die gesamte private Ersparnis entspricht dem Bruttoinlandprodukt Y abzüglich der Steuern T und abzüglich des Privatkonsums C. Sie ist also das, was übrig bleibt, nachdem die Haushalte und Unternehmen ihren Konsum finanziert und ihre Steuern bezahlt haben.

Die gesamte Ersparnis in einer Ökonomie entspricht nun der Summe dieser beiden Ersparnisse. Wenn wir die Informationen aus den Identitäten (i) und (ii) verwenden, erhalten wir:

(iii) $S = S_g + S_h = Y - G - C$

Aus der Analyse der gesamtwirtschaftlichen Nachfrage wissen wir, dass das Bruttoinlandprodukt Y der Summe aus den vier Komponenten der gesamtwirtschaftlichen Nachfrage – Privatkonsum, Investition, Staatsausgaben und Nettoexporten – entspricht:

(iv) $Y = C + I + G + NX$

Setzen wir diese Definition (iv) in die einfache Definition der gesamten Ersparnis (iii) ein, erhalten wir eine sehr wichtige makroökonomische Identität:

(v) $S = I + NX$

Sie besagt, dass die Ersparnis einer Ökonomie per Definition der Summe aus Investitionen und Nettoexporten entspricht. Diese Überlegung können wir direkt verwenden, um zu analysieren, wie ein Budgetdefizit finanziert werden kann und welche makroökonomischen Folgen diese Finanzierung nach sich zieht.
Ein Budgetdefizit bedeutet immer ein Entsparen des Staates. Geht die staatliche Ersparnis S_g zurück, so senkt dies natürlich die Gesamtersparnis S. Damit die Identität (v) weiterhin gilt, müssen dann entweder die Investitionen I oder die Nettoexporte NX oder beide sinken.

S_g = staatliche Ersparnis
T = Steuern
G = Staatsausgaben

S_h = private Ersparnis
Y = Bruttoinlandprodukt
C = Privatkonsum

S = Gesamtersparnis
I = Investitionen
NX = Nettoexporte

se in Euro. Mit dem Kredit will der Staat jedoch in erster Linie Ausgaben im Inland finanzieren; also wird er im Euroraum Anleihen in Schweizer Franken auflegen. Damit steigt aber die Nachfrage nach Schweizer Franken, wodurch sich diese im Verhältnis zum Euro aufwerten. Wie in Kapitel 13 erklärt, senkt dies die Nettoexporte, weil einerseits eine Aufwertung der inländischen Währung die Importe vergünstigt und andererseits die exportierten Güter und Dienstleistungen – in Franken ausgedrückt – weniger Ertrag abwerfen. Eine Aufwertung der heimischen Währung bedeutet also, dass die Importe begünstigt und die Exporte negativ beeinflusst werden, was zu einem Sinken der Nettoexporte führt.

Eine wichtige Illustration dieser Mechanismen lässt sich in den letzten Jahrzehnten in den USA beobachten. Das Land finanziert sein oft hohes Budgetdefizit vor allem mit einer Verschuldung im Ausland, was mit stark rückläufigen Nettoexporten einhergeht, was wiederum zu einer Verschlechterung der Handelsbilanz führt. Daraus ergibt sich die typische Konstellation eines sogenannten Zwillingsdefizits, d. h. ein Budgetdefizit kombiniert mit negativer Handelsbilanz (Importe höher als Exporte). Die Kombination der beiden Defizite ist deshalb relativ häufig, weil die Verschuldung im Ausland eine der beiden Methoden ist, Budgetdefizite zu finanzieren.

14.3.2 Vorteile der Staatsverschuldung

Es liegt nahe, die Staatsverschuldung als etwas generell Negatives zu betrachten. Trotzdem gibt es auch gute Gründe dafür, das staatliche Budget nicht jederzeit auszugleichen. Dabei geht es vor allem um die folgenden drei Begründungen:
1. staatliche Investitionen,
2. Steuerglättung,
3. makroökonomische Stabilisierung.

Das erste Argument betrifft staatliche Investitionen mit langer Laufzeit. Anders als beim staatlichen Konsum, bei dem die heutigen Steuerzahlerinnen und Steuerzahler direkt und vollumfänglich von den Staatsausgaben profitieren, bedeuten Investitionen immer, dass heutiges Geld für zukünftige Erträge aufgewendet wird.

Nun lässt sich argumentieren, dass grosse Staatsinvestitionen auch von den tatsächlichen Nutzniessern bezahlt werden sollten. Eine langfristige Investition, die vor allem zukünftigen Generationen zugutekommt, wird durchaus sinnvoll auch mit den Steuerzahlungen kommender Generationen finanziert. Dieser intertemporale Finanzierungsausgleich liefert also eine gewisse Rechtfertigung für eine langfristige Verschuldung. Weil aber die zukünftigen Financiers nicht an der Investitionsentscheidung beteiligt werden können, ist hier natürlich grosse Vorsicht angebracht. Zumindest sollte die Rentabilität der Investition keinem Zweifel unterliegen.

> **Steuerglättung**
> Gleichmässige Besteuerung über die Zeit hinweg.

Das zweite Argument ist die *Steuerglättung*. Die Idee dabei ist, dass nicht bei jeder unvorhersehbaren Schwankung der Staatsausgaben die Steuersätze geändert werden müssen. Dass dieses Argument äusserst plausibel ist, kann man sich leicht vergegenwärtigen, wenn man sich ein Verbot jeglicher Staatsverschuldung vorstellt. Dies würde bedeuten, dass das staatliche Budget jederzeit ausgeglichen, die Staatsausgaben also in jeder Periode genau gleich den Staatseinnahmen sein müssten. In der Praxis wäre eine solches Vorhaben undenkbar, denn bei jeder Erhöhung oder Senkung der Staatsausgaben müssten die Steuern erhöht oder gesenkt werden. Hält man sich vor Augen, wie aufwändig und politisch umstritten es ist, Steuersätze zu verändern, erweist sich diese Vorstellung als unrealistisch. Dazu kommt, dass budgetierte Staatsausgaben und Staatseinnahmen stets auf Schätzungen beruhen, nachträgliche Abweichungen daher vorprogrammiert sind. Es ist daher unumgänglich, dass ein gewisses Mass an Verschuldung zugelassen werden muss. Allerdings sollte dies nur gelegentlich notwendig sein, da ja das Budget aufgrund der ausgleichenden Schätzungsfehler etwa gleich oft einen Überschuss wie ein Defizit erzielen sollte. Die Tatsache lang anhaltender – im Gegensatz zu temporären – Staatsverschuldungen lässt sich deshalb durch die Steuerglättung nicht erklären.

> **Makroökonomische Stabilisierung**
> Wirtschaftspolitische Massnahmen zur Glättung konjunktureller Schwankungen.

Das dritte Argument, die in Kapitel 10 besprochene *makroökonomische Stabilisierung* über die Fiskalpolitik, weist gewisse Parallelen zum Konzept der Steuerglättung auf. Die Idee hier ist, in einer schlechten Wirtschaftslage höhere Staatsausgaben als Staatseinnahmen zuzulassen und damit die gesamtwirtschaftliche Nachfrage zu stärken. Umgekehrt sollte in einer Hochkonjunktur ein Überschuss an Staatseinnahmen zu einem Budgetüberschuss führen. Um eine solche Politik überhaupt umsetzen zu können, benötigt man die Möglichkeit der Staatsverschuldung. Über einen ganzen Konjunkturzyklus sollten sich diese Schwankungen aber ausgleichen, womit die Staatsverschuldung auch gemäss diesem Argument im mittelfristigen Durchschnitt gleich null sein müsste. Diese Grundidee werden wir bei der Diskussion der Schweizer Schuldenbremse in Unterkapitel 14.4 wieder antreffen.

Keines der genannten Argumente, die für die Möglichkeit staatlicher Verschuldung sprechen, liefert eine gute Begründung dafür, warum Staaten längerfristig einen hohen und oft wachsenden Schuldenberg anhäufen. Im Durchschnitt und über längere Zeit gesehen, dürfte es nämlich gemäss diesen Konzepten überhaupt keine Staatsverschuldung geben. Der Grund dafür ist, dass in allen Fällen Perioden mit anwachsender auch Perioden mit sinkender Staatsverschuldung gegenüberstehen müssten. Beim ersten Argument, jenem der Verschuldung zur Finanzierung von längerfristigen Investitionen, sollte nach erfolgter Investition das Budget wieder ausgeglichen sein, womit die Schulden nicht weiter steigen sollten; ja, man kann sogar argumentieren, dass die Erträge der Investitionen in Form höheren Wachstums über eine gewisse Zeit mehr Steuereinnahmen als Staatsausgaben generieren sollten, womit die Schulden wieder abgebaut werden könnten. Das Argument der Steuerglättung gilt symmetrisch: Wenn die Ausgaben höher als die Einnahmen sind, dann verschuldet sich der Staat; wenn aber der umgekehrte Fall eintritt, dann baut er Schulden ab. Da sich im Durchschnitt die Einnahmen und Ausgaben ausgleichen sollten, dürften auch die Schulden nicht laufend wachsen. Ebenso symmetrisch wirkt die makroökonomische Stabilisierung: In der Rezession erfolgt ein Schuldenaufbau und in der Hochkonjunktur ein Schuldenabbau. Auch hier hätte man also über längere Zeit im Durchschnitt keinen Schuldenzuwachs. Will man also den Trend zu steigender Staatsverschuldung verstehen, dann muss man auf politisch-ökonomische Argumente Zugriff nehmen, auf die wir weiter unten eingehen.

14.3.3 Nachteile der Staatsverschuldung

Neben den geschilderten Vorteilen einer kurzfristigen Staatsverschuldung bringt diese auch eine ganze Reihe von Nachteilen mit sich. Hier die wichtigsten Probleme:
1. Verdrängung privater Investitionen,
2. Verlust des Handlungsspielraums im Budget,
3. Verlockung zur Monetisierung der Verschuldung.

Die Verdrängung (Crowding-out) privater Investitionen durch eine Erhöhung der Staatsverschuldung haben wir bereits besprochen. Sie ist insofern aus Effizienzsicht nachteilig, als man davon ausgehen kann, dass private Investitionen in der Regel effizienter sind als staatliche. Der Grund für diese Annahme ist erstens das unterschiedliche Wettbewerbsumfeld und zweitens das unterschiedliche Konkursrisiko. Zum einen ist der Staat in aller Regel Monopolist, sodass keine Konkurrenz besteht, die ein ineffizientes Verhalten seinerseits «bestrafen» könnte. Anders ist dies bei privaten Unternehmen, die – bei funktionierendem Wettbewerb – einen grossen Anreiz haben, so effizient wie möglich zu investieren, da sie andernfalls von effizienteren Konkurrenten verdrängt werden. Zum anderen ist der Staat selbst dann kaum zu Effizienz gezwungen, wenn er in einem Markt tätig ist, in dem Wettbewerb herrscht. Im Falle eines Misserfolgs droht einem privaten Unternehmen nämlich der Konkurs. Ein staatliches Unternehmen dagegen wird – auch bei offensichtlichem Misserfolg – kaum je in Konkurs gehen, weil letztlich das Staatsbudget für den erlittenen Verlust geradestehen wird. Und selbst wenn ein staatliches Unternehmen schliesslich doch seine Tätigkeit aufgibt, ist es schwer vorstellbar, dass es seine Gläubiger leer ausgehen lässt; dies droht jedoch im Fall eines Konkurses einer privaten Unternehmung in aller Regel einem Teil der Gläubiger. Damit haben die Gläubiger des Staates kleinere Anreize, den Kreditnehmer zu kontrollieren, und auch deshalb fehlt den Managern staatlicher Unternehmen meist der Druck, mit letzter Konsequenz die Rentabilität der Investitionen in den Vordergrund zu stellen. Das soll natürlich nicht heissen, dass eine staatliche Investition grundsätzlich immer ineffizienter ist als eine private; auch private Investoren können sich – was die Rentabilität der Investitionen betrifft – stark täuschen. Die Aussage ist lediglich, dass die Anreize so gesetzt sind, dass staatliche Investitionen im Durchschnitt weniger rentabel sein dürften als private. Und damit ist die Verdrängung privater Investitionen durch staatliche Investitionen im Durchschnitt mit Effizienzverlusten verbunden.

Der zweite Nachteil einer steigenden Staatsverschuldung ist der Verlust des Handlungsspielraums im Budget aufgrund des Überhandnehmens von Zinszahlungen. Ab einem gewissen Niveau entwickelt die Staatsverschuldung nämlich ein selbstverstärkendes Element. Verschuldet sich der Staat, steigen neben der gemessenen Staatsschuld auch die staatlichen Zinszahlungen auf diese Schuld, für deren Bedienung sich der Staat allenfalls weiter verschulden muss. Wird zudem ein gewisses Mass an Staatsverschuldung überschritten, so werden die Finanzmärkte früher oder später einen Zuschlag auf den Zins verlangen, um sich gegen das Risiko einer Zahlungsunfähigkeit des Staates abzusichern. Jede zusätzliche Schuld wird auf diese Weise teurer. Und wenn die Zinsen auf der Staatsverschuldung einen immer grösseren Budgetposten ausmachen, bleiben schliesslich kaum mehr Gelder für andere, produktivere Staatsausgaben übrig.

Monetisierung der Verschuldung
Reduktion des realen Werts der Staatsverschuldung durch eine hohe Inflation.

Die Verlockung zur *Monetisierung der Verschuldung* ist der dritte negative Effekt der Staatsverschuldung. Diese droht vor allem dann, wenn die Staatsverschuldung völlig aus dem Ruder läuft. Erhält der Staat auf den

Kapitalmärkten keine oder nur prohibitiv teure Kredite, wächst die gefährliche Verlockung, das Problem durch die Geldschöpfung zu lösen. Es gibt zwei Varianten dieser sogenannten Monetisierung der Staatsschuld. Die erste, direktere Möglichkeit besteht in der «Erhebung» einer Inflationssteuer, indem sich der Staat bei der Zentralbank verschuldet und so faktisch über die Notenpresse die Staatsausgaben finanziert. Wie in Kapitel 11 erläutert, führt dies mehr oder weniger direkt in die ökonomische Katastrophe einer Hyperinflation. Bei der zweiten, etwas subtileren Variante verschuldet sich der Staat auf dem Kapitalmarkt und nicht direkt bei der Zentralbank. Ein stark verschuldeter Staat kann dann versuchen, die Zentralbank dazu zu nötigen, mit einer expansiven Geldpolitik die Inflation anzuheizen. Diese Inflation führt dazu, dass der Realwert der nominalen Schuld dauernd reduziert wird. Eine Schuld von 100 Franken ist nach einem Jahr mit einer Inflationsrate von 100 % real nur noch 50 Franken wert. Diese Art der Umverteilung von den Besitzern von Staatspapieren (den Kreditgebern) zum Staat konnte vor allem in Kriegs- oder Nachkriegszeiten häufig beobachtet werden. Ein grosser Teil der sogenannten Kriegsanleihen, also der Staatsverschuldung für die Finanzierung des Krieges, wurde oft durch eine massive Nachkriegsinflation in kürzester Zeit eliminiert: Zwar konnte sich die nominale Schuld durchaus auf eindrückliche Milliardenbeträge belaufen, doch real besassen diese Milliarden kaum mehr einen Wert.

14.3.4 Warum steigt die Staatsverschuldung tendenziell an?

Betrachten wir die Vor- und Nachteile der Staatsverschuldung, so wird klar, dass die negativen Effekte überwiegen, vor allem dann, wenn die Verschuldung eine gewisse Höhe überschreitet und laufend weiterwächst. Dennoch stellt man in den meisten OECD-Ländern eine starke Tendenz zu steigender Verschuldung fest. Zwar entsteht in letzter Zeit eine ausgeprägte Gegenbewegung, doch sitzen die meisten OECD-Staaten nach wie vor auf massiven, über die Zeit angewachsenen Schuldenbergen. Drei politisch-ökonomische Gründe spielen für diese steigende Staatsverschuldung eine wichtige Rolle:
▶ grössere Attraktivität einer Verschuldung gegenüber einer Steuererhöhung,
▶ Trennung von Ausgabenbeschluss und Einnahmenentscheid,
▶ Stimmentausch.

Zum Ersten ist die Verschuldung, zumindest kurzfristig, für eine Regierung attraktiver als die Erhöhung der Steuern. Beginnen die Staatsausgaben – aus welchen Gründen auch immer – aus dem Ruder zu laufen, sind sie also ständig höher als die Staatseinnahmen, müssten eigentlich die Steuern erhöht werden. Eine Steuererhöhung ist aber gerade in einem auf Wahlen basierenden System äusserst riskant: Zahlreiche Regierungen wurden bereits aufgrund der von ihnen beschlossenen Steuererhöhungen abgewählt. Eine leichte Erhöhung der Staatsverschuldung wird vom breiten Publikum meist kaum wahrgenommen, während einer Steuererhöhung die ungeteilte, ablehnende Aufmerksamkeit der Medien sowie der Bevölkerung sicher ist.

Ein zweiter politisch-ökonomischer Grund für die tendenziell steigende Staatsverschuldung ist die weit verbreitete institutionelle Tendenz, den Ausgabenbeschluss vom Einnahmenentscheid zu trennen. Eigentlich sollten zusätzliche Staatsausgaben nur dann beschlossen werden, wenn ihre Finanzierung unmissverständlich gesichert ist. Doch häufig werden Ausgaben beschlossen, ohne dass dafür eine entsprechende Finanzierung präsentiert werden muss.

Stimmentausch
Bemühen von Mitgliedern einer Legislative, durch gegenseitige Zusagen für parlamentarische Abstimmungen ihre eigenen politischen Anliegen im Parlament durchzubringen.

Einen dritten politisch-ökonomischen Auslöser einer steigenden Staatsverschuldung stellt der sogenannte *Stimmentausch* dar, also die gegenseitigen Zugeständnisse von Interessengruppen bei verschiedenen Budgetposten. Parlamentarier vertreten oft gewisse regionale oder auch Brancheninteressen. Da kann es für sie attraktiv sein, teure Projekte anderer Parlamentarier zu befürworten, um im Gegenzug für ihr eigenes, teures Projekt Unterstützung zu erhalten. Diese Art von Stimmentausch kann die Staatsausgaben enorm in die Höhe treiben. Oft müssen institutionelle Bremsen für Staatsausgaben oder Staatsverschuldung eingeführt werden, um solche Anreize zum Stimmentausch in den Griff zu bekommen.

14.4 Schweizer Staatsfinanzen

Wir wollen nun die beiden wichtigsten Formen der Staatsfinanzierung konkret am Fall der Schweiz besprechen. Zuerst analysieren wir das Schweizer Steuersystem und danach die Schweizer Staatsverschuldung.

14.4.1 Die wichtigsten Steuern

Pro Jahr nimmt der Staat in der Schweiz heute (exkl. Sozialversicherungen) gut 120 Milliarden Franken an Steuern ein. Sie werden von Bund, Kantonen und Gemeinden erhoben. Im internationalen Vergleich fällt dabei der relativ hohe Anteil der direkten Steuern auf, die mehr als zwei Drittel der Schweizer Steuereinnahmen ausmachen. Im Folgenden soll ein Überblick zu den wichtigsten Formen von direkten und indirekten Steuern in der Schweiz gegeben werden.

Direkte Steuern

Direkte Steuern werden einerseits bei den Haushalten und andererseits bei den Unternehmen erhoben. In beiden Fällen sind zwei Quellen betroffen, die besteuert werden: die laufenden Einkommen und die Vermögen. Abbildung 14.5 gibt eine Übersicht und zeigt die Grössenordnungen.

Einkommenssteuern und Gewinnsteuern (in der Schweiz Ertragssteuern genannt) setzen bei den laufenden Einkommen an, während Vermögens- und Kapitalsteuern auf dem Bestand an Vermögen erhoben werden.

Besteuerung der Haushalte:

Bei den Haushalten wird auf dem laufenden Einkommen die sogenannte *Einkommenssteuer* erhoben. Mit fast 60 Milliarden Franken (im Jahr 2021) ist dies mit einigem Abstand die wichtigste Quelle der Staatseinnahmen. Die Einkommenssteuer wird von Bund, Kantonen und Gemeinden erhoben. Sie setzt einerseits bei den Einkommen aus der Arbeit (beim Lohn) an und andererseits bei den Einkommen aus dem Vermögen (bei Zinserträgen oder Dividenden).

Einkommenssteuer
Direkte Steuer, die als Prozentsatz des laufenden Einkommens erhoben wird.

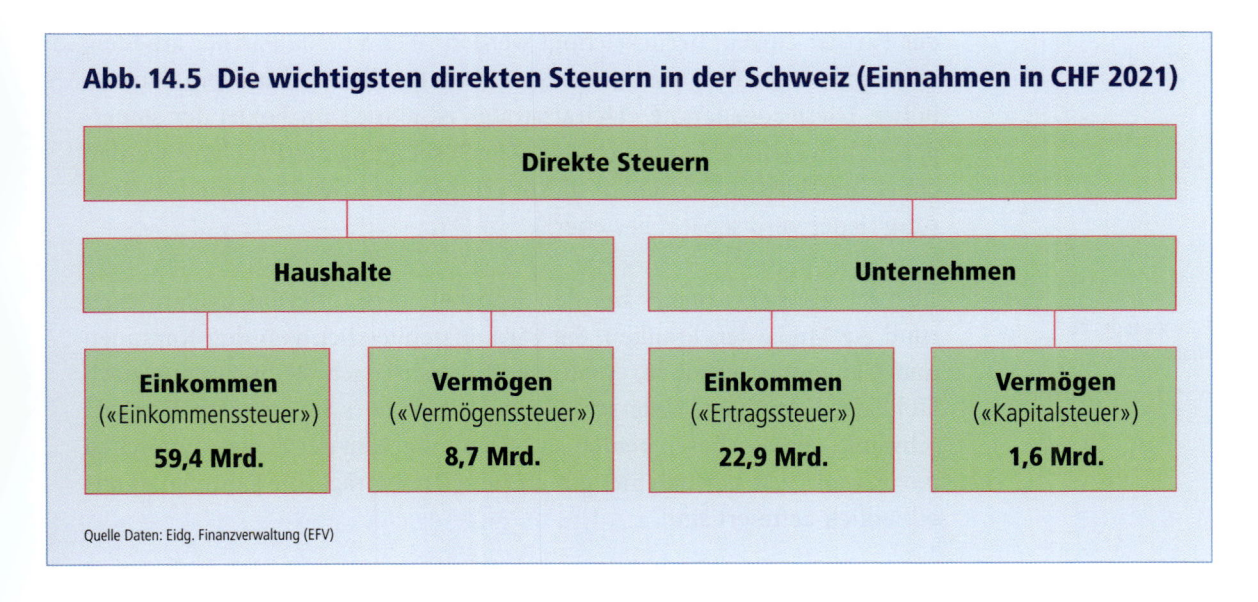

Abb. 14.5 Die wichtigsten direkten Steuern in der Schweiz (Einnahmen in CHF 2021)

- Direkte Steuern
  - Haushalte
    - Einkommen («Einkommenssteuer») 59,4 Mrd.
    - Vermögen («Vermögenssteuer») 8,7 Mrd.
  - Unternehmen
    - Einkommen («Ertragssteuer») 22,9 Mrd.
    - Vermögen («Kapitalsteuer») 1,6 Mrd.

Quelle Daten: Eidg. Finanzverwaltung (EFV)

Wie hoch der Steuersatz – also der Prozentsatz des Einkommens, der an Steuern bezahlt wird – für den jeweiligen Haushalt ist, hängt im Wesentlichen von den drei folgenden Faktoren ab:
- Höhe des Einkommens,
- Wohnort,
- Zivilstand.

Die Einkommenssteuer ist eine progressive Steuer. Das heisst, je höher das Einkommen ausfällt, desto höher liegt der Prozentsatz, der dem Staat abgeliefert werden muss. Eine ledige, unselbstständig erwerbstätige Person mit einem jährlichen Einkommen von 50 000 Franken zahlt zum Beispiel in der Schweiz im Durchschnitt aller Gemeinden rund 9,15 % Steuern, eine Person mit einem Einkommen von 500 000 Franken aber etwa 21 %. Die zweite Person hat also ein 10-mal höheres Einkommen als die erste, zahlt aber etwa 24-mal mehr Steuern (4575 Franken versus 105 000 Franken). Die Steuersätze auf Bundesebene sind in der ganzen Schweiz gleich hoch; sie unterscheiden sich aber auf der Ebene von Kantonen und Gemeinden, womit der Wohnort ebenfalls über die Höhe des Steuersatzes bestimmt. Die Unterschiede können dabei erklecklich sein: Eine alleinstehende Person mit einem Einkommen von 80 000 Franken zahlt beispielsweise in der Stadt Zug im gleichnamigen Kanton gut 6,9 % Einkommenssteuern, während es in der Stadt Neuenburg 20,3 % sind. Auch die Abzugsmöglichkeiten und die Steuerfreibeträge weisen grössere kantonale und kommunale Unterschiede auf. Schliesslich spielt auch noch der Zivilstand eine Rolle, da das Einkommen zweier verheirateter Personen bei der Berechnung des Steuersatzes addiert wird, während bei Unverheirateten die Einkommen der Partner einzeln berücksichtigt werden. Wenn beide Partner arbeiten, ist aufgrund der Progression der Steuersatz für die Verheirateten deutlich höher. Diese sogenannte «Heiratsstrafe» ist aktuell im Fokus der steuerpolitischen Debatte in der Schweiz. Zur Beseitigung des Problems werden dabei verschiedene Varianten diskutiert, u. a. jene der Individualbesteuerung (jeder wird separat besteuert).

Vermögenssteuer
Direkte Steuer, die als Prozentsatz des Bestandes an Vermögen erhoben wird.

Aus der *Vermögenssteuer* bei den Haushalten resultierten im Jahr 2021 rund 8,7 Milliarden Franken. Sie wird ausschliesslich von den Kantonen und Gemeinden erhoben. Auch hier gibt es je nach Wohnsitz und nach Höhe des Vermögens Unterschiede in der Höhe des Steuersatzes. Der Satz schwankt gemäss diesen beiden Kriterien innerhalb der Schweiz zwischen 0,03 % und 1 %. Und auch hier gibt es Steuerfreibeträge, die kantonal unterschiedlich definiert sind.

Besteuerung der Unternehmen:

Bei den Unternehmen wird auf dem laufenden Einkommen die Gewinnsteuer oder Ertragssteuer erhoben, die mit knapp 23 Milliarden Franken ebenfalls eine bedeutende staatliche Einkommensquelle darstellt. Auf Bundesebene beträgt der Steuersatz einheitlich 8,5 %. Das Vermögen der Unternehmen wird schliesslich mit der sogenannten Kapitalsteuer belegt, die mit rund 1,6 Milliarden Franken weniger bedeutend ist. Wie die Vermögenssteuer der Haushalte wird sie nur von Kantonen und Gemeinden erhoben. Auch hier treten grössere Unterschiede in der Belastung auf, schwankt doch der Steuersatz zwischen 0 % und 0,53 %.

Indirekte Steuern

Die eindeutig wichtigste indirekte Steuer ist die *Mehrwertsteuer*. Sie beschert dem Schweizer Staat pro Jahr etwa 25 Milliarden Franken Einnahmen. Die Mehrwertsteuer wird vom Bund erhoben. Wie der Name besagt, wird lediglich der Mehrwert besteuert. Wenn also ein Unternehmen ein Gut oder eine Dienstleistung für 100 Franken verkauft und für die Produktion Zwischenprodukte im Wert von 80 Franken benötigt, dann werden lediglich die 20 Franken Wertschöpfung besteuert. Das Unternehmen kann bei der Berechnung der fälligen Mehrwertsteuer die bereits auf die Vorleistungen bezahlte Steuer abziehen; man spricht hier vom sogenannten Vorsteuerabzug.

Mehrwertsteuer
Indirekte Steuer, die als Prozentsatz des Mehrwerts (Verkaufspreis abzüglich Preis der Vorleistungen) der verkauften Güter und Dienstleistungen erhoben wird.

Die Mehrwertsteuer ist in der Abwicklung relativ komplex. Dies vor allem auch angesichts der Tatsache, dass es nicht nur einen Steuersatz gibt, sondern deren drei. Der normale Satz beträgt 8,1 %, der reduzierte Steuersatz für «Güter des täglichen Bedarfs» beläuft sich auf 2,6 %, Beherbergungsleistungen (wie z. B. Hotelübernachtungen) werden mit 3,8 % besteuert. Eine ganze Reihe von Gütern und Dienstleistungen sind zudem von der Mehrwertsteuer befreit. Die verschiedenen Steuersätze und die Ausnahmen führen zu Abgrenzungsproblemen, die den administrativen Aufwand der Besteuerung sowohl für die Unternehmen als auch für den Staat deutlich erhöhen.

In den laufenden wirtschaftspolitischen Diskussionen wird in der Schweiz vor diesem Hintergrund auch von der Vision einer «idealen Mehrwertsteuer» gesprochen, bei der alle Ausnahmen beseitigt wären. Da es aber bei jeder Ausnahme und jedem reduzierten Satz um sehr hohe Beträge geht, ist das natürlich ein ehrgeiziges Projekt.

Föderalismus
Zusammenschluss einzelner Gebietskörperschaften zu einem grösseren Staatenbund unter Bewahrung eines grossen Masses ihrer Eigenständigkeit.

14.4.2 Der ausgeprägte Finanzföderalismus

Die Schweiz kennt bekanntlich einen ausgesprochen föderalistischen Staatsaufbau. In keinem anderen wirtschaftspolitischen Bereich manifestiert sich dieser *Föderalismus* wohl so ausgeprägt wie in der Finanzpolitik. Wir zeigen dies zunächst am Steuersystem und analysieren dann die Vor- und Nachteile des Finanzföderalismus.

Föderalismus im Schweizer Steuersystem

Der dezentrale Staatsaufbau der Schweiz zeigt sich schon darin, dass neben dem Bund auch die 26 Kantone eigene Verfassungen haben. Noch deutlicher aber manifestiert sich der ausgeprägte Föderalismus in der Tatsache, dass eine Aufgabe grundsätzlich in die kantonale Kompetenz fällt, ausser die Bundesverfassung weist sie explizit dem Bund zu. Das gilt insbesondere auch für die Steuern. Weil Verfassungsänderungen auf Bundesebene in einer obligatorischen Volksabstimmung das doppelte Mehr von Stimmenden und Kantonen benötigen, ist diese kantonale Steuerhoheit stark verankert.

Rund zwei Drittel der gesamten Staatseinnahmen (exkl. Sozialversicherungen) erheben in der Schweiz die Kantone und Gemeinden. Bei den Ausgaben beträgt der Anteil gut drei Viertel. Die Differenz wird durch den sogenannten vertikalen Finanzausgleich gedeckt. Die indirekten Steuern werden ausschliesslich vom Bund erhoben, während die Vermögenssteuern im weitesten Sinne den Kantonen und Gemeinden vorbehalten sind. Ein Konkurrenzverhältnis besteht bei den direkten Steuern auf den laufenden Einkommen (Einkommens- und Gewinnsteuern), die sowohl vom Bund als auch von Kantonen und Gemeinden erhoben werden können.

Die im Verhältnis zu anderen Ländern ungewöhnlich grosse Bedeutung von Kantonen und Gemeinden zeigt sich wie oben erwähnt auch bei den Staatsausgaben. Im Jahre 2022 betrugen die Bundesausgaben lediglich rund 33% der gesamten Staatsausgaben. Rund 42% aller Ausgaben entfielen auf die Kantone und 25% auf die Gemeinden.

Vorteile des Finanzföderalismus

Ohne Zweifel hat der im internationalen Vergleich ausgeprägte Schweizer Föderalismus im Finanzbereich Effizienzvorteile. Der erste und wohl auch wichtigste dieser Vorteile ist der finanzpolitische Wettbewerb zwischen Kantonen und zwischen Gemeinden.

Im Allgemeinen ist es für eine Person oder ein Unternehmen ziemlich einfach, innerhalb eines Landes den Wohnort oder den Unternehmensstandort zu wechseln; dies gilt in besonderem Masse in einem so kleinen Land wie der Schweiz. Die disziplinierende Wirkung dieser «Abstimmung mit den Füssen» spielt in einem föderativen System eine grössere Rolle als in einem System, in dem Steuern und Staatsausgaben vor allem auf Bundesebene anfallen. Über die Finanzpolitik besteht in der Schweiz denn auch ein starker Wettbewerb zwischen einzelnen Kantonen und einzelnen Gemeinden. Bietet ein Kanton besonders gute steuerliche Rahmenbedingungen, ist es für Unternehmen oder Private interessant, sich in diesem Kanton anzusiedeln. Dabei reagieren meist vor allem die guten Steuerzahlerinnen und Steuerzahler auf solche Unterschiede, was disziplinierend auf das Finanzgebaren der öffentlichen Hand wirkt. Kaum ein Kanton oder eine Gemeinde kann es sich leisten, ein grob ineffizientes Steuersystem aufrechtzuerhalten.

Ein gutes Beispiel dafür sind die gescheiterten Versuche einzelner Kantone, Reichtumssteuern einzuführen, also reiche Steuerzahlende besonders hoch zu belasten. Denn diese verliessen daraufhin den betreffenden Kanton und zogen in Kantone ohne derartige Sonderlasten, oder sie konnten überzeugend mit einem solchen Schritt drohen. In der kleinräumigen Schweiz ist dies relativ einfach, da oft nicht einmal der Arbeitsplatz gewechselt werden muss, wenn man den Wohnort ändert. Dieses Abwandern in steuergünstigere Kantone führt dazu, dass derartige Reichtumssteuern nicht durchzusetzen sind.

Der starke Standortwettbewerb über die Fiskalpolitik senkt also tendenziell die Steuerbelastung. Überdies werden durch den Wettbewerb auch die Staatsausgaben effizienter gestaltet. Ein Kanton, der seine Steuereinnahmen ineffizient einsetzt und schlechte staatliche Dienstleistungen anbietet, riskiert nämlich ebenfalls die Abwanderung attraktiver Steuerzahler.

> **Subsidiarität**
> Prinzip, nach dem übergeordnete Gebietskörperschaften eine staatliche Aufgabe nur dann übernehmen, wenn untergeordnete dazu nicht oder nur ineffizient in der Lage sind.

Von Vorteil ist es auch, dass der Finanzföderalismus dem Prinzip der *Subsidiarität* entspricht. Staatsausgaben und Staatseinnahmen sollten stets auf der tiefstmöglichen Ebene anfallen, weil dann die Präferenzen der Bürgerinnen und Bürger bestmöglich berücksichtigt werden. So wäre es wenig sinnvoll, den Entscheid über den Bau eines neuen Gemeindeschwimmbads auf Bundesebene zu fällen. Ein starker Finanzföderalismus führt dazu, dass die wirklich Betroffenen möglichst direkt über Steuern und Staatsausgaben entscheiden können.

Nachteile des Finanzföderalismus

Daneben weist der ausgeprägte Finanzföderalismus aber auch Nachteile auf. Die vielen unterschiedlichen Steuerebenen führen zu einer beträchtlichen Komplexität, die eine effiziente Umsetzung und Administration des Steuersystems nicht unbedingt begünstigt.

Auch kann der Finanzföderalismus dazu führen, dass gewisse Prozesse aus Effizienzsicht auf einer zu tiefen Ebene angesiedelt sind und daher potenzielle Grössenvorteile ungenutzt bleiben. So ist es meist ineffizient, wenn sich kleine Gemeinden eigene Gemeindeverwaltungen oder Legislativen leisten müssen. Auch werden Verbundaufgaben, d. h. Staatsausgaben, die mehrere Kantone oder Gemeinden betreffen, oft nicht wirklich effizient wahrgenommen, weil deren inhärente Grössenvorteile nicht genügend genutzt werden. Auch aus diesem Grund hat die Schweiz eine wichtige Institution geschaffen, die den Finanzföderalismus zu einem gewissen Grad durchbricht, nämlich den sogenannten Finanzausgleich.

Der Finanzausgleich

> **Finanzausgleich**
> Finanzielle Umverteilung zwischen den Teilbereichen eines föderalistisch organisierten Staates unter Berücksichtigung ihrer Leistungsfähigkeit und Sonderlasten.

In drei Formen institutionalisiert der *Finanzausgleich* die breit angelegte Umverteilung der Steuereinnahmen zwischen Bund, Kantonen und Gemeinden.

Die erste Form ist die Beteiligung der Kantone an den Bundeseinnahmen, da gewisse Steuern, wie beispielsweise die Mehrwertsteuer, aus Effizienzgründen auf Bundesebene erhoben werden. Ebenso sind hier die Kantonsanteile am Gewinn der Nationalbank und an den Treibstoffabgaben zu erwähnen. Andererseits fliessen auch von den Kantonen an den Bund gewisse Mittel, und zwar die Kantonsbeiträge an die Sozialwerke des Bundes.

Die zweite Form bildet der sogenannte freie Finanzausgleich, eine Umverteilung ungebundener Mittel von eher reichen zu eher finanzschwachen Kantonen. Ungebunden ist dieser Ausgleich, weil das Geld nicht an einen bestimmten Verwendungszweck gebunden ist, sondern im Prinzip einen Beitrag ans allgemeine Budget darstellt.

Die dritte Form stellt der zweckgebundene Finanzausgleich dar, bei dem die Finanzhilfe vom Bund an die Kantone über Beiträge an konkrete Projekte erfolgt. Dies kann beispielsweise den Strassenbau oder das Schulwesen betreffen.

Da, wie gesagt, der Finanzausgleich auch Mittel von den finanzstarken an die finanzschwachen Kantone umverteilt, bemisst sich die Höhe der Transfers meist an einem Index, der die Finanzkraft der Kantone berücksichtigt. Dabei werden die Kantone auf der Basis von Indikatoren, wie dem kantonalen Pro-Kopf-Einkommen oder dem Anteil an Berggebiet, in drei Kategorien eingeteilt: finanzstarke Kantone (z. B. Zug oder Zürich), mittelstarke Kantone (z. B. Waadt oder Aargau) und finanzschwache Kantone (z. B. Wallis oder Bern). Nettozahler im Finanzausgleich sind die finanzstarken Kantone, während die beiden anderen Kategorien in unterschiedlicher Intensität Nettoempfänger sind.

Mit der Zeit wurde der Finanzausgleich ein immer komplexeres, undurchsichtigeres und ineffizienteres Gebilde. Dies hat dazu geführt, dass mit dem sogenannten Neuen Finanzausgleich die verschiedenen Aufgaben entflochten und klarer zugeteilt wurden, was den Finanzausgleich insgesamt deutlich vereinfacht. Diese Neugestaltung des Finanzausgleichs gehört zu den komplexesten Schweizer Reformen der letzten Jahre; sie wurde im Jahre 2004 vom Volk angenommen und wird seither umgesetzt.

14.4.3 Die Schuldenbremse

In der Schweiz stiegen die Schulden in den 1990er-Jahren merklich an. Dazu kam (und kommt) die *implizite Staatsverschuldung* aufgrund zukünftiger Ansprüche aus den Sozialversicherungen. Entsprechende Untersuchungen zeigen, dass bei Berücksichtigung der impliziten Staatsverschuldung die tatsächlichen Schulden der Schweiz und auch der meisten anderen OECD-Länder deutlich höher liegen.

Der starke Anstieg der Verschuldung in der Schweiz führte zu deutlichen politischen Reaktionen und im Jahre 2001 wurde die sogenannte

Implizite Staatsverschuldung
Schulden, die sich aus den zukünftigen staatlichen Verpflichtungen ergeben (z.B. aus zukünftigen Ansprüchen aus den Sozialversicherungen). Um die gesamten Staatsschulden zu ermitteln, muss die implizite zur expliziten (ausgewiesenen) Staatsverschuldung hinzugerechnet werden.

Schuldenbremse mit überwältigender Mehrheit vom Volk angenommen; sie ist seither explizit in der Verfassung verankert. Die Grundidee der Schuldenbremse besagt, dass man längerfristig keine zusätzliche Verschuldung mehr zulässt, aber kurzfristig die konjunkturelle Situation berücksichtigt. Demnach sollte die Staatsverschuldung über einen ganzen Konjunkturzyklus hinweg konstant bleiben. In einer Rezession darf also die Staatsverschuldung ansteigen, was jedoch in einer Phase wirtschaftlichen Aufschwungs wieder kompensiert werden muss, indem sie mittels Budgetüberschüssen wieder abgebaut wird. Über den ganzen Konjunkturzyklus gesehen, müssen gemäss der Schuldenbremse die Ausgaben gleich den Einnahmen sein. Abbildung 14.6 zeigt schematisch die Funktion der Schuldenbremse.

Als schwarze Gerade ist die Trendentwicklung des Bruttoinlandproduktes abgetragen. Sie ist stark mit der Entwicklung der Staatsausgaben korreliert. Die rote Kurve zeigt die Entwicklung des laufenden Bruttoinlandproduktes mit den typischen Konjunkturschwankungen. Dieses ist stark mit den Staatseinnahmen korreliert, die erfahrungsgemäss sehr von der konjunkturellen Entwicklung abhängig sind.

Umgesetzt wird die Schuldenbremse über eine simple Ausgabenregel nach folgender Formel:

$$\text{Ausgaben} = \text{Einnahmen} \times \frac{\text{Trend BIP}}{\text{BIP}}$$

Befinden wir uns in einer schlechten Wirtschaftslage, so ist das laufende BIP kleiner, als es wäre, wenn es entsprechend dem Trend gewachsen wäre. Der Ausdruck $\frac{\text{Trend BIP}}{\text{BIP}}$ ist dann grösser als 1, sodass die Ausgaben höher als die Einnahmen sein dürfen. Da ein Budgetdefizit zugelassen wird, kann so in einer Rezession die Wirtschaft trotz Schuldenbremse über die Staatsausgaben stimuliert werden. Umgekehrt ist in einer guten Wirtschaftslage der Ausdruck $\frac{\text{Trend BIP}}{\text{BIP}}$ kleiner als 1, da das BIP höher ist, als es wäre, wenn die Wirtschaft sich mit dem Trendwachstum entwickelt hätte. Gemäss Formel der Schuldenbremse sind deshalb in einem Boom die Ausgaben kleiner als die Einnahmen. Die Dynamik der Wirtschaftsentwicklung wird also durch einen Budgetüberschuss gebremst.

Anhand der zwei soeben erläuterten Funktionen der Schuldenbremse wird klar, dass sie in ausgeprägter Weise als automatischer Stabilisator wirkt – ein Konzept, das in Kapitel 10 eingehender dargelegt wird.

Abb. 14.6 Konjunkturzyklus und Schuldenbremse

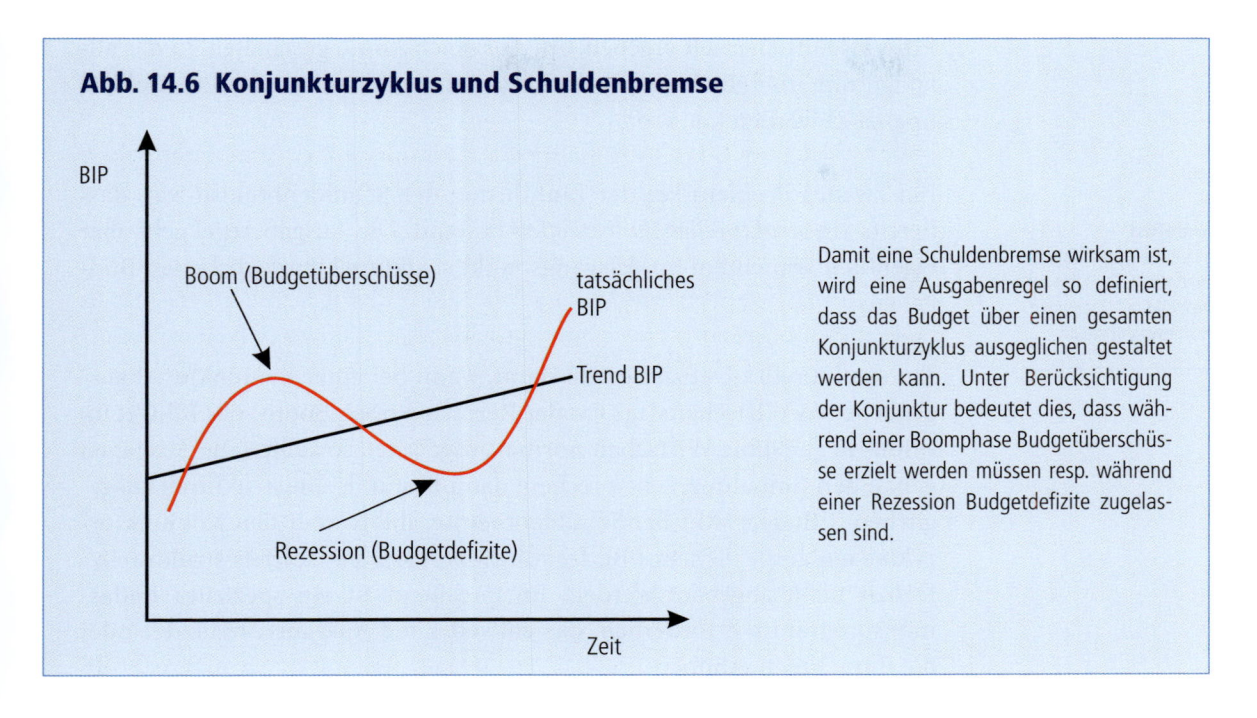

Damit eine Schuldenbremse wirksam ist, wird eine Ausgabenregel so definiert, dass das Budget über einen gesamten Konjunkturzyklus ausgeglichen gestaltet werden kann. Unter Berücksichtigung der Konjunktur bedeutet dies, dass während einer Boomphase Budgetüberschüsse erzielt werden müssen resp. während einer Rezession Budgetdefizite zugelassen sind.

Die Grundidee ist dieselbe wie diejenige des Stabilitäts- und Wachstumspakts der EU. Dort gilt die Regel, dass in einer Rezession ein Budgetdefizit von nicht mehr als 3 % des Bruttoinlandproduktes zulässig ist. Im Unterschied zur Schweizer Schuldenbremse besteht aber keine analoge Regel für den Boom. In der EU muss während einer Hochkonjunktur nicht unbedingt ein entsprechender Budgetüberschuss erzielt werden, was diese Regel asymmetrisch macht. Damit ist die Schuldenbremse von der Konzeption her strikter. Die grossen Vorteile der Schweizer Schuldenbremse wurden während der Grossen Finanzkrise offensichtlich. Inzwischen plant die EU, ihre Mitgliedsländer zur Einführung von Schuldenbremsen nach Schweizer Vorbild zu verpflichten.

Allerdings ist auch die Schweizer Schuldenbremse in der Umsetzung nicht unproblematisch. Die grösste Schwierigkeit besteht darin, dass die meisten Grössen der genannten Formel geschätzt werden müssen. Wir kennen im Moment der Budgeterstellung weder die Einnahmen noch das zukünftige Bruttoinlandprodukt. Und auch die Trendentwicklung ist natürlich nur eine geschätzte Grösse. Für die Umsetzung benötigen wir deshalb eine Konjunkturprognose, die direkt das reale Bruttoinlandprodukt sowie indirekt (das heisst über eine Schätzung der Beziehung zwischen BIP und Steuererträgen) die Entwicklung der Einnahmen vorhersagen kann. Daher wurde bei der Schuldenbremse für Fehlbeträge, die sich aus dieser

Prognoseunsicherheit ergeben, ein Ausgleichskonto geschaffen, in das allfällige unvorhergesehene Überschüsse eingezahlt oder aus dem Defizite finanziert werden können.

Ein zweites Problem bei der Einführung der Schuldenbremse war, dass bereits ein *strukturelles Budgetdefizit* bestand. Die Ausgaberegel geht aber eigentlich von einem im Ausgangspunkt strukturell ausgeglichenen Budget aus.

Strukturelles Budgetdefizit
Budgetdefizit, das auch in einer konjunkturell ausgeglichenen Situation besteht. Dies hat zur Folge, dass die Staatsverschuldung über einen ganzen Konjunkturzyklus hinweg ansteigt.

Ein strukturelles Defizit besteht dann, wenn bei einer konjunkturell ausgeglichenen Wirtschaftslage (weder Rezession noch Boom) das Budget im Minus liegt. Ist die Wirtschaft normal ausgelastet, so sollten die Ausgaben genau den Einnahmen entsprechen; dann bestünde ein strukturell ausgeglichenes Budget. Mit der Schuldenbremse, die ja über den Konjunkturzyklus ein ausgeglichenes Budget anstrebt, kann ein solches strukturelles Defizit nicht abgebaut werden. Entsprechend ist ein spezielles Entlastungsprogramm erforderlich, das entweder die Ausgaben reduziert oder die Einnahmen erhöht.

Das unerwartet grosse strukturelle Defizit bei der Einführung der Schuldenbremse am Anfang des letzten Jahrzehnts machte deshalb gleichzeitig finanzpolitische Korrekturprogramme notwendig, die natürlich zu einem gewissen Grad die Schuldenbremse überlagerten.

Zusammenfassung

1. Der Staat kann sich über Steuern, über Verschuldung oder über die Geldschöpfung finanzieren. Schulden auf dem Kapitalmarkt müssen irgendwann zurückgezahlt werden, und die Geldschöpfung als Finanzierungsquelle führt zu unhaltbaren Inflationsproblemen. Langfristig nachhaltig ist deshalb nur die Finanzierung über ordentliche Steuereinnahmen.

2. Steuern führen zu Veränderungen der relativen Preise; und zwar unabhängig davon, ob es sich um direkte oder indirekte Steuern handelt. Wie jede künstliche Veränderung von Preisen führt dies zu einem Wohlfahrtsverlust.

3. Die Höhe der Wohlfahrtsverluste hängt vor allem von zwei Faktoren ab: der Elastizität von Angebot und Nachfrage des besteuerten Gutes sowie der Höhe der Steuer. Je elastischer Angebot oder Nachfrage reagieren, desto stärker ist die Mengenreaktion auf die Preisveränderung, und desto höher ist folglich der Wohlfahrtsverlust. Und je höher der Steuersatz ist, desto stärker wird die Wohlfahrt beeinträchtigt.

4. Wer die Steuer letztlich bezahlt, hängt von der Elastizität ab. Ist etwa die Nachfrage unelastisch und das Angebot elastisch, dann wird der grösste Teil der Steuer durch die Nachfrager bezahlt. Dies liegt daran, dass die unelastische Marktseite den Steuern weniger ausweichen kann als die elastische.

5. Staatsverschuldung kann entweder auf inländischen oder auf ausländischen Kapitalmärkten getätigt werden. Verschuldet sich der Staat im Inland, so führt die dadurch ausgelöste Zinserhöhung zu einer teilweisen Verdrängung inländischer Investitionen. Verschuldet er sich im Ausland und tauscht das Kapital dann in inländische Währung um, so führt die dadurch ausgelöste Aufwertung der Währung zu einem Rückgang der Nettoexporte.

6. Die Vorteile der Staatsverschuldung liegen darin, dass Investitionen auch von späteren Generationen, die davon profitieren, mitbezahlt werden. Ausserdem führt die Möglichkeit der Verschuldung dazu, dass der Staat das Budget nicht jederzeit ausgleichen muss, was aus konjunktureller Sicht von Vorteil ist. Keines dieser Argumente spricht aber für eine stetig steigende Staatsverschuldung.

7. Die Nachteile der Staatsverschuldung liegen in der Verdrängung privater Investitionen, den steigenden Zinszahlungen, die das Budget belasten, und der Verlockung zur Monetisierung der Schuld, also des Schuldenabbaus über eine inflationäre Geldpolitik. Zudem hinterlässt man späteren Generationen Schulden, ohne dass diese darüber hätten mitbestimmen können.

8. Die Schweiz weist ein ausgesprochen föderalistisches Steuersystem auf. Der grössere Teil der Steuereinnahmen fällt auf Kantons- oder Gemeindeebene an. Im internationalen Vergleich ist zudem der relativ geringe Anteil der indirekten Steuern und folglich der tiefe Mehrwertsteuersatz bemerkenswert.

9. Die Staatsverschuldung stieg in der Schweiz in den 1990er-Jahren stark an. Mit der Schuldenbremse wurde auf Bundesebene ein Mechanismus geschaffen, der ein weiteres Anwachsen der Schulden verhinderte. Gemäss Schuldenbremse muss das Bundesbudget über den Konjunkturzyklus hinweg ausgeglichen sein; Defizite während einer Rezession sind zugelassen, müssen aber mit Überschüssen in der Hochkonjunktur abgebaut werden.

Repetitionsfragen

- Welche Formen der Finanzierung der Staatseinnahmen können unterschieden werden? Bitte beschreiben Sie jede dieser Kategorien mit zwei Sätzen.

- Was besagt das Konzept der Ricardianischen Äquivalenz?

- Zeigen Sie grafisch den Wohlfahrtsverlust, der bei einer Steuer entsteht, die auf der Nachfrageseite erhoben wird. Durch welche Faktoren wird die Höhe des Wohlfahrtsverlusts beeinflusst?

- Zeigen Sie grafisch die Steuerinzidenz, wenn auf ein relativ unelastisches Angebot eine Steuer erhoben wird. Wie sieht die Steuerinzidenz bei einer Luxussteuer aus? Begründen Sie Ihre Antwort.

- Welche zwei Finanzierungsquellen können unterschieden werden, wenn es um die Finanzierung von Budgetdefiziten geht?

- Welche Vor- und Nachteile der Staatsverschuldung können unterschieden werden?

- Nennen Sie Gründe für das tendenzielle Ansteigen der Staatsverschuldung.

- Welche Vor- und Nachteile ergeben sich aus dem Finanzföderalismus?

- Erklären Sie, wie die Schuldenbremse in der Schweiz funktioniert und wieso sie ein automatischer Stabilisator ist.

ZENTRALE BEGRIFFE

Steuer S.424	Laffer-Kurve S.434	Einkommenssteuer S.445
Direkte Steuer S.424	Steuerinzidenz S.435	Vermögenssteuer S.446
Indirekte Steuer S.424	Luxussteuer S.436	Mehrwertsteuer S.447
Staatsverschuldung S.425	Crowding-out S.438	Föderalismus S.448
Ricardianische Äquivalenz S.426	Steuerglättung S.440	Subsidiarität S.450
Inflationssteuer S.427	Makroökonomische Stabilisierung S.440	Finanzausgleich S.450
Finanzpolitik S.427	Monetisierung der Verschuldung S.442	Implizite Staatsverschuldung S.451
Preiselastizität S.430	Stimmentausch S.444	Strukturelles Budgetdefizit S.454

15 Einkommensverteilung und Sozialwerke

Prognosen sind in der Ökonomie immer mit grosser Unsicherheit behaftet; man denke nur an die Schwierigkeiten mit Konjunkturprognosen, die ja lediglich das Wirtschaftswachstum im kommenden Jahr abschätzen möchten. Vor diesem Hintergrund scheint eine Prognose bezüglich der wirtschaftlichen Entwicklungen in den nächsten 20 bis 30 Jahren geradezu tollkühn. Es gibt aber ein ganz wesentliches Element, über dessen Verlauf wir uns doch ziemlich sicher sein können: die Bevölkerungsentwicklung. Die Personen, die in 50 Jahren pensioniert werden, sind heute schon geboren. Zudem sind wichtige Faktoren der demografischen Entwicklung, wie die Geburtenquote oder die Lebenserwartung, ziemlich präzise prognostizierbar oder ändern sich zumindest nicht abrupt. Aus diesem Grund wissen wir heute schon, dass uns die Bevölkerungsalterung in den kommenden Jahrzehnten wohl die grössten wirtschaftspolitischen Herausforderungen auferlegen wird. Im Zentrum stehen dabei die Sozialwerke, insbesondere die Finanzierung der Altersvorsorge.

Die Bedeutung der Umverteilung über sozialpolitische Instrumente als Anteil der Staatsausgaben hat in den letzten Jahren markant zugenommen, und die Überalterung dürfte in den kommenden Jahrzehnten dafür sorgen, dass dieser Trend ungebremst weitergeht. Die Sozialpolitik ist wirtschaftspolitisch eng mit der Finanzpolitik verknüpft, da ihre geordnete und möglichst wenig verzerrende Finanzierung zu den zentralen finanzpolitischen Fragen gehört.

In diesem Kapitel wollen wir uns zunächst generell mit der Einkommensverteilung befassen, um dann die wichtigsten ökonomischen Fragestellungen im Zusammenhang mit der Finanzierung der Sozialwerke zu analysieren. Es ist wie folgt aufgebaut:
▶ 15.1 analysiert den möglichen Gegensatz zwischen Effizienz und Verteilungsgerechtigkeit.
▶ 15.2 zeigt, wie man die Einkommensverteilung messen kann, und listet die wichtigsten Arten der Umverteilung auf.
▶ 15.3 erläutert die drei Säulen der Schweizer Altersvorsorge.
▶ 15.4 betrachtet die erste Säule und analysiert die Herausforderung der Bevölkerungsalterung für die AHV.
▶ 15.5 diskutiert die wichtigsten Herausforderungen für die zweite Säule der Schweizer Altersvorsorge, die Pensionskassen.

15.1 Effizienz und Verteilung

15.2 Einkommensverteilung und Umverteilung

15.3 Die drei Säulen der Schweizer Altersvorsorge

15.4 Bevölkerungsalterung und die erste Säule

15.5 Herausforderungen für die zweite Säule

15.1 Effizienz und Verteilung

In den bisherigen Ausführungen haben wir den Erfolg einer Wirtschaftspolitik daran gemessen, wie effizient die Ressourcen eingesetzt werden. Man spricht dabei von der sogenannten Pareto-Effizienz. Sie besagt, dass eine wirtschaftspolitische Massnahme dann effizient ist, wenn sie die Situation für mindestens eine Person in der Gesellschaft verbessert, ohne dadurch die Situation für irgendeine andere Person zu verschlechtern.

Dieses Kriterium kann zu den verschiedenartigsten Verteilungen der erzielten Wohlstandsgewinne führen. Dabei bleibt völlig offen, ob diese als gerecht empfunden werden oder nicht, denn das Pareto-Konzept sagt nichts aus über die Verteilung möglicher Effizienzgewinne. Eine wirtschaftspolitische Massnahme, welche die Reichsten besser stellen würde, ohne dass dies eine Auswirkung auf die Ärmsten hätte, wäre daher aus Sicht der Pareto-Effizienz zu begrüssen. Obwohl eine solche Massnahme niemanden benachteiligt, würden viele sie wohl dennoch als ungerecht empfinden.

> **Einkommensverteilung**
> Verteilung der Einkommen in einer Gesellschaft auf die einzelnen Akteure.

In einem marktwirtschaftlichen System beruht die *Einkommensverteilung* stark auf der Produktivität der Arbeitnehmerinnen und Arbeitnehmer. Ihre Leistung wird entschädigt, und die Höhe der Entschädigung hängt ab von der Wertschätzung, die diese Leistung auf dem Markt erfährt. Daraus ergibt sich eine Verteilung, die keine Rücksicht auf den Bedarf der einzelnen Personen nimmt. Ist eine Person aus verschiedensten Gründen nur beschränkt leistungsfähig, wird sie in einem solchen System ein entsprechend geringes, oft als ungenügend eingestuftes Einkommen erzielen. Will eine Gesellschaft diese Konsequenz des marktwirtschaftlichen Systems nicht akzeptieren, so muss umverteilt werden.

Bei der Integration des Verteilungsproblems in die wirtschaftspolitische Analyse stellen sich jedoch schwierige Fragen. Ob eine Massnahme die Pareto-Effizienz steigert, ist einfach zu beurteilen. Ob jedoch eine Massnahme auch gerecht ist, lässt sich nur schwer objektiv messen. Natürlich gibt es eine gewisse Einigkeit darüber, ob ein Zustand gerecht ist, aber die genaue Definition von Gerechtigkeit unterscheidet sich von Person zu Person.

Zunächst stellt sich die Frage, ob nicht die Gleichverteilung – gleicher Wohlstand für alle – das Ziel sein könnte. Da muss man sich aber im Klaren sein, dass zwischen Effizienz und Verteilung ein gewisser Zielkonflikt besteht. Denn eine absolute Gleichverteilung würde die materiellen Anreize eliminieren, welche die Gesellschaftsmitglieder dazu bewegen, sich in ihren wirtschaftlichen Bestrebungen anzustrengen. Ein guter Teil des Willens zu Innovation und Verbesserung würde erlahmen, womit auch das Wirtschaftswachstum praktisch zum Erliegen käme. Zu einem gewissen Grad konnte man beim Zusammenbruch der kommunistischen Systeme sehen, welche Anreizprobleme man sich mit dem Ziel der Gleichverteilung einhandelt – und dies, obwohl eine wirkliche Gleichverteilung in den kommunistischen Gesellschaften gar nie erreicht werden konnte.

Realistischere Ziele, die eher der Vorstellung einer Verteilungsgerechtigkeit als einer Verteilungsgleichheit entsprechen, versuchen einen Mittelweg zu finden und stützen sich dabei auf verschiedene, zum Teil widersprüchliche Gerechtigkeitskonzepte. Die wichtigsten Ansätze sind hier die Chancengerechtigkeit («unabhängig von der Ausgangslage sollten alle Wege offenstehen»), Leistungsgerechtigkeit («wer sich mehr anstrengt und produktiver ist, sollte mehr erhalten») und Bedarfsgerechtigkeit («wer mehr braucht, sollte mehr erhalten»).

Bei der Verteilungspolitik den goldenen Mittelweg zu finden ist nicht einfach. Verteilt man zu stark um, unterstützt man neben den tatsächlich Bedürftigen auch Personen, die sich bewusst nicht anstrengen. Damit verzerrt man die Anreize unter Umständen so stark, dass eine ineffiziente Situation entsteht, also Ressourcen verschwendet werden.

Wird auf der anderen Seite sehr wenig umverteilt, so empfinden dies die Gesellschaftsmitglieder als ungerecht. Man benachteiligt dann allenfalls auch Personen, die aus verschiedensten triftigen Gründen nicht in der Lage sind, mehr zu leisten. Es gehört deshalb zu den schwierigsten Aufgaben der Politik, sozialpolitische Instrumente so zu konzipieren, dass sich die Verteilungsziele mit möglichst geringen Anreizen zur Verschwendung von Ressourcen erreichen lassen.

15.2 Einkommensverteilung und Umverteilung

Verteilungsfragen spielen in der wirtschaftspolitischen Debatte oft eine sehr wichtige Rolle. Im Folgenden wird aufgezeigt, wie man die Einkommensverteilung misst und welche grundsätzlichen Möglichkeiten es gibt, politisch gewünschte Umverteilungen des Einkommens zu erreichen.

15.2.1 Die Messung der Einkommensverteilung

Da die verschiedensten Vorstellungen darüber bestehen, was eine gerechte Verteilung ist, gibt es entsprechend viele Möglichkeiten, die Verteilungsgerechtigkeit zu messen und zu beurteilen. Als wichtigstes Konzept zur Messung der Verteilung von Einkommen und Vermögen in einer Gesellschaft hat sich der sogenannte *Gini-Koeffizient* durchgesetzt, der in der Abbildung 15.1 grafisch erläutert wird.

Abgetragen sind auf der Horizontalen der kumulative Prozentsatz der Familien und auf der Vertikalen der kumulative Prozentsatz der Einkommen dieser Familien. Am einfachsten versteht man das Konzept, wenn man die Situation auf der Winkelhalbierenden 0B betrachtet. Auf dieser Geraden herrscht absolute Gleichverteilung: 15 % der Familien erhalten zum Beispiel genau 15 % des Einkommens dieser Gesellschaft. In der Realität begegnen wir natürlich nie einer solchen reinen Gleichverteilung. Vielmehr beobachten wir Ungleichverteilungen, die einer bauchigen Kurve, der sogenannten *Lorenzkurve*, entsprechen, wie sie in Abbildung 15.1 eingezeichnet ist. Bei dem konkreten, hier dargestellten Fall in Punkt X besitzen die 50 % schlechtestgestellten Familien dieser Ökonomie 15 % des gesamten Einkommens. Stellt man diese Analyse für jede Bevölkerungsklasse an, so ergibt sich schliesslich die Lorenzkurve. Der Gini-Koeffizient

---

Gini-Koeffizient
Numerisches Mass für die Ungleichheit einer Verteilung. Ein Wert von 0 bedeutet dabei eine völlige Gleichverteilung, ein Wert von 100 entspricht einer extremen Ungleichverteilung, bei der eine einzelne Person alles besitzt.

Lorenzkurve
Grafische Darstellung der Vermögens- und Einkommensverteilung. Die Lorenzkurve gibt Auskunft über das Ausmass der Ungleichheit in einer Gesellschaft.

Abb. 15.1 Gini-Koeffizient

Der Gini-Koeffizient ist ein Mass für die Ungleichverteilung von Einkommen oder Vermögen innerhalb einer Bevölkerung. Dabei werden auf der Abszisse die Anzahl der Familien geordnet nach Einkommen resp. Vermögen abgetragen, auf der Ordinate die kumulativen Einkommen resp. Vermögen dieser Gruppe. In Punkt X der Abbildung verfügen 50 % der Familien über 15 % des gesamten Einkommens. Der Gini-Koeffizient lässt sich durch die folgende Formel berechnen:

$$\text{Gini-Koeffizient} = \frac{\text{Blaue Fläche}}{\text{Dreieck 0AB}} \times 100$$

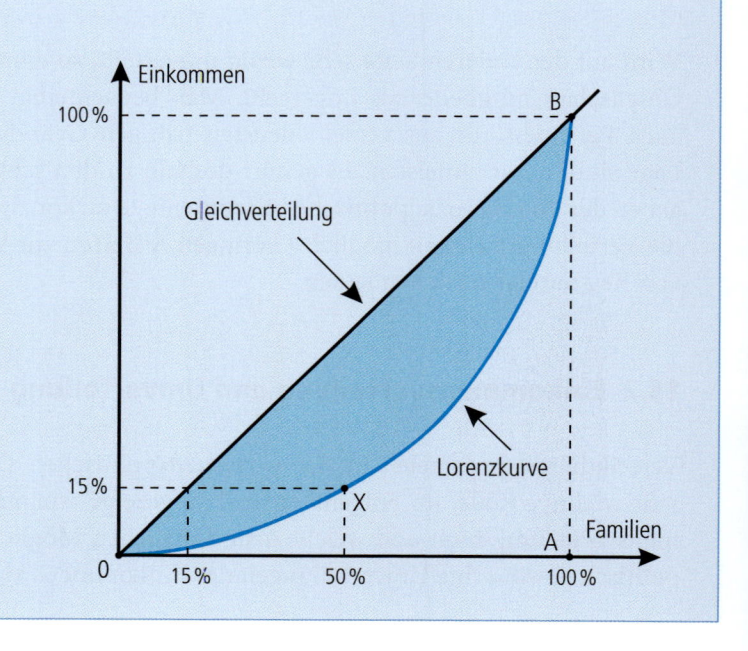

berechnet sich dann als der Quotient zwischen der in der Grafik blauen Fläche zwischen Lorenzkurve und Winkelhalbierender und dem Dreieck 0AB. Dieser Wert wird noch mit 100 multipliziert, sodass der Gini-Koeffizient Werte zwischen 0 und 100 annimmt. Je näher die Lorenzkurve an der Winkelhalbierenden liegt, desto ausgeglichener ist die Einkommensverteilung. Die blaue Fläche wird dann kleiner, und damit reduziert sich auch der Gini-Koeffizient. Bei vollständiger Gleichverteilung würde die blaue Fläche verschwinden und der Gini-Koeffizient wäre gleich null. Bestünde dagegen eine extrem ungleiche Verteilung, sodass eine Person das gesamte Einkommen besässe, dann betrüge der Gini-Koeffizient 100.

In Abbildung 15.2 ist der Gini-Koeffizient für verschiedene Länder eingetragen. Wir sehen, dass ein Schwellenland wie Brasilien eine ungleichere Einkommensverteilung aufweist als die anderen hier dargestellten Länder. Sein Gini-Koeffizient ist deutlich höher.

Zudem erkennen wir, dass die USA eine ungleichere Einkommensverteilung aufweisen als die westeuropäischen Länder. Insgesamt lässt sich im internationalen Vergleich festhalten, dass reiche Industrieländer in der Regel relativ tiefe Gini-Koeffizienten haben, vor allem auch, da sie meist ausgebaute Systeme der sozialpolitischen Umverteilung kennen. Schwellenländer haben im Vergleich dazu eine ungleichere Einkommensverteilung.

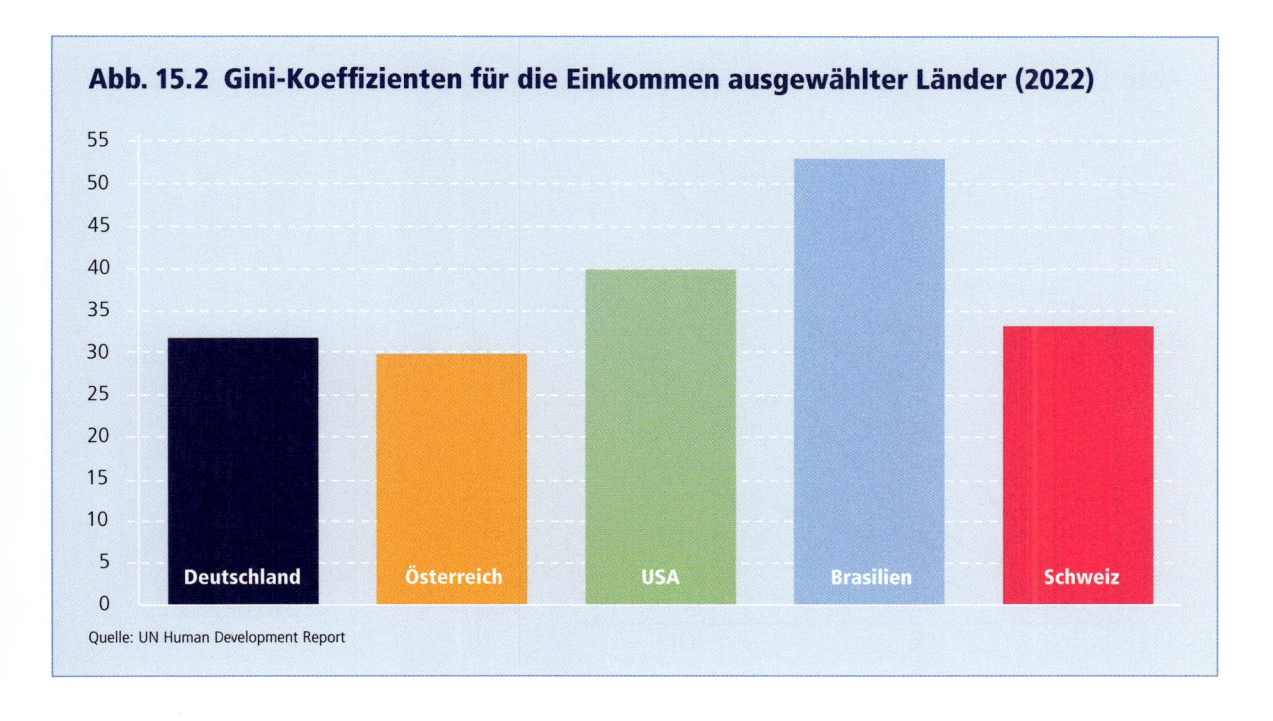

Abb. 15.2 Gini-Koeffizienten für die Einkommen ausgewählter Länder (2022)

Land	Gini-Koeffizient
Deutschland	ca. 32
Österreich	ca. 30
USA	ca. 40
Brasilien	ca. 53
Schweiz	ca. 33

Quelle: UN Human Development Report

Staatlicher Transfer
Durch staatliche Institutionen gewährte Einkommenszahlung ohne Gegenleistung.

Neben den Löhnen aus Erwerbstätigkeiten bestimmen auch die Vermögen die Verteilungssituation. Normalerweise sind diese wesentlich ungleicher verteilt, was sich auch anhand der entsprechenden Gini-Koeffizienten nachweisen lässt. Daneben gibt es natürlich neben dem Lohn und den Erträgen aus dem Vermögen (oder dem Vermögensverzehr) noch eine dritte Quelle für die Einkommen der Einzelnen, und zwar die *staatlichen Transfers*. In Abbildung 15.3 finden wir die Grundidee staatlicher Transfers dargestellt, nämlich die Reduktion der Ungleichheit in der Einkommensverteilung.

Wir sehen in der Grafik, dass durch die staatlichen Transfers die Lorenzkurve im Vergleich zur Ausgangslage nach innen verschoben wird, womit sich der Gini-Koeffizient verkleinert.

15.2.2 Arten der Umverteilung

Entschliesst sich eine Gesellschaft dazu, Umverteilungen vorzunehmen, so stehen dem Staat zwei Möglichkeiten offen: Einerseits kann er die Umverteilung über die Einnahmenseite des staatlichen Budgets und andererseits über dessen Ausgabenseite umsetzen.

Über die Einnahmenseite geschieht dies im Wesentlichen durch eine entsprechende Ausgestaltung des Steuersystems. Ist dieses progressiv ange-

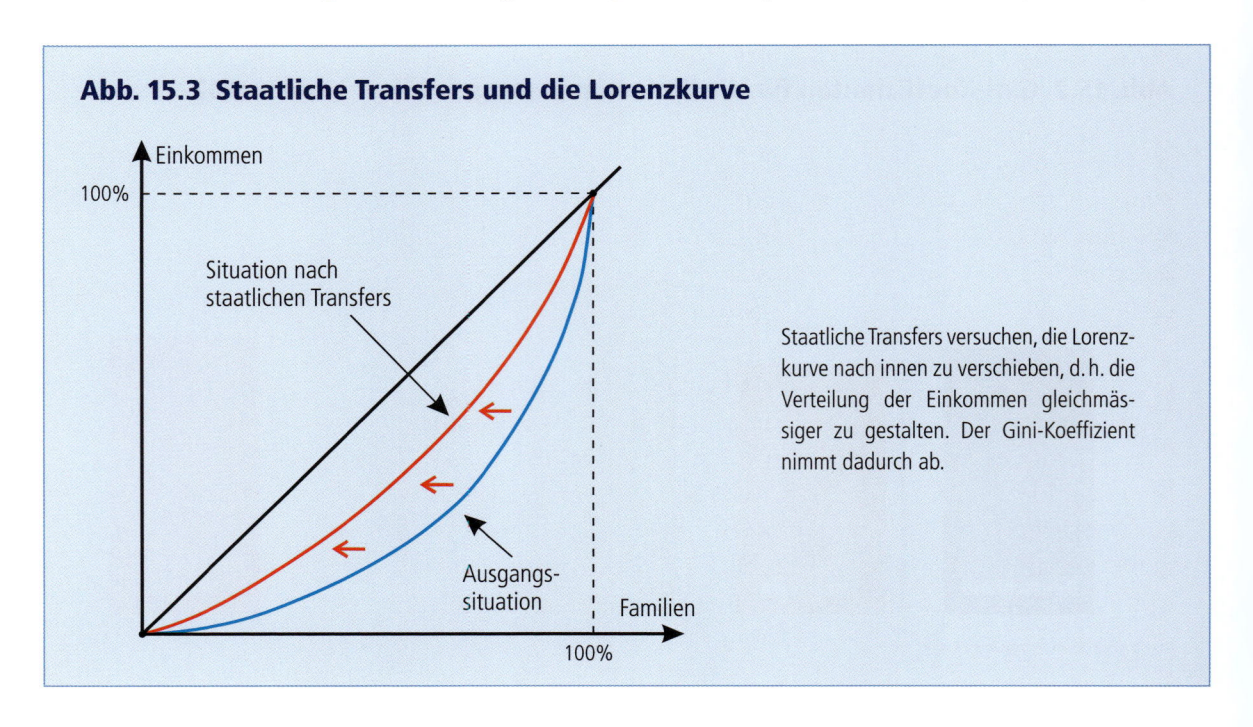

Abb. 15.3 Staatliche Transfers und die Lorenzkurve

Staatliche Transfers versuchen, die Lorenzkurve nach innen zu verschieben, d.h. die Verteilung der Einkommen gleichmässiger zu gestalten. Der Gini-Koeffizient nimmt dadurch ab.

VERTIEFUNG
Ansätze zur Beurteilung der Verteilungsgerechtigkeit

Es ist letztlich eine philosophische Frage, wie eine Gesellschaft die Verteilungsgerechtigkeit beurteilen will; und es gibt natürlich eine grosse Anzahl möglicher Konzepte. Zwei der prominentesten Ansätze – den *Utilitarismus* und den *Gesellschaftsvertrag unter Unsicherheit* – wollen wir hier kurz diskutieren.

Beginnen wir mit dem Utilitarismus. Er konzentriert sich auf den Nutzen jedes einzelnen Mitglieds einer Gesellschaft. Eine Gesellschaft sollte deshalb versuchen, den Nutzen für jedes ihrer Individuen zu maximieren. Für sich alleine genommen, wäre diese Maximierung des individuellen Nutzens allerdings noch kein Anlass für eine Umverteilung innerhalb einer Gesellschaft. Hier kommt aber das zweite Prinzip des Utilitarismus zum Tragen. Es besagt, dass der Grenznutzen des Einkommens bei steigendem Einkommen zurückgeht. Ein intuitiv einleuchtender Punkt, scheint doch die Annahme, dass ein zusätzlicher Franken einem Bettler wesentlich mehr Nutzen stiftet als einem Millionär, durchaus plausibel. Ausgehend von diesem Konzept des abnehmenden Grenznutzens erhöht also eine Umverteilung der Einkommen von Reich zu Arm den Gesamtnutzen in einer Gesellschaft.

Das zweite wichtige philosophische Konzept der Verteilungsgerechtigkeit ist der Gesellschaftsvertrag unter Unsicherheit. Es wurde vom amerikanischen Philosophen John Rawls entwickelt und wird auch häufig als Rawls'sche Gerechtigkeit bezeichnet. Bei der Festlegung von Regeln für die Umverteilung ergibt sich das Problem, dass diejenigen, die über die Regeln entscheiden, bereits wissen, welche Position sie in der Gesellschaft innehaben. Sie wissen also, ob sie reich oder arm, hierarchisch hoch oder niedrig gestellt, eher gut oder eher schlecht ausgebildet etc. sind. Sie werden sich deshalb nicht unparteiisch verhalten, sondern versuchen, den Gesellschaftsvertrag zum Nutzen von Bevölkerungsgruppen auszugestalten, denen sie selbst angehören. Deshalb schlägt Rawls ein Gedankenexperiment vor: Bei der Festlegung eines Gesellschaftsvertrags sollten wir uns mental in die Situation vor unserer Geburt versetzen. Wir sollten also unter einem «Schleier der Ungewissheit» entscheiden, ohne zu wissen, wie es uns später im Leben ergehen wird. Dann würden wir mit unserem Vertrag dafür sorgen, dass auch die vom Schicksal am wenigsten Begünstigten ein menschenwürdiges Leben führen können. Denn wir könnten ja selbst zu diesen Benachteiligten gehören. Der Rawls'sche Ansatz fokussiert statt auf den Nutzen aller – wie der Utilitarismus – auf den Nutzen der Schlechtestgestellten.

---

legt, dann ist die Umverteilung besonders ausgeprägt. Reichere Personen zahlen auch bei einer proportionalen Einkommenssteuer mehr Steuern, da bei ihnen der Steuersatz ja auf ein höheres Einkommen angewendet wird. In einem progressiven Steuersystem bezahlen sie jedoch überproportional mehr, weil in diesem Fall der Steuersatz der höheren Einkommen höher ist. Es handelt sich damit um eine direkte Umverteilung von Reich zu Arm über die staatliche Einnahmenseite. Dies geschieht natürlich unter der plausiblen Annahme, dass der Staat in seinem Ausgabengebaren nicht einseitig reichere Bevölkerungsschichten bevorteilt.

Da Kapitel 14 die Steuern detailliert behandelt, betrachten wir hier vor allem die zweite Möglichkeit etwas genauer, nämlich die Umverteilung über die Ausgabenseite. Dies kann wiederum auf zwei Arten geschehen: Man kann den Benachteiligten entweder direkt Geldtransfers zukommen lassen oder ihnen staatliche Leistungen verbilligt anbieten. Im Folgenden sprechen wir vor allem über die verschiedenen Formen von Geldtransfers, womit die Sozialpolitik im engeren Sinne gemeint ist. Die Absicht dieser Transfers ist es, die Risiken starker Einkommensverluste abzufedern.

Utilitarismus
Prinzip, wonach Regeln und Institutionen bezüglich des Nutzens beurteilt werden sollten, den sie für jedes einzelne Individuum stiften.

Gesellschaftsvertrag unter Unsicherheit
Konzept zur Beurteilung der Verteilungsgerechtigkeit, demgemäss die Mitglieder einer Gesellschaft über die gesellschaftlichen Regeln in einem Zustand der Unsicherheit über ihre eigene zukünftige Position in dieser Gesellschaft befinden. Das Konzept wurde durch den amerikanischen Philosophen John Rawls begründet.

Diese Risiken sind vielfältig definierbar, und es bestehen entsprechend viele Möglichkeiten der sozialen Absicherung.

Abbildung 15.4 gliedert diese Sicherungssysteme auf, ausgehend von verschiedenen Arten von Risiken, und zeigt die entsprechenden Schweizer Sozialwerke mit ihren Ausgaben. In der Abbildung sind oben die wichtigsten Risiken abgetragen, die durch die Sozialversicherungen abgedeckt werden. Die unterste Ebene zählt die Sozialwerke auf, die in der Schweiz diese Risiken abdecken, und gibt an, welche Beträge die Sozialwerke im Jahr 2019 für die entsprechenden Transferzahlungen aufwenden mussten. Das Ziel der Sozialversicherungen ist es, die Auswirkungen zu mildern, wenn eines dieser Risiken eintrifft. Dabei geht es entweder darum,

▶ Erwerbsersatz zu zahlen (z. B. bei AHV oder Mutterschaftsversicherung) und/oder
▶ dabei zu unterstützen, die Arbeitsfähigkeit wieder zu erlangen (z. B. bei der ALV oder zu einem gewissen Grad bei der IV), oder
▶ die Gesundheit wiederherzustellen (bei der KV).

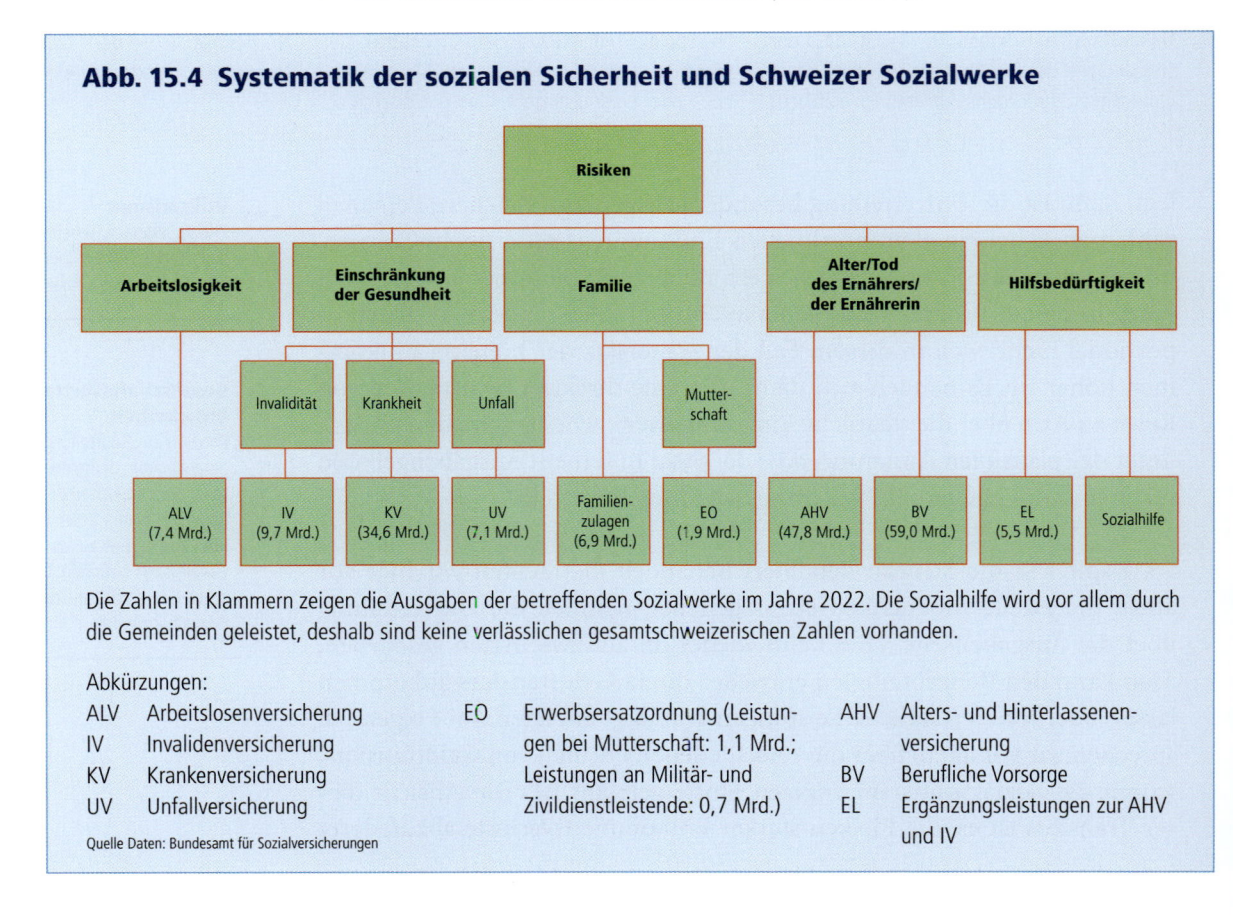

Abb. 15.4 Systematik der sozialen Sicherheit und Schweizer Sozialwerke

```
                              Risiken
    ┌─────────────┬──────────────────┬──────────────┬──────────────┬──────────────┐
Arbeitslosigkeit  Einschränkung    Familie      Alter/Tod     Hilfsbedürftigkeit
                  der Gesundheit                 des Ernährers/
                                                 der Ernährerin
              ┌──────┬──────┬──────┐      ┌──────┐
           Invalidität Krankheit Unfall  Mutter-
                                         schaft
    ALV      IV    KV      UV   Familien-  EO     AHV    BV      EL    Sozialhilfe
  (7,4 Mrd.) (9,7 (34,6 (7,1   zulagen  (1,9 (47,8 (59,0 (5,5
            Mrd.) Mrd.) Mrd.) (6,9 Mrd.) Mrd.) Mrd.) Mrd.) Mrd.)
```

Die Zahlen in Klammern zeigen die Ausgaben der betreffenden Sozialwerke im Jahre 2022. Die Sozialhilfe wird vor allem durch die Gemeinden geleistet, deshalb sind keine verlässlichen gesamtschweizerischen Zahlen vorhanden.

Abkürzungen:
ALV   Arbeitslosenversicherung
IV   Invalidenversicherung
KV   Krankenversicherung
UV   Unfallversicherung
EO   Erwerbsersatzordnung (Leistungen bei Mutterschaft: 1,1 Mrd.; Leistungen an Militär- und Zivildienstleistende: 0,7 Mrd.)
AHV   Alters- und Hinterlassenenversicherung
BV   Berufliche Vorsorge
EL   Ergänzungsleistungen zur AHV und IV

Quelle Daten: Bundesamt für Sozialversicherungen

VERTIEFUNG

Staatsausgaben: Wachsende Bedeutung der Sozialversicherungen

Die Sozialversicherungen sind vor allem auch aufgrund ihrer Effekte auf die Staatsausgaben ein wichtiges Thema der wirtschaftspolitischen Diskussion. Sie sind in den letzten Jahren zu einem immer grösseren Posten der Staatsausgaben geworden. Zudem ist davon auszugehen, dass die Bevölkerungsalterung zu weiteren Steigerungen des Anteils der Sozialversicherungen an den Staatsausgaben führen wird.

In Abbildung 15.5 ist dargestellt, wie sich die Anteile der wichtigsten Positionen der Staatsausgaben in der Schweiz von 1990 bis 2023 entwickelt haben. Es handelt sich um die kumulierten Ausgaben von Bund, Kantonen, Gemeinden und öffentlichen Sozialversicherungen.

Der dynamischste Bereich der Staatsausgaben war dabei die soziale Wohlfahrt. Sie hat ihren Anteil von gut 30 % im Jahre 1990 auf 40 % im Jahre 2023 gesteigert. Ebenfalls einen Anstieg haben die Ausgaben für Bildung erlebt, während der Anteil der Ausgaben für die öffentliche Ordnung und Sicherheit sowie die Verteidigung zurückgegangen ist. Diese Zahlen umfassen natürlich lediglich die Ausgaben des Staates für die Sozialversicherungen; rechnet man auch die privat finanzierten Ausgaben für obligatorische Versicherungen hinzu – beispielsweise Gesundheitsausgaben oder Renten der zweiten Säule –, dann entsprechen die Ausgaben für die Sozialversicherungen in einem breiteren Sinne rund einem Viertel des BIP. Ein grosser Teil davon ist über Zwangsabgaben finanziert, d.h., der Einzelne hat nicht die Möglichkeit, auf die Versicherung zu verzichten. Dies betrifft insbesondere die Zahlungen an die Krankenversicherung oder an die Pensionskassen, die nicht über das staatliche Budget laufen. Die Beiträge an diese Institutionen werden von der Bevölkerung oft wie Steuern wahrgenommen, auch wenn sie durch private Krankenkassen oder Pensionskassen erhoben werden.

Da die Bevölkerungsalterung die Ausgaben der Sozialversicherungen mittelfristig stark nach oben treiben wird, ist eine wichtige Frage, wie das finanziert werden soll. Wenn ein guter Teil der erforderlichen Zusatzfinanzierung durch den Staat geleistet wird, dann wird der Anteil der sozialen Sicherheit an den Staatsausgaben in Zukunft stark steigen. Eine wichtige Frage wird dann natürlich sein, auf Kosten welcher anderen Staatsausgaben diese Ausweitung erfolgen oder ob sie über zusätzliche Abgaben finanziert werden soll.

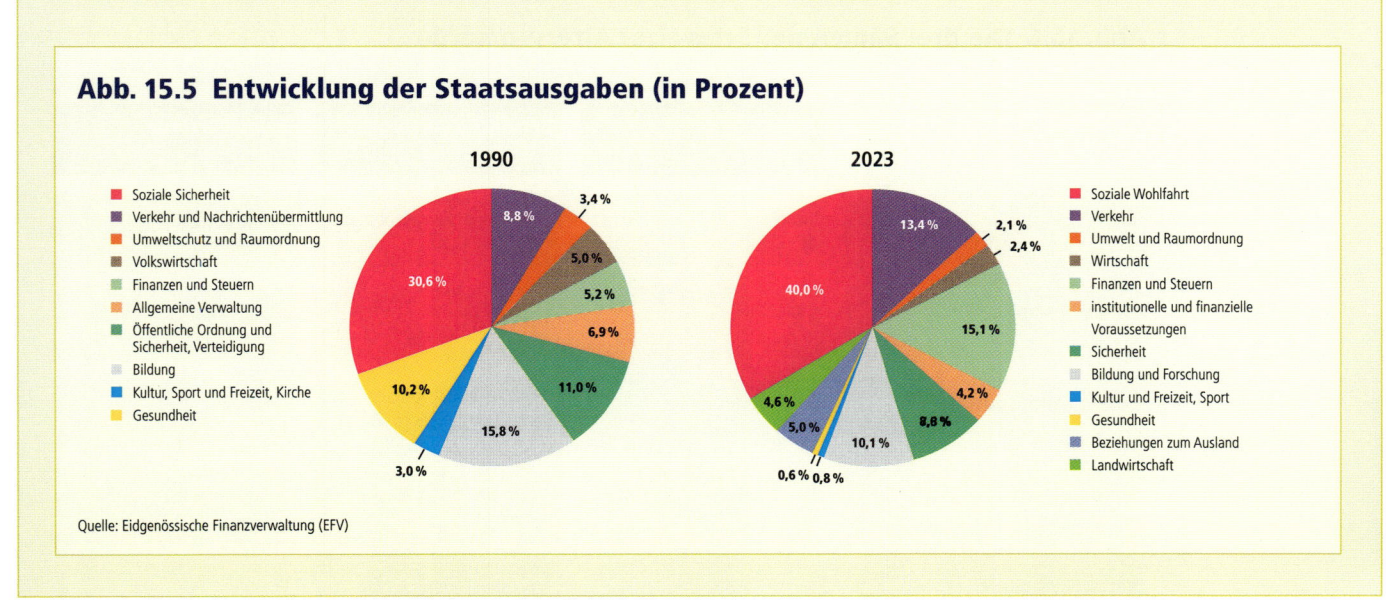

Abb. 15.5 Entwicklung der Staatsausgaben (in Prozent)

1990
- Soziale Sicherheit: 30,6 %
- Verkehr und Nachrichtenübermittlung: 11,0 %
- Umweltschutz und Raumordnung: 6,9 %
- Volkswirtschaft: 5,2 %
- Finanzen und Steuern: 5,0 %
- Allgemeine Verwaltung: 3,4 %
- Öffentliche Ordnung und Sicherheit, Verteidigung: 8,8 %
- Bildung: 15,8 %
- Kultur, Sport und Freizeit, Kirche: 3,0 %
- Gesundheit: 10,2 %

2023
- Soziale Wohlfahrt: 40,0 %
- Verkehr: 8,8 %
- Umwelt und Raumordnung: 4,2 %
- Wirtschaft: 15,1 %
- Finanzen und Steuern: 2,4 %
- institutionelle und finanzielle Voraussetzungen: 2,1 %
- Sicherheit: 13,4 %
- Bildung und Forschung: 10,1 %
- Kultur und Freizeit, Sport: 0,8 %
- Gesundheit: 5,0 %
- Beziehungen zum Ausland: 0,6 %
- Landwirtschaft: 4,6 %

Quelle: Eidgenössische Finanzverwaltung (EFV)

Insgesamt belaufen sich diese Transfers in der Schweiz heute auf über 186 Milliarden Franken jährlich, mit stark steigender Tendenz. Bedenkt man, dass das jährliche Schweizer Bruttoinlandprodukt 795 Milliarden Franken beträgt, so wird klar, um welche stattlichen Summen es sich hier handelt. Eine möglichst effiziente Ausgestaltung dieser Umverteilungsinstrumente gehört daher zu den zentralen Aufgaben einer effizienzorientierten Wirtschaftspolitik.

15.3 Die drei Säulen der Schweizer Altersvorsorge

Dreisäulenprinzip
Konzept der schweizerischen Altersvorsorge, wobei die 1. Säule durch die Alters- und Hinterlassenenversicherung (AHV), die 2. Säule durch die berufliche Vorsorge (BV) und die 3. Säule durch die private Selbstvorsorge gebildet werden.

Wir haben in Abbildung 15.4 gesehen, dass die Absicherung des Altersrisikos mit Abstand die grössten Sozialwerke der Schweiz begründet. Deshalb wenden wir uns im verbleibenden Teil des Kapitels diesem Standbein der Schweizer Sozialpolitik zu. Die grundsätzliche Ausgestaltung der schweizerischen Altersvorsorge lässt sich anhand des *Dreisäulenprinzips* erläutern: Die erste Säule bildet dabei die Alters- und Hinterlassenenversicherung (AHV), die zweite Säule ist die obligatorische berufliche Vorsorge (BV) über private Pensionskassen, und die dritte Säule besteht aus der privaten Selbstvorsorge. Abbildung 15.6 fasst die wichtigsten Eigenschaften dieser drei Säulen der Schweizer Altersvorsorge zusammen und zeigt deren zentrale Unterscheidungsmerkmale auf.

Abb. 15.6 Die drei Säulen der Schweizer Altersvorsorge

	AHV 1. Säule	**Berufliche Vorsorge** 2. Säule	**Selbstvorsorge** 3. Säule
Ziel	Sicherung des Existenzbedarfs	Fortsetzung des gewohnten Lebensstandards	Weiter gehende Bedürfnisse
Finanzierungsmethode	Umlageverfahren	Kapitaldeckungsverfahren	Kapitaldeckungsverfahren
Finanzierungsquellen	Beiträge Versicherte Beiträge Arbeitgeber	Beiträge Arbeitnehmer Beiträge Arbeitgeber Zinserträge	Zinserträge
Grundprinzip	Solidarität	Äquivalenz mit Solidarität kombiniert	Reine Äquivalenz
Versichertenkreis	Ganze Bevölkerung obligatorisch	Arbeitnehmer und Arbeitnehmerinnen obligatorisch*	Freiwillig
Träger	Eidg. Versicherung	Pensionskassen	Banken Versicherungen

* Für Arbeitnehmerinnen und Arbeitnehmer, deren Lohn 22 050 Franken pro Jahr (Stand 2024) übersteigt.

Betrachten wir kurz die wichtigsten Punkte: Zunächst stellen wir uns die Frage nach den Zielen der drei Säulen. Die AHV, die erste Säule, zielt auf eine Absicherung des Existenzbedarfs im Alter ab. Darüber hinaus soll die zweite Säule es den Pensionierten ermöglichen, den gewohnten Lebensstandard mehr oder weniger aufrechtzuerhalten. Die dritte Säule schliesslich dient dazu, weiter gehende Bedürfnisse individuell abdecken zu können.

Zentral für das Verständnis des Unterschieds zwischen den drei Säulen ist ihre Finanzierungsmethode. Für die AHV kommt dafür das sogenannte *Umlageverfahren* zur Anwendung. Das heisst, die Abgaben, welche die heutigen Erwerbstätigen an die AHV leisten, kommen direkt den heutigen Pensionierten zugute. Ganz anders ist das System der zweiten Säule ausgestaltet, welche nach dem sogenannten *Kapitaldeckungsverfahren* funktioniert. Die Erwerbstätigen sammeln sich über ihr Erwerbsleben ein Kapital an, das ihnen auf ein Konto gutgeschrieben und auf dem Kapitalmarkt angelegt wird. Dieses Geld wird aber nicht an die heutigen Pensionierten ausbezahlt. Erst wenn die einzahlenden Erwerbstätigen pensioniert werden, können sie dieses Kapital zur Finanzierung ihrer Pensionierung einsetzen. Auch die dritte Säule funktioniert nach dem Kapitaldeckungsverfahren.

Ein weiterer wichtiger Punkt ist die Finanzierungsquelle, also die Frage, woher das benötigte Geld stammt. Die AHV wird über verschiedene Quellen finanziert: aus Versichertenbeiträgen, aus Beiträgen der Arbeitgeber, aus Beiträgen des Bundes und der Kantone und schliesslich auch aus Beiträgen aus der Mehrwertsteuer. Bei der zweiten Säule werden ebenfalls Beiträge der Arbeitgeber und der Arbeitnehmer aufgewendet. Es tritt hier aber noch ein dritter wichtiger «Beitragszahler» auf, nämlich die Zinserträge. Durch die Anlage der Gelder auf dem Kapitalmarkt werden Zinseinkommen erzielt, die dem Kapital zugeschlagen werden. Bei der dritten Säule schliesslich bestehen nur zwei Finanzierungsquellen: die Beiträge der Versicherten und ebenfalls die aus angespartem Kapital erzielten Zinserträge.

Wichtig ist auch das Grundprinzip, das hinter jeder dieser drei Säulen steckt. Die erste Säule ist klar nach dem *Solidaritätsprinzip* ausgestaltet. Die erhaltenen Renten sind nicht direkt vom Betrag abhängig, den man im Verlauf des Erwerbslebens eingezahlt hat. Insbesondere gut entlöhnte Erwerbstätige zahlen wesentlich mehr in die AHV ein, als sie später an Renten erhalten. Die zweite Säule dagegen ist hauptsächlich nach dem

---

Umlageverfahren
Finanzierungsmethode von Versicherungen, bei der die Versicherungsbeiträge der Beitragspflichtigen unmittelbar für die Finanzierung der heutigen Versicherungsleistungen verwendet werden.

Kapitaldeckungsverfahren
Finanzierungsmethode von Versicherungen, bei der die Versicherungsbeiträge der Beitragspflichtigen auf dem Kapitalmarkt angelegt werden, um später den Versicherungsanspruch abzudecken.

Solidaritätsprinzip
Versicherungsprinzip, bei dem es innerhalb des Versichertenkreises zu starken Umverteilungen kommt. Die Beiträge richten sich nach der finanziellen Leistungsfähigkeit der Versicherten, der Leistungsanspruch jedoch nach deren Bedürftigkeit.

> **Äquivalenzprinzip**
> Versicherungsprinzip, wonach die versicherte Leistung den bezahlten Beiträgen entspricht.

Äquivalenzprinzip gestaltet; sie beinhaltet aber auch Umverteilungskomponenten zwischen Geschlechtern und Zivilstandssituationen. Das Äquivalenzprinzip besagt, dass ein direkter Zusammenhang zwischen dem einbezahlten und dem später ausbezahlten Geld besteht: Je mehr man einzahlt, desto höher fallen die Renten aus. Die dritte Säule ist ausschliesslich nach dem Äquivalenzprinzip ausgestaltet. Hier kommt es zu keinen Umverteilungen.

Wer aber gehört eigentlich zum Versichertenkreis der drei Säulen? Wer zahlt ein, und wer hat Anspruch auf Leistungen? Bei der AHV ist dies die ganze Bevölkerung, und zwar auf obligatorischer Basis. Ebenfalls obligatorisch ist die zweite Säule. Hier gehören zum Versichertenkreis jedoch nur die Arbeitnehmerinnen und Arbeitnehmer, also nur die Personen, die tatsächlich erwerbstätig sind. Die Bildung einer dritten Säule ist freiwillig. Der Anreiz mitzumachen besteht – nebst dem angesparten, später verwendbaren Kapital – in der Steuerersparnis, die man bis zu einem gewissen Beitrag erzielen kann.

Zuletzt seien noch die Träger dieser drei Säulen erwähnt. Bei der AHV handelt es sich um eine eidgenössische Versicherung, also um eine rein staatliche Organisation. Bei der zweiten Säule gibt es sowohl private wie auch öffentliche Pensionskassen, die aber strengen staatlichen Regulierungen unterworfen sind. Und bei der dritten Säule sind private Banken sowie Versicherungen die Träger.

15.4 Bevölkerungsalterung und die erste Säule

Wie wir gesehen haben, beruht die AHV auf dem Umlageverfahren. Die heutigen Rentner werden durch die heutigen Beitragszahlerinnen und Beitragszahler finanziert. Deshalb reagiert die AHV ausgesprochen anfällig auf Veränderungen in der demografischen Struktur. Diesem Umstand kommt immer grössere wirtschaftspolitische Bedeutung zu, weshalb wir dies hier vertiefen wollen.

15.4.1 Die demografische Herausforderung

Die demografische Herausforderung besteht darin, dass sich aufgrund der Bevölkerungsalterung das Verhältnis zwischen Erwerbstätigen und Pensionierten stark verändert. Die Kombination von höherer Lebenserwartung und tieferer Geburtenquote führt dazu, dass die Bevölkerungspyramide statt einer Pyramidenform (viele junge und wenige alte Menschen) immer mehr eine Pilzform (wenige junge und viele alte Menschen) aufweist. Die Grösse, der man diese dramatische demografische Entwicklung entnehmen kann, ist die Zahl der Erwerbstätigen pro Rentner. Sie ist ein entscheidender Faktor bei der Finanzierung der AHV über das Umlageverfahren. Im Jahr 1960 bestanden in dieser Hinsicht noch keine grossen Schwierigkeiten, kamen doch auf jeden Rentner oder auf jede Rentnerin beinahe fünf Erwerbstätige. Im Jahr 2040, wenn die voraussichtliche Bevölkerungsentwicklung ihre Umwandlung durchlaufen haben wird, erwartet man gerade noch rund doppelt so viele Erwerbstätige wie Rentner.

Obwohl das Jahr 2040 noch sehr weit entfernt scheint, ist diese Prognose, zumindest von der Grössenordnung her, mit einiger Wahrscheinlichkeit zutreffend. Die wichtigsten Parameter der Bevölkerungsalterung (Lebenserwartung, Geburtenrate, Immigration) sind heute schon bekannt oder abschätzbar. Natürlich bestehen auch hier Unsicherheiten, aber die grundsätzliche Aussage, dass es deutlich weniger Erwerbstätige pro Rentner geben wird, bewahrheitet sich mit Sicherheit.

15.4.2 Lösungsmöglichkeiten für das Finanzierungsproblem

Wie man diese demografische Herausforderung für die Sozialversicherungen lösen soll, gehört zu den zentralen Fragestellungen der Wirtschaftspolitik. Neben der Finanzierungsfrage bei den Sozialversicherungen bietet die Bevölkerungsalterung auch noch weitere grosse wirtschaftliche Herausforderungen, wie beispielsweise die Effekte auf den Arbeitsmarkt oder auf das Wachstumspotenzial. Natürlich kann man sich fragen, weshalb bereits heute über entsprechende Massnahmen diskutiert werden soll. Die Antwort ist, dass man bei den wichtigen Parametern der Bevölkerungsalterung das Ruder nicht kurzfristig herumreissen kann. Ihre Anpassung lässt sich nur über lang dauernde Prozesse bewerkstelligen. Es ist deshalb keinesfalls zu früh, schon heute darüber nachzudenken, wie diese Problematik angegangen werden könnte.

Ziemlich unbestritten ist, wovon die Finanzierungssituation der AHV längerfristig abhängt. Die wichtigsten Parameter lassen sich in zwei Kategorien unterteilen. Solche, die direkt durch wirtschaftspolitische Entscheide beeinflussbar sind, und solche, die sich nicht oder nur indirekt beeinflussen lassen. Wir zählen sie zuerst auf, um sie anschliessend einzeln zu diskutieren.

Wirtschaftspolitisch direkt beeinflussbare Parameter:
- Höhe der Beiträge,
- Höhe der Renten,
- Höhe des Rentenalters.

Wirtschaftspolitisch nur indirekt beeinflussbare Parameter:
- Immigration,
- Geburtenrate,
- Wirtschaftswachstum.

Höhe der Beiträge

Eine erste Grösse, die sich direkt mit einem wirtschaftspolitischen Entscheid beeinflussen lässt, ist die Höhe der Beiträge, welche die heutigen Erwerbstätigen an die AHV bezahlen müssen. Wie bereits ausgeführt, entsteht das Finanzierungsproblem ja vor allem dadurch, dass es immer weniger Beitragszahlende im Verhältnis zu Rentnerinnen und Rentnern gibt. Dem kann man entgegenwirken, indem die Beiträge erhöht werden. Einerseits kann dies, wie bisher bei der Finanzierung der AHV, durch eine Erhöhung der Lohnprozente geschehen. Man kann aber auch indirekt vorgehen, indem man Steuern erhöht, z. B. die Mehrwertsteuer. Eine Erhöhung der Mehrwertsteuer verteilt die Lasten insofern etwas breiter, als dann auch die Rentner selbst, nebst den Arbeitstätigen, mitbezahlen müssen.

Höhe der Renten

Die zweite Möglichkeit besteht darin, auf der anderen Seite der Bilanz anzusetzen, also bei den Leistungen, welche die Rentnerinnen und Rentner erhalten. Für eine solche Kürzung der Renten gibt es verschiedene Varianten, wobei die am häufigsten diskutierte eine Anpassung des sogenannten *Mischindex* ist. Die Renten werden in der Schweiz periodisch an die Entwicklung der Inflation und an die Entwicklung der Reallöhne angepasst. Inwieweit nun die Renten – nebst der Inflationsanpassung – auch an die Entwicklung der Reallöhne angepasst werden sollen, ist hier die entscheidende Frage. Unbestritten ist, dass man den Rentnern die Kaufkraft sichert, indem man die Renten der Inflationsentwicklung anpasst. Die Reallohnanpassung ist aber etwas völlig anderes. Sie entspringt dem Argument, dass die Rentner auch am Wirtschaftswachstum teilhaben sollten. Wie weit aber diese Anpassung gehen soll, darüber scheiden sich natürlich die Geister. Der Mischindex gibt an, mit welcher Formel die Renten angepasst werden, d. h., zu welchem Prozentsatz Inflations- und Wachstums-

Mischindex
Index, der die Anpassung der AHV-Renten regelt. Der Mischindex berücksichtigt derzeit zu 50% die Reallohnentwicklung und zu 50% die Inflation.

entwicklung jeweils berücksichtigt werden. Die heutige Rentenanpassung in der Schweiz beruht zu 50 % auf der Preisentwicklung und zu 50 % auf dem Reallohn. Es besteht also keine vollständige, sondern lediglich eine 50%ige Übertragung des Wirtschaftswachstums (das in etwa der Entwicklung des Reallohns entspricht) auf die Renten. Man könnte nun die Leistungen dadurch kürzen, dass man den Ausgleich an die Reallohnentwicklung streicht und die Renten nur noch an die Inflation anpasst. Man würde so bei der periodischen Rentenerhöhung von einem Mischindex zu einem reinen Inflationsindex übergehen, was gegenüber dem heutigen Zustand einer zukünftigen Rentenkürzung gleichkäme.

Höhe des Rentenalters

Die dritte Möglichkeit, bei einem direkt beeinflussbaren Parameter anzusetzen, ist die Erhöhung des Rentenalters. Dabei handelt es sich um ein nicht nur in der Schweiz heiss diskutiertes Thema. Die starke Erhöhung der Lebenserwartung würde es ja durchaus rechtfertigen, das Rentenalter zu erhöhen. Die Menschen leben länger und müssen daher auch länger eine Rente beziehen. Ausserdem sind die heutigen Rentnerinnen und Rentner im Durchschnitt wesentlich gesünder und leistungsfähiger als noch vor einigen Jahrzehnten. Beides spricht an sich für eine periodische Erhöhung des offiziellen Rentenalters. Dies alleine würde aber nicht unbedingt genügen. Heute sind nämlich viele Arbeitnehmer nicht bis zum offiziellen Rentenalter tätig, sondern lassen sich frühpensionieren. Deshalb kann diese Lösung des Finanzierungsproblems nur dann befriedigen, wenn man nicht nur das offizielle, sondern auch das tatsächliche Rentenalter erhöht; und das hängt in der Regel auch von den Leistungen der beruflichen Vorsorge – der 2. Säule – ab und weniger von den Regelungen der AHV. Eine weitere Möglichkeit, die in diesem Zusammenhang eine wichtige Rolle spielen könnte, wäre die Schaffung von Anreizen, auch über das offizielle Rentenalter hinaus noch erwerbstätig zu bleiben. Ein Ansatzpunkt hierzu ist die sogenannte Altersteilzeit: Arbeitnehmerinnen und Arbeitnehmer könnten länger als bis zum Alter von 65 Jahren in Teilzeitverhältnissen tätig sein. Dies würde von der Finanzierungsseite wie auch von der Leistungsseite her die AHV entlasten. Die Wirtschaftspolitik kann hier vor allem dahingehend wirken, dass die Ausgestaltung der Sozialversicherungen die Teilzeitarbeit im Alter und/oder die Arbeitstätigkeit über das offizielle Rentenalter hinaus nicht benachteiligt.

So viel zu den drei direkt beeinflussbaren Parametern, anhand derer man wirtschaftspolitisch versuchen könnte, das Finanzierungsproblem der AHV anzugehen. Sie lassen sich mit technisch einfachen, wenn auch politisch schwierig durchsetzbaren wirtschaftspolitischen Anpassungen verändern. Die Finanzierungssituation der AHV hängt aber auch von Parametern ab, die man höchstens mittelbar mit der Wirtschaftspolitik beeinflussen kann.

Immigration

Ein Anstieg der Einwanderung vor allem junger Personen im erwerbsfähigen Alter würde die AHV finanziell entlasten, da zusätzliche Beitragszahlerinnen und Beitragszahler dazukämen, die erst später eine Rente beanspruchen würden. Es gibt allerdings Gründe, welche die Wirksamkeit dieser Lösung in Frage stellen. So werden auch die Immigrantinnen und Immigranten älter und erwerben sich Ansprüche auf Rentenzahlungen. Die Immigration junger Personen löst das Problem also nur vorübergehend, es sei denn, diese Art der Immigration nähme ständig zu. Ausserdem haben beinahe alle OECD-Länder, insbesondere auch die Nachbarländer der Schweiz, mit ähnlichen Überalterungsproblemen zu kämpfen. Das bedeutet, dass auch diese Länder verstärkte Anstrengungen unternehmen werden, junge Immigranten ins Land zu holen. Schliesslich lässt sich die Immigration, wie erwähnt, mit wirtschaftspolitischen Massnahmen nur bedingt beeinflussen. Man kann versuchen, die Bedingungen für die Immigration zu verbessern, doch Garantien lassen sich hier keine abgeben.

Geburtenrate

Ein ähnliches Problem stellt sich beim zweiten indirekt beeinflussbaren Parameter, der Geburtenrate. Rein rechnerisch ist klar, dass eine Erhöhung der Kinderzahl viel zur Lösung des demografischen Problems beitragen würde. Hätte jede Schweizerin im Durchschnitt 2,5 oder sogar 3 statt wie heute 1,3 Kinder, dann würde dies das Problem der pilzförmigen Bevölkerungspyramide längerfristig beseitigen. Aber auch dies lässt sich nur bedingt durch wirtschaftspolitische Entscheide beeinflussen. Ohne Zweifel spielen die finanzielle Situation oder die Vereinbarkeit von Beruf und Familie eine gewisse Rolle für den Kinderwunsch. Dieser ist aber noch von zahlreichen anderen Faktoren abhängig, die nicht in den Einflussbereich der Wirtschaftspolitik fallen.

Wirtschaftswachstum

Gelänge es schliesslich, das Wirtschaftswachstum stark zu erhöhen, so könnte die Schweiz aus all diesen Finanzierungsproblemen herauswachsen. Würde das trendmässige Wirtschaftswachstum der Schweiz für längere Zeit deutlich ansteigen, so würde sich das Problem tatsächlich lösen. Es wäre dann ein Leichtes, die Verpflichtungen, die wir in den Sozialversicherungen eingegangen sind, ohne sonstige Anpassungen zu finanzieren. Die Bevölkerungsalterung wird jedoch dazu führen, dass es weniger Erwerbstätige gibt und folglich weniger Arbeitsstunden geleistet werden. Die Anzahl Arbeitsstunden ist aber, wie Kapitel 8 zeigt, eines der beiden Standbeine des Wirtschaftswachstums. Die Bevölkerungsalterung verursacht also einen negativen Wachstumsimpuls, den es in den nächsten Jahrzehnten zu bewältigen gilt. Daher müsste das andere Standbein des Wirtschaftswachstums, das Produktivitätswachstum, nicht nur diesen Rückgang der Arbeitsstunden kompensieren, sondern es müsste sich noch zusätzlich verstärken, um das Finanzierungsproblem der Sozialversicherung lösen zu können. Dazu kommt, dass es nicht einfach ist, das Produktivitätswachstum mit wirtschaftspolitischen Entscheiden zu verändern. Die dafür nötigen Anpassungen sind politisch nur schwer durchzusetzen und wirken überdies nur längerfristig.

Zusammenfassend kann man festhalten, dass eine Kombination der genannten Möglichkeiten zur Lösung des Finanzierungsproblems zur Anwendung kommen dürfte. Und es wird wohl kaum ein Weg daran vorbeiführen, auch die unattraktiven Ansätze – höhere Beiträge, tiefere Renten und Erhöhung des Rentenalters – in Betracht zu ziehen.

15.5 Herausforderungen für die zweite Säule

Lange Zeit lösten vor allem die wegen der demografischen Entwicklung zu erwartenden Probleme der AHV wirtschaftspolitische Diskussionen aus. In letzter Zeit ist man sich aber vermehrt der Herausforderungen bewusst geworden, vor denen auch die zweite Säule in Zukunft stehen wird. Denn wirtschaftspolitische Entscheidungen spielen auch für die finanzielle Gesundheit der *Pensionskassen* eine ganz zentrale Rolle. Vor allem zwei politisch festgelegte Parameter sind hier entscheidend: der Mindestzinssatz und der Umwandlungssatz. Bis vor Kurzem waren diese Begriffe nur Spezialisten geläufig; mit den zunehmenden Schwierigkeiten einzelner

Pensionskasse
Vorsorgeeinrichtung grosser Unternehmen oder der öffentlichen Hand, über die der obligatorische Bereich der beruflichen Vorsorge (2. Säule) abgewickelt wird. Kleinere Unternehmen organisieren die berufliche Vorsorge durch sogenannte Sammelstiftungen.

Pensionskassen begegnet man ihnen aber immer häufiger auch in der öffentlichen wirtschaftspolitischen Diskussion.

15.5.1 Der Mindestzinssatz

Wie erwähnt, ist es eine Besonderheit der zweiten Säule, dass sie aufgrund des Kapitaldeckungsverfahrens einen dritten Beitragszahler kennt. Genauso wie bei der AHV leisten Arbeitnehmer und Arbeitgeber Beiträge an die Pensionskassen. Zusätzlich aber entstehen durch die Anlage der Pensionskassengelder Zinserträge, die ebenfalls dem angesparten Kapital zufliessen. Der Zins ist damit dieser dritte Beitragszahler, und zwar kein unwesentlicher. Aufgrund der Zinseszinseffekte ergibt sich nämlich über die lange Beitragszeit eine wesentlich stärkere Erhöhung des Kapitalstocks, als man angesichts des oft reichlich tief erscheinenden Zinssatzes annehmen könnte. Es handelt sich um die gleichen Effekte, wie wir sie schon bei der Diskussion der Wachstumsraten beobachten konnten, wo ebenfalls Zinseszinseffekte dafür sorgen, dass Veränderungen der Wachstumsrate sich über die Jahre gewaltig kumulieren. Das bedeutet aber, dass Unterschiede in der Entwicklung der Finanzmärkte für die Finanzierung der zweiten Säule von zentraler Bedeutung sind. Eine lange Hochzinsphase kann zu einer sehr hohen Kapitalaufstockung führen, während eine anhaltende Tiefzinsphase, wie wir sie in den letzten Jahren erlebt haben, die auszahlbaren Renten deutlich tiefer als erwartet ausfallen lassen kann.

> **Mindestzinssatz**
> Vom Bundesrat vorgegebener Zinssatz für die Mindestverzinsung der Pensionskassenguthaben (2. Säule).

Die Wirtschaftspolitik kommt insofern ins Spiel, als sie – um eine gewisse Planbarkeit zu schaffen – einen sogenannten *Mindestzinssatz* festlegt. Damit wird den Pensionskassen vorgegeben, dass sie mit ihrem Kapital zumindest einen gewissen Zinssatz erzielen müssen. Dieser Mindestzinssatz bildet die Basis für die Festlegung der Renten sowie für die Beurteilung der Frage, ob die Pensionskassen ihre Rentenverpflichtung auch erfüllen können. Das scheint aus Sicht der Versicherten zunächst vorteilhaft. Mit dem Mindestzinssatz haben sie zumindest eine gewisse Sicherheit darüber, wie hoch die Beiträge des dritten Beitragszahlers tatsächlich sein werden. Allerdings – und das ist entscheidend – kann niemand einen bestimmten Zinssatz auf den Finanzmärkten garantieren. Es handelt sich hier um einen Marktpreis, der sich frei bildet und von einer Unmenge von Faktoren abhängt, die durch die Politik nicht beeinflussbar sind. Entsprechend problematisch ist es auch, einen Mindestzinssatz für längere Zeit zu fixieren. Solange aber die Versicherten keine Wahlfreiheit bei der Pensionskasse haben, zielt der Mindestzinssatz zu einem gewissen Grad darauf ab, die Versicherten vor besonders schlecht wirtschaftenden Kassen zu schützen.

Aufgrund der schwankenden Verdienstmöglichkeiten auf den Finanzmärkten wird in der Schweiz der Mindestzinssatz mindestens alle zwei Jahre durch den Bundesrat geprüft und gegebenenfalls angepasst. Es ist aber nach wie vor eine wirtschaftspolitische Diskussion im Gange, wie genau das Prozedere dieser Anpassung auszugestalten sei. Insbesondere fragt sich, woran sich der Mindestzinssatz orientieren soll. Bei aller scheinbaren Sicherheit, die ein Mindestzinssatz bietet, darf aber nicht vergessen werden, dass die Finanzmarktentwicklung stets unsicher bleibt und eine echte Sicherheit bezüglich der Höhe der Leistungen des dritten Beitragszahlers nicht möglich ist.

15.5.2 Der Umwandlungssatz

Der zweite für die Pensionskassen entscheidende Parameter, der politisch fixiert wird, ist der sogenannte *Umwandlungssatz*. Er legt fest, welcher Prozentsatz des angesparten Vermögens pro Jahr als Rente ausbezahlt werden muss. Mit dem Kapitaldeckungsverfahren wird über die Jahre ein Kapitalstock angespart. Nach der Pensionierung wird dieses angesparte Vermögen wieder abgebaut, um damit die Rente zu finanzieren. Eine kritische Frage für jede Pensionskasse ist, welchen Anteil ihres Kapitals Rentner jährlich aufbrauchen dürfen. Dabei spielt natürlich die Lebenserwartung eine zentrale Rolle. Dies führt dazu, dass auch die Pensionskassen, obwohl sie mit dem Kapitaldeckungsverfahren operieren, stark von der demografischen Entwicklung abhängen. Steigt nämlich die Lebenserwartung, so muss das angesparte Kapital für eine grössere Anzahl von Jahren reichen, und es kann pro Jahr weniger ausgezahlt werden. Ein fix angespartes Kapital muss dann quasi in kleinere Portionen aufgeteilt werden. Es gibt Personen, die relativ kurz nach der Pensionierung sterben, doch es gibt auch solche, die sehr alt werden. Alle haben jedoch während all der Jahre, die ihnen verbleiben, das Anrecht auf eine jährliche Rente in der Höhe des Umwandlungssatzes, multipliziert mit dem jeweils angesparten Vermögen. Aufgrund der erhöhten Lebenserwartung wurde in der Schweiz der Umwandlungssatz in den letzten Jahren nach unten korrigiert. Bis 2005 lag er noch bei 7,2 %, seit 2014 liegt er nun bei 6,8 %. Angesichts der Lebenserwartung ist dieser Umwandlungssatz eindeutig zu hoch. Seine Anpassung gehört aber zu den umstrittensten Projekten, wie die häufigen politischen Diskussionen darüber veranschaulichen.

Der Umwandlungssatz macht klar, dass auch in der zweiten Säule eine gewisse Umverteilungskomponente enthalten ist, und zwar zugunsten länger lebender Personen. Dies unterscheidet die zweite von der dritten Säule,

> **Umwandlungssatz**
> Prozentsatz, der bestimmt, welcher Anteil des angesparten Pensionskassenguthabens in Form einer jährlichen Rente an die Pensionierten ausbezahlt wird.

bei der das angesparte Vermögen vollständig den Pensionierten gehört. Wie dieses Vermögen über die Jahre verteilt werden soll, muss sich bei der dritten Säule jede Rentnerin und jeder Rentner selbst überlegen; dieser Entscheid ist nicht politisch. Bei der zweiten Säule jedoch ist dieser Entscheid ein Politikum, weil jede Anpassung des Umwandlungssatzes nach unten einer Rentenkürzung gleichkommt. Diese ist zwar aus der Logik der Versicherung unzweifelhaft nötig, dennoch aber nicht einfach durchzusetzen.

15.5.3 Ähnlichkeiten der Finanzierungsprobleme von erster und zweiter Säule

Zusammengefasst ist es wichtig, festzuhalten, dass sowohl bei der ersten als auch bei der zweiten Säule eine Abhängigkeit sowohl von der demografischen als auch von der wirtschaftlichen Entwicklung besteht, wie dies die folgende Tabelle zusammenfasst:

	Demografie	Wirtschaftsentwicklung
AHV	Verhältnis Erwerbstätige zu Pensionierten	Wirtschaftswachstum
BV	Umwandlungssatz	Zinserträge

Bei den Pensionskassen ist es der Umwandlungssatz, der von der demografischen Entwicklung abhängt, insbesondere von der Lebenserwartung. Bei der AHV bestimmt diese die Entwicklung des zentralen Verhältnisses zwischen Erwerbstätigen und Rentnern. Das Wirtschaftswachstum bestimmt bei der AHV die Höhe der Beiträge und damit direkt die finanzielle Situation dieses Sozialwerkes. Aber auch bei den Pensionskassen ist die wirtschaftliche Entwicklung von zentraler Bedeutung. Die finanzielle Situation in der zweiten Säule ist stark abhängig von der Höhe der Zinserträge, die man an den Kapitalmärkten erzielen kann. Die durchschnittliche Rendite auf den Finanzmärkten hängt dabei direkt mit der Wachstumsrate des Bruttoinlandproduktes zusammen. Schliesslich kann man das Wirtschaftswachstum ja einfach als durchschnittliche Rendite einer Volkswirtschaft interpretieren, womit klar ist, dass der durchschnittliche Realzins langfristig in etwa der durchschnittlichen Wachstumsrate entsprechen dürfte.

Allzu unterschiedlich sind die langfristigen Finanzierungsprobleme der auf den ersten Blick so unterschiedlichen Finanzierungsformen über das Kapitaldeckungsverfahren einerseits und über das Umlageverfahren andererseits also nicht.

Zusammenfassung

1. In einer Marktwirtschaft beruht das Einkommen Einzelner auf der Produktivität ihrer Arbeitsleistung. Dies kann dem Ziel, grosse Einkommensunterschiede zu vermeiden, entgegenlaufen. Oft wird deshalb mit staatlichen Eingriffen die Einkommensverteilung beeinflusst.

2. Vollkommene Gleichverteilung der Einkommen kann aus Verteilungssicht ein wünschbares Ziel sein, hat allerdings grosse Einbussen des Wohlstands zur Folge. Ist das Einkommen vollkommen unabhängig von der persönlichen Leistung, so reduzieren sich die Anreize, Mehrwert zu schaffen. Bei der Umverteilung gibt es deshalb oft schwierige Zielkonflikte zwischen Verteilungsgerechtigkeit und Effizienz.

3. Mit sozialpolitischen Instrumenten wird versucht, bei der Abdeckung verschiedener Risiken zugunsten von weniger gut gestellten Personen umzuverteilen. Das wichtigste Ziel dieser Versicherungen ist es, unverschuldete Einkommensrisiken abzufedern und die Arbeitsfähigkeit zu erhalten.

4. Die Institutionen der Altersvorsorge sind die finanziell bedeutendsten Sozialversicherungen. In der Schweiz beruhen sie auf drei Säulen: Die AHV (1. Säule) zielt auf die Sicherung des Existenzbedarfs im Alter, die BV (2. Säule) auf die Fortsetzung des gewohnten Lebensstandards, und die Selbstvorsorge (3. Säule) soll es ermöglichen, weiter gehende Bedürfnisse zu decken.

5. Die AHV beruht auf dem Umlageverfahren, d.h., die Einzahlungen der heutigen Erwerbstätigen finanzieren die Renten der heutigen Rentnerinnen und Rentner. Bei der 2. und 3. Säule kommt das Kapitaldeckungsverfahren zur Anwendung; dabei wird von Einzelnen während ihres Arbeitslebens ein Kapital angespart, das samt Zinserträgen im Alter aufgebraucht werden kann.

6. Die Bevölkerungsalterung stellt aufgrund des Umlageverfahrens vor allem die AHV vor einige Probleme, da die Anzahl Erwerbstätige pro Rentner in den kommenden Jahrzehnten drastisch sinken wird.

7. Die wichtigsten Ansatzpunkte für die Milderung des Finanzierungsproblems der AHV sind: (i) höhere Beiträge, (ii) tiefere Renten, (iii) höheres Rentenalter, (iv) mehr Immigration, (v) höhere Geburtenrate, (vi) mehr Wirtschaftswachstum. Diese Faktoren sind nur zum Teil mit wirtschaftspolitischen Massnahmen direkt beeinflussbar.

8. Auch die Pensionskassen stehen vor einigen Herausforderungen. Die beiden wichtigen wirtschaftspolitischen Entscheidungsgrössen sind dabei die Höhe des Mindestzinssatzes und die Höhe des Umwandlungssatzes.

9. Der Mindestzinssatz legt fest, welchen jährlichen Zinsertrag eine Pensionskasse einem Versicherten mindestens garantieren muss; er wird je nach Finanzmarktlage regelmässig angepasst. Der Umwandlungssatz ist der Prozentsatz des angesparten Kapitals, der pro Jahr als Rente ausgezahlt werden muss; er sollte bei steigender Lebenserwartung sinken, da das Kapital dann im Durchschnitt länger ausreichen muss.

Repetitionsfragen

- Warum besteht in einem marktwirtschaftlichen System ein Bedarf für Umverteilung?

- Beschreiben Sie das Konzept der Lorenzkurve. Welche Grössen befinden sich auf der vertikalen und horizontalen Achse? Wie lässt sich der Gini-Koeffizient berechnen? Was sagt dieser über die Verteilung aus?

- Über welche zwei Arten von Umverteilungsinstrumenten verfügt der Staat grundsätzlich? Geben Sie Beispiele.

- Beschreiben Sie das Dreisäulenprinzip der Schweizer Altersvorsorge anhand folgender Ausprägungen: Finanzierungsmethode, Finanzierungsquelle und Grundprinzip.

- Was versteht man unter der demografischen Herausforderung an die Sozialwerke?

- Nennen Sie die Lösungsmöglichkeiten, mit denen das Finanzierungsproblem der AHV angegangen werden kann. In welche zwei Kategorien lassen sich diese Varianten unterteilen?

- Welche zwei Parameter stehen bei der beruflichen Vorsorge im Vordergrund? Beschreiben Sie die Mechanismen und die aktuelle Situation.

ZENTRALE BEGRIFFE

Einkommensverteilung S.458
Gini-Koeffizient S.460
Lorenzkurve S.460
Staatlicher Transfer S.462
Utilitarismus S.463

Gesellschaftsvertrag unter Unsicherheit S.463
Dreisäulenprinzip S.466
Umlageverfahren S.467
Kapitaldeckungsverfahren S.467
Solidaritätsprinzip S.467

Äquivalenzprinzip S.468
Mischindex S.470
Pensionskasse S.473
Mindestzinssatz S.474
Umwandlungssatz S.475

VI Finanzstabilität

In der ersten (2006) und der zweiten Auflage (2009) dieses Lehrbuches wurde auf das Thema der Finanzstabilität nicht detailliert eingegangen. Wie in einführenden Lehrbüchern üblich, beschränkte sich die Analyse der Rolle von Banken und ihren Risiken auf einige Ausführungen im Zusammenhang mit der Geldpolitik. Dies nicht, weil die Finanzstabilität als unwichtig eingeschätzt wurde, sondern weil massive globale Erschütterungen auf den Finanzmärkten sehr seltene Ereignisse sind – bis vor Kurzem musste man für die letzte globale Finanzkrise auf die 1930er-Jahre zurückblicken. Zudem herrschte seit Jahrzehnten die Ansicht vor, dass mit den vorhandenen Instrumenten der stabilitätsorientierten Geldpolitik und der Finanzmarktregulierung derartige Unfälle verhindert werden könnten. Diese Einschätzung hat sich als falsch erwiesen. Vor einem guten Jahrzehnt wurde die Weltwirtschaft durch eine Krise getroffen, deren Ursprung eindeutig in Fehlentwicklungen im Finanzsektor lag. Dieses Ereignis ist dermassen bedeutend, dass es die wirtschaftliche und wirtschaftspolitische Diskussion jahrelang dominierte. Ein Einführungslehrbuch in Volkswirtschaftslehre muss sich – will es relevant sein – heute mit diesem Thema auseinandersetzen. Seit der 3. Auflage (2013) dieses Lehrbuches wird die Finanzstabilität deshalb explizit als fünftes gesamtwirtschaftliches Ziel aufgeführt und in diesem Teil als eigenständiges Thema behandelt.

Dieser sechste Teil des Buches umfasst zwei Kapitel:

▶ Kapitel 16 befasst sich mit Banken, ihrer volkswirtschaftlichen Rolle und ihren spezifischen Risiken sowie mit Regulierungen, die darauf abzielen, diese Risiken einzudämmen.

▶ Kapitel 17 behandelt die globale Finanzkrise, die im Jahre 2008 ausgebrochen ist und seither mit unterschiedlicher Intensität die Wirtschaftspolitik in Atem hält. Wir konzentrieren uns dabei auf die für die Finanzstabilität relevanten Aspekte der Krise.

16 Banken

Am 14. September 2007 bildeten sich vor den Schaltern der britischen Bank Northern Rock lange Schlangen von Kundinnen und Kunden, die ihre Ersparnisse abheben wollten. Auslöser war eine Meldung, dass die damals achtgrösste Bank Grossbritanniens wegen der beginnenden Finanzkrise in Schwierigkeiten zu geraten drohe. Weil die Einlagensicherung in Grossbritannien wenig ausgebaut war, fürchtete die Kundschaft um die Sicherheit ihres Ersparten und hob innerhalb von wenigen Tagen insgesamt zwei Milliarden Pfund ab. Erst als der britische Finanzminister bekannt gab, dass die Regierung während der Krisenzeit alle Kundengelder garantiere, beruhigte sich die Situation.

Was bei Northern Rock vor sich gegangen war, ist ein sogenannter *Bankensturm*, ein panikartiger Abzug von Kundeneinlagen. Ein solches Ereignis ist für jede Bank ein eigentlicher GAU. Findet eine solche Panik nicht rasch ein Ende, geht auch die solideste Bank in kürzester Zeit Konkurs. Dieses Risiko ist ganz spezifisch für das Bankgeschäft – bei anderen Unternehmen besteht es in dieser Form nicht. Kommt hinzu, dass Banken oft stark miteinander verflochten sind, sodass Schwierigkeiten einer Bank sich rasch im Finanzsystem ausbreiten und andere Banken mit in den Abgrund reissen können. Finanzkrisen haben ihren Ursprung letztlich immer in solchen Ereignissen, die sich rasend schnell ausbreiten können. Man kann die Gefahren für die Finanzstabilität nur verstehen, wenn man die besondere Rolle von Banken in einer Volkswirtschaft und die damit verbundenen Risiken kennt. Dieses Kapitel legt die Grundlagen dafür.

Das Kapitel ist wie folgt aufgebaut:
- 16.1 erläutert die Rolle von Banken und Finanzmärkten im Wirtschaftskreislauf und zeigt auf, wieso Banken für eine arbeitsteilige Wirtschaft derart bedeutend sind.
- 16.2 führt das Analyseinstrument der vereinfachten Bankbilanz ein, um zu erläutern, warum eine Bank ein spezielles Unternehmen darstellt.
- 16.3 diskutiert anhand der vereinfachten Bankbilanz die wichtigsten Geschäfte von Banken. Neben der Kreditvergabe wird insbesondere der sogenannte Eigenhandel mit Wertpapieren genauer diskutiert, da dieser bei der Entstehung der Finanzkrise eine zentrale Rolle spielte.
- 16.4 behandelt die besonderen Risiken des Bankgeschäfts.
- 16.5 analysiert die wirtschaftspolitische Behandlung dieser Risiken, bespricht also die wichtigsten Ansätze der Bankenregulierung.
- 16.6 zeigt auf, wie die Bankenregulierung heute in der Schweiz ausgestaltet ist.

16.1 Finanzmärkte und die Rolle von Banken

16.2 Warum sind Banken ganz spezielle Unternehmen?

16.3 Die wichtigsten Bankgeschäfte

16.4 Die Risiken des Bankgeschäfts

16.5 Bankenregulierung

16.6 Bankenregulierung in der Schweiz

Bankensturm
Krisensituation, bei der die meisten Einleger gleichzeitig ihre Einlagen bei einer Bank abheben möchten und die Bank wegen mangelnder liquider Mittel zu dieser Auszahlung nicht in der Lage ist.

16.1 Finanzmärkte und die Rolle von Banken

Ausgangspunkt der Analyse sind die beiden Finanzierungsmöglichkeiten von Unternehmen: die Finanzierung über *Finanzmärkte* oder über Banken. In einem zweiten Schritt wird erläutert, wieso sich ohne Banken ein Grossteil der Unternehmen gar nicht oder nur zu horrend hohen Kosten finanzieren könnte.

16.1.1 Finanzmärkte versus Banken

Wie werden aus Spargeldern von Haushalten Investitionen von Unternehmen? Diese Frage steht am Ursprung jeder Analyse des Finanzsystems. Wir wollen die Antworten darauf zunächst anhand eines Ausschnitts des Wirtschaftskreislaufs erläutern.

Haushalte konsumieren in der Regel nicht ihr gesamtes Einkommen, sondern sparen auch. Dies mit der Absicht, einen Teil des Einkommens nicht für heutigen, sondern für zukünftigen Konsum zu verwenden. Haushalte sind deshalb oft Anbieter von finanziellen Mitteln. Umgekehrt ist die Situation von Unternehmen. Für die meisten Produktionsprozesse benötigen sie neben Arbeit auch Kapitalgüter wie Maschinen oder Gebäude. Das sind aber Dinge, für die man heute eine Investition tätigen muss, damit man morgen mehr produzieren kann. Das heisst, dass wachsende Unternehmen üblicherweise mehr finanzielle Mittel benötigen, als sie aus den laufenden Geschäften erwirtschaften; im Gegensatz zu den Haushalten treten sie also als Nachfrager nach finanziellen Mitteln auf.

Nun bestehen in der Praxis zwei Möglichkeiten, wie das gesparte Geld von den Haushalten zu den Unternehmen gelangen kann. Entweder erhalten Unternehmen das Kapital direkt von den Haushalten oder dies geschieht indirekt über eine Bank. Abbildung 16.1 auf Seite 483 zeigt diese beiden Kanäle vereinfacht auf.

Der direkte Weg führt über die Finanzmärkte. Die Unternehmen finanzieren sich, indem sie den Haushalten Wertpapiere verkaufen. Dabei lassen sich zwei Arten solcher Papiere unterscheiden, nämlich *Aktien* und *Obligationen*. Der Kauf einer Aktie macht den Haushalt zum Miteigentümer des Unternehmens. Als Entschädigung erhält er eine Beteiligung an den zukünftigen Gewinnen des Unternehmens; und zwar über eine jährliche Zahlung (sogenannte *Dividende*) und/oder über die Wertsteigerung der Aktie, falls das Unternehmen erfolgreich wirtschaftet und damit die Ge-

---

Finanzmärkte
Organisierte Märkte, auf denen Wertpapiere gehandelt werden.

Aktie
Wertpapier, mit dessen Kauf sich der Anleger zum anteilsmässigen Besitzer des Unternehmens macht; damit beteiligt er sich an der Wertsteigerung und – über die Dividende – am Gewinn des Unternehmens.

Dividende
Ausschüttung des Gewinns einer Aktiengesellschaft an die Aktionäre.

winnerwartungen steigen. Da die Gewinne natürlich auch negativ ausfallen können, sind Aktien grundsätzlich riskanter als *Obligationen* – die zweite Form von Wertpapieren. Mit dem Kauf einer Obligation wird der Haushalt nämlich nicht Miteigentümer des Unternehmens, sondern gewährt ihm lediglich einen Kredit. Als Entschädigung erhält er dafür jedes Jahr eine fixe Zinszahlung, die von der Gewinnsituation des Unternehmens unabhängig ist. Nach Ablauf der Laufzeit der Obligation erhält der Haushalt den ursprünglich investierten Betrag zurück.

> **Obligation**
> Wertpapier, das bezeugt, dass man dem ausstellenden Unternehmen einen Kredit gegeben hat und damit einen Anspruch auf einen vereinbarten jährlichen Zins hat.

Die direkte Finanzierung auf den Finanzmärkten über Aktien oder Obligationen steht vor allem grossen, etablierten Unternehmen offen, deren Reputation und Bekanntheit das Publikum dazu motiviert, ihre Papiere (Aktien oder Obligationen) zu kaufen. Wie wir im nächsten Unterkapitel genauer erläutern, sind die allermeisten Unternehmen jedoch zu klein und zu wenig bekannt, um diesen Weg zu gehen. Sie finanzieren sich deshalb indirekt über Banken, wie wir das in Abbildung 16.1 sehen.

Im Übrigen ist der Kreislauf in der Abbildung insofern etwas vereinfacht, als er lediglich Ströme zwischen Haushalten und Unternehmen darstellt. Eine wichtige finanzielle Beziehung, die auch über Banken abgewickelt wird, bildet der *Hypothekarkredit*. Dabei finanzieren Haushalte die Immobilienkäufe anderer Haushalte.

> **Hypothekarkredit**
> Bankkredit an Haushalte oder Unternehmen zur Finanzierung von Immobilien. Die Immobilie dient der Bank dabei als Sicherheit.

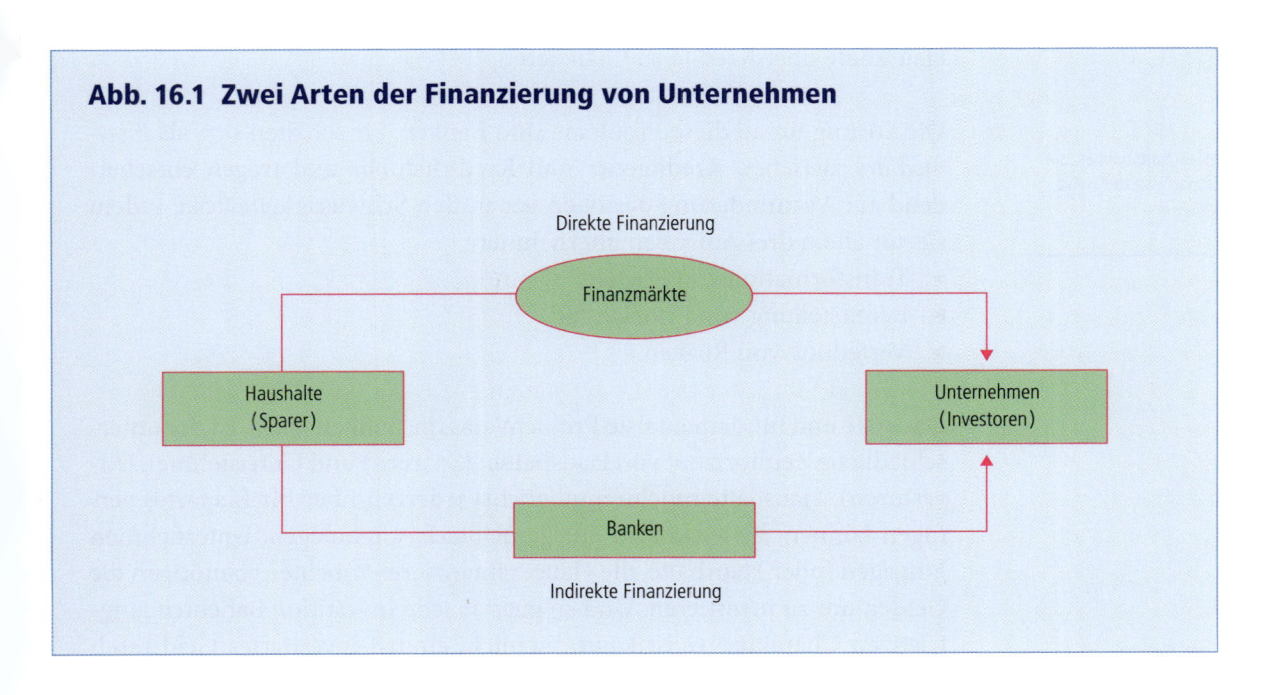

Abb. 16.1 Zwei Arten der Finanzierung von Unternehmen

16.1.2 Die volkswirtschaftliche Rolle von Banken

Wie wichtig Banken für eine arbeitsteilige Wirtschaft sind, wird sofort klar, wenn man sich eine Welt ohne sie vorstellt. Mit Ausnahme der wenigen Grossunternehmen, die sich direkt auf den Finanzmärkten finanzieren können, käme kaum mehr jemand in den Genuss von Krediten. Ohne Banken müssten sich auch mittelgrosse und kleine Unternehmen das Geld über die Finanzmärkte – das heisst direkt bei den Haushalten – besorgen, und das wäre mit verschiedenen Schwierigkeiten verbunden.

Erstens wäre es schwer, die Haushalte davon zu überzeugen, ihr Geld für lange Zeit in Investitionsprojekte zu binden; schliesslich möchten sie gerne jederzeit über das Ersparte verfügen können, falls Unvorhergesehenes passiert. Zweitens wäre es für die Haushalte mit grossem Aufwand verbunden, Unternehmen mit Investitionsplänen zu finden und – vor allem – die Qualität dieser Unternehmen und ihrer Investitionsprojekte zu beurteilen. Drittens sind Investitionen immer mit Risiken behaftet und der Haushalt, der sein gesamtes Erspartes in ein bestimmtes Projekt investiert hätte, könnte im schlechtesten Fall alles verlieren; er würde deshalb mit solchen direkten Krediten vernünftigerweise sehr zurückhaltend sein. Angesichts dieser Liste von Problemen ist klar, dass die direkte Finanzierung bei den Haushalten für die allermeisten mittelgrossen und kleinen Unternehmen – und damit für deutlich über 99 % aller Firmen – kaum denkbar ist; dazu kommt noch, dass Haushalte kaum eine Möglichkeit hätten, ihre Hauskäufe über Kredite zu finanzieren.

> **Intermediär**
> Klassische Funktion der Geschäftsbanken; sie sorgen dafür, dass die Ersparnisse der Haushalte zu den Investoren fliessen.

Die Lösung für all diese Probleme sind Banken. Sie schalten sich als *Intermediäre* zwischen Kreditgeber und Kreditnehmer und tragen entscheidend zur Verminderung der oben genannten Schwierigkeiten bei, indem sie vor allem drei Aufgaben übernehmen:
▶ Transformation von Fristen,
▶ Bereitstellung von Information,
▶ Verteilung von Risiken.

Das erste und fundamentalste Problem, das die Banken lösen, ist der unterschiedliche Zeithorizont von Haushalten (Sparern) und Unternehmen (Investoren). Haushalte möchten möglichst jederzeit über ihr Ersparte verfügen können, ihr Geld also nur ganz kurzfristig anlegen. Unternehmen hingegen (oder Haushalte, die Häuser finanzieren möchten) benötigen die Gelder, um zu investieren. Und so gut wie jede Investition hat einen langfristigen Charakter; es ist kaum möglich, einmal investiertes Geld rasch und ohne substanzielle Verluste wieder zu Geld zu machen. Will man diese beiden Marktseiten mit sehr unterschiedlichen Interessen zusammenführen, so hilft es sehr, wenn sich jemand dazwischenschaltet, der die ungleichen Anforderungen an die Fristen von Geschäften ausgleichen kann. Diese sogenannte *Fristentransformation* ist die Kernaufgabe von Banken. Sie sammeln grosse Mengen von kurzfristigen Spargeldern und stellen sie Unternehmen für langfristige Investitionsprojekte zur Verfügung. Das ist deshalb möglich, weil in der Regel immer nur ein kleiner Teil der Sparer das Geld gleichzeitig abheben möchte. Die Bank kann deshalb das Risiko eingehen, nicht alle Kundengelder jederzeit auszahlen zu können. Dieses Risiko führt aber dazu, dass Banken – ohne entsprechende Vorsichtsmassnahmen – in schlechten Zeiten in sehr ungemütliche Situationen geraten können; wir werden darauf zurückkommen. Man kann sogar sagen, dass die besondere Krisenanfälligkeit von Banken sich letztlich immer auf die Tatsache zurückführen lässt, dass der allergrösste Teil der Kapitalgeber die Gelder jederzeit sehr kurzfristig zurückfordern kann.

Fristentransformation
Volkswirtschaftliche Funktion der Banken, dafür zu sorgen, dass kurzfristig angelegte Spargelder für langfristige Investitionsprojekte zur Verfügung gestellt werden.

Die zweite Funktion von Banken ist es, Informationen zu beschaffen. Ein Grundproblem der Kreditvergabe ist die asymmetrische Information zwischen Kreditgebern und -nehmern: Die Unternehmen wissen wesentlich mehr über das Risiko ihrer Investitionsprojekte als die Haushalte; und wenn diese Projekte mit grossen Risiken verbunden sind, haben die Unternehmen einen Anreiz, diese Tatsache vor den Geldgebern zu verbergen – das klassische Problem asymmetrischer Informationen, das wir in Kapitel 6 erläutert haben. Die Beschaffung dieser für die Risikoabschätzung der Kreditgeber entscheidenden Informationen ist deshalb oft so kostspielig, dass ohne Banken sehr wenige Kredite vergeben würden. Banken verschaffen sich diese Informationen mit *Kreditprüfungen* und gehen deshalb bei der Kreditvergabe kleinere Risiken ein.

Kreditprüfung
Die Bank überprüft vor der Vergabe von Krediten, ob der Kreditnehmer willens und fähig ist und sein wird, die regelmässigen Zinszahlungen zu leisten und den Kredit am Ende der Laufzeit zurückzuzahlen.

Eine dritte volkswirtschaftliche Funktion von Banken besteht schliesslich in der besseren Verteilung von Risiken. Da die Zukunft unsicher ist, kommt es auch bei seriös geprüften Krediten an gute Schuldner immer wieder vor, dass ein Kredit ausfällt. Da eine Bank viele Kredite vergibt, trifft sie ein einzelner solcher Ausfall deutlich weniger als einen Haushalt, der nur in ein einziges Projekt investiert hat. Deshalb ist eine Bank besser in der Lage, die Kosten solcher Risiken zu tragen, als ein Haushalt; und entsprechend werden deutlich mehr Kredite gesprochen, wenn es Banken gibt.

Die Existenz von Banken ist also unabdingbar, damit die Ersparnisse einer Volkswirtschaft tatsächlich effizient in Investitionsprojekte fliessen können. Die Banken werden dafür mit der Zinsdifferenz entschädigt. Sie stammt aus dem Wert, welchen die Banken durch die Lösung der oben genannten Probleme als Intermediäre zwischen Sparern und Investoren schaffen.

16.2 Warum sind Banken ganz spezielle Unternehmen?

Auf Basis dieser Beschreibung der volkswirtschaftlichen Funktion lässt sich zusammenfassen, was Banken so speziell macht: Sie sind deutlich stärker verschuldet als alle anderen Unternehmen. Diesen für die Finanzstabilität zentralen Punkt wollen wir anhand einer vereinfachten Bankbilanz verdeutlichen. Ein Konzept, das wir in diesem und im nächsten Kapitel immer wieder verwenden werden.

Eine Bilanz stellt für einen bestimmten Zeitpunkt die Verwendung der finanziellen Mittel eines Unternehmens der Herkunft dieser Mittel gegenüber. Auf der rechten Seite (Passiven) finden sich die Finanzierungsquellen; sie gibt also Auskunft darüber, woher die Mittel stammen. Auf der linken Seite (Aktiven) wird aufgeführt, wofür diese Mittel verwendet werden, also was dem Unternehmen gehört. Da jede Anlage finanziert sein muss, steht auf der Aktiv- und Passivseite der Bilanz jeweils die gleiche Summe.

In Abbildung 16.2 auf Seite 487 sehen wir eine auf das absolute Minimum vereinfachte Bilanz eines typischen Industrieunternehmens links und einer typischen Bank rechts. Uns interessiert vorerst nur, wie die beiden Unternehmen finanziert sind, wir konzentrieren uns also hier auf die Passivseite; später werden wir auch die Aktivseite unter die Lupe nehmen.

Jedes Unternehmen (und auch jede Privatperson) hat grundsätzlich zwei Möglichkeiten, seine Aktivitäten zu finanzieren. Entweder verfügt es über eigene Mittel oder es muss sich die Mittel von anderen beschaffen. Im ersten Fall werden diese Mittel als *Eigenkapital* bezeichnet, im zweiten Fall als *Fremdkapital*. Die Höhe des Fremdkapitals im Verhältnis zur gesamten Bilanzsumme zeigt, wie hoch die Verschuldung oder – um einen in den letzten Jahren oft verwendeten Begriff einzuführen – der *Leverage* des Unternehmens ist.

Eigenkapital
Finanzierung über Geldgeber, die Miteigentümer des Unternehmens sind.

Fremdkapital
Finanzierung über Geldgeber, die nicht Eigentümer des Unternehmens sind.

Leverage
Verschuldungsgrad einer Unternehmung. Wörtlich übersetzt bedeutet der Begriff «Hebel» und drückt damit aus, dass mit der Aufnahme von Fremdkapital die Rendite des Eigenkapitals deutlich erhöht («gehebelt») werden kann.

Abb. 16.2 Banken sind immer stark verschuldet

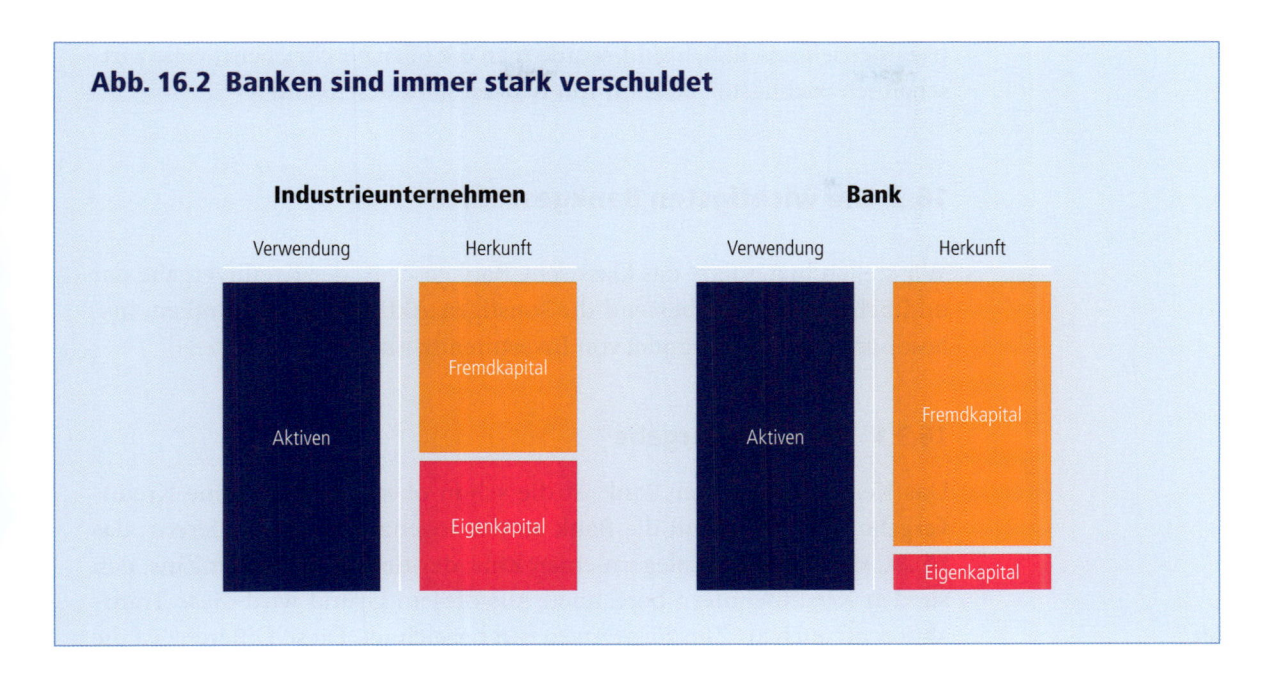

Industrieunternehmen — Verwendung: Aktiven; Herkunft: Fremdkapital, Eigenkapital

Bank — Verwendung: Aktiven; Herkunft: Fremdkapital, Eigenkapital

In Abbildung 16.2 sehen wir, dass bei einem typischen Industrieunternehmen der Anteil des Fremdkapitals nicht wesentlich höher ist als derjenige des Eigenkapitals, während eine Bank mit einem viel grösseren Anteil an Fremdkapital arbeitet. Ein Beispiel: Unmittelbar vor der Finanzkrise verfügte die Schweizer Grossbank UBS auf einer Bilanzsumme von 2010 Milliarden Franken über ein Eigenkapital von 41 Milliarden Franken, also von gerade einmal 2 %; fast die gesamte Finanzierung kam also nicht von den Eigentümern! Bei Rieter, einem typischen Schweizer Industrieunternehmen, waren es zur gleichen Zeit etwa 35 %.

Betrachtet man diese Verschuldung, könnte man leicht zur Ansicht gelangen, dass Banking ein unseriöses Geschäft sei. Und man könnte daraus schliessen, dass das ungewöhnliche Verhältnis von Fremd- zu Eigenkapital über Staatseingriffe in normale Grössenordnungen zu bringen sei. Nun zeigt sich in Finanzkrisen tatsächlich immer wieder, dass gewisse Banken massiv überschuldet sind und unverhältnismässig grosse Risiken eingehen. Hier ist eine Erhöhung des Eigenkapitals sicher angebracht; wir werden darauf zurückkommen. Trotzdem sollte man sich aber im Klaren darüber sein, dass nicht nur unseriöse, sondern alle Banken stark verschuldet sind. Ihr Kerngeschäft – und ihre zentrale Rolle in einer prosperierenden Volkswirtschaft – ist es gerade, mit Geld, das nicht ihnen gehört, Kredite zu vergeben. Wollte man sie tatsächlich zu Eigenkapitalquoten zwingen, wie sie in Industrieunternehmen üblich sind, würde man die oben beschriebene, volkswirtschaftlich wichtigste Funktion von Banken stark beschneiden.

16.3 Die wichtigsten Bankgeschäfte

Wir stellen hier zuerst das klassische Bankgeschäft der Kreditvergabe dar und behandeln anschliessend die sonstigen Aktivitäten von Banken, insbesondere den Eigenhandel von Investmentbanken.

16.3.1 Die Kreditvergabe

Das Kerngeschäft einer Bank ist die schon oben angesprochene Kreditvergabe. Dabei verdient die Bank an der sogenannten Zinsdifferenz, das heisst, sie zahlt den Einlegern einen Zins, der tiefer liegt als der Zins, den sie den Kreditnehmern berechnet. Aus diesem Grund wird diese Transaktion oft auch als *Zinsdifferenzgeschäft* bezeichnet. Diese Differenz ist die Entschädigung an die Bank für die Reduktion der unter 16.1 erläuterten Kosten der Kreditvergabe.

Abbildung 16.3 analysiert dieses Geschäft mithilfe der vereinfachten Bankbilanz.

Zinsdifferenzgeschäft
Traditionelles Bankgeschäft; die Bank verdient daran, dass ihre Zinszahlungen an die Einleger tiefer sind als die Zinsen, die sie aus der Kreditvergabe erhält.

Abb. 16.3 Die Kreditvergabe mit geliehenem Geld – Was eine Bank zur Bank macht

Auf der Passivseite (rechts) besteht das Fremdkapital bei einer klassischen Bank aus Einlagen der Kundinnen und Kunden. Diese Mittel werden verwendet, um Kredite an Unternehmen oder Haushalte zu vergeben, wie wir auf der Aktivseite (links) sehen. Da die Kundschaft ihre Einlagen jederzeit abheben kann, verwendet die Bank nicht die gesamten Mittel zur Kreditvergabe, sondern hält einen Teil davon in bar zurück. Deshalb findet sich auf der Aktivseite auch ein kleiner Posten an Liquidität. Klein ist er, weil liquide gehaltene Mittel für die Banken teuer sind, da sie im Gegensatz zu den Krediten keine Zinserträge abwerfen.

16.3.2 Andere Bankgeschäfte

Lange Zeit war die Kreditvergabe die Haupttätigkeit von Banken. Mit der Zeit weiteten sich die Geschäfte der Banken aber zunehmend aus.

Erstens entwickelte sich das sogenannte *Kommissionsgeschäft*: Die Bank erbringt gegen eine Entschädigung («Kommission») Dienstleistungen für Kunden. Dies umfasst etwa die in der Schweiz sehr bedeutende *Vermögensverwaltung*, also die Bewirtschaftung von privaten Vermögen nach Vorstellungen der Eigentümer. Dabei arbeitet die Bank mit Vermögen, das ihr nicht gehört, das also nicht in der Bilanz auftaucht. Kommissionsgeschäfte bilden auch die Haupttätigkeiten des klassischen *Investmentbankings*. Dabei geht es um die Unterstützung von Unternehmen bei Finanzmarktgeschäften, etwa wenn ein Unternehmen Aktien oder Obligationen auf den Finanzmärkten platzieren möchte oder wenn Unternehmen fusionieren. In beiden Fällen fungiert die Bank in erster Linie als Berater, verdient also an den Honoraren für diese Leistung. All diese Tätigkeiten widerspiegeln sich nicht in der Bilanz, da es reine Dienstleistungen gegen Kommission sind.

Zweitens aber engagieren sich viele Banken, und hier vor allem Investmentbanken, inzwischen stark beim Handel mit Wertpapieren auf eigene Rechnung. Mit diesem sogenannten *Eigenhandel* tritt die Bank direkt als Käufer oder Verkäufer von Wertpapieren auf, mit dem Ziel, einen Gewinn zu erzielen. Im Gegensatz zum Kommissionsgeschäft ist die Bank beim Eigenhandel Besitzerin der Wertpapiere, das heisst, diese tauchen – ebenso wie die Kredite an Unternehmen – in ihrer Bilanz auf. Abbildung 16.4 stellt dies anhand der vereinfachten Bankbilanz dar.

Auf der Aktivseite kommt zu den klassischen Krediten ein bedeutender Posten von Wertpapieren hinzu, welche die Bank selbst besitzt. Für die

Kommissionsgeschäft
Teil des Bankgeschäfts, bei dem die Bank gegen eine Entschädigung (Kommission) Dienstleistungen für den Kunden erbringt.

Vermögensverwaltung
Bankgeschäft, das in der Bewirtschaftung von privaten Vermögen nach den Vorstellungen der Eigentümer besteht.

Investmentbanking
Bankgeschäft, das v. a. darin besteht, Unternehmen bei Finanzmarktgeschäften zu unterstützen.

Eigenhandel
Bankgeschäft, das darin besteht, Wertpapiere auf eigene Rechnung zu handeln, um daraus einen Gewinn zu erzielen.

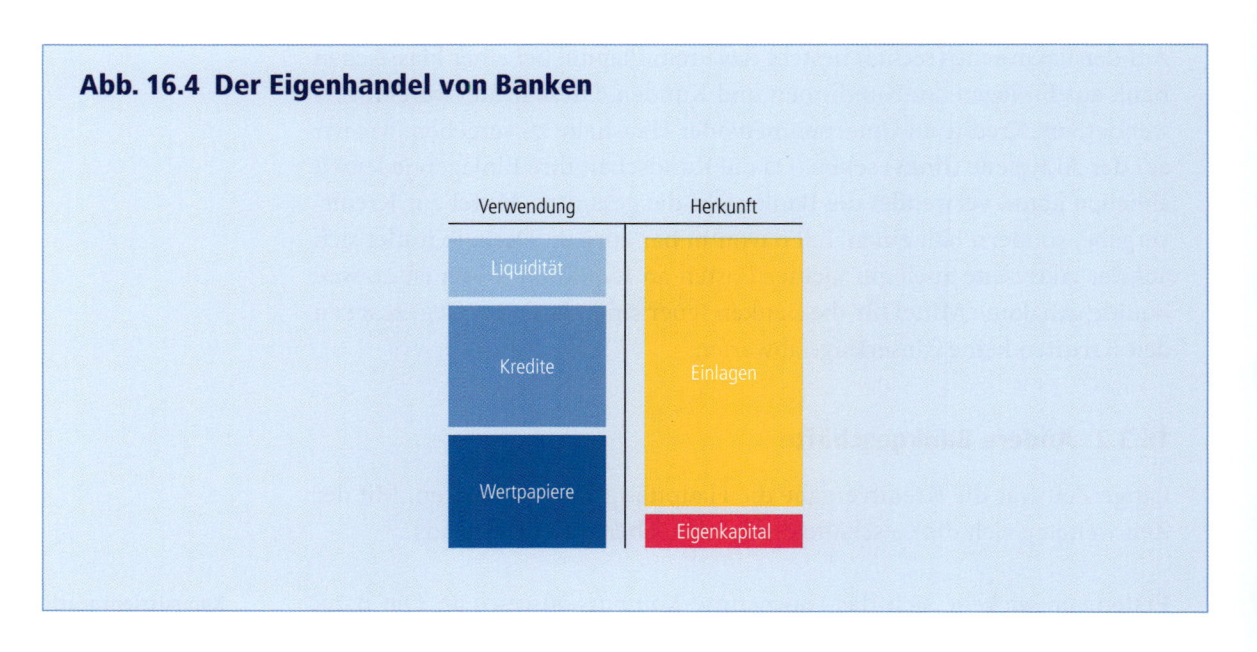

Abb. 16.4 Der Eigenhandel von Banken

Verwendung	Herkunft
Liquidität	Einlagen
Kredite	
Wertpapiere	Eigenkapital

Entstehung der Finanzkrise spielte der Eigenhandel eine zentrale Rolle, wie wir in Kapitel 17 erläutern werden.

Verschiedene Banktypen unterscheiden sich darin, in welchem dieser verschiedenen Geschäfte sie primär tätig sind. Es gibt reine Investmentbanken, die vor allem Beratungsdienstleistungen erbringen und/oder auf eigene Rechnung auf den Finanzmärkten agieren, Privatbanken, die auf die Vermögensverwaltung spezialisiert sind, oder klassische Geschäftsbanken, die nur in der Vergabe von Krediten tätig sind. Viele Grossbanken aber – in der Schweiz etwa die UBS – sind sogenannte *Universalbanken*, das heisst, sie engagieren sich in all diesen Geschäften.

Universalbank
Bank, die in allen wesentlichen Bankgeschäften tätig ist.

16.4 Die Risiken des Bankgeschäfts

Dass Banking ein sehr riskantes Geschäft sein kann, hat uns die Grosse Finanzkrise drastisch vor Augen geführt. Man kann damit zwar viel Geld verdienen, aber in kaum einem anderen Geschäft kann so viel Geld so rasch verloren werden, wenn einmal etwas wirklich schiefläuft.

Betrachten wir die Bilanz der Bank in Abbildung 16.4, so springen die besonderen Risiken sofort ins Auge. Ihr Geschäft basiert stark auf Fremdkapital (Einlagen), also Geld, das ihr nicht gehört. Und mit diesem Fremdkapital werden zum Teil beschränkt liquide – das heisst kurzfristig nur schwer zu verkaufende – Anlagen, wie eben Kredite, finanziert. Das wäre dann kein grosses Problem, wenn die Banken langfristig über das Fremdkapital verfügen könnten. Gerade das ist aber nicht der Fall. Die Kundeneinlagen sind im Prinzip sehr kurzfristige Kredite der Kunden an die Bank; sie können jederzeit zurückgezogen werden.

Gefahren bestehen sowohl auf der Passiv- als auch auf der Aktivseite der Bilanz. Auf der Passivseite kann die Finanzierung innert kürzester Zeit austrocknen (Liquiditätsrisiko), auf der Aktivseite können Verluste so hoch sein, dass sie das Eigenkapital übersteigen (Kreditausfall- und Marktrisiko). Diese beiden wichtigen Fälle wollen wir etwas genauer betrachten.

16.4.1 Wenn die Finanzierung austrocknet: Das Liquiditätsrisiko

Das sogenannte *Liquiditätsrisiko* besteht darin, dass eine Bank in eine Situation gerät, in der sie nicht über genügend liquide Mittel verfügt oder solche beschaffen kann, um ihre Gläubiger auszuzahlen. Wie bereits gesagt, ist das Kerngeschäft einer Bank – das Zinsdifferenzgeschäft – anfällig für dieses Risiko. Zwar wird auf der Aktivseite ein gewisser Teil der Mittel liquide gehalten, doch würden diese Mittel niemals ausreichen, um alle Verpflichtungen an die Einleger jederzeit zu befriedigen. Das Geschäftsmodell basiert hier auf der vernünftigen Annahme, dass in der Regel nur ein kleiner Teil der Einleger zu einem bestimmten Zeitpunkt das gesamte Geld abziehen wird. Deshalb kann man das Risiko eingehen, nicht alle Forderungen jederzeit vollständig zurückzahlen zu können. Gibt es aber aus irgendeinem Grund einen Bankensturm, also die Situation, dass viele Einleger ihr Geld gleichzeitig zurückverlangen, so wird die Bank rasch illiquide.

16.4.2 Wenn Verluste entstehen: Solvenzrisiken

Die zweite Kategorie von Risiken besteht darin, dass eine Bank bei der Verwendung ihrer Gelder auf der Aktivseite Verluste erleiden kann. Sind solche Verluste zu hoch, kann dies zu *Insolvenz* führen. Solvenzrisiken können bei beiden wichtigen Anlagekategorien von Banken entstehen, nämlich bei den Kreditbeständen einerseits *(Kreditausfallrisiko)* und bei den Wertpapierbeständen andererseits *(Marktrisiko)*. Das Kreditausfallrisiko besteht darin, dass auf gewährten Kredite keine Zinsen gezahlt oder dass sie nicht zurückgezahlt werden. Die Kreditvergabe an Unternehmen oder Haushalte ist ein riskantes Geschäft, weil die zukünftige

Liquiditätsrisiko
Risiko im Bankgeschäft, das darin besteht, dass eine Bank nicht genügend liquide Mittel hat oder beschaffen kann, um Fremdkapitalgeber zu bedienen, die ihr Geld zurückhaben möchten.

Insolvenz
Situation, in der ein Unternehmen nicht über genügend Vermögenswerte verfügt, um das Fremdkapital zurückzuzahlen.

Kreditausfallrisiko
Risiko im Bankgeschäft, das darin besteht, dass die Kreditnehmer nicht mehr in der Lage sein können, die Kreditzinsen zu zahlen oder den Kredit zurückzuzahlen.

Marktrisiko
Risiko, dass bei einer Bank, die Eigenhandel betreibt, der Marktwert der gehaltenen Wertpapiere drastisch einbrechen kann und damit die Solvenz einer wenig kapitalisierten Bank gefährdet.

Zahlungsfähigkeit der Schuldner nur sehr schwer abzuschätzen ist. Sind die Schuldner zahlungsunfähig, so ist das Geld für die Bank verloren, und der Kredit muss abgeschrieben, das heisst von der Aktivseite der Bilanz entfernt werden. Wegen solcher Verluste reduziert sich dann das Eigenkapital entsprechend. Das Marktrisiko ergibt sich aus Verlusten, die aufgrund des Eigenhandels der Banken entstehen können. Reduziert sich der Marktpreis des Bestands eigener Wertpapiere bleibend, so muss der entsprechende Aktivposten der Bilanz reduziert werden. Auch eine solche Abschreibung vermindert das Eigenkapital und verschlechtert damit die Solvenz der Bank.

16.5 Bankenregulierung

Banking gehört zu den am stärksten regulierten Wirtschaftszweigen. Dabei zielt die Regulierung einerseits auf den Schutz der Bankkunden, andererseits auf die Stabilität des Finanzsystems ab. Wir konzentrieren uns hier auf das zweite Ziel, die Stabilität des Finanzsystems. Dabei wiederum unterscheidet man Massnahmen, welche die Stabilität einzelner Banken im Auge haben (sogenannte *mikroprudentielle Regulierung*), von Massnahmen, mit denen die Stabilität des gesamten Bankensystems gesichert werden soll (sogenannte *makroprudentielle Regulierung*).

Mikroprudentielle Regulierung
Regulatorische Massnahme, die auf die Stabilität einzelner Banken abzielt.

Makroprudentielle Regulierung
Regulatorische Massnahme, die auf die Stabilität des gesamten Bankensystems (alle Banken gemeinsam) abzielt.

Um die im letzten Abschnitt identifizierten Risiken einzudämmen, werden verschiedene Regulierungsansätze verfolgt: Mit Mindestanforderungen zur Ausstattung an Eigenkapital sollen etwa Verluste aus der Kreditvergabe oder aus dem Halten von Wertpapieren aufgefangen werden. Als Schutz gegen Bankenstürme gibt es Vorschriften über die Ausstattung der Banken mit liquiden Mitteln auf der Aktivseite. Zudem besteht das besondere Problem, dass Banken oft so stark miteinander verflochten sind, dass der Konkurs einer grossen Bank das ganze Finanzsystem gefährden kann. Jeden dieser Punkte wollen wir im Folgenden kurz ansprechen.

16.5.1 Eigenkapitalvorschriften zur Eindämmung des Konkursrisikos

Bank für Internationalen Zahlungsausgleich (BIZ)
Internationale Organisation mit Sitz in Basel, die unter anderem Regeln für die Ausstattung der Banken mit Eigenkapital festlegt. Die BIZ verwaltet einen Teil der internationalen Währungsreserven und gilt deshalb auch als Zentralbank der Zentralbanken.

Am Sitz der *Bank für Internationalen Zahlungsausgleich (BIZ)* in Basel wurde 1988 die sogenannte Basler Eigenmittelvereinbarung für Banken unterzeichnet. Dieses inzwischen als «Basel I» bezeichnete Dokument gibt den nationalen Bankenregulatoren international vereinbarte Empfehlungen, wie Banken konkursresistenter gemacht werden können. Im Jahr

2006 wurden diese Empfehlungen in «Basel II» angepasst, in der Folge der Bankenkrise liegen heute Vereinbarungen für «Basel III» auf dem Tisch.

Der Ansatz ist bei der Weiterentwicklung der Basler Empfehlungen immer der gleiche geblieben. Für Banken werden Mindestanforderungen für die Ausstattung mit Eigenkapital festgelegt. Und diese Empfehlungen sollten in möglichst allen Ländern umgesetzt werden, um das globale Finanzsystem sicherer zu machen und gleichzeitig nicht durch unterschiedliche Behandlung zwischen Ländern Wettbewerbsverzerrungen zu schaffen. Die Grundidee ist am besten verständlich, wenn man von der vereinfachten Bankbilanz ausgeht (siehe Abbildung 16.5).

Die Basler Empfehlungen besagen, wie gross das Eigenkapital im Verhältnis zu den Aktiven sein sollte. Die Überlegung dabei ist, dass eine Bank konkursfester wird, wenn sie über mehr Kapital verfügt, das Verluste auf der Aktivseite auffangen kann. Ist dieses Verhältnis etwa – wie in Abbildung 16.5 – 1 zu 10, so heisst das, dass die ungewichtete Eigenkapitalquote 10 % beträgt. Die so berechnete Quote heisst übrigens *Leverage-Ratio*.

Leverage-Ratio
Verhältnis zwischen Eigenkapital und Bilanzsumme eines Unternehmens. Je höher die Leverage-Ratio desto geringer ist die Verschuldung.

Von diesem Grundmodell ausgehend, werden die *Eigenkapitalanforderungen* nach den Basler Vorschriften etwas raffinierter berechnet. Ausgangspunkt ist dabei die plausible Überlegung, dass nicht alle Aktiven einer Bank mit demselben Risiko behaftet sind. Die Aktie eines eben gegründe-

Eigenkapitalanforderungen
Regulierung, die verlangt, dass eine Bank einen gewissen minimalen Anteil an Eigenkapital hält.

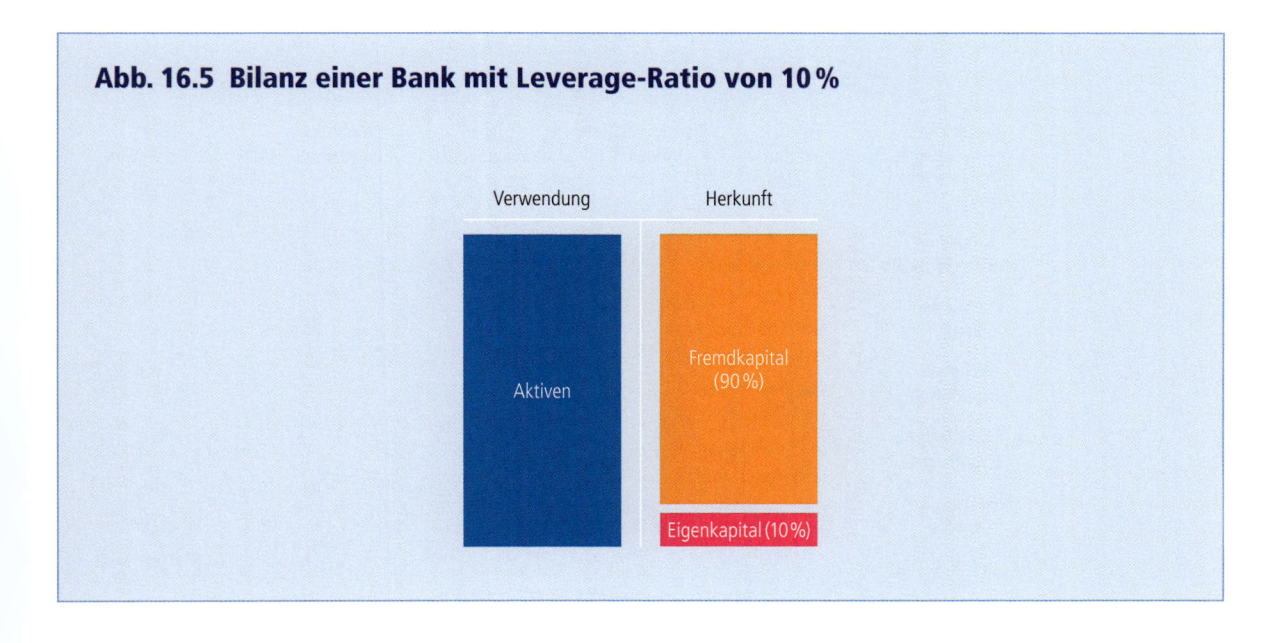

Abb. 16.5 Bilanz einer Bank mit Leverage-Ratio von 10 %

Verwendung: Aktiven
Herkunft: Fremdkapital (90 %), Eigenkapital (10 %)

ten Start-up-Unternehmens ist riskanter als eine Deutsche Staatsanleihe. Und deshalb – so der Basler Ansatz – sollte für den Besitz der Aktie auch mehr Eigenkapital gehalten werden, um das Verlustrisiko abzudecken. Umgesetzt wird der Basler Ansatz mit sogenannten Risikogewichten. Eine völlig sichere Anlage hat ein Risikogewicht von 0 %, eine stark risikobehaftete eines von 100 %. Das heisst, dass für eine sichere Anlage (zum Beispiel Bargeld) kein Kapital gehalten werden muss, für eine riskante aber der volle von «Basel» vorgegebene Prozentsatz. Die gesamte Aktivseite einer Bank wird mit dieser Methode bewertet. Daraus berechnen sich die sogenannten risikogewichteten Aktiven. Abbildung 16.6 zeigt dies schematisch auf.

Die gesamten Aktiven werden durch die unterschiedliche Risikogewichtung zur kleineren Gesamtsumme der risikogewichteten Aktiven umgerechnet; dabei werden hier beispielsweise die weniger riskanten Kredite an die Regierung mit 20 % bewertet, während Kredite an Privatkunden ein Risikogewicht von 75 % und gewerbliche Hypotheken gar eines von 100 % aufweisen. Auf diesen risikogewichteten Aktiven müssen die Banken dann in diesem Beispiel 8 % Eigenkapital halten. Da nicht alle Aktiven mit 100 % bewertet werden, ist die Leverage-Ratio (das heisst die ungewichtete Eigenkapitalquote) deutlich kleiner; im vorliegenden Fall in der Abbildung nur etwa 4 %.

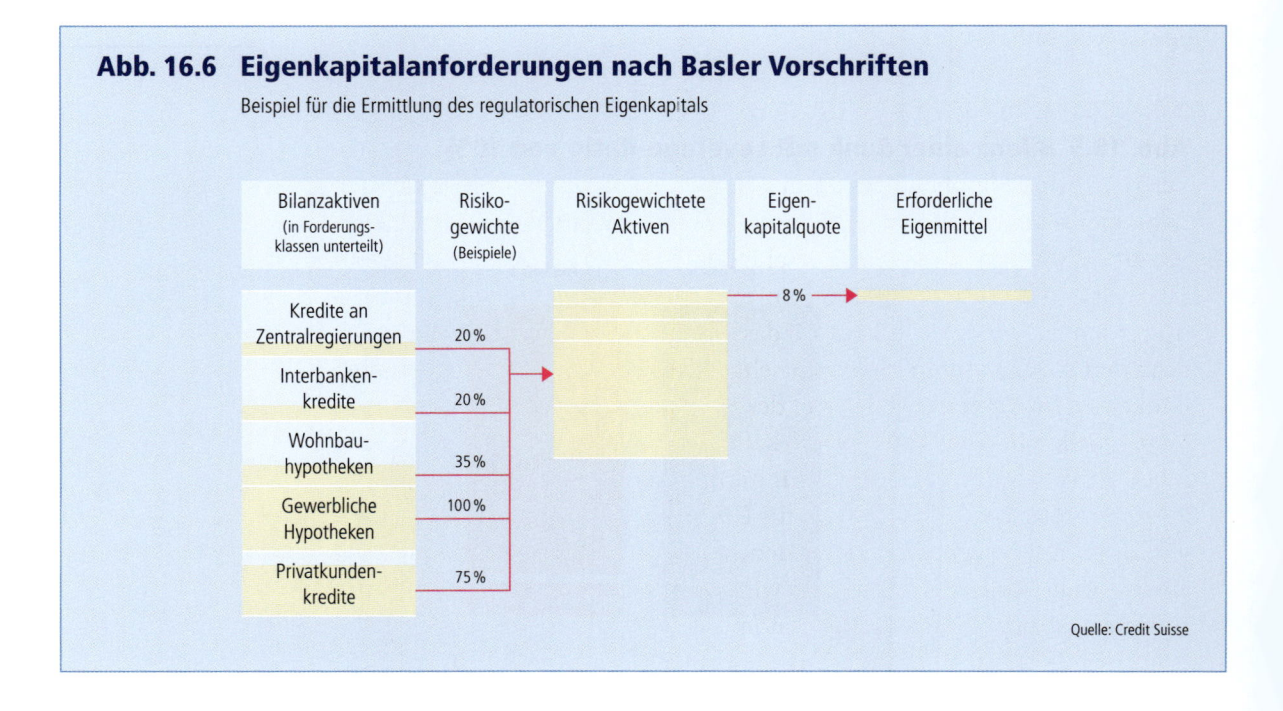

Abb. 16.6 Eigenkapitalanforderungen nach Basler Vorschriften
Beispiel für die Ermittlung des regulatorischen Eigenkapitals

Bilanzaktiven (in Forderungsklassen unterteilt)	Risikogewichte (Beispiele)	Risikogewichtete Aktiven	Eigenkapitalquote	Erforderliche Eigenmittel
Kredite an Zentralregierungen	20 %		8 %	
Interbankenkredite	20 %			
Wohnbauhypotheken	35 %			
Gewerbliche Hypotheken	100 %			
Privatkundenkredite	75 %			

Quelle: Credit Suisse

16.5.2 Liquiditätsvorschriften zur Vermeidung von Bankenstürmen

Bankenstürme können die freiwillig gehaltene Liquidität einer Bank rasend schnell aufbrauchen. Solche Ereignisse zu verhindern oder zumindest einzudämmen, gehört deshalb zu den dringlichsten Aufgaben der Bankenregulierung. Dabei kommen im Wesentlichen zwei Methoden zur Anwendung.

Erstens gibt es eine obligatorische Einlagensicherung, welche die Kundengelder bis zu einer bestimmten Obergrenze gegen Verluste aus Liquiditätsmangel versichert. Derartige Regelungen wurden nach den grossen Bankenkrisen der 1930er-Jahre in den meisten Ländern eingeführt und haben entscheidend dazu beigetragen, dass Bankenstürme seither zu sehr seltenen Ereignissen geworden sind. Wenn der Kunde weiss, dass er sein Geld selbst dann zurückerhält, wenn die Bank keine liquiden Mittel mehr hat, reduziert das seinen Anreiz, bei Gerüchten über finanzielle Schwierigkeiten einer Bank sofort sein Geld abzuheben. Entsprechend selten sind die berüchtigten langen Schlangen vor den Bankschaltern geworden, die früher oft beginnende Bankenkrisen anzeigten.

Zweitens wird den Banken durch die Regulierung vorgeschrieben, einen bestimmten Prozentsatz der Aktiven als flüssige Mittel zu halten. Dies, um zumindest zu einem gewissen Grad für den Fall plötzlicher Mittelabflüsse gerüstet zu sein.

Man kann sich fragen, wieso es hierzu eigentlich staatliche Vorschriften braucht – die Banken sollten sich doch aus Eigeninteresse gegen mögliche Bankenstürme wappnen. Das ist an sich richtig, allerdings besteht für eine Bank kaum ein Anreiz, in genügend grossem Masse gegen solche Ereignisse vorzukehren. Zunächst einmal ist das Halten von Liquidität teuer – man zahlt die Opportunitätskosten entgangener Einkommen aus zinstragenden Anlagen. Dazu kommt, dass Banken einen Anreiz haben, sich über den sogenannten Geldmarkt sehr kurzfristig vor allem bei anderen Banken zu finanzieren, weil das in der Regel günstiger ist. Trocknen dann diese Quellen in einer Krise aus, so kann die Bank auch ohne einen klassischen Bankensturm in ernste Liquiditätsprobleme kommen. Dass dies alles keine graue Theorie ist, hat uns die Finanzkrise vor Augen geführt – wie wir im nächsten Kapitel sehen werden, spielten Liquiditätsprobleme dabei eine zentrale Rolle. Entsprechend wird die Regulierung der Liquiditätshaltung als Reaktion auf die Krise momentan verschärft.

16.5.3 Makroprudentielle Vorschriften und die Eindämmung des Too-big-to-fail-Problems

Generell führt gerade die gegenseitige kurzfristige Finanzierung von Banken dazu, dass sie oft stark miteinander verflochten sind. Dies hat zur Folge, dass vor allem grosse Banken nicht die gesamten Kosten von Bankenstürmen tragen. Weil solche Ereignisse die Finanzstabilität gefährden können, müssen Zentralbanken im Ernstfall oft die Rolle des *Lender of Last Resort* spielen, oder Regierungen müssen insolvente Banken retten. Um zu verhindern, dass eine solche Situation eintritt, wird neben der einzelnen Bank auch das gesamte Bankensystem überwacht; in der Regel wird diese Aufgabe durch die Zentralbank wahrgenommen. Die makroprudentielle Aufsicht oder eben die systemorientierte Regulierung wird damit mindestens ebenso wichtig wie die mikroprudentielle Regulierung einzelner Banken. Das Ziel ist letztlich, Finanzkrisen zu verhindern, in denen sich die zusammenbrechenden Banken gegenseitig in den Abgrund ziehen.

Als besonders problematisch erweisen sich dabei grosse Banken, deren Probleme das gesamte Finanzsystem tangieren können. Weil ihr Scheitern unabsehbare Kosten für die Volkswirtschaft haben würde, sind die Behörden faktisch gezwungen, solche Banken auch am Leben zu erhalten, wenn sie an sich insolvent sind. Das ist das sogenannte *Too-big-to-fail-Problem*. Dieses schafft eine unhaltbare Situation. Denn eine Marktwirtschaft basiert auf dem Prinzip, dass Fehlentscheide in letzter Konsequenz auch mit dem Konkurs des Unternehmens bestraft werden können.

Eine Unternehmensführung einer grossen Bank, die weiss, dass der Staat die Unternehmung im Notfall retten wird, hat weniger Anreize, in ihren Entscheiden die Risiken angemessen zu berücksichtigen. Vielmehr wird sogar – wie wir das in der Box auf Seite 185 erläutert haben – Moral-Hazard-Verhalten begünstigt, indem ein Anreiz geschaffen wird, besonders viel Risiko einzugehen; im positiven Fall bleiben die Gewinne ja privat, während im negativen Fall die Allgemeinheit für die Verluste aufkommt. Dies wird dadurch begünstigt, dass bei einer Aktiengesellschaft die Eigentümer nur mit ihrer Investition, nicht aber mit ihrem sonstigen Vermögen für Verluste geradestehen müssen.

Die Lösung des Too-big-to-fail-Problems ist zwar unabdingbar, gleichzeitig aber alles andere als einfach. Gesucht sind Regulierungen, welche die falsch gesetzten Anreize (Stichwort Staatsgarantie) beseitigen, gleichzeitig aber die Handlungsmöglichkeiten von Banken nicht so stark beschneiden,

---

Lender of Last Resort
Institution, die als Kreditgeber fungiert, wenn niemand mehr bereit ist, einen Kredit zu vergeben. Diese Rolle wird in der Regel durch Zentralbanken wahrgenommen.

Too-big-to-fail-Problem («zu gross, um zu scheitern»)
Problem, dass gewisse Banken so gross sind, dass sie nicht in Konkurs gehen können, ohne das gesamte Finanzsystem zu gefährden.

dass volkswirtschaftlich wichtige Geschäfte unattraktiv werden. Bei den Massnahmen gilt es, zwei Ebenen zu unterscheiden. Erstens soll unwahrscheinlich werden, dass eine grosse Bank insolvent wird. Zweitens muss ein Verfahren gefunden werden, dass Banken, die trotz dieser Vorsichtsmassnahmen scheitern, Konkurs gehen können – und zwar so, dass das Finanzsystem als Ganzes dabei nicht gefährdet wird. Wir können hier nur wenige Ansätze dieser breiten und aktiven Diskussion skizzieren.

Die Wahrscheinlichkeit einer Bank, insolvent zu werden, hängt – wie wir schon besprochen haben – entscheidend davon ab, wie hoch ihre Verschuldung ist. Der offensichtliche Ansatzpunkt zur Lösung der Too-big-to-fail-Problematik sind also höhere Eigenmittelanforderungen für grosse, systemrelevante Banken. Wenn diese Anforderungen zudem überproportional steigen, je grösser und risikoreicher die Bank wird, dann setzt dies einen besonders starken Anreiz, die Grösse und die Risiken zu senken. Ein wichtiger Ansatz ist zudem, diese Anforderungen über den Konjunkturzyklus hinweg schwanken zu lassen. Mit einem Aufbau von Eigenkapital in guten Zeiten soll für schlechte Zeiten vorgesorgt werden, in denen die Eigenkapitalquote dann tiefer liegen darf. Damit würden die Eigenkapitalvorschriften als auto-

Commercial paper
Kurzfristiges Wertpapier, das auf dem Geldmarkt durch erstklassige Schuldner – meist grosse, internationale Unternehmen – ausgegeben wird. Es dient der kurzfristigen Liquiditätsbeschaffung.

VERTIEFUNG

Warum sind grosse Banken «too big to fail»?

Das Scheitern einer Grossbank wird als so gravierendes Risiko eingeschätzt, dass Regierungen in der Regel den ordnungspolitischen Sündenfall «Rettung durch den Staat» in Kauf nehmen. Worin aber bestehen genau die Risiken? Vor allem zwei Mechanismen sind es, die das unkontrollierte Scheitern einer Grossbank so gefährlich machen, nämlich erstens ihre Rolle beim Zahlungsverkehr und zweitens ihre Verflechtung mit anderen Banken über die Geldmärkte.
Zahlungsverkehr: In einer komplexen, arbeitsteiligen Wirtschaft werden jeden Tag unzählige Zahlungen getätigt. Sie werden meistens über Banken abgewickelt, bei denen Zahler und Empfänger Konti halten. Geht eine grosse Bank unkontrolliert in Konkurs, so kann ein wichtiger Teil dieser Zahlungen für eine gewisse Zeit nicht mehr geleistet werden. Das bringt eine Wirtschaft in kürzester Zeit an den Rand ihrer Funktionsfähigkeit. Um sich eine Vorstellung von den Grössenordnungen zu machen: Die Schweizer Grossbank UBS unterhielt vor der Finanzkrise über drei Millionen Konti und hatte Geschäftsbeziehungen mit 130 000 kleinen oder mittelgrossen Schweizer Unternehmen. Zudem wurde ein Viertel der Schweizer Lohnzahlungen über diese Grossbank abgewickelt. Man kann sich leicht das Chaos in der Schweizer Wirtschaft vorstellen, würden diese Leistungen plötzlich wegfallen, weil die Bank nicht mehr zahlungsfähig ist.
Verflechtung und die Gefahr von Kettenreaktionen: Ein Teil der Finanzierung grosser Banken wird über die kurzfristige Verschuldung bei anderen Banken gesichert. Wenn eine Bank einer anderen Kredit gewährt, erhält sie von dieser einen Schuldschein, z. B. ein sogenanntes *commercial paper*. Es ist also für jede Bank, die auf der Passivseite die Verschuldung erhöht, eine andere Bank nötig, die auf der Aktivseite den Bestand an solchen Schuldscheinen erhöht. Geht nun die Bank, die ein «commercial paper» ausgestellt hat, in Konkurs, muss die Gläubigerbank das Wertpapier abschreiben, was ihr Eigenkapital reduziert. Betrifft der Konkurs eine Grossbank mit sehr vielen solchen Schulden, können diese Abschreibungen für die Gläubigerbanken rasch existenzbedrohend werden. Gehen die Gläubigerbanken deswegen ebenfalls in Konkurs, so reissen sie über den gleichen Mechanismus weitere Banken mit in den Abgrund. Die gegenseitige Verschuldung der Banken, die eigentlich für das Funktionieren des Finanzsystems essenziell ist, kann dann in eine fatale Abwärtsspirale führen. Dies zu verhindern, ist einer der wichtigsten Gründe, weshalb Grossbanken vor dem Konkurs gerettet werden. Die starke Verflechtung macht sie «too big to fail».

matische Stabilisatoren ausgestaltet. In Boomzeiten bremsen die strengeren Vorschriften die Kreditvergabe und damit die gesamtwirtschaftliche Nachfrage, in der Rezession wird sie über lockerere Vorschriften angekurbelt.

Neben der Verkleinerung der Bankbilanz über Eigenkapitalvorschriften können zudem auch besonders hohe Anforderungen an die Liquiditätshaltung grosser Banken gestellt werden. Sollen aber auch grosse Banken ihre volkswirtschaftlich wichtigen Funktionen weiterhin ausüben können, wird immer ein gewisses Insolvenzrisiko bestehen bleiben. Der zweite Ansatzpunkt besteht deshalb darin, für diesen Fall geordnete Konkursverfahren für Banken einzuführen. Um den Anreiz zur Grösse und zum unvorsichtigen Verhalten einzudämmen, muss auch eine grosse Bank im Notfall in Konkurs gehen können, ohne das ganze System in Gefahr zu bringen. In diesem Zusammenhang geht es vor allem darum, bei diesen Banken eine Organisationsform durchzusetzen, die es erlaubt, einzelne, auch im Konkursfall funktionsfähige Geschäftsbereiche möglichst rasch abzuspalten. Ein regulatorischer Ansatz besteht darin, die Banken zu verpflichten, jederzeit einen sogenannten «*living will*» – eine Art Testament also – vorlegen zu können. Darin muss gezeigt werden, wie im Falle eines Konkurses die für das Funktionieren des Finanzsystems essenziellen Unternehmensteile abgespalten werden könnten.

> **Living will**
> Konzept zur Regulierung von Too-big-to-fail-Banken, das diese dazu verpflichtet, jederzeit glaubhaft darzulegen, wie ein Konkurs ohne Staatshilfe abgewickelt werden könnte.

16.6 Bankenregulierung in der Schweiz

Die Stabilität einzelner Banken und damit Aufsicht und Umsetzung der mikroprudentiellen Regulierung ist in der Schweiz die Aufgabe der FINMA. Die Systemstabilität und damit die Aufsicht und Umsetzung der makroprudentiellen Regulierungen gehört zu den Aufgaben der SNB. Wie in allen Ländern gibt es dabei zahlreiche Überschneidungen, die genaue Kompetenzaufteilung zwischen den beiden Institutionen ist herausfordernd. In der Schweiz ist dieses Problem besonders ausgeprägt, da die Grossbank UBS im Verhältnis zum BIP dermassen gross ist, dass sie – obschon ein Einzelinstitut – in jedem Fall systemrelevant ist. Sie steht deshalb im Fokus sowohl der FINMA als auch der SNB. In den kommenden beiden Abschnitten fokussieren wir weniger auf diese Überschneidungen als auf die Kernaufgaben der beiden Behörden im mikro- beziehungsweise im makroprudentiellen Bereich.

16.6.1 Mikroprudentielle Aufsicht durch die FINMA

Die *Eidgenössische Finanzmarktaufsicht (FINMA)* ist die staatliche Aufsichtsbehörde für die wichtigsten Finanzmarktteilnehmer. Das sind neben den Banken auch Versicherungen, Börsen, Effektenhändler, kollektive Kapitalanleger und sonstige Finanzintermediäre. Die FINMA ist zuständig dafür, zu überwachen, dass einzelne Banken die gesetzlich vorgegebenen Regulierungen einhalten. Im Hinblick auf die besonderen Risiken des Bankgeschäfts gilt dies insbesondere für die Anforderungen bezüglich Eigenkapital- und Liquiditätsausstattung. Damit eine Bank in der Schweiz tätig sein kann, braucht sie eine Bewilligung der FINMA und muss sich einer laufenden Aufsicht dieser Behörde unterstellen. Ergibt die Überprüfung, dass die gesetzlichen Anforderungen erfüllt sind, hat die Bank Anspruch auf eine Bewilligung; erfüllt sie diese nicht mehr, kann die Bewilligung entzogen und die Bank zwangsliquidiert werden. Die Kontrollen, inwieweit einzelne Banken die Anforderungen erfüllen, werden meist durch private Prüfgesellschaften vorgenommen, die im Auftrag der FINMA handeln. Die Oberaufsicht über allfällige Zwangsmassnahmen liegt dabei natürlich immer bei der staatlichen Behörde, also der FINMA.

> **Eidgenössische Finanzmarktaufsicht (FINMA)**
> Behörde, die in der Schweiz die wichtigsten Finanzmarktteilnehmer beaufsichtigt.

Geprüft wird neben der einwandfreien Geschäftsführung insbesondere, ob die Bank das gesetzlich geforderte Mindestkapital hält und die Liquiditätsvorschriften einhält. Zusätzlich überprüft die FINMA auch die Risikoverteilung, die innere Organisation sowie die Rechnungslegung der Bank. Ziel ist dabei, immer zu gewährleisten, dass die Risiken der Bank unter Kontrolle gehalten werden können. Die Finanzkrise hat auch Mängel bei der mikroprudentiellen Aufsicht zutage gefördert, weshalb momentan gewichtige Reformen in den meisten der genannten Prüfgebiete erarbeitet werden. Zum Beispiel hat sich die Liquiditätshaltung der Banken als zu wenig stressresistent erwiesen, weshalb eine Anpassung der Regulierung Grossbanken dazu verpflichtet, genügend liquide Mittel zu halten, um während 30 Tagen eine Stresssituation (unüblich grosse Liquiditätsabflüsse) überstehen zu können.

16.6.2 Makroprudentielle Aufsicht durch die SNB

Neben der Erhaltung der Preisstabilität hat die SNB einen zweiten gesetzlichen Auftrag, der aber in der öffentlichen Diskussion meist weniger stark beachtet wird. Sie ist verpflichtet, zur Stabilität des Finanzsystems beizutragen. Mit der Finanzkrise ist die Bedeutung dieses Ziels schlagartig ins Blickfeld der Öffentlichkeit gerückt. Dabei geht es darum, das Finanzsystem als Ganzes am Funktionieren zu halten, also in erster Linie um die Prävention und gegebenenfalls Bekämpfung von Finanzkrisen.

Gefahr droht, wie bereits besprochen, vor allem daher, dass Banken sich im täglichen Geschäft oft gegenseitig grosse Kredite gewähren und sie dadurch eng miteinander verflochten sind. Geht eine Bank Konkurs, bedeutet diese Verflechtung, dass andere Banken dadurch Verluste auf diesen Krediten erleiden können. Diese Verluste können rasch so gross werden, dass auch der kreditgebenden Bank, die ja typischerweise ebenfalls mit wenig Eigenkapital ausgestattet ist, der Konkurs droht, und sie ihrerseits wiederum andere Banken mitreisst. Bankenpleiten haben also externe Effekte auf andere Banken, und wir haben in Kapitel 6 gesehen, dass bei einem solchen Marktversagen ein Eingriff des Staates gerechtfertigt sein kann. Weil sich die FINMA bei der Bankenregulierung um einzelne Banken, nicht aber um diese externen Effekte kümmert, übernimmt die SNB diese makroökonomische Aufgabe. Sie versucht dabei, die gesamtwirtschaftlichen Konsequenzen von Bankenpleiten einzudämmen.

Zu diesem Zweck setzt die SNB verschiedene Instrumente ein, die man in drei Kategorien einteilen kann. Erstens besteht ein grosser Teil der Tätigkeit darin, die Entwicklung auf den Finanzmärkten zu beobachten und zu analysieren, um abschätzen zu können, ob Gefahren für die Stabilität des Finanzsystems drohen. Zweitens wirkt die SNB bei der Gestaltung der rechtlichen Rahmenbedingungen der Finanzmärkte mit. Das heisst, sie äussert sich auf nationaler Ebene im Rahmen der Gesetzgebung im Finanzbereich und arbeitet in den internationalen Gremien mit, die sich mit Fragen der Finanzstabilität auseinandersetzen. Diese beiden Aufgaben sind eher präventiv, das heisst, es wird versucht, dazu beizutragen, dass Finanzkrisen weniger wahrscheinlich werden.

Kommt es aber doch einmal zu einer solchen Krise, besteht die dritte Aufgabe darin, bei deren Bewältigung mitzuhelfen. Das wichtigste Instrument ist dabei die kurzfristige Versorgung der Banken mit zusätzlicher Liquidität. Eine der gefährlichsten Begleiterscheinungen von Finanzkrisen ist, dass die liquiden Mittel von Banken – wegen Bankenstürmen oder Problemen bei der Erneuerung kurzfristiger Finanzierung – rasend schnell austrocknen können. In einer solchen Situation besteht die akute Gefahr, dass ein grosser Teil der Banken unkontrolliert pleitegeht. Zentralbanken können diese Gefahr abwenden, indem sie in grossem Stil kurzfristige Liquidität zur Verfügung stellen. Sie vergeben in einem solchen Fall kurzfristige Kredite an bedrohte Banken, springen also ein, wenn alle anderen Liquiditätsquellen ausgetrocknet sind. Die SNB und die anderen Zentralbanken stellten denn auch – wie wir sehen werden – in der heissesten Phase der Finanzkrise bedeutende Beträge an Liquidität bereit.

Zusammenfassung

1. Spargelder können über zwei Kanäle zu Investoren gelangen: entweder direkt über die Finanzmärkte, indem ein Unternehmen eine Obligation verkauft, oder indirekt über Banken, welche die Einlagen der Sparer verwenden, um Kredite an Unternehmen zu vergeben.

2. Die allermeisten Unternehmen sind zu klein und unbekannt, um sich über die Finanzmärkte direkt zu finanzieren. Ein Grossteil der Investitionen wird deshalb über Bankkredite finanziert. Die Banken verdienen dabei an der Zinsdifferenz; die Zinsen, die sie den Sparern bezahlen, sind tiefer als die Kreditzinsen, welche die Unternehmen leisten.

3. Die Zinsdifferenz entschädigt die Banken für die Wertschöpfung der Kreditvergabe. Diese besteht in erster Linie aus der Fristentransformation. Sie löst das Problem, dass Sparer in der Regel ihr Geld nur kurzfristig anlegen möchten, während die Investitionstätigkeit langfristige Kredite erfordert. Zudem stellen die Banken Informationen bereit und verteilen die Risiken der Kreditvergabe. Neben dem Kerngeschäft der Kreditvergabe sind Banken noch in einer ganzen Reihe von anderen Finanzmarktgeschäften engagiert.

4. Banking ist ein riskantes Geschäft, wobei vor allem Liquiditäts- und Kreditausfallrisiken bedeutend sind. Das Liquiditätsrisiko kommt aus der Fristentransformation, wonach die Gelder über Kredite langfristig gebunden sind, die Sparer aber jederzeit ihre Einlagen abziehen können. Wollen viele Kunden gleichzeitig ihr Geld zurück, so droht rasch ein Liquiditätsengpass; einen solchen Bankensturm kann keine Bank unbeschadet überstehen. Das Kreditausfallrisiko entsteht, weil Investitionsprojekte immer mit Unsicherheiten verbunden sind. Fehlinvestitionen sind also nicht auszuschliessen, was zu substanziellem Abschreibungsbedarf bei Banken führen kann. Weil Banken mit wenig Eigenkapital operieren, kann dabei rasch die Insolvenz drohen.

5. Wegen der relativ hohen Risiken sind Banken stark reguliert. Einerseits müssen sie minimale Bestände an Liquidität halten, um die Gefahr von Liquiditätskrisen zu reduzieren. Andererseits zielt die Regulierung darauf ab, die Banken zu einem minimalen Bestand an Eigenkapital zu verpflichten, um die Gefahr der Insolvenz bei grossem Abschreibungsbedarf zu reduzieren.

6. Die internationalen Standards der Bankenregulierung werden bei der Bank für Internationalen Zahlungsausgleich (BIZ) in Basel erarbeitet. Die als «Basel I», «Basel II» und «Basel III» bezeichneten Regelwerke betreffen vor allem die Mindestausstattung mit Eigenkapital. Diese wird in der Regel an den sogenannten risikogewichteten Aktiven ausgerichtet; die Risikogewichtung berücksichtigt das unterschiedliche Abschreibungsrisiko unterschiedlicher Anlagen.

7. Da Banken oft über verschiedene Geschäfte stark miteinander verknüpft sind, kann der Konkurs einer Bank andere Banken ebenfalls in Probleme bringen. Das kann so weit gehen, dass sogenannte Finanzkrisen entstehen, in denen das Überleben zahlreicher Banken und damit des Finanzsystems gefährdet ist. Besonders heikel sind in diesem Zusammenhang sehr grosse und stark vernetzte Banken. Weil ihr Scheitern das gesamte Finanzsystem gefährden könnte, werde sie oft als «too big to fail» bezeichnet.

8. Neben der Regulierung einzelner Banken – der sogenannten mikroprudentiellen Aufsicht – gibt

es wegen dieser Risiken von Finanzkrisen auch die sogenannte makroprudentielle Aufsicht. Dabei geht es darum, das Finanzsystem als Ganzes zu überwachen und Massnahmen zu ergreifen, die verhindern, dass aus den Problemen einzelner Banken eine Gefahr für das gesamte Bankensystem entsteht.

9. In der Schweiz werden einzelne Banken durch die FINMA beaufsichtigt, die Aufsicht über die Stabilität des gesamten Bankensystems liegt bei der SNB. Auch weil die Grossbank UBS so gross ist, dass sie auf jeden Fall «too big to fail» ist, gibt es bei der Tätigkeit dieser beiden Behörden in der Bankenregulierung einige Überschneidungen.

Repetitionsfragen

▶ Welche beiden grundsätzlichen Finanzierungsformen mit Fremdkapital haben Unternehmen?

▶ Erläutern Sie die Fristentransformation von Banken.

▶ Warum wäre eine Volkswirtschaft ohne Banken kaum denkbar?

▶ Warum zwingt die Regulierung die Banken nicht dazu, die gesamten Einlagen der Kunden liquide zu halten?

▶ Beschreiben Sie anhand einer stilisierten Bankbilanz, warum Kreditausfallrisiken für Banken rasch bedrohlich werden können.

▶ Beschreiben Sie, wie ein Bankensturm entstehen kann.

▶ Warum gibt es in der Eigenkapitalregulierung eine Risikogewichtung der Aktiven? Diskutieren Sie die Risiken dieses Vorgehens.

▶ Warum braucht es eine makroprudentielle Aufsicht?

▶ Warum stellt das Too-big-to-fail-Problem ein Marktversagen dar?

ZENTRALE BEGRIFFE

Bankensturm S. 481
Finanzmärkte S. 482
Aktie S. 482
Dividende S. 482
Obligation S. 483
Hypothekarkredit S. 483
Intermediär S. 484
Fristentransformation S. 485
Kreditprüfung S. 485
Eigenkapital S. 486
Fremdkapital S. 486
Leverage S. 486

Zinsdifferenzgeschäft S. 488
Kommissionsgeschäft S. 489
Vermögensverwaltung S. 489
Investmentbanking S. 489
Eigenhandel S. 489
Universalbank S. 490
Liquiditätsrisiko S. 491
Insolvenz S. 491
Kreditausfallrisiko S. 491
Marktrisiko S. 491
Mikroprudentielle Regulierung S. 492
Makroprudentielle Regulierung S. 492

Bank für Internationalen Zahlungsausgleich (BIZ) S. 492
Leverage-Ratio S. 493
Eigenkapitalanforderungen S. 493
Lender of Last Resort S. 496
Too-big-to-fail-Problem («zu gross, um zu scheitern») S. 496
Commercial paper S. 497
Living will S. 498
Eidgenössische Finanzmarktaufsicht (FINMA) S. 499

17 Die Grosse Finanzkrise

Es ist kaum übertrieben, die krisenhaften Erschütterungen, welche die Weltwirtschaft seit 2007 erlebt, als ökonomisches Jahrhundertereignis zu bezeichnen. Zweifellos handelt es sich um den grössten weltwirtschaftlichen Schock in Friedenszeiten seit der Grossen Depression der 1930er-Jahre. Was als Immobilienkrise in den USA begann, weitete sich bald zu einer weltweiten Banken- und Wirtschaftskrise aus, die schliesslich in eine europäische Schuldenkrise mündete. All diesen krisenhaften Ereignissen gemeinsam ist die zentrale Rolle, die Fehlentwicklungen im Bankensystem bei ihrer Entstehung spielten. Wir werden uns deshalb in diesem Kapitel auf diesen Kern der Finanzkrise konzentrieren.

Das Kapitel ist wie folgt aufgebaut:
- 17.1 erläutert die Ursprünge der Krise auf dem amerikanischen Immobilienmarkt.
- 17.2 analysiert Schritt für Schritt die Bankenkrise im Herbst 2008. Dieser immer noch nicht überwundene Schock war das Kernereignis für das Verständnis der ganzen Krisenkaskade.
- 17.3 zeigt auf dieser Basis, dass die seit 2010 schwelende Eurokrise zu einem grossen Teil eine Wiederholung oder Fortsetzung der Ereignisse rund um die Bankenkrise von 2008 ist.
- 17.4 schliesslich erläutert die verschiedenen Reaktionen der Wirtschaftspolitik zur Eindämmung der Panik im Finanzsystem.

17.1 Der US-Häusermarkt als Ursprung der Krise

17.2 Die weltweite Bankenpanik

17.3 Die Eurokrise – auch eine Bankenkrise

17.4 Die wirtschaftspolitische Bekämpfung der Finanzkrise

17.1 Der US-Häusermarkt als Ursprung der Krise

17.1.1 Der Aufbau von Ungleichgewichten in den USA

Der Ursprung der grossen Finanzkrise liegt eindeutig in den USA, genauer im US-Häusermarkt. Verschiedene Entwicklungen begünstigten in den ersten Jahren des letzten Jahrzehnts die Entstehung völlig übertriebener Preiserhöhungen auf diesem Markt, und die anschliessende scharfe Korrektur riss das Bankensystem und schliesslich die Weltwirtschaft in die Krise. Zunächst müssen wir also verstehen, was auf dem US-Häusermarkt schief lief.

Wegen der aus heutiger Sicht deutlich zu expansiven Geldpolitik nach 2001 waren die Zinsen in den USA lange Zeit ungewöhnlich tief. Gleichzeitig floss aus verschiedenen Gründen sehr viel Kapital vor allem aus asiatischen Ländern in die USA. Dieses Geld «suchte» nach rentablen Anlagen, die aber aufgrund der tiefen Zinsen schwer zu finden waren. Eine Lösung für dieses Problem bot der US-amerikanische Immobilienmarkt. Die Häuserpreise in den USA waren seit Jahren angestiegen, und dieser Anstieg beschleunigte sich seit 2001 noch einmal deutlich, wie wir in Ab-

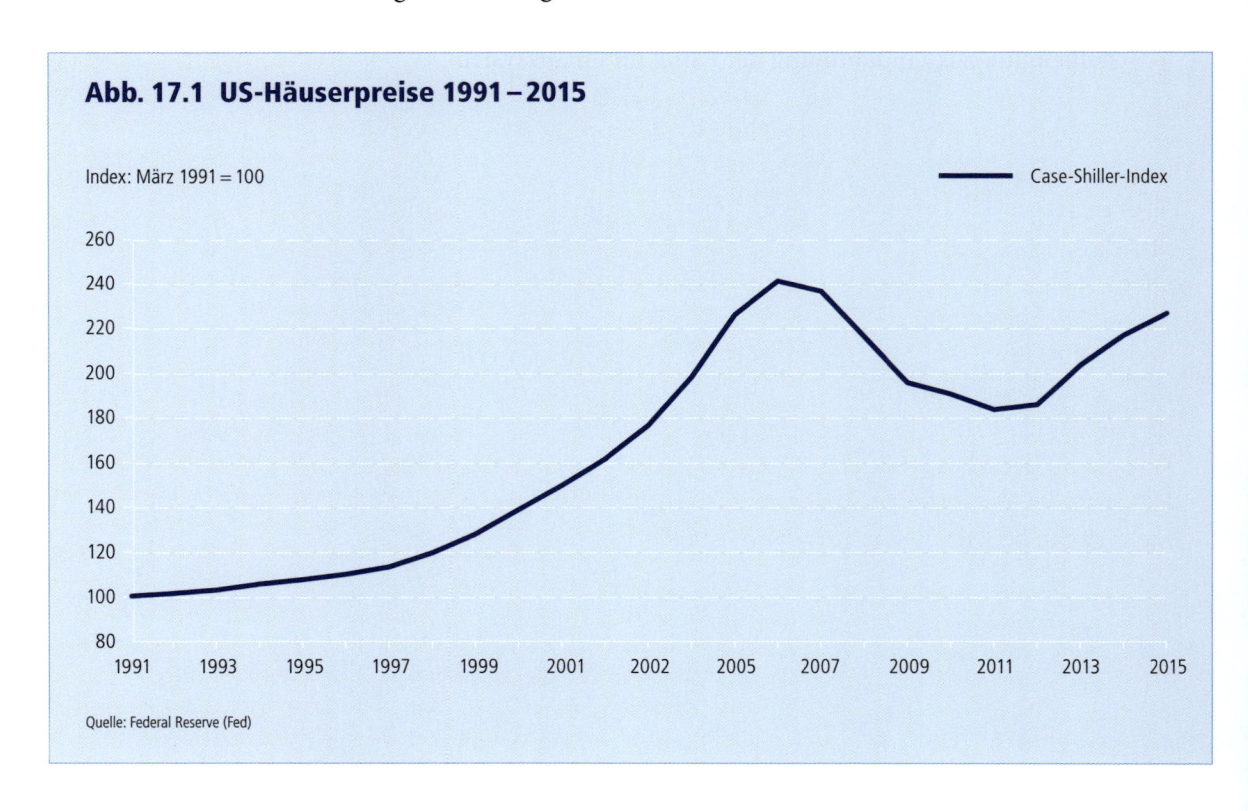

Abb. 17.1 US-Häuserpreise 1991 – 2015

Quelle: Federal Reserve (Fed)

bildung 17.1 sehen. Diese Entwicklung wurde durch die sehr lockere Geldpolitik, welche die Kredite verbilligte, massgeblich unterstützt.

Investitionen in einzelne Immobilien sind an sich sehr lokale Geschäfte, weshalb sie eigentlich keine geeignete Anlageform für grosse internationale Investoren darstellen. Innovationen auf den Finanzmärkten änderten dies aber drastisch. Mit der sogenannten *Verbriefung* wurden Tausende von einzelnen Hypotheken gebündelt und in handelbare Wertpapiere – sogenannte «*asset-backed securities*» *(ABS)* – verwandelt. Diese Wertpapiere wurden dann in unterschiedlich riskante Tranchen aufgeteilt. Wie in der technischen Box auf Seite 508 erläutert wird, wurde wegen dieser starken Aufteilung der Risiken ein grosser Teil der Tranchen anschliessend als fast risikolos beurteilt. Gleichzeitig konnten Investoren mit diesen Papieren eine spürbar höhere Rendite erwirtschaften als mit anderen risikoarmen Anlagen, wie etwa *Staatsanleihen*. Damit wurde es möglich, einen grossen Teil der massiven Kapitalimporte indirekt auf dem boomenden US-amerikanischen Immobilienmarkt rentabel anzulegen; das heizte diese Investitionen weiter an, und die drastische Preiserhöhung auf dem US-Häusermarkt setzte sich noch einmal beschleunigt fort. Es entstand eine ausgeprägte *Finanzblase*, also eine unverhältnismässige Preissteigerung, die in keinem vernünftigen Zusammenhang mit dem eigentlichen Wert der Immobilien mehr stand.

Schwächen in der Regulierung des US-amerikanischen Häusermarkts trugen zunehmend dazu bei, dass die neu vergebenen Hypotheken (die zu Wertpapieren verbrieft und damit international handelbar wurden) mit der Zeit eine immer schlechtere Qualität aufwiesen. Sie wurden im sogenannten *Subprime-Segment* vergeben, also an Haushalte, die bei normalen Kreditstandards als zu riskant eingeschätzt würden, um ein Hypothekardarlehen zu erhalten. Dies führte so weit, dass schliesslich völlig unverantwortliche Hypothekarkredite vergeben wurden, die nur mit immerzu weiter steigenden Häuserpreisen überhaupt noch vertretbar gewesen wären. Dazu kam, dass die Finanzprodukte – die ja aus Tausenden von Hypotheken zusammengesetzt waren – dermassen komplex wurden, dass niemand mehr genau beurteilen konnte, wo welche Risiken lagen.

Verbriefung
Bündelung einer grossen Zahl von Hypotheken zu einem handelbaren Wertpapier. Die an die Halter des Wertpapiers bezahlten Zinsen werden mit den regelmässigen Hypothekarzinszahlungen der Haushalte finanziert.

Asset-backed security (ABS)
Verzinsliches Wertpapier, das aus einem Pool von Vermögenswerten zusammengesetzt ist. Die Zinsen auf diesem Wertpapier stammen von den Zinszahlungen aus den im Pool enthaltenen, einzelnen Vermögenswerten. In der Krise von besonderer Bedeutung waren Hypothekarforderungen als Basis solcher ABS.

Staatsanleihen
Obligationen, mit denen sich der Staat auf den Finanzmärkten verschuldet.

Finanzblase
Übertriebener Preisanstieg für Wertpapiere (z.B. Aktien) oder Wertobjekte (z.B. Immobilien).

Subprime-Segment
Teil des Hypothekarmarktes, der überwiegend Kreditnehmer mit schlechter bzw. niedriger Bonität bedient.

TECHNISCHE BOX

Die Konstruktion von Wertpapieren auf Basis von Immobilienkrediten (Verbriefung)

Hypothekarkredite eignen sich – wie im Text angesprochen – denkbar schlecht als Investitionsmöglichkeiten für internationale Anleger. Um die Risiken eines solchen Kredits abzuschätzen, muss sich die Kreditgeberin ein Bild über den einzelnen Kreditnehmer und die Immobilie machen können. Aus diesem Grund handelt es sich normalerweise um ein sehr lokales Einzelgeschäft, und grosse Investitionssummen kommen nur zustande, wenn sehr viele dieser Kredite vergeben werden können.

Der erste Teil der Finanzinnovationen, die für die Krise entscheidend werden sollten, nahm sich dieses Problems an. Mit der sogenannten Verbriefung wurde eine grosse Zahl von einzelnen Hypotheken zu Wertpapieren gebündelt, die sich auf internationalen Finanzmärkten verkaufen liessen. Dies lief wie folgt ab: Hauskäufer schliessen mit lokalen Geschäftsbanken einen Hypothekenvertrag ab und erhalten einen Hypothekarkredit. Anstatt die Hypothekarforderung wie üblich in ihren Büchern zu behalten, verkaufen die Banken sie mit Gewinn an eine Investmentbank weiter. Die Investmentbank schafft nun aus den Hypothekarforderungen handelbare Wertpapiere und verkauft diese an private Investoren – oft auch an Banken. Diese Wertpapiere versprechen den Anlegern eine regelmässige Zinszahlung, die aus den monatlichen Hypothekarzinszahlungen der Hausbesitzer stammt. Die Investoren erhalten dadurch die Möglichkeit, im Immobilienmarkt in standardisierte Wertpapiere Geld anzulegen, ohne sich selbst mit den Details des Hypothekargeschäfts herumschlagen zu müssen. Diese Art von Wertpapieren lassen sich unter dem Überbegriff ABS («asset-backed security») zusammenfassen. Diese sogenannte Verbriefung ist ein altbekannter Vorgang in der Finanzbranche und dient eigentlich der Risikoverminderung für die Anleger. Denn die einzelne Hypothek ist vergleichsweise risikoreich, weil ein nicht unbeträchtliches Ausfallrisiko besteht: Ein einzelner Haushalt kann immer in Konkurs gehen. Kauft man mit demselben Betrag aber einen Anteil eines Pools mit Tausenden von Hypothekarkrediten aus dem ganzen Land, so sollte das Risiko deutlich tiefer sein. Die Wahrscheinlichkeit, dass viele Schuldner gleichzeitig zahlungsunfähig werden, scheint viel geringer, als dass dies einem einzelnen passiert. Später werden wir sehen, dass diese Überlegung im vorliegenden Fall dramatisch falsch war.

Zum explosiven Gebräu wurden diese ABS aber erst durch den zweiten Teil der Finanzinnovation, die sogenannte Strukturierung. Die Investmentbanken verkaufen nicht gleichartige ABS, sondern teilen diese in unterschiedliche Tranchen auf, die mit unterschiedlichem Risiko behaftet sind. Das Risiko eines solchen Wertpapiers besteht im Wesentlichen darin, dass nicht nur vereinzelte, sondern viele Hausbesitzer in finanzielle Engpässe geraten und ihre Hypotheken nicht mehr bedienen können. Die Idee der Strukturierung ist, dieses Risiko vor allem jenen zuzuteilen, die – vereinfacht ausgedrückt – bereit sind, Roulette zu spielen, also mit hohem Risiko auf einen hohen Gewinn zu wetten. Damit sollten bei allen übrigen Anlegern nur noch minimale Risiken verbleiben. Durch die Strukturierung werden die ABS (verbriefte Hypotheken) in drei Tranchen aufgeteilt, wobei die hoch riskanten Tranchen an die risikofreudigen Investoren verkauft (oder von der Investmentbank selbst gehalten) werden. Sie erhalten den Teil der Hypothekarzinsen, der noch übrig ist, nachdem die beiden anderen Tranchen zu einem vorher vereinbarten Zinssatz ausbezahlt worden sind. Die mittlere Tranche trägt ein deutlich kleineres Risiko, weil sie nur dann Verluste schreibt, wenn alle Anleger in den hoch riskanten Tranchen einen Totalverlust erlitten haben. Entscheidend ist aber die dritte Kategorie, nämlich die Tranche mit tiefem Risiko. Diese weist zwar den tiefsten Zins aller drei Kategorien auf, scheint dafür aber eine «bombensichere» Investition darzustellen. Schliesslich trägt sie nur ein Verlustrisiko, wenn die beiden anderen Tranchen Totalverlust erlitten haben. Da Hypothekardarlehen durch das Haus gesichert und sehr viele solcher Darlehen in einem ABS gebündelt sind, erscheint hier ein Verlust in normalen Zeiten als sehr unwahrscheinlich. Die Ratingagenturen liessen sich von diesem Argument überzeugen und verliehen diesen Tranchen der ABS deshalb meist die höchste Bewertung AAA. Bei dieser Einschätzung stützten sie sich auf Daten aus der jüngeren Vergangenheit, auf deren Basis allerdings ein gleichzeitiger starker Vertrauensverlust und damit ein Preiseinbruch bei allen ABS gar nicht modelliert werden konnte, weil so etwas noch nie vorgekommen war. Doch genau dieser scheinbar unmögliche Fall trat schliesslich ein.

Mit dem AAA-Rating – das oft 70 % aller Tranchen eines ABS aufwiesen – galten diese Investitionen als ebenso sicher wie Staatsanleihen, mit dem grossen Vorteil, dass sie deutlich höhere Zinsen einbrachten. Es ist kaum verwunderlich, dass sich die Anleger mit Begeisterung auf diese scheinbar grossartigen Investitionsmöglichkeiten stürzten. Sie kauften auch dann noch in Scharen solche Produkte, als bereits erste Zweifel über deren Qualität aufkamen. Für diese Sorglosigkeit gab es noch einen weiteren wichtigen Grund. Konservative Investoren konnten sich nämlich gegen ein Verlustrisiko bei den besseren Tranchen der ABS absichern, waren doch Versicherungen noch so gerne bereit, in dieses scheinbar risikoarme Geschäft einzusteigen. AIG – dem grössten Versicherungskonzern der Welt – sollte dies zum Verhängnis werden.

17.1.2 Die Immobilienkrise in den USA

Das im letzten Abschnitt skizzierte System auf dem US-Immobilienmarkt funktionierte nur, solange die Häuserpreise stiegen. Wie wir in Abbildung 17.1 auf Seite 506 sehen, trat Mitte 2006 aber ein, was es in den USA seit Langem nicht mehr gegeben hatte: Die Häuserpreise begannen landesweit drastisch zu sinken. Dies aus verschiedenen, miteinander zusammenhängenden Gründen:

Nachdem die Geldpolitik die Zinsen auch noch mitten im robusten Aufschwung der US-Wirtschaft nahe 0 % gehalten hatte, folgte ab 2004 deren schrittweise Anhebung. Diese aus heutiger Sicht überfällige Massnahme löste aber die ersten Probleme auf dem Immobilienmarkt aus. Ein grosser Teil der Subprime-Hypotheken war mit variablen Zinsen vergeben worden: Der Hypothekarzins schwankte also mit der allgemeinen Zinsentwicklung. Der Anstieg der Leitzinsen führte deshalb sofort zu einem Anstieg der Hypothekarzinsen. Für Haushalte, die sich den Kredit aufgrund ihrer prekären Einkommenssituation ohnehin kaum leisten konnten, war dieser Anstieg nicht zu bewältigen. Erste Kreditnehmer streckten deshalb die Waffen und gaben ihre Immobilien an die Banken zurück. Damit verschob sich die Angebot-Nachfrage-Situation auf dem Häusermarkt. Sorgte zuvor eine laufend wachsende Nachfrage für steigende Häuserpreise, erhöhte sich jetzt plötzlich das Angebot an nicht mehr benötigten Immobilien drastisch. Die logische, in dieser Situation fatale Folge war, dass die Häuserpreise erstmals seit Langem landesweit auf breiter Front zu sinken begannen. Das aber löste in der überhitzten Situation eine wahre Kettenreaktion aus. Mit dem Rückgang der Häuserpreise sank der Wert der einzigen Sicherheit der Banken bei den zweifelhaften Hypothekarkrediten. Die mangelnde Qualität dieser Kredite wurde nun offensichtlich und zwang die Banken plötzlich zu sehr grosser Vorsicht im weiteren Umgang mit diesen Risiken. Die bis dahin weit verbreitete Praxis, Kredite auszuweiten, weil bei steigenden Häuserpreisen ja auch die Sicherheiten laufend an Wert gewannen, wurde gestoppt – was die Nachfrage nach Häusern deutlich dämpfte. Abbildung 17.1 illustriert die starke Korrektur der Häuserpreise nach 2006. Nun könnte man – langfristig gesehen – von einer fälligen Normalisierung des Marktes nach einer Phase der Übertreibung sprechen. Da aber die in der technischen Box beschriebenen ABS unter der Erwartung steigender Häuserpreise geschaffen worden waren, wirkte sich die Preiskorrektur dramatisch aus.

In kürzester Zeit sackten die Preise der ABS ins Bodenlose ab. Scheinbar sichere, durch die *Ratingagenturen* mit der Höchstnote AAA bewertete

> **Ratingagentur**
> Unternehmen, das gewerbsmässig die Kreditwürdigkeit (Bonität) von Unternehmen, Staaten oder Finanzmarktprodukten bewertet und in Buchstabencodes zusammenfasst, die in der Regel von AAA (höchste Qualität) bis D (zahlungsunfähig) reichen. Bekannte international tätige Ratingagenturen sind Moody's, Standard & Poor's oder Fitch.

Papiere verzeichneten innerhalb kurzer Zeit Preiseinbrüche um 70 % oder mehr. Diese ABS waren aber nicht ein kleines Nebengeschäft, sondern scheinbar höchst sichere und hoch rentable Investitionen, die bei Weitem nicht nur risikofreudige Anleger in Scharen angezogen hatten. Sie fanden sich in den Bilanzen von Investmentfonds, vermögenden Privatpersonen und Pensionskassen, vor allem aber – und das sollte sich als fatal erweisen – von Banken. Zudem waren die ABS nicht nur von US-Amerikanern gekauft worden, sondern in grossem Stil auch von internationalen Investoren. Damit wuchs das Problem von einer zwar grossen, aber doch lokalen Finanzmarktkorrektur zu einer weltweiten Bedrohung für den Finanzsektor.

17.2 Die weltweite Bankenpanik

Im Herbst 2008 erlebte die Weltwirtschaft eine Bankenpanik, die vom globalen Ausmass her mit der Situation zu Beginn der Grossen Depression in den 1930er-Jahren vergleichbar war. Ein ähnlicher Absturz konnte zwar vermieden werden, allerdings ist dieser Schock bis heute nicht überwunden. Wir wollen in diesem Abschnitt den wichtigsten Hintergründen dieses historischen Ereignisses nachgehen.

17.2.1 Der Verlauf der Bankenkrise

Erste Anzeichen für Probleme bei grösseren Banken zeigten sich im Juni 2007. Die US-amerikanische Investmentbank Bear Stearns musste zwei Fonds schliessen, die stark in den US-Subprime-Markt investiert hatten. Zwei Monate später war mit der französischen Bank BNP Paribas eine nicht-amerikanische Grossbank betroffen; auch sie musste einige Subprime-Fonds liquidieren. Gleichzeitig begannen – wie dargestellt – die ABS-Preise drastisch zu sinken.

Die Ausweitung zur eigentlichen Finanzmarktkrise ist aber auf den 9. August 2007 zu datieren. An diesem Tag begannen die Probleme für Beobachter sichtbar auf die Geldmärkte überzugreifen. Die Banken bekamen Schwierigkeiten, ihr kurzfristiges Fremdkapital zu erneuern. Bis zu diesem Zeitpunkt war das Ganze als weitgehend lokale Schwierigkeit mit gewissen US-Hypotheken gesehen worden. Das erschütterte Vertrauen der internationalen Banken untereinander, das sich auf den Geldmärkten zeigte, machte aber klar, dass sich ein viel grundlegenderes Problem abzeichnete.

Wie ungewöhnlich die Entwicklung auf den Geldmärkten war, lässt sich an einem Indikator zeigen, der mit gutem Recht als die Fieberkurve der Finanzkrise bezeichnet werden kann: Die Zinsdifferenz zwischen gesicherten und ungesicherten kurzfristigen Krediten – auch als «Risikoprämie auf dem Geldmarkt» bezeichnet. Abbildung 17.2 zeigt die Entwicklung dieser Grösse für die USA. Name und genaue technische Beschreibung dieses Indikators muten reichlich kompliziert an, aber eigentlich handelt es sich um etwas intuitiv Verständliches. Leihe ich jemandem Geld, dann macht es für mein Risiko einen grossen Unterschied, ob ich dafür etwas als Sicherheit erhalte oder nicht. Eine solche Sicherheit ist zum Beispiel das Haus, das mit einem Hypothekarkredit finanziert wird. Kann der Kreditnehmer nicht zurückzahlen, so kann die Bank bei einem gesicherten Kredit das Geld durch den Verkauf der als Sicherheit hinterlegten Wertsache – in diesem Fall des Hauses – zurückerhalten. Bei einem ungesicherten Kredit dagegen geht sie leer aus. Offensichtlich ist also das Risiko beim ungesicherten Kredit höher, und es ist logisch, dass die Bank für dieses höhere Risiko mit einem höheren Zins entschädigt werden will. Die Risikoprämie auf dem Geldmarkt misst nun genau diesen Zinsunterschied zwischen gesicherten und ungesicherten Krediten.

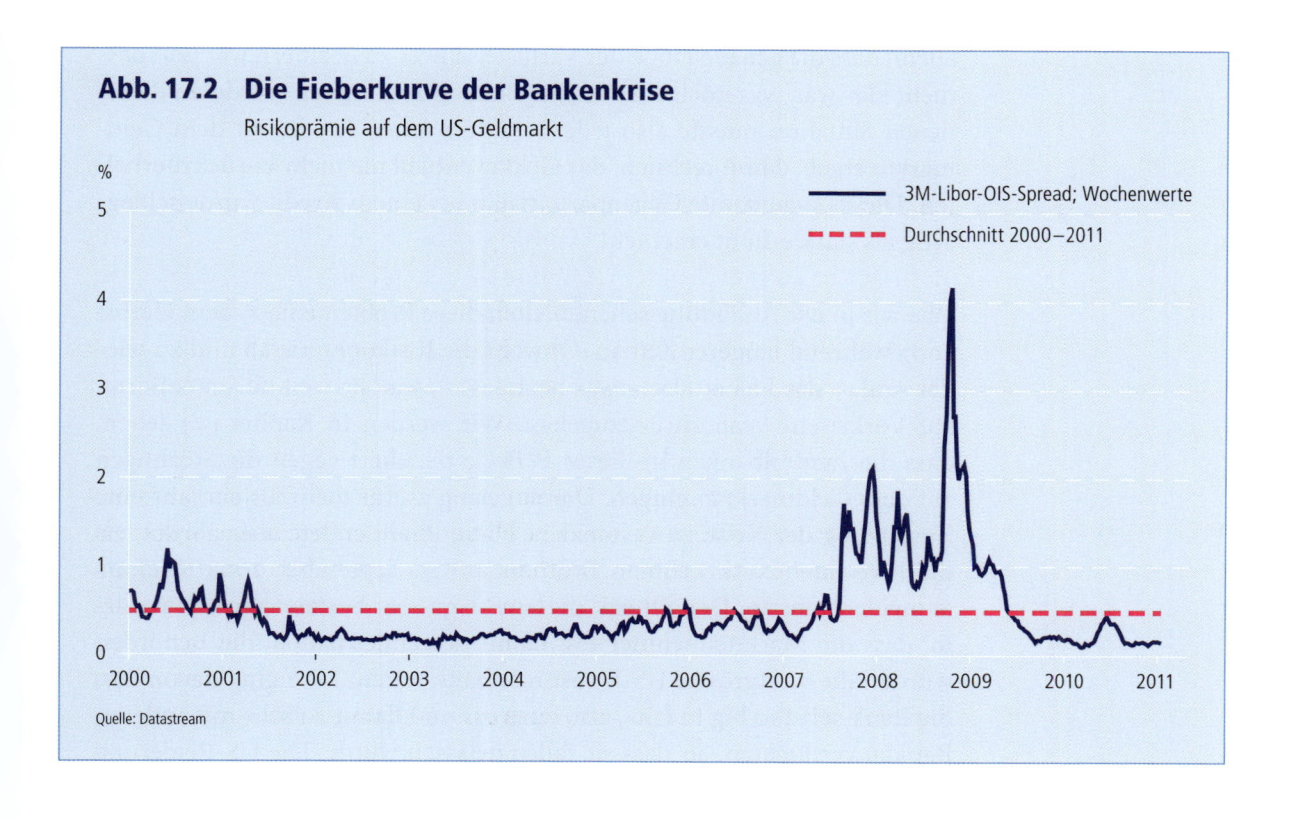

Abb. 17.2 Die Fieberkurve der Bankenkrise
Risikoprämie auf dem US-Geldmarkt

Quelle: Datastream

Wie unglaublich liquide und zuverlässig der Geldmarkt in der Regel ist, zeigt die Tatsache, dass vor der Krise kaum ein Unterschied zwischen den Kosten von ungesicherten und gesicherten Krediten bestand; wir sehen in der Abbildung, dass die Risikoprämie über Jahre hinweg praktisch 0 % betrug. Das zeigt das grosse Vertrauen der Banken untereinander, liehen sie sich doch routinemässig jeden Tag sehr grosse Beträge – und das ohne Sicherung und ohne dafür einen wesentlichen Risikozuschlag zu verlangen. Dieses Vertrauen belegt aber auch – und dies ist die Kehrseite der Medaille – die ausgeprägte Risikobereitschaft der Banken, die für die Entstehung der Krise von grosser Bedeutung war. Das ganze Bankgeschäft basierte auf der Annahme, dass kurzfristige Kredite jederzeit, in praktisch unbeschränktem Ausmasse und sehr billig zu haben waren. Der Schock war daher umso grösser, als dies ab August 2007 nicht mehr der Fall war. Wie wir in Abbildung 17.2 sehen, musste schon ab September 2007 für ungesicherte Kredite ein Aufschlag von über einem Prozentpunkt gezahlt werden, was sehr viel ist. Beunruhigend war dabei weniger, dass die Kredite teurer wurden, sondern dass es für gewisse Kreditnehmer schwierig wurde, überhaupt noch – zu welchem Preis auch immer – an Kredite zu kommen. Denn die ständig wachsenden Verluste auf den ABS-Positionen hatten das bis dahin völlig selbstverständliche Vertrauen erschüttert, dass grosse Banken jederzeit zahlungsfähig sind. Entscheidend war dabei vor allem, dass die genaue Höhe der Verluste schwer zu beziffern war und dass nicht klar war, was noch alles auf die Banken zukommen würde. In dieser neuen Situation musste also jede Bank, die einen Kredit auf dem Geldmarkt vergab, damit rechnen, das Geld eventuell nie mehr zurückzuerhalten. Dieses sogenannte Gegenparteirisiko bei einem Kredit wurde schlagartig als stark erhöht erachtet.

Wie wir in der Abbildung sehen, hielten diese Probleme nach dem Herbst 2007 während längerer Zeit an. Obwohl die Risikoprämie ab und zu wieder sank – das Fieber also etwas nachliess –, war sie weit davon entfernt, auf Vorkrisenniveau zurückzugehen. Wir werden in Kapitel 17.4 sehen, dass die Zentralbanken in dieser Periode dezidiert gegen die Störungen auf dem Geldmarkt angingen. Damit gelang es, für mehr als ein Jahr eine Zuspitzung der Krise zu vermeiden. Diese Phase endete aber abrupt, als die Investmentbank Lehman Brothers am 15. September 2008 Konkurs anmelden musste. Der Schock dieses Ereignisses bestand vor allem darin, dass die Marktteilnehmer fest damit gerechnet hatten, die Behörden würden die viertgrösste US-Investmentbank retten. Man ging davon aus, die Bank sei «too big to fail», also zu gross und damit zu sehr mit anderen Banken verflochten, als dass sie fallen gelassen würde. Die US-Regierung aber, ohnehin schon stark in der Kritik wegen der Unterstützung grosser US-amerikanischer Banken, griff nicht ein.

Wie traumatisch dieses Ereignis war, zeigt Abbildung 17.2. In der Folge erhöhte sich die Risikoprämie auf dem US-Geldmarkt von bereits hohen 1% auf extreme 4%. Lehman Brothers war für die Finanzmärkte so bedeutend, dass der Geldmarkt praktisch zum Stillstand kam. Das Vertrauen in die Finanzmärkte war dermassen erschüttert, dass die Banken sich gegenseitig buchstäblich kein Geld mehr ausliehen.

Viele sind heute der Ansicht, dass ohne die massiven Reaktionen der Zentralbanken im Herbst 2008 ein Wirtschaftseinbruch vom Kaliber der Grossen Depression gedroht hätte. Auf jeden Fall markierte der Kollaps von Lehman Brothers den Übergang von einer Finanzkrise zu einer weltweiten Wirtschaftskrise. Warum aber eskalierte die Situation so plötzlich? Um das zu verstehen, müssen die Mechanismen betrachtet werden, die hinter der sich laufend beschleunigenden Verschlechterung der Bankensituation standen.

17.2.2 Die Mechanik der grossen Bankenkrise

Wir analysieren nun schrittweise die Dynamik der Kettenreaktionen, die schliesslich zu einer bedrohlichen Abwärtsspirale führten. Abbildung 17.3 auf Seite 514 fasst die wichtigsten Wirkungszusammenhänge zusammen.

Ausgehend von dieser Wirkungskette, lassen sich konzeptionell vier Phasen der Bankenkrise unterscheiden:
1. Im Vorfeld der Krise verschulden sich Banken stark mit kurzfristigen Geldern, um auf eigene Rechnung in hoch rentable ABS mit scheinbar tiefem Risiko zu investieren.
2. Verluste auf diesen ABS lassen die Eigenkapitaldecke der Banken schrumpfen; ohne Gegenmassnahmen droht die Insolvenz.
3. Wegen der branchenweiten Verluste beginnen Banken unsicher darüber zu werden, wie solvent andere Banken sind. Sie sind deshalb nicht mehr bereit, sich gegenseitig auf dem Geldmarkt kurzfristige Kredite zu geben. Ebenso ziehen sich andere Geldmarktinvestoren – insbesondere Fonds und grosse Unternehmen – zurück.
4. Da die kurzfristigen Schulden nicht mehr erneuert werden, geraten viele Banken in massive Liquiditätsprobleme. Sie versuchen sich die Mittel durch den Verkauf von Wertpapieren, vor allem ABS, zu besorgen. Da alle gleichzeitig verkaufen wollen, fallen die Preise der ABS ins

Abb. 17.3 Die Abwärtsspirale

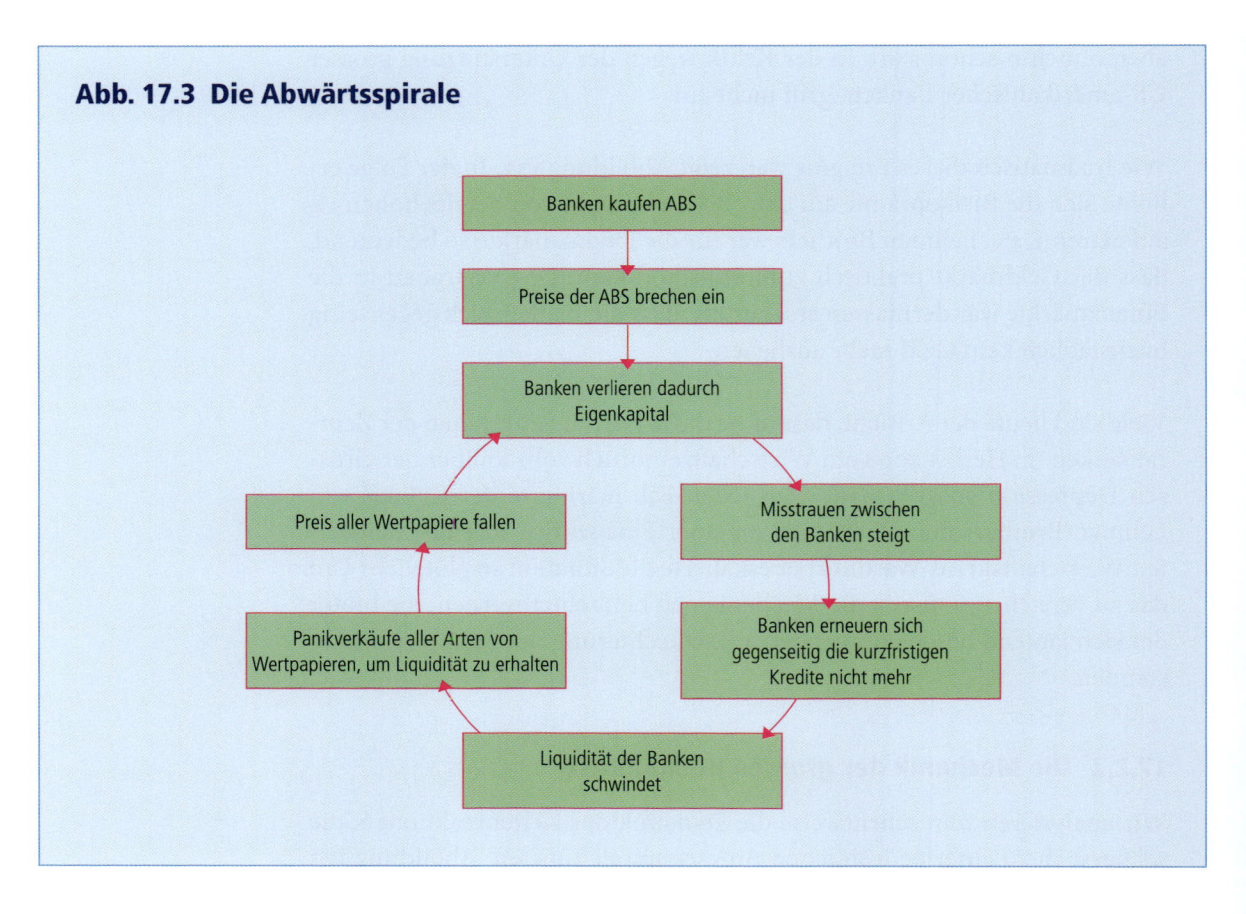

```
Banken kaufen ABS
        ↓
Preise der ABS brechen ein
        ↓
Banken verlieren dadurch Eigenkapital
        ↓
Misstrauen zwischen den Banken steigt
        ↓
Banken erneuern sich gegenseitig die kurzfristigen Kredite nicht mehr
        ↓
Liquidität der Banken schwindet
        ↓
Panikverkäufe aller Arten von Wertpapieren, um Liquidität zu erhalten
        ↓
Preis aller Wertpapiere fallen
        ↑ (zurück zu: Banken verlieren dadurch Eigenkapital)
```

Bodenlose. Die fallenden Preise der ABS bringen die Eigenkapitaldecke weiterer Banken zum Schrumpfen, die Spirale beginnt von Neuem bei Phase 2.

Dieser sich selbstverstärkende Prozess erfolgte rasend schnell, was das gesamte Finanzsystem in eine schwer kontrollierbare Abwärtsspirale zog. Wir wollen jeden dieser vier Schritte genauer nachzeichnen; sie bilden zusammen den Kern zum Verständnis der Mechanik der Finanzkrise.

Phase 1: Der massive Kauf von ABS, finanziert mit kurzfristigen Geldmarktschulden

Am besten lassen sich die Ereignisse anhand der in Kapitel 16 eingeführten vereinfachten Bankbilanz erläutern.

Abbildung 17.4 zeigt links die Ausgangssituation einer traditionellen Bank, die lediglich in der Kreditvergabe tätig ist. Angezogen von den hohen,

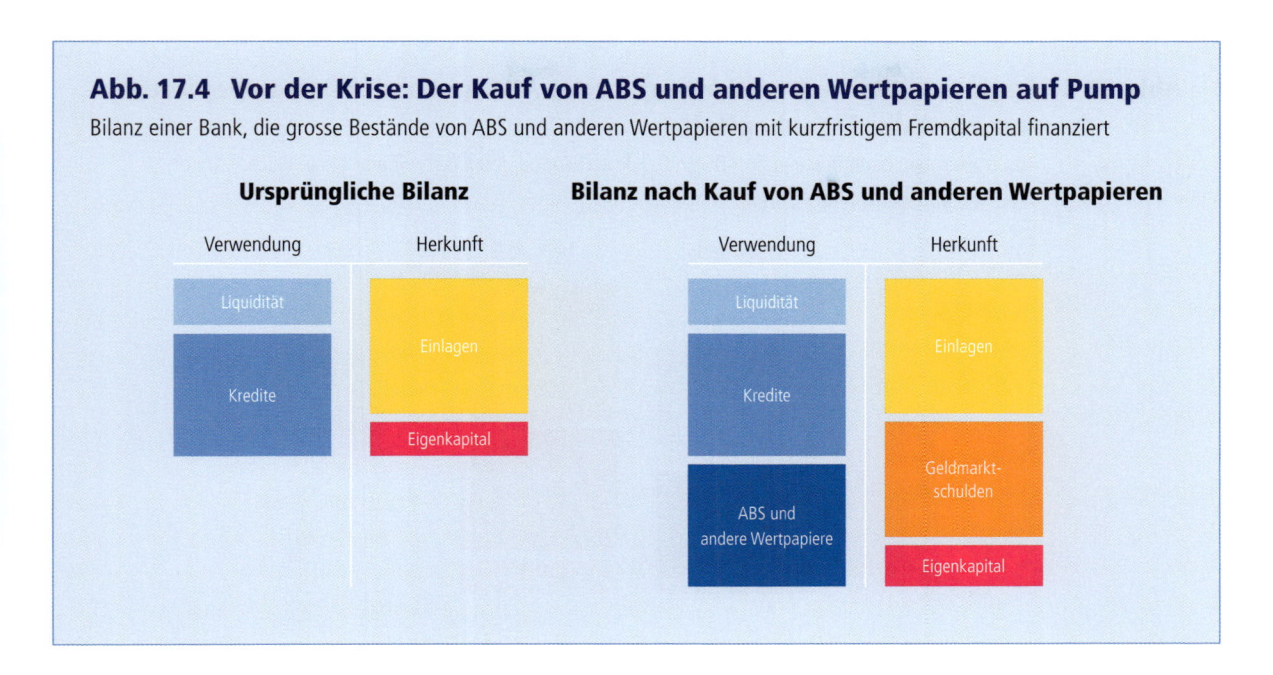

Abb. 17.4 Vor der Krise: Der Kauf von ABS und anderen Wertpapieren auf Pump
Bilanz einer Bank, die grosse Bestände von ABS und anderen Wertpapieren mit kurzfristigem Fremdkapital finanziert

scheinbar sicheren Renditen steigt die Bank nun in das Geschäft mit ABS ein und finanziert dies durch die Aufnahme kurzfristiger Geldmarktschulden. Wir sehen in der rechten Abbildung, dass dadurch die Bilanz deutlich länger wird. Weil sich die Bank auf den Kauf der scheinbar völlig sicheren AAA-Tranchen der ABS beschränkt, muss sie dafür gemäss den Basler Regeln kaum zusätzliches Eigenkapital halten; ihr Verschuldungsgrad steigt also deutlich an. Wegen der im Vorfeld der Krise so gut wie unbeschränkten Finanzierungsmöglichkeiten auf dem Geldmarkt wurden auf diese Weise riesige Mengen an ABS mit sehr kurzfristigen und billigen Krediten finanziert. Auch seriöse Banken weiteten ihre Bilanzen (direkt, oder indirekt bei Tochtergesellschaften) massiv aus, erhöhten also ihren Leverage stark, um an diesem lukrativen Geschäft teilnehmen zu können.

Phase 2: Verluste auf den ABS lassen die Eigenkapitaldecke schrumpfen

Mit dem oben beschriebenen Einbruch der Preise von ABS ab Anfang 2007 wurden die gewaltigen Risiken dieses Geschäfts offensichtlich. Die fallenden Preise der Wertpapiere zwangen die Banken, Abschreibungen vorzunehmen, das heisst, den nun tieferen Wert dieser Wertpapiere in der Bilanz auszuweisen. Dies war eine Folge der Regulierung, nach der Banken die Aktiven in schlechten Zeiten zum Marktwert in den Büchern führen müssen (sogenanntes «*mark to market*»). Die Bank wies damit aus,

Mark to market
Regulatorische Vorgabe, die besagt, dass Unternehmen ihre Vermögenswerte zum aktuellen Marktwert bewerten müssen.

Abb. 17.5 Beginn der Krise: Der Wertverlust der ABS und anderen Wertpapieren reduziert das Eigenkapital

Abschreibungen beim Bestand an ABS und anderen Wertpapieren (schraffierte blaue Fläche) führen zu Verlusten an Eigenkapital (schraffierte rote Fläche)

dass sie auf ihren Anlagen Geld verloren hatte, was bedeutete, dass sich das Eigenkapital der Bank entsprechend reduzierte. Wir sehen dies in Abbildung 17.5.

Die im Vergleich zur gesamten Bilanzsumme relativ kleinen Abschreibungen fressen bei dieser stark verschuldeten Bank schon einen Grossteil des Eigenkapitals weg; es bleibt in diesem Beispiel kaum mehr ein Risikopolster. In vielen Fällen waren die Banken gar so stark verschuldet und daher das Eigenkapital im Verhältnis zur in ABS investierten Summe so klein, dass der Rückgang der ABS-Preise und die entsprechenden Abschreibungen in der Bilanz ausreichten, um die Bank insolvent zu machen: Der Verlust aus Abschreibungen war dann grösser als der Bestand an Eigenkapital. Deshalb versuchten die betroffenen Banken während der Krise mit allen Mitteln, an zusätzliches Eigenkapital zu kommen, um die ABS-Verluste auszugleichen. Die hohe Verschuldung (der Leverage), die in guten Zeiten hohe Gewinne garantiert hatte, zeigte jetzt gnadenlos ihre Kehrseite.

Phase 3: Der verheerende Vertrauensverlust zwischen den Banken

Noch schlimmer aber war der Vertrauensverlust zwischen den Banken, der aus dieser Situation resultierte. Erst das führte zu einer systembedrohenden Bankenkrise. Im Verlauf des Jahres 2008 wurde immer klarer, dass viele Banken stark verschuldet waren und auf Bergen von ABS sassen, deren Preise laufend fielen und deren Wert oft nicht zu beurteilen war, da sich für sie keine Käufer mehr fanden. Man wusste also, dass vielen Banken die Insolvenz drohte, doch man wusste nicht, wer wie stark betroffen war. Mit einer Bank, deren Zahlungsfähigkeit zweifelhaft ist, möchte aber keine andere Bank Geschäfte machen, und dies besonders dann nicht, wenn Zahlungsausfälle sie selbst existenziell bedrohen könnten. Ein modernes Bankensystem beruht – wir haben es gesehen – stark auf den täglichen Geldmarktkrediten der Banken untereinander. Versiegt diese Finanzierungsquelle, so kann dies zu einer Serie von Bankenkonkursen führen, die – wegen der starken gegenseitigen Verflechtung über die kurzfristige Verschuldung – laufend weitere Banken mit in den Abgrund reissen.

Wie wir in Kapitel 16 gezeigt haben, entstehen Bankenkrisen, historisch betrachtet, in der Regel aus einem Bankensturm: Wegen Zweifeln über die Zahlungsfähigkeit einer Bank stehen dann die Einleger vor den Schaltern Schlange, um ihr Geld noch rechtzeitig abzuheben, und nach kurzer Zeit fehlt der Bank die Liquidität, um die Kundschaft zu bedienen. Bei dieser Krise aber lag das Problem nicht so sehr bei den Einlagen (Verschuldung der Bank bei Haushalten), sondern bei der anderen, oft weniger beachteten Kategorie von Fremdkapital, nämlich der Verschuldung bei anderen Banken über den Geldmarkt.

Kredite auf dem Geldmarkt sind immer sehr kurzfristig. Das bedeutet, dass die Banken diese Kredite laufend erneuern müssen. In der Krise versiegte diese Finanzierungsquelle plötzlich, womit es für die Banken immer schwieriger und schliesslich fast unmöglich wurde, auf dem Geldmarkt das kurzfristige Fremdkapital zu erneuern. Die Banken erlebten also einen veritablen Bankensturm, ohne dass dies in der Öffentlichkeit gross bemerkt wurde. Es fehlten die Medienberichte und Bilder von Schlangen vor den Bankschaltern, da das Ganze auf dem für die Öffentlichkeit unsichtbaren Geldmarkt stattfand. Der Effekt für die Banken war aber genauso verheerend wie bei einem traditionellen Bankensturm.

Damit aber kam die Bilanz der Bank ein zweites Mal in Schieflage. Wir sehen dies in Abbildung 17.6 auf Seite 518. Dabei nehmen wir an, unserer Bank sei es gelungen, die Abschreibungen bei den ABS dadurch abzufangen, dass sie sich erfolgreich zusätzliches Eigenkapital beschafft hatte. Damit war die Bank zwar wieder solvent; da jedoch die kurzfristigen Geldmarktschulden nicht mehr erneuert werden konnten, nahmen die liquiden Mittel drastisch ab – es entstand eine weitere existenzbedrohliche Situation.

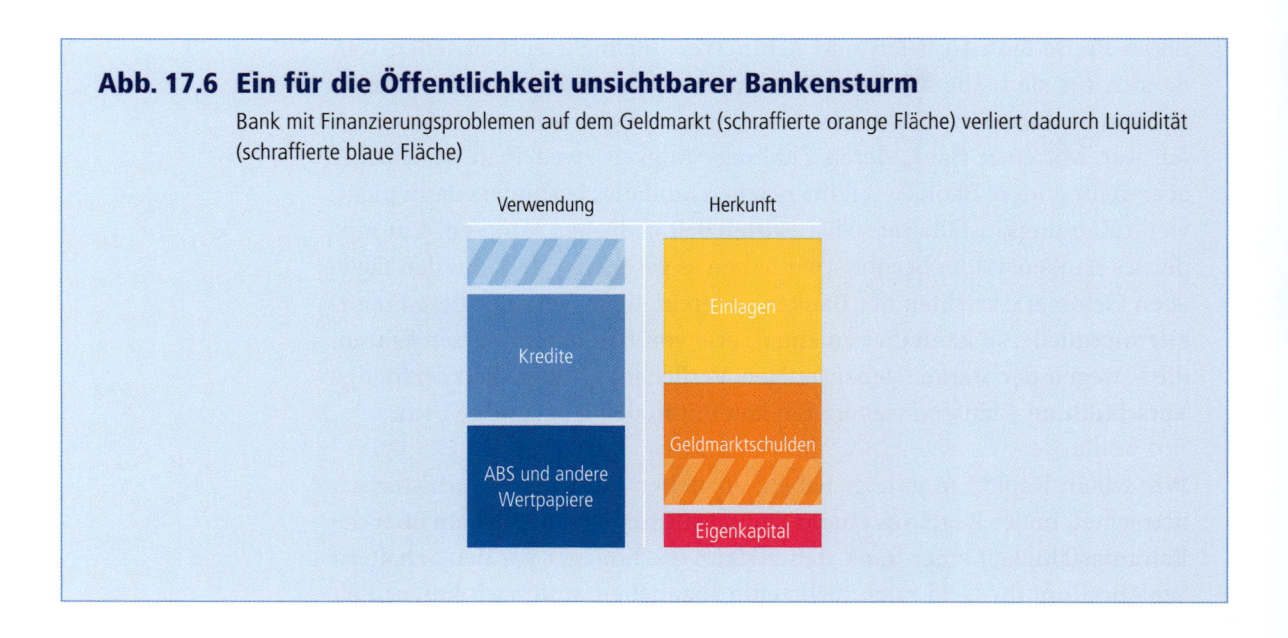

Abb. 17.6 Ein für die Öffentlichkeit unsichtbarer Bankensturm
Bank mit Finanzierungsproblemen auf dem Geldmarkt (schraffierte orange Fläche) verliert dadurch Liquidität (schraffierte blaue Fläche)

Phase 4: Panikverkäufe aller Arten von Wertpapieren wegen Liquiditätsproblemen

Sobald die Liquidität unter das regulatorisch geforderte Mindestmass sank und die Bank keinen Zugang zum Geldmarkt mehr hatte, musste sie zusätzliche Aktiven verkaufen, andernfalls wurde sie zahlungsunfähig. Da Kredite kurzfristig kaum verkäuflich sind, wurden alle Formen von handelbaren Wertpapieren auf den Markt geworfen. Weil aber sehr viele Banken plötzlich in derselben Situation waren, erhöhte sich das Angebot an Wertpapieren massiv – und das bei stark schrumpfender Nachfrage. Der vorhersehbare ökonomische Effekt war ein weiterer Sturzflug der Preise für diese Papiere. Damit verschärften sich die Solvenzprobleme der überschuldeten Banken weiter, denn sie waren gezwungen, zusätzliche Abschreibungen vorzunehmen. Die Abschreibungen wiederum reduzierten das Eigenkapital, womit sich der Teufelskreis schloss. Die Rückkoppelung über die Geldmärkte führte somit zu einer sich laufend beschleunigenden Abwärtsspirale, die rasch das gesamte Finanzsystem erfasste.

17.3 Die Eurokrise – auch eine Bankenkrise

In Kapitel 13 haben wir gezeigt, wie die Einführung des Euro zum Aufbau grosser makroökonomischer Ungleichgewichte im Euroraum geführt hatte. Die Korrektur dieser Ungleichgewichte hätte ohnehin früher oder später erfolgen müssen. Die Finanzkrise aber führte zu einem schockartigen Aufbrechen dieser Probleme. Wie wir in diesem Abschnitt zeigen werden, war das insbesondere aufgrund des geschwächten Bankensystems so gefährlich. Die Eurokrise ist letztlich eine Fortsetzung der in der Finanzkrise offensichtlich gewordenen Probleme unterkapitalisierter Banken.

17.3.1 Der Ausbruch der Eurokrise

Die weltweite Finanzkrise traf die Volkswirtschaften der GIPS-Länder (Griechenland, Italien, Portugal und Spanien) wie ein Keulenschlag. In kürzester Zeit wurde offensichtlich – wie in Kapitel 13 erläutert –, dass die Entwicklung nach Einführung des Euro diesen Ländern höchst problematische Ungleichgewichte beschert hatte: Nicht nur waren sie strukturell überschuldet, zusätzlich hatte die jahrelang zu hohe Inflation die Wettbewerbsfähigkeit ihrer Exportwirtschaft massiv untergraben. Und wegen der Mitgliedschaft in der Währungsunion war anders als bei früheren derartigen Übertreibungen eine korrigierende Abwertung der Währung nicht mehr möglich. Die Folge war nach Ausbruch der Finanzkrise ein tiefgreifender gesamtwirtschaftlicher Einbruch, der den GIPS-Ländern ab 2008 stark negative Wachstumsraten bescherte. Der Kontrast zum wirtschaftlichen Boom in den vergangenen Jahren war besonders gross, und entsprechend hoch fiel auch der Rückgang der Steuereinnahmen aus. Die im Boom stark ausgeweiteten Staatsausgaben liessen sich aber nur schon aus innenpolitischen Gründen nicht entsprechend aggressiv zurückfahren, sodass die Budgetdefizite der GIPS-Länder ab 2008 explodierten. Die vier Länder wiesen im Jahr 2009 Budgetdefizite von zum Teil deutlich über 10 % des BIP auf. Weil der Fehlbetrag durch Verschuldung finanziert werden musste, stieg die Staatsverschuldung explosionsartig an. Die Schuldenquote – die Staatsverschuldung in Prozent des BIP – erhöhte sich dadurch stark, stieg doch der Zähler dieser Kenngrösse (die Verschuldung), während der Nenner (das BIP) gleichzeitig sank. Nun waren die GIPS-Länder natürlich nicht die einzigen Länder, die in der Krise mit einer sehr negativen Entwicklung solcher makroökonomischer Grössen zu kämpfen hatten. Sie wurden davon aber in einer wesentlich ungünstigeren Ausgangslage getroffen, weil in den Jahren zuvor ihre Wettbewerbsfähigkeit durch die aus dem Inlandboom resultierende Inflation stark reduziert worden war und sie als Mitglied der Eurozone keine Möglichkeit hatten, durch Wechselkursanpassungen die Situation zu verbessern. Dies führte dazu, dass in diesen Ländern die Exporte in der Krise besonders stark einbrachen, was den BIP-Rückgang noch verstärkte. Diese ungünstige gesamtwirtschaftliche Entwicklung, gepaart mit der unkontrolliert wachsenden

Staatsverschuldung, führte auf den Finanzmärkten zu einem schlagartigen Vertrauensverlust in die wirtschaftliche Leistungsfähigkeit dieser Länder. Plötzlich machte sich die Sorge breit, dass die GIPS-Länder gar nicht mehr in der Lage sein könnten, ihre Zinszahlungen zu leisten und die Schulden zurückzuzahlen.

Mit grosser Verspätung realisierten die Anleger, dass trotz gemeinsamer Währung zwischen den Staatsanleihen von Deutschland und Griechenland doch grosse Unterschiede bestanden. Nicht nur die Währungsentwicklung, sondern auch die Zahlungsfähigkeit der Schuldner stellt ein Risiko einer Kreditvergabe dar – eine Tatsache, welche die Zinsentwicklung vor der Krise in keiner Weise widerspiegelt hatte. Nach Ausbruch der Krise wurde den Anlegern dieses Risiko bewusst, was sich in der Zinsentwicklung sofort niederschlug. Der Verlauf der Zinsdifferenz zwischen den GIPS-Ländern und Deutschland nach 2007, die wir in Kapitel 13 analysiert haben, zeigt dies in Abbildung 17.7 auf: Ab Mitte 2008 begannen die Finanzmärkte die Überschuldungsprobleme der vier Länder zu erkennen und die in den Jahren zuvor inexistenten Risikoprämien stiegen nach dem Konkurs von Lehman Brothers spürbar an.

Nach der Stabilisierung der Finanzmärkte bildeten sich die Zinsaufschläge im Verlauf von 2009 wieder etwas zurück, sodass das schwelende Problem

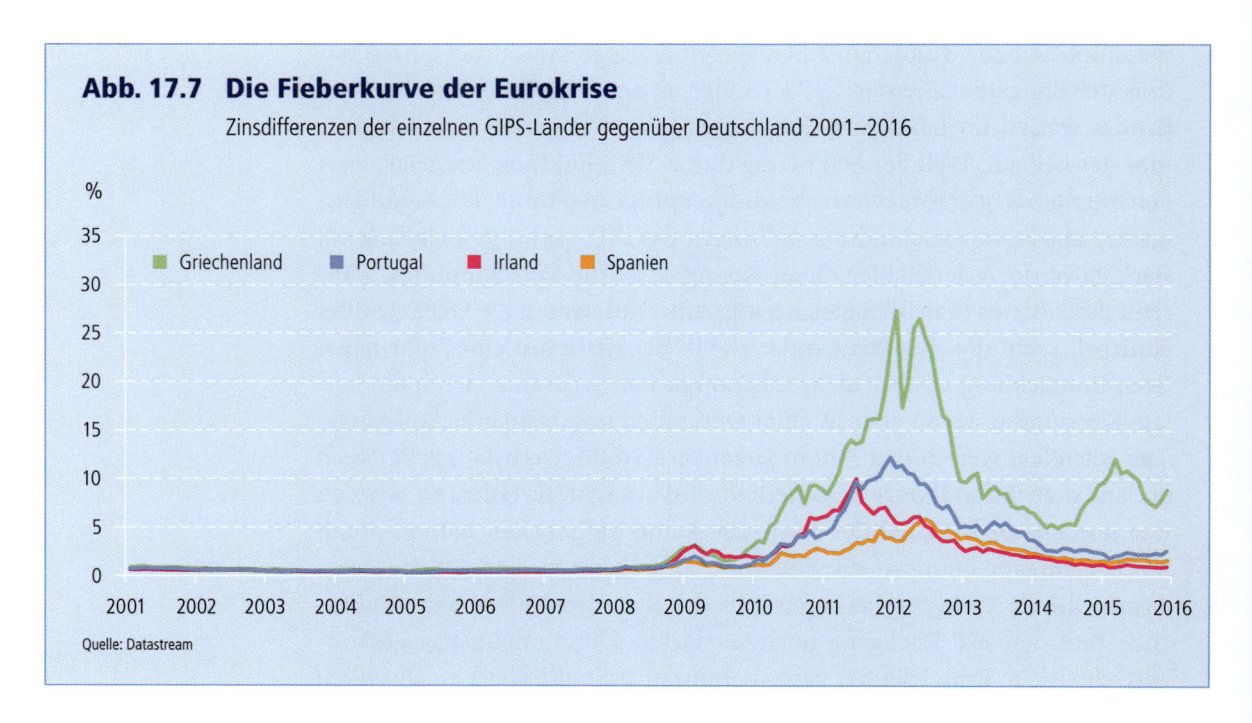

Abb. 17.7 Die Fieberkurve der Eurokrise
Zinsdifferenzen der einzelnen GIPS-Länder gegenüber Deutschland 2001–2016

Quelle: Datastream

erst teilweise erkannt wurde. Zu Beginn des Jahres 2010 aber, als sich die finanzielle Lage der GIPS-Länder weiter verschlechterte, brach die Krise voll aus. Die Zinsaufschläge für griechische Staatsanleihen stiegen innert kürzester Zeit massiv an, und auch die anderen drei Länder verzeichneten deutlich ansteigende Risikoprämien. Diese deuteten darauf hin, dass die sich rapide verschlechternde Situation der Staatsfinanzen dieser Länder als Zeichen dafür gewertet wurde, dass die Rückzahlung der Kredite nicht mehr gesichert war. Die Investoren wollten sich dieses Risiko mit höheren Zinsen abgelten lassen. Damit verschlechterte sich aber die Situation für die GIPS-Länder weiter, weil sich jetzt die laufend wachsenden zusätzlichen Schulden immer stärker verteuerten. Kombiniert mit der beschriebenen massiv verschlechterten Wettbewerbsfähigkeit dieser Länder, wurde zunehmend klar, dass die Schuldenproblematik kaum mehr zu bewältigen war.

17.3.2 Warum eine zweite Bankenkrise drohte

Gerät ein privater Haushalt in eine Spirale ständig ansteigender Schulden, endet dies oft in einem zumindest teilweisen Konkurs. Die Gläubiger müssen in diesem Fall anerkennen, dass eine vollständige Rückzahlung kaum mehr möglich ist und sie zumindest Teile ihrer Kredite an den Haushalt abschreiben müssen. Im Prinzip ist die Situation für einen überschuldeten Staat ähnlich. Die Geschichte kennt zahlreiche Fälle, in denen Staaten ihre Schulden nicht oder zumindest nicht mehr vollständig zurückzahlen konnten. Bei Entwicklungs- und Schwellenländern geschah dies so oft, dass es sogar eine Organisation der staatlichen Gläubiger solcher Staaten gibt. Dieser sogenannte Pariser Club strebt an, mithilfe von *Umschuldungen* wenigstens Teile der Gelder wieder zurückzuerhalten. In einer Umschuldung verzichtet letztlich der Gläubiger auf einen Teil des Kredits in der Hoffnung, dass das Schuldnerland dann eher in der Lage sein könnte, die verbliebenen Schulden zu bedienen. Der Spatz in der Hand (teilweise Rückzahlung) wird als besser erachtet als die Taube auf dem Dach (ganze Summe, die aber nicht zurückgezahlt werden kann).

Umschuldung
Wenn Gläubiger einem zahlungsunfähigen Schuldner einen Teil der Schuld erlassen, um dessen Zahlungsfähigkeit wiederherzustellen und dadurch einen Totalausfall zu vermeiden.

Die offensichtliche Lösung der Verschuldungskrise im Euroraum wäre also eine solche teilweise Abschreibung der Schulden gewesen. Es wäre damit akzeptiert worden, dass die Gläubiger in der Boomperiode vor 2007 unvorsichtige Kredite vergeben hatten und jetzt die Kosten dieses Fehlers mitzutragen hätten.

Das Problem war allerdings, dass ein grosser Teil dieser Schuldenpapiere von Banken in den Überschussländern der Eurozone gehalten wurde und dass viele dieser Banken in der Folge der Finanzkrise ohnehin unterkapitalisiert waren. Damit drohte im Frühjahr 2010 eine Wiederholung der Bankenprobleme auf dem Höhepunkt der Finanzkrise – eine Finanzkrise II sozusagen. Und letztlich handelte es sich auch um das genau gleiche Problem. Risikofreudige Banken kauften grosse Bestände an Wertpapieren – in diesem Fall Staatspapiere der GIPS-Länder –, die mit einer zu schmalen Eigenkapitalausstattung finanziert wurden. Abbildung 17.8 zeigt das Problem schematisch an der vereinfachten Bankbilanz.

Nicht zufällig sieht diese Bankbilanz sehr ähnlich aus wie diejenige bei der Analyse der Bankenkrise. Statt eines Wertverlusts auf ABS drohte nun ein solcher auf Staatsanleihen, das Eigenkapital der Bank wegzufressen.

Die Angst vor einer dadurch ausgelösten Bankenkrise in Europa ist der Hauptgrund für die seit Mai 2010 anhaltenden, hektischen Bemühungen der europäischen Regierungschefs und der EZB, die Eurokrise unter Kontrolle zu bekommen.

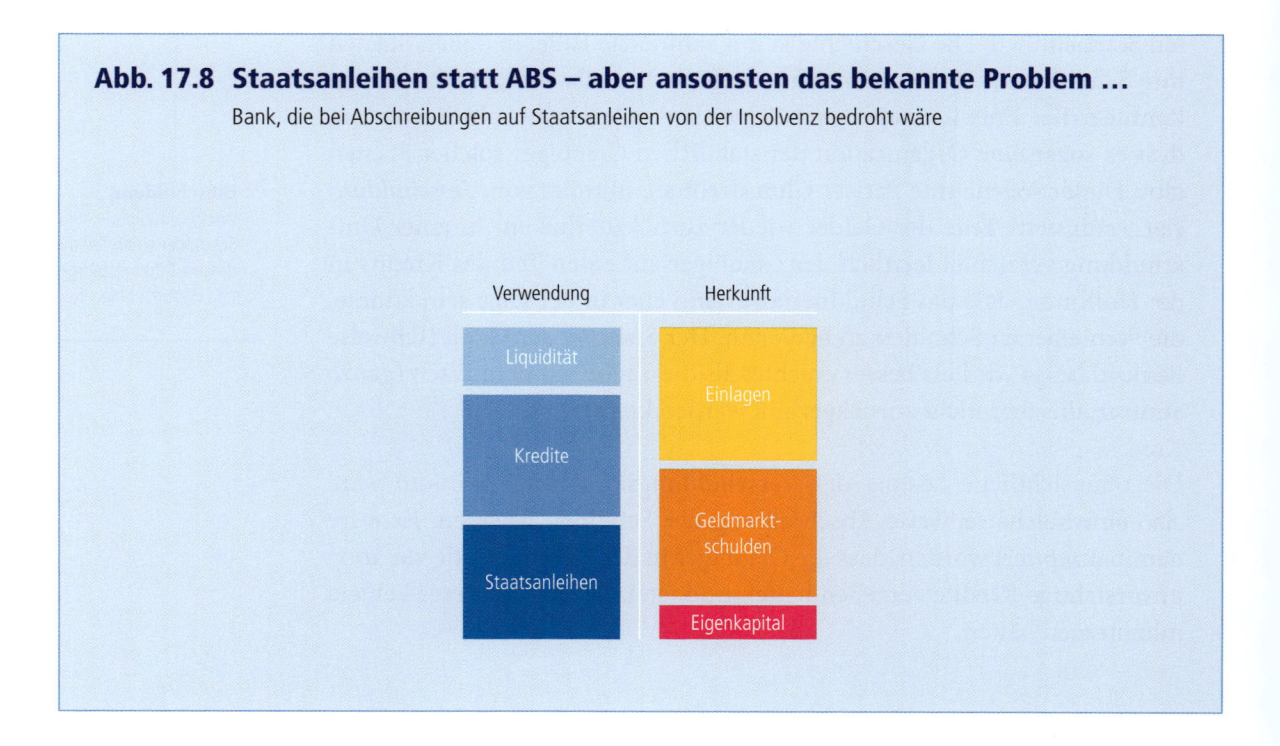

Abb. 17.8 Staatsanleihen statt ABS – aber ansonsten das bekannte Problem ...
Bank, die bei Abschreibungen auf Staatsanleihen von der Insolvenz bedroht wäre

17.4 Die wirtschaftspolitische Bekämpfung der Finanzkrise

Ausgangspunkt der Krise waren zwei akute Probleme für zahlreiche Banken. Erstens wurde die Liquidität knapp, was letztlich so weit ging, dass die Geldmärkte nach dem Konkurs von Lehman Brothers kollabierten. In diesem Abschnitt analysieren wir zunächst die Massnahmen, die von den Zentralbanken gegen diese Liquiditätskrise ergriffen wurden. Zweitens führten die Abschreibungen auf den ABS-Beständen dazu, dass zahlreiche Banken von Insolvenz bedroht waren. Wir zeigen deshalb in einem zweiten Schritt, mit welchen Methoden Zentralbanken und Regierungen systemrelevante Banken vor dem Konkurs zu retten versuchten.

17.4.1 Das Liquiditätsproblem: Die Zentralbanken übernehmen den Geldmarkt

Lender of Last Resort

Wir haben gesehen, dass ab Spätsommer 2007 die Funktionsweise der Geldmärkte immer stärker gestört war. Dies zeigte sich an der deutlichen Erhöhung der Risikozuschläge auf diesen üblicherweise völlig liquiden Märkten. Weil die Banken sich gegenseitig immer weniger vertrauten, mussten die Zentralbanken in zunehmendem Mass als Liquiditätsanbieter einspringen.

Zentralbanken werden wegen dieser Funktion auch als Lender of Last Resort, sozusagen als letzter Rettungsanker bezeichnet. Diese Rolle spielten sie in der Vergangenheit vor allem bei drohenden Bankenstürmen. Die Zentralbank kann dies verhindern, indem sie die fehlende Liquidität als kurzfristige Kredite selbst zur Verfügung stellt. Genau das war auch in dieser Krise nötig – mit dem oben beschriebenen Unterschied, dass es sich hier um eine spezielle Form des Bankensturms handelte. Ausgelöst wurden die Liquiditätsengpässe ja nicht durch Einleger, die ihr Geld zurückverlangten, sondern durch Banken, die anderen Banken die kurzfristigen Kredite nicht mehr erneuerten.

Ab Herbst 2007 begannen die Zentralbanken, in die Bresche zu springen. Die illiquiden Banken hinterlegten bei den Zentralbanken als Sicherheit Wertpapiere und erhielten dafür kurzfristige Kredite. Über diesen Weg erhöhten die Zentralbanken direkt die Liquidität der Banken und damit des Systems. Im Jahre 2008 wurden diese Geschäfte mit ungewöhnlicher Intensität fortgesetzt. Eine Weile schien es, als würden diese Liquiditätszuschüsse das Finanzsystem ausreichend stabilisieren können. Dies änderte sich aber mit dem Kollaps von Lehman Brothers. Funktionierte der Geldmarkt davor noch einigermassen, so trocknete er nach diesem Ereignis völlig aus. In den Tagen nach dem Kollaps übernahmen die Zentralbanken de facto die Geldmärkte.

Die Liquiditätsunterstützung von Seiten der Zentralbanken wird seither fortgesetzt. Eine sehr wichtige Rolle spielt sie bei der Bekämpfung der Eurokrise. Die Europäische Zentralbank stellte den gestressten Banken immer wieder in grossem Ausmass Liquidität zur Verfügung. Die bisher grössten Aktionen waren diesbezüglich die sogenannten «long term refinancing operations» (LTRO) von Dezember 2011 und Februar 2012. Insgesamt bezogen europäische Banken in diesen beiden Aktionen rund eine Billion Euro an liquiden Mitteln. Um die Situation auch mittelfristig zu beruhigen, laufen diese Kredite der EZB über drei Jahre. Die Banken konnten sich somit für eine sehr lange Zeit liquide Mittel besorgen, was die Situation für einige Zeit entspannte.

Staatliche Garantien des Fremdkapitals

Die Liquiditätszufuhr der Zentralbanken war vor allem zu Beginn der Krise sehr kurzfristiger Natur. Als die Liquiditätsprobleme vieler Banken im Laufe des Jahres 2008 aber immer akuter wurden, setzte sich die Ansicht durch, dass dies nicht genüge. Um die Liquiditätssituation der Banken längerfristig zu sichern, ging man dazu über, Fremdkapital gegen eine Risikoprämie staatlich zu garantieren. Die Regierungen setzten dies auf zwei Arten um. Erstens wurde der Schutz der Kundeneinlagen (also die schon bestehende Einlagensicherung) ausgebaut. Damit wurden deutlich grössere Einlagenbeträge für den Fall eines Konkurses der Bank staatlich gesichert. Zweitens wurde in gewissen Ländern die Aufnahme von längerfristigem Fremdkapital mit einer staatlichen Garantie begünstigt. Die Kreditgeber waren dadurch sicher, ihr Geld auch dann zurückzuerhalten, wenn die Bank zahlungsunfähig würde. Beide Methoden sind natürlich für den Staat im Ernstfall sehr teure Massnahmen. Irland bezahlte die Garantien an seine maroden Banken beinahe mit dem Staatsbankrott und war als Folge davon schliesslich im November 2010 auf finanzielle Unterstützung der anderen Euroländer angewiesen.

17.4.2 Das Solvenzproblem: Die wichtigsten Formen der Bankenrettung

In der Finanzkrise war der Einbruch der ABS-Preise so stark, dass viele Banken effektiv insolvent waren. Abbildung 17.9 zeigt dies schematisch auf; das Eigenkapital reichte nicht, um die Verluste auf den Beständen an ABS aufzufangen.

Ist ein Unternehmen insolvent, verliert es in einer Marktwirtschaft seine Existenzberechtigung. Es ist für das Funktionieren des Systems wichtig, dass die Möglichkeit eines Konkurses besteht, dass also gescheiterte Geschäftsideen nicht weitergeführt werden. Eine insolvente Bank, die weiterhin operativ bleibt, kann grosse volkswirtschaftliche Schäden anrichten, hat sie doch einen starken Anreiz, mit den Kundengeldern hoch riskante Geschäfte zu tätigen. Sind diese erfolgreich, so müssen die Aktionäre doch nicht ihr gesamtes Geld abschreiben, ergeben sich aber Verluste, so muss die Allgemeinheit dafür geradestehen. Solche «Zombie-Banken» haben also stark verzerrte Anreize, die zu volkswirtschaftlich sehr ineffizienten Geschäften verführen.

Es gibt grundsätzlich zwei Möglichkeiten, um eine Bank vor dem Konkurs zu retten: Entweder schiesst der Staat auf der Passivseite der Bilanz zusätzliches Eigenkapital ein, oder er übernimmt die von der Abschreibung

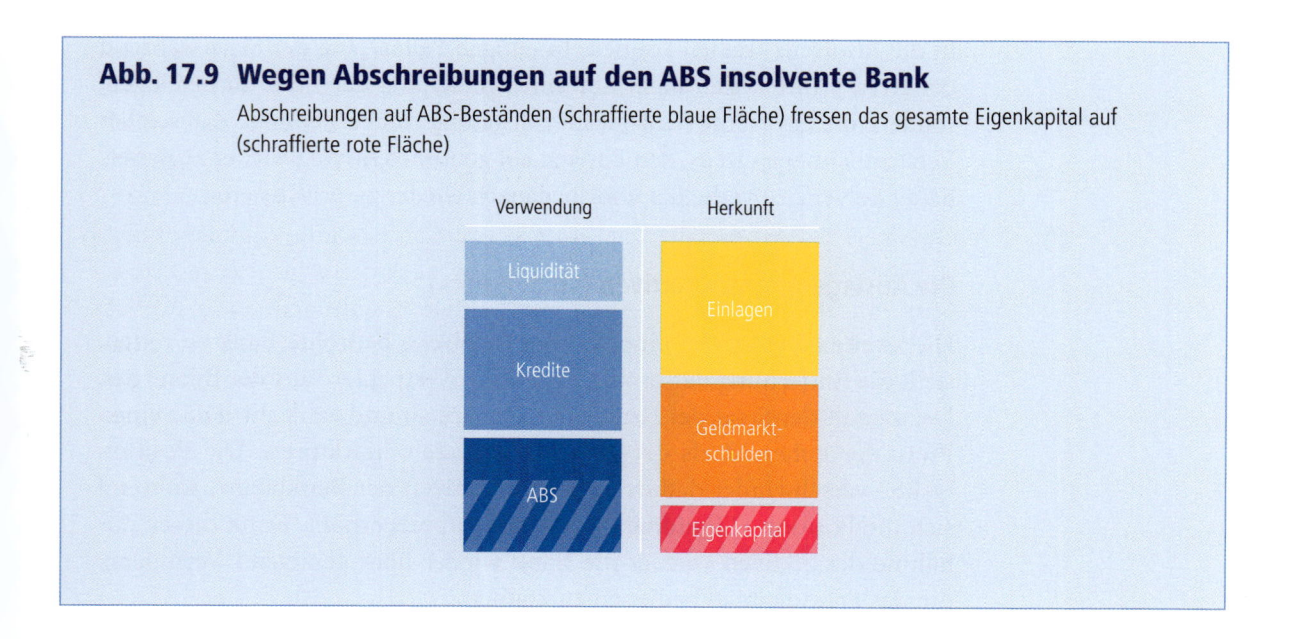

Abb. 17.9 Wegen Abschreibungen auf den ABS insolvente Bank
Abschreibungen auf ABS-Beständen (schraffierte blaue Fläche) fressen das gesamte Eigenkapital auf (schraffierte rote Fläche)

bedrohten Vermögenswerte auf der Aktivseite der Bilanz. Beide Methoden werden kurz vorgestellt.

Der Einschuss von Eigenkapital (Beteiligung oder Verstaatlichung)

Die erste Möglichkeit ist die Aufstockung des Eigenkapitals. Finden sich keine privaten Kapitalgeber mehr, so kann der Staat einspringen.

Die Solvenzprobleme der Banken während der Finanzkrise resultierten aus der Tatsache, dass die ABS zum Zeitpunkt der Bilanzerstellung praktisch unverkäuflich waren; ihr Marktwert war daher sehr tief. Wegen der Bilanzierungsregeln («mark to market») sind Banken gezwungen, solch tiefe Marktwerte in der Bilanz auszuweisen. Das Eigenkapital einer Bank reicht aber wegen der starken Verschuldung oft nicht aus, diese Abschreibung aufzufangen, und wird damit negativ. Gelingt es der Bank nicht, zusätzliches Eigenkapital aufzutreiben, so müsste sie ihr Geschäft einstellen. Will der Staat dies vermeiden, so besteht die einfachste Möglichkeit darin, das Eigenkapital aufzustocken. Der Staat beteiligt sich also als Eigentümer an der Bank und schiesst Mittel ein. Das zusätzliche staatliche Geld fängt die Verluste auf und macht die Bank dadurch wieder solvent; das heisst, die Aktiva reichen dann aus, um das Fremdkapital zu decken, womit das Eigenkapital wieder positiv wird.

Selbst nach dieser Transaktion bleibt die Bank meist immer noch verletzlich, da schon kleine weitere Verluste auf den anderen Aktiven sie rasch wieder in die Insolvenz treiben können. In einigen Fällen ging der Staat während der Krise so weit, sich nicht nur am Eigenkapital der Bank zu beteiligen, sondern die insolvente Bank gleich vollständig zu übernehmen. Ziel solcher Verstaatlichungen ist es, den Banken auf geordnetem Weg wieder zu dauerhafter Solvenz zu verhelfen und sie danach wieder zu privatisieren.

Die Auslagerung von Aktiven («bad bank»)

Die zweite Möglichkeit, eine von der Insolvenz bedrohte Bank zu retten, stellt die Entfernung der problematischen Wertpapiere aus der Bilanz dar. Dazu kauft der Staat der Bank diese Papiere ab und zahlt ihr dafür einen Preis, der höher ist als der aktuelle, sehr tiefe Marktpreis. Die Position «ABS» verschwindet dadurch aus den Aktiven der Bankbilanz, während sich die Position «Liquidität» um den Kaufpreis erhöht. Dank dieser Zunahme der Aktiven verfügt die Bank wieder über genügend Vermögen, um das Fremdkapital bedienen zu können.

Ebenso wie bei der Bereitstellung von zusätzlichem Eigenkapital handelt es sich bei dieser Lösung um eine massive staatliche Subvention der Bank. Allerdings gilt es anzumerken, dass der tatsächliche, längerfristige Wert der problematischen Wertpapiere kaum so tief sein wird wie mitten in der Krise. Hinter diesen Wertpapieren stecken Immobilien und damit reale Werte, die längerfristig höher sein dürften. Wegen der Marktturbulenzen mag das Papier in der Krise kaum verkäuflich sein, nach einer Beruhigung der Situation aber wird es in den meisten Fällen einen positiven Wert aufweisen. Im Gegensatz zur von der Insolvenz bedrohten Bank kann es sich der Staat aber leisten, abzuwarten. Damit muss die Übernahme der problematischen Wertpapiere für den Staat langfristig nicht unbedingt einen Verlust bedeuten. Dennoch bleibt die sehr grosse Schwierigkeit, den «richtigen» Preis für den Kauf der ABS zu bestimmen.

Zur Bewirtschaftung der schlechten Papiere wird in der Regel eine eigene staatliche Gesellschaft gegründet. Aufgabe dieser Organisation ist es, die Wertpapiere mittelfristig – nachdem sich die Lage beruhigt hat – zu einem möglichst hohen Preis zu verkaufen. Erst nach Abwicklung dieser Transaktionen lässt sich abschätzen, wie teuer die Rettung der Bank für die Steuerzahler tatsächlich war.

Die Rettung der UBS als Fallbeispiel

Die global tätige schweizerische Grossbank UBS hatte kurz vor der Krise über ihre US-amerikanische Tochtergesellschaft sehr stark in zweifelhafte ABS investiert. Nach Ausbruch der Krise kam es deshalb rasch zu bedeutenden Abschreibungen, die das Eigenkapital der stark verschuldeten Bank zunehmend aufzehrten. Zunächst gelang es noch, zusätzliches Eigenkapital von asiatischen Investoren zu beschaffen, was die Bank Anfang 2008 vorübergehend aus der ärgsten Schieflage zu befreien schien. Im Herbst 2008 zeigte sich aber immer deutlicher, dass der Bestand an «vergifteten» Wertpapieren so gross war, dass die Bank in ihrer Existenz bedroht war. Dies führte zu massiven Geldabflüssen verunsicherter Kundinnen und Kunden. Die UBS hatte immer grössere Mühe, auf dem Markt genügend Mittel zu beschaffen, um ihre Geschäfte weiterzuführen. Im Oktober 2008 wurde die Lage so dramatisch, dass sich die Behörden zu einer ausserordentlichen Aktion entschlossen, um die Bank zu retten.

Bei dieser Rettungsaktion kamen beide oben beschriebenen Methoden der Bankenrettung zur Anwendung. Es wurde einerseits Eigenkapital eingeschossen, und andererseits wurde ein grosser Teil der unverkäuflichen

ABS in eine «bad bank» transferiert und damit aus der Bilanz der UBS entfernt. Zusätzliches Kapital stellte der Bund zur Verfügung, indem er der Bank ein Darlehen von 6 Milliarden Franken gewährte, das er später in Aktien – also in Eigenkapital – umwandeln konnte. Damit wurde die Passivseite der Bilanz (Finanzierung) gestärkt. Gleichzeitig intervenierte die Schweizerische Nationalbank auf der Aktivseite, indem sie von der UBS «vergiftete» Wertpapiere in der Höhe von 38,7 Milliarden Dollar übernahm und in eine eigens dafür gegründete Zweckgesellschaft – die «bad bank» – überführte. Die Aktivseite der UBS wurde damit deutlich gestärkt, weil statt der zu diesem Zeitpunkt unverkäuflichen ABS neu zusätzliche flüssige Mittel in der Bilanz erschienen. Teil der Aktion war die Verpflichtung der UBS, in die «bad bank» als Puffer für die ersten Verluste 10 % der Gesamtsumme, also 3,87 Milliarden Dollar, einzuzahlen. Das Verlustrisiko insgesamt war aber natürlich wesentlich höher, weshalb die gesamte Aktion die Bilanz der UBS deutlich stärkte.

Die Risiken aus den schlechten Wertpapieren wurden somit an die SNB transferiert. Die Überlegung dahinter war, dass die SNB – im Gegensatz zur UBS während der Krise – Zeit hat, die Papiere vorerst zu behalten und erst dann zu verkaufen, wenn sich die Märkte wieder beruhigt haben. Tatsächlich konnte die SNB in der Folge die Papiere abstossen und die Bad Bank 2013 unter Erzielung eines Gewinns schliessen. Zudem konnte der Bund seine Beteiligung inzwischen verkaufen, wodurch für die öffentlichen Haushalte keine direkten Kosten aus der Aktion resultierten.

Obwohl die ganze Transaktion schliesslich ohne Verluste für Bund und Nationalbank abgeschlossen werden konnte, bleibt festzuhalten, dass die Massnahme zum Zeitpunkt des Entscheids mit sehr grossen Risiken verbunden war. Das sieht man daran, dass die UBS die notwendigen Mittel nicht privat beschaffen konnte. Die ganze Aktion stellte also eine substanzielle staatliche Subvention an die Grossbank dar.

VERTIEFUNG

Die Bankenturbulenzen von 2023 und der Fall der Credit Suisse

Nach der Grossen Finanzkrise wurden weitreichende Regulierungsreformen mit dem Ziel durchgeführt, die Stabilität des globalen Finanzsektors zu erhöhen. Im Mittelpunkt stand dabei die Erhöhung der Eigenkapital- und Liquiditätsanforderungen für alle Banken sowie eine spezielle Regulierung der Grossbanken, die – wie die Finanzkrise gezeigt hatte – too big to fail waren. Der Erfolg dieser Bemühungen zeigte sich in der Finanzstabilität in den Jahren danach und in der Tatsache, dass selbst der massive Schock infolge der Coronapandemie keine starken Finanzturbulenzen auslöste. Im Frühling 2023 erschütterten aber Probleme einzelner Banken in den USA und in der Schweiz das Vertrauen in die Stabilität des Systems.

Der erste Schock ereignete sich bei einigen mittelgrossen amerikanischen Banken und hier insbesondere bei der Silicon Valley Bank, die von einem so heftigen Bankensturm erfasst wurden, dass sie innert weniger Tage geschlossen werden musste; zwei weitere mittelgrosse US-Banken ereilte das gleiche Schicksal. Ursache waren grundlegende Fehler im Risikomanagement. Die wichtigsten Einleger der Silicon Valley Bank waren Führungskräfte von Tech-Unternehmen, die so grosse Summen bei der Bank hielten, dass sie nicht von der Einlagensicherung für Kleinkunden gedeckt waren. Gleichzeitig investierte die Bank einen Grossteil der Gelder in amerikanische Staatsanleihen. Das ist eigentlich eine sichere Anlage – es besteht kaum ein Ausfallrisiko – aber wie alle Anleihen unterliegen sie auch dem Zinsänderungsrisiko. Und das wurde der Bank zum Verhängnis. Denn als die US-Zentralbank als Reaktion auf die stark gestiegene Inflation die Zinsen anhob, verloren die Staatsanleihen deutlich an Wert (siehe technische Box, S. 94 für die Erklärung dafür). Die Verluste bei diesen Papieren führten dazu, dass der Bank die Insolvenz drohte. Als dieses Risiko bekannt wurde zogen die Grosskunden in ungeheurem Tempo ihre Einlagen ab, sodass die Bank sofort illiquide wurde. Wegen der befürchteten Ansteckungseffekte griffen die Behörden ein und garantierten, dass ausnahmsweise auch sehr grosse Einlagen durch die Einlagensicherung gedeckt seien. Damit konnte die Panik gestoppt werden, allerdings um dein Preis einer nicht vorgesehenen staatlichen Rettungsaktion.

Die Turbulenzen auf dem amerikanischen Finanzmarkt waren schliesslich der eine Schock zu viel für die schwer angeschlagene Schweizer Grossbank Credit Suisse. Die Bank, welche die Grosse Finanzkrise noch bemerkenswert unbeschadet überstanden hatte, leistete sich im darauffolgenden Jahrzehnt eine Reihe von Skandalen und Managementfehlern, die schliesslich das Vertrauen der Märkte so stark erschütterte, dass sie nur wenige Tage nach dem Höhepunkt der US-Bankenkrise nicht mehr überlebensfähig war. Bereits im Herbst 2022 hatte die Kundschaft sehr grosse Beträge abzogen. Die Credit Suisse überlebte diesen Bankensturm knapp. Doch im März 2023 reichte die Kombination aus den US-Turbulenzen und einer ungeschickten Aussage eines Grossinvestors aus, um weltweit einen massiven Abzug von Einlagen auszulösen. Die Bank erreichte das Wochenende nur dank massiver Liquiditätshilfe der SNB, und es war klar, dass am Wochenende (an dem die Börsen geschlossen sind) eine Lösung gefunden werden musste. Schliesslich fusionierte die Bank mit der anderen Schweizer Grossbank UBS, wobei der Staat Verlustgarantien übernehmen und die SNB massiv ausserordentliche Liquiditätshilfe leisten musste. Beides konnte nur unter Anwendung von Notrecht realisiert werden. Danach beruhigte sich die Lage an den Finanzmärkten – in der Schweiz und global.

Die Krise zeigt, dass das globale Finanzsystem trotz der Reformen nach der Grossen Finanzkrise weiterhin krisenanfällig ist. Im Vergleich zur Grossen Finanzkrise lag das Problem diesmal deutlich stärker bei der Liquiditätsversorgung. Sowohl bei den betroffenen US-Banken als auch bei der Credit Suisse kam es zu massiven Bankenstürmen. Zweifellos hat dies auch damit zu tun, dass die Digitalisierung den Abzug von Einlagen stark vereinfacht hat. Ein Mausklick genügt, um Gelder zu einer anderen Bank zu transferieren. Das kann unglaublich schnell zu Liquiditätsengpässen führen und eine Bank innerhalb von Minuten zahlungsunfähig machen. Daher stehen für alle Banken Reformen im Liquiditätsregime an.

Für die spezifische Regulierung von Grossbanken ist der Fall Credit Suisse ein sehr wichtiges Ereignis, das grundsätzliche Fragen aufwirft. Eigentlich hätte die Too-big-to-fail-Regulierung vorgesehen, dass eine scheiternde Grossbank ohne Staatshilfe in ein Abwicklungsverfahren geschickt wird, das entweder zu einer Sanierung oder zu einem (teilweisen) Konkurs des Unternehmens führt. Stattdessen wurde dieser Weg nicht beschritten und der Staat unterstützte die Übernahme durch die UBS mit Garantien, also Risiken für die Steuerzahlenden. Diese erneute staatliche Bankenunterstützung wurde der eigentlich geplanten und aufwändig vorbereiteten Abwicklung vorgezogen, weil die Behörden den Ausbruch einer schweren Finanzkrise befürchteten. Unabhängig davon, ob diese Befürchtung berechtigt war, wird es für die Zukunft entscheidend sein, das Abwicklungsregime so anzupassen, dass sich die Behörden im nächsten Fall trauen, diesen Weg zu beschreiten. Für die Schweiz ist dies von grosser Relevanz, da ansonsten bei einem allfälligen Scheitern der einzigen verbliebenen Grossbank UBS nur noch die Verstaatlichung der Bank als Option übrigbliebe. Dies wäre aber angesichts der Grösse der Bank mit unabsehbar hohen Verlustrisiken für den Bundeshaushalt verbunden. Das Too-big-to-fail-Regime steht daher wohl – Stand Frühling 2024 – vor weitreichenden Reformen.

Zusammenfassung

1. Der Ursprung der grossen Finanzkrise liegt im US-Häusermarkt. Aus verschiedenen Gründen entwickelte sich dort zu Beginn des letzten Jahrzehnts eine Preisblase, deren Korrektur nach 2006 die weltweiten Erschütterungen auslöste. Entscheidend war dabei, dass diese Übertreibung bei den Immobilienpreisen mit zwei Entwicklungen einherging. Einerseits nahmen nach 2002 Immobilienkredite zweifelhafter Qualität («subprime») stark zu. Andererseits wurden die Immobilienforderungen zu handelbaren Wertpapieren verbrieft («asset-backed securities» = ABS) und weltweit vor allem auch von Banken gekauft.

2. Die Verbriefung bestand darin, auf Basis der Zahlungsströme grosser Mengen von Hypotheken ein zinstragendes Wertpapier zu konstruieren. Zudem wurden diese Papiere noch strukturiert, das heisst, es wurden Tranchen mit unterschiedlichem Risiko geschaffen. Die scheinbar sichersten Tranchen wurden mit den höchsten Ratings versehen und konnten deshalb global auch an konservative Investoren verkauft werden.

3. Als die Immobilienpreise zu sinken begannen, brachen die Preise der ABS ein, und zwar auch die der scheinbar sicheren Tranchen. Der Preisrückgang war dabei vor allem deshalb so stark, weil die Papiere so kompliziert waren, dass niemand mehr genau wusste, welche Hypotheken sie enthielten. Als mit den sinkenden Immobilienpreisen die Subprime-Schuldner reihenweise Konkurs zu gehen begannen, wollten alle Investoren die ABS gleichzeitig los werden; dieser Ausverkauf begünstigte den massiven Preiseinbruch dieser Papiere.

4. Ab dem Herbst 2007 wurde die US-Immobilienkrise in zunehmendem Masse zu einer globalen Finanzkrise. Der Grund war, dass grosse Mengen der verbrieften Wertpapiere weltweit in den Bilanzen schwach kapitalisierter Banken waren. Die substanziellen Abschreiber auf den ABS führten rasch zu einer Bedrohung für die Solvenz zahlreicher Banken.

5. Da viele Banken den Kauf der ABS mit kurzfristigen Krediten auf dem Geldmarkt – oft bei anderen Banken – finanziert hatten, entwickelte sich daraus im Herbst 2008 eine bedrohliche Abwärtsspirale: Banken hörten von den Solvenzproblemen anderer Banken, begannen sich deshalb gegenseitig zu misstrauen und erneuerten die Geldmarktkredite nicht mehr. Dadurch kamen andere Banken in akute Liquiditätsengpässe. Um an Liquidität zu kommen, verkauften diese in grossem Stil ABS; aber weil viele das gleichzeitig taten, brachen die Preise dieser Papiere noch stärker ein. Damit waren zusätzliche Abschreiber nötig und die Solvenzprobleme der Banken verstärkten sich, womit sich der Zirkel schloss.

6. Die Abwärtsspirale hätte in kurzer Zeit zu einem völligen Zusammenbruch des globalen Bankensystems führen können. Interventionen der Zentralbanken und der Regierungen konnten das abwenden. Die Zentralbanken ersetzten mit massiven Liquiditätsspritzen die Ausfälle auf den Geldmärkten, was die Liquiditätsprobleme linderte. Regierungen retteten mit verschiedenen Methoden von der Insolvenz bedrohte Banken.

7. Die 2010 losgebrochene Eurokrise wurde aus dem gleichen Grund so rasch bedrohlich. Unterkapitalisierte Banken hatten zum Teil beträchtliche Bestände an Staatsanleihen der europäischen Krisenländer in den Bilanzen. Eine Restrukturierung dieser Schulden hätten sie zu substanziellen Abschreibungen bei diesen Papieren gezwungen, was ihre Solvenz bedroht hätte. Das Grundproblem war deshalb sehr ähnlich wie bei den Abschreibern auf ABS.

Repetitionsfragen

- Was versteht man unter der Verbriefung einer Hypothek?

- Wie entstand der starke Immobilienpreiseinbruch in den USA nach 2006?

- Wieso konnte ein Preiseinbruch bei US-Immobilien eine globale Bankenkrise auslösen?

- Welche Rolle spielte die kurzfristige Finanzierung vieler Banken auf dem Geldmarkt für die Krise?

- Beschreiben Sie das Zusammenspiel zwischen Liquiditäts- und Solvenzrisiken während der Bankenpanik vom Herbst 2008.

- Wie konnten Zentralbanken die Liquiditätskrise stoppen?

- Was konnte wirtschaftspolitisch gegen Bankinsolvenzen unternommen werden?

- Beschreiben Sie die wichtigsten Elemente der staatlichen Rettung der UBS im Herbst 2008.

ZENTRALE BEGRIFFE

Verbriefung S. 507
Asset-backed security (ABS) S. 507
Staatsanleihen S. 507
Finanzblase S. 507
Subprime-Segment S. 507
Ratingagentur S. 509
Mark to market S. 515
Umschuldung S. 521

Glossar

A

Absoluter Vorteil Gegenüber dem Handelspartner höhere Produktivität bei der Produktion eines Gutes.

Abwertung Verringerung des Werts einer Währung gegenüber einer anderen Währung, sodass pro Einheit der Währung weniger Einheiten der anderen Währung gekauft werden können.

Adverse Selektion Prozess, bei der wegen asymmetrischer Information auf einem Markt Güter mit besserer Qualität zunehmend durch Güter schlechterer Qualität verdrängt werden.

Aggregierte Angebotskurve Grafik, die das gesamtwirtschaftliche Angebot in Abhängigkeit vom Preisniveau darstellt. Die aggregierte Angebotskurve wird auch gesamtwirtschaftliche Angebotskurve genannt.

Aggregierte Nachfrage Menge an im Inland produzierten Gütern und Dienstleistungen, die von den Haushalten, den Unternehmen, dem Staat und dem Ausland nachgefragt wird.

Aggregierte Nachfragekurve Grafik, welche die gesamtwirtschaftliche Nachfrage in Abhängigkeit vom Preisniveau darstellt. Die aggregierte Nachfragekurve wird auch gesamtwirtschaftliche Nachfragekurve genannt.

Aggregiertes Angebot Menge an Gütern und Dienstleistungen, die in einer Volkswirtschaft produziert und auf dem Markt angeboten wird.

Aktie Wertpapier, mit dessen Kauf sich der Anleger zum anteilsmässigen Besitzer des Unternehmens macht; damit beteiligt er sich an der Wertsteigerung und – über die Dividende – am Gewinn des Unternehmens.

Aktive Konjunkturpolitik Beeinflussung der Konjunktur durch gezielte staatliche Massnahmen, insbesondere über die Geld- und Fiskalpolitik. Die aktive Konjunkturpolitik wird auch als keynesianische Konjunkturpolitik bezeichnet.

Aktivierender Teil der Arbeitslosenversicherung Ergänzung der Arbeitslosenversicherung um Elemente, die über die reine Zahlung eines Lohnersatzes hinausgehen.

Allmendgüter Güter, die zwar rivalisierend im Gebrauch, aber nicht ausschliessbar sind.

Allokation der Ressourcen Entscheid darüber, wofür die knappen Ressourcen eingesetzt werden.

Alters- und Hinterlassenenversicherung (AHV) Obligatorische staatliche Sozialversicherung, die den wegen Alter oder Tod reduzierten Arbeitsverdienst einer Familie teilweise ersetzen und den Existenzbedarf sichern soll. Die AHV bildet die 1. Säule innerhalb des Dreisäulenprinzips.

Altersvorsorge Massnahmen, die es den erwerbstätigen Personen nach Austritt aus dem Erwerbsleben ermöglichen, ihren Lebensunterhalt zu bestreiten, oft in Form einer Rente.

Anbieter Wirtschaftliche Akteure, die Güter auf einem Markt zum Verkauf anbieten.

Angebot Menge an Gütern, Dienstleistungen oder Produktionsfaktoren, die angeboten wird.

Angebotskurve Grafische Darstellung der angebotenen Menge in Abhängigkeit vom Preis.

Angebotsschock Exogener Rückgang des gesamtwirtschaftlichen Angebots an Gütern und Dienstleistungen.

Angebotsüberschuss Ungleichgewicht auf einem Markt, bei dem beim herrschenden Preis das Angebot die Nachfrage übersteigt.

Anreize Faktoren, welche die Motivation eines wirtschaftlichen Akteurs betreffend dessen Handlungsalternativen beeinflussen.

Äquivalenzprinzip Versicherungsprinzip, wonach die versicherte Leistung den bezahlten Beiträgen entspricht.

Arbeitslosenquote Prozentualer Anteil der arbeitswilligen Personen ohne Stelle, gemessen als Verhältnis zwischen den Arbeitslosen und der Erwerbsbevölkerung.

Arbeitslosenversicherung Sozialversicherung, die erwerbslosen Personen während der Arbeitssuche ein Einkommen garantiert.

Arbeitslosigkeit Zustand, in dem arbeitsfähige Personen aktiv auf Arbeitssuche sind, jedoch keine Arbeitsstelle finden.

Arbeitsmarkt Markt für den Austausch des Produktionsfaktors Arbeit. In der Regel sind hier Haushalte die Anbieter und Unternehmen die Nachfrager.

Arbeitsmarktliche Massnahmen Gesamtheit aller Massnahmen, mittels derer arbeitslose Personen arbeitsmarktfähig gehalten werden und rasch wieder in den Arbeitsprozess eingegliedert werden sollen.

Arbeitsmarktpolitik Gestaltung des Arbeitsmarktes durch wirtschaftspolitische Massnahmen.

Arbeitsmarktregulierungen Gestaltung des Arbeitsmarktes durch Gesetze und Verordnungen.

Arbeitsproduktivität Menge an produzierten Gütern und Dienstleistungen pro geleisteter Arbeitsstunde.

Arbeitsteilung Aufteilung des Produktionsprozesses in einzelne Arbeitsschritte, die durch jeweils verschiedene Wirtschaftseinheiten ausgeführt werden.

Asset-backed security (ABS) Verzinsliches Wertpapier, das aus einem Pool von Vermögenswerten zusammengesetzt ist. Die Zinsen auf diesem Wertpapier stammen von den Zinszahlungen aus den im Pool enthaltenen, einzelnen Vermögenswerten. In der Krise von besonderer Bedeutung waren Hypothekarforderungen als Basis solcher ABS.

Asymmetrische Information Bei einer Markttransaktion verfügt die eine Seite über mehr und bessere Informationen als die Gegenseite.

Asymmetrischer Schock Exogene Veränderungen der konjunkturellen Situation, welche die Mitgliedsländer einer Währungsunion in unterschiedlichem Ausmass treffen.

Aufwertung Erhöhung des Werts einer Währung gegenüber einer anderen Währung, sodass pro Einheit der Währung mehr Einheiten der anderen Währung gekauft werden können.

Ausgleichende Fiskalströme Versuch, regionale wirtschaftliche Ungleichgewichte über fiskalpolitische Massnahmen auszugleichen.

Ausschliessbarkeit Eigenschaft von Gütern, wonach ein Akteur einen anderen am Gebrauch eines Gutes hindern kann.

Aussenwirtschaftspolitik Massnahmen zur Absicherung der wirtschaftspolitischen Interessen des Landes gegenüber dem Ausland.

Autarkie Situation, in der ein Land ausschliesslich im Inland produzierte Güter und Dienstleistungen verwendet, also keinen internationalen Handel betreibt.

Automatische Stabilisatoren Staatliche Einnahmen und Ausgaben, die so ausgestaltet sind, dass bei einem Rückgang der gesamtwirtschaftlichen Nachfrage automatisch die Nachfrage stimuliert wird.

B

Bank für Internationalen Zahlungsausgleich (BIZ) Internationale Organisation mit Sitz in Basel, die unter anderem Regeln für die Ausstattung der Banken mit Eigenkapital festlegt. Die BIZ verwaltet einen Teil der internationalen Währungsreserven und gilt deshalb auch als Zentralbank der Zentralbanken.

Bankenkrisen Schwerwiegende Störungen des Bankensystems. Der Zusammenbruch einer Bank kann zu Insolvenzen weiterer Banken führen.

Bankenregulierung Staatliche Massnahmen zur Überwachung und Sicherung des Bankensystems.

Bankensturm Krisensituation, bei der die meisten Einleger gleichzeitig ihre Einlagen bei einer Bank abheben möchten und die Bank wegen mangelnder liquider Mittel zu dieser Auszahlung nicht in der Lage ist.

Basispunkt Auf den Finanzmärkten übliches Mass für Zinsänderungen; steigt der Zins um 1 Prozentpunkt, so entspricht dies einer Erhöhung um 100 Basispunkte.

Beitragsdauer Mindestdauer von Beitragszahlungen an die Arbeitslosenversicherung, damit der volle Leistungsanspruch erreicht wird.

Beitragssatz Prozentsatz des versicherten Lohnes, der als Versicherungsprämie bezahlt werden muss. In der Schweiz liegt dieser für die Arbeitslosenversicherung im Jahre 2016 bei 2,2 %, je hälftig durch Arbeitnehmer und Arbeitgeber getragen.

Berufliche Vorsorge (BV) Vorsorgeform, die als Ergänzung zur 1. Säule dient und der alle Berufstätigen obligatorisch unterstellt sind, sofern ihr Einkommen ein Mindestniveau erreicht. Die BV bildet die 2. Säule innerhalb des Dreisäulenprinzips.

Betriebswirtschaftslehre Teilgebiet der Wirtschaftswissenschaften, das sich mit den Prozessen und Entscheidungen innerhalb der wirtschaftlichen Einheit Betrieb (Unternehmen) befasst, insbesondere mit der Organisation und dem Einsatz der Ressourcen.

Beveridge-Kurve Grafische Darstellung des Zusammenhanges zwischen der Anzahl Arbeitsloser und der Anzahl offener Stellen.

Big-Mac-Index Internationaler Kaufkraftvergleich, erstellt von der britischen Wochenzeitschrift «The Economist» auf der Basis des in US-$ gemessenen Preises eines Big-Mac-Hamburgers von McDonald's. Dieser eignet sich dafür besonders gut, da er ein weltweit standardisiertes Gut darstellt.

Bilanz der Primäreinkommen Teil der Leistungsbilanz, der die Erträge aus den Produktionsfaktoren Arbeit und Kapital erfasst.

Bilanz der Sekundäreinkommen Teil der Leistungsbilanz, der die regelmässigen einseitigen Transaktionen erfasst.

Bilanz der Vermögensübertragungen Teilbilanz der Zahlungsbilanz, die ausserordentliche Einträge ohne Gegenleistung in der Zahlungsbilanz erfasst.

Bilaterale Handelsliberalisierung Abbau protektionistischer Schranken zwischen zwei Ländern.

Bilaterale I Vertragswerk zwischen der EU und der Schweiz, das infolge der Ablehnung des EWR-Beitritts ausgehandelt wurde. Es ist als Paket konzipiert und enthält insgesamt sieben Abkommen, darunter eines zum freien Personenverkehr.

Bilaterale II Vertragswerk zwischen der EU und der Schweiz, das die Bilateralen I ergänzt. Es umfasst insgesamt neun Abkommen, darunter die Sicherheitszusammenarbeit im Rahmen von Schengen-Dublin.

Bildungs- und Forschungspolitik Massnahmen zur Gestaltung des Bildungswesens und zur Förderung von Forschung und Entwicklung.

Binnenmarkt Integrationsform, bei der nicht nur Güter und Dienstleistungen, sondern auch die Produktionsfaktoren Arbeit und Kapital frei ausgetauscht werden können.

Bonität Synonym für Kreditwürdigkeit: Je besser die Bonität ist, desto günstiger können Kredite aufgenommen werden.

Branchenvereinbarungen Übereinkünfte innerhalb von Branchenverbänden.

Bretton-Woods-Konferenz Konferenz der Alliierten, abgehalten 1944 in Bretton Woods (USA), um die Grundpfeiler der globalen wirtschaftlichen Zusammenarbeit nach dem Zweiten Weltkrieg festzulegen.

Bruttoinlandprodukt (BIP) Marktwert aller Endprodukte, die während einer Periode innerhalb eines Landes produziert werden.

Bruttonationaleinkommen Wert aller Güter, die in einer Periode mithilfe von Produktionsfaktoren hergestellt werden, die sich im Besitz von Inländern befinden.

Budget Finanzielle Mittel, die für den Konsum von Gütern und Dienstleistungen eingesetzt werden können. Quellen dieser Mittel können das Einkommen aus der Arbeit oder das Vermögen (inkl. Zinserträge und Kredite) sein.

Budgetdefizit Die Ausgaben eines öffentlichen Haushalts übersteigen innerhalb einer Budgetperiode dessen Einnahmen.

Budgetrestriktion Limite für die Ausgaben eines Akteurs. Grafisch dargestellt zeigt die Budgetrestriktion alle Güterkombinationen, die mit einem gegebenen Budget gerade noch erworben werden können.

C

Cassis-de-Dijon-Prinzip Prinzip, nach dem die EU-Mitgliedsländer beim Handel untereinander diejenigen nationalen technischen Vorschriften gegenseitig anerkennen, die nicht EU-weit harmonisiert sind. Der Begriff geht auf ein Urteil des Europäischen Gerichtshofs zurück.

Ceteris paribus Lateinisch für «alles andere gleich». Formulierung, die besagt, dass ausser der explizit genannten Änderung alle anderen Einflussfaktoren auf eine Grösse gleich bleiben.

Clubgüter Güter, die ausschliessbar, aber nicht rivalisierend im Gebrauch sind.

Coase-Theorem Wenn die Eigentumsrechte klar definiert sind, können externe Effekte effizient durch privatwirtschaftliche Verträge internalisiert werden. Das Konzept ist nach dem britischen Ökonomen Ronald Coase benannt.

CO_2-Abgabe Lenkungsabgabe auf Brenn- oder Treibstoffen. Die Höhe der Abgabe richtet sich nach der Ziellücke.

Command-BIP Gesamte Produktion von Gütern und Dienstleistungen während einer Zeitperiode, bewertet unter Berücksichtigung der beim Export erzielten Güterpreise.

Commercial paper Kurzfristiges Wertpapier, das auf dem Geldmarkt durch erstklassige Schuldner – meist grosse, internationale Unternehmen – ausgegeben wird. Es dient der kurzfristigen Liquiditätsbeschaffung.

Crowding-out Verdrängung privater Investitionen durch die wegen einer expansiven Fiskalpolitik steigenden Zinsen.

D

Deflation Sinken des generellen Preisniveaus, meist gemessen als prozentuale Veränderung des Preises für einen bestimmten Güterkorb.

Deregulierungen Lockerung oder Beseitigung von Regulierungen.

Derivat Wertpapier, dessen Preis vom Preis anderer Vermögenswerte (wie Aktien, Obligationen oder Währungen) abgeleitet wird, z.B. Optionen.

Dezentrale Lohnverhandlungen Lohnverhandlungen zwischen Arbeitgebern und Arbeitnehmern direkt auf der Ebene einzelner Unternehmen.

Direkte Sanktionen Strafe in Form eines Bussgeldes, das von der Wettbewerbsbehörde schon beim ersten gravierenden Verstoss gegen das Kartellgesetz verhängt werden kann.

Direkte Steuer Steuer, deren Bemessungsgrundlage auf persönlichen Merkmalen der steuerpflichtigen Personen und Unternehmen abstellt, etwa dem Einkommen oder dem Vermögen.

Direktinvestitionen Substanzielle Beteiligung eines inländischen Investors an einem ausländischen Unternehmen.

Direktzahlung Subventionsart, um die von der Gesellschaft geforderten Leistungen im Bereich der Landwirtschaft abzugelten und dabei die Einkommenspolitik von der Preispolitik zu trennen.

Disinflation Rückgang der Inflationsrate, also Verlangsamung von Preissteigerungen. Die Disinflation ist nicht zu verwechseln mit der Deflation.

Diskontpolitik Instrument der Geldpolitik. Der Diskontsatz ist der Zinssatz, welchen die Zentralbank von den Geschäftsbanken einfordert, wenn sie ihnen Liquidität zur Verfügung stellt. Er beeinflusst die Geldschöpfung über das Bankensystem und damit die Geldmenge.

Dividende Ausschüttung des Gewinns einer Aktiengesellschaft an die Aktionäre.

Doppelte Dividende Konzept, gemäss dem mit einer Lenkungsabgabe gleichzeitig zwei Ziele angestrebt werden können: einerseits die Lenkungswirkung und andererseits die Erzielung von Steuereinnahmen.

Dreimonats-Libor für Schweizer Franken Zinssatz auf dem Londoner Interbankenmarkt für Schweizer Franken, gültig für Wertpapiere mit einer Laufzeit von drei Monaten.

Dreisäulenprinzip Konzept der schweizerischen Altersvorsorge, wobei die 1. Säule durch die Alters- und Hinterlassenenversicherung (AHV), die 2. Säule durch die berufliche Vorsorge (BV) und die 3. Säule durch die private Vorsorge gebildet werden.

Durchschnittskosten Gesamtkosten der Produktion, geteilt durch die Anzahl produzierter Einheiten.

Dynamischer Wachstumseffekt Ergibt sich dann, wenn zusätzliche Produktionsfaktoren die Produktionsmöglichkeiten erhöhen.

E

Effizienz Zustand, in dem es mit den gegebenen Ressourcen nicht möglich ist, von einem Gut mehr zu produzieren, ohne dass von einem anderen Gut weniger hergestellt werden kann.

EFTA Abkürzung für European Free Trade Association. Die Europäische Freihandelszone wurde 1960 gegründet.

Eidgenössische Finanzmarktaufsicht (FINMA) Behörde, die in der Schweiz die wichtigsten Finanzmarktteilnehmer beaufsichtigt.

Eigenhandel Bankgeschäft, das darin besteht, Wertpapiere auf eigene Rechnung zu handeln, um daraus einen Gewinn zu erzielen.

Eigenkapital Finanzierung über Geldgeber, die Miteigentümer des Unternehmens sind.

Eigenkapitalanforderungen Regulierung, die verlangt, dass eine Bank einen gewissen minimalen Anteil an Eigenkapital hält.

Eigentumsrechte Rechte, welche die Beziehung zwischen ökonomischen Akteuren bezüglich wertvoller Aktiva regelt.

Einarbeitungszuschüsse Arbeitsmarktliche Eingliederungsmassnahme in Form einer Lohnsubvention. Deckt die Lücke ab zwischen dem aktuellen Lohn und dem Lohn, den die Versicherte oder der Versicherte nach der Einarbeitung erwarten darf.

Einheitliche Europäische Akte Vertragswerk der Europäischen Gemeinschaft aus dem Jahre 1986 mit dem Ziel, dem europäischen Binnenmarkt zum Durchbruch zu verhelfen.

Einkommenssteuer Direkte Steuer, die als Prozentsatz des laufenden Einkommens erhoben wird.

Einkommensverteilung Verteilung der Einkommen in einer Gesellschaft auf die einzelnen Akteure.

Elastizität Verhältnis zwischen der proportionalen Änderung einer Variable zur proportionalen Änderung einer anderen Variablen.

Entstehungsseite des BIP Berechnung des BIP über die entstandene Wertschöpfung bei der Produktion von Gütern.

Entwicklungsländer Länder, die sich technologisch und ökonomisch auf einem vergleichsweise weniger hohen Niveau befinden.

Ergänzungsleistungen Monatliche staatliche Geldtransfers, die einen minimalen Lebensstandard ermöglichen sollen, falls die Rente der AHV oder IV zuzüglich eines allfälligen Zusatzeinkommes nicht ausreicht.

Erwartungen Annahmen der Wirtschaftssubjekte über die zukünftige Ausprägung relevanter Variablen. Erwartungen stellen eine für die Sozialwissenschaften wichtige Determinante des Verhaltens von Individuen dar.

Erwerbsbevölkerung Alle arbeitsfähigen und arbeitswilligen 15- bis 64-jährigen Personen.

Erwerbsquote Prozentualer Anteil der Erwerbsbevölkerung an der Gesamtheit der 15- bis 64-Jährigen.

Erwerbstätigenquote Prozentualer Anteil der Bevölkerung im erwerbsfähigen Alter zwischen 15 und 64 Jahren, der einer bezahlten Arbeit nachgeht.

EU Abkürzung für Europäische Union. Die EU ging mit dem Vertrag von Maastricht aus der Europäischen Gemeinschaft hervor.

Europäische Währungsunion (EWU) Zusammenschluss eines Teils der Mitgliedsländer der EU zu einer Währungsunion mit dem Euro als gemeinsamer Währung und der EZB als gemeinsamer Zentralbank.

Europäische Zentralbank (EZB) Institution, die für die gemeinsame Geldpolitik der Mitgliedsländer der EWU zuständig ist.

Europäisches Währungssystem (EWS) Währungspolitische Zusammenarbeit der Mitglieder der Europäischen Gemeinschaft mit dem Ziel, Währungsstabilität zu gewährleisten.

Eurozone Mitgliedsländer der Europäischen Währungsunion.

EWR Abkürzung für Europäischer Wirtschaftsraum. Der EWR stellt die Erweiterung des europäischen Binnenmarktes um drei der vier EFTA-Staaten (Island, Norwegen und Liechtenstein) dar.

Exogene Wachstumsdeterminanten Bestimmungsfaktoren des Wirtschaftswachstums, die durch die Wirtschaftspolitik nicht beeinflussbar sind.

Expansive Geldpolitik Ausweitung des Geldangebots durch die Zentralbank.

Expansive Konjunkturpolitik Stimulierung der gesamtwirtschaftlichen Nachfrage, insbesondere durch die Geld- und Fiskalpolitik.

Expansiver Nachfrageschock Exogene Ausweitung der Nachfrage nach Gütern und Dienstleistungen.

Externe Effekte Einflüsse der Handlungen eines ökonomischen Akteurs auf die Handlungen eines anderen, die sich nicht im Preissystem widerspiegeln. Externe Effekte werden auch als Externalitäten bezeichnet.

F

Faktormärkte Sammelbegriff für die Märkte für Produktionsfaktoren.

Familienzulagen Monatliche staatliche Geldtransfers, die einer Familie für jedes Kind ausbezahlt werden. Mit diesem Instrument soll das Einkommensrisiko der Familien vermindert werden.

Federal Funds Rate Zinssatz in den USA, zu dem sich Banken über Nacht gegenseitig Kredit gewähren.

Finanzausgleich Finanzielle Umverteilung zwischen den Teilbereichen eines föderalistisch organisierten Staates unter Berücksichtigung ihrer Leistungsfähigkeit und Sonderlasten.

Finanzblase Übertriebener Preisanstieg für Wertpapiere (z.B. Aktien) oder Wertobjekte (z.B. Immobilien).

Finanzmärkte Organisierte Märkte, auf denen Wertpapiere gehandelt werden.

Finanzpolitik Massnahmen zur Steuerung der Einnahmen und Ausgaben des Staates.

Fiskalpolitik Beeinflussung der Konjunktur durch die Gestaltung der Staatseinnahmen und Staatsausgaben.

Fixkosten Kosten, die unabhängig von der produzierten Menge anfallen.

Fixkurssystem Wechselkurssystem, in dem die Währungen innerhalb von definierten Bandbreiten aneinander gebunden sind.

Flexibler Wechselkurs Wechselkurs, der sich auf dem freien Markt bildet, ohne dass die Zentralbank versucht, diesen Kurs mit gezielten geldpolitischen Eingriffen zu gestalten.

Föderalismus Zusammenschluss einzelner Gebietskörperschaften zu einem grösseren Staatenbund unter Bewahrung eines grossen Masses ihrer Eigenständigkeit.

Forschung und Entwicklung Einsatz von Ressourcen zur Produktverbesserung oder Produkterneuerung.

Freier Finanzausgleich Umverteilung ungebundener Mittel von finanziell bessergestellten zu finanziell schlechtergestellten Kantonen.

Freihandelszone Integrationsform, bei der Zölle und andere Handelsbeschränkungen zwischen den Mitgliedsländern abgeschafft werden, jedoch ohne gemeinsame Aussenzölle gegenüber Nichtmitgliedern.

Freiwillige Internalisierung Internalisierung von externen Effekten, ohne dass der Staat regulierend eingreift.

Freiwilliger Umweltschutz Massnahmen zum Schutz der Umwelt, die umgesetzt werden, ohne dass der Staat regulierend eingreift.

Fremdkapital Finanzierung über Geldgeber, die nicht Eigentümer des Unternehmens sind.

Friktionelle Arbeitslosigkeit Arbeitslosigkeit, die beim Stellenwechsel dadurch entsteht, dass die neue Stelle erst gefunden werden muss. Die friktionelle Arbeitslosigkeit wird auch als Sucharbeitslosigkeit bezeichnet.

Fristentransformation Volkswirtschaftliche Funktion der Banken, dafür zu sorgen, dass kurzfristig angelegte Spargelder für langfristige Investitionsprojekte zur Verfügung gestellt werden.

Fusionskontrolle Überprüfung von Unternehmenszusammenschlüssen (Fusion) durch die Wettbewerbsbehörde hinsichtlich ihrer Wirkung auf den Wettbewerb.

G

Gebietskartelle Kartelle, deren Mitglieder sich in gewissen Gebieten nicht konkurrieren.

Gebühren Zahlungen an Verwaltungseinheiten des Staates für klar definierte Gegenleistungen, wie z. B. für das Ausstellen eines Reisepasses.

Geistiges Eigentum Privates Eigentum an Ideen, Konzepten, Rezepten, Prozessverfahren etc., das durch das Patentrecht oder das Urheberrecht geschützt ist.

Geld Allgemein anerkanntes Zahlungsmittel, das eine effiziente Abwicklung von Tauschgeschäften in einer arbeitsteiligen Wirtschaft ermöglicht.

Geldentwertung Mit einer bestimmten Summe an Geld können zu einem späteren Zeitpunkt weniger Güter und Dienstleistungen erworben werden.

Geldmarkt Markt, auf dem Kredite mit sehr kurzfristiger Fälligkeit gehandelt werden.

Geldmenge Menge an Mitteln, die für Zahlungen verwendet werden können. Je breiter die Geldmenge definiert wird, desto weniger liquide Mittel sind darin enthalten.

Geldmengenziel Geldpolitisches Ziel, das über die Beeinflussung der Geldmenge Preisstabilität anvisiert.

Geldpolitik Steuerung des Geldangebots durch die Zentralbank.

Geldschöpfung Geldschaffung der Geschäftsbanken durch die Gewährung von Krediten.

Geldschöpfungsmultiplikator Faktor, um den sich eine von der Zentralbank geschaffene Geldeinheit durch die Geldschöpfung der Geschäftsbanken erhöht.

Gemeinlastprinzip Grundsatz, nach dem die Gesellschaft die Kosten der Beseitigung einer Umweltverschmutzung zu tragen hat.

Gesamtwirtschaftliche Nachfrage Menge an Gütern und Dienstleistungen, die in einer Volkswirtschaft von den Haushalten, den Unternehmen, dem Staat und dem Ausland nachgefragt wird.

Gesamtwirtschaftliche Produktionsfunktion Beziehung zwischen der in einer Volkswirtschaft produzierten Menge an Gütern und Dienstleistungen (reales BIP) und den insgesamt dafür eingesetzten Produktionsfaktoren.

Gesamtwirtschaftliche Rente Summe aus Produzenten- und Konsumentenrente.

Gesamtwirtschaftliches Angebot Menge an Gütern und Dienstleistungen, die in einer Volkswirtschaft durch die Unternehmen produziert und auf dem Markt angeboten wird.

Gesellschaftsvertrag unter Unsicherheit Konzept zur Beurteilung der Verteilungsgerechtigkeit, demgemäss die Mitglieder einer Gesellschaft über die gesellschaftlichen Regeln in einem Zustand der Unsicherheit über ihre eigene zukünftige Position in dieser Gesellschaft befinden. Das Konzept wurde durch den amerikanischen Philosophen John Rawls begründet.

Gesetz abnehmender Grenzerträge Gesetzmässigkeit, nach der limitierende Inputfaktoren dazu führen, dass der zusätzliche Output pro Inputeinheit mit steigender Inputmenge abnimmt.

Gesetz der Nachfrage Die nachgefragte Menge sinkt mit steigenden Preisen, wenn alle anderen Einflüsse konstant gehalten werden.

Gewinn Resultat aus der Subtraktion der Gesamtkosten vom Gesamtertrag. Der ökonomische Gewinn berücksichtigt die Opportunitätskosten der eingesetzten Produktionsfaktoren.

Gini-Koeffizient Numerisches Mass für die Ungleichheit einer Verteilung. Ein Wert von 0 bedeutet dabei eine völlige Gleichverteilung, ein Wert von 100 entspricht einer extremen Ungleichverteilung, bei der eine einzelne Person alles besitzt.

GIPS-Länder Abkürzung für Griechenland, Irland, Portugal und Spanien, also diejenigen Länder, deren Staatshaushalte ab 2010 eine krisenhafte Verschlechterung erlebten. Die GIPS werden auch als PIGS oder PIIGS bezeichnet, wobei der letztere Begriff zusätzlich Italien einschliesst.

Girokonten der Geschäftsbanken bei der Zentralbank Einlagen der Geschäftsbanken bei der Zentralbank, welche so liquide wie Bargeld sind. Die Girokonten der Geschäftsbanken gehören zur Notenbankgeldmenge, der Geldmenge mit der grössten Liquidität.

Gleichgewicht Situation, in der kein ökonomischer Akteur einen Grund hat, seine Handlungen anzupassen.

Globalisierung Zunehmende ökonomische Abhängigkeit einzelner Volkswirtschaften durch den wachsenden grenzüberschreitenden Handel, das Anwachsen der Finanzströme und die raschere Verbreitung von Technologien.

Golddeckung Der von einer Zentralbank jederzeit garantierte Austausch der eigenen Währung gegen Gold. Die Golddeckung wird auch als Goldeinlösepflicht bezeichnet.

Grenzertrag Veränderung des Gesamtertrags bei der Produktion einer zusätzlichen Einheit.

Grenzertragskurve Grafik, die den Zusammenhang zwischen Grenzertrag und produzierter Menge darstellt.

Grenzkosten Anstieg der Gesamtkosten bei der Produktion einer zusätzlichen Einheit.

Grenzkostenkurve Grafische Darstellung der Grenzkosten in Abhängigkeit von der produzierten Menge.

Grosse Depression Historische Phase ab 1929, in der die Industriestaaten weltweit von einer massiven ökonomischen Krise erfasst wurden und in der sich die wichtigsten gesamtwirtschaftlichen Grössen negativ entwickelten. Die Grosse Depression wird auch als Weltwirtschaftskrise bezeichnet.

Güter Mittel zur Befriedigung menschlicher Bedürfnisse.

Güterkorb Gewichtetes Bündel an Gütern und Dienstleistungen. Zusammensetzung und Gewichtung variieren je nach Vergleichszweck. Der Güterkorb ist auch unter dem Begriff Warenkorb bekannt.

Gütermarkt Markt für den Austausch von Gütern und Dienstleistungen. In der Regel sind hier Unternehmen die Anbieter und Haushalte die Nachfrager.

H

Handelsbilanz Stellt die Exporte eines Landes den Importen gegenüber. Der Saldo der Handelsbilanz entspricht den Nettoexporten.

Handelsschaffung Erhöhung der Menge an gehandelten Gütern und Dienstleistungen durch wirtschaftliche Integration.

Handelsumlenkung Bezug von Gütern und Dienstleistungen nicht mehr vom weltweit produktivsten Produzenten, sondern vom günstigsten Produzenten innerhalb des Integrationsraums, dessen Preise nicht mehr durch Zölle belastet sind.

Harte Kartelle Absprachen, die den Wettbewerb besonders drastisch einschränken. Darunter fallen Preis-, Mengen- und Gebietskartelle.

Hochkonjunktur Gesamtwirtschaftliche Situation, in der wegen der grossen Nachfrage die Produktionsfaktoren voll ausgelastet sind.

Höchstpreis Gesetzlich vorgegebenes Maximum für den Preis eines Gutes. Über diesem Preis darf das Gut auf dem Markt nicht gehandelt werden.

Humankapital Fähigkeiten, Fertigkeiten und Wissen der Arbeitskräfte, erworben durch Aus- und Weiterbildung.

Hyperinflation Sehr starke Inflation. Als Daumenregel gilt: Liegen die monatlichen Inflationsraten über 50 %, wird von Hyperinflation gesprochen.

Hypothekarkredit Bankkredit an Haushalte oder Unternehmen zur Finanzierung von Immobilien. Die Immobilie dient der Bank dabei als Sicherheit.

I

Identität Gleichung, die immer gilt, unabhängig von den Werten, welche die Variablen annehmen.

Implizite Staatsverschuldung Schulden, die sich aus den zukünftigen staatlichen Verpflichtungen ergeben (z.B. aus zukünftigen Ansprüchen aus den Sozialversicherungen). Um die gesamten Staatsschulden zu ermitteln, muss die implizite zur expliziten (ausgewiesenen) Staatsverschuldung hinzugerechnet werden.

Indifferenzkurve Grafische Darstellung derjenigen Güterkombinationen, die der Konsumentin oder dem Konsumenten gemäss seinen Präferenzen gleich viel Nutzen stiften, zwischen denen sie oder er also indifferent ist.

Indirekte Steuer Steuer, deren Bemessungsgrundlage im weitesten Sinne auf Markttransaktionen beruht. Ein typisches Beispiel einer indirekten Steuer ist die Mehrwertsteuer.

Industrieländer Technisch hoch entwickelte Länder, die ihren hohen Lebensstandard einer arbeitsteiligen Wirtschaft verdanken, die ursprünglich vor allem auf der Industriegüterproduktion beruhte.

Inflation Anstieg des generellen Preisniveaus, meist gemessen als prozentuale Veränderung des Preises für einen bestimmten Güterkorb.

Inflationserwartung Annahmen über die zukünftige Entwicklung des Preisniveaus.

Inflationsprognose Voraussage der zukünftigen Inflationsentwicklung.

Inflationssteuer Einnahmen, die der Staat durch übermässige Geldschöpfung erzielt.

Inflationsziel Geldpolitisches Ziel, das direkt Preisstabilität anvisiert.

Inländerbehandlung Prinzip der WTO, nach dem inländische Güter und Dienstleistungen gegenüber denjenigen anderer WTO-Mitgliedsländer nicht durch Regulierungen bevorzugt werden dürfen.

Innovation Erfindung oder Verbesserung eines Produkts sowie die Durchsetzung dieses neuen oder durch neue Produktionsmethoden hergestellten Produkts auf dem Markt.

Insolvenz Situation, in der ein Unternehmen nicht über genügend Vermögenswerte verfügt, um das Fremdkapital zurückzuzahlen.

Integrationsraum Zusammenschluss mehrerer Länder zu einer Organisation, welche vor allem die wirtschaftlichen Beziehungen untereinander zu vertiefen sucht.

Interessengruppen Unterschiedlich stark organisierte, nicht gewählte Gruppierungen, die versuchen, den politischen Prozess zu ihren Gunsten zu beeinflussen.

Intermediär Klassische Funktion der Geschäftsbanken; sie sorgen dafür, dass die Ersparnisse der Haushalte zu den Investoren fliessen.

Internalisierung Berücksichtigung der externen Effekte eigener Handlungen durch die ökonomischen Akteure.

Investitionsausgaben Ausgaben der Unternehmen und der öffentlichen Hand für sehr langlebige Güter.

Investitionsnachfrage Ausgaben der Produzenten für die Anschaffung dauerhafter Produktionsmittel. Die Investitionen stellen eine Komponente der gesamtwirtschaftlichen Nachfrage dar.

Investmentbanking Bankgeschäft, das v.a. darin besteht, Unternehmen bei Finanzmarktgeschäften zu unterstützen.

K

Kalte Progression Anstieg der realen Steuerlast, der dadurch entsteht, dass die in nominalen Grössen definierten Steuerklassen nicht laufend der Inflation angepasst werden.

Kapazitätsgrenze Menge an Gütern und Dienstleistungen (gleichbedeutend mit dem realen BIP), die mit der bestehenden Ausstattung an Produktionsfaktoren bei Normalauslastung produziert werden kann. Die Kapazitätsgrenze wird auch als potenzieller Output bezeichnet.

Kapitalbilanz Teilbilanz der Zahlungsbilanz, welche alle grenzüberschreitenden Zuflüsse und Abflüsse von Kapital erfasst.

Kapitaldeckungsverfahren Finanzierungsmethode von Versicherungen, bei der die Versicherungsbeiträge der Beitragspflichtigen auf dem Kapitalmarkt angelegt werden, um später den Versicherungsanspruch abzudecken.

Kapitalmarkt Markt für den Austausch von finanziellen Mitteln (Krediten). In der Regel sind hier Haushalte die Anbieter und Unternehmen die Nachfrager.

Kartell Gruppe von Unternehmen, die sich z.B. über Mengen, Preise, Gebiete oder Konditionen absprechen, um eine monopolistische Stellung zu erlangen.

Kartellgesetz Gesetz, das die volkswirtschaftlich schädlichen Auswirkungen von Kartellen und anderen Wettbewerbsbeschränkungen verhindern und den Wettbewerb fördern soll.

Kaufkraft Menge an Gütern und Dienstleistungen, die mit einer bestimmten Menge an Geld gekauft werden kann.

Kaufkraftbereinigung Um aussagekräftige Vergleiche zu ermöglichen, wird der Umrechnungskurs zwischen Landeswährungen so festgelegt, dass in den Ländern mit dem äquivalenten Betrag der gleiche Güterkorb erworben werden könnte. Dieser Umrechnungskurs kann wegen unterschiedlich hoher Preisniveaus substanziell vom offiziellen Wechselkurs abweichen.

Kerninflation Veränderungsrate eines Konsumentenpreisindexes, der die Güterkategorien Energie und Nahrungsmittel nicht berücksichtigt, da deren Preise besonders instabil sind.

Keynesianer Anhängerinnen und Anhänger des Keynesianismus.

Keynesianische Feinsteuerung Konzept, gemäss dem der Staat Konjunkturschwankungen durch wirtschaftspolitische Massnahmen weitgehend eliminieren kann. Das Konzept basiert auf einer Interpretation der Arbeiten des britischen Ökonomen John Maynard Keynes.

Keynesianismus Ökonomische Theorie, nach der eine Volkswirtschaft – entgegen der klassischen Sichtweise – längere Zeit auf einem Produktionsniveau weit unterhalb der Kapazitätsgrenze verharren kann.

Kommissionsgeschäft Teil des Bankgeschäfts, bei dem die Bank gegen eine Entschädigung (Kommission) Dienstleistungen für den Kunden erbringt.

Komparativer Vorteil Gegenüber dem Handelspartner geringere Opportunitätskosten bei der Produktion eines Gutes.

Konferenz von Rio UNO-Konferenz für Umwelt und Entwicklung in Rio de Janeiro, an der 1992 eine Klimakonvention zur Reduktion der Erderwärmung vereinbart wurde.

Konjunktur Auslastung der Produktionsfaktoren in einer Volkswirtschaft, betrachtet über einen kürzeren Zeitraum (Quartale, einzelne Jahre).

Konjunkturbeobachtung Ermittlung der aktuellen konjunkturellen Situation mittels Interpretation geeigneter Indikatoren.

Konjunkturelle Arbeitslosigkeit Arbeitslosigkeit, die in einer konjunkturellen Schwächephase entsteht, da wegen der beschränkten gesamtwirtschaftlichen Nachfrage nicht mehr alle Arbeitskräfte beschäftigt werden können.

Konjunkturpolitik Beeinflussung der Konjunktur durch staatliche Massnahmen.

Konjunkturprognose Vorhersage der zukünftigen konjunkturellen Entwicklung mithilfe von Prognosemodellen.

Konjunkturschwankung Veränderungen des Wohlstands einer Volkswirtschaft, betrachtet über einen kürzeren Zeitraum (Quartale, einzelne Jahre).

Konjunkturzyklus Schwankungen der wirtschaftlichen Aktivität, üblicherweise gekennzeichnet durch das Aufeinanderfolgen einer Aufschwungs- und einer Abschwungsphase.

Konsumentenrente Zahlungsbereitschaft des Käufers für ein Gut, abzüglich des Preises, den er tatsächlich dafür bezahlen muss.

Konsumnachfrage Ausgaben privater Haushalte für Güter und Dienstleistungen. Der Konsum stellt eine Komponente der gesamtwirtschaftlichen Nachfrage dar.

Konvergenzkriterien Makroökonomische Bedingungen, die ein Land erfüllen muss, wenn es Mitglied der Europäischen Währungsunion (EWU) werden möchte.

Korruption Missbrauch einer Vertrauensstellung in Verwaltung oder Politik, um einen materiellen oder immateriellen Vorteil zu erlangen, auf den kein rechtlich begründeter Anspruch besteht.

Kostenfunktion Beziehung zwischen der Outputmenge eines Gutes und den Kosten, die bei der Produktion dieser Outputmenge anfallen.

Kreditausfallrisiko Risiko im Bankgeschäft, das darin besteht, dass die Kreditnehmer nicht mehr in der Lage sein können, die Kreditzinsen zu zahlen oder den Kredit zurückzuzahlen.

Kreditprüfung Die Bank überprüft vor der Vergabe von Krediten, ob der Kreditnehmer willens und fähig ist und sein wird, die regelmässigen Zinszahlungen zu leisten und den Kredit am Ende der Laufzeit zurückzuzahlen.

Kronzeugenregelung Strafbefreiung oder Strafreduktion für Unternehmen, die als Mittäter helfen, Verstösse gegen das Kartellgesetz aufzudecken.

Kündigungsschutz Vorschriften, welche die Entlassung von Arbeitskräften erschweren oder verhindern.

Kurzarbeit Vorübergehende Verringerung der regelmässigen Arbeitszeit in einem Unternehmen aufgrund eines erheblichen Arbeitsausfalls.

Kurzarbeitsentschädigung Die Arbeitslosenversicherung deckt über einen gewissen Zeitraum einen Teil der Lohnkosten für von Kurzarbeit betroffene Arbeitgeber ab.

Kyoto-Protokoll Internationale Vereinbarung über verbindliche Reduktionsziele beim Ausstoss von CO_2, abgeschlossen 1997 in der japanischen Stadt Kyoto.

L

Laffer-Kurve Konzept des Zusammenhangs zwischen Steuersatz und Steuereinnahmen, gemäss dem mit zunehmendem Steuersatz die Steuereinnahmen zuerst ansteigen, um ab einem gewissen Punkt wieder zu fallen. Das Konzept ist nach dem amerikanischen Ökonomen Arthur Laffer benannt.

Landesindex der Konsumentenpreise (LIK) Index, der mittels eines repräsentativen Güterkorbs die Preisentwicklung der für die Schweizer Konsumentinnen und Konsumenten bedeutsamen Waren und Dienstleistungen misst.

Learning by Doing Entwicklung neuer Technologien über den Lernprozess bei der täglichen Arbeit, ohne dass dafür Ressourcen für Forschung und Entwicklung aufgewendet werden müssen.

Leistungsbilanz Teilbilanz der Zahlungsbilanz, welche hauptsächlich alle Einnahmen und Ausgaben aus dem Handel von Produkten und aus der internationalen Verwendung von Produktionsfaktoren erfasst. Wird in der Schweiz auch als Ertragsbilanz bezeichnet.

Leitwährung Referenzwährung bei einer Wechselkursfixierung zwischen mehreren Ländern.

Leitzins Zentraler kurzfristiger Zinssatz für die Kommunikation der Geldpolitik.

Lender of Last Resort Institution, die als Kreditgeber fungiert, wenn niemand mehr bereit ist, einen Kredit zu vergeben. Diese Rolle wird in der Regel durch Zentralbanken wahrgenommen.

Lenkungsabgabe Besteuerung einer umweltschädigenden Tätigkeit mit dem Ziel, die externen Effekte durch eine Preisveränderung zu internalisieren. Perfekte Lenkungsabgaben werden auch als Pigou-Steuer bezeichnet.

Leverage Verschuldungsgrad einer Unternehmung. Wörtlich übersetzt bedeutet der Begriff «Hebel» und drückt damit aus, dass mit der Aufnahme von Fremdkapital die Rendite des Eigenkapitals deutlich erhöht («gehebelt») werden kann.

Leverage-Ratio Verhältnis zwischen Eigenkapital und Bilanzsumme eines Unternehmens. Je höher die Leverage-Ratio desto geringer ist die Verschuldung.

Libor (London Interbank Offered Rate) Referenzzinssatz für die Geldausleihe zwischen Banken auf dem Londoner Interbankenmarkt.

Liquide Mittel Geld und unmittelbar in Geld umwandelbare Aktiva.

Liquiditätsfalle Situation, in der sich eine Volkswirtschaft in einer Rezession befindet, die Nominalzinsen bei null liegen und übliche geldpolitische Massnahmen keine Wirkung zeigen.

Liquiditätsrisiko Risiko im Bankgeschäft, das darin besteht, dass eine Bank nicht genügend liquide Mittel hat oder beschaffen kann, um Fremdkapitalgeber zu bedienen, die ihr Geld zurückhaben möchten.

Living will Konzept zur Regulierung von Too-big-to-fail-Banken, das diese dazu verpflichtet, jederzeit glaubhaft darzulegen, wie ein Konkurs ohne Staatshilfe abgewickelt werden könnte.

Lohn-Preis-Spirale Selbstverstärkender Prozess, bei dem ein Anstieg des Preisniveaus einen Anstieg der Löhne bewirkt, der wiederum zu einer Preisanpassung nach oben führt.

Lohnstückkosten Lohnkosten pro Einheit eines Gutes. Die Lohnstückkosten berechnen sich aus dem Lohnsatz geteilt durch die Arbeitsproduktivität.

Lohnsubvention Staatlicher Lohnzuschuss an Personen, die durch ihr Einkommen aus der Erwerbstätigkeit ein Existenzminimum nicht erreichen. Mit dieser Massnahme sollen Personen mit niedriger Arbeitsproduktivität arbeitsmarktfähig gehalten werden.

Lorenzkurve Grafische Darstellung der Vermögens- und Einkommensverteilung. Die Lorenzkurve gibt Auskunft über das Ausmass der Ungleichheit in einer Gesellschaft.

Luxussteuer Steuer auf Gütern und Dienstleistungen, deren Konsum als Luxus gilt. Die Luxussteuer hat zum Ziel, Wohlhabende stärker zu besteuern.

M

Maastrichter Vertrag Vertragswerk der Europäischen Gemeinschaft aus dem Jahre 1992 mit dem wichtigsten Ziel, eine Währungsunion zu schaffen.

Makroökonomie Teilgebiet der Volkswirtschaftslehre, das sich mit gesamtwirtschaftlichen Phänomenen wie der Inflation, den Konjunkturschwankungen oder langfristigem Wachstum befasst.

Makroökonomische Stabilisierung Wirtschaftspolitische Massnahmen zur Glättung konjunktureller Schwankungen.

Makroprudentielle Regulierung Regulatorische Massnahme, die auf die Stabilität des gesamten Bankensystems (alle Banken gemeinsam) abzielt.

Marginale Entscheide Der zusätzliche Nutzen aus einer Entscheidung wird ihren zusätzlichen Kosten gegenübergestellt. Überwiegt der Nutzengewinn, entscheidet man sich dafür, überwiegen die zusätzlichen Kosten, entscheidet man sich dagegen.

Mark to market Regulatorische Vorgabe, die besagt, dass Unternehmen ihre Vermögenswerte zum aktuellen Marktwert bewerten müssen.

Markt Ort oder Institution, wo Angebot und Nachfrage von Gütern, Dienstleistungen oder Produktionsfaktoren zusammentreffen.

Marktgleichgewicht Preis, bei dem die nachgefragte Menge der angebotenen Menge entspricht.

Marktrisiko Risiko, dass bei einer Bank, die Eigenhandel betreibt, der Marktwert der gehaltenen Wertpapiere drastisch einbrechen kann und damit die Solvenz einer wenig kapitalisierten Bank gefährdet.

Marktversagen Situation, in der das Marktergebnis keine effiziente Allokation der Ressourcen hervorbringt.

Marktwirtschaft Wirtschaftssystem, in dem über die Produktion und den Konsum von Gütern und Dienstleistungen durch die Interaktion auf Märkten entschieden wird. Dabei werden die relativen Knappheiten über das Preissystem angezeigt.

Marktzutrittsschranken Faktoren, die potenzielle Konkurrenten davon abhalten, in einen bestehenden Markt einzutreten.

Marshall-Plan Konzept für den Wiederaufbau Europas nach dem Zweiten Weltkrieg, benannt nach dem damaligen amerikanischen Aussenminister George C. Marshall.

Maximale Bezugsdauer Zeitraum, innerhalb dessen eine Arbeitslosenunterstützung beansprucht werden kann.

Mehrwertsteuer Indirekte Steuer, die als Prozentsatz des Mehrwerts (Verkaufspreis abzüglich Preis der Vorleistungen) der verkauften Güter und Dienstleistungen erhoben wird.

Meistbegünstigung Prinzip der WTO, nach dem der Abbau einer Handelsschranke gegenüber einem Mitgliedsland gleichzeitig auch für alle anderen WTO-Mitgliedsländer gelten muss.

Mengenkartelle Kartelle, deren Mitglieder Mengen absprechen.

Mikroökonomie Teilgebiet der Volkswirtschaftslehre, das sich mit den Entscheidungen der Haushalte und der Unternehmen sowie mit deren Zusammenspiel auf einzelnen Märkten befasst.

Mikroprudentielle Regulierung Regulatorische Massnahme, die auf die Stabilität einzelner Banken abzielen.

Mindestlohn Gesetzlich oder vertraglich festgelegtes Lohnminimum mit landes- oder branchenweiter Verbindlichkeit.

Mindestpreis Gesetzlich vorgegebener Minimalpreis eines Gutes. Unter diesem Preis darf das Gut auf dem Markt nicht gehandelt werden.

Mindestreserve Betrag, den eine Bank als Sicherheit für Kundenguthaben liquide halten muss.

Mindestreservepolitik Instrument der Geldpolitik. Vorschriften hinsichtlich des Betrags, den eine Bank als Sicherheit für Kundenguthaben bei der Zentralbank hinterlegen muss.

Mindestreservesatz Prozentualer Anteil der Kundenguthaben, der von den Banken als Sicherheit liquide gehalten werden muss.

Mindestzinssatz Vom Bundesrat vorgegebener Zinssatz für die Mindestverzinsung der Pensionskassenguthaben (2. Säule).

Mischindex Index, der die Anpassung der AHV-Renten regelt. Der Mischindex berücksichtigt derzeit zu 50 % die Reallohnentwicklung und zu 50 % die Inflation.

Monetarismus Ökonomische Theorie, nach der Inflation immer durch ein Überangebot an Geld verursacht wird. Anzustreben ist daher ein Geldmengenwachstum, das dem Wachstum des gesamtwirtschaftlichen Angebots entspricht.

Monetaristen Anhängerinnen und Anhänger des Monetarismus.

Monetisierung der Verschuldung Reduktion des realen Werts der Staatsverschuldung durch eine hohe Inflation.

Monopol Marktsituation, in der für ein schwer substituierbares Gut nur ein Anbieter existiert.

Monopolist Produzent, der für ein bestimmtes Gut über ein Angebotsmonopol verfügt.

Monopolistische Konkurrenz Marktsituation, in der es viele Produzenten gibt, die alle leicht unterschiedliche Güter anbieten.

Monopolmacht Ein ökonomischer Akteur (oder auch eine Gruppe) ist derart marktbeherrschend, dass er seine Preise weitgehend unabhängig vom Wettbewerb festlegen kann.

Moral Hazard Anreiz für zu grosse Risikobereitschaft, die entsteht, wenn ein Akteur im Erfolgsfall die Erträge behalten kann, nicht aber alle Kosten selber tragen muss, wenn etwas schiefläuft und zum Beispiel Verluste entstehen.

Multilaterale Handelsliberalisierung Abbau protektionistischer Schranken zwischen den meisten Ländern.

N

Nachfrage Menge an Gütern, Dienstleistungen und Produktionsfaktoren, die zur Verwendung nachgefragt wird.

Nachfragekurve Grafische Darstellung der nachgefragten Menge in Abhängigkeit vom Preis.

Nachfrager Wirtschaftliche Akteure, die Güter erwerben möchten und auf einem Markt als Käufer auftreten.

Nachfrageschock Exogener Rückgang der gesamtwirtschaftlichen Nachfrage.

Nachfrageüberschuss Ungleichgewicht auf einem Markt, bei dem beim herrschenden Preis die Nachfrage das Angebot übersteigt.

Nachhaltige Staatsfinanzierung Die Ausgaben des Staates sind langfristig (über einen Konjunkturzyklus hinweg) durch die ordentlichen Einnahmen gedeckt.

Nachsorge In der Regel durch den Staat organisierte Beseitigung einer Umweltverschmutzung.

Natürliche Ressourcen Gesamtheit aller auf der Erde vorkommenden Rohstoffe und Energieträger.

Natürliches Monopol Marktsituation, bei der ein einzelner Produzent Güter und Dienstleistungen für einen bestimmten Markt zu tieferen Kosten anbieten kann, als dies bei mehreren Produzenten möglich wäre.

Negativer externer Effekt Die sozialen Kosten einer Handlung übersteigen die privaten Kosten.

Nettoauslandvermögen Mass für die Vermögenssituation eines Landes gegenüber dem Ausland zu einem bestimmten Zeitpunkt.

Nettoexporte Wert der Exporte einer Volkswirtschaft abzüglich des Werts der Importe. Die Nettoexporte stellen eine Komponente der gesamtwirtschaftlichen Nachfrage dar.

Nicht-Ausschliessbarkeit Ist ein Gut bereitgestellt, kann kein ökonomischer Akteur an dessen Konsum gehindert werden, auch wenn er dafür nichts bezahlt.

Nichthandelbare Güter Güter, die wegen ihrer Eigenschaften – etwa weil dies unverhältnismässig hohe Transportkosten verursachen würde – international nicht gehandelt werden.

Nicht-natürliches Monopol Künstlich geschaffene monopolistische Position, die entweder durch strategisches Unternehmensverhalten oder durch staatliche Regulierung entsteht.

Nicht-Rivalität Der Konsum des Gutes durch einen ökonomischen Akteur beeinflusst in keiner Weise den Konsum des gleichen Gutes durch einen anderen.

Nichttarifäre Handelshemmnisse Alle protektionistischen Massnahmen mit Ausnahme der Zölle, die den freien Austausch von Gütern und Dienstleistungen behindern. Beispiele sind Quoten, unterschiedliche technische Vorschriften und Subventionen.

Nominale Abwertung Die ausländische Währung wird, in inländischer Währung ausgedrückt, teurer.

Nominaler Wechselkurs Gibt an, in welchem Verhältnis die Währung eines Landes gegen die Währung eines anderen Landes getauscht werden kann.

Nominalzinsen Preis für die Überlassung von Geld, den der Schuldner dem Gläubiger zahlen muss.

Normalauslastung Auslastung der Produktionsfaktoren, die über einen längeren Zeitraum aufrechterhalten werden kann.

Nutzen Mass für das Wohlbefinden oder die Zufriedenstellung eines Akteurs. In der ökonomischen Theorie stellt der Nutzen ein Konzept dar, mittels dessen die Präferenzen beschrieben werden.

O

Obligation Wertpapier, das bezeugt, dass man dem ausstellenden Unternehmen einen Kredit gegeben hat und damit einen Anspruch auf einen vereinbarten jährlichen Zins hat.

OECD Zusammenschluss von 35 Ländern, die sich einer demokratischen Regierungsform und der Marktwirtschaft verpflichtet fühlen. Die OECD erarbeitet wirtschaftspolitische Entscheidungsgrundlagen in Form von Publikationen und Statistiken.

Offenmarktpolitik Instrument der Geldpolitik. Kauf und Verkauf von Aktiva (hauptsächlich Wertschriften) durch die Zentralbank, um ihre geldpolitischen Ziele zu erreichen.

Öffentliche Aufträge Güter und Dienstleistungen, die durch öffentliche Gemeinwesen erworben werden. Auch Submission genannt.

Öffentliche Güter Güter, die von mehreren ökonomischen Akteuren gleichzeitig genutzt werden können, ohne dass dies ihre Qualität und Quantität beeinflusst.

Oligopol Marktsituation, in der es nur ein paar wenige Anbieter gibt.

OPEC Abkürzung für Organization of the Petroleum Exporting Countries. Organisation einiger der wichtigsten Erdöl exportierenden Länder, die versucht, die Erdölpolitik der Mitgliedsländer zu koordinieren.

Opportunitätskosten Kosten, die bei einer Entscheidung für eine Handlung dadurch anfallen, dass die Vorteile einer Handlungsalternative nicht realisiert werden können.

P

Pareto-Effizienz Technische Bezeichnung für das volkswirtschaftliche Konzept der Effizienz. Die Bezeichnung verweist auf den italienischen Ökonomen Vilfredo Pareto.

Passiver Teil der Arbeitslosenversicherung Unterstützung von Arbeitslosen durch Zahlung eines Lohnersatzes.

Patent Vom Staat vergebenes, zeitlich limitiertes Schutzrecht auf Erfindungen, das es dem Inhaber ermöglicht, anderen die unerlaubte Nutzung der Erfindung zu verbieten.

Pekuniärer externer Effekt Externer Effekt, der sich im Preissystem widerspiegelt. Pekuniäre externe Effekte stellen kein Marktversagen dar.

Pensionskasse Vorsorgeeinrichtung grosser Unternehmen oder der öffentlichen Hand, über die der obligatorische Bereich der beruflichen Vorsorge (2. Säule) abgewickelt wird. Kleinere Unternehmen organisieren die berufliche Vorsorge durch sogenannte Sammelstiftungen.

Persistenz der Deflation Tatsache, dass eine einmal bestehende Deflation ausserordentlich schwierig zu bekämpfen ist.

Phillips-Kurve Konzept, das bei steigender Inflation einen Rückgang der Arbeitslosigkeit postuliert.

Planwirtschaft Wirtschaftssystem, in dem über die Produktion und den Konsum von Gütern und Dienstleistungen im Voraus durch eine Planungsbehörde entschieden wird.

Politische Konjunkturzyklen Aus wahltaktischen Gründen ausgelöste Konjunkturzyklen, um die Chancen der Wiederwahl zu erhöhen.

Politische Ökonomie Zweig der Volkswirtschaftslehre, der die Interdependenzen von volkswirtschaftlichen und politischen Prozessen untersucht.

Politische Stabilität Kontinuität der formellen und informellen politischen Institutionen und Regelungen.

Polizeirechtlicher Umweltschutz Staatliche Vorschriften in Form von Geboten und Verboten, mittels derer umweltschädigende Tätigkeiten eingeschränkt werden.

Portfolioinvestitionen Kauf von ausländischen Wertpapieren (v.a. Aktien und Obligationen), die nicht zu einer grösseren Beteiligung an Unternehmen führen.

Positiver externer Effekt Der soziale Nutzen einer Handlung übersteigt den privaten Nutzen.

Präferenzen Von Individuum zu Individuum unterschiedliche Entscheidungsbasis für die Bevorzugung der einen wirtschaftlichen Alternative gegenüber einer anderen.

Preis Indikator für die Knappheit von Gütern und Dienstleistungen. Der Preis gibt an, auf welche Mengen anderer Güter man verzichten muss, um eine Einheit eines Gutes zu erlangen. Daher wird er oft auch als relativer Preis bezeichnet.

Preiseingriff Veränderung des Preises, die nicht Folge einer Veränderung in den relativen Knappheiten ist, sondern von staatlichen Vorschriften herrührt.

Preiselastizität Verhältnis der proportionalen Änderung der Menge zur proportionalen Änderung des Preises.

Preisindex Der Preis eines bestimmten Güterkorbs wird als prozentuale Grösse des Basiswerts (Preis dieses Güterkorbs im Ausgangszeitpunkt) ausgedrückt.

Preiskartelle Kartelle, deren Mitglieder Preisabsprachen treffen.

Preisliche Wettbewerbsfähigkeit Die inländischen Preise sind, in die gleiche Währung umgerechnet, tiefer als die entsprechenden Preise im Ausland.

Preisniveau Preis eines repräsentativen Güterkorbs.

Preisstabilität Zustand, in dem ein gewichteter Durchschnitt der für den Konsum relevanten Preise einer Volkswirtschaft keine grossen Schwankungen aufweist.

Preisüberwachung Behörde der schweizerischen Wettbewerbspolitik, die für jene Bereiche zuständig ist, bei denen wegen natürlichen Monopolen oder Regulierungen kein Wettbewerb möglich ist.

Private Grenzkosten Grenzkosten, die bei der Produktion von Gütern und Dienstleistungen beim Produzenten anfallen.

Private Güter Güter, die sowohl rivalisierend im Gebrauch als auch ausschliessbar sind.

Privater Konsum Konsumausgaben der privaten Haushalte.

Private Selbstvorsorge Freiwillige und individuelle Altersvorsorge, die nicht durch die 1. und 2. Säule abgedeckt ist. Die private Selbstvorsorge bildet die 3. Säule innerhalb des Dreisäulenprinzips.

Produktionsfaktoren Materielle und immaterielle Mittel zur Herstellung von Gütern und Dienstleistungen. Produktionsfaktoren werden auch als volkswirtschaftliche Ressourcen bezeichnet.

Produktionsfunktion Beziehung zwischen der Inputmenge und der Outputmenge bei der Produktion eines Gutes.

Produktionsmöglichkeitenkurve Grafische Darstellung, die aufzeigt, welche Güterkombinationen mit den gegebenen Ressourcen maximal produziert werden können.

Produzentenrente Erlös eines Verkäufers für ein Gut, abzüglich der Kosten, die ihm für Erwerb oder Herstellung des Gutes entstanden sind.

Progression Prozentual höhere Belastung für ökonomisch leistungsfähigere Wirtschaftssubjekte.

Progressive Steuer Steuer, bei der die ökonomisch leistungsfähigeren Wirtschaftssubjekte prozentual stärker besteuert werden.

Protektionismus Handelspolitische Massnahmen mit dem Ziel, die inländischen Produzenten vor ausländischer Konkurrenz zu schützen.

Q

Quantitätsgleichung Ökonomische Identität, nach der das nominale BIP dem Preisniveau multipliziert mit der Umlaufgeschwindigkeit des Geldes entspricht.

Quoten Mengenmässige Beschränkungen des grenzüberschreitenden Handels. Die häufigste Form ist die Importquote, welche die Einfuhr ausländischer Güter auf eine bestimmte Menge einschränkt.

R

Ratingagentur Unternehmen, das gewerbsmässig die Kreditwürdigkeit (Bonität) von Unternehmen, Staaten oder Finanzmarktprodukten bewertet und in Buchstabencodes zusammenfasst, die in der Regel von AAA (höchste Qualität) bis D (zahlungsunfähig) reichen. Bekannte international tätige Ratingagenturen sind Moody's, Standard & Poor's oder Fitch.

Reale Abwertung In gleicher Währung ausgedrückt wird ein Güterkorb im Ausland teurer im Verhältnis zum gleichen Güterkorb im Inland.

Realer Wechselkurs Gibt an, in welchem Verhältnis ein repräsentativer Güterkorb eines Landes gegen denselben Güterkorb eines anderen Landes getauscht werden kann.

Reales Bruttoinlandprodukt Die gesamte, zu konstanten Preisen bewertete Produktion von Gütern und Dienstleistungen einer Volkswirtschaft.

Realkapital Anlagen und Einrichtungen, die zur Produktion von Gütern und Dienstleistungen eingesetzt werden. Realkapital ist auch unter der Bezeichnung Sachkapital bekannt.

Reallohn Inflationskorrigiertes Arbeitseinkommen, das angibt, wie viele Güter und Dienstleistungen mit dem Lohn gekauft werden können.

Realzinsen Um die Inflation korrigierte Nominalzinsen.

Regionale Handelsliberalisierung Abbau protektionistischer Schranken innerhalb einer bestimmten Gruppe von Ländern.

Regulierung Begrenzung des Handlungsspielraums der ökonomischen Akteure durch Gesetze und Verordnungen.

Regulierungsfolgeabschätzung Verfahren, um die Auswirkungen neuer Regulierungen auf die Volkswirtschaft aufzuzeigen.

Relativer Preis Preis eines Gutes, ausgedrückt in Einheiten eines anderen Gutes.

Rendite Jährlicher Ertrag einer Kapitalanlage in Prozent des investierten Kapitals.

Rentseeking Statt Ressourcen produktiv zu verwenden, werden diese eingesetzt, um über den politischen Prozess Umverteilungen zu erreichen.

Repo-Geschäfte Sehr kurzfristige Geschäfte der Zentralbank mit den Geschäftsbanken, die eine flexible Steuerung der Liquidität erlauben. Die Geschäftsbank erhält dabei kurzfristig liquide Mittel, wofür die Zentralbank den sogenannten Repo-Zins verrechnet.

Reregulierungen Neukonzipierung staatlicher Regulierungsmassnahmen.

Reservationslohn Individuell erwarteter minimaler Lohn. Für einen Lohn unter diesem Minimum verzichtet eine Arbeitnehmerin oder ein Arbeitnehmer auf eine Beschäftigung.

Ressourcen Materielle oder immaterielle Mittel, die für die Produktion von Gütern oder zur Befriedigung von Konsumbedürfnissen verwendet werden können.

Restriktive Konjunkturpolitik Dämpfung der gesamtwirtschaftlichen Nachfrage durch die Geld- und Fiskalpolitik.

Rezession Periode, in der die realen Einkommen abnehmen und die Arbeitslosigkeit zunimmt. Nach der gebräuchlichsten Definition liegt eine Rezession dann vor, wenn die Wirtschaft in zwei aufeinanderfolgenden Quartalen negative Wachstumsraten aufweist.

Ricardianische Äquivalenz Konzept, nach dem rationale Wirtschaftssubjekte Verschuldung und Steuererhöhung als äquivalent betrachten. Die Ricardianische Äquivalenz wurde formuliert vom britischen Ökonomen David Ricardo.

Rivalität Eigenschaft von Gütern, wonach der Gebrauch eines Gutes durch einen ökonomischen Akteur den Gebrauch des gleichen Gutes durch einen anderen verunmöglicht.

Römer Verträge Vertragswerk aus dem Jahre 1957 mit dem Ziel, einen Binnenmarkt in Europa zu schaffen.

S

Saisonbereinigung Statistisches Verfahren, mittels dessen die Effekte saisonaler Schwankungen eliminiert werden. Mithilfe dieses Verfahrens wird z. B. die Arbeitslosenquote korrigiert, da sich diese im Winter saisonbedingt (mehr Arbeitslose im Baugewerbe) erhöht.

Saldomethode Entscheidungsgrundlage der Wettbewerbskommission gemäss dem schweizerischen Kartellgesetz vor 1995, bei der positive und negative Effekte von Kartellen einander gegenübergestellt werden.

SARON Abkürzung für Swiss Average Rate Overnight; Zinssatz, den eine Bank bezahlen muss, um sich für einen Tag (overnight) Schweizer Franken auszuleihen – und damit wichtige Referenzgrösse für die Geldpolitik der Schweizerischen Nationalbank.

Schuldenbremse Finanzpolitischer Mechanismus zur Stabilisierung der Staatsverschuldung unter Berücksichtigung des Konjunkturzyklus.

Schweizerische Nationalbank (SNB) Staatliche Institution, die für die schweizerische Geldpolitik zuständig ist.

Schwellenländer Länder, die im Begriff sind, wirtschaftlich zu den Industrieländern aufzuschliessen. Trotz ihres beträchtlichen Wohlstandsrückstands sind sie in ihrer technologischen Entwicklung im Allgemeinen weit fortgeschritten.

Sichteinlagen Bankguthaben, über die innert kurzer Frist verfügt werden kann.

Sockelarbeitslosigkeit Summe aus friktioneller und struktureller Arbeitslosigkeit. Die Anzahl freier Stellen entspricht der Anzahl Arbeitsloser. Die Sockelarbeitslosigkeit wird auch als gleichgewichtige Arbeitslosigkeit bezeichnet.

Solidaritätsprinzip Versicherungsprinzip, bei dem es innerhalb des Versichertenkreises zu starken Umverteilungen kommt. Die Beiträge richten sich nach der finanziellen Leistungsfähigkeit der Versicherten, der Leistungsanspruch jedoch nach deren Bedürftigkeit.

Soziale Angebotskurve Angebotskurve, die bei Berücksichtigung der sozialen Grenzkosten resultiert.

Soziale Grenzkosten Grenzkosten, die alle Kosten der Produktion von Gütern und Dienstleistungen widerspiegeln, also auch diejenigen, welche aus externen Effekten resultieren.

Sozialkapital Ressourcen, die sich aus den Beziehungen zwischen Menschen ableiten, also aus deren Teilnahme am sozialen Netzwerk.

Sozialpolitik Massnahmen zur Gewährleistung der politisch gewünschten sozialen Sicherheit.

Sozialwerke Staatliche oder staatlich regulierte Institutionen, die den Mitgliedern der Gesellschaft Schutz vor Risiken wie Armut, Invalidität oder Arbeitslosigkeit bieten.

Spareinlagen Bankeinlagen, die nicht direkt für den Zahlungsverkehr bestimmt sind.

Spekulative Attacke Situation, bei der die Finanzmarktteilnehmer in grossem Stil eine erwartete Wechselkurskorrektur aufgrund von bestehenden makroökonomischen Ungleichgewichten ausnutzen, und zwar durch den gezielten Kauf oder Verkauf der entsprechenden Währung. Die Spekulation erzwingt dann häufig die Anpassung, auf die spekuliert wurde.

Spezialisierung Fokussierung auf relativ wenige Produktionsstufen innerhalb des Produktionsprozesses.

Staatliche Wettbewerbsbehörde Behörde, die Kartelle bekämpft, Missbräuche durch marktbeherrschende Unternehmen begrenzt und Fusionen kontrolliert.

Staatlicher Transfer Durch staatliche Institutionen gewährte Einkommenszahlung ohne Gegenleistung.

Staatsanleihen Obligationen, mit denen sich der Staat auf den Finanzmärkten verschuldet.

Staatsausgaben Ausgaben öffentlicher Haushalte für Güter und Dienstleistungen. Die Staatsausgaben stellen eine Komponente der gesamtwirtschaftlichen Nachfrage dar.

Staatskonsum Staatliche Ausgaben für Waren und Dienstleistungen.

Staatsversagen Versagen des Staates, ineffiziente Allokationen in einer Marktwirtschaft zu korrigieren.

Staatsverschuldung Gesamtheit der Schulden aller öffentlichen Haushalte. In der Schweiz entspricht die gesamte Staatsverschuldung der Summe der Bundes-, Kantons- und Gemeindeschulden.

Stabilisierungsmassnahmen Wirtschaftspolitische Massnahmen, um konjunkturelle Schwankungen zu dämpfen.

Stagflation Situation, in der eine Volkswirtschaft sowohl unter einem schwachen Wachstum des BIP (Stagnation) als auch unter Inflation leidet.

Stagnation Phase, in der die Wirtschaft eines Landes kaum wächst.

Ständige Fazilitäten Angebot der Zentralbank an die Geschäftsbanken, jederzeit zum Diskontsatz Liquidität beziehen zu können.

Statischer Wachstumseffekt Ergibt sich dann, wenn durch einen optimierten Ressourceneinsatz mehr produziert werden kann.

Steuer Abgabe, die der Staat von Individuen oder Unternehmen einfordert und der keine direkte Gegenleistung gegenübersteht.

Steuerbasis Wirtschaftliche Aktivitäten und Vermögenswerte, die einer Besteuerung unterworfen sind.

Steuerglättung Gleichmässige Besteuerung über die Zeit hinweg.

Steuerinzidenz Analyse der Verteilungswirkung einer Steuer. Die Steuerinzidenz zeigt auf, welche Bevölkerungsgruppe die Steuer schliesslich bezahlt.

Steuersatz Gibt an, welcher Prozentsatz der Besteuerungseinheit als Steuer bezahlt werden muss.

Stimmentausch Bemühen von Mitgliedern einer Legislative, durch gegenseitige Zusagen für parlamentarische Abstimmungen ihre eigenen politischen Anliegen im Parlament durchzubringen.

Strategische Marktzutrittsschranken Aktionen des Monopolisten, die andere Produzenten vom Markteintritt abschrecken sollen.

Strukturelle Arbeitslosigkeit Vom strukturellen Wandel verursachte Arbeitslosigkeit, bei der die Qualifikationen der arbeitslosen Personen nicht auf die Qualifikationsprofile der offenen Stellen passen.

Strukturelles Budgetdefizit Budgetdefizit, das auch in einer konjunkturell ausgeglichenen Situation besteht. Dies hat zur Folge, dass die Staatsverschuldung über einen ganzen Konjunkturzyklus hinweg ansteigt.

Strukturerhaltung Wirtschaftspolitische Eingriffe, die einen natürlichen Strukturwandel verhindern resp. verzögern.

Strukturwandel Veränderungen in der Wirtschaftsstruktur eines Landes, insbesondere was die relative Bedeutung verschiedener Branchen betrifft.

Subprime-Segment Teil des Hypothekarmarktes, der überwiegend Kreditnehmer mit schlechter bzw. niedriger Bonität bedient.

Subsidiarität Prinzip, nach dem übergeordnete Gebietskörperschaften eine staatliche Aufgabe nur dann übernehmen, wenn untergeordnete dazu nicht oder nur ineffizient in der Lage sind.

Substitut Gut, Dienstleistung oder Produktionsfaktor, welche dieselben Bedürfnisse befriedigen können wie ein anderes Gut, eine andere Dienstleistung oder ein anderer Produktionsfaktor.

Subventionen Staatliche finanzielle Unterstützung für private Wirtschaftssubjekte ohne unmittelbare Gegenleistung. Oft durch politisch erwünschte Umverteilungen begründet.

T

Taggeld Arbeitslosenunterstützung in Prozent des zuletzt verdienten Einkommens.

Technische Handelshemmnisse Unterschiedliche nationale Regulierungen und Normen, die den Handel von Gütern verteuern und damit behindern.

Technischer Fortschritt Verbesserung der Technologie, welche zu einer Steigerung der Produktivität der Produktionsfaktoren führt.

Technologie Wissen, auf welche Art Arbeit und Kapital kombiniert werden können, um Güter und Dienstleistungen zu produzieren.

Technologischer externer Effekt Externer Effekt, der sich nicht im Preissystem widerspiegelt. Technologische externe Effekte stellen ein Marktversagen dar.

Termineinlagen Einlagen, die für eine bestimmte Zeitspanne den Geschäftsbanken zur Verfügung gestellt werden und erst nach Ablauf dieser Frist wieder verfügbar sind.

Teuerungsausgleich Erhöhung von nominalen Grössen (z.B. Löhne oder Renten), sodass bei Inflation (Teuerung) der erlittene Kaufkraftverlust ausgeglichen wird.

Tinbergen-Regel Ökonomische Regel, nach der für die Lösung eines Optimierungsproblems die Anzahl der Ziele nicht grösser sein darf als die Anzahl der Instrumente. Die Regel ist benannt nach dem niederländischen Ökonomen Jan Tinbergen.

Too-big-to-fail-Problem («zu gross, um zu scheitern») Problem, dass gewisse Banken so gross sind, dass sie nicht in Konkurs gehen können, ohne das gesamte Finanzsystem zu gefährden.

Transaktion Ein wirtschaftlicher Handel, bei dem z.B. Waren oder Dienstleistungen gegen Geld getauscht werden.

Transaktionskonten Bankeinlagen in Spar- und Anlageformen zu Zahlungszwecken.

Transaktionskosten Kosten des Austausches von Gütern und Dienstleistungen. Damit ist nicht der Preis des transferierten Gutes gemeint, sondern die durch die Transaktion zusätzlich anfallenden Kosten (z.B. Informations-, Verhandlungs-, Abwicklungs- und Kontrollkosten).

Transfer Meist staatliche Leistungen, die man ohne direkte Gegenleistung erhält.

Trendwachstum Wachstum des Wohlstands einer Volkswirtschaft, betrachtet über einen längeren Zeitraum (Jahrzehnte).

Trilemma der Wechselkurspolitik Unmöglichkeit, gleichzeitig die drei Ziele fixe Wechselkurse, eigenständige Geldpolitik und internationale Kapitalmobilität zu erreichen.

Trittbrettfahrerverhalten Situation, in der ökonomische Akteure aus Gütern und Dienstleistungen Nutzen ziehen, ohne dafür zu bezahlen.

U

Umlageverfahren Finanzierungsmethode von Versicherungen, bei der die Versicherungsbeiträge der Beitragspflichtigen unmittelbar für die Finanzierung der heutigen Versicherungsleistungen verwendet werden.

Umlaufgeschwindigkeit des Geldes Anzahl Transaktionen, die mit einer Einheit Geld in einer Periode durchgeführt werden.

Umschuldung Wenn Gläubiger einem zahlungsunfähigen Schuldner einen Teil der Schuld erlassen, um dessen Zahlungsfähigkeit wiederherzustellen und dadurch einen Totalausfall zu vermeiden.

Umverteilung Prozess, der die Verfügbarkeit von Ressourcen für einzelne wirtschaftliche Akteure verändert, meist um die Verteilung gleichmässiger auszugestalten.

Umwandlungssatz Prozentsatz, der bestimmt, welcher Anteil des angesparten Pensionskassenguthabens in Form einer jährlichen Rente an die Pensionierten ausbezahlt wird.

Umweltzertifikat Handelbares Recht, das dem Rechtsinhaber erlaubt, eine bestimmte Menge an Schadstoffen an die Umwelt abzugeben. Umweltzertifikate werden auch als Emissionsrechte bezeichnet.

Universalbank Bank, die in allen wesentlichen Bankgeschäften tätig ist.

Unkonventionelle Geldpolitik Geldpolitik, die versucht, direkt langfristige Zinsen zu beeinflussen, oft auch als quantitative Lockerung bezeichnet.

Unsichtbare Hand Durch Adam Smith geprägter Begriff dafür, dass das eigennützige Handeln von Haushalten und Unternehmen auf Märkten unbeabsichtigt den Wohlstand der gesamten Gesellschaft fördert.

Unverzerrte Preise Preise, welche die relativen Knappheiten der Güter korrekt widerspiegeln.

Ursprungsnachweis Erklärung über die Warenherkunft, wobei als Herkunftsland das Land aufgeführt wird, in dem die letzte wesentliche Be- oder Verarbeitung des Produkts stattgefunden hat.

Utilitarismus Prinzip, wonach Regeln und Institutionen bezüglich des Nutzens beurteilt werden sollten, den sie für jedes einzelne Individuum stiften.

V

Variable Kosten Kosten, die mit der produzierten Menge variieren.

Verbriefung Bündelung einer grossen Zahl von Hypotheken zu einem handelbaren Wertpapier; die an die Halter des Wertpapiers bezahlten Zinsen werden mit den regelmässigen Hypothekarzinszahlungen der Haushalte finanziert.

Vermögenssteuer Direkte Steuer, die als Prozentsatz des Bestandes an Vermögen erhoben wird.

Vermögensverwaltung Bankgeschäft, das in der Bewirtschaftung von privaten Vermögen nach den Vorstellungen der Eigentümer besteht.

Verschuldungsquote Gesamter Bestand der Staatsverschuldung, gemessen als Prozentsatz des nominalen BIP eines Jahres.

Versicherbarer Lohn Obergrenze des Lohns, der in der Arbeitslosenversicherung versichert werden kann.

Verstaatlichung Übernahme des Produktionsprozesses privater Betriebe durch den Staat durch Aufkauf oder Enteignung.

Verteilungsgerechtigkeit Normative Vorstellung darüber, wie in einer Gesellschaft der Wohlstand verteilt sein soll.

Verteilungsseite des BIP Berechnung des BIP über die Verteilung der erzielten Wertschöpfung an die Unternehmen (Gewinne) und Arbeitnehmenden (Löhne).

Vertrag von Amsterdam Vertragswerk der EU. Ergänzung des Maastrichter Vertrags hinsichtlich der Demokratisierung, der Beschäftigungspolitik sowie der gemeinsamen Aussen- und Wirtschaftspolitik.

Vertrag von Nizza Vertragswerk der EU mit dem Ziel, die Handlungsfähigkeit der EU auch nach der Osterweiterung zu erhalten.

Vertragsrechte Rechte, die sich aus einem Vertrag zwischen zwei ökonomischen Akteuren ergeben.

Verursacherprinzip Grundsatz, nach dem die Verursacherin oder der Verursacher einer Umweltverschmutzung die Kosten ihrer Beseitigung zu tragen hat.

Verwendungsseite des BIP Berechnung des BIP über die gesamten Ausgaben der privaten Haushalte, der Unternehmen, des Staates und des Auslandes für im Inland produzierte Güter.

Verzerrung der relativen Preise Zustand, in dem die relativen Preise nicht die richtigen Signale über die Knappheit der entsprechenden Güter und Dienstleistungen wiedergeben.

Vier Freiheiten Der freie Austausch von Gütern, Dienstleistungen, Arbeit und Kapital.

Volkswirtschaftslehre Teilgebiet der Wirtschaftswissenschaften, das sich mit der Frage befasst, wie die Gesellschaft mit den knappen Ressourcen umgeht.

Vollständige Konkurrenz Marktsituation, in der weder Produzenten noch Konsumenten über genügend Marktmacht verfügen, um die Preise zu beeinflussen.

Vollständige Wirtschaftsunion Integrationsform, bei der eine gemeinsame Wirtschaftspolitik verfolgt wird.

Vorgezogene Entsorgungsgebühr Aufschlag auf den Verkaufspreis langlebiger Konsumgüter in Form einer Gebühr. Die entstehenden Mehreinnahmen werden für die umweltgerechte Entsorgung der Güter verwendet.

W

Wachstumsrate Relative Zunahme des BIP innerhalb einer bestimmten Zeiteinheit.

Währungsunion Integrationsform, bei der die nationalen Währungen zugunsten einer gemeinsamen Währung aufgegeben werden.

Warenkorb Gewichtetes Bündel von Gütern, das anhand der Ausgaben eines durchschnittlichen Haushalts zusammengestellt wird.

Wechselkurs Preis einer Währung, ausgedrückt in einer anderen Währung. Der Wechselkurs gibt an, in welchem Verhältnis die Währung eines Landes in die Währung eines anderen Landes getauscht werden kann.

Wechselkursfixierung Die Anbindung der eigenen Währung an eine als Leitwährung dienende Fremdwährung (oder einen Währungskorb) durch geldpolitische Massnahmen.

Wechselkursparität Im Rahmen eines fixen Wechselkurssystems festgelegtes Austauschverhältnis zwischen zwei Währungen bzw. einer Währung und Gold (Goldparität).

Wechselkursrisiko Unsicherheit über die zukünftigen Wechselkursentwicklungen.

Wechselkursziel Geldpolitisches Ziel, bei dem der Wechselkurs gegenüber einer anderen Währung innerhalb einer festgelegten Bandbreite gehalten wird.

Weltmarkt Markt, auf dem Güter, Dienstleistungen oder Produktionsfaktoren weltweit gehandelt werden.

Wertschöpfung Wertsteigerung bei der Produktion, indem bestehende Güter in ein neues Gut umgewandelt werden. Entspricht dem Wert der produzierten Güter abzüglich der Vorleistungen.

Wettbewerbsintensität Geschwindigkeit der Reaktion von Konkurrenten auf Produktneuheiten oder Preisveränderungen. Je rascher die Reaktion erfolgt, desto intensiver ist der Wettbewerb.

Wettbewerbskommission Bezeichnung für die staatliche Wettbewerbsbehörde in der Schweiz. Sie ist überall dort zuständig, wo Wettbewerb möglich wäre.

Wettbewerbspolitik Staatliche Massnahmen zur Erhaltung und Förderung des Wettbewerbs. Im engeren Sinne Bekämpfung des strategischen Verhaltens von Unternehmen, die sich monopolistische Stellungen sichern möchten.

Wirkungsverzögerungen der Konjunkturpolitik Zeit, die vom Auftreten eines konjunkturellen Problems bis zur Wirkung der wirtschaftspolitischen Gegenmassnahmen verstreicht.

Wirtschaftliche Akteure Kategorien von Akteuren, die für die volkswirtschaftliche Analyse relevante Gemeinsamkeiten aufweisen. In einer einfachen Analyse werden «Haushalte» und «Unternehmen» unterschieden, in einer gesamtwirtschaftlichen Betrachtung werden zusätzlich noch «Staat» und «Ausland» miteinbezogen.

Wirtschaftskreislauf Einfaches Modell einer Volkswirtschaft mit zwei ökonomischen Akteuren, den Haushalten und den Unternehmen. Die Haushalte treten auf den Gütermärkten als Nachfrager und auf den Faktormärkten als Anbieter auf. Umgekehrt treten die Unternehmen auf den Gütermärkten als Anbieter und auf den Faktormärkten als Nachfrager auf.

Wirtschaftswachstum Wachstum der produzierten Menge an Gütern und Dienstleistungen in einer Volkswirtschaft, häufig gemessen als Veränderung des realen BIP.

Wohlfahrt Gesamte Rente, die auf einem Markt entsteht. Diese entspricht der Summe aus Konsumenten- und Produzentenrente.

Wohlfahrtsverlust Verminderung der Wohlfahrt durch eine Marktverzerrung.

Wohlstand Lebensstandard in einer Volkswirtschaft. Messgrösse ist zumeist das Bruttoinlandprodukt pro Kopf der Bevölkerung.

Wohlwollender Diktator Ökonomisches Gedankenkonstrukt, bei dem die Optimierung der gesamtwirtschaftlichen Wohlfahrt einem vollständig informierten, allmächtigen und wohlwollenden Entscheidungsträger überlassen wird. Das Konzept ist auch unter dem Begriff des Sozialen Planers bekannt.

WTO Abkürzung für World Trade Organization. Institution, innerhalb derer multilaterale Handelsverträge ausgehandelt werden.

X

X-Ineffizienz Unvermögen der Unternehmung, einen gegebenen Output mit minimalem Input oder mit gegebenem Input den maximalen Output zu produzieren.

Z

Zahlungsbereitschaft Betrag, den ein Wirtschaftssubjekt zu zahlen bereit ist, um ein bestimmtes Gut oder eine bestimmte Dienstleistung zu erwerben.

Zentralbank Institution, die im Gesamtinteresse des Landes für die Geldpolitik verantwortlich ist.

Zentralbankgeld Summe aus Notenumlauf und Sichtguthaben der Geschäftsbanken bei der Zentralbank. Das Zentralbankgeld ist auch unter dem Begriff Notenbankgeldmenge bekannt.

Zentralisierte Lohnverhandlungen Lohnverhandlungen zwischen Vertretern von Arbeitgebern und Arbeitnehmern, deren Ergebnisse branchenweite Gültigkeit haben.

Zinsdifferenzgeschäft Traditionelles Bankgeschäft; die Bank verdient daran, dass ihre Zinszahlungen an die Einleger tiefer sind als die Zinsen, die sie aus der Kreditvergabe erhält.

Zoll Steuer auf dem Import von Gütern und Dienstleistungen.

Zollunion Integrationsform, bei der Zölle und andere Handelsbeschränkungen zwischen den Mitgliedsländern abgeschafft und überdies gegenüber Nichtmitgliedern die gleichen Zölle erhoben werden.

Zweckgebundener Finanzausgleich Umverteilung zwischen Gebietskörperschaften gemäss der unterschiedlichen Belastung durch Verbundaufgaben.

Zweitrundeneffekt Verstärkung der Inflation über die Lohn-Preis-Spirale nach einem einmaligen Preisschock.

Zwischenverdienst Arbeitsmarktliche Eingliederungsmassnahme, welche Arbeitslosen einen finanziellen Anreiz gibt, auch während des Bezugs von Arbeitslosenunterstützung einer bezahlten Arbeit nachzugehen.

Stichwortverzeichnis

Angegeben ist i.d.R. die Seite, auf welcher der Begriff erläutert wird.

A

ABS 507
Absoluter Vorteil 199
Abwertung
    nominale 390
    reale 385
Adverse Selektion 183
AHV (1. Säule) 460
Akteure, wirtschaftliche 47
Aktie 482
Allmendgüter 244
Allokation der Ressourcen 145
Altersvorsorge, Schweizer 460
Anbieter 50
Angebot 60, 70
    aggregiertes 91
Angebotskurve 70
    aggregierte 98
Angebotsschock 317
Angebotsüberschuss 76
Anreize 142
Äquivalenzprinzip 468
Arbeitslosenquote 41, 133
Arbeitslosenversicherung 276
Arbeitslosigkeit 31, 259
    friktionelle 269
    in der Schweiz 41
    konjunkturelle 289
    strukturelle 259
Arbeitsmarkt 61
Arbeitsmarktliche Massnahmen 278
Arbeitsmarktpolitik 277
Arbeitsmarktregulierungen 265
Arbeitsproduktivität 237
Arbeitsteilung 197
    internationale 195
Asset-backed security (ABS) 507
Asymmetrische Information 183
Asymmetrischer Schock 408
Ausbildung 272
Ausland 51
Ausschliessbarkeit 243
Aussenwirtschaftspolitik 222
Autarkie 200
Automatische Stabilisatoren 300

B

Bad bank 520
Bank für Internationalen Zahlungsausgleich (BIZ) 492
Banken 481
Bankenkrise 513
Bankenpanik 510
Bankenregulierung 486
    in der Schweiz 492
Bankenrettung 519
Bankgeschäft
    Risiken des 484
    wichtigste 482
Bankensturm 481
Basler Ansatz der Bankenregulierung 492
Berufliche Vorsorge (2. Säule) 460
Berufslehre 279
Beveridge-Kurve 260
Bevölkerungsalterung 468
Bilanz der Primäreinkommen 123
Bilanz der Sekundäreinkommen 123
Bilanz der Vermögensübertragungen 120
Bilaterale I 228
Bilaterale II 229
Binnenmarkt 217
BIP 37
    Entstehungsseite des 114
    Verteilungsseite des 114
    Verwendungsseite des 114
BIZ 486
Bretton-Woods-Konferenz 219
Bruttoinlandprodukt (BIP) 37, 94
Bruttonationaleinkommen 113
Budgetdefizit 46, 431
    strukturelles 454
Budgetrestriktion 67

C

Cassis-de-Dijon-Prinzip 210
Ceteris paribus 63
Clubgüter 244
Coase-Theorem 175
Commercial paper 497
Credit (in der Zahlungsbilanz) 119
Credit Suisse 50, 529
Crowding-out 438

D

Debit (in der Zahlungsbilanz) 119
Deflation 45, 336
    Bekämpfung der 342
    Kosten der 336
    Persistenz der 339
Demografische Entwicklung 252, 469
Deregulierungen 170
Derivat 126
Direktzahlungen 152
Direktinvestitionen 125
Disinflation 330
Diskontpolitik 355
Dividende 482
    doppelte 178
Doha-Runde 224
Dreisäulenprinzip 466
Durchschnittskosten 166

E

Effizienz 82, 148, 154, 452
EFTA 218
Eidgenössische Finanzmarktaufsicht (FINMA) 499
Eigenhandel 489
Eigenkapital 486
Eigenkapitalanforderungen 493
Eigenkapitalvorschriften 486
Eigentumsrechte 163
Einarbeitungszuschüsse 278
Einheitliche Europäische Akte 220
Einkommenssteuer 445
Einkommensverteilung 35, 458
Elastizität 79
Erwerbsbevölkerung 133
Erwerbsquote 133
Erwerbstätigenquote 133, 253
Erwerbstätigkeit 277
EU 218
EU-Beitritt 222, 228
Eurokrise 412, 518
    Quellen der 406
Europäische Union (EU) 218
Europäische Währungsunion (EWU) 409
Europäische Zentralbank (EZB) 412
Europäischer Wirtschaftsraum (EWR) 222

Europäisches Währungssystem (EWS) 395
European Free Trade Association (EFTA) 218
Eurozone 412
EWR 222
EWS 395
EWU 409
Externe Effekte 173
EZB 412

F

Faktormärkte 46
Federal Funds Rate 354
Finanzausgleich 450
Finanzblase 507
Finanzföderalismus 448
    Nachteile des 450
    Vorteile des 449
Finanzkrise 48, 311, 500
Finanzmärkte 482
Finanzstabilität 34, 480
    in der Schweiz 48
Finanzpolitik 427
FINMA 493
Fisher, Irving 320
Fiskalpolitik 292, 308
Fiskalströme, ausgleichende 408
Fixkosten 168
Fixkurssystem 394
Föderalismus 442
Forschung und Entwicklung 246
Freihandelszone 216
Fremdkapital 486
Fristentransformation 485
Fusionskontrolle 171

G

GATS 224
GATT 224
Gebote 176
Geburtenrate 466
Geistiges Eigentum 227
Geld 344
Geldmarkt 360
Geldmenge 348, 358

Geldmengenkonzepte 350
Geldmengenziel 362
Geldpolitik 293, 306, 322
    expansive 293
    Instrumente der 352
    Schweizer 362
Geldschöpfung 324
Geldschöpfungsmultiplikator 347
Geldumlaufgeschwindigkeit 361
Gesamtwirtschaftliche Rente 86
Gesellschaftsvertrag unter Unsicherheit 463
Gesetz abnehmender Grenzerträge 74
Gini-Koeffizient 460
GIPS-Länder 412
Girokonten der Geschäftsbanken bei der Zentralbank 352
Gleichgewicht 76
    makroökonomisches 104
Globalisierung 195
Golddeckung 366
Grenzertrag 165
Grenzkosten 75, 165
    private 173
    soziale 173
Grenzkostenkurve 76
Grosse Depression 49
Grundmodell
    makroökonomisches 89, 93
    mikroökonomisches 59
Güter 51
    öffentliche 179, 244
    private 243
Güterkorb 390
Gütermarkt 61

H

Handel, internationaler 200
Handelsbilanz 122
Handelshemmnisse
    nichttarifäre 209
    technische 209
Handelsliberalisierung 207
    bilaterale 208
    multilaterale 208
    regionale 208
Handelsschaffung 211
Handelsumlenkung 211

Haushalte 48
Höchstpreis 153
Humankapital 238
Hyperinflation 325
Hypothekarkredit 483

I

Immigration 470
Immobilienkrise 503
Indifferenzkurve 67
Inflation 43, 318
    Kosten der 327
Inflationsbekämpfung
    Kosten der 330
Inflationserwartung 319
Inflationskonvergenz 400
Inflationsprognose 370
Inflationssteuer 427
Inflationsziel 363
Inländerbehandlung 225
Insolvenz 491
Integration
    europäische 218
    Formen der 216
    regionale 211
Integrationspolitik 228
Integrationsraum 211
Interessen, Organisierbarkeit von 191
Interessengruppen 190
Intermediär 484
Internalisierung 175
    freiwillige 175
Investitionsausgaben 116
Investitionsnachfrage 293
Investmentbanking 489

J

Jugendarbeitslosigkeit 276

K

Kalte Progression 328
Kapazitätsgrenze 98

Kapitalbilanz 120
Kapitaldeckungsverfahren 467
Kapitalmarkt 62
Kartell 169
    hartes 172
Kaufkraftbereinigung 39
Kerninflation 382
Keynes, John Maynard 298
Keynesianismus 287
Knappheitssituationen 141
Kommissionsgeschäft 489
Komparativer Vorteil 199
Konjunktur 236
Konjunkturbeobachtung 305
Konjunkturpolitik 287
    aktive 290
    expansive 299
    Schweizer 306
    Wirkungsverzögerungen der 295
Konjunkturprognose 306
Konjunkturschwankung 37
Konsumentenrente 83
Konsumnachfrage 292
Konvergenzkriterien 410
Kostenfunktion 74
Kreditausfallrisiko 491
Kreditprüfung 485
Kreditvergabe 488
Kündigungsschutz 267
Kurzarbeit 302
Kurzarbeitsentschädigung 302

L

Laffer-Kurve 434
Lags 295
Landesindex der Konsumentenpreise (LIK) 130
Learning by Doing 238, 246
Leistungsbilanz 120
Leitwährung 366
Leitzins 354
Lender of Last Resort 496
Lenkungsabgabe 177
Leverage 486
Leverage-Ratio 493
LIK 44, 130
Liquiditätsfalle 323

Liquiditätsrisiko 491
Liquiditätsvorschriften 495
Living will 498
Lohn-Preis-Spirale 318
Lohnstückkosten 272
Lohnsubvention 279
Lohnverhandlungen 266
Lorenzkurve 460
Luxussteuer 436

M

M1 348
M2 348
M3 348
Maastrichter Vertrag 220
Makroökonomie 32, 91
    Grundlagen der 89
Makroprudentielle Regulierung 492
Marginale Entscheide 142
Mark to market 515
Markt 51, 60
Marktgleichgewicht 77
Marktrisiko 491
Marktversagen 161
Marktwirtschaft 144
Marshall-Plan 219
Marktzutrittsschranken 164
Mehrwertsteuer 447
Meistbegünstigung 225
Mikroökonomie 32, 91
    Grundlagen der 59
Mikroprudentielle Regulierung 492
Mindestlohn 266
Mindestpreis 149
Mindestreservepolitik 356
Mindestreservesatz 346
Mindestzinssatz 474
Mischindex 470
Monetarismus 363
Monetarisierung der Verschuldung 438
Monopol, natürliches 168
Monopolistische Konkurrenz 172
Monopolmacht 164
Moral Hazard 184

N

Nachfrage 60, 62
    aggregierte 91
    Gesetz der 63
Nachfragekurve 63
    aggregierte 93
Nachfrager 50
Nachfrageschock 285
    expansiver 316
Nachfrageüberschuss 77
Nettoauslandvermögen 121
Nettoexporte 116, 297
Nominalzinsen 338
Normalauslastung 216
Nutzen 66

O

Obligation 483
OECD 44
Offenmarktpolitik 351
Oligopol 172
OPEC 147
Opportunitätskosten 63, 141
Organization for Economic Co-operation and Development (OECD) 44
Organization of the Petroleum Exporting Countries (OPEC) 147

P

Pareto, Vilfredo 156
Pareto-Effizienz 156
Patent 244
Patentschutz 245
Pensionskasse 473
Phillips-Kurve 331
Pigou, Arthur 177
Pigou-Steuer 178
Planwirtschaft 144
Politikberatung 333
Politische Konjunkturzyklen 299
Politische Ökonomie 189, 206, 304
Portfolioinvestitionen 125
Präferenzen 66

Preise 145
    unverzerrte 154
    Verzerrung der relativen 327
Preiseingriff 148, 421
Preiselastizität 430
Preismechanismus 139
Preisniveau 94, 361
Preisstabilität 32, 130, 315
    in der Schweiz 32
Privater Konsum 116
Produktionsfaktoren 53
Produktionsfunktion 73
    gesamtwirtschaftliche 237
Produktionsmöglichkeitenkurve 155
Produzentenrente 84
Protektionismus 202

Q

Quantitätsgleichung 320
Quoten 209

R

Ratingagentur 507
Rawls, John 463
Realkapital 238
Realzinsen 338
Regulierung 168
    ineffiziente 187
Regulierungsfolgabschätzung 188
Rente, gesamtwirtschaftliche 86
Rentenalter 465
Rentseeking 190
Repo-Geschäfte 371
Reregulierungen 170
Reservationslohn 260
Reservesatz 349
Ressourcen 50
Ricardianische Äquivalenz 426
Ricardo, David 426
Rivalität 243
Römer Verträge 220

S

Samuelson, Paul 333
SARON 371
Schuldenbremse 304, 445
Schumpeter, Joseph 264
Schwankungsreserven 468
Schweizerische Nationalbank (SNB) 304, 364
Selbstvorsorge (3. Säule) 466
Sichteinlagen 348
Smith, Adam 145
SNB 307, 362
Sockelarbeitslosigkeit 259, 263
Solidaritätsprinzip 467
Solow, Robert 333
Solvenzproblem 519
Sozialkapital 248
Sozialwerke 451
    Schweizer 458
Spareinlagen 351
Spekulative Attacke 403
Spezialisierung 197
Staatsanleihen 507
Staatsausgaben 292
Staatseinnahmen 418
Staatsfinanzen 326, 415, 438
    Schweizer 45, 438
Staatsfinanzierung, nachhaltige 33
Staatskonsum 116
Staatsversagen 161, 187, 189
Staatsverschuldung 425
    implizite 451
    Nachteile der 435
    Vorteile der 433
Stabilisierung, makroökonomische 440
Stabilisierungsmassnahmen 307
Stagflation 317
Ständige Fazilitäten 355
Steuer 424
    direkte 424, 443
    indirekte 424, 445
Steuerglättung 440
Steuerinzidenz 435
Stimmentausch 444
Strukturerhaltung 262
Strukturwandel 262
Subprime-Segment 507
Subsidiarität 450
Substitut 65
Subvention 210

T

Taggeld 277
Technischer Fortschritt 240
Technologie 238
Termineinlagen 349
Teuerungsausgleich 130
Tinbergen, Jan 178, 179
Tinbergen-Regel 178
Too-big-to-fail-Problem 185, 496
Transaktion 51
Transaktionskonten 351
Transaktionskosten 326
Transfer 54
    staatlicher 462
Trendwachstum 37
TRIPS 224
Trittbrettfahrerverhalten 176
Trilemma der Wirtschaftspolitik 396

U

UBS 521
Umlageverfahren 467
Umlaufgeschwindigkeit des Geldes 320
Umschuldung 521
Umverteilung 206
    Arten der 456
Umwandlungssatz 475
Universalbank 490
Unkonventionelle Geldpolitik 376
Unsichtbare Hand 139
Unternehmen 48
Ursprungsnachweis 217
Uruguay-Runde 224
Utilitarismus 463

V

Verbote 176
Verbriefung 507
Vermögenssteuer 446

Vermögensverwaltung 489
Verschuldung 419
Verschuldungsquote 45
Verstaatlichung 170
Verteilung 452
Verteilungsgerechtigkeit 35, 457
Vertrag von Amsterdam 220
Vertrag von Lissabon 221
Vertrag von Nizza 220
Vertragsrechte 163
Verursacherprinzip 177
Vollständige Konkurrenz 149, 164

W

Wachstum 157
    Quellen des 237
Wachstumsdeterminanten 247
Wachstumseffekt
    dynamischer 156
    statischer 156
Wachstumspolitik 247
    Schweizer 255
Wachstumsquellen der Schweiz 253
Wachstumsrate 234
Währungsraum, optimaler 403
Währungsunion 217, 401
Warenkorb 130
Wechselkurs 382
    fixer 394
    flexibler 388
    nominaler 388
    realer 389
Wechselkursparität 401
Wechselkursrisiko 407
Wechselkursziel 362
Weiterbildung 272, 282
Wertschöpfung 112
Wettbewerbsfähigkeit, preisliche 392
Wettbewerbspolitik 164
Wirtschaftskreislauf 52
    einfacher 52
    erweiterter 55
Wirtschaftskrise 310
Wirtschaftspolitik 291
Wirtschaftsunion, vollständige 218
Wirtschaftswachstum 234, 467
Wohlfahrt 69

Wohlfahrtsverlust 150
Wohlstand 30, 137
World Trade Organization (WTO) 225

X

X-Ineffizienz 166

Z

Zahlungsbereitschaft 78
Zentralbank 346
Zentralbankbilanz 354
Zentralbankgeld 346
Zielgrössen, gesamtwirtschaftliche 30
Zinsdifferenz 488
Zinsdifferenzgeschäft 488
Zoll 204
Zollunion 216
Zweitrundeneffekt 320
Zwischenverdienst 279